BI-YÄN-LU

I. BAND

碧巖錄

BI-YÄN-LU

Meister Yüan-wu's
Niederschrift
von der
Smaragdenen Felswand

verfaßt
auf dem Djia-schan
bei Li in Hunan
zwischen 1111 und 1115
im Druck erschienen
in Sïtschuan
um 1300

verdeutscht und erläutert
von
Wilhelm Gundert

1. Band

Carl Hanser Verlag

Kapitel 1-33

ISBN 3-446-11250-2

Sonderausgabe Weltbild Verlag GmbH, Augsburg 1999

Einbandgestaltung: Peter-Andreas Hassiepen, München
Druck und Bindung:
Franz Spiegel Buch GmbH, Ulm
Printed in Germany

YÜN-MEN WEN-YÄN

864–949

der in den Beispielen des Bi-yän-lu
am häufigsten auftretende Meister
Bildnis von der Hand des japanischen
Meisters Haku-in aus dem
18. Jahrhundert

(Näheres siehe Beispiel VI, Seite 160)

Vorbericht

Die ›Niederschrift von der Smaragdenen Felswand‹, von welcher hier zunächst einmal das erste Drittel der deutschlesenden Öffentlichkeit vorgelegt wird, enthält den Niederschlag einer geistigen Bewegung, die im Schoße des chinesischen Buddhismus vor vierzehnhundert Jahren aufgekeimt ist, sich etwa seit dem Jahre 700 in jugendlicher Kraft entfaltet, dann wohl ein Dutzend Generationen hindurch die ernstesten und besten Geister Chinas in ihren Bann gezogen und eine lange Reihe ungewöhnlich freier, in sich gefestigter Persönlichkeiten hervorgebracht hat, die ungezählten anderen zu Führern und zu gesuchten Meistern geworden sind.
Es waren dieser Bewegung einige Jahrhunderte der Vorbereitung vorausgegangen, in welchen der Buddhismus, von indischen Mönchen verkündet und vorgelebt, erstmals auf chinesischem Boden Fuß gefaßt hatte. Die heiligen Schriften oder Sutren waren durch groß organisierte Zusammenarbeit zwischen Indern und Chinesen in die Landessprache übertragen worden, Söhne des Landes waren in den Mönchsstand eingetreten, Klöster waren hin und her entstanden, Meister übten ihre Schüler in der strengen Zucht der Ordensregel, Priester predigten dem Volk und weihten es durch Feiern von geheimnisvollem Prunk in die Wunder eines höheren Lebens ein, und gelehrte Mönche schrieben lange Kommentare zu den heiligen Schriften und mühten sich mit Fleiß und Scharfsinn, deren Lehren in dogmatische Systeme von erstaunlicher Dimension zu ordnen.
Aber erst in der Bewegung, von der hier die Rede ist, hat der chinesische Geist das Buddhatum in seinem innersten Kern begriffen und verwirklicht. Dies aber wiederum auf seine eigene, echt chinesische Art, und das heißt praktisch, mit entschlossener Beschränkung eben auf den Kern, die Sache selbst, und mit Verzicht auf alles andere Drum und Dran. Diese Sache aber ist von einer Art, die alles, was man sonst an ›praktischen Belangen‹ nennen mag, unendlich übersteigt. Was jene Männer innerlich erfüllte, das war, wenn man ihm eine Etikette geben will, gewiß Buddhismus. Aber was sie selbst nun unter Buddhatum und Buddhaschaft verstanden, innerlich besaßen und ausstrahlten, war so hoch, so weit, so tief, daß es durch Namen und durch unterscheidende Begriffe mehr verdeckt wird, als beschrieben werden kann. Diese Männer sind ein Beispiel dafür, daß eine Religion, wenn sie das, was sie zu wollen vorgibt, nur in vollem, ganzem Ernste will, über ihren eigenen, geschichtlich bedingten und durch Namen bezeichneten Rahmen hinauswächst in ein unnennbares, unfaßbares und doch ganz konkretes, praktisch wirksames Glück, in dem man nicht mehr ›nach der Pforte fragt‹, durch welche man ›hereingekommen‹ ist. Sie sind alles andere als Christen, ja als Theisten überhaupt. Aber ich, soweit ich christlich denke und empfinde, kann, wenn ich ihren Geist verspüre, gar nicht anders als bekennen: diese Männer haben Gott – obwohl sie jeden solchen Namen streng verwerfen und

jeden theologischen Gottesbegriff erbarmungslos zerpflücken würden. Sie sind nun einmal von der ›Sache‹, die sie haben, dermaßen besessen, daß sie in jedem Wort, mit dem man diese nennen möchte, fast einen Frevel sehen, weil Worten stets die Neigung innewohnt, sich alsbald zwischen jene Sache und den, der sie begreifen und ergreifen möchte, trennend einzuschieben und ihm auf diese Weise einen Besitz vorzutäuschen, den er gar nicht hat.

Der Ort aber, wo diese Sache ihren Sitz hat, wo sie sich offenbaren und bewähren kann, der ist nirgendwo zu suchen, als in der eigenen Brust. Mag einer auch von Himmeln oder Höllen reden, sie alle sind nur Bilder, sind nur Formen, aufgestiegen aus dem Grund der hin und her bewegten Seele. Sei es ein Gott, sei es ein Buddha: er wird immer nur im Geiste eines Menschen festzustellen sein, sonst nirgends. Geist, Seele, Herz – es ist chinesisch stets dasselbe ›hsin‹–, das ist für diese Menschen mehr als jede andere sogenannte Wirklichkeit. Denn nur im Geist wird alle Wirklichkeit erlebt, erfahren und erkannt. Der Geist, das Herz ist darum dasjenige Feld, das zu beackern jedem Menschen mehr als alles andere nottut. Nicht theoretische Probleme irgendwelcher Art sind wichtig, nicht das, was wir von diesem oder jenem Menschen halten, hat Belang, wichtig ist immer nur die Frage, was ich selber bin. Denn aus mir selbst kommt aller Streit und alle Qual des Daseins. Und in mir selbst ruht ganz zuunterst jener Friede, in dem aller Streit versinkt. Und die Erfahrung dieser Menschen ist es, daß der Friede, daß die Buddhaschaft, wie sie es nennen, jeden Augenblick ergriffen werden kann, daß damit an die Stelle meines kleinen engen Ichs ein anderes tritt, das keine Grenzen hat und mich mit jedem Du und jedem Ding in Eins zusammenschließt, so daß alle Weltenräume, alle Zeiten, fernste Vergangenheit und letzte Zukunft, im Geiste gegenwärtig greifbar sind. Sein oder Nichtsein ist hier keine Frage; der Standort ist jenseits von Tod und Leben.

Deshalb ist es diesen Menschen nur darum zu tun, für diese Dinge aufgeschlossen, reif und frei zu werden. Dazu üben sie sich selbst und lehren andere, sich zu üben in stiller Andacht oder Selbstversenkung, wie es der Buddha tat, bis ihm das Licht der Freiheit und Erlösung aufging, und wie er es auch nachher übte, um im Licht zu bleiben und zu wachsen. Diese Übung stillen Sitzens in Versenkung, bei der es gilt, sich seiner selbst und aller Dinge zu entäußern, heißt in Indien Dhyâna. Dafür sagen die Chinesen Tschan-na, die Japaner Zen-na, und kürzen diese Worte ab zu Tschan und Zen. Weil die Bewegung, welche diese Menschen treibt, im Tschan bzw. Zen die eigentliche Quelle ihrer Kraft erkennt, deshalb nennt sie sich mit diesem Namen. Da sich im Abendland durch viele Bücher bereits der Name Zen hinreichend eingebürgert hat, wird auch in diesem Buch die japanische Form des Wortes Dhyâna beibehalten.

Im übrigen ist unsere Aufgabe nicht, weiter über Zen zu reden. Das haben andere schon in reichem Maß getan. Das Schriftenverzeichnis am Ende unseres Buches gibt darüber Auskunft. Unter den dort genannten

Büchern verdienen diejenigen von Suzuki besonders hervorgehoben zu werden, ebenso die erste zusammenfassende Darstellung von Dumoulin und die kleinen, aber von Entdeckerlust erfüllten Büchlein des Philosophen Eugen Herrigel. Hier in diesem Buch dagegen sollen die chinesischen Meister aus der klassischen Zeit der Zen-Bewegung selbst zu Worte kommen. Denn was immer über Zen geschrieben worden ist, das geht auf sie und im besonderen auf diese unsere Schrift zurück. Nur von ihr, ihrer Entstehung, ihren Verfassern, ihrem Aufbau haben wir noch Genaueres zu berichten.

Erstes Erscheinen der heutigen Textform des Bi-yän-lu

Es war ungefähr im Jahre 1300 oder wenig später, als ein hochgesinnter Laienanhänger der Zen-Lehre in Schu, der heutigen Provinz Sï-tschuan, namens Dschang Ming-yüan sich der Mühe unterzog, von einem fast vergessenen Buche älterer Zeit die wenigen Drucke und Abschriften, deren er habhaft werden konnte, zu sammeln, zu vergleichen und daraus den ursprünglichen Text so vollkommen, als es der schadhafte Zustand der alten Hefte erlaubte, wiederherzustellen. Er gab einen Blockdruck davon heraus, denn gerade in seiner Provinz Schu war die Kunst des Buchdrucks schon seit einigen Jahrhunderten gut entwickelt, und der Titel, mit dem er das Buch den Lesern anpries, lautete: ›Vornehmste Schrift der Lehre unseres Glaubens – Yüan-wu's Beispielsammlung von der Smaragdenen Felswand‹ (Dsung-mën di-i-schu Yüan-wu Bi-yän-dji, japanisch Shû-mon dai-ichi no sho En-go Heki-gan-shû). Neben der Form Bi-yän-dji hat sich auch der Titel Bi-yän-lu, japanisch Heki-gan-roku, eingebürgert und ist heutzutage der gebräuchlichere. Lu (roku) bedeutet Niederschrift oder Bericht, Bi-yän-lu also: die Niederschrift von der Smaragdenen Felswand.

Mit der Bezeichnung ›Vornehmste Schrift der Lehre unseres Glaubens‹ hat der Herausgeber Dschang Ming-yüan bis heute recht behalten. Die Schrift nimmt in der Tat innerhalb der ostasiatischen Zen-Schulen und vor allem in Japan, wohin sie noch in demselben Jahrhundert gelangt ist, als Übungsbuch für Zen-Beflissene den ersten Rang ein. Merkwürdig ist nur, daß sie nach ihrer Abfassung durch Yüan-wu im zweiten Jahrzehnt des 12. Jahrhunderts keine weitere Verbreitung gefunden hat, ja im Gegenteil beinahe in Vergessenheit geraten ist. Zu einem Teil erklärt sich dieses Schicksal allerdings aus den ungeheuren Stürmen, welche in der Zwischenzeit über das chinesische Reich und sein leidgewohntes Volk hinweggegangen sind. 1126, noch zu Lebzeiten Yüan-wu's, war das große Sung-Reich unter den Schlägen der von Nordosten eingefallenen Dschurdschen, eines tungusischen Stammes, der sich den Reichsnamen Kin (Gold) beilegte, zusammengebrochen. Zwar konnte sich im Süden des Yangtsekiang noch ein chinesischer Rumpfstaat unter der sogenannten ›Südlichen Sung-Dynastie‹ halten, und die Furcht des Kin-Reichs vor der im Nordwesten aufsteigenden Macht der Mongolen verschaffte ihm trotz innerer Schwäche noch ein Jahrhundert Ruhe. Nachdem aber die Mongolen in zermürbenden Kämpfen die Kin-Herrschaft 1234 vernichtet und damit ganz Nordchina erobert hatten, waren die Tage der Südlichen Sung-Dynastie trotz einer ihnen gewährten Gnadenfrist gezählt, und nach vielen verlorenen Schlachten nahm das Reich 1279 ein trauriges Ende. Im Jahre darauf legte sich Hubilai (Kubilai Khan), der Sieger, als Kaiser von ganz China für sein Haus den Namen Yüan bei. Ihm folgte 1295 sein Enkel Temür, als Yüan-Kaiser Tschëng-dsung genannt, und es läßt sich wohl denken, daß zu seiner Zeit von Büchern aus dem vorigen Jahrhundert nicht gar viel mehr übrig war.

Doch die Verwüstungen der vielen Kriege sind für das Schicksal, das die ›vornehmste Schrift‹ der Zen-Lehre nach dem Tode ihres Verfassers betroffen hat, nicht der Hauptgrund. Weit verhängnisvoller war, daß Yüan-wu's eigener Schüler, den er als besten seiner Nachfolger bezeichnet hatte, nachdem er selbst Meister eines großen Schülerkreises geworden war, eines Tages erklärte, die Schrift von der smaragdenen Felswand sei für die heranwachsende Generation gefährlich, und den Befehl ausgab, alle erreichbaren Abschriften derselben zu sammeln und im Klosterhofe unbarmherzig zu verbrennen. Um diese erstaunliche Maßnahme einigermaßen zu verstehen und richtig zu beurteilen, bedarf es freilich einer gewissen Einsicht in das Wesen des Zen überhaupt und besonders in den Charakter der von der Verbrennung betroffenen Schrift, und so sind wir genötigt, zunächst weiter auszuholen und den Ursprüngen nachzuforschen, aus welchen dieses eigenartige literarische Erzeugnis des chinesischen Buddhismus hervorgegangen ist.

Wir müssen zu diesem Zweck auch hinter den als Verfasser genannten Zen-Meister Yüan-wu noch um etwa achtzig Jahre weiter zurückgreifen, denn dieses Mannes Werk ist keineswegs eine ursprüngliche und in sich einheitliche Schöpfung, sondern nur sein allerdings bedeutender Kommentar zu einer älteren Schrift, welche den eigentlichen Grundstock des vorliegenden Buches bildet.

Der Leser wird bald bemerken, daß es auch mit diesem Rückgriff noch lange nicht getan ist, daß unter dieser zweiten Schicht noch ältere liegen, daß er es also bei der Lektüre dieses Buches nicht nur mit Ideen zu tun bekommt, sondern mit einer ›Wolke von Zeugen‹, deren jeder ganz seine eigene Art, sein eigenes Profil hat und zugleich doch mit der Gesamtheit durch sehr bestimmte unzerreißbare Fäden genau verbunden ist. Es sind die Fäden der Überlieferung im vollen Sinn des Wortes, d. h. der Weitergabe höchsten Gutes von der Person des Meisters auf den Jünger. Die unbegreifliche Verschlingung zwischen einem Gut, das, über alle Zeit erhaben, immer gegenwärtig ist, mit dem Ablauf menschlicher Geschichte von Geschlecht zu Geschlecht ist eine der fundamentalsten Paradoxien, die den Lebensnerv jedes echten Glaubens ausmachen und in der Zen-Gemeinschaft wohl besonders kraß entwickelt sind.

Hsüä-dou Dschung-hsiän, Sammler der Beispiele und Dichter der Gesänge

Bleiben wir aber zunächst bei dem Manne stehen, der zu dem Buch Yüan-wu's den Grund gelegt hat, bei dem Meister ›vom Schneemuldenberg‹, chinesisch Hsüä-dou-schan, der, seitdem er dort gewirkt hat, selbst den Namen Hsüä-dou[1] trägt. Auch er ist, wie Yüan-wu, unter der Sung-Dynastie geboren, aber zu einer Zeit, da diese noch in frischem Aufstieg begriffen war und alles Volk noch freier atmete, als in der Bedrängnis späterer Zeit. Auch seine Heimat war in Schu, der von hohen Gebirgen umgrenzten westlichen Provinz Sï-tschuan, aus der dem Yangtsekiang so viele Ströme zufließen. An einem dieser Flüsse, dessen Wasser in Dschung-king den großen Strom erreicht, ist er im Jahr 980 im Bezirk der Stadt Sui-ning als Sohn einer Familie Li geboren, zeigte sich schon früh allem Gemeinen abgeneigt, wanderte noch jung nach der Hauptstadt der Provinz, Tschëngtu, um in ein Kloster einzutreten. Daß es ein Zen-Kloster gewesen ist, wird nicht ausdrücklich vermerkt. Doch darf man dies bestimmt annehmen, weil in der Sung-Zeit der Buddhismus überhaupt fast nur noch von Zen-Mönchen getragen wurde, nachdem die andern einst so blühenden buddhistischen Sekten in den Verfolgungen der späteren Tang-Zeit so gut wie ausgestorben waren. In diesem Kloster also hat der junge Li schon mit neunzehn Jahren das Mönchsgelübde abgelegt, und der neue Name Dschung-hsiän, d. h. Gewichtig-glänzend, den ihm der Abt dabei verlieh, läßt die Erwartungen erkennen, die dieser auf ihn setzte.

Wie jeder echte Zen-Mönch ging Dschung-hsiän nun auf die Wanderschaft, für Nahrung, Kleidung, Übernachtung, wie für das sittliche Verhalten an strenge, heilige Gelöbnisse gebunden, aber in der Wahl der Orte und der Meister, die er kennen lernen wollte, völlig frei. Er war nun, wie der Ausdruck lautete, ein Yün-schui (japanisch Unsui), d. h. Wolke und Wasser, ohne Heimat, ohne festen Ruhepunkt, ein Freund der Winde und des Mondes, der Berge und Gewässer. Er konnte sich aus den Verkrümmungen der heimatlichen Bande lösen, aber dafür gleichgesinnte Freunde finden und vor allem einen Meister, dem sich dauernd anzuschließen ihm die innere Stimme anbefehlen mochte. Wie von selbst wurde der begabte Dschung-hsiän auf diesen Wanderungen auch zum Dichter, und da in China jeder Künstler seinen Künstlernamen trägt, wählte auch er sich einen solchen. Unter den Meistern der Vergangenheit, von denen sich die späteren großen Lehrer herleiteten, hatte einer es ihm besonders angetan, der sogenannte Sechste Patriarch, Hui-nëng, dem wir in diesem Buch noch oft begegnen werden. Der hieß von Haus aus Lu und war als armer Pilger einst zu seinem Meister, dem Fünften

[1] Hsüä-dou Dschung-hsiän, 980–1052; japanisch Set-chô Jû-ken. Traditionstafel III A, 16.

Patriarchen, gekommen, um dann ganz überraschend dessen Nachfolger zu werden. So nannte sich der dichtende Dschung-hsiän also den ›Herrn Lu‹; davon wird im 20. Kapitel die Rede sein. Seine Pilgerfahrt führte den Wandermönch, wie zu erwarten, yangtseabwärts nach der Provinz Hupe nördlich des großen Dung-ting-Sees, und auf der Wanderung in den Norden dieses Landes fand er nun in Sui-dschou einen Meister, dessen hochgesinntes Wesen solchen Eindruck auf ihn machte, daß er beschloß, bei ihm zu bleiben. Der Zen-Hof, den der Meister leitete, hieß Dschï-mën, d. h. Wissenstor, und darnach wird in der Tradition auch dieser Meister selbst genannt[1]. Bei Dschï-mën nun begann für Dschung-hsiän die Zeit eindringenden Übens bis zum Durchbruch unter ständiger Leitung durch den Meister, der sich um den hoffnungsvollen Schüler mit besonderer Sorgfalt annahm. Aus dem Verkehr der beiden miteinander ist uns eine für den Schüler wichtige Unterredung überliefert.

Sie kreiste, wie es scheint, um die Erhebung über alle einzelnen Gedanken und Gefühle, aus denen Unterscheidungen und Gegensätze und damit Wirrnisse entstehen, also um die innere Stille, die in der Versenkung als deren schönste Frucht gefunden wird. Im Laufe des Gesprächs warf Dschung-hsiän selbstsicher eine Gegenfrage auf: Wie sollte es da, wo man keinen bestimmten einzelnen Gedanken mehr erstehen läßt, noch so etwas wie Schuld und Fehle geben? Dschï-mën sagte ruhig: Komm einmal näher her! Dschung-hsiän trat dicht vor den Meistersessel. Da griff Dschï-mën zu seinem Jakschweif (einem Fliegenwedel, Abzeichen seiner Würde), schwang ihn über Dschung-hsiän in die Luft und schlug ihn damit auf den Kopf. Dschung-hsiän, seiner Sache sicher, stand aufrecht, ohne nur zu zucken, und machte eben Miene, etwas zu entgegnen, als der Meister noch einmal den Jakschweif auf ihn niedersausen ließ. In diesem Augenblick durchzuckte den Getroffenen die große Einsicht, was es mit der viel berufenen Erhebung über alle einzelnen Gedanken und Gefühle in Wahrheit auf sich habe, und von diesem Tage an behandelte der Meister ihn als einen, der den Weg gefunden hat.

Gleichwohl blieb Dschung-hsiän noch weitere fünf Jahre bei Dschï-mën, war als Diener täglich um ihn und lernte so des Meisters Innerstes erst recht verstehen. Dann ging er noch einmal auf Pilgerfahrt; denn wer selbst ein Meister werden will, der muß auch, wenn er die Einsicht schon gewonnen hat, noch lange üben und sich mit vielen andern messen, um hinzuzulernen und zu reifen. Unterwegs traf er mit einem fein gebildeten und der Dichtung zugetanen Mandarin namens Dsëng Hui zusammen, mit dem er schon von früher her eine literarische Freundschaft hatte. Der empfahl ihm, einmal das berühmte Kloster Ling-yin-sï, ›zum Geistgeheimnis‹, im Gebiet der großen Hafen- und Handelsstadt Hang-dschou aufzusuchen, und da er um die Zukunft seines jungen Freundes Sorge

[1] Dschï-mën Guang-dsu, 10. Jahrhundert; japanisch Chi-mon Kô-so. Traditionstafel III A, 15.

trug, gab er ihm gleich auch an den dortigen Meister Schan (d. h. Koralle) ein Empfehlungsschreiben mit, damit ihm dieser helfe, eine Stellung irgendwo als Leiter eines Zen-Klosters zu finden. Dschung-hsiän griff den Vorschlag gerne auf, ging hin, ließ sich, wie jeder andere Wandermönch, in die Bruderschaft einreihen und gab sich lange Zeit den Übungen und Arbeiten des Klosters hin. Nach zwei Jahren kam Dsëng Hui ins Kloster auf Besuch und fragte dabei auch den Meister Schan nach dem Mönche, den er ihm empfohlen habe. Schan aber wußte davon nichts und ließ nun Dschung-hsiän holen. Ob er den Empfehlungsbrief denn unterwegs verloren habe, fragte der Besucher. Keineswegs, erwiderte der Mönch und zog das alte Schreiben aus der Busenfalte; er sei dafür sehr dankbar und bewahre es gut auf; nur sei er jetzt zur Übung hier als Yün-schui (Wolke und Wasser), und einem solchen stehe es nicht an, Postbotendienste zu verrichten. Die Verblüffung löste sich in frohes Lachen auf, der gelehrte Gönner wiederholte die Empfehlung vor dem Meister mündlich, und dieser wußte alsbald Rat. Im Bezirk von Su-dschou auf dem wunderschönen Inselberge Dung-ting in dem dortigen Tai-hu oder Großen See war ein Kloster, das gerade einen Leiter suchte. Wie der ›Herr Lu‹ den Tag besang, an welchem er dort einziehen konnte, wird im 20. Kapitel dieses Buches zu lesen sein.
In dem Kloster auf der Insel Dung-ting bewährte sich Dschung-hsiän als Leiter und Seelsorger so, daß sich sein Ruf in kurzer Zeit verbreitete. Doch auch hier bemühte er sich nicht, seine bescheidene Stellung durch eigene Schritte zu verbessern. Wieder war es sein literarischer Freund und Gönner, der Beamte Dsëng Hui, der ihm weiterhalf. In dem Landkreis (um die Hafenstadt Ningpo in Tschekiang), welchen er nach einigen Jahren zu verwalten hatte, befand sich ein altberühmter Gebirgsstock, der Vierhellenberg (Sïming-schan) genannt, auf dem schon manche bedeutende buddhistische Meister gelehrt hatten. Dorthin beschloß Dsëng Hui nun seinen Freund zu rufen, und zwar auf eine Höhe, die den Namen Schneemulde, Hsüä-dou, führte. Hier sollte er nicht nur ein kleines Kloster leiten, sondern als öffentlicher Lehrer in die Weite wirken. Wir wissen nicht, in welchem Jahr Dschung-hsiän diese Stelle antrat, doch wird er kaum viel älter als vierzig Jahre gewesen sein. Setzen wir als ungefähren Zeitpunkt das Jahr 1020, so hätte er daselbst noch mindestens 32 Jahre lang gewirkt, bis er mit 72 im Jahr 1052 ›in die Verwandlung einging‹. Seitdem heißt er nach dieser Stätte seines Wirkens Hsüä-dou Dschung-hsiän. Viele Schüler sind ihm dort von weither zugeströmt, mehr als siebzig wurden später als bedeutende Meister genannt. Hsüä-dou's größte Wirkung aber geht von seinen hinterlassenen Schriften aus. Es werden deren acht genannt. Unter ihnen ragen besonders seine Gesänge hervor, von denen eine Sammlung von über 250 Gedichten unter dem Namen Dsu-ying-dji (japanisch So-ei-shû), d. h. Gesammelte Gesänge von den Helden, unsern Vätern, heute noch im Umlauf ist. Sie wird an Bedeutung aber noch von einer andern Sammlung überragt,

und diese ist es, welche zu der Sammlung Yüan-wu's ›Von der Smaragdenen Felswand‹ den Grundstock und das Rückgrat bildet.

Hsüä-dou's ›Beispiele der Alten mit Gesängen‹

Die Schrift ist ein echtes Werk der Sung-Zeit, einer Zeit, in der nach langen Jahren der Verwirrung und Verwüstung wieder Ordnung herrscht und neues Wachstum einsetzt, auch auf dem Boden des so sehr geschwächten Buddhatums. Nichts war in solcher Zeit natürlicher, als den Blick rückwärts zu richten auf die unvergessene Blüte, die dem Niedergang vorangegangen war, also auf die Tang-Zeit. Sie war auch für das Zen das klassische Zeitalter seiner großen Meister, angefangen mit dem ›Sechsten Patriarchen‹ Hui-nëng (japanisch Enô, 638–713) bis herab zu jenen großen Meistern, die noch in der Zeit der Auflösung die Fahne ihres Glaubens hochgehalten hatten, so daß im Unterschied zu anderen buddhistischen Sekten wenigstens die Zen-Schulen die schwere Krise überstehen und sich nun in neuer Kraft erheben konnten. So lag es nahe, die geistig Suchenden der jungen Generation auf jene Alten hinzuweisen. Denn an ihrem Beispiel ließ sich bei gründlicher Betrachtung das erkennen, was ihres Lebens innerster Besitz, ihr Licht und ihre Kraft gewesen war, und was sie doch nie für sich selbst allein in Anspruch genommen, sondern jedem mitzuteilen gewünscht hatten, dem es damit ernst war. Es bedurfte dazu keiner langen Reden, denn es handelte sich nicht um Lehren. Ein einziges geisterfülltes Wort solch eines alten Meisters konnte, wenn der Schüler richtig vorbereitet war, einschlagen wie ein Blitz und ihm ein für allemal das Tor zu einem neuen Leben öffnen. Meisterworte dieser Art gingen schon zur Tang-Zeit in den Zen-Klöstern von Mund zu Mund, sie wurden vielfach aufgezeichnet, es entstanden die verschiedensten ›Berichte von Worten‹ dieses oder jenes Meisters, Yü-lu (japanisch Go-roku) genannt. Die ›Geschichtschreiber‹ der Zen-Schulen faßten solche Berichte zusammen; ihre sogenannten ›Meisterbiographien‹ sind kaum viel mehr als eine Aneinanderreihung eindrucksvoller Worte und Gespräche. Das umfassendste Werk dieser Art entstand zu Lebzeiten Hsüä-dou's in der Ära Djing-dö (1004–1007), genannt ›Bericht von der Weitergabe der Leuchte[1]‹, und es kann wohl sein, daß er es gerne benutzt hat, obwohl es an geschichtlicher Treue älteren Berichten nachsteht.
Wie dem nun sei, so begannen in der Sung-Zeit jedenfalls verschiedene Meister, Aussprüche der Alten für die Unterweisung ihrer Schüler zu verwenden; manche schrieben ihre Vorträge über solche Aussprüche auch nieder. Etwas Neues war, daß bald auch einige diese Aussprüche dichterisch behandelten, in geringerem Umfang zunächst Hsüä-dou's

[1] Djing-dö Tschuan-dëng-lu; japanisch Kei-toku Dentô-roku

[2] Fën-yang Schan-dschau, 10.–11. Jahrhundert; japanisch Fun-yô Zen-shô. Traditionstafel III B, 16.

eigener Meister Dschï-mën, in größerem der Meister Schan-dschau von Fën-yang[2] in der nördlichen Provinz Schansi, ein wohl etwa zwanzig Jahre älterer Zeitgenosse Hsüä-dou's und ein großer Systematiker der Lin-dji- (japanisch Rinzai-) Schule. In großem Stil aber hat dies erst Hsüä-dou unternommen. Sein bleibendes Werk besteht darin, daß er aus den Berichten über Worte und Gespräche der alten Meister hundert kurze Anekdoten sammelte, die ihm als Muster oder Beispiel für den echten Geist des Zen geeignet schienen, und zu jedem dieser Beispiele einen Gesang dichtete, der das Wesentliche jeder Anekdote mit ebensoviel Scharfsinn wie mit rühmender Begeisterung herausstellt.
Die Anekdoten in der Sammlung Hsüä-dou's heißen Dsö (japanisch Soku), d. h. Muster oder Beispiel. Da sie von den ›Alten‹ (zumeist denen aus der Tang-Zeit) handeln, heißen sie auch Gu-dsö (japanisch Ko-soku), d. h. Beispiele der Alten. Sie enthalten Stück für Stück, dem verschlossenen Blick verborgen, dem geöffneten dagegen offenbar, das Geheimnis ewiger Wahrheit, erheben darum Anspruch auf die höchste Autorität. In diesem Sinn nennt man sie nun auch Gung-an (japanisch Kô-an), d.h. öffentlicher Aushang, nämlich von kaiserlichen Bekanntmachungen und Erlassen. (Der Ausdruck ›Problem‹, der für das japanische Kôan in Europa umgeht, bringt nur die eine Hälfte der Bedeutung dieses Worts zum Ausdruck. Es schließt auch den Begriff der höchsten Offenbarung ein.)
Die Gesänge heißen Sung (japanisch Ju), nach dem Muster einer Gattung weltlicher chinesischer Dichtung, die man etwa Oden nennen kann. In ihnen ist der starke, warme Pulsschlag Hsüä-dou's ganz unmittelbar zu spüren. So knapp sie sind, so kühn die Sprünge der Gedanken, so hart der Wechsel seiner Bilder, so heben sie doch stets gerade das, worauf es für das Verständnis des Beispiels ankommt, scharf zugespitzt heraus. Sie sind deshalb noch immer zu den Beispielen der beste Kommentar, nur daß sie selbst erst noch verstanden sein wollen.
Wir wissen nicht, wann Hsüä-dou seine hundert Beispiele der Alten mit Gesängen abgeschlossen und herausgegeben hat. Aber man darf sicher sein, daß dieses Werk ihn jahrelang beschäftigt hat. Schon der Auswahl aus der reichen Fülle überlieferter Gespräche und Aussprüche alter Meister muß ein langes Studium vorausgegangen sein. Und die Quintessenz auch nur eines dieser Beispiele in Gesänge von oft bloß vier Versen einzuspannen, konnte nur hingebender Vertiefung in den Geist der ›Alten‹ möglich sein. Wohl läuft sie letzten Endes immer auf denselben Sinn hinaus, aber jedes dieser hundert Beispiele hat seinen eigenen Ausgangspunkt und seinen eigenen oft gewundenen Weg. Hsüä-dou's Leistung verdient in der Tat Bewunderung.

Yüan-wu Ko-tjin,
Ausleger der Beispiele und Gesänge Hsüä-dou's

Diese Leistung ist es denn auch, die rund achtzig Jahre später den Meister Yüan-wu so begeisterte, daß er es unternahm, seiner Hörerschaft die hundert Stücke Hsüä-dou's mit Gesängen zur Betrachtung vorzulegen und sie auf seine eigene kraftvolle Weise zu erläutern.[1] Vielleicht hat dazu auch der Umstand beigetragen, daß er ein Landsmann Hsüä-dou's war. Auch er ist in der Provinz Sï-tschuan geboren, und zwar im Jahr 1063 in der Nähe der Provinzhauptstadt Tschëngtu als Sohn einer Familie Lo, deren Oberhäupter seit vielen Generationen konfuzianische Lehrer waren, so daß auch er schon in früher Jugend die klassischen Schriften Altchinas auswendig konnte. Im Buddhatempel seines Ortes aber blätterte der Knabe gerne auch in Sutrenheften, und deren Worte machten auf ihn solchen Eindruck, daß es ihn bald zum Mönchtum hinzog. Er trat in jenem Tempel als Novize ein, lernte nun die Sutren richtig lesen und suchte bald in Tschëngtu bessere Lehrer auf. Dort war es wohl auch, daß er das endgültige Mönchsgelübde ablegte und dabei den für ihn so sehr bezeichnenden Namen Ko-tjin, Überwindungsfleiß, annahm. Eifrig studierte er von nun an eine Sutrenschrift nach der andern, ohne doch die innere Ruhe, die er sich davon versprach, zu finden. Eine Krankheit brachte ihn dem Tode nah, und auf der Grenze dieses Lebens wurde ihm mit einem Male klar: der echte Weg des Buddha, das Nirvâna, welches er einst fand und predigte, ist im Wortlaut dieser Schriften nicht zu finden; die verstandesmäßige, dogmatische Deutung führt zu nichts. Ko-tjin[1] mußte Menschen finden, die es in sich selber hatten, Meister in der langen Reihe, in welcher sich der Geist des Buddha von Mensch zu Mensch lebendig weiterpflanzt. So nahm er Binsenhut und Pilgerstab und ging als Yün-schui (Wolke und Wasser) auf die weite Wanderung. Der erste Meister, bei dem sich Ko-tjin eine Weile aufhielt, schien Vertrauen in ihn zu setzen, und eines Tages, als sie unter vier Augen waren, schnitt er sich in den Arm, wies auf den Blutstropfen, der herauskam, und sagte zu dem jungen Mönch: Das ist ein Tropfen aus dem Tsau-Bach. (Am Tsau-Bach in der Tsau-Schlucht der Kanton-Provinz hatte einst um 700 der Sechste Patriarch Hui-nëng gewirkt, von dem alle späteren Zen-Schulen sich herleiten. Der Meister wollte sagen: Hier hast du den reinen Geist des alten Patriarchen; den übergebe ich dir.) Ko-tjin starrte ihn nur an und brachte nicht ein Wort heraus. Schien ihm etwas an dem Meister nicht ganz echt, oder hielt er sich selbst noch nicht für reif, oder war es beides – auf jeden Fall nahm er am nächsten Tag seinen Abschied und ging weiter, entschlossen, nicht zu ruhen, bis er den Mann gefunden haben würde, von dem er zuinnerst überzeugt wäre, daß er den richtigen Geist habe. Es war eine lange, mühevolle Fahrt nach Mittel-, Ost- und Südchina. Einen alten Meister um den andern suchte Ko-tjin auf, von keinem war er ganz befriedigt. Endlich wies ihn ein älterer Weggenosse an den Meister Fa-yän[2], einen bedeutenden Meister aus der Lin-dji-Schule (ja-

[1] Yüan-wu Ko-tjin, 1063–1135; japanisch En-go Koku-gon. Traditionstafel III B, 21.

[2] Wu-dsu Fa-yän, 1024–1104; japanisch Go-so Hô-en. Traditionstafel III B, 20.

panisch Rinzai-shû), der wie er selbst aus dem fernen Sï-tschuan stammte, jetzt aber in der Provinz Anhui im heutigen Anking am Yangtsekiang lehrte. Aber Ko-tjin trug zu jener Zeit den Kopf noch hoch und ließ, als er vor den Meister trat, die ihm eigene Beredsamkeit allzu selbstbewußt glänzen. Dieser warnte ihn, solche Reden hülfen auf dem Sterbelager gar nichts; aber Ko-tjin schlug die Warnung in den Wind und wanderte weiter. Noch einmal befiel ihn eine schwere Krankheit, er ging in sich, kehrte um zu Fa-yän, bekannte seinen Fehler, und nun wurde er von diesem nicht nur aufgenommen, sondern auch zu seinem Aufwärter bestellt und blieb jahrelang in seinem Dienst. Nach ein paar Wochen hatte Fa-yän Besuch von einem Landsmann aus Schu, einem Polizeibeamten, der vor der Rückkehr nach der Heimat gerne noch von der Erkenntnis des berühmten Meisters etwas mitbekommen hätte. Fa-yän sagte ihm, das sei gerade wie in jenem Liedchen, wo es heiße:

Sie ruft und ruft der kleinen Perle
und will doch nichts von ihr,
nur, daß der Liebste an der Stimme
es höre: Ich bin hier.

Der Polizeibeamte schien von dieser Erklärung nicht so recht befriedigt. Den Aufwärter Ko-tjin dagegen durchzuckte es plötzlich, und nachdem der Gast sich entfernt hatte, fragte er den Meister: Hat der Herr den Vers wohl richtig verstanden? Fa-yän brummte: Er hat bloß die Stimme aufgefaßt. Der Aufwärter versetzte: Ist denn das nicht genug? Warum ist das noch nicht das Richtige? Da sagte Fa-yän mit erhobener Stimme, so, als legte er sich selber eine Frage vor: Was ist es um den Sinn, den uns der Patriarch vom Abendland gebracht hat? Und gab nun darauf selbst die Antwort: Die Eiche da im Garten! Da, die, die! Dem Aufwärter war es, als schnellte in seinem Innern eine Sprungfeder auf. Ohne zu wissen, was er tat, rannte er hinaus und rief: Oh, das ist es; das ist sie ja, die Stimme! Dann faßte er sich, schrieb ein kleines Gedicht nieder, das sein Erlebnis ausdrückte, nahm ein Weihrauchstängchen, trat vor Fa-yän, dankte und zeigte ihm sein ›Findelied‹. Fa-yän erwiderte: In das Große, was der Buddha und die Patriarchen haben, finden kleine und aufs Niedrige gerichtete Gemüter schwer den Weg. Ich will Gehilfe deiner Freude sein. Und zu den alten Mönchen, die im Kloster lebten, sagte er: Mein Aufwärter hat das Zen begriffen.
Ko-tjin blieb bei Fa-yän auch, als dieser auf den Berg der Gelben Pflaumenblüten, Huang-me-schan (nur wenig nördlich von der am Jangtsekiang gelegenen Stadt Kiukiang) berufen wurde, auf dem im 7. Jahrhundert der Fünfte Patriarch, Hung-jën (japanisch Kônin, 602–675), der Lehrer des Sechsten, gewirkt hatte, und der darum auch der ›Berg des Fünften Patriarchen‹ heißt (chinesisch Wu-dsu-schan, japanisch Go-so-san). Fa-yän führt darum auch den Namen Wu-dsu Fa-yän (japanisch Goso Hô-en; er ist 1104 gestorben). Im jahrelangen engen Umgang mit

dem Meister ist Ko-tjin selbst herangereift, bis er um die Zeit von Fa-yäns' Ende beschloß, nach Schu zurückzukehren, wo seine alte Mutter auf ihn wartete. In Tschëngtu wurde er vom Regierungspräsidenten mit hohen Ehren empfangen und erhielt alsbald den Ruf, ein angesehenes Kloster als Abt zu leiten, kurz danach auch den Auftrag, in einem andern Kloster allgemeine Vorträge für das Volk zu halten.
Nach etwa sieben Jahren nahm sein Leben eine neue Wendung. Unerwartet traf er nämlich im Jahr 1111 auf einer Stromfahrt yangtseabwärts in King-dschou, Provinz Hupe, mit dem Staatsmann Dschang Schang-ying zusammen. Dieser hatte es 1110 als Kanzler an dem korrupten und genußsüchtigen Hof des Kaisers Hui-dsung gewagt, den Maßnahmen des vor mehr als drei Jahrzehnten gestürzten Sozialreformers Wang An-schï zum Schutz der Bauern und Kleinhändler noch einmal Geltung zu verschaffen, hatte aber schon nach einem Jahr dem erbitterten Widerstand des Reis- und Teegroßhandels weichen müssen und sollte nun ein hohes Verwaltungsamt in Hunan antreten. Wahrscheinlich war Yüan-wu, der ohne Frage auf der Seite des gedrückten Volkes stand, ein Mann nach seinem Herzen, und so forderte er diesen auf, im Bezirk der südlich des Yangtse nicht gar weit von King-dschou gelegenen Stadt Li (zur Provinz Hunan gehörig) die Leitung des Zen-Hofes ›zum Wunderquell‹ auf dem ›Klammberg‹ oder Djia-schan zu übernehmen, einem Berg, auf dem schon in der Tang-Zeit bedeutende Zen-Meister gewirkt hatten. Und dies ist der Ort, an dem der Meister Ko-tjin sich durch sein Auftreten nicht nur die Bewunderung der Zeitgenossen verdiente, die ihm dann den Ehrennamen Yüan-wu eintrug, sondern auch das Werk schuf, welches seinen Namen bis in unsere Zeit hereinträgt. Denn hier hat er seiner großen Hörerschaft die hundert Beispiele von alten Meistern, die Hsüä-dou gesammelt und je mit einem Gesang gerühmt hatte, zur Besinnung vorgelegt, in bunter Mannigfaltigkeit erläutert, herzandringend eingeprägt und dieses Ganze dann in dem ›Bericht von der Smaragdenen Felswand‹, dem Bi-yän-lu, der Nachwelt schriftlich hinterlassen.
Wir kennen nicht genau die Dauer seines Aufenthaltes auf dem Djia-schan oder Klammberg. Wir wissen nur, daß er einige Jahre später noch weiter südlich auf dem in der Geschichte des chinesischen Buddhismus altberühmten Hëng-schan (oder Hong-schan), einem Gebirgsstock mit ›72 Gipfeln‹, gewirkt hat, wo ihm vom kaiserlichen Hof der Ehrentitel Fo-guo (indisch Buddhaphala, d. h. der die Frucht der Buddhaschaft erlangt hat) verliehen worden ist, und daß ihm anschließend die hohe Ehre zuteil wurde, vom Kaiser Hui-dsung in eines der berühmtesten Klöster des Reiches berufen zu werden, nämlich nach dem Goldhügel, der in der Tang-Zeit der südlichen Hauptstadt den Namen gegeben hatte und der jetzt der Lolchberg oder Glockenberg hieß und die heutige Stadt Nanking im Nordosten überragt. Dort wirkte der Meister etwa sieben Jahre lang, und auch die großen Räume, welche er hier vorfand, sollen sich für die Menge seiner Hörer zu klein erwiesen haben. Die höchste weltliche

Ehre endlich erfuhr er 1124, als derselbe Kaiser ihm in seiner eigentlichen Residenz, der heutigen Stadt Kaifëng, südlich des Gelben Stroms gelegen, die Leitung des bedeutendsten Klosters daselbst übertrug und des Kaisers neunter Sohn, derselbe Prinz, der sich aus dem bald nachher erfolgten Zusammenbruch der Dynastie nach Süden retten konnte, ihn sogar zur Predigt innerhalb des Palastbezirks einlud.
Inzwischen aber zog sich über dem Hause Sung das vernichtende Gewitter zusammen. Der Kaiser Hui-dsung (reg. 1100–1126), in der Kunstgeschichte hochberühmt als Maler von edelster Naturtreue, auch als Dichter anerkannt und nur allzu verschwenderischer Förderer der Künste und Unternehmer kostspieliger Bauten, in seinem Glauben ganz der Lehre und den Praktiken der Dau-Priester (Taoisten) ergeben, deren er in seinem Palastbezirk über zwanzigtausend unterhielt, war als Regent der inneren Zerrissenheit des Staates, die ihm seine Vorgänger hinterlassen hatten, der Zerrüttung der Finanzen und der steigenden Empörung des ausgesogenen Volkes nicht gewachsen. Wäre das von den Tungusen regierte Khitanreich im Norden nicht vom Rücken her durch einen anderen Tungusenstamm, die Dschurdschen, bedroht gewesen, so wäre sein Staat gewiß schon bald ein Opfer dieses gefährlichen Gegners geworden. Als aber nun die Dschurdschen im Jahr 1125 zum Schlag gegen Khitan ausholten und das Sung-Reich daraufhin ebenfalls ein Heer gegen die Khitan entsandte, da brach diese innerlich korrupte Streitmacht vor den Khitan jämmerlich zusammen, während die Dschurdschen nach dem Siege über denselben Gegner nun nicht zögerten, sofort im Sung-Reich einzurücken. Im Herbst 1126 nahmen sie die Hauptstadt Kaifëng ein und führten bald den abgedankten Kaiser samt seinen Söhnen und dem ganzen Hofstaat nach Norden ab. Die Macht des Sung-Reichs war aus höchster kultureller Blüte mit einem Schlage in den Staub gesunken. Nur den Yangtsekiang wagten auch die Sieger nicht zu überschreiten, und dort gelang es dem neunten Sohne Hui-dsung's, welcher der Gefangennahme entronnen war, wenigstens in Südchina die Ordnung wiederherzustellen, was um so leichter möglich war, als der wirtschaftliche und politische Schwerpunkt des Sung-Reichs schon bisher im Süden gelegen hatte.
Auch der Meister Ko-tjin wurde von diesen Wirren wieder nach dem Süden verschlagen und konnte sich noch im Jahr 1127 in der östlich von Nanking am Yangtse gelegenen Stadt Tschinkiang niederlassen. Er genoß nun allgemein als erster Zen-Meister höchstes Ansehen. Der Kaiser, der ihn schon als Prinz in Kaifëng gefördert hatte und jetzt unter der Bedrohung von Norden seinen Aufenthalt wiederholt wechseln mußte, lud ihn Anfang 1128 zu persönlicher Audienz und einem Predigtvortrag vor dem Hofe nach Yang-dschou auf der Nordseite des Stromes ein, und bei dieser Gelegenheit verlieh er ihm den Ehrentitel, nach welchem er seitdem zumeist genannt wird, nämlich Yüan-wu (japanisch En-go), d. h. Vollrund Erleuchtet. Er war nun 63 Jahre alt und fühlte, wie es scheint,

die Last des Alters. So verschaffte ihm der Kaiser einen Aufenthalt in der besonders schönen Berglandschaft westlich des Poyang-Sees, in einem Zen-Hof bei der Stadt Nankang. Ihn aber zog es in die alte Heimat Schu, und auf sein Gesuch erhielt er die Genehmigung zur Rückkehr. In Tschëngtu nahm ihn der Regierungspräsident mit hohen Ehren auf und stellte ihm alsbald das Kloster, das er bis 1111 geleitet hatte, zur Verfügung. Auch dort empfing ihn eine Fülle von Aufgaben, denen er sich ohne Rücksicht auf das eigene Ruhebedürfnis hingab. Als ihn aber im Spätsommer 1135 eine leichte Erkältung befiel, erklärte er seinen versammelten Schülern: Mein Leben geht zu Ende. Nehmet das, was ich alltäglich geredet und getan habe, für euch als das Gesetz des Buddha auf und übet unablässig! Durch die bestürzte Hörerschaft ging eine hörbare Bewegung; dem Aufwärter traten Tränen in die Augen und er bat den Meister, er möge ihnen noch ein Scheidelied hinterlassen, wie das bei Versgeübten sonst der Brauch war. Er lächelte, nahm den Pinsel und schrieb:

Mir sank das Wirken in die Nacht.
Kein schönes Lied wird euch vermacht.
Die Stunde ruft; da muß ich mit.
So lebet wohl! Gebt auf euch acht!

Dann legte er den Pinsel zur Seite, hielt hart den Atem an und war hinüber. Im folgenden Frühjahr verlieh ihm der Kaiser einen dritten Ehrentitel. Eine stattliche Reihe tüchtiger, zum Teil bedeutender Meister ist aus seiner Schule hervorgegangen. Sie reden von ihm mit der höchsten Verehrung. Wie in seinen Schriften, heißt es, so zeigte er sich auch im Reden und Unterrichten von hoher Bildung, geist- und kraftvoll, viele rührte er zu Tränen. Ungezählte Menschen, höchste sowie niedrigste, suchten bei ihm Rat und Hilfe; er war ständig umlagert und redete vertraulich oder öffentlich bis in die tiefe Nacht, um dann noch lange Zeit Sutrenschriften zu studieren. Der ›überwindende Fleiß‹, von dem sein Name redet, war bei ihm Tat und Wahrheit. Im Umgang mit den Menschen zeigte er sich stets versöhnlich, unbeschwert, ›machte aus keiner Sache eine Sache‹, behandelte alles kurz und sachlich. Stramme Konfuzianer legten ihm gelegentlich nahe, würdiger und strenger aufzutreten. Dem hielt er entgegen, mit welcher Milde der Buddha ohne Unterschied des Standes jedermann begegnet sei, wer dem als Jünger folgen wolle, der dürfe nie hartherzig, kalt und streng sein. Im übrigen gibt es für uns kein besseres und deutlicheres Zeugnis für den Charakter dieses Mannes, als seine Schrift von der smaragdenen Felswand. Hier fühlen wir in jedem Wort sein heißes Herz, seinen Eifer um die Wahrheit, die treue, väterliche Sorge um die ihm anvertrauten Schüler. Wir lernen dabei auch einen echten Chinesen kennen, chinesisch durch und durch vom Scheitel bis zur Sohle, stets mit dem Schalk im Nacken, sarkastisch, derb, und doch voll Güte.

Doch das ist nicht das einzige, woran der Leser sich erst wird gewöhnen müssen. Er wird bald merken, daß er kein Buch wie andere vor sich hat, die man von Anfang bis zu Ende ohne Anhalt durchliest, um sie zuletzt befriedigt zuzuklappen. Diese Schrift hat einen komplizierten Aufbau, und der hat seinen Grund schon in dem Gegenstand, den sich Yüan-wu für seine Reden in dem Zen-Hof ›zum Wunderquell‹ auf dem Djia-schan oder Klammberg bei Li in Hunan gewählt hat. Das war zunächst die von seinem Vorgänger Hsüä-dou veranstaltete Sammlung von hundert Beispielen der Alten mit dessen Gesängen zu jedem einzelnen derselben. Der Grund aber, warum er sich diesen Gegenstand auswählte, war derselbe, welcher Hsüä-dou achtzig Jahre früher zu seiner Sammlung veranlaßt hatte, nämlich seine Liebe zu dem Geist der Alten, sein Verlangen, den eigenen Zeitgenossen diesen Geist des echten Buddhatums, des Zen, zu übermitteln, und das nicht allein durch Worte, sondern, wenn es möglich wäre, durch eine innere persönliche Begegnung mit den Alten und durch diese mit sich selber in dem letzten, wahrsten, kaum faßbaren Sinn des tiefen Wortes ›Selbst‹. Dazu konnte es niemals genügen, daß der Hörer hörte, der Leser eben las. Dazu gehörte intensivste Mitarbeit des Hörers und des Lesers. Diese Mitarbeit geschah durch Zen, durch alles von sich weisende Versenkung in das Eine, was geheim in jedem Beispiel von den Alten irgendwie enthalten war. Nur für diesen Zweck ist, was in diesem Buch geschrieben ist, geredet worden, nur in diesem Sinn will es auch aufgenommen sein, und darum ist die Schrift kein Lesebuch, sondern eine Anleitung zu innerer Besinnung. Und weil sich dieser überzeitliche Gehalt merkwürdig paradox doch als ein Gut bestimmter Überlieferung von Vätern auf die folgenden Geschlechter darstellt, ist auch der Aufbau nicht ganz einfach, sondern ist dreifach geschichtet. Zunächst begegnen wir in diesem Buch seinem letzten Verfasser, Yüan-wu. Er aber führt uns weiter zurück zu Hsüä-dou, dem Überlieferer und Sänger. Dies aber nur dazu, daß wir auf diesem Weg den Alten selbst begegnen, den Meistern aus der Tang-Zeit, gelegentlich auch noch älteren, vor allem Bodhidharma, dem ersten der chinesischen Linie, und nicht selten jüngeren aus der Zeit-Spaltung zwischen 906 und 960, ja noch solchen aus dem Sung-Reich, wie Hsüä-dou's Meister Dschï-mën und anderen, die in der mit Bodhidharma beginnenden Geschlechterfolge bereits auf der sechzehnten Stufe stehen.

Demzufolge verfährt Yüan-wu in seinen Vorträgen in der Weise, daß er von Kapitel zu Kapitel die beiden von Hsüä-dou stammenden Abschnitte, das Beispiel und den Gesang, zum Gegenstand seiner Betrachtung macht, wobei der eigentliche Nachdruck selbstverständlich auf dem Beispiel liegt, in dem die Alten selbst zu Worte kommen. Diesem von Hsüä-dou dargebotenen Beispiel schickt er in der Regel einen Hinweis voraus, der den Blick des Hörers oder Lesers schon im voraus in die

Richtung lenken will, in welcher hinter der als Beispiel dargebotenen Anekdote ihr eigentlicher Sinn zu suchen ist. Der Schüler soll von vornherein davor gewarnt sein, an Äußerlichkeiten in dem Reden oder Tun des Meisters hängen zu bleiben. Wenn bei einer Anzahl von Beispielen der Hinweis Yüan-wu's fehlt, so ist das wohl auf die schwere Vernachlässigung zurückzuführen, der seine Schrift nach seinem Tode ausgesetzt war, bis Dschang Ming-Yüan um 1300 ihre Reste wieder sammelte.

Nach dem Hinweis nun gibt Yüan-wu die von Hsüä-dou ausgewählte Anekdote. Als ›Beispiel der Alten‹ oder ›öffentlicher Aushang‹ von höchster Autorität ist sie ihm das Wichtigste, und er kann nicht warten, bis er sie zusammenhängend behandelt, er muß sofort zu jedem Sätzchen der Geschichte seine Glossen machen. Wie ein Tiger auf die Beute, so stürzt er sich darauf und dreht Satz für Satz herum, beleuchtet ihn als Zweifler, Spötter und Bewunderer von allen Seiten, nur damit die Hörer in Bewegung geraten und sich üben lernen, selbst zu unterscheiden, was das richtige Verständnis sei und was ihr eigener oder anderer Leute Unverstand.

Dann erst gibt Yüan-wu zu dem Beispiel eine ernsthafte Erläuterung. Sie ist freilich alles andere als ein Kommentar in unserem Sinn, anders auch als etwa eine erbauliche Schriftauslegung. Den Kernpunkt, den es zu begreifen gilt, drückt er mit Worten niemals aus; er deutet nur von ferne an; und dies mit voller Absicht. So hatte er es, wie wir sahen, bei seinem Meister Fa-yän selbst erfahren. Aber durch seine Andeutungen, durch seine Zitate von anderen Meistern und besonders durch die Mitteilung von Anekdoten ähnlichen Charakters versteht er es auf feine Weise, die Hörer näher an den Kern heranzuführen.

Dann wendet er sich wieder Hsüä-dou zu als dem, der zu dem Beispiel mit wenigen gedrängten Versen stets das Allerbeste sagt. Aber auch hier kann er sich die Glossen nicht versagen. Zu jedem einzelnen Vers ergeht er sich in Zweifel, Spott und höchstem Lob auf seinen Dichter, bevor er wiederum sich auf eine zusammenhängende Erläuterung des Gesanges einläßt. Hier befaßt er sich mit Hsüä-dou und hebt hervor, wie trefflich dieser es versteht, den Sinn des Beispiels kurz und scharf herauszustellen. Nicht jedesmal ergibt diese Erläuterung zum Gesang noch Neues zum Verständnis des Beispiels; manchmal aber enthält gerade sie am deutlichsten die Lösung. Oft hat man den Eindruck, daß die Erläuterungen zum Gesang am stärksten beschädigt worden sind. Manche sind so dürftig, daß man annehmen muß, eine spätere Hand habe sie als Lückenbüßer angefügt, und daß man auf die Übersetzung auch verzichten könnte.

Im Ergebnis stellt sich also Yüan-wu's Darbietung der hundert Beispiele der Alten mit Gesängen Hsüä-dou's von Kapitel zu Kapitel in folgender Ordnung dar:

1. Hinweis
   (Tschui-schï, japanisch Sui-ji), von Yüan-wu.

2. Das Beispiel
(Dsö, japanisch Soku), von Hsüä-dou älterer Überlieferung entnommen, gelegentlich von eigenen Bemerkungen begleitet.
3. Zwischenbemerkungen
(Dscho-yü, japanisch Jaku-go) zum Beispiel, von Yüan-wu.
4. Erläuterung
(Ping-tschang, japanisch Hyô-shô) des Beispiels, von Yüan-wu.
5. Gesang
(Sung, japanisch Ju), von Hsüä-dou.
6. Zwischenbemerkungen zum Gesang, von Yüan-wu.
7. Erläuterung des Gesangs, von Yüan-wu.

Von Yüan-wu's Zusätzen zu Hsüä-dou's Grundstock sind die Hinweise mit besonderer Sorgfalt gearbeitet, häufig in gehobenem, fast dichterischem Stil. Davon heben sich die Zwischenbemerkungen und ebenso die Erläuterungen durch die Sorglosigkeit des Ausdrucks merklich ab. Wahrscheinlich sind sie von Schülern nachgeschrieben und im Rohzustand dem Ganzen einverleibt worden. Sie enthalten viele Ausdrücke aus der Umgangssprache der Sung-Zeit, sind nicht immer gut geordnet und weisen gelegentlich auch schwache Stellen auf. Im ganzen gesehen aber haben sie gerade so auch ihren eigenen Reiz; man sieht fast mit Augen, hört mit Ohren, wie der Meister sich ereifert, wie er falsche Auffassungen verwirft, wie er seinen Schülern väterlich zu Herzen redet.

Ob er den Titel ›Von der Smaragdenen Felswand‹ seinem Buche selbst gegeben hat, läßt sich nicht sicher sagen, doch ist es sehr wahrscheinlich. Denn der Name stammt von seinem Zimmer, das er zwischen 1111 und ungefähr 1116 auf dem Djia-schan in dem Zen-Hof ›Wunderquell‹ bewohnt hat. Dort hing als Wandschmuck ein Schriftbild, bestehend aus den beiden Zeichen BI-YÄN, d. h. Smaragdene Felswand, und darnach führte auch das Zimmer selbst den Namen Bi-yän-schï, das ›Zimmer zur Smaragdenen Felswand‹. Es ist der Ort, an dem das Buch entstanden ist. Mit diesem Ausdruck hat es folgende Bewandtnis. In der Tang-Zeit, während des 9. Jahrhunderts, wirkte auf dem Djia-schan bei Li ein Enkelschüler des Kap. XXXIII, S. 13 erwähnten Meisters Yau-schan namens Schan-hui[1], der, wie es nicht anders sein kann, von dem Wunder der an Schluchten und Felsen reichen Landschaft seines einsamen Klosters tief erfüllt war. Eines Tages fragte ihn ein Mönch: Wie sind denn die äußeren Umstände auf dem Djia-schan? Schan-hui antwortete ihm, indem er aus einem wohl von ihm selbst verfaßten Abendlied zwei Verse wiederholte:

Affen verziehn sich, das Junge im Arm,
hinter die grünenden Hänge.
Vögel stürzen sich, Blumen im Schnabel,
vor die smaragdene Felswand.

[1] Djia-schan Schan-hui, 9. Jahrhundert; japanisch Kassan Zen-e. Traditionstafel III A, 11.

Der kunstvolle Parallelismus dieser Verse zeigt deutlich genug, daß das Wort Smaragd hier in keiner Weise realistisch-physikalisch zu verstehen ist, sondern als ein Ausdruck dichterischer Begeisterung im Anblick der im letzten Abendschimmer leuchtenden Wald- und Berglandschaft. Dies ist überhaupt der Sinn, in dem das Wort ›Bi‹ auf Farbwirkungen angewandt wird, ob es sich dabei um Meergrün handelt oder Himmelblau; es ist nie nur sachliche Bezeichnung einer Farbe; dafür gibt es andere Wörter. Es hat stets den Ton bewundernder Begeisterung. Und diese wird im Zen vertieft zu der Erkenntnis, daß gerade in dem flüchtigsten Schein, der uns die Welt der Dinge vorzuspiegeln pflegt, ihr tiefster Sinn sich offenbart: ein unfaßbares Nichts zu sein, das doch kein Nichts ist, sondern irgendwie das einzig Wahre, die Quelle höchster Seligkeit. Auch Hsüä-dou schätzt das Wort Smaragd in diesem Sinn und weiß es zu verwenden. Wenn er im Gesang zum 20. Beispiel sagt: »Ferne Berge ohne Ende, eine Welt Smaragd«, dann erinnert er sich dabei vielleicht sogar der obigen Verse des alten Schan-hui. Und wenn im darauffolgenden Jahrhundert seine Gesänge unter dem Titel ›Von der Smaragdenen Felswand‹ herausgegeben wurden, so geschah das wiederum nicht ohne Seitenblick auf eben diesen Gesang, der sozusagen den Hintergrund zeigt, auf welchem das Wort von der smaragdenen Felswand verstanden werden will.

Daß nun aber diese Schrift nicht lange nach Yüan-wu's Tod durch seinen eigenen besten Schüler und anerkannten Nachfolger in wahrscheinlich der Mehrzahl vorhandener Exemplare dem Feuer übergeben worden ist, hat schon immer die Gemüter erschreckt und Rätsel aufgegeben. Dieser Schüler führte als Meister den Namen Da-hui (japanisch Dai-e; 1089 bis 1163) und wurde von Yüan-wu selbst als stärkste Kraft der Lin-dji-Schule in der jüngeren Generation hochgeschätzt und gefördert. Diese Energie äußerte sich bei ihm aber auch in einem ungewöhnlichen Eigensinn, in stürmischer Schroffheit und ungezügelter Kampflust. Er hatte von seinem Meister Yüan-wu die Behandlung von ›Beispielen der Alten‹ als wichtiges Mittel zur Einführung der Schüler in den Geist des Zen übernommen und verfocht diese Methode sogar leidenschaftlich gegen den damals führenden Meister der Tsau-dung-Schule, der sie als das ›Zen der Anekdotenbetrachtung‹ herabgesetzt hatte. Nun aber bemerkte er, wie ein Gewährsmann berichtet, daß seine Schüler, wenn er mit ihnen irgendein solches Beispiel besprach, anstatt ihre eigenen Gedanken dazu zu äußern, Sätze aus dem Bi-yän-lu, die sie auswendig gelernt hatten, vortrugen. Damit war allerdings der Zweck, den Yüan-wu verfolgt hatte, verfehlt, und man kann sich sogar vorstellen, daß Da-hui in seinem Feuereifer überzeugt war, im Sinne des Meisters zu handeln, wenn er dessen hinterlassene Schrift verbot und sie, soweit erreichbar, den Flammen anheimgab. Es ist durchaus nicht nötig, hinter dieser Tat niedrige Beweggründe zu suchen. Denn der Widerspruch gegen schriftliche Überlieferung liegt im Wesen des Zen selbst begründet. Ein jeder soll die

Wahrheit und das Leben auf eigene, freie Weise finden, und nur dazu will der Meister als ein Führer ihm behilflich sein. Das geschriebene Wort ist, wie man es im Buddhatum, und nicht nur dort, erlebt hat, dem Mißverstand und Mißbrauch ausgesetzt. Genau besehen, ist auch schon zwischen dem Zen, das sich an ›Beispielen der Alten‹ aufbaut, und dem Zen der Alten selbst ein feiner Unterschied, der nur durch stilles Reifen überwunden werden kann. Auch das Zen, dem es um nichts zu tun ist, als um ewige, zeitlose, höchste Wahrheit, hat auf dieser Erde seine Geschichte. sein Werden, Wachsen, seine Wandlungen, hat im Anfang Jugendfrische, und im Alter droht auch ihm Erstarrung.

Das ist schon aus den ›Beispielen der Alten‹ in Yüan-wu's Bi-yän-lu ersichtlich. Nur daß hier noch ganz und gar der Geist der Einheit überwiegt. Wohl wählt Hsüä-dou als Vorbilder für die Nachwelt Meister der verschiedensten Gemütsart. Schon vom Sechsten Patriarchen an läuft die Überlieferung in zwei Linien, und diese verzweigen sich in fast verwirrender Vielfalt. Tritt im Verlauf der Linie ein Meister von besonderer Kraft und eigener Methode, eigenem ›Hausbrauch‹ auf, so bilden seine Nachfolger eine besondere Schule und nennen sich nach ihm. So gehörte Hsüä-dou zu der Schule Yün-mën's, Yüan-wu zu der Lin-dji's, die in Japan Rin-zai-Schule heißt und am fleißigsten das im Bi-yän-lu aufbewahrte Erbe hütet. Stärker der Geschichte abgewandt und um so mehr zeitloser Stille zugekehrt ist die Tsau-dung-Schule, die als Sôtô-Schule ebenfalls in Japan weiterlebt. Hsüä-dou läßt von allen den verschiedenen Schulen Meister zu Wort kommen, und Yüan-wu führt in seinen Erläuterungen deren noch viel mehr an. Streit gibt es hier nicht. Dazu kam es erst eine Generation nachher, als der führende Meister der Tsau-dung-Schule die des Lin-dji wegen ihrer ›Anekdotenbetrachtung‹ kritisierte und Da-hui daraufhin zurückspottete, die Tsau-dung-Schule betreibe das ›Zen des schweigenden Leuchtens‹, ein Ausdruck, den der Gegner triumphierend aufgriff und bestätigte: genau das sei die Meinung. Im Bi-yän-lu spielen solche Zuspitzungen keine Rolle; im Lichte dieser Schrift und der darin berufenen Meister lösen sie sich auf. (Näheres über die geschichtliche Entwicklung der Zen-Schulen in China und Japan enthalten die im Literaturverzeichnis angegebenen Schriften von D. T. Suzuki und die zusammenhängende Darstellung von Heinrich Dumoulin.)

Japan als Hüter und Vermittler des buddhistischen Erbes

Wichtig am geschichtlichen Verlauf ist für uns hier nur das eine, daß die ›Schrift von der Smaragdenen Felswand‹ schon bald nach ihrer Veröffentlichung durch Dschang Ming-yüan, nämlich in den Jahren 1326 und 1329 nach Japan kam, wo die Zen-Tradition der beiden soeben genannten Schulen bereits hundert Jahre früher durch die aus China zurückgekehrten Meister Eisai und Dôgen Wurzel geschlagen hatte und nun in lebhaftem Aufschwung begriffen war. Während in China das

Buddhatum unter dem übermächtigen Einfluß des neu erstandenen, durch buddhistische Elemente vertieften Konfuzianismus an Schwungkraft einbüßte und allmählicher Verknöcherung anheimfiel, erstanden dem Zen in der führenden Schicht des japanischen Volkes Männer, die es in genauester Anlehnung an das chinesische Vorbild, in eindringendem Studium seiner Schriften, allen voran des Heki-gan-roku (Bi-yän-lu), mit ernstem Fleiß und innigstem Verständnis in sich selbst verwirklichten und damit zu berufenen Führern auch im öffentlichen Leben wurden. Von ihnen und von ihrer Lebensführung ging ein Einfluß aus, der seit dem 15. Jahrhundert den japanischen Lebensformen jenen Zug edler Schlichtheit, ungezwungener Natürlichkeit und dabei doch zarten Freisinns, den wir an ihnen bewundern, aufgeprägt hat. (Man vergleiche hierzu das schöne Buch von D. T. Suzuki: ›Zen und die Kultur Japans‹, Stuttgart 1941.)
So kommt es, daß der heutigen Welt das Wissen um den chinesischen Buddhismus überhaupt und um seine Zen-Schulen im besonderen am besten und verständlichsten auf dem Wege über Japan vermittelt wird. Es gibt hinsichtlich buddhistischer Tradition und Lehre zwischen Japan und China keine scharfe nationale Grenze. Die Schriften, die der japanische Buddhismus von China übernommen hat, werden dort noch heute chinesisch gelesen, die Väter, auf welche seine eigenen Väter sich berufen, sind Chinesen. Die lange Friedenszeit, die diesem Inselreich bis in die neueste Zeit beschert war, hat es ermöglicht, daß die von China übernommenen Denk- und Lebensformen hier weit ungestörter wachsen und ausreifen konnten als in ihrer eigenen Heimat. Und seitdem vor hundert Jahren Japan sich dem Abendland und seiner Denkungsart geöffnet hat, ist dort auch auf buddhistischem Boden eine Wissenschaft modernen Stils erwachsen, die über Lehre und Geschichte des Buddhismus Werke von umfassendster Gelehrsamkeit und klarem Blick für die entscheidenden Probleme hervorgebracht hat, an welchen die religionsgeschichtliche Forschung des Abendlandes nicht vorübergehen kann. In Japan haben darum auch Europäer und Amerikaner zum erstenmal in die inneren Triebkräfte der Zen-Schulen einen Blick tun können, der ihnen die Größe und Bedeutung dieser geistigen Bewegung überraschend zum Bewußtsein brachte. Und Japaner waren es, die erstmals den Mut fanden, das geistige Erbe, das ihnen selbst als Höchstes galt, vor dem Abendlande zu vertreten, und das mit einem guten Unterbau profunden Wissens.

Deutsche Beiträge zur Erforschung des Zen

Unter Deutschen hat der Leipziger Religionswissenschaftler Hans Haas schon vor etwa fünfzig Jahren eine ausführliche Darstellung der japanischen Zen-Schulen veröffentlicht. Den ersten tiefen und lebendigen Eindruck von der inneren Kraft des Zen aber erhielten wir Deutsche durch das 1925 erschienene Buch von Schuej Ôhasama und August Faust:

›Zen, der lebendige Buddhismus in Japan‹, in welchem bereits elf Beispiele aus der Sammlung Bi-yän-lu (dort ›Hekigan-loku‹ geschrieben) behandelt sind. In weitere Kreise drang dann später das viel gelesene kleine Buch von Eugen Herrigel: ›Zen in der Kunst des Bogenschießens‹, welches zeigt, wie ein deutscher Philosoph ohne viel Studium von Quellenschriften und Geschichte einfach durch die Übung in der Kunst des Bogenschießens unter Führung eines zen-erfüllten Meisters auf dasselbe innere Geheimnis stieß, um welches alle hundert Beispiele der Alten, die Gesänge Hsüä-dou's und die Reden Yüan-wu's kreisen. Inzwischen hat der große japanische Zen-Gelehrte Daisetz' T. Suzuki, aus derselben Schule kommend wie Ôhasama, nämlich von dem Vorkämpfer des Zen während der ersten Jahrzehnte der Europäisierung Japans, Shaku Sôen (1859–1919), und mit weitem Wissen, feinster Bildung, ungewöhnlicher Meisterschaft der Darstellung gleichermaßen ausgerüstet, durch seine ebenso gelehrten wie anmutig lesbaren Werke in englischer Sprache die genannten Schriftsteller an umfassender Wirkung weit überholt und namentlich in Amerika, aber auch in Europa starke Beachtung gefunden und geistig regen Kreisen Anlaß zu lebhafter Diskussion gegeben.
Um so stärker aber macht sich deshalb das Bedürfnis fühlbar, an die Ursprünge, konkret gesprochen: an die Väter dieser geistigen Bewegung selbst heranzukommen, also auf dem Weg, den schon Ôhasama und Faust beschritten haben, fortzufahren und die Schriften zu erschließen, die den Geist des Zen in seiner eigentlichen Blütezeit erkennen lassen.
Einen Vorstoß in dieser Richtung machte 1953 die deutsche Übersetzung der Beispielsammlung Wu-mën-guan von Heinrich Dumoulin, S.J.[1] Diese Schrift ist aus derselben Schulrichtung, der Yüan-wu angehört, hervorgegangen und wird in der japanischen Rinzai-Schule neben dem Bi-yän-lu zur Einübung im Zen häufig verwendet. Nur trägt sie schon den Stempel einer etwas späteren Zeit (sie ist im Jahr 1228 erschienen), ist knapper, karger in der Form und läßt sowohl den freien Schwung der Verse Hsüä-dou's als auch den Feuergeist eines Yüan-wu mit seinem warmen Herzen, seinem Humor und seinem Reichtum an Beispielen vermissen. Der Titel, mit dem Dschang Ming-yüan um das Jahr 1300 das Bi-yän-lu als die ›vornehmste Schrift der Lehre unseres Glaubens‹ rühmte, ist jedenfalls nicht unberechtigt.
(Hier verdient Erwähnung auch der 2. Band des Werkes ›Meditations-Sutras des Mahâyâna-Buddhismus‹, herausgegeben von Raoul von Muralt, Zürich 1956. Er enthält die deutsche Übertragung von englischen Übersetzungen des Mönches Dschu Tschan [John Blofeld] in Bangkok, und zwar 1. die der Darlegungen des Meisters Huang-bo [vgl. unser 11. Beispiel] über die Vermittelung von Geist zu Geist nach den Aufzeichnungen des Kanzlers Pe Hsiu [Tschuan-hsin Fa-yau, japanisch

[1] Heinrich Dumoulin, S. J.: ›Wu-men-kuan, der Paß ohne Tor‹, Tokyo 1953. Weitere Schriften desselben Verfassers s. Liste der benützten Bücher.

Den-shin Hôyô], nebst einem Anhang; 2. die lehrreiche und lesbare Schrift des Tang-Mönchs Hui-hai über das ›Blitzartige Begreifen‹ [Dun-wu Ju-dau Yau-mën-lu, japanisch Tongo Nyû-dô Yô-mo-ron]. Wer in den Geist des Bi-yän-lu eingedrungen ist, kann viel Gewinn von ihnen haben. Nur sind entscheidend wichtige Begriffe des Originals auf deutsch nicht immer glücklich ausgedrückt, was bei der Übersetzung einer Übersetzung sich leider schwer vermeiden läßt.)

Die Übersetzung des Bi-yän-lu

Es war freilich keine leichte Arbeit, diese Schrift von der Smaragdenen Felswand auch nur sprachlich zu verstehen, geschweige denn, an ihren inneren Sinn heranzukommen. Ohne die vorzügliche Einführung, welche die japanischen Erklärer geben, wäre der Übersetzer an seiner Aufgabe längst erlegen. Seine beste Hilfe war das große Werk von Katô Totsudô, dessen leichtgeschriebenen ›Hundert Reden über Mahâyâna‹ er schon vor über fünfzig Jahren die erste Einführung in das japanische Buddhatum verdankte. Inzwischen hat dieser von geschichtlichen wie dogmatischen Kenntnissen geradezu übersprudelnde Gelehrte es fertig gebracht, die hundert Kapitel des Bi-yän-lu oder, wie er japanisch sagt, des Heki-gan-roku in einem Werk von zwölf Bänden zu je durchschnittlich 400 Seiten des langen und des breiten zu erklären, so daß auch der Neugierigste fast über jeden dunklen Punkt und über jeden rätselhaften Namen Auskunft findet. Daß auch er zuweilen versagt, liegt an der Schwierigkeit des Stoffes, vielleicht auch daran, daß die heutigen Japaner sich für das Verständnis älterer chinesischer Schriften ganz auf die Überlieferung ihrer eigenen alten Meister stützen, ohne das Fortleben der alten Ausdrücke in der Sprache des heutigen Chinas gebührend zu beachten.
Aber auch bei der besten japanischen Hilfe ist bis zu angemessener Verdeutschung der chinesischen Meister noch ein weiter Weg. Ermessen kann das nur, wer die Verschiedenheit der Sprachen kennt. Es ist der Vorzug, ist der Ruhm der indogermanischen Sprachen, vom Sanskrit über Griechisch und Latein bis her auf unser Deutsch, ganz klar zu unterscheiden zwischen Einzahl und Mehrzahl, erster, zweiter und dritter Person, Subjekt und Objekt, Aktiv und Passiv, Tatsache und Möglichkeit, direkter und indirekter Rede. Aber die Geleise, die wir uns damit geschaffen haben, sind auch eine Bindung, und zwar eine, der wir treu bleiben wollen und müssen. Das Chinesische dagegen ist von diesen Bindungen in weitem Maße frei. Nicht als hätte es nicht auch dieselben Unterscheidungen im Kopf bereit. Aber es zieht ihre Linien in der Form der Worte nicht so ängstlich aus wie wir. Es vertraut darauf, daß man sich jeweils schon verstehen wird. Das bedeutet, daß man einen chinesischen Satz verstehen muß, noch ehe man ihn übersetzt. Es bedeutet ferner, daß die Übersetzung, auch wenn sie auf richtigem Verständnis beruht, den Sinn des Satzes doch immer irgendwie einengt oder aber

auch etwas hinzuträgt, was nicht unbedingt darin enthalten sein muß. Und wenn es nun gar noch Zen-Meister sind, die mit den Worten, die sie reden, etwas ganz anderes sagen wollen, als was im bloßen Wortlaut liegt, dann kann der Übersetzer leicht verzweifeln. Er darf es hier bekennen, daß er in der Tat von einem Beispiel zu dem andern immer nur durch die Verzweiflung hindurch die Lösung gefunden hat, die er verantworten zu können glaubt. Es liegt dies in der Natur der Sache. Denn Zen erfordert nun einmal, wie jeder Glaube, einen Sprung ins Dunkle; es ist, wie der Titel jener etwas späteren Beispielsammlung als der unseren besagt, eine ›Grenzsperre ohne Durchgang‹, oder, wie der Übersetzer Dumoulin es nennt, ein ›Paß ohne Tor‹.

Chinesische und japanische Kommentare

Diese Schwierigkeiten sind der Grund für die große Zahl von Kommentaren, die von jeher zu diesem Buch geschrieben worden sind. Wer durch die Sperre möchte und doch nirgends einen Durchgang sieht, der wendet sich um Rat an solche, die ihn geben können. Die erste Hilfe zur Lösung der aufgegebenen Rätsel bieten bereits die zwei Verfasser selbst. Hsüä-dou's Gesänge sind dafür gewiß der beste Rat. Nur daß auch sie schwer zu verstehen sind. Sie gleichem einem Scheinwerfer, der aus weiter Ferne einen hohen Berg beleuchtet, zu dem der Aufstieg noch im Dunkeln liegt. Schon achtzig Jahre später empfand Yüan-wu das Bedürfnis, seinen Schülern nicht nur zu den Beispielen selbst, sondern ebenso zu den Gesängen Hsüä-dou's den Zugang zu erleichtern. Und was er nun seinen Schülern vorträgt, das ist auf deren Zeitumstände zugeschnitten und setzt Kenntnisse voraus, die späteren Generationen nicht ebenso geläufig waren.

So kommt es, daß die ›Niederschrift von der Smaragdenen Felswand‹ fast niemals allein, sondern immer neu von den verschiedensten Meistern mit eigenen Zusätzen versehen und in diesem vielschichtigen Zustand dargeboten worden ist. Alle diese Schrifterklärungen aber sind nicht etwa Kommentare im Sinne wissenschaftlicher Exegese, sondern dienen dem auslegenden Meister stets nur zu Erweckung seiner Hörer. Darum schenken diese Erklärer den Begleitumständen eines Beispiels, dem Lebenslauf der handelnden Personen und allem, was damit zusammenhängt, nur flüchtige Beachtung. Sie haben auch nicht das Bedürfnis, näher darauf einzugehen; denn sie stehen mit jenen Alten selbst im Strom gemeinsamen geschichtlichen Erlebens.

Die Zusätze zur deutschen Übersetzung

Für den deutschen Übersetzer stellte sich deshalb die Aufgabe von vornherein anders. Uns ist das mittelalterliche China eine fremde Welt. Wir haben das Bedürfnis, uns diese Menschen überhaupt einmal in ihrem

Leben und Treiben näher anzusehen. Darum sind wir der Lebensgeschichte der auftretenden Personen, ihren Zeitumständen, ihren Wanderungen durch das weite chinesische Land, ihrer Beschäftigung mit dem auf sie gekommenen geistigen Erbe, sei es buddhistisch oder altchinesisch, nachgegangen und sind dabei auf mancherlei gestoßen, was dem Bild Kontur und Farbe gibt. Freilich mußten wir dabei auf Spezialuntersuchungen verzichten. Manche Daten aus der Überlieferung der Zen-Schulen sind unzuverlässig, wie der moderne Zen-Historiker Ui Hakuju überzeugend nachweist. Die Klärung solcher dunklen Punkte lag nicht im Rahmen dieses Werks. Auch Textkritik zu treiben, war nicht möglich, obwohl besonders die Erläuterungen Yüan-wu's vielfach Spuren von Textverderbnissen aufweisen. Die erste kritisch exakte Textausgabe, 1963 erschienen, war noch nicht zur Hand. Doch haben manche der älteren Erklärer ein feines Gefühl für echt und unecht, und in den meisten Fällen stimmen ihre Urteile überein. Ihnen ist der Übersetzer meist gefolgt; manchmal sah er sich auf eigenes Gutdünken angewiesen. Schließlich waren auch philologische Spezialerörterungen im Rahmen dieses Buchs nicht angebracht. Die Übersetzung selbst stellt die Entscheidung dar, die in manchen Fällen erst nach jahrelanger Überlegung getroffen wurde und später vielleicht wieder einer besseren Erkenntnis weichen muß.
Bei aller Aufmerksamkeit, die somit der Übersetzer den biographischen, historischen und andern Umständen geschenkt hat, konnte aber auch für ihn die eigentliche Aufgabe nur die eine sein, die Männer, die in den berichteten Vorgängen auftreten, so zu Wort kommen zu lassen, wie sie es selber meinten und wie ein deutscher Leser es imstand ist aufzunehmen. Das ist freilich leichter gesagt als getan. Vielleicht war es Vermessenheit, sich diese Aufgabe auch nur zu stellen. Der Übersetzer kann es für sich selber nicht entscheiden. Er hat es nur eben gewagt und stellt sich gern dem Urteil derer, die dazu die innere Vollmacht haben.

Die Ordnung innerhalb der einzelnen Kapitel

Da der ›öffentliche Aushang‹ oder, wie die Texte sagen, ›das Beispiel‹ den eigentlichen Kern jedes Kapitels bildet, gebrauchen wir nach dem Vorgang der japanischen Ausgaben den Ausdruck ›Beispiel‹ auch für die Überschrift jedes Kapitels. Wir schreiben also statt Kapitel I, II usw. durchweg: Erstes (Zweites usw.) Beispiel.
Damit nun beim Lesen nie ein Zweifel darüber aufsteige, welche Worte oder Sätze dem chinesischen Text entsprechen und welche von dem Übersetzer der Erklärung halber hinzugefügt sind, haben wir zunächst jedes einzelne Kapitel in zwei Teile geschieden, deren erster grundsätzlich nichts bieten soll als nur die Übertragung des chinesischen Textes, also der Reihe nach den Hinweis Yüan-wu's, sofern ein solcher da ist, dann das Beispiel und den Gesang Hsüä-dou's, endlich je zu diesen beiden die Zwischenbemerkungen und die Erläuterungen Yüan-wu's.

In diesem ersten Teil sind die drei wichtigsten Abschnitte, nämlich der Hinweis, das Beispiel und der Gesang, durch größeren Druck und Initialen ausdrücklich herausgehoben. Bei ihnen ließ sich der Grundsatz, fremde Zutaten fernzuhalten, restlos durchführen.

Die Zwischenbemerkungen Yüan-wu's erscheinen in den chinesischen und japanischen Ausgaben, wie ihr Name besagt, zwischen die einzelnen Sätze des Beispiels, ja sogar zwischen die Verse des Gesangs auf eine Weise eingeschaltet, die beim Lesen stört und namentlich den Gesang nur schwer genießbar macht. Wir haben sie deshalb aus ihrem Haupttext jedesmal herausgezogen, um sie in einem nachfolgenden Abschnitt gesondert zu geben, wobei vor jeder Gruppe von Bemerkungen der Satz bzw. Vers, auf den sie sich beziehen, wiederholt wird.

Damit der chinesische Text von dem heutigen deutschen Leser verstanden werden kann, bedarf es zahlreicher Erläuterungen. Wir haben sie auf zweierlei Weise gegeben: kürzere Bemerkungen, die zum sofortigen unmittelbaren Text- und Wortverständnis dienen können, haben wir in eckige Klammern [. . .] in den chinesischen Text selbst eingefügt oder in Fußnoten unter den Text gestellt. In diesen Fußnoten finden sich auch die vollen Namen der im Text erwähnten Meister mit Hinweisen auf die betreffende Stelle in den Traditionstafeln. Alle in eckigen Klammern stehenden Bemerkungen und alle Fußnoten sind also Zusätze des Übersetzers.

Ausführlichere Erläuterungen, Erörterungen und Bemerkungen jedoch haben wir unter der zusammenfassenden Überschrift »Erklärungen zum Text«, jeweils mit einer neuen Seite beginnend, hinter die Kapitel gestellt; alles, was unter dieser Überschrift steht, stammt also ebenfalls vom Übersetzer.

Es hängt nun vom Belieben und Bedürfnis eines Lesers ab, in welcher Reihenfolge er die verschiedenen Teile eines Kapitels lesen will. Er kann sich an die Ordnung, wie sie dasteht, halten. Er kann aber ebenso von jedem Teilabschnitt des Textteils nach hinten greifen, um nachzusehen, ob er etwas findet, was ihm von Nutzen ist. Er wird freilich bemerken, daß nicht jede Kleinigkeit erklärt ist, ja daß überhaupt der Umfang der Erklärungen mit dem Fortschritt der Lektüre allmählich abnimmt. Denn viele Wendungen, die anfangs fremd erschienen, werden dem aufmerksamen Leser mit der Zeit vertraut. Und schließlich kann er soweit kommen, den Text allein ganz ohne Zusätze zu lesen, und hat dann erst vielleicht den vollen Gewinn davon.

Sprachliches

Lautform der chinesischen Wörter

Chinesische Wörter lesen wir durchweg so, wie ihre Schriftzeichen heute gemeinchinesisch gesprochen werden. Das bedeutet eine starke Abweichung von der Lautform, welche dieselben Wörter in der japanischen

Zen-Tradition haben. Für *Hsüä-dou* z. B. sagen die Japaner *Setchô*, für *Yüan-wu En-go*. Gewiß lauteten diese Namen zur Lebenszeit ihrer chinesischen Träger etwas anders als heute; ihre damalige Lautform lag zwischen der chinesischen der Gegenwart und der in Japan überlieferten irgendwo in der Mitte. Zieht man aber in Betracht, wie sehr auch heutige chinesische Personennamen bei der Übertragung auf japanische Lautgewohnheiten an Farbe verlieren, ja völlig entstellt erscheinen, so wird man anerkennen müssen, daß jene alten Chinesen, die im Bi-yän-lu immerhin die Hauptpersonen sind, ein Anrecht darauf haben, wenigstens in der Sprache ihrer heutigen Landsleute angesprochen zu werden. Andererseits ist aber nicht zu vergessen, daß dieselben Chinesen für die japanischen Zen-Freunde mindestens soviel bedeuten wie für das heutige China und daß sie ihnen eben in der japanischen Lautform wert und teuer sind. Man kann auch Engländern nicht zumuten, die Apostel John und James auf einmal Johannes und Jakobus zu nennen. Obendrein geht die japanische Lautform der chinesischen Meisternamen in manchen Büchern über Zen bereits durch die Welt (obwohl gerade der bedeutendste Verfasser von Büchern über Zen, Daisetz T. Suzuki, gewissenhaft seit Jahren die chinesische Lautform gibt). Mit Rücksicht hierauf fügen denn auch wir in wichtigen Fällen dem chinesischen Namen seine japanische Entsprechung bei und setzen in der Traditionstafel des Anhangs überhaupt unter jeden chinesischen Namen auch seine japanische Lesung.

Umschrift und Aussprache

Da unsere Ausgabe des Bi-yän-lu sich zunächst an deutschsprachige Leser aus verschiedenen Interessenkreisen wendet, so haben wir für die Umschrift des Chinesischen ein System gewählt, welches dem deutschen Lautverständnis nach Möglichkeit entgegenkommt. Dabei sind, wie immer, einige Notbehelfe nicht zu umgehen. Der Leser wird gebeten, folgende Besonderheiten zu beachten:

y steht durchweg für unseren Jotlaut, also wie in York, yard usw.

j in dji, tji, djü, tjü und ähnlichen Verbindungen ist unserem Jot ähnlich, nur stärker gequetscht.

j im Anlaut (z. B. in jan, jung, jo) ist ein so stark stimmhaftes (d. h. tönendes) sch mit zurückgebogener Zungenspitze, daß es noch weicher klingt, als im französischen Jean, jour usw., und bereits als ein englisches Anlauts-r (wie in right and wrong) empfunden wird. In China schreibt man dafür heute r.

hs (in hsi, hsia, hsiä, hsü usw.) ist kein Doppel-, sondern ein einfacher s-Laut, bei breiter, flacher Zunge über die seitlichen Zungenränder weg gesprochen.

ï in sï, dsï, tsï, schï, dschï, tschï, jï (oder rï) ist nur ein Nachklang zum vorhergehenden Zischlaut, wird nicht zum Mund heraus, sondern bei

sich schließendem Munde einwärts durch die Nase gesprochen. Es kann deshalb ebensowohl als i wie als ein flüchtiges u aufgefaßt werden.
b (ba, bo), d (dau, di), g (gan, guo), ds (dsï, dsun), dsch (dschung, dschou) sind stimmlos wie im Ober- und Mitteldeutschen. Darum schreiben die Angelsachsen dafür p, t, k, ts, ch.
p (pan, pu), t (tang, tiän), k (kai, ko), ts (tsï, tsö), tsch (tschï, tschuan) sind so stark zu sprechen, daß ein Hauchlaut nachklingt, also: p-han, t-han, tsch-hang usw. Zur Unterscheidung von p, t, k usw. setzen die Angelsachsen dafür ein Häckchen (p', t', k', ts', ch'), das freilich in Atlanten und Zeitungen meistens unterschlagen wird.
e spricht man mit schwach nachklingendem i (ej),
ë (bën, fëng usw.) dumpf, wie in haben, lieben, oben,
ö sehr offen, ähnlich wie ë, nur länger,
ü noch höher und gespitzter als französisches u in tu, sur, pur.
Vokalhäufungen sind stets in einem Zug wie ein einziger Laut zu sprechen, erfordern daher in schwierigeren Fällen eine bedeutende Beweglichkeit der Sprechmuskeln. Man spricht sie mit Nachdruck auf dem *ersten* Laut in folgenden Verbindungen:
ai, au, ou (z. B. bai, lau, dschou; darum schreiben wir auch Dau an Stelle der englischen, meist falsch gelesenen Schreibung Tao); mit Nachdruck auf dem *zweiten* Laut in
ia, iau, iä, iu, ua, uai, ui, ue, üa, üä (z. B. djia, hsiau, hsiä, djiu, huai, schui, gue, schuo, yüan, hsüä).

Namen

Namen spielen in Ostasien eine große Rolle. Je bedeutender ein Mensch ist, um so mehr Namen kann er sich in seinem Leben und noch lange nachher zulegen. Für den Fremden ist die Fülle dieser Namen sehr verwirrend; wir haben uns deshalb auf möglichst wenige beschränkt. Bei den Meistern lassen wir schon den Familiennamen in der Regel unerwähnt, den Knabennamen ohnehin. Dagegen gilt der Name, welchen sie bei der Ablegung des Mönchgelübdes annehmen, in der buddhistischen Tradition als der eigentliche Hauptname und läßt obendrein in vielen Fällen schon auf den Charakter seines Trägers schließen. Ist aus dem Mönche aber nun ein Meister geworden, der in einem Kloster in den Bergen oder in der Großstadt lehrt, so nennt man ihn nach seinem Ort, nach der Stätte seines Wirkens, und dies ist die Art der Benennung, die im Bi-yän-lu durchaus überwiegt. Ihr sind wir schon im Fall des Meisters Hsüä-dou begegnet: Hsüä-dou heißt Schneeloch oder Schneemulde und ist an sich der Name des Berges, auf welchem der Mönch Dschung-hsiän als Meister lehrte. Seltener ist der Fall, daß einer mit einem vom Kaiser verliehenen Ehrennamen genannt wird, wie Yüan-wu, der als Mönch Ko-tjin heißt.
Auch die Klöster haben stets zwei Namen. Der eine gilt dem Kloster (Sï,

japanisch ji) oder ›Hof‹ (yüan, japanisch in) als religiöser Anstalt, der andere dem Berge (schan, japanisch san) oder dem Gipfel, dem Berghorn (yüä, japanisch gaku), auf oder an dem das Kloster steht.

Die Mönchs- und Meisternamen sind meist Doppelwörter, d. h. sie werden mit je zwei Schriftzeichen geschrieben. Aber nur zu gerne lassen die Chinesen in der Rede eines der beiden weg. Auch das kann sehr verwirrend sein; wir haben darum für die wichtigeren Personen stets den vollen Namen gegeben und die beiden Teile entweder durch Bindestrich verbunden oder ganz zusammengeschrieben. Zunächst hat es Sinn, die zwei Teile eines Namens durch Bindestrich deutlich zu unterscheiden. Je vertrauter dann ein Name wird, um so eher schreibt man ihn als *ein* Wort. Es läßt sich hierüber keine feste Regel aufstellen.

In ganz Ostasien, China, Korea und Japan, geht der Geschlechtsname dem persönlichen Namen voran. Was wir Vornamen nennen, ist also dort der Nachname. Wir haben keinen Anlaß, diese Ordnung nach enropäischem Muster umzukrempeln. Auch in unseren Zeitungen erscheint jeder chinesische Politiker unter seinem richtigen Namen in chinesischer Ordnung. Ebenso reden wir von Julius Caesar, obwohl wir wissen, daß Julius nicht sein ›Vorname‹ ist. Wir nennen deshalb bei Chinesen wie bei Japanern ihren Familiennamen zuerst.

Von unserer oben beschriebenen Umschrift weichen wir bei bekannten geographischen Namen, wie Yangtsekiang, Kanton, Fukien u. ä. ab und verwenden eine der Formen, die sich in den Atlanten findet. Doch auch diese gehen in der Schreibung oft weit auseinander. Für Fu-dschou, wie wir es schreiben, findet man auf den Karten Fu-tschou, Fu-chow, Foochow, Fou-tcheou und andere Formen, die alle stets den gleichen Namen meinen. Kopfzerbrechen macht das nur uns Buchstabenschreibern. Den Chinesen und Japanern sagen die zwei Zeichen ›Glück‹ und ›Bezirkshauptstadt‹ genug, damit den Namen jeder lesen kann, wie er es gelernt hat: der Chinese Fu-dschou, der Japaner Fuku-shû.

Japanisch und Sanskrit

Für die weit einfachere Schreibung des Japanischen halten wir uns an das international gebräuchlichste System, bei dem nur folgendes wenige zu beachten ist:

Einfache Vokale ohne Längezeichen stets kurz und leicht;

ei = ee mit leicht nachklingendem i (eej); nie wie ai zu lesen;
sh = sch, Zungenfläche an den unteren Zahnwurzeln;
j = dsch, sehr stimmhaft zart, Zungenfläche wie bei sh;
ch = tsch, Zungenfläche wie bei sh; tch also = ttsch;
z = s, sehr stimmhaft, zart, wie französisches oder englisches z.

In Sanskritwörtern ist c wie tsch und j wie weiches dsch zu lesen (carita = tscharita, jnâ = dschnâ). Auf weitere Angaben können wir bei der Seltenheit indischer Ausdrücke in diesem Buch verzichten.

Die Niederschrift

Erstes Beispiel

Wu-Di von Liang und Bodhidharma

Hinweis

Hinterm Berge Rauch sehen und schon wissen: dort brennt ein Feuer; hinter der Hecke Hörner erblicken und alsbald merken: da weidet Vieh; sich an der einen Ecke gleich die drei anderen deutlich machen; Augenmaß für Gran und Unze: das gehört für den Kuttenbruder zum täglichen Tee und Reis.

Hat einer gar den Strom der Mannigfaltigkeiten in sich abgeschnitten, dann mag er, sei's im Osten, sei's im Westen, bald auftauchen, bald verschwinden, mag kreuz und quer sich einmal widersetzen, ein andermal willfahren, mag geben und mag nehmen, ganz frei auf sich gestellt.

Wenn nun gerade so etwas wirklich vorkommt, so sage mir einmal: von welcher Art sind denn die Menschen, die das in ihrem Tun und Lassen üben? – Nun, seht euch das Rankengewirr des Hsüä-dou einmal an!

Das Beispiel

Wir legen vor:

Wu-di von Liang fragte den Großmeister Bodhidharma: Welches ist der höchste Sinn der Heiligen Wahrheit?

Bodhidharma sagte: Offene Weite – nichts von heilig.

Der Kaiser fragte weiter: Wer ist das Uns gegenüber?

Bodhidharma erwiderte: Ich weiß es nicht.

Der Kaiser konnte sich nicht in ihn finden.

Bodhidharma setzte dann über den Strom und kam nach We.

Später wandte sich der Kaiser an den Edlen Bau-dschï und befragte ihn.

Der Edle Bau-dschï sagte: Aber Eure Majestät wissen doch wohl, wer das ist? Oder nicht?

Der Kaiser erwiderte: Ich weiß es nicht.

Da sagte der Edle Bau-dschï: Das ist der große Held Avalokiteshvara, der das Siegel des Buddhageistes weitergibt.

Da reute es den Kaiser, und schließlich sandte er einen Boten ab, um Bodhidharma zurückzubitten.

Der Edle Bau-dschï aber riet: Sagen Eure Majestät es lieber niemand, daß Sie einen Boten schicken wollten, ihn zurückzuholen! Dem könnte das ganze Land nachlaufen: er kehrte doch nicht wieder um.

Zwischenbemerkungen zum Beispiel

»Wu-Di von Liang fragte den Großmeister Bodhidharma.« – Das zirpt und schnurrt nicht, was der Mann da redet.
»Welches ist der höchste Sinn der Heiligen Wahrheit?« – Welch ein Eselspflock! [Wie ein Esel sich an den Pflock festbinden läßt, so ein befangener Geist an Lehrsätze und dogmatische Formeln.]
»Bodhidharma sagte: Offene Weite – nichts von heilig.« – Etwas seltsam, möchte man sagen. [Das ist Yüan-wu's Art, auf etwas von gewaltigster Bedeutung hinzuweisen. Es ist, als sagte er: Welch merkwürdiger Rauch! Wer merkt, welch Feuer dahinter steckt?] – Sein Pfeil fliegt über Silla hinaus[1]. – Von tödlicher Klarheit! [Diesem Ausspruch Bodhidharmas stelle sich jeder, bis er den Pfeil darin im eigenen Herzen spürt.]
»Der Kaiser fragte weiter: Wer ist das Uns gegenüber?« – Das Gesicht voll Scham und Unbehagen, zwingt er sich zu überlegener Ruhe. – Er tappt im Finstern, wie nicht anders zu erwarten.
»Bodhidharma erwiderte: Ich weiß es nicht.« – Nanu! – Sein zweites Angebot ist keinen halben Heller wert. [Eine billige Antwort, meint Yüanwu ironisch und versteckt dahinter seine Ehrfurcht vor der Tiefe dieses »Ich weiß es nicht«.]
»Der Kaiser konnte sich nicht in ihn finden.« – Schade! – Aber er hat gar nicht so unrecht. [Yüan-wu ergreift, halb ironisch, Partei für den Kaiser: von dessen Standpunkt aus gesehen, ist mit solch sonderbarem Heiligen nichts anzufangen.]
»Bodhidharma setzte dann über den Strom und kam nach We.« – Dieser Irrgeist in Fuchsgestalt[2]! – Eine blamable Szene war nicht zu umgehen. [Wieder ironisch: der greise Heilige aus indischem Königsgeschlecht, vom chinesischen Kaiser empfangen, macht sich mit Schimpf und Schande aus dem Staub.] – Von West nach Ost, von Ost nach West.

[1] Sprichwörtlich. Das alte Reich Silla in Südostkorea umfaßte von 669 bis 917 die gesamte Halbinsel. Östlich davon liegt der Ozean, für die Damaligen das Ende der Welt. Sinn: Bodhidharma beantwortet unendlich viel mehr, als der Kaiser hatte wissen wollen.

[2] Im ostasiatischen Volksglauben ist viel vom Fuchs die Rede. Der Fuchs taucht einmal hier, einmal da auf und verschwindet alsbald wieder; er kann die Menschen behexen, dasselbe tun auch dämonische Menschen in Fuchsgestalt. Auf ironische Art sagt Yüan-wu hier dasselbe wie im zweiten Abschnitt des Hinweises: »Sei's im Osten, sei's im Westen, bald auftauchen, bald verschwinden.«

»Später wandte sich der Kaiser an den Edlen Bau-dschï und befragte ihn.« – Einem armen Schlucker fallen seine Schulden ein. – Der daneben steht, hat Augen.

»Der Edle Bau-dschï sagte: Aber Eure Majestät wissen doch wohl, wer das ist? Oder nicht?« – Hätte doch der Kaiser den Edlen Bau-dschï nur gleich zum Land hinausgejagt! Das wäre das einzig Richtige gewesen. Und ihm noch dreißig Stockschläge dreingegeben! [Wieder nimmt Yüan-wu ironisch Partei für den Kaiser gegen Bau-dschï; denn er ist mit seinem Verständnis für Bodhidharma kaum besser als jener.] – Bodhidharma ist gekommen! [Aber eben damit, daß Bau-dschï nun für Bodhidharma das Wort ergreift, tritt dieser selbst dem Kaiser noch einmal vor Augen, und dieses Mal mit anderem Erfolg.]

»Der Kaiser erwiderte: Ich weiß es nicht.« – Nun steht umgekehrt der Kaiser selbst für Bodhidharmas Rätselwort gerade. [In Bodhidharmas Wort »Ich weiß es nicht« liegt unergründliche Tiefe. Jetzt sagt Wu-Di dasselbe; man könnte denken, er wolle es an Tiefsinn jenem gleichtun! Aber nun, da *er* es sagt, ist es die reine Ignoranz! Beißender Spott!]

»Da sagte der Edle Bau-dschï: Das ist der große Held Avalokiteshvara, der das Siegel des Buddhageistes weitergibt.« – Er gibt ihm eine ganz verworrene Deutung. [Avalokiteshvara und Siegel des Buddhageistes sind auch nur Namen; dem Kaiser, der bei der Begegnung mit Bodhidharma persönlich nichts gemerkt hat, werden sie nicht helfen. Der ist starr, wie das folgende Gleichnis zeigt.] – Unterarm und Schenkel kann man nicht nach außen biegen.

»Da reute es den Kaiser, und schließlich sandte er einen Boten ab, um Bodhidharma zurückzubitten.« – Er bekommt ihn bestimmt nicht zu fassen. – Wie ich schon vorhin sagte: Es zirpt und schnurrt nicht, was er redet.

»Der Edle Bau-dschï aber riet: Sagen Eure Majestät es lieber niemand, daß Sie einen Boten schicken wollten, ihn zurückzuholen!« – Stirbt jemand beim Nachbarn auf der Ostseite, so helfen die von der Westseite bei der Totenklage mit. [Bei den Nachbarn geht der Schmerz nicht so tief; sie verlangen den Hingeschiedenen nicht wieder zurück. Bau-dschï ist im Herzen mit Bodhidharmas Weggang einverstanden.] – Auch für diesen Rat gehört er auf einige Zeit zum Land hinausgejagt.

»Dem könnte das ganze Land nachlaufen: er kehrte doch nicht wieder um.« – Auch für dieses Wort gehören dem Edlen Bau-dschï dreißig Schläge mit dem Stock. – Es ist mir fast, als strahlte dort von so etwas wie Fersensohlen eine große Lichteshelle aus.

Erläuterung des Beispiels
von Yüan-wu

Bodhidharma hatte aus weiter Ferne erschaut, daß in diesem unsrem Lande China ein geistiges Gefäß zur Aufnahme der Lehre vom Großen Fahrzeug des Heils, dem Mahâyâna, vorhanden war, und so ist er schließlich, vom Meer getragen, seiner Sache sicher, hergekommen, einzig und allein, um das Siegel des Geistes weiterzugeben und die Wege des Irrtums aufzuklären. *Er richtet keinen Schriftbuchstaben auf; er weist mit ausgestrecktem Finger auf das Herz des Menschen, daß er im Anblick seiner innersten Natur zum Buddha werde.* Wenn einer das in diesem Sinn begriffen hat, dann ist sein Teil die Freiheit, die in sich selbst beruht. Von keinem Wort läßt er sich umdrehen; der ganze Mensch, so wie er ist, läßt seine Hüllen fallen und wird sichtbar. Dann ist er ohne weiteres imstande, auch das, was sich darnach mit Bodhidharma begeben hat, zu begreifen, seine Unterredung mit Wu-Di von Liang und wie er nachher Hui-ko, dem zweiten Patriarchen, den Herzensfrieden gab, und er wird einsehen, wie da nichts ist von kleinlichem Federlesen und persönlichen Empfindlichkeiten, wie hier mit *einem* Schwerthieb durchgehauen wird, leicht und sicher, spielend frei.

Was bedarf es hier eigentlich noch der unterscheidenden Erörterung, um das Richtige vom Falschen, den Gewinn vom Schaden zu trennen? Aber freilich, wieviele gibt es denn, die das so ohne weiteres begreifen?

Der Kaiser Wu also hatte schon vor langer Zeit das Mönchsgewand angelegt. Er hatte persönliche Lehrvorträge über das Lichtstrahlende Sûtra vom jenseitigen Ufer der Erkenntnis (Prajnâpâramitâ) gehalten, hatte es erlebt, daß vom Himmel Blumen herabwirbelten und die Erde sich in Gold verwandelte. Er hatte erkannt, daß es noch etwas Höheres gibt als die Lehre vom DAU, dem WEG, und dem Buddha gehuldigt, hatte nach Erlaß eines öffentlichen Bekenntnisses vor dem Himmel und dem Volk Klöster erbaut und Mönche mit Ausweisen versehen und übte sich selbst nach den Forderungen der Lehre, so daß die Menschen ihn den Sohn des Himmels mit dem Buddhaherzen nannten.

Bei der ersten Begegnung Bodhidharmas mit Wu-Di fragte der Kaiser: Wir haben Klöster gebaut und Mönche bestätigt; was für ein Verdienst wird Uns dafür? Bodhidharma erwiderte: Kein Verdienst. Also gleich zu Beginn schüttet er dem Kaiser unversehens einen Guß Schmutzwasser über den Kopf. Wenn einer von euch diese Geschichte mit dem »kein Verdienst« durchschauen sollte: dem werde ich eine ganz persönliche Begegnung mit Bodhidharma gestatten. Sagt mir einmal: Klöster bauen und Mönche bestätigen – wie soll das alles ohne Verdienst sein? Wo steckt denn da der Sinn?

Der Kaiser liebte es, mit dem Dharmameister Lou-yüä, dem Bodhisattva Fu und dem Kronprinzen Dschau-ming Erörterungen über den Unterschied der eigentlichen und der weltläufigen, nur für die Zeit geltenden

Wahrheit anzustellen. Nach den Erklärungen der Lehrschriften ergibt sich aus der eigentlichen Wahrheit die Erkenntnis, daß man den Dingen kein Sein zuschreiben kann, aus der weltläufigen Wahrheit dagegen, daß man ebensowenig das Nichtsein der Dinge behaupten kann. Daß aber diese beiden, die eigentliche und die weltläufige Wahrheit, im letzten Grund nicht zwei, sondern eine und dieselbe Wahrheit sind, das ist der höchste, letzte Sinn der heiligen Wahrheit, ist für die Schriftgelehrten der Gipfel des Wunderbaren und das tiefste Geheimnis.
Diesen allerschwierigsten Punkt also griff der Kaiser heraus, um Bodhidharma zu fragen: Was ist es mit dem höchsten Sinn der heiligen Wahrheit? Und jener antwortet einfach: Offene Weite; nichts von heilig. Über solch ein Wort können auch die bedeutendsten Kuttenmönche der Welt nicht wegspringen. Bodhidharma haut ihnen mit einem einzigen Schwertstreich alles ab. Aber heutzutage verstehen ihn die Leute reichlich falsch, wenn sie nun hingehen, sich über dieses Wort den Kopf zerbrechen und dann mit großen Augen wiederholen: Offene Weite, nichts von heilig! Freut mich! Hat mit der Sache nichts zu tun.
Mein einstiger Meister Fa-yän, der auf dem Berg des Fünften Patriarchen lehrte, hat einmal gesagt: »Es braucht nur dieses eine Wort: Offene Weite, nichts von heilig. Wenn dies einer richtig durchschaut und begriffen hat, dann geht er still nach Hause und setzt sich ruhig hin. Wir haben nichts dagegen, wenn eine Art Leute sich mit Rankengewirr [mit wortreichen Diskussionen] befaßt, um jenem seinen Lackkübel[1] zu zerschlagen; aber zwischen ihnen steht Bodhidharma in einzigartiger Größe.«
Darum sagen wir: Wer im übenden Umgang mit dem Meister auch nur eines seiner Worte begriffen und durchschaut hat, dem sind dessen tausend und zehntausend Worte alle mit einem Schlag durchsichtig klar. Ganz von selbst, nur in der Stille sitzend, durchschneidest du den Knoten, und wie du zugreifst, hältst du's fest. Darum sagt einer der Alten[2]:

Zermahlene Knochen, zerstückelter Leib
　　reichen nicht hin zum Dank.
Ein einziges Wort, das Klarheit schafft,
　　gilt mehr als Millionen.

Gleich zu Beginn also zieht Bodhidharma vom Leder und versetzt dem Kaiser einen Hieb. Er hat sich da etwas gelockert und reichlich viel durchsickern lassen. Der Kaiser aber kommt zu keiner Einsicht. Er bleibt

[1] Ein Lackkübel überzieht sich bei längerem Gebrauch so dick mit Lack, daß von seinem Holz, ja auch von seiner ursprünglichen Form bald nichts mehr zu sehen ist. So überzieht der zähe Irrtum der Befangenheit im rationalen Denken die reine ursprüngliche Natur des Menschen.

[2] Der Meister Yung-djia in seinem begeisterten ›Gesang vom Erleben der Wahrheit‹, welchen er nach der Bestätigung der Echtheit dieses Erlebens durch den Sechsten Patriarchen Hui-nëng gedichtet hat.

im Gegenteil in seiner Ansicht von einem Ich [als persönlichem Hausherrn] des Menschen befangen und richtet darum an ihn eine zweite Frage: Wer ist das Uns hier gegenüber? Und Bodhidharma in seinem grenzenlosen Mitleid und Erbarmen antwortet abermals und sagt zu ihm: Ich weiß es nicht. Da hat er's nun, der Kaiser. Bald blickt er starr, bald rollt er die Augen und weiß nicht, was er davon halten soll. Aber was ist das auch für ein Ausspruch! Was hierzu alles an Möglichem und Unmöglichem zu sagen wäre, das ist mir zu viel; es geht über meine Kraft. Der Ehrwürdige Schou-duan[1] hat (zu diesen beiden Antworten Bodhidharmas und seinem Abschied von Wu-Di) einen Gesang verfaßt, in dem es heißt:

Einen Adler holt herab *eines* Pfeiles Schuß.
Schickt er einen zweiten nach, ist's im Überfluß.
Stracks dem Schau-schï zugewandt, setzt er sich davor.
Sage nicht, Herr, daß zurück man ihn rufen muß.

Jetzt noch eine Frage: Will ihn von euch jemand rufen? Wer denn? Da also der Kaiser sich in ihn nicht finden kann, geht Bodhidharma heimlich außer Landes. Dieser alte Knabe! Es ist einfach eine Blamage, die er sich da holt! Er setzt über den Strom und kommt in das Reich We. (Damals regierte in We der Kaiser Hsiau-ming. Er war das Haupt einer Völkerschaft im Norden, die den Stammesnamen Toba führte. Erst später nannte sie sich Reich der Mitte.)[2] In We angekommen, blieb Bodhidharma im Lande, ohne es wieder zu verlassen, ging vielmehr alsbald weiter zu dem Schau-lin-Kloster am Schau-schï-Berg [im Sungschan-Gebirgsstock], wo er neun Jahre lang mit dem Gesicht gegen die Wand in der Versenkung saß und Hui-ko, den späteren Zweiten Patriarchen, zur Erkenntnis leitete. In der Umgegend nannte man ihn den wandbeschauenden Brahmanen.
Nachträglich befragt Wu-Di von Liang den Edlen Bau-dschï. Dieser sagt: Aber Eure Majestät wissen doch wohl, wer das ist? Oder nicht? Und der Kaiser erwidert: Ich weiß es nicht. Nun sagt mir einmal: Ist das dieselbe Antwort, wie die des Bodhidharma, oder etwas anderes? Auf Ähnlichkeit hin besehen, sind beide Antworten einander ähnlich. Aber richtig ist auch unrichtig. Die Leute verstehen es vielfach falsch, indem sie sagen, im ersten Fall antworte Bodhidharma dem Kaiser mit Zen, nachher, in der Unterhaltung mit dem Edlen Bau-dschï, spreche Wu-Di von Wissen im Sinn von gegenseitiger Bekanntschaft. Da haben wir's! Hat mit der Sache nichts zu tun. In dem Augenblick, als der Edle Baudschï jene Frage stellte, sagt mir einmal: wie hätte der Kaiser da eigentlich antworten sollen? Warum schlägt er jenen nicht mit einem Stockhieb tot und entgeht so der Schande, an der Nase herumgeführt zu werden? Statt dessen läßt er sich vertrauensvoll auf jenen ein und gesteht: Ich weiß es nicht. Der Edle Bau-dschï aber, wie er sieht, mit welcher Art von geistiger Fassungskraft er es hier zu tun hat, handelt nun auch dar-

nach, indem er sagt: Das ist der Bodhisattva Avalokiteshvara, der das Siegel der Buddhaschaft weitergibt. Den Kaiser reut es, und schließlich sendet er einen Boten, Bodhidharma zurückzuholen. Ein schöner Schnurrpfeifer! Hätte er jenen in dem Augenblick, als er sagte, das sei der Bodhisattva Avalokiteshvara, der das Siegel der Buddhaschaft weitergebe, doch lieber fortgejagt und außer Landes verwiesen, so könnte man es noch ein wenig gelten lassen.

Man verbreitet folgendes: Der Edle Bau-dschï sei im dreizehnten Jahr der Ära Tiän-djiän [514 n. Chr. Geb.] in die Verwandlung eingegangen [d. h. gestorben], während Bodhidharma erst im Jahre 1 der Ära Pu-tung [520 n. Chr. Geb.] in China angekommen sei, also sechs Jahre später. Wie könne man da behaupten, daß sich die beiden gleichzeitig gesehen hätten? Das müsse eine irrige Überlieferung sein. Aber davon reden wir jetzt nicht. Uns liegt lediglich daran, die großen Grundzüge im Bild des Patriarchen Bodhidharma zu erkennen. Sagt mir einmal: Wenn Bodhidharma Avalokiteshvara ist, und wenn ebenso auch der Edle Bau-dschï Avalokiteshvara ist, welcher ist dann der richtige Avalokiteshvara? Und wenn sie schon beide Avalokiteshvara sind, wie kann es dann auf einmal deren zweie geben? Und warum sollte es dann nur bei zweien sein Bewenden haben? Dann wird daraus ein Haufen, dann bilden sie eine Heerschar!

Im späteren We-Reich haben dann die Meister der Mönchsregel Guangtung und Bodhiruci Tripitaka mit Bodhidharma Streitgespräche geführt, in denen der Patriarch die [verstandesmäßig faßbaren] Merkmale [der unerkennbaren Elemente der Wirklichkeit] verwarf und dafür auf den Geist den Finger legte. Und da jene beiden, engherzig, wie sie waren, diesen Standpunkt nicht ertragen konnten, so behandelten sie Bodhidharma als Nebenbuhler, trachteten ihm zu schaden und gaben ihm wiederholt giftige Drogen zu genießen.[3] Endlich beim sechsten Mal, als seine Mission bereits erfüllt war und er einen Schüler, welchem er das Gesetz der Wahrheit weitergeben konnte, gefunden hatte, tat er schließlich nichts mehr zu seiner Rettung, sondern setzte sich aufrecht hin, verschied in dieser Haltung und wurde im Entrückungskloster des Bärenohrenberges[4] begraben. Später ist der Mönch Sung-yün am Zwiebel-

[1] Schou-duan lebte von 1025–1072; aus seiner Schule kam Yüan-wu's Meister Fa-yän, der auf dem Berg des Fünften Patriarchen lehrte. Vgl. Traditionstafel III B, 19. Generation.

[2] Die eingeklammerten Sätze stehen zwar im Text, können aber auch von einem Abschreiber eingefügt sein. Hsiau-ming von We regierte von 516 bis 528. Daß Bodhidharma zu seiner Zeit noch lebte, wird glaubhaft bezeugt. Nur ist er schon viele Jahre früher in das We-Reich eingewandert.

[3] Näheres über diese beiden Männer und die gegen sie erhobene Anschuldigung s. unten S. 57 f.

[4] Etwa 120 km westlich des Sung-schan, ebenfalls in der heutigen Provinz Honan.

gebirge dem Meister Bodhidharma begegnet, wie er mit einer einzelnen Sandale in der Hand in Richtung auf seine indische Heimat an ihm vorbeiging[1].

Wu-Di hat zum Gedächtnis Bodhidharmas persönlich eine Grabinschrift verfaßt, in der es heißt:

Weh mir! Ich sah und sah ihn nicht!
Ich traf und traf ihn nicht!
Empfing ihn und empfing ihn nicht!
Heute wie vor Jahren schon
Klage ich es an, hasse mich darob!

Und in einem Gesang sagt er:

Herz am Sein – treibt ewig träg im Stande der Gemeinen.
Herz im Nichtsein – steigt im Augenblick empor
ins Wunder der Erleuchtung.

Sagt mir einmal: Wo befindet sich denn Bodhidharma gerade jetzt in diesem Augenblick? Wer bei der Antwort auch nur strauchelt, der weiß davon nichts.

Gesang

Heilige Wahrheit – Offene Weite!
Wie erschau'n, wohin das trifft?
Wer der Mann Uns gegenüber?
Der versetzt: Ich weiß es nicht.
Damit entweicht er heimlich übern Strom.
Wie sollten um ihn her nicht Dornen wachsen?
Lief' ihm das ganze Land auch nach,
er kommt kein zweites Mal.
Und sehnten ihn Jahrhunderte
herbei, es ist umsonst.
Laßt ab von eurem Sehnen!
Rein geht der Wind ums Erdenrund,
wo fände er ein Ende?

Der Meister Hsüädou blickte sich nach links und rechts in der Versammlung um und sprach: Ist etwa der Patriarch noch hier in diesem Raum anwesend? Dann gab er selbst die Antwort: Ja, er ist anwesend! Ruft ihn, daß er komme und mir altem Mönch die Füße wasche!

»Heilige Wahrheit – Offene Weite!« – Sein Pfeil fliegt über Silla hinaus. Hihi[2]!
»Wie erschau'n, wohin das trifft?« – Falsch! [Hsüä-dou verwickelt sich in Widersprüche! Er weist über alle Unterscheidungen hinaus und redet doch wieder von einem unterscheidenden Erschauen des Ziels!] – Was wäre denn da so schwer zu erschauen? [Aber in Wirklichkeit ist ja alles offene Weite; wir gehen und stehen, wir sitzen und liegen darin.]
»Wer der Mann Uns gegenüber?« – Sein zweites Angebot ist keinen halben Heller wert. – Und nun bringt es Hsüä-dou noch einmal daher!
»Der versetzt: Ich weiß es nicht.« – Das trifft drei, wenn nicht vier Personen! [Keiner weiß, wer Bodhidharma wirklich ist, weder der Kaiser, noch, wie er bekennt, Bodhidharma selbst; auch Bau-dschï weiß es nicht; und kann denn Hsüä-dou selbst es sagen?] – Aber! aber! [Daß Hsüä-dou sich in seinem Gesang mit diesem beschämenden Bekenntnis Bodhidharmas zur eigenen Ignoranz auch noch besonders abgibt!]
»Damit entweicht er heimlich übern Strom.« – Es war ihm nicht gelungen, jenem in den Nüstern zu bohren[3]. – Der [Wu-Di] muß es sich umgekehrt von einem andern gefallen lassen [von dem Edlen Bau-dschï]. – Du lieber blauer Himmel! – Ein rechter Schwächling! [Eine blamable Szene für Bodhidharma, hat Yüan-wu schon vorher gesagt.]
»Wie sollten um ihn her nicht Dornen wachsen?« – Sie reichen ihm unter den Fersen schon einige Fuß tief! [Es sind die Dornen des Mißverständnisses, dem jedes Wort ausgesetzt ist, das etwas andeuten will, was mit Worten doch nicht zu beschreiben ist. Seit Buddhas Tagen wird davon geredet und geredet, und im selben Maße mehrt sich auch das Dorngestrüpp.]
»Lief' ihm das ganze Land auch nach, er kommt kein zweites Mal.« – Derselbe Aushang noch einmal! [Das hat schon Bau-dschï dem Kaiser gesagt und damit ein großes Geheimnis »öffentlich ausgehängt«.] – Was soll denn hier dieses Nachlaufen? – Wo ist denn Bodhidharma? – Wo bleibt da der freie Mannesmut? [Nämlich bei dem Kaiser, wie auch bei allen denen, die das Heil bei einem andern suchen.]
»Und sehnten ihn Jahrhunderte herbei, es ist umsonst.« – Dabei schlagen sie sich, mit den Händen abwechselnd, auf die Brust! Starren ins Leere und erheben Klage!

[1] Näheres über Sung-yün s. unten S. 58

[2] Ein metaphysisches Lachen: In der grenzenlosen Weite fällt alles zusammen, was menschlicher Verstand an Mauern und Postamenten, an dogmatischen Abgrenzungen und Standpunkten aufbaut.

[3] Wie man dem Wasserbüffel tut, um ihm den Leitstrick durch die Nasenwand zu ziehen.

»Laßt ab von eurem Sehnen!« – Was sagt er da? – Er überschlägt die Kosten für ein Leben in der Totenhöhle[1]!
»Rein geht der Wind ums Erdenrund, wo fände er ein Ende?« – Da habt ihr's! Nun wälzt der gute Hsüä-dou sich ins Gras hinunter! [Er wendet sich von der reinen Höhe der Einheitsschau dem Wirrwarr irdischen Lebens zu!]
»Der Meister Hsüä-dou blickte sich nach links und rechts in der Versammlung um und sprach: Ist etwa der Patriarch noch hier in diesem Raum anwesend?« – Aha, du erwartest Geständnisse! [Hsüä-dou läßt nicht locker. Er ist wie ein strenger Richter, der dem Angeklagten ins Gewissen redet.] – Er treibt es immer weiter mit seinem Einmal-hin-und-einmal-her. [Erst sollen die Schüler den Bodhidharma wie einen Bodhisattva verehren; dann sollen sie ihm plötzlich den Laufpaß geben; und jetzt sollen sie sich in der eigenen Runde umsehen, ob nicht da ein Bodhidharma irgendwo verborgen ist!!]
»Dann gab er selbst die Antwort: Ja, er ist anwesend!« – Tasat alau . . .[2]!
»Ruft ihn, daß er komme und mir altem Mönch die Füße wasche!« – Gäbe er ihm obendrein noch dreißig mit dem Stock und jagte ihn hinaus! Ich fände auch das nicht ungebührlich! Dann könnte man sein Einmal-hin- und-einmal-her noch einigermaßen gelten lassen.

Erläuterung zum Gesang

Was nun den Gesang des Meisters Hsüä-dou zu diesem öffentlichen Aushang betrifft, so kann man vergleichsweise an den Anblick denken, den das berühmte Schwert Tai-o[3] im meisterhaften Spiel des Hin- und Herschwenkens bot. Dem ist dieser Gesang ähnlich. Frei greift das Schwert im Schwunge in den Luftraum aus, und doch, als läge das in seiner eigenen Natur, stößt es mit seiner Spitze nirgends an. Aber ohne die Kunst der Fechterhand kann bei der kleinsten Drehung die Spitze verletzt oder eine Hand verwundet werden. Wer Augen hat, der sehe hin, wie Hsüä-dou bald das eine in die Finger nimmt, bald das andere aufgreift, wie er mit einem Worte lobt, mit einem anderen herabsetzt, und so in nur vier Sätzchen [d. h. in den vier ersten Versen des Gesangs] den ganzen öffentlichen Aushang in schlüssige Form bringt. [Die beiden Antworten, die Bodhidharma gab, sind also deutlich als der eigentliche Kern der ganzen Anekdote bezeichnet. Alles Weitere ist nur die Folge, die sich daraus gesetzmäßig ergibt.]
Im allgemeinen gilt die Regel, daß im »Gesang zum Preis der Alten« auf einem Umweg [über kurze dichterische Worte] der Geist des Zen sich selber Ausdruck schafft, während die erläuternde Erörterung von Beispielen der Alten nur die Aufgabe hat, aus einem vorgelegten Tatbestand die entscheidenden Züge herauszulesen und daraus Schlüsse zu ziehen.
Hsüä-dou versetzt seinen Hörern einen Stoß, indem er sie gleich zu Beginn vor die entscheidende Frage stellt: »Heilige Wahrheit – offene Weite!

Wie erschau'n, wohin das trifft?« An Bodhidharmas erstes Wort schließt er sofort diese Frage an. Das ist, man kann wohl sagen, etwas Außerordentliches. Sagt mir einmal: Wie erschaut denn ihr, wohin es getroffen hat? Da könnte einer Augen so durchdringend wie Eisen oder Kupfer haben und wird doch umsonst im Finstern tappen. Kann man an dieser Stelle noch mit einem in Gefühlen befangenen Verständnis auch nur ahnend ermessen, was gemeint ist? Darum sagt ein Meister [über die Art und Weise, auf die allein in solchen Fällen ein Verständnis möglich ist]: »Das muß zugehen, wie wenn aus einem Feuerstein der Funken springt, oder wie beim Zucken eines Blitzes.« Diese eine Kleinigkeit allein, die findet keinen Platz im seelischen Apparat, im Wollen, Wissen, in Gefühlen und Ideen. Was willst du machen, wenn der Meister dich zur Rede stellt, und es gilt, den Mund zu öffnen? Während du noch abwägst und überlegst, fliegt schon der Sperber über Silla hinaus. – Mit diesen beiden ersten Versen also wendet sich Hsüä-dou an die gelehrten Kuttenmönche der Welt und fragt sie: Wie wollt ihr denn den Ort, auf welchen Bodhidharmas Antwort zielt, durch unterscheidendes Visieren feststellen? Dann die Frage des Kaisers: »Wer der Mann Uns gegenüber?« und daran angeschlossen Bodhidharmas Antwort: »Ich weiß es nicht.« Hier kann man sehen, wie ungeheuer gut es Hsüä-dou mit den Menschen meint, gerade wie eine alte Großmutter, die es nicht wichtig und genau genug nehmen kann. Sagt mir einmal: »Offene Weite« und »ich weiß es nicht« – sind diese beiden Aussprüche von einer und derselben Art oder zweierlei? Wer mit sich selbst im reinen ist, wird es ohne ein weiteres Wort verstehen. Ist einer aber noch nicht mit sich selbst im reinen, so wird er sich bestimmt zwei Pflöcke daraus machen.

Die Leute überall sagen gewöhnlich, Hsüä-dou wiederhole sich und behandle hier denselben Punkt zweimal. Sie wissen überhaupt nichts[4].

[1] Am Ort der Pretas, der unerlösten Toten. Näheres hierüber im letzten Abschnitt, S. 58.

[2] Ein indischer Ausruf erschrockenen Staunens: Krach! es ist geplatzt! Unerhört! Den längst vergangenen Bodhidharma will dieser Hsüä-dou im eigenen Kloster unter seinen Schülern treffen. Er ist wohl nicht recht bei Verstand!

[3] Das Schwert Tai-o war eines der drei Meisterstücke des südchinesischen Schwertfegers Ou Yä-dsï in der sog. Frühlings- und Herbst-Periode, zwischen 770 und 404 v. Chr. Geb.

[4] Also: Es ist falsch, zwischen den beiden Antworten Bodhidharmas einen Unterschied zu machen, als wären sie von zweierlei Art. Aber es ist ebenso falsch, aus der Einheit der beiden nun den logischen Schluß zu ziehen, sie besagten ein und dasselbe, Hsüä-dou mache sich also einer unnötigen Wiederholung schuldig, indem er sie in seinem Gesang beide nebeneinander stelle. Man beachte, mit welcher Energie sich Yüan-wu gerade gegen die Versuche wendet, dem Unerreichbaren auf Schleichwegen der Logik beizukommen. Am schärfsten wird er immer dann, wenn eine Auffassung der richtigen am nächsten kommt und doch nicht echt, nicht aus der Wirklichkeit geboren ist, sondern aus einer logischen Operation.

Mit seinen vier ersten Versen hat Hsüä-dou also den ganzen öffentlichen Aushang erschöpfend behandelt. Darnach treibt ihn nun sein erbarmendes Mitleid, auch noch den Vorgang zu behandeln, der auf die Begegnung Bodhidharmas mit dem Kaiser folgte. »Damit entweicht er heimlich übern Strom. Wie sollten um ihn her nicht Dornen wachsen?« – Eigentlich war Bodhidharma doch in dieses unser Land gekommen, um die Menschen von dem Leim, der ihnen anklebt, loszulösen, ihnen die Fesseln aufzubinden, die Nägel herauszuziehen, die Pflöcke auszureißen und alles Dorngestrüpp abzuhauen und wegzunehmen. Wie kann man dann im Gegensatz hierzu behaupten, er lasse um sich Dornen wachsen? Und doch gilt dieses Wort nicht nur von jener Zeit; auch in der Gegenwart hat diese Dornen jedermann bereits einige Dutzend Fuß tief unter den Sohlen.

»Lief' ihm das ganze Land auch nach, er kommt kein zweites Mal. Und sehnten ihn Jahrhunderte herbei, es ist umsonst.« Unmännlich in höchstem Maß. Sagt mir einmal: Wo ist denn Bodhidharma? Sollte ihn einer zu Gesicht bekommen, so wird er sehen, wie sehr es Hsüä-dou in seinen Schlußworten mit den Menschen gut meint.

Hsüä-dou fürchtet den menschlichen Hang zu einer im Gefühl befangenen Betrachtungsweise. Darum schiebt er den Riegel zurück und gibt seine eigene Anschauung den Blicken offen preis, indem er sagt: »Laßt ab von eurem Sehnen! Rein geht der Wind ums Erdenrund, wo fände er ein Ende?« *Wir* haben bereits davon abgelassen, uns nach Bodhidharma noch zu sehnen. Aber wie steht es mit euch? Was habt ihr unter den Fersen? Hsüä-dou will sagen: Eben jetzt, gerade hier an dieser Stelle weht der reine Wind, der über den Erdkreis geht und der kein Ende findet, sei es über dem Himmel oder darunter. Eine Sache von tausend und zehntausend Zeiten nimmt Hsüä-dou zwischen seine Finger und wirft sie so vor seine Hörer hin. Und dieses Wort »wo fände er ein Ende?« geht nicht allein auf Hsüä-dou's eigene Zeit. Es gilt auch für alle hier: wo fände dieser reine Wind ein Ende!

Aber in seiner Sorge, daß die Menschen sich auch auf diesen Punkt versteifen könnten [d. h. sich auf ein Licht, das ihnen aufgeht, etwas einbilden], findet er nun wieder eine neue Auskunft, indem er mit erhobener Stimme fragt: Ist etwa der Patriarch noch hier in diesem Raum anwesend? Und er selbst gibt auch die Antwort: Ja, er ist anwesend. An dieser Stelle, so darf man [in Erinnerung an den Sinn des Namens Hsüädou, nämlich Schneemulde] unbedenklich sagen, entfaltet Hsüä-dou seine lautere Herzensgüte in einer Weise, daß man meinen könnte, der Schnee der Mulde löse sich in ein Gestöber auf und ginge in einem Wirbel zarter Flocken nieder.

Und dann ergreift er abermals das Wort: »Ruft ihn, daß er komme und mir altem Mönch die Füße wasche!« Damit mindert er aber den Glanz seiner eigenen Würde als Meister bedeutend herab [er ist zu gütig, kommt den Schülern zu weit entgegen]. In diesem Fall täte er besser daran, wenn

er den Schülern seinen Stock zu fühlen gäbe, mit welchem das »Eigentliche« gleichsam seine Hände und Füße rührt [um diesen Leuten ihren eingesessenen Irrwahn auszutreiben]. Sagt mir doch einmal: Was meint Hsüä-dou eigentlich? An diesem Punkt erhebt sich nämlich die Frage: Soll man den Betreffenden ›Esel‹ rufen? Oder soll man ihn ›Pferd‹ rufen? Oder soll man ihn ›Patriarch‹ rufen? Oder welchen Namen soll man wohl für ihn erhaschen?
Die Leute sagen oft, Hsüä-dou mache sich hier den Patriarchen [auf ungebührliche Weise] zunutze. Freut mich! Hat mit der Sache nichts zu tun. Sagt mir einmal: Worauf läuft dies alles nun hinaus? Es ist einfach so: Wir erlauben das Wissen des alten Inders; aber das Verstehen des alten Inders erlauben wir nicht[1].

[1] An dem Sinn dieser etwas dunklen Worte rätseln auch die Erklärer herum. Auf jeden Fall aber ist es zwecklos, sie erkenntnistheoretisch analysieren zu wollen. Sie müssen vielmehr aus dem Geist des ganzen Buches heraus, also aus dem Zen überhaupt verstanden werden. Und so gesehen, ist der Sinn vielleicht ganz einfach. Auf Wu-Di's Frage, wen er da sich gegenüber habe, antwortet Bodhidharma: Ich weiß es nicht. Das ist sein Wissen. Dieses aber verstehen zu wollen, wäre nur ein Rückfall in die Ichbefangenheit; das Wissen des Bodhidharma ginge darüber verloren.

Erklärungen zum Text

Zum Hinweis

Yüan-wu wendet sich an seine Hörer. Kuttenbrüder nennt er sie, denn sie tragen das für Mönche vorgeschriebene Gewand. Zwar ist es nicht mehr, wie sein Name (Kanthā) eigentlich besagt, ganz aus Flicken zusammengesetzt, aber immerhin ist es einfach genug, und wer es trägt, erinnert sich dabei des ersten Buddhajüngers Kâshyapa, der gesammelte Lumpen wusch und zusammennähte. So gehört es sich unter Zen-Beflissenen, seien es nun Schüler oder Meister; darum heißen sie in dieser Schrift durchweg Kuttenmönche.

Was Yüan-wu nun in diesem Hinweis sagt, geht nicht nur auf das Beispiel, welches unmittelbar nachfolgt. Es kann als Einleitung zur ganzen Sammlung gelten. Zwei Vorbedingungen werden hier genannt, die für den, der sich mit Zen befaßt und der aus dieser Schrift etwas gewinnen will, unerläßlich sind. Die erste Vorbedingung ist, daß er helle Sinne, ein sicheres Gefühl, einen feinen Instinkt mitbringt, und diese Kräfte so ausbildet, daß er fähig wird, vom Sichtbaren auf Unsichtbares zu schließen. Die Erweiterung des Sehfeldes über das unmittelbar Sichtbare hinaus beginnt mit ganz einfachen Kunstgriffen. Schon im Nirvâna-Sûtra spricht der Buddha vom Rauch, der dem gesunden Menschenverstand ohne weiteres verrät, daß da ein Feuer sein muß, von Hörnern, die dem Aufmerksamen zeigen, daß dort Rinder sind. Eine stärkere Erweiterung des Sehfeldes ins Unsichtbare hinein verlangt Konfuzius von seinen Schülern, wenn er sagt: »Wem es im Eifer der Lernbegier nicht die Sprache verschlägt, dem schließe ich die Sache nicht weiter auf. Wenn ich ihm *eine* Ecke zeige, und er kann es nicht selbst auf die drei andern übertragen, so helfe ich ihm nicht nach, indem ich wiederhole.«

Was Yüan-wu im ersten Abschnitt seines Hinweises verlangt, ist also im Grunde nichts anderes als ein wacher, heller Sinn für Wirklichkeiten, als der allgemein geschätzte gesunde Realismus, der sich kein x für ein u vormachen läßt. Damit kann jeder Tüchtige nur einverstanden sein, sei er Bauer oder Handwerker, Politiker oder Geschäftsmann. Erstaunlich, ja erschreckend wird dieser Realismus erst, wenn sich nunmehr im zweiten Abschnitt zeigt, *wie weit* er geht. Es ist der Realismus Buddhas, der überall auch da, wo andere meinen, festen, sicheren Boden unter den Füßen zu haben, mit unbeirrbarer Wahrhaftigkeit bis auf den letzten Grund sondiert und diesen Boden schlicht und bündig als brüchig, trügerisch, als Täuschung aufzeigt. Dieser Realismus macht auch vor dem eigenen Ich nicht halt, das doch der Urquell zu sein scheint, aus welchem unsere Gedanken und Gefühle fließen. Er sieht, daß dieses kleine Ich, das vor hundert Jahren noch nicht da war und in hundert Jahren nicht mehr da sein wird, umgekehrt nichts anderes ist, als das auf eine Weile zusammengeflochtene Bündel eben dieser stets in Gegensätzen sich bewegenden Gedanken und Gefühle. Die sind blind für den eigentlichen Urquell, dem auch sie entstammen, die wissen nur von Unterschieden, Mannigfaltigkeiten, und heften daran all ihre Begierde, ihren Ingrimm, ihre zähe Einbildung. Ist die Einsicht in die Komponenten dieses ›Stroms der Mannigfaltigkeiten‹ erst einmal gewonnen, so wird sie, wenn sie nur den Menschen ganz durchdringt, schon auch zu dem großen Einschnitt, zu dem Damm, der jene unheilvollen Flüsse unseres Innern absperrt, ihnen Kraft und Wirkung nimmt und einem neuen Leben Raum läßt, das unter völlig anderem Gesetze steht, dem Gesetz der Freiheit, wie sie hier aus echter Zen-Erfahrung heraus in triumphierenden Worten beschrieben ist.

Daß es so etwas tatsächlich gibt, das an Beispielen lebendiger Menschen aufzuzeigen, ist die einzige Absicht, in welcher Yüan-wu's Vorgänger, der dreiundachtzig Jahre ältere Meister von der ›Schneemulde‹, Hsüä-dou, die hundert Anekdoten von ›den Alten‹ gesammelt und besungen hat, und in welcher Yüan-wu sie nun, mit reichlichen Bemerkungen versehen, seinen Schülern vorlegt. Nur sollen diese sich durch die Menge des Gesagten nicht verwirren lassen. Denn das ist alles nichts als Rankenwerk, ein Gewirr von Schlingpflanzen, das sich um den Stamm, an den heranzukommen es doch gilt, herumlegt. Um an diesen zu gelangen, muß man sich allerdings durch die Hülle, die ihn verdeckt, hindurcharbeiten. Schließlich aber muß man doch das ganze Rankenwerk zerhauen, sonst bleibt man darin hängen, und der Stamm erstickt. Nur die Sorge um das wahre Wohl der Mitmenschen treibt die Meister, so viel von dem zu reden, was sie selbst gefunden haben. Diese Sache selbst jedoch ist etwas völlig anderes als Worte. Um ihretwillen wird man zwar in einer Welt, die über alles Worte macht, gut daran tun, sich auf die Worte dieses Buches für eine Weile einzulassen. Aber wehe, wenn es dabei sein Bewenden haben sollte. Am Ende gilt es, alle diese Worte wieder zu vergessen – eben um der Sache willen.

Geschichtliches zu den Personen des Beispiels

Auf den Hinweis Yüan-wu's folgt nun Hsüä-dou's erstes Beispiel und führt mit gutem Bedacht gleich zu Beginn das Urbild, das die geistige Bewegung des chinesischen und darnach auch japanischen Zen beherrscht, in einer Szene von entscheidender Bedeutung vor Augen: nämlich das Bild des Patriarchen Bodhidharma, welcher zwischen der vom Buddha Shâkyamuni ausgehenden Reihe indischer Träger des Geistes und der Kette chinesischer, koreanischer und japanischer das bedeutsame Bindeglied bildet. Es schildert die Begegnung dieses in hohem Alter von Südindien auf dem Seeweg hergekommenen Mönchs von imponierender Erscheinung mit dem Beherrscher des chinesischen Südreiches Liang, dem Kaiser Wu, chinesisch Wu-Di, der in der Geschichte des chinesischen Buddhismus als dessen eifrigster Förderer auf dem Throne gilt und deshalb oft der Konstantin des Buddhismus in China genannt wird.

Das Ereignis soll sich nach der vorherrschenden Überlieferung im Jahr 520 n. Chr. in der Hauptstadt des Reiches Liang, dem heutigen Nanking, zugetragen haben. Gründliche Forschung hat allerdings erwiesen, daß eine Begegnung Bodhidharmas mit Wu-Di von Liang schwerlich jemals stattgefunden hat. Die älteste und zuverlässigste Nachricht über den indischen Meister besagt, daß er schon kurz vor dem Jahr 479 als hochbetagter Greis im südlichen China gelandet wäre, also zu einer Zeit, in der das Reich Liang überhaupt noch nicht bestand, und daß er sich dann noch viele Jahre im Nordreich We aufgehalten habe. Ein glaubhafter Bericht läßt erkennen, daß er zwischen 516 und 518 in Lo-yang, der Hauptstadt des Nordreiches, gelebt hat. Und mit dem unweit davon aufsteigenden Bergstock Sungschan, wo er im Schau-lin-Kloster an der Schau-schï-Spitze neun Jahre lang in Versenkung gesessen haben soll, ist sein Name sicher nicht umsonst so eng verknüpft.
Der Kaiser Wu-Di dagegen, 464 geboren, hat sein Reich Liang in Südchina mit der am ›Strom‹, d. h. am Yangtsekiang gelegenen Residenz Nanking erst im Jahre 502 aufgerichtet und bis zu seinem Tode, 549, regiert. Wenn Bodhidharma schon vor 479 in Südchina angekommen ist, kann er ihn also damals nicht besucht haben. Die spätere Überlieferung behauptet allerdings, daß die Begegnung mit Wu-Di ungefähr im Jahr 520 stattgefunden habe. Aber dann wäre Bodhidharma schon über vierzig Jahre in China gewesen und hätte im Alter von 120 Jahren noch die beschwerliche Reise von Lo-yang nach Nanking unternehmen müssen. Kurz, das stimmt alles nicht zusammen, und dazu kommt, daß die Geschichte von Bodhidharmas Besuch bei Wu-Di von Liang überhaupt erst um die Mitte des 8. Jahrhunderts zum erstenmal auftaucht, also über 200 Jahre nach Bodhidharmas Tod.
Man darf daher mit gutem Grund annehmen, daß sich diese Legende erst gebildet hat, als die genauere Erinnerung verblaßt, um so mehr aber das Bewußtsein der Zen-Gemeinschaft von der besonderen Eigenart ihres Geistes erstarkt war. Und so gesehen, hat die Erzählung allerdings ihren guten Sinn. Sie zeigt die tiefgehende Auseinandersetzung der Zen-Schulen mit der damals noch imponierenden Macht buddhistischer Scholastik und Hierarchie, indem sie diese beiden in den typisierten Gestalten Bodhidharmas und des Kaisers einander aufs eindrucksvollste gegenübergestellt.
Als Nebenfigur tritt in der Erzählung außerdem der Hofpriester und Berater des Kaisers, der »Edle Bau-dschï« auf, der in der zweiten Hälfte des 5. Jahrhunderts als buddhistischer Prophet und Wundertäter viel Aufsehen erregt hatte. (Was Legendenbildung und chinesischer Volkshumor aus dieser merkwürdigen Figur schließlich gemacht haben, kann man in den zwölf Schwänken nachlesen, die Liu Guan Ying unter dem Titel ›Der Heilige als Eulenspiegel‹, 1958 in Basel herausgegeben hat.) Von der Staatsgewalt als Volksverführer eingekerkert, soll er es fertig gebracht haben, immer wieder zu entweichen und bald hier, bald dort

aufzutreten, bis er abermals festgenommen wurde. Der Kaiser Wu-Di dagegen setzte ihn nach seinem Regierungsantritt alsbald in Freiheit, zog ihn an seinen Hof und hielt ihn in hohen Ehren. Da er im Jahr 514 gestorben ist, kann auch aus diesem Grund die Erzählung von einem Besuche Bodhidharmas bei Wu-Di im Jahr 520 nicht stimmen. Auch Bau-dschï ist hier eine symbolische Figur, und zwar als Zeuge für die Sendung und Bedeutung Bodhidharmas. Er erschreckt den Kaiser mit dem Zeugnis, in Bodhidharma sei der große Bodhisattva Avalokiteshvara erschienen, der in China unter dem Namen Guan-yin als Gestalt der allumfassenden Barmherzigkeit des Buddhageistes schon damals hohe Verehrung genoß. (Daß aus diesem Bodhisattva mit der Zeit eine weibliche Gottheit wurde, spielt in diesem Zusammenhang noch keine Rolle.) Und wenn Bau-dschï weiter sagt, daß dieser Bodhisattva in Gestalt des Bodhidharma das ›Siegel des Buddhageistes‹ weitergebe, so bestätigt er damit die Überzeugung der Zen-Gemeinde, daß auch sie trotz aller Freiheit, mit der sie dem Buchstaben der heiligen Schriften gegenübersteht, autoritativ auftreten kann, und zwar sie erst recht, weil sie den Geist des Buddha habe, indem das ›Siegel‹ dieses Geistes durch persönliche Übermittlung von Geschlecht zu Geschlecht auf Bodhidharma und von ihm weiter auf ihre chinesischen Meister gekommen sei. (Man vergleiche dazu die Traditionstafel im Anhang, ›indische Linie‹.)
Die historische Kritik hat sich mit ihrem Scharfsinn auch dieses Dogmas angenommen und ist zu dem Ergebnis gelangt, daß die Behauptung von einer Kette geheimer Tradition, die vom Buddha über seinen ersten Jünger Kâshyapa auf Bodhidharma und über diesen weiter bis zu den chinesischen und japanischen Zen-Meistern reiche, auf sehr schwachen Füßen stehe und erst lange nach Bodhidharmas Zeit aus apologetischen Gründen künstlich aufgestellt worden sei, um den Angriffen der buddhistischen Scholastik, die sich für ihre Dogmen auf ›Schriftzeugnisse‹ stützte, durch einen kräftigen Gegenbeweis die Stirn bieten zu können. Auf der geistigen Ebene, auf welcher sich die historische Kritik bewegt, läßt sich gegen diese Zweifel gewiß nichts einwenden. Nur ist damit für das Verständnis des Zen sehr wenig oder nichts gewonnen. Und man darf sich nicht einbilden, mit solcher Kritik auf Meister, wie sie in den folgenden Beispielen auftreten, irgendwelchen Eindruck zu machen. Diesen Männern ist es um den Geist zu tun, und daß der weht, wo er will, das wissen sie weit besser als irgend jemand sonst. Sie kennen auch den Abstieg, zu dem der Geist genötigt ist, wenn er sich auf Gegner einläßt und nach Argumenten sucht. Gerade diese Spannung zwischen reinem Geiste und dem Streit in Worten ist das eigentliche Thema, das irgendwie im Hintergrund der Rätselaufgaben dieser Sammlung steht.
Darum tun wir gut daran, zunächst einmal, um Fragen der Historik unbekümmert, das Augenmerk auf diesen Geist zu richten, wie er in den zwei Antworten, die Bodhidharma dem verblüfften Herrscher gibt, in überwältigender Größe zum Ausdruck kommt. Diese Worte sind wie

Blitz- und Donnerschläge, und wer sich nicht von ihnen rühren läßt, für den bleibt dieses ganze Beispiel allerdings ohne Sinn. Hier hat die Übung einzusetzen, zu welcher Yüan-wu's Hinweis aufruft: am Rauch das Feuer zu ermessen, welchem er entsteigt. Denn wie der Leser bald bemerken wird, sind die Verfasser dieser Schrift, Hsüä-dou sowohl wie Yüan-wu, mit ihren Worten nirgends sparsamer, als wo es um den Kern der Sache geht. Das ist der Grund, weshalb es keinen Sinn hat, diese Schrift wie sonst ein Buch einfach herunterzulesen. Die Meinung der Herausgeber Hsüä-dou und Yüan-wu ist es, die Begegnung zwischen Bodhidharma und Wu-Di von Liang als ›öffentlichen Aushang‹ (gung-an, japanisch kô-an) ihren Schülern vorzuhalten, und sie erheben für ihn auf Gewicht und Ansehen einer Auslassung von allerhöchster Stelle Anspruch.

Zum Verständnis des Beispiels

Hsüä-dou holt sich für seinen Zweck aus der überlieferten Legende nur den Teil, welcher ihm der wichtigste ist. Vor diesem war erzählt worden, daß der Gouverneur von Kanton den ehrwürdigen Greis, dem die Überlieferung einen durchdringenden Blick aus blauen Augen nachsagt, nach seiner Landung mit hohen Ehren empfangen und seine Ankunft durch ein dienstliches Schreiben dem Kaiser gemeldet habe. Daraufhin habe Wu-Di durch einen eigens abgesandten Boten den fremden Gast eingeladen, ihn in seiner Hauptstadt, dem heutigen Nanking, aufzusuchen. Als großer Förderer des Buddhismus empfängt er den Meister aus dem Heimatland des Buddha mit hohen Erwartungen und erzählt ihm gleich von seinen eigenen Bemühungen um den Bau von Klöstern, um die Mehrung des Mönchtums, um die Verbreitung der heiligen Schriften und ihre Auslegung, an welcher er sich selbst lehrend beteiligt hatte. Aber auf die Frage, welches Verdienst er dafür in einem künftigen Leben zu erwarten habe, gibt ihm der fremde Gast hart und ungerührt die verblüffende Antwort: kein Verdienst. Und zwar deshalb, weil gute Taten dieser Art, wie sie Menschen und Göttern nachgerühmt werden, doch alle von dem Wahne eines Ichs befleckt und deshalb nichtig sind. Die reine und vollkommene Erkenntnis hat damit nichts zu tun; die ist still und aller Dinge ledig.

Der Kaiser fühlte sich getroffen, war verletzt, und um es zu verbergen, ging er rasch zu einem andern Thema über. Was war nach Ansicht dieses indischen Meisters der eigentliche Kern buddhistischer Wahrheit? Oder, wie Wu-Di es ausdrückt: ihr höchster Sinn? Mit dieser Formulierung zeigt der Kaiser sich als guten Kenner der Scholastik, wie sie von den chinesischen Gelehrten des ›Großen Fahrzeugs‹ (Mahâyâna) im Anschluß an die indischen Lehrer Nâgârjuna und Aryadeva entwickelt worden war. Darnach gibt es unterhalb der echten, eigentlichen Wahrheit vom einzig Einen, welche keine Unterschiede kennt, für diese Welt der Vielheit eine Wahrheit niederer Ordnung, die freilich nur vorübergehende Bedeutung hat. Auf die Frage aber, in welchem Verhältnis denn nun diese beiden doch sehr verschiedenartigen Wahrheiten zueinander stehen, antwortet die Scholastik mit dem unbegreiflichen, nur dem Glauben oder einer tieferen Einsicht zugänglichen Lehrsatz: diese beiden Wahrheiten sind eins, sie decken sich. Es ist (genau wie Goethe es ausdrückt) »das Ewig-Eine, das sich vielfach offenbart«, oder umgekehrt: die bunte Vielheit, aufgelöst im Einen. Über diesen »höchsten Sinn« buddhistischer Wahrheit ließ sich freilich endlos disputieren, und wenn der Kaiser Bodhidharma diese Frage vorlegt, so zeigt er nicht nur seine Fachkenntnis, sondern auch wie klug er es verstand, dem Gegner eine Falle zu stellen.

Nun hat gegen dieses Dogma der Scholastik, inhaltlich gesehen, weder Bodhidharma noch sonst ein Zen-Meister auch nur das geringste einzuwenden. Im Gegenteil, die Wahrheit, welche dieser Lehrsatz ausspricht, eben die ist dieser Männer tiefste Überzeugung. Nur daß sie in ihr wirklich leben und dabei die Erfahrung machen, daß wer aus solcher Wahrheit sich ein Dogma bildet und seinen Witz daran probiert, bereits aus ihr gefallen ist. Die Wahrheit selbst macht frei; das Dogma bindet. Welch ein Eselspflock, sagt Yüan-wu drastisch zu des Kaisers kluger Frage. Denn daß dieses Dogma für den Kaiser in der Tat nichts besseres bedeutet, verrät er selbst schon durch den salbungsvollen Ton, mit dem er von der »heiligen Wahrheit« redet.

So trifft ihn Bodhidharma abermals an seiner wunden Stelle. Er überhört einfach die Einladung zum buddhologischen Disput, hat auf die Frage keine fachgemäße Formel, keinen durch ein Schriftwort autorisierten Lehrsatz. Er hat die Sache selbst, die jenes Dogma ausspricht, oder besser: sie hat ihn und bricht aus ihm hervor in einem Wort des Augenblicks, das nichts zu tun hat mit dogmatischer Prägung durch den denkenden Verstand. »Offene Weite«, mehr bedarf es nicht. In dieser Weite gibt es keine Schranken. Da weiß man nichts von heilig und gemein. Da ist das Einzelne, Besondre aufgehoben und nicht mehr unterscheidbar. Da ist aber auch jedes Wort zu viel. So sehr an dieser Stelle der Kern und Mittelpunkt des ganzen Beispiels liegt, so wenig haben Hsüä-dou selbst und Yüan-wu noch dazu zu sagen. Sie halten schweigend an sich, und wir tun gut daran, über dieses Schweigen nicht hinwegzulesen.

Der Kaiser fühlt den Stoß, den Bodhidharmas Antwort dem Gebäude seiner Gedanken versetzt hat. Noch ist ihm die Brust geschwellt von dem Selbstgefühl frommer Gelehrsamkeit. Soll nun auch die nichts gelten? Ist denn der indische Gast nicht selber auch Buddhist und läßt sich gar als Meister und als Heiligen ehren? Wie kann er sagen: »nichts von heilig«?

Daher seine nächste Frage: Wer ist das Uns gegenüber? Vom »höchsten Sinn der heiligen Wahrheit« ist der Kaiser, ohne es zu merken, abgeglitten und interessiert sich nur noch für die Personalien seines Gastes. Dieser Inder ist verdächtig; man muß ihn zwingen, Farbe zu bekennen. Zum

mindesten ist jetzt der Kaiser wieder ehrlich. Er redet nicht mehr von etwas, worin er gar nicht lebt.
Und Bodhidharmas unbeirrte Güte ist es nun, daß er des Kaisers Ehrlichkeit aus deren tiefstem Grund erwidert, indem er aus der Welt, in der er selber wirklich lebt, so offen wie bisher die ganze Wahrheit sagt: »Ich weiß es nicht.« Denn das ist keine Ausflucht. Damit bekennt er wirklich Farbe. Damit stellt er sich selbst mit seiner ganzen Existenz in das hinein, was er dem Kaiser mit der »offenen Weite« angedeutet hat, und diese offenbart sich damit erst in ihrem Sinn für Bodhidharma selbst als menschliche Existenz. »Ich weiß es nicht«, das ist das einzig Wahre, was jeder von sich selber sagen kann, wenn er der Frage: Wer bin ich eigentlich? auf den Grund geht. Darum ist mit Bodhidharma auch der Kaiser angesprochen, und nicht nur er. Um dieses eigentliche Ich geht es, ob ausgesprochen oder nicht, in jedem Beispiel unserer Sammlung. Auch dem Kaiser ist mit Bodhidharmas Antwort eben diese Frage gestellt.
Das zu merken fehlt ihm leider das Organ, und so endet die Begegnung unerfreulich. Aber man beachte: unerfreulich doch nur für den Kaiser. Nur ironisch nennt Yüan-wu Bodhidharmas Abzug eine »blamable Szene«. In Wirklichkeit bleibt der Verschmähte Sieger. Damit, daß er verschwindet, wächst seine Gestalt erst recht ins Unsichtbare, Überzeitliche hinein; das Irdische fällt von ihm ab, er wird zur geistigen Macht. Des Kaisers Priester und Berater Bau-dschï nennt ihn den Bodhisattva des Erbarmens, und Yüan-wu stellt ausdrücklich fest: in diesem Augenblick tritt Bodhidharma wieder vor den Kaiser. »Bodhidharma, sagt er, ist gekommen.« Und des Kaisers Abneigung schlägt tatsächlich um ins Gegenteil. Aber nur, weil ihm Bau-dschï mit dem Namen Avalokiteshvara zu imponieren wußte. Von Bodhidharmas Geist und Wesen versteht er noch genau so wenig wie zuvor. Darum kann Bau-dschï ihm getrost versichern, daß den indischen Gast nichts wieder nach Nanking zurückbringt. Der bleibt der Abgeschiedene, der er schon vorher war.
Eben darum strahlt von seinen Fersen ein geheimer Glanz aus, wie Yüanwu zum Schluß der Erzählung bemerkt. Und eben darum ist er schon für Hsüä-dou in der Versammlung seiner Hörer gegenwärtig und bereit, sich in diesem oder jenem zu verkörpern. Er kann wie jeder Buddha oder Bodhisattva immer neu geboren werden, wenn nur sich einer seinem Geiste öffnet. Nur hat dieser Vorgang mit dem Namen Bodhidharma schon nichts mehr zu tun. Wer an dem Namen hängen bleibt, versteht ihn bereits falsch. Darum versäumt es Hsüä-dou nicht, zum Schluß auch die Erinnerung an Bodhidharma auszuwischen. Und Yüan-wu malt die Mißgeburten aus, die dann entstehen, wenn einer sich für einen Bodhidharma hält. Ein jeder hat es schließlich doch nur mit sich selbst zu tun.
Dies etwa sind die wesentlichen Punkte, auf die beim Lesen der dem Beispiel folgenden Abschnitte zu achten ist. Im übrigen muß es dem Leser überlassen bleiben, sich in dem ›Rankengeflecht‹ der alten Chinesen durch allmähliche Gewöhnung selbst zurechtzufinden.

Zu den Zwischenbemerkungen

Es folgen zunächst die Zwischenbemerkungen Yüan-wu's zu einem Sätzchen der Erzählung nach dem anderen. Wohl kann er zwischendurch ein Kraftwort sprechen, das die Bedeutung eines Ausspruchs unmißverständlich und markant herausstellt. Aber daneben liebt er es, den Leser durch ironische Satirik zu eigenem Nachdenken anzureizen. Er ahmt die Sprache der Ahnungslosen nach, die, was sie nicht verstehen, ohne weiteres für töricht halten und darüber spotten. Und er wartet ruhig darauf, ob einer auf solch spöttische Bemerkung nun hereinfällt, oder ob er merkt, wie sie gemeint ist. Es ist nicht möglich, es würde allzusehr ermüden, alle diese Zwischenbemerkungen einzeln zu erklären. Der Leser muß sich darin selbst nachdenkend üben. Nur in diesem ersten Stück, und wo es später noch besonders angebracht erscheint, müssen wir mit Erklärungen etwas freigebiger sein. Manche dieser Sätzchen Yüan-wu's kehren immer wieder; sie werden dem Leser mit der Zeit vertraut werden, und er wird finden, daß der Meister sie stets am richtigen Ort anzubringen weiß.

Zu Yüan-wu's Erläuterung

Dem Leser wird auffallen, wie wenig Yüan-wu zu den beiden Aussprüchen Bodhidharmas, die doch den Kern des Beispiels bilden, zu sagen hat. Die kurzen, aber markigen Worte des ersten Abschnitts sind ihm genug, um das Bild des Patriarchen vor den Hörern zu beschwören. Sie verdienen, immer wieder in Erinnerung gerufen zu werden. Denn sie enthalten die Grundlage, auf der das Zen bis heute steht.

Alles weitere dient nur dazu, das Bild des Patriarchen und die Vorgänge um ihn her noch weiter zu beleuchten. Manches, was hier steht, erscheint als nebensächlich. Vielleicht ist durch das Unglück, das den Text nach Yüan-wu's Tod betroffen hat, einiges verlorengegangen, vielleicht auch haben spätere Hände Zusätze eingefügt, auf welche man verzichten könnte. Dazu gehören die Bemerkungen über Bodhidharmas Vergiftung durch Guang-tung und Bodhiruci.

Von diesen beiden war Guang-tung einer der besten Kenner der Lehre von den zehn Erkenntnisstufen und des Avatamsaka-sûtra, besonders aber des Vinaya, d. h. der Mönchsregel. Er wurde zuletzt Ordensmeister für das gesamte Mönchtum des Reiches We und gilt als erster Patriarch der ostasiatischen Schule mönchischer Disziplin. Bodhiruci Tripitaka war ein berühmter Schrift- und Sprachgelehrter aus Nordindien, kam 508 nach Lo-yang, gründete daselbst das berühmte große Institut für Sutrenübersetzung, leitete selbst die Übertragung von 39 Sutren und Lehrschriften aus dem Sanskrit ins Chinesische, darunter manchen der bedeutendsten, und starb ums Jahr 535. Die kaum glaubwürdige Beschuldigung dieser angesehenen Gelehrten, die Yüan-wu wohl in gutem Glauben weitergibt, stammt wahrscheinlich aus einer Zeit, in welcher der

Gegensatz zwischen der auf dem Schriftkanon fußenden Schule der Dogmatiker und den die Schriftautorität ablehnenden Zen-Schulen seinen Höhepunkt erreicht hatte, also wohl aus der Tang-Zeit des achten oder neunten Jahrhunderts.
Auch die Legende von dem Pilgermönch Sung-yün aus Tun-huang, den der Kaiser Hsiau-ming von We im Jahr 518 nach Indien entsandt hatte, und der nach dreijährigem Aufenthalt daselbst auf seiner Rückwanderung am Zwiebelgebirge, dem heutigen Pamir Alai südöstlich von Fergana, dem nach Indien heimkehrenden Bodhidharma begegnet sein will, berührt merkwürdig. Und nicht weniger zum Schluß die dem Kaiser Wu-Di zugeschriebene Grabinschrift zum Gedächtnis des großen Meisters. Immerhin sind auch diese Überlieferungen ein Zeugnis für die Macht, welche die Gestalt dieses geheimnisvollen Mannes auf seine Zeitgenossen und die Nachwelt ausgeübt hat.

Zu Hsüä-dou's Gesang und Yüan-wu's weiteren Bemerkungen

Erst nach dieser Erläuterung Yüan-wu's folgt endlich der Gesang, mit welchem Hsüä-dou zwei Generationen zuvor das Beispiel auf seine eigene Art behandelt hat, knapp, kraftvoll und mit sicherer Hand das Wesentliche treffend. Bei allem Dank, den wir Yüan-wu für seine Erläuterungen schuldig sind, werden wir nach längerem Umgang mit den beiden Männern doch bekennen, daß die Gesänge Hsüä-dou's den verborgenen Kern des Beispiels immer noch am deutlichsten vor Augen führen. Aber dies zu sehen, hilft uns wieder Yüan-wu nach, indem er auch die Verse Hsüä-dou's mit Zwischenbemerkungen begleitet, und zwar oft in einem Ton, als wende er sich gegen diesen, aber nur, um so den Leser um so stärker für den Dichter einzunehmen.
Das eigentlich Entscheidende in diesem ersten Gesange Hsüä-dou's ist die Wendung, die er in den letzten Versen vornimmt:

»Laßt ab von eurem Sehnen!
Rein geht der Wind ums Erdenrund,
Wo fände er ein Ende!«

Über diese Worte stellt sich Yüan-wu absichtlich entrüstet. Statt den Hungernden stärkende Speise zu bieten, wie sie sich aus dem Kult des großen Patriarchen mit Erfolg gewinnen ließe, stoße er sie zurück, entziehe ihnen die Nahrung und überlasse sie ihrer Not, wie die Pretas, die hungrigen Geister der unerlösten Toten. Und wie Hsüä-dou sich nun gar in gutem Glauben dem Erdenrund zuwendet, stellt Yüan-wu scheinbar mit Bedauern fest, der Meister habe sich von der hohen Felsenspitze, auf welcher er noch eben stand, ins Gras der Niederung herabgewälzt. Felsenspitze und Gras sind das stehende Gleichnis für den Gegensatz zwischen dem nach oben gerichteten Sinn der Abkehr von der Welt der Vielheit und der nach unten um das Heil der Mitmenschen besorgten

Güte und Barmherzigkeit, der Richtungen ›überwärts‹ und ›niederwärts‹, welche der wahre Nachfolger Buddhas, der Bodhisattva, beide in sich vereinigt. Hinter Yüan-wu's ironischem Kopfschütteln verbirgt sich höchstes Lob: Hsüä-dou zeigt sich hier als echter Bodhisattva. Er will seinen Hörern helfen, ihrem eigenen Bodhidharma Raum zu geben. Denn dieser kann erst dann in ihnen aufbrechen, wenn sie aufhören, den Patriarchen als geschichtliche Erscheinung aufzufassen, welcher man nachzulaufen hätte.

Endlich ist dem Gesang noch ein kurzes Nachspiel angefügt, das den Meister Hsüä-dou selber darstellt, wie er die Gedanken seiner Schüler nun geflissentlich von dem vergangenen Bodhidharma ablenkt und darauf ausgeht, den Entschwundenen in seinen Schülern selbst zu finden. Im selben Augenblick gießt Yüan-wu mit dem von indischen Meistern herstammenden Ausruf »tasat alau...!« auch darüber seinen Spott aus. Nun aber wechselt Hsüä-dou noch einmal die Front. Sprach er soeben noch die Hoffnung aus, dem Patriarchen Bodhidharma unter seinen Schülern zu begegnen, gab also zu erkennen, daß er in jedem dieser jungen Leute den Großen, Hochverehrten irgendwie anwesend wußte, so dreht er nun wieder den Stiel um und will selbst von diesem Patriarchen durch eine Fußwaschung bedient sein. Jetzt stößt Yüan-wu sogar noch kräftiger ins Horn und wünscht diesem Bodhidharma obendrein eine ordentliche Tracht Prügel. Und in der Erläuterung zum Gesang führt er seine Gedanken hierzu anschaulich noch weiter aus. Er verfolgt das Widersprüchliche der unbegreiflichen Gewißheit, daß jeder dieser Schüler auch ein Buddha, auch ein Bodhidharma ist, nach beiden Seiten hin mit voller Absicht bis ins Letzte. Denn eben diesen Widerspruch als Einheit sehen, die Gegensätze, wie der Ausdruck lautet, zu einem Blatt zusammenklappen, das gerade ist der Punkt, auf den der Meister seine Schüler führen will.

Zweites Beispiel

Dschau-dschou zu dem Vers:
»Der höchste WEG ist gar nicht schwer.«

Hinweis

Der Himmel und die Erde sind dagegen eng. Die Himmelslichter: Sonne, Mond und Sterne verfinstern sich davor im gleichen Augenblick. Mag auch der Stock mit Hieben regnen, der Scheltruf durch die Halle donnern, so wird einer darum doch noch nicht die Sache selbst erlangen, die in dem uns anvertrauten Erbgut überwärtiger Richtung einbeschlossen ist. Auch die Buddhas der vergangenen und künftigen Äonen, wie die des gegenwärtigen, können das nur für sich selber wissen. Die Patriarchen auch von einer Generation zur andern sind nicht imstande, es vollständig darzulegen. Die ganze Sutrensammlung mit den Lehren Buddhas während seines langen Lebens reicht nicht aus, es zu erklären, zu erläutern. Und Kuttenmönche gibt es, die sich heller Augen rühmen, und dennoch hilflos davor stehen bleiben.

Was hat es unter diesen Umständen für einen Sinn, noch lange genauer nachzufragen? Hier mit dem Namen Buddha daherkommen, heißt nur im Schlamm waten und mit Schmutzwasser um sich spritzen; und das Wort Zen dabei noch in den Mund nehmen, treibt nur die Schamröte ins Gesicht.

Den Älteren, die hier schon lange üben, brauche ich das nicht zu sagen. Aber die Anfänger, die später gekommen sind, mögen es sich nur gleich gründlich zu Herzen nehmen.

Das Beispiel

Wir legen vor:

Dschau-dschou sagte bei der Unterweisung seiner Bruderschaft:

»Der höchste WEG ist gar nicht schwer,
Nur abhold wählerischer Wahl[1]«.

[1] Dschau-dschou zitiert den Eingangsvers des großen Lehrgedichts Hsin-hsin-ming von Sëng-tsan, dem Dritten Patriarchen. Näheres s. S. 75.

Redet man davon auch nur ein klein bißchen, so heißt es schon: hier »wählerische Wahl«, hier »wolkenlose Klarheit«. Der alte Mönch hier steht nicht in der wolkenlosen Klarheit. Ihr da, ihr hütet sie und haltet, wie ich dächte, sie trotzdem hoch – oder ist es nicht so?
Nun war da ein Mönch; der fragte: Wenn man schon nicht in der wolkenlosen Klarheit steht, was soll man dann hüten und hochhalten?
Dschau-dschou erwiderte: Ich weiß auch nicht.
Da sagte der Mönch: Ehrwürdiger, wenn Ihr das schon nicht wißt, wieso sagtet Ihr dann doch, Ihr stehet nicht in der wolkenlosen Klarheit?
Dschau-dschou erwiderte: Das Fragen nach der Sache hast du jetzt gehabt. Mach Deine Verbeugung und tritt zurück.

Zwischenbemerkungen zum Beispiel

»Dschau-dschou sagte bei der Unterweisung seiner Bruderschaft« – Was macht der alte Chinese da? – Bleibe er doch weg mit seinem Rankengewirr!
»Der höchste WEG ist gar nicht schwer.« – Nicht schwer und nicht leicht!
»Nur abhold wählerischer Wahl.« – Und was haben wir vor Augen? [Antwort: Nichts als ›wählerische Wahl‹, als Gut und Böse, Liebe und Haß!] – Er redet, als wäre der Dritte Patriarch selbst hier anwesend! [Das klingt spöttisch und ist ernst gemeint.]
»Redet man davon nur ein klein bißchen, so heißt es schon: hier wählerische Wahl, hier wolkenlose Klarheit.« – Ein Doppelkopf mit drei Gesichtern! [Aus dem »höchsten WEG« wird eine Schreckgestalt: aus eins wird zwei, und darüber schwebt das Eine! Und das soll »gar nicht schwer« sein!] Er legt sich auf Detailgeschäfte! – Schwimmt der Fisch, trübt sich das Wasser; fliegt der Vogel, so fallen Federn. [Auch Dschau-dschou stört mit seiner Kritik die reine Stille; keiner, der davon redet, kann es vermeiden.]
»Der alte Mönch hier steht nicht in der wolkenlosen Klarheit.« – Der Missetäter ist entlarvt! – Worauf will dieser alte Chinese wohl hinaus?
»Ihr da, ihr hütet sie und haltet, wie ich dächte, sie trotzdem hoch – oder ist es nicht so?« – Es gibt eine Niederlage! – Oder ist doch auch ein bis ein halber Kerl da? [In Dschau-dschou's Frage steckt eine Falle! Wird auch einer ihm gewachsen sein?]
»Wenn man schon nicht in der wolkenlosen Klarheit steht, was soll man dann hüten und hochhalten?« – Hier wäre auch eine Tracht Prügel angebracht[1]. – Die Zunge stemmt sich gegen den Gaumen. [Dschau-dschou ist sprachlos! Solchen Angriff hat er nicht erwartet.]

»Dschau-dschou erwiderte: Ich weiß auch nicht.« – Nun hat es diesen alten Chinesen aber zu Boden geschlagen! – Niederlage, Rückzug dreitausend Li weit!
Da sagte der Mönch: »Ehrwürdiger, wenn Ihr das schon nicht wisset, warum sagtet Ihr dann doch, Ihr stehet nicht in der wolkenlosen Klarheit?« – Seht zu, wohin der Alte ihm davonläuft! – Er jagt ihn noch einen Baum hinauf! [Mit seiner Draufgängerei bringt er es noch dahin, daß ihm der Meister auf einen Baum klettert, auf den er ihm nicht folgen kann!]
»Dschau-dschou erwiderte: Das Fragen nach der Sache hast du jetzt gehabt. Mach deine Verbeugung und tritt zurück!« – Wie gut, daß er noch diesen [letzten] Zug hat[2]! – Dieser alte Gauner!

Erläuterung zum Beispiel

Dem ehrwürdigen Dschau-dschou war es Gewohnheit, dieses Thema zu behandeln, und zwar gerade das Wort »nur abhold wählerischer Wahl«. Es stammt vom Dritten Patriarchen, aus seiner ›Meißelschrift des Glaubens an den Geist‹. Dort heißt es:

Der höchste WEG ist gar nicht schwer,
Nur abhold wählerischer Wahl.
Dort wo man weder haßt noch liebt,
Ist Klarheit, offen, wolkenlos.

Aber, wenn man nur ein wenig ja oder nein sagt, »so heißt es schon: hier wählerische Wahl, hier wolkenlose Klarheit«. [Damit will Dschau-dschou sagen:] Wenn ihr das [nämlich diese Verse des Dritten Patriarchen] einfach so [nach dem Wortlaut] nehmt, so seid ihr bereits ausgeglitten. Beschläge und Nägel, Leim und Kleister, was läßt sich damit Dauerhaftes zusammenfügen? [D. h.: Starre logische Begriffe, wie »wählerische Wahl« und »wolkenlose Klarheit« werden dem ununterscheidbaren Ineinander der Gegensätze innerhalb der Einheit nicht gerecht.]
Dschau-dschou sagt: »Hier wählerische Wahl, hier wolkenlose Klarheit.« Nun, die heutigen Zen-Beflissenen und Frager nach dem WEG sind [in der Tat] entweder in wählerischer Wahl befangen, oder aber hocken sie in der wolkenlosen Klarheit fest.

1 Ob Yüan-wu die Prügel dem Mönch zudenkt oder dem Meister Dschau-dschou, läßt sich kaum entscheiden. Man kann für beide Annahmen eine Erklärung finden.

2 Daß es für den Abschluß eines Dialogs mit dem Meister ein feststehendes Zeremoniell gibt, ist ein wahrer Segen; und zwar hier scheinbar eher für den Meister, in Wirklichkeit weit eher für den Mönch. Es macht dem Streit um wählerisches Wählen und wolkenlose Klarheit schnell ein Ende, und der höchste WEG ist nun auf einmal wieder »gar nicht schwer«.

»Der alte Mönch hier ist nicht in der wolkenlosen Klarheit. Ihr da, ihr hütet sie und haltet, wie ich dächte, sie trotzdem hoch; oder ist es nicht so?« – Ihr meine Hörer! Wenn er schon nicht in der wolkenlosen Klarheit ist, so saget mir einmal: Wo steht Dschau-dschou denn dann? Und wieso lehrt er die andern, sie zu hüten und hochzuhalten?

Mein ehemaliger Meister vom Berg des Fünften Patriarchen[1] pflegte bei der Erläuterung dieses Ausspruchs von Dschau-dschou zu sagen: »Er ließ die Arme herabhängen und stellte es euch mimisch dar.« [Die Hörer sollen sich vorstellen, wie Dschau-dschou dastand, als er bekannte, er stehe nicht in der wolkenlosen Klarheit. Völlig entspannt läßt er die Arme hängen, stellt sich einfach hin, so wie er ist. Keine geschwellte Brust, kein Adlerblick, kein Haß und keine Liebe, aber eine allem bereite Offenheit und Durchlässigkeit[2].] Wie versteht ihr das? Saget mir einmal: Wie ist das mit dem Armehängenlassen? Erfasset den Sinn des Lasthakens, anstatt auf das Sternchen am Nullpunkt zu achten[3]!

Daß nun dieser Mönch daherkommt und vor den Meister tritt, ist schon etwas Besonderes. Er greift Dschau-dschou an der Stelle an, wo er sich leer zeigt, geht hin und versetzt ihm einen Hieb: »Wenn man schon nicht in der wolkenlosen Klarheit steht, was soll man dann hüten und hochhalten?«

Dschau-dschou aber geht nun weder mit dem Stock noch mit dem Scheltruf vor, sondern sagt bloß: »Ich weiß auch nicht.« Angenommen, der Mönch hätte es nicht mit diesem alten Chinesen zu tun gehabt, so würde es Hiebe abgesetzt haben, daß er bei jedem einzelnen nicht mehr gewußt hätte, was er vorher sagte und was er nachher sagen sollte. Es ist ein Glück, daß dieser alte Chinese die in sich selbst beruhende Freiheit zu jeder Wendung besitzt, welche ihn befähigt, dem Mönche so zu antworten.

Ihr heutigen Zen-Freunde werdet auf jene Frage [des Mönchs] wohl dasselbe sagen: Ich weiß und verstehe es auch nicht. Doch das gilt nicht! Ihr geht wohl auf derselben Straße, aber nicht in derselben Spur. [D. h.:

[1] Der Zen-Meister Fa-yän, 1024–1104, war Abt des Klosters in der Provinz Hupe, das einst der Sitz des Fünften Patriarchen Hung-jën gewesen war. Vgl. Traditionstafel III B, 20.

[2] Eine beredte Haltung, wie man sie auf ostasiatischen Malereien, auch an den Menschen dort, oft beobachten kann.

[3] Die ostasiatische Balken- oder Laufgewichtswaage bildet einen hängenden Hebel, an dessen kurzem Arme sich der Lasthaken zum Aufhängen der Ware befindet, während an dem langen Arm das Gewicht entlang geschoben wird, bis der Balken oder Hebel waagrecht steht. An der Lage des Lasthakens ist sofort zu erkennen, ob die zu wägende Ware zu leicht oder zu schwer ist. Dagegen wäre es töricht, das Gewicht von dem Sternchen am Drehpunkt des Hebels ablesen zu wollen. Ebenso töricht ist es, nur den Wortlaut einer Rede zu beachten, anstatt den Sinn, oder besser: ihr verborgenes Gewicht.

es wären wohl dieselben Worte, wie die des Dschau-dschou; aber sie kämen aus einem anderen Geist.]

Dieser Mönch ist ganz ungewöhnlicher Art. Erst ihm, und keinem anderen, fällt es ein, zu fragen: »Ehrwürdiger, wenn Ihr das schon nicht wisset, warum sagtet Ihr dann, Ihr stehet nicht in der wolkenlosen Klarheit?« Das ist ein noch besserer Hieb, den er ihm da versetzt.

Ein anderer nun als Dschau-dschou würde in solch einem Fall in der Regel versuchen, sich [mit logischen Argumenten] herauszureden und käme dennoch damit nicht zurecht. Aber Dschau-dschou ist ein Meister seiner Kunst. Er begegnet jenem einfach mit dem Bescheid: »Das Fragen nach der Sache hast du jetzt gehabt. Mach deine Verbeugung und tritt zurück!« Dieser Mönch bleibt dem alten Chinesen gegenüber nun einmal völlig hilflos. Er kann nur den Atem einziehen und die Stimme verschlucken.

Das macht: Hier ist ein Meister unserer Schule von großer Hand. Er führt dir keine Reden über das Geheimnisvolle, Wunderbare, er gibt sich nicht mit Kunstgriffen und Gesten ab. Er nimmt sich der Menschen einfach dadurch an, daß er sie vor die Tatsache des Eigentlichen stellt. [Das hebt ihn auch über Angriffe von andern weit hinaus.] Darum kann er sagen: Binde dir zum Schelten einen Schnabel vor! Gieß zu deiner Spucke Wasser nach! Nie hat man davon gehört, daß dieser alte Chinese die Gewohnheit gehabt hätte, die Leute mit dem Stock oder mit Scheltrufen zu traktieren, sondern nur, daß er ganz schlichte, alltägliche Worte im Munde führte, und nur, daß selbst weitberühmte Männer vor ihm hilflos waren. Und dies deshalb, weil er nie sich auf ein Vielerlei von Einzelheiten einließ. Das gab ihm die königliche Freiheit, eine Sache je nachdem quer von der Seite anzufassen [wie den Eingangsvers der Meißelschrift vom Glauben an den Geist], bald sie auf den Kopf zu stellen [wie die wolkenlose Klarheit], das eine Mal gegen den Wind zu steuern [»ihr hütet die wolkenlose Klarheit und haltet sie hoch«], ein andermal sich von ihm treiben zu lassen [»Ich weiß auch nicht«]. Die Menschen heutzutage haben dafür kein Verständnis und sagen immer nur, Dschau-dschou habe auf das, was die Leute sagen, keine Antwort und erkläre ihre Fragen nicht. Sie merken gar nicht, wie sie damit in demselben Augenblick schon stolpern.

Gesang

HÖCHSTER WEG, gar nicht schwer!
Worte treffen's, Rede trifft.
Eins hat Arten vielerlei.
Zweie gibt nicht beiderlei.
Enden des Himmels: Sonne geht auf, Mond geht unter.

Vor dem Geländer: tief die Bergwelt, kalt die Gewässer.
Dem Totenschädel schwanden die Sinne;
wie soll ihm Freude erstehn?
Im morschen Baum ein Drachengesang:
noch ist er nicht verdorrt.
Schwer, ja schwer!
Wählerisch wählen? Wolkenlos klar?
Freund, sieh selber zu!

Zwischenbemerkungen zum Gesang

»Höchster WEG, gar nicht schwer.« – Derselbe öffentliche Aushang nun zum dritten Male! [Erst vom Dritten Patriarchen ausgegeben, dann von Dschau-dschou, nun gar noch von Hsüä-dou – und so geht es weiter!] – Er stopft sich den Mund mit Reif voll [nimmt etwas in den Mund, was einem das Sprechen unmöglich macht]. – Was behauptet er da?

»Worte treffen's, Rede trifft.« – Schwimmt der Fisch, trübt sich das Wasser, fliegt der Vogel, so fallen Federn. – So zerflattert die Blüte in sieben, acht Blättchen. – Er streicht Schminke auf!

»Eins hat Arten vielerlei.« – Schön, wie er das auseinanderlegt. – Wäre es nur ein einziges Einerlei, so gäbe es ja auch keinen letzten Schluß [keine letzte Erkenntnis].

»Zweie gibt nicht beiderlei.« – Wie könnte er es dann erst mit vier-, fünf-, sechs- und siebenerlei aushalten[1]? – Was will er eigentlich mit diesem Rankengewirr?

»Enden des Himmels; Sonne geht auf, Mond geht unter.« – Eine Begegnung von Angesicht zu Angesicht wird hier geboten! – Über dem Haupt endlose Weite, endlose Weite unter den Füßen. – Nur jetzt nicht das Haupt erheben oder senken! [Jetzt hast du es mit dem höchsten WEG zu tun; da schaut man sich nicht nach Einzelheiten um! Nicht um Gegenstände handelt es sich hier, sondern um dich selbst.]

»Vor dem Geländer: tief die Bergwelt, kalt die Gewässer.« – Ganz sterben, nicht wieder leben! – Du fühlst doch wohl die kalten Körperhaare sich dir sträuben?

»Dem Totenschädel schwanden die Sinne; wie soll ihm Freude erstehn?« – Aber im Sargholz drin reißt er dann doch die Augen auf! – Der Pilger Lu [Hui-nëng, der Sechste Patriarch] ist ihm Weggenosse[2].

»Im morschen Baum ein Drachengesang: noch ist er nicht verdorrt.« – Nanu[3]! – Der morsche Baum treibt wieder Blüten! – So kam auch Bodhidharma [noch in hohem Alter] zu uns in den Osten.

»Schwer, ja schwer!« – Falsche Lehre! Läßt sich nicht vertreten. – Er stellt seine Behauptung auf den Kopf[4]. – Wo kann man hier von schwer und wo von leicht reden?

»Wählerisch wählen? Wolkenlos klar? Freund, sieh selber zu!« – Ich bin doch aber blind! [Yüan-wu spielt den Ängstlichen, welcher der eigenen Entscheidung ausweichen möchte.] – Ich dächte, das geht andere Leute an. – Es läuft also zum Glück darauf hinaus, daß er [Hsüä-dou] erst einmal selber zusehen muß. – Den Mönch vom Berge [mich, Yüan-wu] geht es nichts an!

Erläuterung zum Gesang

Hsüä-dou kennt den Punkt, auf den es Dschau-dschou in seiner Unterweisung ankommt. Den stellt er deshalb in seinem Gesang heraus mit den Worten: »Höchster WEG, gar nicht schwer.« Wenn er daraufhin fortfährt: »Worte treffen's, Rede trifft«, so ist das so zu verstehen, daß er eben *eine* Ecke vorweist, ohne die drei andern zu berücksichtigen. Aber indem er daran die Verse anschließt: »Eins hat Arten vielerlei, zweie gibt nicht beiderlei«, kommt er dann doch in gewissem Sinn über die drei anderen Ecken auf die erste zurück.
Ihr, saget mir einmal: Welches sind denn die Umstände, unter denen Wort und Rede »es treffen«? Wieso hat denn ›Eines‹ doch ›vielerlei Arten‹, und gibt zwei doch ›nicht beiderlei‹? Wenn dir dafür die Augen fehlen, in welcher Richtung willst du denn suchen? Wenn du aber durch diese beiden Sätzchen durchgedrungen bist,[5] ...
Darum heißt es bei den Alten: Klappe es zu *einem* Blatt zusammen! Dann siehst du, wie früher auch, die Berge als Berge, Wasser als Wasser, Langes lang, Kurzes kurz; Himmel ist Himmel, Erde Erde. [Denn »Eins hat Arten vielerlei.«] Zu Zeiten aber nennst du die Erde Himmel, zu Zeiten sagst du vom Berg: es ist kein Berg, zu Zeiten sagst du vom Wasser: es ist nicht Wasser. (Denn »Zweie gibt nicht beiderlei.«)
Also, um es kurz und schlicht zu sagen: Wie gewinnt man Ruhe und Frieden? Kommt ein Wind, so rührt sich's im Baum; wölbt sich die Welle, so hebt sich das Boot. Im Frühjahr sproßt es, im Sommer wächst

[1] Yüan-wu stellt Hsüä-dou ironisch als Fanatiker der Einheit hin; seine wahre Meinung ist: selbstverständlich ist die Einheitsschau das erste, wichtigste, aber darin starr einseitig zu verharren, führt auch zu geistigem Tod.

[2] Vgl. die Anmerkung am Ende der Erklärungen. S. 79.

[3] Ruf der Überraschung: gerade da, wo einer im vollen Ernst der Vielheit abgestorben und in die Einheit eingegangen ist, regt sich auf einmal neues Leben: er wendet sich auf neue Art der Welt der Gegensätze zu, so daß es, wie bei Dschau-dschou, aussieht, als sei er nicht mehr in der wolkenlosen Klarheit.

[4] Natürlich will Yüan-wu damit gerade das Gegenteil andeuten, nämlich wie ungeheuer schwer es ist, bis einer zu dem Urteil »gar nicht schwer« gelangt.

[5] Hier ist im Text der Nachsatz ausgefallen.

es hoch, im Herbst wird geerntet, im Winter gespeichert. [Darum heißt es in der Meißelschrift vom Glauben an den Geist, im 10. Doppelvers:]

> Die Eine Art, von ebenem Mut,
> Zerläuft von selbst, wie Wasser tut[1].

Mit diesen vier Versen also ist Hsüä-dou's Gesang [auf Dschau-dschou's Unterweisung] schlagartig zu Ende.

Nun hat Hsüä-dou aber noch mehr auf dem Herzen. Er knüpft sein zugeschnürtes Bündel auf und zählt her. Nur daß nach seinen vier ersten Versen [die über den höchsten WEG eigentlich schon alles Nötige enthalten] nicht mehr viel zu sagen übrig bleibt. Trotzdem fährt er fort: »Wenn an den Enden des Himmels die Sonne aufgeht, dann geht der Mond unter; wenn vor dem Geländer das Bergland in die Tiefe reicht, dann sind die Gewässer kalt.« Hier kann man wohl sagen: Auch diese Worte treffen es, auch diese Rede trifft. Hier ist Vers um Vers WEG, Wort für Wort vollkommene Wahrheit. Wie sollte dies nicht die Stelle sein, an der einer die Scheidewand, mit welcher wir das Innere vom Äußeren trennen, einmal vergißt und beides, alles miteinander »zu einem Blatt zusammenklappt«?

Nachdem Hsüä-dou sich in seinen ersten Versen äußerst schroff und streng gezeigt hat, wird er nun gegen das Ende zu auch reichlich leck und locker. Wenn du in diese Verse fleißig eindringst, bis du sie durchschaust, wenn dir ihr Sinn beim Hinsehen durchsichtig geworden ist, dann wirst du es ungewollt verspüren wie den unvergleichlichen Geschmack des Schaums auf zerlassener Butter[2]. Hast du jedoch die in der Unterschiedenheit befangene Erklärungsweise noch nicht vergessen können, so zerflattert dir die schöne Blüte in sieben, acht Blättchen, und du bleibst bestimmt außerstande, solche Reden [wie sie die obigen zwei Verse bringen] zu verstehen.

»Dem Totenschädel schwanden die Sinne: wie soll ihm Freude erstehn? Im morschen Baum ein Drachengesang: noch ist er nicht verdorrt.« Dies hat er einfach zusätzlich hineingemengt. Und zwar handelt es sich um einen ›öffentlichen Aushang‹ der alten Meister, der die Frage nach dem WEG betrifft. Den holt sich Hsüä-dou herbei und zieht ihn zur Vervollständigung seines Gesanges mit den Worten des Dritten Patriarchen vom höchsten WEG auf einen und denselben Strang. Aber heutzutage verstehen die Leute nicht mehr, wie die Alten es meinen. Sie kauen an deren Worten und Sätzen nur herum und kommen damit zu keinem Schluß. Es muß einer schon sehr gut bewandert sein, um diese Geschichte richtig wahrzunehmen.

Seht, sie ist so: Ein Mönch fragte Hsiang-yän[3]: Was ist es um den WEG? Hsiang-yän erwiderte: Das ist, wie wenn in einem morschen Baum der [Wind-] Drache summt. Der Mönch fragte weiter: Wie steht es mit einem Menschen, der im WEGE lebt? Hsiang-yän sagte: Ein Totenschädel mit Augäpfeln darin[4].

Später kam der Mönch zu Schï-schuang[5]. Den fragte er: Was bedeutet das Drachengesumme im morschen Baum? Schï-schuang erwiderte: Ein Dasein, das sich noch mit Freude gürtet. Und was bedeutet ein Totenschädel mit Augäpfeln darin? [fragte der Mönch weiter]. Schï-schuang antwortete: Ein Dasein, dem die Sinne noch geblieben sind.
Der Mönch [immer noch unbefriedigt] kam auch zu Tsau-schan[6]. Diesen fragte er: Was bedeutet das Drachengesumme im morschen Baum? Tsau-schan gab zur Antwort: Dem sind die Blutadern nicht durchschnitten. [Der Mönch fragte weiter:] Was ist es um einen Totenschädel mit Augäpfeln darin? Darauf Tsau-schan: Der ist noch nicht ganz dürr. [Tsau-schan ist ein gütiger Schalk. Auf die erste Frage beantwortet er schon die zweite, auf die zweite nachträglich die erste. Auch darin liegt die Wahrheit, die dem Mönch nicht eingehen will: Zweie gibt nicht beiderlei. So fragt er immer noch weiter:] Welcher Mensch hat es denn schon gehört [das Drachensummen im morschen Baum]? Tsau-schan sagte: Auf der weiten Erde ist nicht einer, der's nicht hörte. Da sagte der Mönch: Nun möchte ich nur wissen: in welchem Kapitel steht eigentlich dieses Wort vom Drachengesumme? Da erwiderte Tsau-schan: Ich weiß nicht, in welchem Kapitel das steht. Die es hören, müssen alle daran sterben.

[1] Das Eine, die wolkenlose Klarheit, ist nichts, was man absichtlich suchen, was man »hüten und hochhalten« kann oder soll. Sonst macht man daraus etwas Spezielles, Besonderes, was es nicht ist, und hegt es in sich am falschen Ort, nämlich im Kopf, anstatt sich von ihm besitzen und hegen zu lassen. Daher das Bekenntnis Dschau-dschou's: Ich stehe nicht in der wolkenlosen Klarheit.

[2] Indisch Manda, das Feinste vom Feinen, mit dem schon Buddha die Köstlichkeit vollkommener Erkenntnis vergleicht; s. Potthapâda-sutta 53, Dîghanikâya IX. Die chinesischen Buddhisten sagen für manda ti-hu, die japanischen dai-go (vgl. den Kaisernamen Daigo Tennô).

[3] Meister des 9. Jahrhunderts, Schüler des We-schan, von dem das 4. Beispiel handelt. Vgl. Traditionstafel III B, 11.

[4] Hsüä-dou in seinem Gesang hat den Ausspruch anders gewendet und seinen Sinn umgedreht: »Dem Totenschädel schwanden die Sinne; wie soll ihm Freude erstehn?« Er will zuerst einmal den Tod in seinem vollen Ernst genommen wissen. Yüan-wu ergänzt ihn deshalb mit der Zwischenbemerkung: »Aber im Sargholz drin reißt er dann doch die Augen auf.« Hsiang-yän selbst, der Urheber dieser Gleichnisbilder, will mit beiden dasselbe ausdrücken: wer den ›großen Tod‹ gestorben ist, erfährt auch das ›große Leben‹.

[5] Schï-schuang, bis 888; japanisch Seki-sô; Traditionstafel III A, 11; von ihm handeln in unserer Sammlung die Beispiele 55 und 91.

[6] Tsau-schan, 839–910, bedeutendster Schüler des berühmten Dung-schan Liang-djiä, von welch letzterem das 43. Beispiel handelt, und neben diesem ein Vater der Tsau-dung-Schule, also der Sô-tô-Sekte des japanischen Zen. Vgl. Traditionstafel III A, 12.

Es gibt auch einen Gesang[1]. Er lautet:

Wenn im dürren Baum der Drache dir singt,
siehst wahrhaft du den WEG.
Wenn im Totenkopf keine Sinne mehr sind,
wird erst das Auge klar.
Wo Freude dir und Empfindung schwand,
bleibt zu vermelden nichts.
Wie nähme ein solcher den Unterschied
des Reinen im Trüben wahr?

Bei Hsüä-dou, das muß man schon sagen, hat alles großartig Hand und Fuß. Da mengt er dir in seinen Gesang auf einmal eine Zutat hinein. Aber obgleich es eine solche ist, so gibt es, mit dem übrigen zusammengenommen, doch »nicht beiderlei«.

Zum Beschluß gibt Hsüä-dou den Seinen noch etwas zum persönlichen Gebrauch mit. Er setzt neu an und sagt: »Schwer, ja schwer!« Auch durch das muß man erst hindurchgedrungen sein, bevor man es gewinnt. Wie ist das zu verstehen? Dafür gibt es ein Wort von Bai-dschang[2], das lautet: »Alles, alles, Worte, Reden, Berge, Flüsse, die ganze große Erde, jedes einzelne Ding, es macht alles kehrt und kommt zuletzt nur auf dich selbst zurück.« So muß auch dies alles, was Hsüä-dou hier zwischen die Finger nimmt und aufgreift, letzten Endes Wort für Wort notwendig auf dich selbst zurückkommen.

Und nun saget mir: Welches ist der Punkt, an welchem Hsüä-dou seinen Leuten noch etwas zum persönlichen Gebrauch mitgibt? »Wählerisch wählen? Wolkenlos klar? Freund, sieh selber zu!« Nachdem er bereits sein Rankengewirr fertig geflochten hat und mit seinem Gesang am Ende ist, warum sagt er da noch: »Freund, sieh selber zu«? Ein glücklicher Wurf, diese Mahnung, du sollest selber zusehen. Saget nicht, ihr alle hier, ihr könnet es nicht verstehen! Selbst der Mönch vom Berge hier ist an diesem Punkte in genau derselben Lage: er kann es nicht verstehen.

[1] In den ›Lehrreden des Meisters Tsau-schan‹ ist dieser kunstvolle Vierzeiler der eben berichteten Zwiesprache mit dem Mönche vorangestellt.

[2] Wie Dschau-dschou's Lehrer Nan-tjüan aus der Schule des berühmten Patriarchen Ma hervorgegangen; von ihm bringt unsere Sammlung in den Kapiteln 26, 53, 70, 71, 72 und 73 noch sechs Beispiele. Vgl. Traditionstafel III B, 9.

Erklärungen zum Text

Zum Hinweis

Unmißverständlich weist Yüan-wu darauf hin, daß es sich in dem nun folgenden Beispiel um etwas Ungeheures, um das Allerhöchste handelt. Wogegen sind Himmel und Erde eng? Wovor verfinstern sich die Lichter des Himmels? Unwillkürlich fallen uns die Worte ein: Der Himmel und aller Himmel Himmel können dich nicht fassen (1. Könige 8, 27), und wir fühlen, daß hier wie dort Wind von derselben Höhe weht. Nur daß er sich bei den chinesischen Meistern in Anschauungen und Worten völlig anders ausdrückt. Die ›Sache‹, um die es hier geht, wird mit äußerster Zurückhaltung behandelt. In der Überschrift und nachher in der Anekdote heißt sie echt chinesisch ›der höchste DAU‹, d. h. der höchste WEG, und gemeint ist genau dasselbe, was im ersten Beispiel Wu-Di ›die heilige Wahrheit‹ nennt, welche näher zu beschreiben dem Patriarchen Bodhidharma vorbehalten bleibt. Sie bildet, wie Yüan-wu sagt, den eigentlichen Kern des von den Vätern überkommenen ›Erbguts überwärtiger Richtung‹. Denn das erste, worauf es bei der Befreiung aus den Fesseln menschlichen Wesens ankommt, ist, um einen deutschen Dichter anzuführen, daß »ich die Welt und mich vergesse«, und »mein Herz überwärts wie ein Adler schwebe«. Allerdings ist diese ›überwärtige Richtung‹ nicht das Ganze des genannten Erbguts. Von der Höhe, zu welcher sich der Geist hat aufwärts führen lassen, muß er, wenn er nicht erstarren soll, sich wieder abwärts wenden, der Welt und ihrem Jammer zu, um sich in mitfühlendem Erbarmen der Not der Menschen anzunehmen und auch sie der Höhe zuzuführen. Der Richtung ›überwärts‹ muß die entgegengesetzte ›unterwärtige‹ entsprechen. Doch von dieser ist hier zunächst nicht die Rede. Sie ist zweiten Ranges und verliert all ihren Sinn und Wert, wenn ihr die ›Richtung überwärts‹ nicht vorgeht.

Die ›Sache‹ aber, die in dieser Richtung liegt, geht über alles Denken und Verstehen, ist darum auch mit keinem Worte zu erreichen. Wohl ringt gerade dieser Sache gegenüber das menschliche Bedürfnis unablässig um den rechten Ausdruck und hat denn auch der Namen und der Worte schon unzählige geprägt, hat sie geheiligt, sie vielfach auch mit dem Verbot vergeblichen Gebrauchs belegt, und wird doch niemals müde, davon zu reden und zu reden, bis in vielen Fällen aus den Worten Kraft und Leben schwinden, und alles Predigen, so laut es tönt, den Geist nur eher abstumpft, anstatt ihn zu wecken.

Das war die Lage auf buddhistischem Boden, wie sie Bodhidharma seinerzeit in China antraf. Darum ging auch, was von seinem Wirken späterhin geblieben ist, nicht von den Lehrgesprächen aus, die nach den ältesten Berichten auch dieser indische Lehrer geführt hat, sondern vielmehr von dem tiefen Schweigen des in der Versenkung unbewegt Verharrenden. Das hat zunächst ganz wenigen den Sinn dafür geweckt, daß die höchste Wahrheit »nicht in Worten steht«. Und die Zen-Bewegung, die, von diesen wenigen begründet, nach vier bis fünf Generationen weiter um sich griff, zeichnet sich durch nichts so deutlich aus, wie durch die herbe Strenge, mit der sie immer wach die eigene Rede zügelt, gerade vor den heiligsten und höchsten Worten auf der Hut und stets darauf bedacht ist, daß nur ja die Sache selbst das menschliche Gemüt von Worten und Begriffen leer und unverworren finde. Sie macht auf ihre Art aufs neue mit den Sätzen Ernst, die im chinesischen Altertum der große ›Alte‹, d. h. Lau-dsï, an die Spitze seines Testamentes ›Vom WEG und seiner Lebenskraft‹ gesetzt hat: »Der Weg, den man zum Weg erheben kann, ist nicht der ewige WEG; der Name, den man nennen kann, ist nicht der ewige Name.«

Dschau-dschou, der Schüler Nan-tjüans

Als Muster dieses Geistes führt Hsüä-dou nun in seinem ›öffentlichen Aushang‹ den Meister Dschau-dschou vor und breitet so zugleich ein Bild des Wachstums aus, das dem von Bodhidharma einst verpflanzten Stamme auf chinesischem Boden beschieden war. Denn nach der Zählung, welche den Inder Bodhidharma in der Stammlinie chinesischer Meister an die erste Stelle setzt, steht Dschau-dschou bereits an der zehnten. Ihn trennen von dem Ersten Patriarchen drei Jahrhunderte. Und trennen ihn doch nicht; denn bei dem intim innerlichen Verhältnis, das in der Zen-Gemeinschaft jener Zeiten Meister und Schüler aneinander bindet und die ›Überlieferung von Geist zu Geist‹ verbürgt, spielt der Wechsel der Geschlechter eine sehr geringe Rolle. Um so reicher ist die Vielfalt der Beziehungen, die sich mit jeder neuen Generation erweitert. Der Meister steht vor seinen Schülern stets als Schüler seines eigenen Meisters und, über diesen aufwärts blickend, als Enkel- und Urenkelschüler der Vorangegangenen.

Es ist für das Verständnis des nun Folgenden von Wert, den Weg, der von Bodhidharma her zu Dschau-dschou führt, wenn auch nur flüchtig zu verfolgen und seine wichtigeren Meilensteine zu beachten. Schon des Ersten Patriarchen Enkelschüler Sëng-tsan, also der Dritte in der Väterreihe (lebte bis 606), hat besondere Bedeutung, nämlich als Dichter des ersten großen Lehrgesangs der chinesischen Zen-Schulen, der sogenannten ›Meißelschrift des Glaubens an den Geist‹ (Hsin-hsin-ming). Denn eben diese hat den Meister Dschau-dschou sein Leben lang beschäftigt, und das Gespräch, das in dem folgenden Beispiel erzählt wird, beginnt mit deren ersten Versen.

Wichtig für die Späteren ist aber auch, ja in gewissem Sinn noch wichtiger, der Sechste Patriarch mit Namen Hui-nëng[1], weil erst in ihm das, was die Vorgänger von Bodhidharma übernommen hatten, in voller Klarheit und zugleich auf echt chinesische Art und Weise durchbrach. Diesen völlig schlichten, aber seherischen Geist durchzuckte es, daß das

Geheimnis Bodhidharmas, das uns in jenem Worte von der offenen Weite und dem anderen, »ich weiß es nicht«, berührt, nicht etwas ist, was sich auf abmeßbarem Weg durch Sinnen und durch Üben von Schritt zu Schritt so nach und nach erreichen läßt, sondern daß es stets nur momentan, blitzartig, plötzlich uns erleuchten kann, und zwar, weil es schon immer in uns liegt, ganz nahe, näher als jedwedes Einzelding, und nur durch unsern unterscheidenden, sezierenden Verstand und unsere Verkapselung in einem kleinen, engen Ich vernebelt und uns weltenfern erscheint.

Vom fernsten Süden Chinas her, von dem es damals hieß, wie einst von Nazareth: was kann von dorther Gutes kommen? hat dieser Sechste Patriarch mit seiner blitzartigen Intuition dem chinesischen Zen der Folgezeit seinen besonderen Stempel aufgeprägt. Während dem ›nördlichen Zen‹ schon nach wenigen Generationen die Nachfolger ausgingen, hat sich das ›südliche‹ der ›plötzlichen Erleuchtung‹ (in dem oben bezeichneten Sinne!) bis auf die Gegenwart erhalten, was bedeutet, daß alle nachfolgenden Zen-Meister sich nächst Bodhidharma vor allem auf das Zeugnis und die Lehre Hui-nëng's stützen.

Von ihm, der mit seinen letzten dreizehn Jahren bereits ins achte Jahrhundert hereinreicht, sind es bis Dschau-dschou nur noch vier Generationen. Einer auf der siebten Stufe in der Stammlinie der Patriarchen oder Meister, Huai-jang, der in Hupe auf dem ›Südhorn‹ (Nan-yüä, japanisch Nan-gaku) bis 774 wirkte, wird, so wichtig er auch ist, in unserer Sammlung nirgends besonders herausgestellt, wohl aber sein bedeutender Schüler Ma, also einer von den Patriarchen an der achten Stelle, dem wir schon im dritten Stück begegnen werden. Bei Ma-dsu (d. h. dem Patriarchen Ma) hat Nan-tjüan, Dschau-dschou's Lehrer, das Geheimnis des all-einen Geistes in dem schlichten, darum aber dem Verstand genauso schwer zugänglichen Satz vernommen: »Glaubet einfach jeder einzelne für sich: mein eigener Geist, mein eigenes Herz ist Buddha.« Und Nan-tjüan selbst hat diese selbe Wahrheit seinen Schülern noch einen Schritt näher zu bringen versucht, indem er sagte: »Der schlichte Geist, der ganz gewöhnliche, das ist der WEG.« (Im achtundzwanzigsten Beispiel wird sich freilich zeigen, was alles hinter diesem Wort steckt, wie gänzlich man es mißverstehen kann, wie wahr es, recht verstanden, dennoch bleibt.)

Mit Nan-tjüan[2] also, seinem Leben und mit dieser seiner Art, zu lehren, hängt Dschau-dschou[3], der Meister dieses zweiten Beispiels, aufs innigste zusammen. Im Jahr 777 in der Provinz Schantung geboren, und, wie es scheint, schon früh in einem Buddhakloster seiner Heimat aufgewachsen, kam er mit siebzehn Jahren in die Gegend von Tschï-dschou am Yang-

[1] Hui-nëng, 638–713, japanisch E-nô; Traditionstafel II, 6.

[2] Nan-tjüan, 748–834, japanisch Nan-sen; Traditionstafel III B, 9.

[3] Dschau-dschou, 777–896, japanisch Jô-shû; Traditionstafel III B, 10.

tsekiang, wo er sich einem etwa dreißig Jahre älteren Mönche anschloß, der ihm durch seine tiefe Schweigsamkeit besonderen Eindruck machte. Der Mönch kam aus der Schule des berühmten Meisters Ma und stand gerade im Begriff, sich an dem sogenannten Südquellberge, Nan-tjüan-schan, in menschenleerer Gegend eine Klause zu erbauen und eine Bruderschaft um sich zu sammeln. Dieser angehende Meister, der von da an nach der Stätte seines Wirkens selbst den Namen Nan-tjüan trägt, fand an der keck aufrichtigen, vertrauensvollen Art des Jünglings Gefallen und nahm ihn als Gehilfen und als Schüler auf. Von dem Gespräch, mit dem sich dieser damals bei Nan-tjüan eingeführt hat, wie auch von einem anderen, durch welches Nan-tjüan ihm die Augen öffnete, wird im 30. Kapitel noch die Rede sein. Fast vierzig Jahre lang blieb Dschau-dschou bei dem Meister, bis dieser 834 starb. Irgendwann in dieser Zeit hat er einmal das Kloster auf dem Sung-schan aufgesucht, um an der Stätte, wo der erste Patriarch einst still gesessen hatte, sein Gelübde abzulegen und nun als Mönch den Namen Tsung-schën, »Gemäß der Gemahnung«, anzunehmen. In den langen Jahren der Gemeinschaft wuchs er mit Nan-tjüan immer inniger zusammen und nahm auf seine Art die ausgeruhte, stille Kraft des Meisters in sich auf. Nach dessen Tode blieb er, der Pietät genügend, noch einige Jahre auf dem Südquellberg.

Dann erst machte er sich, schon fast sechzigjährig, los, um so, wie sonst die Zen-Mönche in jungen Jahren tun, auf Wanderschaft zu gehen. Beim Auszug, heißt es, habe er sich gelobt: Wenn einer mir in irgend einem Punkte überlegen ist, will ich mich gern von ihm belehren lassen, und sei er auch ein siebenjähriges Kind. Und wenn einer hundert Jahre alt sein sollte, aber weniger versteht als ich, so werde ich ihn lehren. Er zog aus, besuchte hin und her im weiten Reich die alten und die jungen Meister, hörte sie lehren, maß sich mit ihnen im Gespräch und nahm sich dafür weitere zwanzig Jahre Zeit, bis er als angehender Achtziger 857 endlich sich entschloß, in der Kreisstadt Dschau-dschou, 175 km südwestlich von dem heutigen Peking, die Leitung des dem Bodhisattva Guan-yin (indisch Avalokiteshvara) geweihten Klosters zum Wacholderhain zu übernehmen und damit öffentlich als Meister aufzutreten. Trotz seines hohen Alters war es für diese Wirksamkeit doch nicht zu spät. Sie dauerte noch vier Jahrzehnte, führte ihm, der nun in aller Welt den Namen Dschau-dschou trug, von weither und in Scharen Schüler zu, bis er 896 im einhundertzwanzigsten Lebensjahr die Augen schloß. Namhafte Meister sind aus seiner Schule hervorgegangen. Viele seiner Aussprüche und Lehrreden hat die Überlieferung festgehalten; nicht weniger als zwölf derselben hat Hsüä-dou in dieser unserer Sammlung zum ›öffentlichen Aushang‹ gebracht (vgl. außer diesem hier die Beispiele 9, 30, 41, 45, 52, 57, 58, 59, 64, 80, 96). Alle Worte, die uns von Dschau-dschou überliefert sind, zeugen von der ausgereiften Ruhe seines Wesens und der schlichten Einfalt seiner tiefen Weisheit, mit der er es verstand, jedem, der ihm nahte, den Bescheid zu geben, welcher ihm gerade nottat, fein oder grob, abweisend oder gütig, immer kunstlos, ungesucht, ganz leicht und wie nachlässig hingeworfen, und dabei doch genau ins Herz des andern treffend. Wer sich in sie vertieft, dem wird es kaum unglaublich scheinen, wenn seine Hörer die Empfindung hatten, als läge, wenn er redete, auf seinen Lippen etwas wie geheimes Leuchten.

Zum Verständnis des Beispiels

Dschau-dschou geht in seiner Unterweisung von dem schon erwähnten Lehrgedicht des Dritten Patriarchen, Sĕng-tsan, aus. Schon dessen Titel Hsin-hsin-ming (japanisch Shin-jin-mei) verrät, wovon es handelt. Man kann ihn lesen in dem Sinne: Meißelschrift des gläubigen Herzens, oder auch: des glaubenden Geistes. Aber hsin-hsin kann auch heißen: das geglaubte Herz, der geglaubte Geist, oder, wenn man so will: der Glaube an den Geist. Und daß der Titel so gemeint ist, zeigt der Inhalt des Gedichtes. Wohl geht der Glaube von dem Geist, vom Herzen aus; doch ist sein Gegenstand nichts anderes als eben dieser Geist. Darum ist letztlich zwischen Geist und Glaube gar kein Unterschied. Es ist auch kein Unterschied zwischen Glaubendem und Geglaubtem, Subjekt und Objekt; es ist nur Eines, keine Zweiheit. In dieser Einheit einbegriffen sein, das nennt der Eingangsvers den »höchsten WEG«, im selben Sinne wie der Buddha es Erleuchtung oder die vollkommene Erkenntnis nennt.
Dieses Grundmotiv der Einheit schlägt bereits der erste Doppelvers des Lehrgedichtes an, wie Dschau-dschou ihn zitiert. Er setzt dabei voraus, daß seine Hörer auch den zweiten kennen, der ihm folgt. Zusammen lauten die zwei Doppelverse:

Der höchste WEG ist gar nicht schwer,
Nur abhold wählerischer Wahl.
Doch wo man weder haßt noch liebt,
Ist Klarheit, offen, wolkenlos.

Um dieses »gar nicht schwer« des Lehrgedichtes richtig zu verstehen, muß man bedenken, daß es vom ›höchsten WEG‹ gesagt ist. Zum Überfluß gibt Hsüä-dou nachher im Gesang dazu die unentbehrliche Ergänzung; dort heißt es im Gegenteil: Schwer, schwer! Das heißt: der höchste WEG greift über solche Gegensätze weg. Das bestätigt auch der nächste Halbvers: »abhold wählerischer Wahl«. Und das wählerische Wählen wird gleich darauf umschrieben mit dem Gegensatz von Haß und Liebe, Abneigung und Zuneigung, Ja und Nein. Es ist der Gegensatz, der sich durch unser ganzes Denken und Empfinden zieht, ja, der unser Denken und Empfinden überhaupt bestimmt und keine Ruhe, keinen Frieden zuläßt. Ruhe ist nur da, wo diese Gegensätze schweigen, in der Einheit. Die ›Meißelschrift‹ des Dritten Patriarchen ›vom Glauben an den Geist‹ ist mit ihren 73 Verspaaren ein einziger Lobpreis und Triumphgesang auf diese Einheit, die dem im Gegensätzlichen befangenen Verstande unerreichbar, ihn doch erst ermöglicht, die alles einschließt und umfaßt, die also immer da ist, die man nicht zu suchen braucht. (Die erste deutsche Übersetzung dieser ›Meißelschrift‹, die erste überhaupt in einer abendländischen Sprache, ist von dem japanischen Meister Schuej Ôhasama in Gemeinschaft mit dem deutschen Philosophen August Faust geschaffen worden und in dem Buche ›Zen, der lebendige Buddhismus in Japan‹, 1925 bei Fr. A. Perthes A.G., Gotha/Stuttgart, erschienen. So manche sprachliche Mißverständnisse sie in Einzelfällen auch enthält, so sicher trifft sie doch den Grundgedanken des Gedichtes und ist vom Schwung des darin wehenden Geistes beflügelt.)

Für Dschau-dschou war der Eingang dieses Lehrgedichtes ein Lieblingsthema. Das zeigt sich schon daran, daß außer diesem einen Beispiel in der ›Niederschrift zur smaragdenen Felswand‹ noch drei andere stehen, in denen er sich mit demselben Gegenstand befaßt (vgl. die Kapitel 57, 58, 59). Dabei ist Dschau-dschou aber keineswegs ein bloßer Nachbeter des Dritten Patriarchen. Ihm ging es nicht um Wiederholung und lehrhafte Erläuterung, sondern um lebendige Aneignung der dort verkündeten Wahrheit. Bei seinem Meister Nan-tjüan hatte er dereinst dieselbe Wahrheit in dem Wort vernommen: »Der schlichte Geist, der ganz gewöhnliche, ist Buddha.« Sein Erlebnis war es, daß sich ihm im eigenen Innern eine Tiefe auftat, die von dem Wellenschlag der Oberfläche unberührt, dem Bereich des Denkens und bewußter Reflexion entzogen ist und die von Augenblick zu Augenblick doch alles in sich aufnimmt und gebiert: der schlichte Geist, der ganz gewöhnliche. Was immer andere vom höchsten WEG zu rühmen wußten, für ihn war dieser ›höchste WEG‹ nicht weit zu suchen. Er war gegeben und ihm gegenwärtig im ganz gewöhnlichen und schlichten Geist. Hierin hat Dschau-dschou seinen eigenen Grund und Boden. Von hier aus setzt er sich ganz frei mit Sëng-tsan auseinander und treibt mit dessen Wort sein eigenes Spiel. Denn was er selbst zu jenen Versen sagt, das klingt dem Wortlaut nach viel eher wie Widerspruch.

»Der höchste WEG ist gar nicht schwer«, mit diesem Wort ist Dschau-dschou innigst einverstanden. Er kennt nichts Näheres, als eben diesen eigentlichen Grund. Und auch dem zweiten Sätzchen stimmt er zu: »nur abhold wählerischer Wahl«. Aber gleich darauf macht er die kritische Bemerkung: »Redet man davon auch nur ein klein bißchen, so ist es schon wählerische Wahl.« (So wenigstens lautet die älteste Überlieferung über diese Rede Dschau-dschou's. Wenn Hsüä-dou dann der ›wählerischen Wahl‹ als Gegensatz die ›wolkenlose Klarheit‹ gegenüberstellt, so hat er Dschau-dschou's Wort nur folgerichtig erweitert.)

Schon damit also, daß der Dritte Patriarch vom höchsten WEG so redet, begibt er sich in ›wählerische Wahl‹. Stellt er doch eben diese wählerische Wahl als das Geringere hin und setzt ihr die ›wolkenlose Klarheit‹ als das Höhere gegenüber. Der höchste WEG aber will gerade nicht gewählt, will nicht erstrebt sein. Er ist dafür zu hoch und auch zu tief, zu fern und auch zu nah, zu schwer und auch zu leicht. Es ist, wie Lau-dsï sagt: »Der Weg, den man zum WEG erheben kann, ist nicht der ewige WEG.«

Dschau-dschou nimmt also Anstoß an den Worten dieser Verse. So wahr sie sind, so innig er sie in sich selbst bejaht, sie sind ihm nicht zum Aussprochenwerden und nicht zum Hören da. Denn sie scheiden, was sich doch nie scheiden läßt: die Vielheit und die Einheit, das Wählen zwischen Gegensätzen und die wolkenlose Klarheit. Viel zu innig sind beide ineinander verschlungen, viel zu fein, zu unwahrnehmbar ist das ständige Oszillieren zwischen beiden, als daß man sie auch nur auf einen Augenblick so gewaltsam auf zwei Seiten auseinanderlegen könnte, wie Worte und Begriffe es vermögen. »Aber ich, der alte Mönch hier, sagt er, stehe gar nicht in der wolkenlosen Klarheit«, die der Dritte Patriarch in seinem nächsten Vers so rühmt. Mit größter Seelenruhe distanziert er sich vom höchsten Ziel, verwischt die eigene Spur des Strebens seiner Jugendjahre und bringt dazu noch seine Hörer in Verwirrung. Ja, fast scheint es, gerade darum sei es ihm zu tun. Hat er selbst sich von der wolkenlosen Klarheit distanziert, so macht er ihnen nun den Vorschlag, sich ihrerseits von ihrem alten Meister zu entfernen, eben um der wolkenlosen Klarheit willen. Sie haben es ja doch mit dieser ungeheuer wichtig; sonst wären sie wohl überhaupt nicht hier in seiner Bruderschaft.

Und richtig, einer unter ihnen, und sicher keiner der Geringsten, geht ihm auf den Leim. Er spricht aus, was wohl die meisten andern ebenso bestürzt. Was anders hätte denn uns alle hierher nach Dschau-dschou geführt, als das Streben nach dem WEG und seiner wolkenlosen Klarheit? Wenn von ihr der Meister selbst nichts weiß oder doch darin kein Vorbild und kein Führer für uns sein will, welch anderes, höheres Ziel hat er uns dann zu geben? Was dieser Mönch hier vorbringt, steht auf dem guten Boden klarer Logik. Seine Frage, seine Forderung hat Hand und Fuß. Was wird der Meister darauf sagen?

Für diesen aber steht nun seine Meisterschaft auf dem Spiel. Hat er wirklich etwas Höheres zu bieten, als die wolkenlose Klarheit, die er sich soeben abgesprochen hat? Man stelle sich die Spannung vor, mit der die Hörer auf ihn blicken! Und was hat er zu erwidern? »Ich weiß auch nicht.« Gerade, wie einst Bodhidharma vor dem Kaiser! Er steht vor seinen Schülern da, wehrlos und gelassen wie ein Blöder, als ginge ihn die Sache gar nichts an. Das heißt: die ganze logische Attacke läuft an ihm ab wie Wasser. Er läßt sich nicht verführen, darauf einzugehen. Er bleibt sich selber treu und stellt gerade so die wolkenlose Klarheit sichtbar dar, oder, wie es Nan-tjüan nannte, den schlichten Geist, den ganz gewöhnlichen, in dem er gründet.

Hier stand der Mönch nun vor dem Anruf einer anderen Stimme, als der er sonst das Ohr zu leihen gewohnt war. Aber zu laut tönte noch in ihm der Marschtritt der Gedanken und riß ihn weiter vorwärts in den Streit. Dieser alte Meister wußte also selber nicht, was er erwidern sollte. Er hatte auf die brennendste Gewissensfrage, die man nur stellen konnte, keine Antwort. Der Gegner lag bereits am Boden, es bedurfte nur noch eines letzten Streiches, um ihn aus dem Feld zu schlagen. Wenn er an Stelle jener wolkenlosen Klarheit, von der er selber abrückt, nicht etwas anderes, Höheres, zu bieten hat, dann hätte er besser daran getan, überhaupt zu schweigen. Es ist ein Vernichtungsurteil, das der Logiker hier ausspricht, und es läuft am Meister darum auch genau so ohne Wirkung ab, wie der erste Angriff. Kurz angebunden weist der wahrhaft Überlegene den Siegesbewußten auf seinen Platz zurück.

Zum Gesang

In diesem Gesang haben wir also Hsüä-dou's Kommentar zu Dschau-dschou's Unterweisung vor uns, welcher nicht nur zeitlich allem, was Yüan-wu dazu sagt, vorausgeht, sondern überhaupt auf anderer Höhe steht, darum auch zum Verständnis einen andern Aufschwung fordert. Hier geht es nicht um die einzelnen Worte und die Wendungen des Gesprächs mit jenem offenherzigen Schüler, sondern um das Ganze, um das Geheimnis jener inneren Stellung, aus der heraus der alte Dschau-dschou redet. Sie ist auch die Stellung Hsüä-dou's, sonst könnte er den Meister nicht so aus der Tiefe deuten. Nur liegt in dieser Stellung auch die volle Freiheit jedes einzelnen, und darum kann Hsüä-dou den alten Dschau-dschou und sein Wort genau so selbständig nach eigener Art behandeln, wie dieser selbst mit dem Gedicht des Dritten Patriarchen umgeht.
Kann man aus Dschau-dschou's eigenen Worten zu dem Eingangsvers der Meißelschrift vom Glauben an den Geist fast etwas wie einen Vorwurf heraushören, als hätte der Patriarch besser daran getan, von diesem Höchsten überhaupt nicht zu reden, so dreht Hsüä-dou das nun wieder um und gibt dem Dichter recht. Wenn dieser sagt: »Der höchste WEG ist gar nicht schwer«, hat er den Sinn der Sache selbst haarscharf getroffen. Dieses Urteil ist wortwörtlich wahr. Es kommt einzig darauf an, zu sehen, wie der WEG, das GESETZ, der Geist, die Welt, oder mit welchem Namen man nun das Unnennbare anfassen mag, in Wahrheit beschaffen ist. Diese Beschaffenheit spricht Hsüä-dou in den knappen Versen aus: »Eins hat Arten vielerlei; zweie gibt nicht beiderlei.« Sie sind wie ein Orakelspruch, ganz einfach und von unergründlicher Tiefe. Der Verstand kann sich an ihnen immer nur die Zähne abbeißen. Dschau-dschou stellt ihren Sinn mit seinem ganzen Wesen dar.
Das Vielerlei der Gegensätze ruft nach wählerischer Wahl. Im Einen ist die wolkenlose Klarheit. Wenn aber beides, das Eine und das Vielerlei, in eins zusammenfallen, was soll man dann noch sagen? Hier lohnt es sich, den Hinweis Yüan-wu's noch einmal zu lesen, die Strenge zu beachten, mit der er jeden Versuch verstandesmäßiger Deutung ablehnt, wie auch die Folgerichtigkeit zu empfinden, welche es dem, der in der Wahrheit lebt, verwehrt, nun noch mit Namen daherzukommen, wie Buddha, Zen

und wolkenlose Klarheit. Dies ist die Welt, in welcher Dschau-dschou lebt; darum ist sie für ihn einfach. Sein »schlichter Geist, sein ganz gewöhnlicher«, hat in ihr sich selbst gefunden.
Mit den vier ersten kurzen Versen hat Hsüä-dou also die Stellung, von der Dschau-dschou ausgeht, hinreichend beleuchtet. Jedoch das allzu knappe Urteil ›gar nicht schwer‹ verlangt nach weiterer Entfaltung. Die nächsten Verse stecken nun den Horizont des ›höchsten WEGS‹ ab, den zu gehen ›gar nicht schwer‹ sein soll. Ungeheuer ist die offene Weite, und nirgends ist darin ein fester Punkt (Vers 5). Unbegreiflich ist sich selbst darin der Geist, der selber doch dies Ungeheure einzig und allein in sich begreift (Vers 6). Hier spielt der Unterschied von Tod und Leben keine Rolle. Das geht von einem in das andere über, ja, eins bedingt das andere. Bestehen kann hier nur, wer mitgeht. Im WEGE leben, heißt zuerst: im WEG gestorben sein. Das ist, im Gegensatz zum kleinen Tod, den jeder sterben muß, der große Tod. Ihn sterben, heißt denn auch das große Leben (Vers 6 und 7). Hsüä-dou verwendet hier ein Wort des Meisters Hsiang-yän, das in der Zen-Gemeinschaft viel besprochen worden ist und andere Meister angeregt hat, sich ihrerseits dazu zu äußern. Davon ist nachher bei Yüan-wu noch die Rede (S. 68 unten). Genüge es zunächst, wenn man versteht, daß hier ein Zustand angedeutet wird, der zwischen Tod und Leben ständig oszilliert, ein Zustand, welchem Sein wie Nichtsein ist, und Nichthaben wie Haben. So tritt zum ersten Urteil ›gar nicht schwer‹ aus innerer Notwendigkeit das Gegenurteil: ›schwer, ja schwer!‹ Und nur so, zu einem zusammengenommen, sprechen die beiden Urteile die ganze Wahrheit aus.
Damit hat Hsüä-dou zu dem unlösbaren Widerspruch von wählerischer Wahl und wolkenloser Klarheit das Seine gesagt, wie vor ihm Dschau-dschou und noch vorher Sëng-tsan, der Dritte Patriarch. Jetzt ist die Reihe an dem Nächsten, an dem Freund. Nur kommt es hier zunächst aufs Reden gar nicht an, sondern erst einmal aufs Sehen und aufs Gehen.

Anmerkung zu dem Satz: ›Der Pilger Lu ist ihm Weggenosse‹[1]

Die beiden Verse vom Totenschädel und vom morschen Baum zeigen Dschau-dschou als den Mann, der in dem Tod, mit welchem er der Welt und sich selber abgestorben ist, ein neues Leben gefunden hat. Er hat den Streit der Gegensätze überwunden, ist in die Einheit vorgedrungen und kann gerade so sich neu den Nöten dieser Welt der Vielheit zuwenden. Das ist dieselbe Lebendigkeit des Geistes, wie sie der ›Pilger Lu‹, d. h. Hui-nëng, der Sechste Patriarch, den Seinen vorgelebt und anempfohlen hat. Er hatte einen älteren Zeit- und Schulgenossen, Schën-hsiu[2], der

[1] Vgl. Yüan-wu's Zwischenbemerkungen zu dem Vers: ›Dem Totenschädel schwanden die Sinne‹, S. 66.

[2] Schën-hsiu, bis 710; Traditionstafel II, 6.

seine Schüler mit betonter Strenge zu unablässigem beschaulichem Sitzen, auch bei Nacht, anhielt. Dies galt ihm als der Weg, die ›wolkenlose Klarheit‹ des Dritten Patriarchen zu gewinnen. Hui-nëng, der ›Pilger Lu‹, dagegen sah darin nur geistige Erstarrung, nicht besser als das zähe Hingegebensein an ›wählerisches Wählen‹. Sein Spruch, mit dem er diese unfreie Askese verwarf, lautet:

Bist du am Leben, sitzest du, liegst nicht.
Bist du gestorben, liegst du, sitzest nicht.
Ist alles doch nur stinkendes Gebein:
Zu welchem Nutz und Frommen mag das sein?

In dieselbe Richtung weist ein japanisches Kurzgedicht aus dem 15. Jahrhundert, das von dem Meister Ikkyû stammt:

Auch Buddha werden
und sich darin versteifen,
ist verlorne Müh.
Denke nur an den Anblick
steinerner Buddhabilder!

Dschau-dschou, will Yüan-wu also sagen, ist wie der Sechste Patriarch ein Vorbild des echten, lebendigen Zen, das eine Verhaftung an ein starres Nirvana ebenso ablehnt, wie eine solche an die Welt.

Drittes Beispiel

Großmeister Ma bedenklich krank

Hinweis

IRGENDEINE Regung, irgendein Vorgang, ein Wort oder ein Ausspruch muß je nachdem uns dazu dienen, euch einen Zugang zu erschließen. Dabei sticht man Wunden in gesundes Fleisch, bohrt Löcher und gräbt Gruben.
Wo das große Wirken in Erscheinung tritt, das sich auf kein Geleise, keine Regel festlegt, um nun ein Wissen davon zu erwecken, daß es in überwärtiger Richtung etwas Höchstes gibt, da deckt es dir gleich alles zu, den Himmel wie die Erde, und du tappst blind im Leeren, ohne es zu fassen.
Ja ist recht, und Nein ist recht. Hier ist alles schlicht und klar, bis hinein ins Feinste.
Ja ist falsch, und Nein ist auch falsch. Hier ist alles ganz und gar unnahbar und gefährlich.
Wie macht man es nun richtig, ohne sich auf diesen beiden Wegen zu verlieren? Dafür habe ich ein Beispiel vorzulegen. Bitte, sehet her!

Das Beispiel

Wir legen vor:

GROSSMEISTER Ma war bedenklich krank.
Der Vorsteher seines Klosters besuchte ihn und fragte: Wie war, Ehrwürdiger, in diesen letzten Tagen das Befinden? Der Großmeister antwortete: Buddha mit dem Sonnengesicht, Buddha mit dem Mondgesicht.

Zwischenbemerkungen zum Beispiel

»Großmeister Ma war bedenklich krank.« – Dieser Chinese ist auch reichlich leck und laß [er nimmt sich nicht genug zusammen]. – Fällt auch noch anderen zur Last!
»Der Aufseher seines Klosters besuchte ihn und fragte: Wie war, Ehrwürdiger, in den letzten Tagen das Befinden?« – Die vierhundertvier Krankheiten sind alle auf einmal ausgebrochen. [Nach der alten Medizin-

lehre besteht der Leib aus den vier Elementen Erde, Wasser, Feuer, Wind; jedes kann von hundertundeiner Krankheit befallen werden; wenn es zu Ende geht, brechen sie alle zusammen aus. Yüan-wu will sagen: Stellt euch den totkranken Meister vor, und dazu den Klostervorsteher mit seiner täppischen Frage!] – Es muß gut gehen, wenn es übermorgen keine Mönchsleiche geben soll. - Zeremoniell korrekter Krankenbesuch! »Der Großmeister antwortete: Buddha mit dem Sonnengesicht, Buddha mit dem Mondgesicht.« – Ganz neu und ungewöhnlich! – Er ist zu ihm wie ein Vater.

Erläuterung des Beispiels

Der Großmeister Ma also lag bedenklich krank. Der Vorsteher seines Klosters besuchte ihn und fragte: Wie war, Ehrwürdiger, in diesen letzten Tagen das Befinden? Und der Großmeister antwortete: Buddha mit dem Sonnengesicht, Buddha mit dem Mondgesicht. Angenommen, der Patriarch entgegnete diesem Besucher nicht [ganz direkt und unmittelbar] mit dem Tatbestand seines ursprünglichen und eigentlichen Wesens [sondern eben mit irgendeiner beliebigen Redensart], wie wäre er imstande, jenem eine Antwort von solch leuchtendem Glanze zu erteilen? Wer diesen öffentlichen Aushang in seinem vollen Sinn begriffen hat, der wandelt still für sich allein im Himmelsäther der Morgenröte. Merkt er nicht den Punkt, auf den es hinausläuft, so steht er davor ratlos wie vor einer Felswand und wird auf falsche Bahn geraten. Ein Mensch aber, der im Eigentlichen wurzelt, der muß an diesem Punkt den Mut aufbringen, dem Pflüger seinen Ochsen abzujagen, dem Hungrigen sein Essen wegzuschnappen [d. h. sich Wort und Sinn des Patriarchen selber anzueignen]; erst dann wird er erkennen, wo bei dem großen Meister das Geheimnis seines Wirkens für die Menschen liegt.
Heutzutage gibt es viele, welche sagen, Großmeister Ma nehme den Klosteraufseher in seelsorgerliche Behandlung. Freut mich! Hat mit der Sache nichts zu tun. Und in unserer Bruderschaft sind heutzutage viele, die ihn falsch verstehen, indem sie große Augen machen [wie ein Buddhabild] und sagen: Darin liegt es; das linke Auge ist das Sonnengesicht, das rechte das Mondgesicht. Was soll das mit der Sache zu tun haben? Die werden nie auch nur im Traume sehen, was gemeint ist. Sie gleiten an dem, was diese Alten tatsächlich sind, einfach aus.
Wo ist dann also der Sinn der Worte des Großmeisters Ma zu suchen? Manche meinen gar, er bitte den Klostervorsteher mit diesen Worten um ein Täßchen Magentrank. Wo hätte solche Deutung einen Anhaltspunkt? Hier handelt es sich um die Frage: Wie gewinne ich für dieses Leben Frieden und ruhige Festigkeit? Darum heißt es: Den einen Pfad, der überwärts emporführt, kann von allen tausend Heiligen nicht einer andern Menschen weisen und der Nachwelt überliefern. Und wenn Lernbegierige sich heiß darum bemühen, in Gedanken sich ein Bild davon zu

machen und es nachzuahmen, so geht es ihnen wie den Affen, die nach dem Spiegelbild des Mondes im Wasser griffen[1].
Einfach dieses »Buddha mit dem Sonnengesicht, Buddha mit dem Mondgesicht«, und wie ungeheuer schwer doch, es zu sehen! Auch Hsüä-dou hatte es schwer, im Gesang etwas dazu zu sagen. Aber um es ihnen durchsichtig zu machen, hat er diese Aufgabe Tag für Tag mit sich herumgetragen und seine ganze Kraft und Kunst darauf verwandt, ein Wort zu finden, womit er es erläutern könnte. Ihr alle, wollt ihr Hsüä-dou sehen? Dann betrachtet euch das Folgende!

Gesang

BUDDHA mit dem Sonnengesicht,
Buddha mit dem Mondgesicht.«
»Was gelten die Fünf Kaiser uns,
und was die Drei Erlauchten!«
– Wohl zwanzig Jahre sann ich schwer,
auf einen Vers erpicht.
Stieg oft für euch zur Höhle tief
hinab des blauen Drachen.
Hab mich krumm gebückt,
wieder gerade gestreckt.
Ihr Mönche mit dem hellen Blick,
mißachtet es mir nicht!

Zwischenbemerkungen zum Gesang

»Buddha mit dem Sonnengesicht, Buddha mit dem Mondgesicht.« – Tut einer den Mund auf, kann man ihm auf die Leber sehen.
»Was gelten die Fünf Kaiser uns, und was die Drei Erlauchten?« – Das heißt hoch dahergeredet! – Er täte besser daran, sie nicht zu lästern! – Sie sind hoch zu achten und sind gering zu achten.
»Wohl zwanzig Jahre sann ich schwer, auf einen Vers erpicht.« – Mit diesem Gerede purzelst du unvermeidlich ins Gras! – Den Mönch vom Berge [mich, Yüan-wu] geht das nichts an. – Man kommt sich vor wie

[1] In mehreren Sutren, darunter im Nirvâna-Sûtra, wird berichtet, daß der Buddha seinen Hörern folgendes Gleichnis erzählte: Vor alter Zeit lebten in Benares fünfhundert Affen. Von einem hohen Baum, unter welchem sich ein tiefer Brunnen befand, erblickten sie im Wasserspiegel das leuchtende Bild des Mondes. An einem Aste hängend, bildeten sie eine lange Kette, indem einer den andern am Schwanz festhielt, um den Brunnen zu erreichen und den Mond herauszufischen. Endlich brach der Ast und alle Affen ertranken.

ein Stummer, der eine bittere Gurke verspeist! [Lauter scheinbar verächtliche Bemerkungen, hinter denen Yüan-wu seine unbegrenzte Hochachtung für Hsüä-dou verbirgt, der jenes Wort des Patriarchen Ma zwanzig Jahre lang still mit sich herumträgt, bis er findet, was er ungezwungen dazu sagen kann, und der die Not, die er damit gehabt hat, vor seinen Schülern offen eingesteht.]

»Stieg oft für euch zur Höhle tief hinab des blauen Drachen.« – [Der blaue – oder grüne – Drache hat unten am Kinn einen Edelstein, der sich ihm nur unter Einsatz des Lebens entreißen läßt. Dasselbe gilt von dem inneren Geheimnis des Patriarchen Ma.] – Wozu denn diese Kraftvergeudung! – Er täte besser daran, Bemühungen am falschen Platz zu unterlassen! [Hintergedanke: Der »höchste WEG« ist doch »gar nicht schwer«! Den Edelstein der Buddhaschaft trägt doch schon jeder in sich!] – Aber sage keiner, es gäbe keine unerhörten Wunder!

»Hab mich krumm gebückt.« – Er macht einen ja ganz traurig! – Ein Bekümmerter soll zu Bekümmerten nicht sprechen!

»Wieder gerade gestreckt.« – [Es schwebt dabei das Bild der Spannerraupe vor, die den Rücken krümmt, um die Hinterfüße nachzuziehen, und sich dann wieder vorwärts schiebt.] – Zu wem sagt er denn das? [Das versteht doch nur, wer es selbst durchgemacht hat.] – Erzählt man das einem Bekümmerten, so grämt er sich ja zu Tode. [Hintergedanke: Eben das aber wird ihm gut tun.]

»Ihr Mönche mit dem hellen Blick, mißachtet es mir nicht!« – Man muß es immer noch genauer nehmen. [Auch wem die entscheidende Einsicht bereits aufgegangen ist, der braucht noch lange, bis sie ihn so erfüllt, daß er den Patriarchen Ma von innen heraus ohne Rückstände und falschen Beigeschmack versteht.] – Still damit! – Niederlage! Dreitausend Li Rückmarsch! [Je näher du dem Sinn der Worte des Großmeisters kommst, um so unheimlicher werden sie nur. Besser, nicht mehr davon reden!]

Erläuterung zum Gesang

Zur Zeit, als Kaiser Schën-dsung auf dem Throne saß [1068–1085], kam das Gerede auf, dieser Gesang mache das Chinesische Reich verächtlich. Aus diesem Grund wurde die Aufnahme von Hsüä-dou's »Hundert Beispiele der Alten« in die große Sammlung der kanonischen Schriften verweigert. Aber wenn Hsüä-dou in diesem Gesang zuerst die Worte anführt: »Buddha mit dem Sonnengesicht, Buddha mit dem Mondgesicht« und anschließend allerdings fortfährt: »Was gelten die Fünf Kaiser uns, und was die Drei Erlauchten?« – so saget mir einmal: Was meint er denn damit? Ich habe es gerade eben schon erklärt [nämlich mit der Zwischenbemerkung: »Sie sind hoch zu achten und sind gering zu achten«]. Dieser Vers ist Hsüä-dou's unmittelbar folgende Erklärung zu den Worten, die vorausgehen. Sie ist von der Art, daß man darauf das Wort anwenden kann: »Er wirft ins Weltmeer seine Angel, fischt Drachen nur, Geringeres nicht.« Und mit dem einen Vers [von den Fünf Kaisern und den Drei Erlauchten] hat er den ganzen Ausspruch schon erledigt.

In den Versen, die noch folgen, spricht Hsüä-dou von sich selbst, wie er sein Leben lang alle Sorgfalt darauf verwandte, mit dem Innersten zu Rate zu gehen und in die überwärtige Wahrheit immer tiefer einzudringen. »Wohl zwanzig Jahre sann ich schwer, auf einen Vers erpicht. Stieg oft für euch zur Höhle tief hinab des blauen Drachen.« Womit vergleicht er sich? Mit einem Menschen, der in die Höhle des blauen Drachen eindringt, um diesem seinen Edelstein zu entreißen. Wie es ihm dann gelingt, den eigenen Lackkübel zu zerschlagen [sich selbst von allen anklebenden Flüssen verstandesmäßiger Überlegung zu befreien und den Patriarchen Ma von innen her zu sehen], das kann man schon etwas sehr Wunderbares nennen. Und dabei hat er von Anfang an die ganze Mühe doch nur aufgewandt, um schließlich diesen einen kurzen Vers zu finden: »Was gelten die Fünf Kaiser uns, und was die Drei Erlauchten?« Saget mir einmal: Was will nun Hsüä-dou mit diesen Worten eigentlich sagen? Hier tut not, daß jeder sich aufs eigene Haus zurückzieht [also in sich geht, anstatt am Wortlaut sich herumzuquälen]. So erst werdet ihr den Punkt erblicken, auf welchen jene Worte hinauslaufen.

Seht einmal her, wie der Assistent Pou von Hsing-yang dem [nachmaligen] Meister Fa-yüan, den man den Rechtsgelehrten nannte, einst Bescheid gab. Fa-yüan trat vor ihn mit den Worten: »Wenn der Drachengott des Meeres aus der Tiefe aufsteigt, so erzittern Himmel und Erde. Hier vor Euren Augen bietet es sich dar! Was sagt Ihr nun?« Pou erwiderte: »Garuda, der Goldglanzvogelkönig, nimmt es mit dem Weltall auf. Wer ist darin, der ihm vor Augen träte?« Fa-yüan sagte: »Was aber dann, wenn unversehens einer vor ihm steht?« Pou versetzte: »Dann geht es dem, wie wenn der Habicht eine Taube stößt. Falls du es nicht glauben willst, so probiere es vor deinem Totenschädel! Dann wirst du erst die Wahrheit wissen.« Da sagte Fa-yüan: »Ja, dann ...«, duckte sich, faltete die Hände über der Brust und trat drei Schritt zurück. Pou sagte zu ihm: »Du Junges einer Rabenschildkröte [d. h. du Bastard!], denk mir nicht daran, hier noch einmal den Karpfen zu spielen, der meint, er könne den Wasserfall emporschnellen, um so Drache zu werden, und der statt dessen einen Fehlsprung tut, herabstürzt und die Stirn durchstößt.« – Da habt ihrs, weshalb Hsüä-dou sagt: Was gelten schon die Drei Erlauchten und die Fünf Kaiser! Aber die meisten Leute sehen eben nicht, wie Hsüä-dou es meint. Sie erklären einfach, diese Worte seien eine Verspottung unseres Reiches. Das kommt aber nur daher, daß sie mit ihrer Auffassung in einseitigen Gefühlen befangen bleiben.

[Überhaupt, will Yüan-wu nun weiter sagen, stammen diese Worte gar nicht von Hsüä-dou selbst, sondern von einem älteren Zen-Meister namens Tschan-yüä, der auch als Dichter und Maler beliebt war und während des Zusammenbruchs der Tang-Dynastie in Schu, der heutigen Provinz Sï-tschuan, wirkte. Er lebte von 833 bis 912 und genoß sogar

die Verehrung des Territorialfürsten Wang Djiän, obwohl oder vielleicht gerade weil er offenbar den Mut hatte, ihm gelegentlich die Wahrheit zu sagen. Jedenfalls fährt Yüan-wu nun erläuternd fort:]
Ein Gedicht des Meisters Tschan-yüä mit der Überschrift ›Rundfahrt des Fürsten‹ hat nämlich folgenden Wortlaut:

Gemach daher im Prachtgewand,
hoch auf der Faust den Falken,
Die Züge laß, als ob sie sich
um nichts zu kümmern brauchten.

Der Saat, der Ernte Müh und Not –
wir wissen nichts davon:
Was gelten die Fünf Kaiser uns,
und was die Drei Erlauchten?

Dann sagt Hsüä-dou: »Hab mich krumm gebückt, wieder gerade gestreckt. Ihr Mönche, mit dem hellen Blick, mißachtet es mir nicht!« Aber viele richten sich nun in der Höhle des blauen Drachen häuslich ein. Selbst hellsichtige Kuttenmönche, die das [höhere, dritte] Auge oben auf dem Scheitel haben, am Ellbogen hinten ein schützendes Amulett tragen und die Welt nach allen vier Richtungen durchschauen, sollten an dieser Stelle auf der Hut sein, es »nicht zu mißachten«, sollten es vielmehr genau damit nehmen. Dann erst werden sie das Wort des Patriarchen Ma und das Verständnis, wie es Hsüä-dou dafür hat, sich wirklich zu eigen machen können.

Erklärungen zum Text

Zum Hinweis

Der Hinweis zu diesem Beispiel bedient sich oft so vager Ausdrücke, daß er sehr schwer verständlich wiederzugeben ist. Es wird dem Leser dienlich sein, wenn er sich die fünf Abschnitte numeriert und dann beachtet, daß zwischen den zwei ersten Abschnitten (1 und 2) und den beiden folgenden (3 und 4) ein bestimmter Parallelismus obwaltet. Zwischen 1 und 2 besteht derselbe Gegensatz wie zwischen 3 und 4. Also entsprechen 1 und 3 einander, und ebenso wiederum 2 und 4.

1. Die Meister, im Bemühen, andere zu ihrem eigentlichen Selbst, also zur Wahrheit und zur Buddhaschaft zu führen, greifen zu Behelfen jeder Art. Dabei sind sie sich doch des inneren Widerspruches wohl bewußt, der darin liegt, dem andern etwas zeigen zu wollen, was er selber in sich hat und auch nur selber finden kann. Sie können aber nicht wohl anders handeln. Die Not der Menschen, die ja selbst im Widerspruch zu ihrer innersten Wahrheit stehen, drängt sie, wie den Arzt, bald zu diesem, bald zu jenem Eingriff. Das mag vom Höchsten, Letzten her gesehen sinnlos und überflüssig scheinen, entspricht jedoch den Umständen, wie Zeit und Anlaß sie ergeben. Es ist ein Handeln nach der Forderung des Augenblicks. Es greift aus der reinen Höhe in das Irdische herab, ist niederwärts gerichtet, aber nur, um in die Niederung das Licht der ewigen Wahrheit hereinzutragen.

2. Im Gegensatz zu dieser auf das Menschliche mild eingehenden Art des Wirkens steht die andere, welche ohne Rücksicht steil empor ins Unbedingte stößt, weil es ja eben darum geht, dorthin den Weg zu finden. Mit dieser Richtung überwärts ist es den Meistern bitterer Ernst, und unermüdlich sind sie darauf aus, dem Menschen alles aus der Hand zu reißen, woran er sich klammern möchte, damit er einmal nackt und bloß im leeren Raum allein sich selber finde und endlich darauf komme, wo eigentlich er hingehört. Aber weiter als in diese Einöde kann auch der Meister keinen führen. Daß ihm gerade in der äußersten Entfernung er selbst und diese ganze große, bunte Welt am nächsten ist, das muß jeder selber merken, und er wird es auch.

3. Ein zweites Mal stellt Yüan-wu die beiden Richtungen des Wirkens einander gegenüber. Wer in der Richtung niederwärts den andern helfen will, stellt sich mit ihnen in die Gegensätzlichkeit hinein, die unser Dasein hier bestimmt. Es ist, wie Hsüä-dou im Gesang zum zweiten Beispiel sagt: »Eins hat Arten vielerlei.« Hier gilt ja und nein, hier ist der Himmel Himmel und die Erde Erde, hier sind die Blätter grün, die Rosen rot, gut ist gut und böse bös.

4. Wen es aber in der Richtung überwärts zu wirken drängt, dem gilt zwar dieselbe Wahrheit, aber in der Umkehrung: »Zweie gibt nicht beiderlei.« Hier geht es über jeden Gegensatz und jeden Unterschied hinaus. Da wird jede logisch präzisierte Stellung radikal verworfen, sei

sie bejahend oder negativ. Es läßt sich hier überhaupt nichts aussagen, es sei denn, man setze der Aussage sofort ihren Widerspruch entgegen.
5. Zwischen diese beiden Pole in Richtung überwärts und unterwärts ist alles Leben eingespannt. Leben ist nur da, wo die Bewegung ständig hin und her geht. Sich in einer Richtung, sei es niederwärts oder überwärts, verlieren, führt zu tödlicher Erstarrung. Man kann im Weltsinn tot sein und ebenso in weltverachtender Verstiegenheit. Es ist das Geheimnis der Meister, einen inneren Standort zu besitzen, der von dem einen Abweg gleich entfernt ist wie vom andern. Diesen Standort zu erfassen, meint Yüan-wu, sei die Aufgabe, die das Beispiel des Großmeisters Ma nunmehr dem Betrachter stellt.

Der Patriarch Ma (Ma-dsu) und sein Meister Nan-yüä

Wie schon im vorigen Kapitel erwähnt, nimmt dieser Meister in dem Schulstammbaum des Dschau-dschou die Stelle des Großvaters ein und ist selbst ein geistiger Enkel Hui-nëngs, des Sechsten Patriarchen. Es fällt auf, daß er trotz seines hohen Ansehens in der Tradition fast immer mit seinem angeborenen Familiennamen Ma, dem Wort für Pferd, genannt, daneben aber meistens mit besonderen Ehrentiteln bedacht wird, indem er bald Großmeister heißt, bald Ma-dsu[1], der Patriarch mit Namen Pferd. Wahrscheinlich ist daran das Ungewöhnliche seiner Erscheinung schuld. Seine Grabinschrift berichtet: »Er überragte alle andern wie ein Berg. Seine tiefe Ruhe glich dem Wasser eines aufgestauten Stroms. Mit der Länge seiner breiten Zunge konnte er sich die Nase zudecken. Seine Beine hatten die geschwungene Form chinesischer Schriftzeichen.« Ein anderer Bericht fährt fort: »Sein Blick war dem des Tigers gleich, sein Gang dem eines Ackerbüffels.« Und von dem Eindruck seiner Persönlichkeit berichten dieselben Quellen: »Er war ein Werkzeug der vollkommenen Tugendkräfte, die der Himmel ihm verliehen hatte.« »Er sah aus wie das verkörperte Gesetz der Wahrheit, und hatte doch durchaus nichts von Gespenstischem an sich. Er bewegte sich in ganz gewöhnlich menschlicher Umgebung und lehrte einfach so, wie es die Zeit und Umstände erforderten.«
Ma war ein Sohn der großen Zeit in der Geschichte des chinesischen Geistes, in welcher Kunst und Dichtung ihre höchste Blüte erlebten. Er steht im Alter in der Mitte zwischen den zwei größten Dichtern Chinas, Li Tai-bo (geb. 701) und Du Fu (geb. 712), indem er nach gewöhnlicher Überlieferung im Jahre 709, nach vielleicht glaubhafterer Quelle schon 707, in Sï-tschuan, dem Lande der »Vier Ströme«, nördlich der Hauptstadt Tschëng-tu, das Licht der Welt erblickt hat. Wie jene Männer in der Dichtung, und andere auf dem Gebiet der Kunst, so haben Ma und neben ihm ein zweiter Enkelschüler Hui-nëngs aus anderer Linie namens Schï-tou (d. h. Steinkopf) im Rahmen des Buddhismus ihrer Zeit den Stempel aufgeprägt.

Schon als Knabe kam er in einem Kloster der Provinzstadt Dschï-dschou in die strenge Schule eines alten Meisters, der, wenn auch nicht von Hui-nëng, doch von einem andern Schüler des Fünften Patriarchen einst erzogen worden war. Bei ihm trat er nach längerer Vorbereitung in den Mönchsstand ein, indem er sich die Haare scheren ließ und das Gelübde für Novizen ablegte. Dann suchte er zeitweilig in der Hauptstadt Tschëngtu einen Meister der mönchischen Zucht auf, die ihrer vielen Regeln wegen sowohl ein besonderes Studium als auch entsprechende Übungen erforderte. Dieser nahm ihm schließlich das Gelübde auf die 250 Regeln strenger Lebensführung ab, die im chinesischen Buddhismus jener Zeit vom Mönch im Vollsinn dieses Worts gefordert waren, und entließ ihn mit dem geistlichen Namen Dau-i, d. h. ›WEG – ein einziger‹, zurück zu seinem alten Lehrer in der schon genannten Provinzstadt, bei dem er bis zu dessen Lebensende blieb. Aus diesem ganz einseitigen Bildungsgang ist deutlich zu ersehen, daß der junge Ma der strengen Richtung angehörte, die das Heil allein in unerbittlicher Kasteiung und Abtötung des Fleisches sah. Vom Geist des Sechsten Patriarchen Hui-nëng scheint er bis dahin unberührt geblieben zu sein.
Nach dem Tode seines alten Meisters faßte er nun den Entschluß, auf Wanderschaft zu gehen, und zwar als Bettelmönch, der keine zweite Nacht am selben Ort weilt, bis er eine Stelle fände, an der er fern vom menschlichen Getriebe nur der stillen Übung und Betrachtung leben könnte. So kam er am Yangtse-Strom abwärts bis in die Provinz Hunan und fand dort im Jahre 734 südwestlich von der Hauptstadt Tschangscha im Gebirge Hëng-schan ein einsames Kloster, dessen Umgebung ihm für seinen Zweck geeignet schien. Auf einer Felsenplatte flocht er sich aus Ranken eine Hütte und saß davor bei Tage und wohl auch bei Nacht in starrer Haltung wie ein indischer Yogin, ganz der Übung hingegeben.
In demselben Gebirge jedoch, am sogenannten Südhorn oder Nan-yüä, lebte schon seit vierzehn Jahren ein Meister aus der Schule Hui-nëngs namens Huai-jang (d. h. »im Busen Verzicht«), später bekannt unter dem Namen seines Wohnsitzes, also eben Nan-yüä[2] oder Südhorn. Auch er war schon im vorigen Beispiel kurz erwähnt, doch müssen wir noch etwas mehr von ihm berichten. Im südlichsten Teil der Provinz Schensi 677 geboren (also dreißig Jahre älter als Ma) und etwa zwanzigjährig in den Mönchsstand getreten, hatte er den ersten starken Anstoß zu einem innerlicheren Leben auf dem Sung-schan, dem einstigen Aufenthaltsort Bodhidharmas, bei einem Schüler des Fünften Patriarchen erhalten, welcher ihn dann aber an seinen bedeutendsten Mitschüler, den Sechsten Patriarchen, Hui-nëng, nach dem fernen Süden wies. So kam er etwa ums Jahr 700 nach der Tsau-tji-Schlucht im Nordteil der Kuangtung-

[1] Ma-dsu, 709–788; japanisch Ba-so. Traditionstafel III B, 8.

[2] Nan-yüä, 677–774, japanisch Nan-gaku. Traditionstafel II und III B, 7.

oder Kanton-Provinz, und wurde von Hui-nĕng alsbald mit der verfänglichen Frage empfangen: »Wo kommst du her?« »Von Meister Hui-an auf dem Sung-schan«, gab er sachgemäß zur Antwort. »Und welch ein Ding ist das, was so zu mir daherkommt?« war des Meisters nächste Frage. Huai-jang fühlte wohl, daß diese Frage ihn am Grunde seiner Existenz anfaßte, konnte aber nichts darauf erwidern und blieb stumm. Hui-nĕng aber ahnte schon, was in dem jungen Mönche vorging, nahm ihn vertrauensvoll in seinen nächsten Umgang auf, zu dem er höchstens zwölf der Schüler zuließ. Nach sieben Jahren sagte Huai-jang plötzlich: »Jetzt habe ich Eure Frage von damals begriffen.« »Wie?« fragte Hui-nĕng. »Was man redet«, sagte Huai-jang, »sieht aus, als wäre es etwas und trifft doch nicht die Sache« (ein in der Zen-Gemeinschaft seitdem viel berufener Ausspruch). Hui-nĕng fragte weiter: »Hast du dann noch solche Notbehelfe wie körperliche Übung und inneres Erlebnis?« Darauf sagte Huai-jang: »Es ist nicht so gemeint, daß ich nicht übte und keine Erweise hätte; nur darf man sie nicht mit Farbe beschmieren« (d. h. etwas Besonderes daraus machen, worüber man reflektiert, worauf man sich allerlei einbildet). Hui-nĕng erwiderte: »Eben dieses Nicht-mit-Farbe-beschmieren ist allen Buddhas ihr wichtigstes Anliegen. Jetzt bist du also so, und ich bin auch so.« Das war im Jahre 707. Noch weitere vier Jahre blieb der Schüler bei dem Meister; dann entließ ihn dieser mit dem Siegel der Bestätigung als Träger des echten Geistes. Als der Sechste Patriarch im Jahr 713 die Augen schloß, war sein Schüler Huai-jang schon auf einem abgelegenen Gebirge der Provinz Hupe, wo er sich zehn Jahre lang in der Stille aufhielt, um sich zu festigen und auszureifen. Dann erst, um das Jahr 720, begann er, andere um sich zu sammeln. Er wählte sich dazu das Hĕng-schan-Gebirge in Hunan aus, bezog dort an dem sogenannten Südhorn oder Nan-yüä eine stille Klause und nahm jeweils nur etwa fünf vertraute Schüler zu sich. Nur von ihm, der nun den Namen Südhorn oder Nan-yüä führt, und seinem Schulgenossen Tjing-yüan (Grüne Heide) leiten sich die beiden Linien von Zen-Schulen ab, welche die Tradition der ersten sechs Patriarchen nun seit zwölf Jahrhunderten bis in die Gegenwart erhalten haben.

Diesem Meister Nan-yüä also fiel im Jahre 734 jener hochgewachsene Mönch Ma Dau-i auf, der da auf seiner Felsenplatte wie aus Stein gehauen saß und übte, ohne sich nach denen, die vorübergingen, auch nur umzusehen. Und eines Tages redete er ihn an und fragte: »Was willst du eigentlich damit, daß du hier immer so in tiefem Schweigen aufrecht sitzest?« Ma erwiderte: »Nichts weiter, als daß ich mich in sitzender Versenkung übe.« »Und welchen Zweck verfolgst du denn damit?« »Ich gedenke, war die Antwort, durch das Sitzen in Versenkung Buddha zu werden.« Der Meister Nan-yüä sagte nur: ah so! und brach zunächst die Unterredung ab. Inzwischen hob er im Hof des anliegenden Klosters ein heruntergefallenes Stück von einem Dachziegel auf und begann, es in Ma's Nähe auf einem Steinblock eifrig hin und her zu reiben. Schließlich fragte dieser ihn verwundert: »Ehrwürdiger, was tut Ihr eigentlich?« »Ich fummle diesen Ziegelstein hier, wie du siehst.« »Was wollt Ihr denn damit erreichen?« »Ich gedenke, durch das Fummeln einen Spiegel daraus zu machen.« Ma lachte und rief: »Wie soll aus einem Ziegelstein ein Spiegel werden?« Da lachte auch der Meister Südhorn, warf den Ziegel weg und sagte: »Aus einem Ziegelstein wird allerdings durch noch so vieles Polieren nie ein Spiegel. Und niemand wird durch noch so vieles Sitzen in Versenkung je ein Buddha.« Ma sprang von seinem Sitze auf und fragte schwer getroffen: »Durch sitzende Versenkung soll man nicht Buddha werden können? Ja, was soll man dann überhaupt noch tun?« Statt einer Antwort fragte Nan-yüä zurück: »Wenn man einen Ochsen vor den Wagen spannt, und der Wagen will nicht vorwärtsgehen, haut man dann wohl auf den Wagen ein, oder aber auf den Ochsen? Dein Sitzen gilt doch entweder der Versenkung oder der Buddhaschaft. Übst du es zur Versenkung, so liegt doch deren Wesen nicht im Unterschied von Sitzen oder Liegen. Übst du es für die Buddhaschaft, so ist doch diese keine starre Form. Wo es sich um etwas handelt, was nirgends einen Wohnsitz hat, geht es nicht an, auf wählerische Art das eine zu ergreifen, das andere zu verwerfen. Wenn du das Sitzen um der Buddhaschaft willen betreibst, schlägst du den Buddha damit tot. Wenn du dich auf die Form des Sitzens versteifst, erreichst du den vernünftigen Sinn, der darin liegen soll, gerade nicht.« Bei diesen Worten wurde es dem Mönche Ma mit einem Male weit ums Herz, ein Licht ging ihm auf, und sich vor dem Meister tief verneigend, fragte er: »Worauf muß ich achten, um solche gestaltlose Versunkenheit zu erreichen?« Nan-yüä versetzte: »Das, was du dazu tun kannst, den Seelengrund zu finden, gleicht dem Ausstreuen der Samenkörner in den Boden; das, was ich dazu beitragen werde, indem ich dir deutlich mache, worauf es im Gesetze ankommt, entspricht dem Naß des Himmels, das den Boden feuchtet. Du stimmst durch angeborene Verwandtschaft gut mit mir zusammen; darum wirst du diesen Weg gewiß noch einmal sehen.« Ma sagte: »Wenn aber der WEG weder Form noch Erscheinung ist, so saget mir, wie ist er dann zu sehen?« Nan-yüä erwiderte: »Das Wahrheitsauge auf dem Seelengrunde kann den WEG wohl sehn. So ist es auch mit der gestaltlosen Versunkenheit.« Ma fragte weiter: »Gibt es auch hier ein Werden und Vergehen« (d. h.: Ist auch dieses innigste Erkennen dem Gesetz des Werdens und Vergehens unterworfen, fängt es irgendeinmal an und hört es irgendeinmal wieder auf)? Nan-yüä antwortete: »Auch den WEG noch in dem Licht der Gegensätze von Werden und Vergehen, Sammlung und Zerstreuung zu betrachten, ist verkehrt. Höre meinen Vers dazu:

Im Seelengrunde ruht der Samen Menge.
In Himmels Feuchte sprießt sie voll und grün.
Versunkenheit, die Blume Ungestaltet,
Wie sollte welken sie, und wie erblühn?«

Mit dieser Unterredung gewann Ma den Ort jenseits des Unterschiedes zwischen Ich und Außenwelt. Er trat in Meister Südhorns Kreis und wurde sein vertrautester und bester Schüler, der einzige, den Nan-yüä mit dem Siegel der Bestätigung entließ. Als dieser 774 starb, war Ma bereits in der Provinz Kiangsï an seiner zweiten Wirkungsstätte, trug jedoch von dort aus Sorge, daß dem verehrten Lehrer über seiner Asche ein Heiligtum (ein sogenannter Stûpa, auch Pagode genannt) errichtet wurde.

Ma warf sich, wie es scheint, in die Aufgaben des Meisterberufs von Anfang an mit der ganzen Macht seiner ungewöhnlichen Kraftnatur. Bald strömten ihm die Schüler zu, und wenn er mehrmals von einem Kloster zu einem andern übersiedelte, so wird der Grund dafür der gewesen sein, daß er mit steigender Schülerzahl auch größere Räume brauchte. Die Klöster, die er wählte, gehörten, wie man annimmt, dem Verband der Vinaya-Schule an, d. h. der Schule zur besonderen Pflege strenger mönchischer Zucht, unter deren einem Meister er ja selbst vor Jahren sein Mönchsgelübde abgelegt hatte. Während der letzten zwei Jahrzehnte seines Lebens stand ihm für seine Wirksamkeit ein großes Kloster in der südwestlich des Poyang-Sees gelegenen Kreisstadt Nan-tschang zur Verfügung, wo ihm der Bezirksmandarin jede erdenkliche Förderung angedeihen ließ und ihn im Jahr 780 gegen einen kaiserlichen Erlaß, der allen buddhistischen Mönchen die Rückkehr an ihren Geburtsort befahl, unter seinen besonderen Schutz nahm und zum Bleiben veranlaßte. Die Stadt Nan-tschang war, solange der Großmeister Ma hier wirkte, auf jeden Fall der wichtigste Sitz des Buddhismus im chinesischen Reich. Und während Nan-yüä, der Meister Südhorn, nur diesen einen Nachfolger von Bedeutung hinterlassen hat, zählt man unter den Schülern des Patriarchen Ma mehr als achtzig namhafte Meister, von welchen nicht weniger als elf durch Beispiele in unserer Sammlung vertreten sind. Seine Bedeutung für die weitere Geschichte der Zen-Bewegung ist darum kaum zu überschätzen.

Dies zeigt sich schon äußerlich daran, daß gewisse Allüren dieses Meisters in der Erziehungsmethode der von seiner Linie ausgehenden Zen-Schulen noch bis heute weiterwirken. Schon im Hinweis Yüan-wu's zum vorausgegangenen zweiten Beispiel war von Stockhieben und Scheltworten die Rede, die bei manchen Meistern üblich seien, aber für sich allein doch nichts bewirken. Derjenige aber, der diese Art der Zucht zum erstenmal in großem Stil angewendet hat, ist kein anderer als der Patriarch und Großmeister Ma. Das nimmt auch, wenn man seinen Ernst und Eifer für die Sache mit seiner Kraftnatur zusammenhält, gar nicht wunder, und man hört auch nichts davon, daß Schüler, denen es mit ihrem Streben ernst war, sich durch seine strenge Zucht hätten abschrekken lassen. Wohl nennt man in der Zengemeinschaft Meister dieses Stiles gern gefährlich, schroff, bösartig, aber es klingt dabei stets ein Unterton besonderer Bewunderung, Verehrung, ja von Liebe mit. Denn wem es

darum geht, nicht nur belehrt, sondern wirklich und wahrhaftig vom eigenen Ich und seinen eingesessensten Neigungen frei zu werden, der kann auch Schläge und Scheltworte dankbar hinnehmen – vorausgesetzt, daß sie aus reinem Herzen kommen und nichts anderes bezwecken, als nur zu helfen und zu lösen.
Der Geist, in welchem Ma mit seinen Schülern umging, ist aus den vielen Gesprächen, die von ihm überliefert sind, deutlich genug zu erkennen. Es ist im Grund derselbe, wie der seines eigenen Meisters Nan-yüä. Hier nur ein Beispiel aus besonders glaubhafter Quelle, der unter der Sung-Dynastie herausgegebenen Sammlung von Lebensbeschreibungen großer Mönche:
»Wu-yä, heißt es dort, besuchte Ma. Wu-yä maß über sechs Fuß, stand aufrecht wie ein Berg, blinzelte nur mit starren Augen zwischen den Wimpern durch, und wenn er redete, so klang seine Stimme wie das Dröhnen einer riesigen Glocke. Ma staunte ihn an und sagte scherzend: ›Welch gewaltiger Buddhatempel! Aber drinnen kein Buddha!‹ Wu-yä beugte die Knie und sagte: ›Ich habe bisher die Schriften der drei Fahrzeuge (des Hînayâna, des Pratyekayâna und des Mahâyâna) so ziemlich alle durchstudiert und ihren Sinn in mich aufgenommen. Nun habe ich aber gehört, in den Zen-Schulen lehre man, das Herz (oder: der Geist), einfach das sei Buddha. Mit dieser Lehre bin ich, um es offen zu gestehen, noch nicht fertig.‹ Darauf sagte Ma: ›Und damit meinen wir eben dieses mit sich noch gar nicht fertige Herz. Das ist in seinem unfertigen Zustand allerdings im Irrtum befangen; ist es aber einmal am Ende und fertig, so ist es erleuchtet. Im Irrtum sind wir fühlende Wesen (die der Erlösung bedürfen); in der Erleuchtung sind wir Buddha. Der WEG (die Wahrheit) ist keinem aller fühlenden Wesen fremd und ferne; wie sollte außer ihnen sonstwo noch ein Buddha sein? Es ist gerade wie mit meiner Hand: auch wenn ich sie zur Faust zusammenballe (und verkrümme), so ist doch auch die Faust noch ganz und gar nur Hand. Bei diesen Worten wurde es Wu-yä weit ums Herz, und es erschloß sich ihm das Licht. Unter fließenden Tränen wandte er sich dem Patriarchen Ma zu und sagte: ›Ich hatte mir immer vorgestellt, zur Buddhaschaft sei es ein langer, weiter Weg, und das Ziel sei erst nach unermeßlichen Äonen in unverdrossenem Streben zu erreichen. Heute wird es mir zum erstenmal gewiß, daß ich die wahre Gestalt des Buddhawesens von jeher in ihrer ganzen Vollkommenheit selbst an mir trage, während alle die Millionen von Grundelementen unserer Innen- und Außenwelt, wie sie das Herz (der Geist) aus sich heraus gebiert, nichts weiter sind als Namen oder Schriftzeichen ohne einen festen Kern der Wirklichkeit.‹ Ma-dsu erwiderte: ›Ja, so ist es, ja gewiß! Die wahre Natur der Millionen Daseinselemente, die entsteht nicht und vergeht nicht; diese selbst, die Millionen Elemente, sind ihrem Wesen nach von jeher leer und still. Darum heißt es in der Schrift: ›Alle Elemente sind schon immer und für immer in sich leer und stille von Gestalt‹ (Saddharma-pundarîka-

sûtra, II, 3. Gâthâ, 73. Vers). Auch heißt es (von dem Wesen eines Bodhisattva): ›Als letzter Schluß dient leere Stille ihm zur Hütte‹ (Vimalakîrtisûtra, VIII, 2. Strophe). Und weiter ist (von einem, der das Lotos-Sutra verkündigen will) gesagt: ›Das Leersein aller Elemente ist sein Sitz‹ (Saddharma-pundarîka-sûtra X, 2. Gâthâ, 13. Vers). Damit soll gesagt sein, daß alle Buddhas, alle ›Solche, die sind, wie sie sind‹, an jenem Orte wohnen, an dem es keine Wohnstatt gibt. Wer sich dieses Sachverhalts gewiß ist, der ist eben damit auch schon in der Hütte der leeren Stille zu Hause und sitzt auf dem Sitz der in sich leeren Trägerelemente. Er entfernt sich nie von seiner Übungsstätte, ob er den Fuß erhebt, ob er ihn aufsetzt. Er ist, wenn er ein Wort des Meisters hört, bereits auch damit fertig; es braucht da kein allmähliches Fortschreiten von Stufe zu Stufe. Er steigt, wie wir zu sagen pflegen, auf den Berg Nirvâna, ohne einen Fuß zu rühren.«

Aus dem, was hier von Ma-dsu und seinem Meister Nan-yüä berichtet ist, geht deutlich hervor, wie stark sie beide in der Überlieferung des ›Großen Fahrzeugs‹, des Mahâyâna, verwurzelt sind. Nicht nur das Ich gilt ihnen als ein stets wechselnder Strom von ineinander verschlungenen, ständig sich erneuernden Dharmas oder tragenden Elementen bzw. Faktoren des Daseins, sondern auch die Dharmas selbst, die tragenden Elemente unserer Innen- und Außenwelt sind ›leer‹ und wesenlos. Die Verblendung der Menschen besteht nur darin, dies nicht einzusehen. Daraus kommt das Haften an dem Ich, das Haften an den Dingen, und daraus alles Leid der Welt. Die indischen Lehrer hatten diese Erkenntnisse zu großen philosophischen Systemen ausgebaut, sei es, daß sie den Nachdruck auf die Leerheit aller tragenden Elemente legten, sei es darauf, daß diesen letzteren deshalb kein eigenes Wesen zukomme, weil sie nichts seien, als Ausgeburten des Bewußtseins. Den chinesischen Meistern aber kam es als echten Praktikern nur darauf an, diese Erkenntnisse in sich zu Fleisch und Blut und Lebensmark werden zu lassen, wie bei den Buddhas und den Bodhisattvas. Sie waren, wie Rainer Maria Rilke es ausdrückt, »allem Abschied voran«, und damit trat ihnen das Fernste in greifbare Nähe, die Zukunft in die Gegenwart herein und gab ihnen nicht nur die Gewißheit eigener Seligkeit und Buddhaschaft, sondern auch den Mut, es jedem auf den Kopf zuzusagen: Du selbst, so wie du bist, bist Buddha. »Glaubst du, so hast du«, hat in Wittenberg einmal einer gesagt – so anders er es bei genauerem Hinsehen meinen mag, so sehr stimmt dieser Glaube in der Form des plötzlichen Erwachens, wie in der Art des kühnen Zugriffs mit der Erkenntnis der chinesischen Meister überein.

In diesem Licht mag auch das Bild des Patriarchen Ma, den uns das Beispiel nunmehr vorführt, etwas an Deutlichkeit gewinnen.

Nach der 791 verfaßten Grabinschrift eines Schülers, welche eher Glauben verdienen dürfte als die spätere Überlieferung, ist der Großmeister Ma im Frühjahr 786 (also nicht, wie meistens angegeben wird, 788) gestorben, und zwar in seinem achtzigsten Lebensjahr. Im Februar dieses Jahres hatte er, wie berichtet wird, seine Schüler mit der Eröffnung überrascht, er werde nach zwei Monaten »der ihm gesetzten Ordnung folgen«, und sie angewiesen, ihm in einer ganz von Felsen eingeschlossenen Bergschlucht der Umgebung, die er sich einst auf einer Wanderung ausersehen hatte, eine Ruhestätte zu bereiten. Wie er vorausgesagt, so traf es ein. Und ohne Frage fällt das Gespräch, von dem das Beispiel hier berichtet, in diese letzten Tage seines Lebens.

In dem kurzen Bericht tritt zunächst auf jeden Fall eines deutlich heraus: der prächtige Kontrast zwischen Frage und Antwort. Hier eine rein konventionelle Erkundigung des Klosteraufsehers nach dem Befinden des todkranken Meisters, sicher gut gemeint, nur ganz normal in den Geleisen des Alltäglichen; und in der Antwort nun ein Aufbruch aus der Tiefe, der steil zur Höhe aufsteigt und den Himmel öffnet: Buddha mit dem Sonnengesicht, Buddha mit dem Mondgesicht. Irgendwie wird etwas hiervon jeder nachempfinden, so wenig er genauer sagen könnte, was die ungewohnten Worte eigentlich bedeuten, und was der Sprecher selbst sich dabei dachte.

Merkwürdig ist es nun, daß auch weder Yüan-wu noch Hsüä-dou im nachfolgenden Gesang irgendeinen Anlauf nehmen, uns die Deutung dieser Worte ein klein wenig zu erleichtern. Offenbar sind beide Meister der Ansicht, daß das gar nicht nötig sei, ja vielleicht auch gar nicht gut. Hierzu dürfen wir nun freilich geltend machen, daß die Schüler jener Meister für das Verständnis solcher Worte andere Voraussetzungen mitbringen, als wir sie haben. Sie stehen in einer mehr als tausendjährigen Tradition lebendig drin, die uns meist nur durch Bücher zugänglich ist. Die Buddhanamen, welche hier erklingen, sind für sie von vornherein nicht bloßer Klang; sie wecken in ihnen gleich auch Vorstellungen und Gefühle, die uns als Fernerstehenden entweder gänzlich fremd sind, oder aber sich an andere, uns von klein auf teure Namen knüpfen. Und das berechtigt, ja es nötigt uns zu dem Versuch, dem nachzuforschen, was buddhistischen Chinesen jener Zeit bei der Nennung dieser Buddhanamen im Gemüte angeklungen haben mag.

Daß Buddha kein Personenname ist, hat sich allmählich auch im Abendland herumgesprochen. So, wie man manche Menschen Weise oder Heilige nennt, so nannte sich Gautama Shâkyamuni (der Lehrer aus dem Hause Shâkya), und nannten seine Jünger ihn auch ihrerseits den Buddha, d. h. den Erwachten, den Erleuchteten und Wissenden, der sich berufen weiß, das Heil, das er gefunden hat, allen fühlenden Wesen ohne Unterschied der Rasse, des Standes und Geschlechtes mitzuteilen. Es ist ein

Titel wie andere auch, und jeder könnte ihn erwerben. Was ihm das Auszeichnende, ja Einzigartige gibt, das ist der Inhalt und die Größe jenes Wissens, zu welchem ein Buddha erwacht ist, oder deutlicher gesprochen, die absolute Radikalität dessen, was er Dharma, das GESETZ der Wahrheit, nennt. Das GESETZ des Buddha erhebt den Anspruch, der menschlichen Existenz an die unterste Wurzel zu gehen, sie aus den Angeln zu heben und ins Leere zu stellen, sie aber eben dadurch vom Bann des unheilvollen Irrwahns, der sie knechtet, zu erlösen und so erst diese Existenz auf eine neue, völlig freie Weise zu ermöglichen. »Der Mensch ist etwas, was überwunden werden muß; ich lehre euch den Übermenschen«, so hätte schon Gautama Shâkyamuni sprechen können. Darum klingen in dem Buddhanamen von Anfang an zwei ganz verschiedene Töne zusammen: der tiefe, hohle Ton der Nichtigkeit, verbunden mit dem Ruf zur Selbstverleugnung und zur Weltverneinung, und hoch darüber, wenngleich wie ein Geheimnis pianissimo, ein seraphischer Gesang des Sieges und der königlichen Freiheit, zwei Motive, die sich lange Zeit hart gegenüberstehen, bis sie sich in dem urbuddhistischen Gefühle des Erbarmens zu einer Weltbejahung neuer Art verschlingen.

Weil alles dieses in dem Buddhanamen mitklingt, darum ist der indische Geist in den Jahrhunderten, nachdem der Buddha Shâkyamuni aufgetreten war, nicht müde geworden, sich mit der Herrlichkeit und Größe dieses Namens zu beschäftigen. Und wie die Flora jenes heißen Landes, so trieb dort auch die Phantasie ihre Blüten in solch üppiger Farbenpracht und Fülle, wie sie gemäßigteren Himmelsstrichen nicht gegeben, und darum wohl auch nur schwer erträglich ist. Es entstand eine ganze Literatur von nichts als Sammlungen von Buddhanamen. Die Menschen konnten sich nicht genug darin tun, diesen Wunderbarsten unter den Sterblichen mit Namen des Lobpreises, des bildhaften Vergleichs mit allem, was es Großes, Schönes gibt, zu überschütten und sich dabei aus ihrer eigenen Armseligkeit in seinen reinen Äther zu erheben.

Und weil lebendiger Geist nie lange stehen bleibt, so ging er bald noch einen Schritt weiter. Waren jene Tausende von Namen ihm aus Buddhas Geist bewußt geworden, so waren also ja sie selbst auch wieder Geist, waren jeder einzelne für sich ein geistiger Buddha, eine Wirklichkeit, ein Licht, vor welchem das Vergängliche verblaßte. Raum und Zeit, die ganze Welt fernster Vergangenheit und Zukunft wie der allernächsten Gegenwart erfüllte sich mit ungezählten Buddhas; überall, auf Schritt und Tritt, konnte ihnen ein geweckter Sinn begegnen. Und in ihrer unübersehbaren Menge bildeten sie alle zusammen doch nur den einen einzigen und alles durchdringenden Geistesleib, den Leib des GESETZES der Wahrheit, der in Gautama, dem Shâkyasohn, in sinnlich greifbarer Gestalt erschienen war. Es spielt auch hier die Vielzahl in der Einheit, die alles Einzelne doch wieder in sich auflöst.

Das größte jener ›Buddhanamen-Sûtra‹, das die Namen von nicht weniger als 11093 Buddhas und Bodhisattvas enthält, war in den Jahren 534 bis 538 von dem gelehrten Mönche Bodhiruci aus Nordindien, der sich 508 in Lo-yang, der Hauptstadt des nordchinesischen Teilreiches We, niedergelassen hatte und dann im Auftrag des dortigen Kaisers ein Übersetzungsinstitut mit siebenhundert sprachkundigen Mönchen leitete, aus dem Sanskrit ins Chinesische übertragen worden. Neben diesem allzu überladenen großen Werk gab es aber auch kleinere Sammlungen, so eine mit dreitausend Namen, nämlich solche von je tausend Buddhas des vergangenen, des gegenwärtigen und des künftigen Äons. Für den praktischen Gebrauch in der Gemeinde aber eignete sich am besten ein drittes Buddhanamen-Sûtra, das jeweils an eine Reihe sinnverwandter Namen ein Bekenntnis eigener Verfehlung auf entsprechendem Gebiete, also eine Art Beichtformel anschließt. Alljährlich im zwölften Monat nämlich veranstalteten die buddhistischen Klöster eine sogenannte »Buddhanamen-Feier«, bei welcher die Gemeinde zur Erkenntnis und zum Bekenntnis ihrer Sündhaftigkeit sich beim Aussprechen dieser mannigfachen Namen die Tugendfülle des Buddha vergegenwärtigte, und dabei wurde dieses dritte Buddhanamen-Sûtra rezitiert.

Darin heißt es nun im siebten Hauptteil: »Darnach sah ich einen Buddha mit dem Namen Mondgesicht. Die Lebensdauer dieses Buddhas mit dem Mondgesicht beträgt nur einen Tag und eine Nacht. An dem Verehrungswürdigen mit dem Mondgesicht vorbei sah ich wieder einen Buddha; der trägt den Namen Sonnengesicht. Die Lebensdauer dieses Buddhas mit dem Sonnengesicht beträgt volle eintausendundachthundert Jahre.« Ohne Frage ist es die Erinnerung an diese Stelle in der Buddhanamen-Feier vom zwölften Monat des vergangenen Jahres, die dem Patriarchen Ma auf seinem letzten Krankenlager auftaucht.

Da steht in ehrerbietiger Haltung der Aufseher des Klosters und erkundigt sich korrekt nach dem Befinden des verehrten Kranken. Und aus diesem bricht es auf: »Buddha mit dem Sonnengesicht, Buddha mit dem Mondgesicht!« Des einen Leben dauert achtzehnhundert Jahre, der andere lebt einen Tag und eine Nacht. Und hier liegt wieder einer, der hat es bis ins achtzigste gebracht. Jahre zählen, Tage zählen, fragen nach gesund und krank, nach besserem oder schlechterem Befinden – sind das nicht alles Kindereien? Gedanken dieser Art kann man gewiß mit vollem Recht aus den Worten des Todkranken heraushören. Aber nicht umsonst weist Yüan-wu die Auffassung ab, der Großmeister Ma wolle mit dieser Antwort den Klosteraufseher in seelsorgerliche Behandlung nehmen. Denn der Nachdruck liegt ja nicht auf Sonnen- und auf Mondgesicht, der liegt nur auf dem einen Worte Buddha. In dem Sûtra, das der Patriarch zitiert, sind neben jenen beiden Buddhas noch viele andere genannt und bilden mit den ungezählten ungenannten nur die Facetten eines und desselben Lichtleibs. Es ist ein ungeheurer Chor, die Stimme Ma's klingt selbst aus diesem Chor heraus, und doch ist dieser ganze Chor nur das eine alles in sich schließende GESETZ der Wahrheit.

Denn zu dem, was dieses Buddhanamen-Sûtra von des Buddha übermenschlicher Herrlichkeit erzählt und rühmt, gehört als Gegenstück nun das, was der Großmeister Ma von seinem Lehrer Nan-yüä als persönlichstes Vermächtnis überkommen und Jahrzehnte lang den eigenen Schülern überliefert hat, die unbegreifliche Versicherung: Der eigene Geist, das eigene Herz und Gemüt, unfertig, wie es ist, ist doch nichts anderes als Buddha; du brauchst es nur zu glauben, zu erkennen, dann wirst du es auch sehen und erfahren. Betrachtet man das letzte Wort, das von ihm überliefert wird, im Lichte dieses kühnen Griffs, der Unvollkommenstes mit dem Vollkommenen zusammenspannt, dann wird man auch verstehen, warum Yüan-wu anstatt einer näheren Erläuterung des eigenartigen Ausspruchs sich fast nur darauf verlegt, Versuche einer Deutung auf dem Weg verstandesmäßiger Reflexion weit wegzuweisen. Doch lohnt es sich, jetzt noch einmal in seinem Hinweis nachzulesen, wie er diesen Ausspruch als ›Erscheinung‹ eines ›großen Wirkens‹ auffaßt, welchem gegenüber alles falsch ist, was man an Einzelurteilen vorbringen mag, seien sie bejahend oder verneinend, und dann auf den ersten Satz in der Erläuterung zu achten, der die einzig mögliche Deutung schon enthält: daß nämlich der Patriarch auf die teilnehmende Frage des Klosteraufsehers gar nicht eingeht, sondern daß in diesen Worten, die freilich mythologische Färbung tragen, im Grunde nur das ursprüngliche und eigentliche Wesen selbst sich kundgibt, das, wie der Hinweis sagt, »den Himmel und die Erde zudeckt«. Mit alle dem bestätigt Yüan-wu nur den Tenor des nun folgenden Gesangs von Hsüädou, auf dessen Schwierigkeit und Eigenart er seine Schüler schon im voraus hinweist.

Zum Verständnis des Gesangs

Dieser Gesang Hsüä-dou's ist höchst merkwürdig. Im ersten Vers wiederholt er einfach den Ausspruch des Patriarchen Ma. Im zweiten zitiert er, wie wir Yüan-wu's Erläuterung entnommen haben, einen Vers, in dem Tschan-yüä, ein Zen-Meister der ihm vorausgegangenen Generation, die Überheblichkeit eines provinziellen Machthabers geißelt. Und die weiteren Verse besagen deutlich, daß der Dichter nur mit diesem einen Zitat alles gesagt haben will, was ihn im Blick auf das Wort des Patriarchen Ma bewegt, ja sie heben nachdrücklich hervor, daß er mit der Anwendung dieses Zitates auf den Patriarchen einen ganz besonderen Fund getan zu haben meint, der ihm erst nach zwanzig Jahren vergeblichen Suchens gelungen sei, und richten an die Elite seiner Leser noch die ausdrückliche Bitte, die langjährige Mühe, mit welcher er dem ›blauen Drachen‹ diesen Edelstein entrissen hat, doch ja nicht zu unterschätzen, das heißt aber letztlich, diesen Edelstein selbst, also das gefundene Zitat, in seiner wahren Bedeutung zu erkennen und wohl zu beachten.
Es handelt sich darum, für dieses merkwürdige Verhalten eine Erklärung

zu finden. Und es ist klar, daß diese nur aus dem Verständnis des Beispiels selbst hervorgehen kann; denn eben dieses soll ja im Gesang besungen werden. »Buddha mit dem Sonnengesicht, Buddha mit dem Mondgesicht« – um das und sonst nichts anderes handelt es sich für den Dichter. Wenn er dabei so merkwürdig geheimnisvolle Wege geht, so kann es nur deswegen sein, weil er von dem Geheimnis jener Worte selbst ergriffen und durchdrungen ist. Und dieses kann kein anderes Geheimnis sein, als das der Buddhaschaft.

Dieses Buddhageheimnis nun ist nicht etwa sogenannte Esoterik, nicht etwas Besonderes, was einen Buddha von außen her verhüllte, eine Zutat etwa von arkaner Disziplin und priesterlichen Künsten, es ist im eigentlichen Wesen der Buddhaschaft selbst begründet. Es ist dasselbe Geheimnis, das in gewissem Sinn schon in den Worten Schillers liegt: »Im Herzen kündet es laut sich an: zu was Besserem sind wir geboren. Und was die innere Stimme spricht, das täuscht die hoffende Seele nicht.« Denn dem Gemeinen ist das Bessere nun einmal verdächtig; es bedarf des Schutzes vor Befleckung, es kann sich nicht vor jedem Blick preisgeben. Und sofern das Bessere in einem Menschen doch immer noch in engster Nachbarschaft mit dem Gemeinen in ihm lebt, steht es in der besonderen Gefahr, vom Staube des Gemeinen selbst befleckt, ja diesem sogar dienstbar zu werden und sich so zum noch Schlimmeren zu verfälschen. Die Seligkeit der Buddhaschaft, wie sie aus jenen Worten des todkranken Meisters spricht, ist echt nur da, wo Ich und Welt versunken und vergessen sind. Wo das kleine Einzel-Ich erwacht und sich selbst mit dem Bewußtsein eines Buddha vollpumpt, da ist vom wahren Buddha nur ein erlogenes Widerspiel. Die buddhistischen Meister sind sich dessen voll bewußt, daß hier ein heikler Punkt, der heikelste in dem Bereiche ihres Glaubens liegt. Von dem Hochgefühl der Buddhaschaft ist zum Sturz in den Abgrund selbstbetrügerischer Überhebung nur ein kleiner Schritt. Ein Beispiel dafür gab soeben Yüan-wu in seiner Erläuterung zum Gesang. Dem nachmaligen Meister Fa-yüan ist in jungen Jahren das Gefühl der Buddhaschaft einmal zu Kopf gestiegen; er bläht sich auf zu einer mythischen Figur und glaubt, damit einem schlichten Klosterassistenten imponieren zu können, bis dieser ihn an sein Skelett erinnert und in die Nüchternheit herunterholt.

Wenn es nun darum geht, das Geheimnis der Buddhaschaft, das in den Worten des todkranken Patriarchen Ma sich leuchtend kundgibt, im Gesang zu preisen, so kann auch Hsüä-dou davon nur verhüllend reden. Das, was er laut für aller Ohren dazu sagen kann, ist negativer Art. Er muß vor allem vor dem Leichtsinn warnen, der das Ungeheuerliche jener Patriarchenworte nicht bemerkt und nicht, wie sichs gebührte, ernst nimmt. Dieser Mann also lehrt: das Menschenherz, so unvollkommen, wie es sein mag, das sei Buddha, der Erleuchtete. Und auf seinem letzten Krankenlager führt er in eben diesem Sinne Reden, als stehe er schon selbst im Chore der Vollendeten. Durchbricht ein solches Selbstbewußt-

sein nicht die Schranken, die dem Sterblichen gesetzt sind? Ist dies nicht etwas Ähnliches, wie das, was einst die Griechen Hybris nannten, die Juden und die Christen Gotteslästerung? Hat nicht auch das chinesische Reich von alters her gewisse Grenzen festgelegt, über welche keiner sich ungestraft erheben darf? In der Tat, wenn man die Worte Ma's mit allem anderen, was sonst die Menschen miteinander reden, z. B. etwa mit der Frage des guten Klosteraufsehers nach dem Befinden des Patienten auf eine und dieselbe Ebene stellt, dann sind sie Ausdruck eines unerlaubten Hochmuts und sträflichen Größenwahns.
Um die Zeit des Zusammenbruchs des Herrscherhauses Tang, also kurz vor oder nach dem Jahr 900, hatte einst der Meister Tschan-yüä die Überheblichkeit des selbständig gewordenen Machthabers seiner Provinz in dem von Yüan-wu oben zitierten Gedicht gegeißelt. Darin beruft er die Gestalten sagenhafter Herrscher der chinesischen Urzeit, die das ganze Volk als heilige Begründer seines Reichs und Hüter seiner Ordnungen verehrt. In der Tang-Zeit faßte man sie in zwei Gruppen zu drei und fünf zusammen: voran die ›Drei Erlauchten‹, unter welchen sich z. B. der ›Göttliche Landmann‹, der Begründer des Ackerbaus, befindet, und dann die ›Fünf Heiligen Kaiser‹, darunter der ›Gelbe Kaiser‹ Huang-Di, dessen Gemahlin die Seidenzucht einführte, der Wahlkaiser Yau und sein opferwilliger Nachfolger Schun. Der Dichter könnte jenen eingebildeten Emporkömmling nicht treffender kennzeichnen, als indem er ihm die frechen Worte in den Mund legt: »Was gelten die Fünf Kaiser uns, und was die Drei Erlauchten?« Denn diese Gestalten stehen in China für die Grenze, über welche auch nur in Gedanken sich zu erheben Frevel ist.
Für Hsüä-dou aber bieten sich dieselben Worte an als allerbeste Lösung der Aufgabe, so keusch und wortkarg wie zugleich erschöpfend das Geheimnis dieses Beispiels im Gesang zu rühmen. Denn diese Worte sind, wie dies auch Yüan-wu deutlich sagt, genau so zu verstehen, wie ihr erster Urheber sie meinte: als Geißelung der Überheblichkeit, die man aus der Antwort des Patriarchen Ma an den Klostervorsteher heraushören könnte, als Warnung für Leichtfertige, die diese Worte nachsprechen, ohne das Dynamit zu bemerken, das in ihnen liegt. Daher auch der namentliche Anruf an die ›Mönche mit dem hellen Blick‹, d. h. an jene, die gewohnt sind, mit dem Buddhanamen täglich umzugehen, wie der Schuster mit seinem Leisten, und darum viel mehr gefährdet sind als andere, die von Buddha gar nichts wissen. »Buddha mit dem Sonnengesicht, Buddha mit dem Mondgesicht« – Reden dieser Art sind im Reich der Mitte, in der Welt menschlicher Ordnung und Gesittung schlechthin unzulässig. Sie gehen über das dem Menschen in der Welt gesetzte Maß hinaus. Dies muß auf jeden Fall deutlich erkannt und festgehalten werden.
Ob freilich der Patriarch Ma nun mit jenem eingebildeten Emporkömmling, den Tschan-yüä in seinem Spottgedicht so trefflich schildert, auf einer und derselben Ebene steht, das ist eine andere Frage. Diese zu entscheiden, kann Hsüä-dou ruhig seinen Lesern überlassen. Wenn sie mit

ungetrübtem Blick den alten Meister wesenhaft erkennen, dann allerdings erschließt sich ihnen eine neue Welt, und alles ringsumher bekommt ein anderes Gesicht. Dann geht es nach dem japanischen Sprichwort »Uso kara deta makoto«: aus einem Schwindel ist Wahrheit geworden. Das ist freilich wunderbar genug und bleibt ein ewiges Geheimnis, wenngleich es jeder in sich trägt, und darum will es auch nur als Geheimnis angefaßt und zart behandelt werden. An Hsüä-dou mag man sich ein Beispiel nehmen. Er hat wirklich mit zwei Versen, die beide nicht einmal ihm selbst gehören, alles gesagt, was sich zu den Worten des Patriarchen Ma überhaupt sagen läßt:

»Buddha mit dem Sonnengesicht, Buddha mit dem Mondgesicht.«
»Was gelten die Fünf Kaiser uns, und was die Drei Erlauchten.«

Bemerkung zu den auf Seite 93, Zeile 18 erwähnten »drei Fahrzeugen«: Hînayâna, das kleine Fahrzeug, führt zu dem Stand des Shrâvaka, d. h. des Hörers und Nachfolgers, der die Gebote des Buddha streng befolgt und, wenn er es sehr weit gebracht hat, ein Arhat (chinesisch Lo-han, japanisch Ra-kan) heißt. Das Pratyekayâna oder Pratyekabuddhayâna führt zu dem Stand des Pratyekabuddha oder Einzelbuddha, der für sich allein die Buddhaschaft erreicht, ohne sich um das Heil der Mitlebenden zu kümmern. Mahâyâna, das große Fahrzeug, führt zu dem Stand des Bodhisattva, der auf den Genuß der eigenen Erlösung verzichtet, um sich dem Dienst zum Heil der Mitlebenden zu widmen.

Viertes Beispiel

Dö-schan mit dem Wanderbündel unterm Arm

Hinweis

BLAUER Himmel, strahlende Sonne – da kannst du nicht mehr zeigen, wo's nach Osten geht, oder den Weg nach Westen abstecken.
Zeit und Stunde, Ursache und Anlaß – da mußt du doch auch die Arznei je nach der Krankheit geben.
Sagt mir einmal: Was ist richtig, freien Lauf lassen oder festhalten?
Laßt mich's mit einem Beispiel versuchen! Seht her!

Das Beispiel

Wir legen vor:

DÖ-SCHAN kam zum We-schan. Das Wanderbündel unterm Arm stieg er zur Lehrhalle hinauf, ging von Ost nach Westen durch, ging zurück von West nach Ost, sah sich um, sagte: Nichts da, nichts da! und verließ die Halle. – Hsüä-dou bemerkt hierzu: Durchschaut!
Beim Hoftor angelangt, sagte Dö-schan nun doch: Ich darf auch nicht vorschnell sein. Alsbald machte er sich ordentlich, trat zum zweiten Male ein und meldete sich zum Besuch.
Als We-schan Platz genommen hatte, hob Dö-schan feierlich sein Knietuch in die Höhe und redete ihn an: Ehrwürdiger!
We-schan machte eine Handbewegung, als wolle er nach seinem Jakschweif greifen.
Da brüllte Dö-schan: Ho'! klopfte sich die Ärmel ab und ging hinaus. – Hsüä-dou bemerkt hierzu: Durchschaut!
Nachdem Dö-schan der Lehrhalle den Rücken gekehrt hatte, band er sich die Sandalen wieder an, und damit ging er seines Weges.
Am Abend fragte We-schan den Vorsitzer der Bruderschaft: Wo ist der Neuankömmling von vorhin?
Der Vorsitzer erwiderte: Der hat dann gleich die Lehrhalle verlassen, sich die Sandalen angebunden und ist hinaus und fortgegangen.

We-schan sagte: Dieser Ehrenmann wird noch einmal den einsamsten Berggipfel aufsuchen, sich oben auf der Spitze eine Binsenhütte flechten und von da aus auf den Buddha schelten und die Patriarchen schmähen. – Hsüä-dou bemerkt hierzu: Auf Schnee noch Reif!

Zwischenbemerkungen zum Beispiel

»Dö-schan kam zum We-schan.« – Dabei trägt der Kerl ein Brett auf der Schulter [so daß er nur nach einer Seite sehen kann]! – Ein Feldfuchsgeist! [Füchse können nach ostasiatischem Volksglauben Menschengestalt annehmen und einfache Gemüter verwirren.]
»Das Wanderbündel unterm Arm, stieg er zur Lehrhalle hinauf.« – Grund genug, Verdacht zu schöpfen! – Es gibt eine Niederlage!
»Er ging von Ost nach Westen durch, ging zurück von West nach Ost.« – Zenmäßig im höchsten Grad! – Aber was will er mit diesem Gehabe?
»Er sagte: Nichts da, nichts da! und verließ die Halle.« – Dem gehören dreißig Stockschläge! – Unheimlich, wie sein Geist am Himmel anstößt. – Ein junger Löwe echten Schlags muß auch gehörig brüllen. [Von jeher vergleicht man im Buddhismus die furchtlose Verkündigung des Buddha mit dem Gebrüll des Löwen.]
»Hsüä-dou bemerkt hierzu: Durchschaut!« – Falsch! – Richtig! – Tupfen![1]
»Beim Hoftor angelangt, sagte Dö-schan nun doch: Ich darf auch nicht vorschnell sein.« – Sich gehen lassen, sich zusammenraffen. – Im Anfang fährt er hoch daher, am Ende kommt er niedrig und gering. – Wer seinen Fehler erkennt, muß ihn auch verbessern. – Aber wieviele sind dazu fähig?
»Alsbald machte er sich ordentlich, trat zum zweiten Male ein und meldete sich zum Besuch.« – Er gebärdet sich genau so wie vorher. – Das gibt bereits die zweite Niederlage! – Jetzt wird es gefährlich!
»Als We-schan Platz genommen hatte . . .« – Kalte Blicke richten sich auf diesen alten Chinesen. – Wer es wagte, dem Tiger hier über die Schnurrhaare zu streichen, der müßte allerdings von Dö-schan's Art sein; erst so einer bringt das fertig.
»Dö-schan hob feierlich sein Knietuch in die Höhe und redete ihn an: Ehrwürdiger!« – Er hat seinen Kopf gegen einen andern umgewechselt und ein neues Gesicht davor gehängt. – Ohne daß ein Wind weht, regt er Wellen auf.
»We-schan machte eine Handbewegung, als wolle er nach seinem Jakschweif greifen.« – Da muß einer schon ein Kerl wie dieser sein; sonst bringt er das nicht fertig. – Er setzt vom Feldherrnzelte aus den Schlachtplan in Bewegung. – Das reicht schon hin, den klügsten Leuten in der Welt die Sprache zu verschlagen.

[1] Vgl. die nachfolgende Erklärung S. 123, 125, 127.

»Da brüllte Dö-schan: Ho'! klopfte sich die Ärmel ab und ging hinaus.« – So sieht und versteht es eben ein Feldfuchs. – Schon immer spielte er mit Wolken Ball und raffte Nebel an sich; aber jetzt treibt er's erstaunlicher als je.
»Hsüä-dou bemerkt hierzu: Durchschaut!« – Falsch! – Richtig! – Tupfen!
»Nachdem Dö-schan der Lehrhalle den Rücken gekehrt hatte, band er sich die Sandalen wieder an, und damit ging er seines Weges.« – Eine köstliche Szene! – Die Geschichte, die zum Nachdenken hier ausgehängt wird, ist aber noch nicht zu Ende. – Auf den Scheitel zwar gewann er einen Hut, doch verlor er an den Sohlen die Sandalen. – Er hat Leib und Leben schon verwirkt.
»Am Abend fragte We-schan den Vorsitzer: Wo ist der Neuankömmling von vorhin?« – Nach dem Kreditverlust drüben im Osten meldete er im Westen seinen Konkurs an. – Mit den Augen sieht er nach Südost, sein Sinn ist nach Nordwest gerichtet.
»Der Vorsitzer erwiderte: Der hat dann gleich die Lehrhalle verlassen, sich die Sandalen angebunden und ist hinaus und fortgegangen.« – Die geistreiche Schildkröte mit dem schleifenden Schwanz! [Von ihr geht die Sage, daß sie die Eier, die sie in den heißen Sand am Meeresufer gelegt hat, zwar sorgfältig und bedächtig mit Sand bedeckt, um sie vor Raub zu schützen, auf dem Rückweg aber mit ihrem dicken Schwänzchen eine Spur im Sande zieht, die den Weg zur Brutstätte verrät. Sie hält ihr Tun für ganz besonders klug und verrät gerade damit ihre Dummheit.] – Dem gehören dreißig Stockschläge. – Leuten dieser Art muß mans am Hinterkopf ordentlich eintrichtern.
»We-schan sagte: Dieser Ehrenmann wird noch einmal den einsamsten Berggipfel aufsuchen, sich oben auf der Spitze eine Binsenhütte flechten und von da aus auf den Buddha schelten und die Patriarchen schmähen.« – Er spannt den Bogen, wo der Räuber längst schon fort ist. – Über Worte dieser Art springt keiner weg, und wenn es der bedeutendste Kuttenmönch des Reiches wäre.
»Hsüä-dou bemerkt hierzu: Auf Schnee noch Reif!« – Falsch! – Richtig! – Tupfen!

Erläuterung des Beispiels

Djia-schan [d. h. ich, Yüan-wu, der Mönch vom Djia-schan] hat [in seinen Zwischenbemerkungen zum Beispiel] drei knappe Notizen gesetzt [»Falsch! Richtig! Tupfen!«, und zwar am Ende jedes der drei Beispiele]. Ihr alle hier, versteht ihr das denn auch? Das eine Mal ergreift es [nämlich das »Große Wirken«] einen Grashalm und macht ihn sich zum Goldbuddha von sechzehn Fuß; das andere Mal nimmt es den Goldbuddha von sechzehn Fuß und macht sich daraus einen Grashalm.
Dö-schan war ursprünglich ein Mönch, der Lehrvorträge hielt. Im westlichen Schu [Sï-tschuan] hielt er Vorlesungen über das Diamantsutra. In

den dogmatischen Schulen wird gelehrt: Das Verweilen im Samâdhi der diamantenen Erkenntnis und in der darnach erlangten Weisheit schließt eine tausend Kalpas währende Übung in der Buddhawürde und eine zehntausend Kalpas währende Übung in den Feinheiten des Buddhawirkens ein, und [erst] daraus folgt nachher die ausgereifte Buddhaschaft. Nun kam ihm zu Ohren, daß im Süden Satanssöhne aufgetreten seien, welche einfach lehren: das Herz [der Geist], das sei Buddha. Darüber geriet er schließlich so sehr in Entrüstung, daß er sich seinen Kommentar [zum Diamantsutra] auf den Rücken band, die Wanderschaft antrat und schnurstracks nach Süden ging, um diese Teufelsbande zu zerschmettern. Seht, so sehr war er entrüstet, ein Wüterich von schneidender Schärfe. Zuerst kam er in den Landkreis Li. Dort fand er am Wege eine alte Frau, die Ölklöße verkaufte. Er band seinen Kommentar ab, um sich einen »Tupfen aufs Herz« [einen Imbiß als Seelenstärkung] zu kaufen und schmecken zu lassen. Die Alte fragte, was er denn da auf dem Rücken trage. Dö-schan erwiderte: Den Kommentar zum Diamantsutra. Da sagte die Alte: Ich habe eine Frage. Könnt Ihr mir die beantworten, so spende ich Euch als Buddhamönch die Ölklöße zum Tupfen aufs Herz. Könnt Ihr mir keine Antwort geben, dann geht an einen andern Ort und kaufet dort! Dö-schan sagte: Fraget nur! Da sagte die Alte: Im Diamantsutra steht doch: Das Herz vergangener Zeit läßt sich nicht fassen; das Herz im gegenwärtigen Augenblick läßt sich nicht fassen; das Herz zukünftiger Zeit läßt sich nicht fassen. Welches Herz nun wünscht der Herr Vorsitzer zu betupfen? Dö-schan war sprachlos. Schließlich wies die Alte ihn zu Lung-tan, daß er sich von dem beraten lasse.
Kaum hatte Dö-schan den Fuß über Lung-tan's Schwelle gesetzt, so sagte er in fragendem Ton: Längst klingt der Name Drachenpfuhl [Lung-tan] mir in den Ohren; wie ich nun endlich da bin, ist kein Pfuhl zu sehen und erscheint kein Drache. Der ehrwürdige Lung-tan, der sich hinter den Setzschirm zurückgezogen hatte, erwiderte: Ihr befindet Euch persönlich mitten drin im Drachenpfuhl. Da verneigte Dö-schan sich, ihn zu begrüßen, und zog sich zurück. Dann bei Nacht betrat er Lung-tan's Zimmer und blieb [bescheiden seitwärts] stehen [um den Meister anzuhören]. Als es späte Nacht geworden war, sagte Lung-tan: Warum gehst du nicht? Schließlich wünschte Dö-schan gute Nacht, hob den Vorhang auf und ging hinaus. Als er sah, daß es draußen stockfinster war, kam er wieder herein und sagte: Draußen ist es finster. So zündete ihm Lung-tan eine Kerze mit Papierdocht an und gab sie ihm. In dem Augenblick, als Dö-schan sie entgegennahm, blies Lung-tan sie ihm aus. In Dö-schan wurde alles weit und offen. Das große Licht war über ihn gekommen. Er warf sich auf die Knie und berührte mit der Stirn den Boden. Lung-tan sagte: Was ist es, das du siehst, daß du davor anbetest? Dö-schan erwiderte: Von heute an werde ich die Worte ehrwürdiger alter Meister im Lande nicht wieder anzweifeln. Als Lung-tan tags darauf die Lehrhalle betreten hatte, sagte er: Jetzt haben wir hier einen, der hat Zähne wie die

Schwerterbäume in der Hölle und einen Mund wie eine Schale Blut. Haut man ihn mit einem Stock, dreht er den Kopf nicht um. Der wird in späterer Zeit noch einmal unsre Art und Weise auf den höchsten Gipfel tragen.
Dö-schan hat dann seinen Kommentar vor die Lehrhalle hinausgenommen. Dort hielt er eine Fackel in die Höhe mit den Worten: Aller Tiefsinn in der Rede ist wie ein Härchen, in den leeren Raum geworfen; alles Wissen um den Angelpunkt der Welt wie ein Tropfen Wasser, der ins Meer fällt. Dann hat er die Schrift verbrannt.
Später hörte er, daß We-schan eine bedeutende Bekehrungsarbeit treibe. Alsbald machte er sich nach dem We-Gebirge auf, und so kam es zur Begegnung zwischen den beiden Künstlern. Ohne erst das Bündel aufzuknüpfen, stieg er schnurstracks in die Lehrhalle hinauf, ging von Osten nach Westen durch und wieder von Westen nach Osten, sah sich um, sagte: Nichts da, nichts da! und verließ die Halle. – Saget mir einmal: Was ist davon der Sinn? Stellt das nicht alles auf den Kopf? Die meisten Leute verstehen es falsch und sagen, Dö-schan nehme hier die aufbauende Haltung ein [welche von Unterschieden und Gegensätzen ausgeht, also im Ja und Nein lebt]. Aber gerade das hat mit der Sache nichts zu tun. Seht nur zu, wie er es macht! Da muß man schon sagen: Wunderbar! Darum sagte einer [der Alten]: Wer über die Herde hinauswill, der muß schon ein Kerl von überragender Geisteskraft sein. Einem Überlegenen die Stirn zu bieten, kann nur Sache eines solchen jungen Löwen sein. Wer sich den Buddha auserkoren hat, der muß auch die Augen dazu haben, sonst kommt er selbst in tausend Jahren nicht ans Ziel. Hier muß einer in der Sache schon durch und durch bewandert sein, dann erst erlangt er es.
Warum das? Weil am GESETZ des Buddha nicht viel dran ist. Wo sollte man sich da noch an gefühlsgebundene Anschauungen klammern können? Und wo in den Beweggründen des Dö-schan sollte noch Raum für solch kleinliche Kümmernisse sein?
Darum hat Hsüan-scha [über Dö-schan's Verhalten und seine Worte: nichts da, nichts da!] folgendes gesagt: Das ist, wie wenn im Herbst der Mond sich in dem Teiche spiegelt, und nun in stiller Nacht die mächtige Tempelglocke ertönt. Auf den Stoß [des Schwingbalkens] erklingt der Ton gleichmäßig ohne Makel und berührt den stillen Wellenschlag des Teiches, ohne ihn doch zu stören. Dennoch ist auch das noch immer ein Geschehnis an den Ufern des Samsâra [in der Welt der Unterschiede und der Gegensätze; das Gleichnis reicht nicht aus, um Dö-schan's inneren Zustand von Grund aus zu erkennen]. – Hier ist nichts mehr von Vorzug oder Mangel, von richtig oder falsch. Es ist auch nichts mehr hier von wunderbar und von geheimnisvoller Tiefe. Auch Wunder und geheimnisvolle Tiefe sind schon nicht mehr da. Wie nun wollt ihr das verstehen, wie Dö-schan da von Ost nach Westen durch und von West nach Osten wieder zurückgeht? Sagt mir einmal, was ist davon der Sinn?

We-schan, der alte Chinese, macht sich aus Dö-schan nichts. Wäre es nicht dieser We-schan, er hätte von jenem eine Szene schwerer Prüfung hinnehmen müssen. Seht, wie dieser We-schan als gewiegter alter Meister seinem Gast begegnet! Er sitzt einfach in der Ruhe und sieht zu, wie die Sache an- und ausläuft. Ohne tiefen, klaren Blick dafür, woher die Winde wehen, wäre er dazu nicht fähig.

Hsüä-dou nun macht dazu die Bemerkung: Durchschaut! Das ist gerade, wie ein Eisenpflock. Die meisten Leute nennen dies eben eine Zwischenbemerkung. Aber dieses Wort [durchschaut!] weist nach zwei Seiten und bleibt doch nicht auf diesen beiden Seiten stehen. Wie wollt ihr es nun verstehen, wenn er sagt: Durchschaut! Wo ist der Punkt, den er durchschaut? Sagt mir einmal: Hat er Dö-schan oder hat er We-schan durchschaut?

Als Dö-schan nun beim Hoftor angelangt war, verlangte ihn doch, der Sache auf den Grund zu gehen. So sagte er zu sich: Ich darf auch nicht vorschnell sein. Er hatte das Bedürfnis, vor We-schan alle seine Eingeweide, Herz und Leber bloßzulegen und mit ihm einen Kampf um das GESETZ des Buddha zu bestehen. So machte er sich ordentlich, trat zum zweiten Male ein und meldete sich zum Besuch. Nachdem We-schan Platz genommen hatte, hob Dö-schan feierlich sein Knietuch in die Höhe und redete ihn an: Ehrwürdiger! We-schan machte eine Handbewegung, als wolle er nach seinem Jakschweif greifen. Da brüllte Dö-schan: Ho'! klopfte sich die Ärmel ab und ging hinaus. – Tödlich wunderbar!

Unter den Leuten sagen viele, We-schan habe vor ihm Angst gehabt. Was hätte dies mit der Sache zu tun? Auch We-schan ist durchaus nicht aufgeregt. Darum heißt es [im Mahâ-samnipâta-sûtra, einer Zusammenfassung von Sutren der Mahâsânghikas, d. h. der dem »Großen Fahrzeug« zugetanen Gemeinden]: »Wo ein Verstand über den der Vögel hinausgeht, fängt er Vögel; wo ein Verstand über den wilder Tiere hinausgeht, fängt er wilde Tiere; wo ein Verstand über den der Menschen hinausgeht, fängt er Menschen.« Hat einer in der Übung und im Umgang mit dem Meister dieses Zen [wie We-schan es besaß] erlangt, dann mag die ganze große Erde in der Fülle ihrer Formen und Gestalten, der Himmelsdom, wie auch die Hölle, da mögen Pflanzen, Bäume, Menschen, Tiere samt und sonders im selben Augenblick mit ihrem Ho'! ihn überfallen – er macht sich nichts daraus. Und wenn einer ihm den Zen-Sitz umstößt und mit einem Ho'! die ganze Menge auseinanderjagt, so dreht er den Kopf darnach nicht um. Das gleicht der Höhe des Himmels, das ist massiv und fest wie die Erde.

Hätte We-schan nicht das Zeug, so wie er dasitzt, den Menschen auf der Welt die Zunge abzuschneiden, so wäre es auch ihm in diesem Augenblick sehr schwer gefallen, jenen auf die Probe zu stellen. Wäre er nicht Meister über fünfzehnhundert edle Freunde, wäre es ihm nicht gelungen, sich hier durchzufinden. We-schan entwirft in seinem Feldherrnzelt den Plan, der schon auf tausend Meilen weit den Sieg bestimmt.

Nachdem Dö-schan der Lehrhalle den Rücken gekehrt hatte, band er sich die Sandalen wieder an, und damit ging er seines Weges. Sagt mir einmal: Was denkt er sich dabei? Sage du mir: Hat Dö-schan nun gewonnen oder hat er verloren? Bedeutet die Art, wie We-schan mit ihm verfuhr, Sieg oder Niederlage?

Hsüä-dou macht dazu seine Bemerkung und sagt: Durchschaut! Er bietet damit die Frucht seiner langjährigen sinnenden Bemühung. Er durchschaut die innerste und höchste Norm, von der das wunderliche Gebaren jener Alten bestimmt ist. Daß er so etwas vermag, das ist wahrhaftig wunderbar.

No-tang[1] sagt: Hsüä-dou macht zweimal die Bemerkung: Durchschaut! Er gibt drei kritische Urteile ab, und gerade damit offenbart er den Sinn dieses öffentlichen Aushangs. Das sieht geradeso aus, wie wenn ein Danebenstehender sein Urteil über die beiden Männer abgibt.

Nachträglich wartet dieser alte Chinese [We-schan] in aller Gemächlichkeit den Abend ab. Dann erst richtet er an seinen Vorsitzer die Frage: Wo ist der Neuankömmling von vorhin? Der Vorsitzer antwortet: Der hat dann gleich die Lehrhalle verlassen, sich die Sandalen angebunden und ist hinaus und fortgegangen. We-schan sagte: Dieser Ehrenmann wird noch einmal den einsamsten Berggipfel aufsuchen, sich oben auf der Spitze eine Binsenhütte flechten und von da aus auf den Buddha schelten und die Patriarchen schmähen. Sagt mir einmal: Was ist der Sinn, den We-schan damit meint? Dieser alte Chinese ist keiner von den Gutmütigen. Dö-schan hat in späterer Zeit auf den Buddha gescholten, die Patriarchen geschmäht, hat den Wind geschlagen und den Regen gehauen, ist geblieben, wie er war, und nie aus seinem Nestloch herausgekommen. Jener alte Chinese hat ihm also in seine gewohnten Künste hineingeschaut. Aber können wir an diesem Punkt nun behaupten, We-schan habe ihm damit eine Prophezeiung gemacht? Oder aber sollen wir deuten: Er ist ein weites Moor, das einen Berg umschließt; er ist die Vernunft, die dem Panther ihre Fallen stellt? Wenn man es in diesem Sinn betrachtet, soll's uns freuen; mit der Sache hat es nichts zu tun.

Hsüä-dou kennt den Punkt, auf welchen dieser öffentliche Aushang hinausläuft. Darum kann er es wagen, jenem sein Urteil zu sprechen, indem er zum Schluß bemerkt: »Auf Schnee noch Reif.« Damit nimmt er die Sache ein drittes Mal zwischen die Finger und gibt sie den Leuten zu sehen. Wenn dir das [das zu sehen] gelingt, erteilen wir dir die Erlaubnis, mit We-schan, Dö-schan und Hsüö-dou gemeinsam dich im Zen zu üben. Sieht es einer aber nicht, soll er sich für die Deutung nur ja nicht blindlings von gewöhnlichen Gefühlsurteilen bestimmen lassen.

[1] No-tang heißt eine Klosterhalle, in welcher Yüan-wu einmal für eine kurze Zeit gelehrt hat. Offenbar steht hier der Name für Yüan-wu selbst und leitet einen Ausspruch ein. den er damals getan hat. Man wird vermuten dürfen, daß dieser kleine Abschnitt, der im Zusammenhang wenig zu sagen hat, ja eher stört, von einem späteren Abschreiber eingefügt worden ist.

Gesang

DURCHSCHAUT im ersten Gang!
Durchschaut im zweiten Gang!
Auf Schnee noch Reif!
Es fehlte nicht viel
zum Sturz von steilem Hang.
Ein Führer der fliegenden Reiterei,
gefangen im Lager der Feinde,
Kam wieder heraus, lebendig und heil.
Wer wagte, was ihm gelang?
Der lief fort, entsprang.
Der ließ nicht los den Fang.
Hoch auf einsamer Spitze sitzen
im Grase sie unten am Hang.
Ach was, ärmlicher Sang!

Zwischenbemerkungen zum Gesang

»Durchschaut im ersten Gang!« – Es klingt uns noch in den Ohren. – Ist längst vorbei!
»Durchschaut im zweiten Gang!« – Hat er an seinem ersten Aushang denn noch nicht genug? Muß noch ein zweiter dazu kommen?
»Auf Schnee noch Reif!« – Es sind aber doch drei Auftritte, und keiner genau wie der andere.
»Es fehlte nicht viel zum Sturz von steilem Hang.« – Worauf geht denn das:
»Ein Führer der fliegenden Reiterei, gefangen im Lager der Feinde ...« – Höchste Gefahr! – Den Führer eines geschlagenen Heeres noch besonders niederzuhauen, nimmt man sich bekanntlich nicht die Mühe. [So verfuhr auch We-schan glimpflich mit dem in seinen Machtbereich geratenen Dö-schan.] – Aber es ging ihm an Leib und Leben.
»Kam wieder heraus lebendig und heil. Wer wagte, was ihm gelang?« – Mitten im Tod noch fand er Leben.
»Der lief fort, entsprang.« – Rücksichtslos, als wäre allein er auf der Welt! – Da bleibt auch gar nichts anderes übrig, und wenn du sechsunddreißig Kriegslisten bereit hättest und dazu noch hexen könntest.
»Der ließ nicht los den Fang.« – Vernunft kann selbst den Panther bändigen. – Er bohrte dem Stier ein Loch in die Nüstern [er zog ihm einen Strick durch die Nasenwand, um ihn daran festzuhalten].
»Oben auf einsamer Spitze sitzen im Grase sie unten am Hang.« – Da habt ihr es nun! – Andern ein Loch in die Nüstern bohren, ist noch nicht das Außerordentliche. – Wie kommen solche Leute denn dazu, sich noch herunter ins Gras zu setzen?

»Ach was, ärmlicher Sang!« – Wo Schwert und Schwert sich kreuzen, werden beide schartig. – Sie gehen zu zweien und zu dreien den alten Pfad entlang [We-schan, Dö-schan, und Hsüä-dou mit]. – Der eine singt, der andere schlägt dazu den Takt; so klingt es gut zusammen. – Und nun gibt es Hiebe!

Erläuterung des Gesangs

Jedesmal, wenn Hsüä-dou zu einem der hundert Beispiele, die hier öffentlich ausgehängt sind, seinen Gesang dichtet, bringt er damit diesem Beispiel sein Weihrauchopfer innigster Verehrung dar. Das ist der Grund, weshalb diese Gesänge in der Welt so weit verbreitet sind. Denn dieser Mann versteht sich auf geschriebenes Wort; er hat die Fähigkeit, einen öffentlichen Aushang durchsichtig zu machen. Er setzt sich breit mit seitwärts ausgestreckten Beinen vorgebeugt am Boden hin und brütet; dann erst erlaubt er sich, den Pinsel aufs Papier zu setzen. Und worin hat dies seinen Grund? »Drachen kennt man leicht von Schlangen. Kuttenmönche täuscht man schwer.« Hsüä-dou ist an diesen öffentlichen Aushang herangegangen, bis er ihm durchsichtig wurde. Dann hat er an den Knoten und Haken der Geschichte seine drei Glossen angebracht und damit das Ganze zu einem Gesang zusammengerafft.
»Auf Schnee noch Reif! Es fehlte nicht viel zum Sturz von steilem Hang.« Womit ließ sich denn ein Stück, wie Dö-schan es sich leistete, vergleichen? Einzig und allein mit Li Guang, dem geborenen Meister unter den Bogenschützen, den der Sohn des Himmels zum Reitergeneral ernannt hatte. In die Stellungen des Feindes zu tief eingedrungen, geriet er in die Gefangenschaft des Schan-yü [des Hunnenhäuptlings]. Von Wunden krank wurde er zwischen zwei Pferden festgebunden, um hilflos am Boden liegen zu bleiben. Schließlich stellte er sich tot, blinzelte nach der Seite, und als er einen Hunnen auf gutem Pferd vorbeireiten sah, schwang er sich plötzlich hinauf, stieß den Hunnen hinunter, entriß ihm Bogen und Pfeil, gab dem Pferd die Peitsche, galoppierte in südlicher Richtung davon, wehrte die Verfolger mit gespanntem Bogen von sich ab und entkam. Mitten im Tode gewann durch dieses Meisterstück der Mann das Leben. Das verwendet Hsüä-dou im Gesang für Dö-schan, wie dieser zum zweitenmal vor We-schan tritt, um dann ganz plötzlich aufzuspringen und, wie schon vorher, fortzugehen.
Seht euch diese Alten an [diesen We-schan], wie er blickte, wie er sprach, wie er sich benahm, wie er sich half! Da kann man wohl sagen: ein Heldengeist. Er hat das Zeug in sich, einen Menschen ohne Augenblinzeln totzuschlagen; er kann ihn auf der Stelle, wo er steht, zum Buddha machen. Denn wer einen andern auf der Stelle, wo er steht, zum Buddha machen kann, der wird naturgemäß nicht mit der Wimper zucken, wenn er einen Menschen tötet. Eben das heißt: frei und seiner selber sicher sein.

Aber heutzutage gibt es eine Art Leute, die machen, über einen öffentlichen Aushang angetippt, zunächst den Eindruck von Kuttenmönchen mit dem richtigen Geist. Stößt man aber nur ein wenig zu, so klappen sie im Hüftgelenk zusammen, spreizen ihre Schenkel auseinander und zerfallen in sieben, acht Stücke, so daß überhaupt kein Zusammenhang mehr übrig bleibt.
Darum sagt einer der Alten[1]: Zusammenhang zu wahren, ist die große Schwierigkeit. Seht her, wie dieser Dö-schan, dieser We-schan darin fest sind. Die haben in der Art, wie sie die Dinge sehen und deuten, nicht eine Spur zerfallenen und zerfahrenen Wesens. Und wenn es gilt, sich zu vollständigem Zusammenhang wieder neu zusammenraffen, wie stehen ihnen da so viele Kräfte zu Gebot! »Der lief fort, entsprang.« Ein lautes Ho'! und schon war Dö-schan weg. Das war genau wie Li Guang, der in den Fesseln seinen Plan ausheckt, mit einem einzigen Pfeil den Hunnenführer tötet und aus dem Lager der Feinde entkommt. Die Art, wie Hsüä-dou dies zu seinem Gesang verwendet, zeigt ihn als Meister jedes Kunstgriffs. Weil Dö-schan nun der Haupthalle des We-schan den Rücken kehrt, die Sandalen wieder anlegt und davongeht, so behaupten die Leute, er habe das Spiel gewonnen. Sie merken durchaus nicht, wie jener alte Chinese [We-schan] von jeher etwas in sich hat, was es diesem [Dö-schan] nicht erlaubt, sich vorzudrängen.
Hsüä-dou fährt fort: »Der ließ nicht los den Fang.« Denn am Abend fragte We-schan den Vorsitzer der Bruderschaft nach dem Neuankömmling des Tages. Darauf erwiderte der Vorsitzer: Der hat gleich die Lehrhalle verlassen, die Sandalen angelegt und ist fortgegangen. Worauf We-schan sagte: Dieser Ehrenmann wird noch einmal den einsamsten Berggipfel aufsuchen, sich oben auf der Spitze eine Binsenhütte flechten und von da aus auf den Buddha schelten und die Patriarchen schmähen. – Wie sollte das jemals bedeuten, daß er Dö-schan freigegeben hätte? Hier liegt schon etwas Wunderbares vor.
Aber weshalb sagt Hsüä-dou nun an dieser Stelle: »Hoch auf einsamer Spitze sitzen im Grase sie unten am Hang«?
Und dann läßt Hsüä-dou noch einen Scheltruf vernehmen. Saget mir einmal: Worauf läuft das wohl hinaus? Besinnt euch nur noch dreißig Jahre lang weiter!

[1] Nämlich Dung-schan Liang-djiä, der Meister des in der Erläuterung zum 2. Gesang erwähnten Tsau-schan (S. 69).

Erklärungen zum Text

Zum Hinweis

Man braucht diesen Hinweis nur mit den vorangegangenen zum zweiten und zum dritten Beispiel zu vergleichen, so wird man sehen, daß auch er dieselbe Doppelseitigkeit im Auge hat, die für die Gesundheit geistigen Lebens unerläßlich ist, das also, was wir dort als Richtung überwärts und Richtung unterwärts bezeichnet haben. »Blick' auf zu den Sternen, hab' acht auf die Gassen«, dieses Wort Wilhelm Raabes ist den Zen-Meistern aus dem Herzen gesprochen. Sie würden dazu höchstens noch bemerken, man solle dabei nur nicht zaghaft sein, sondern sich rückhaltlos der freien Himmelsweite öffnen, die unser eigentlichstes Wesen ist, um dann in dieser Welt der Nichtigkeit um so herzhafter zuzugreifen, wie es der Ruf des Augenblicks verlangt.

Also: Wenn die Sonne hoch am Himmel steht – im Süden Chinas ist sie dann schon nahe dem Zenith, – dann kann man keine Himmelsrichtung mehr bestimmen. Da gilt die ›offene Weite‹ Bodhidharmas, die ›wolkenlose Klarheit‹ Dschau-dschou's, das ›Große Wirken ohne Regel und Geleise‹ des Großmeisters Ma vom vorigen Beispiel.

Aber wer den Weg in Richtung überwärts gegangen ist, muß ihn auch in umgekehrter Richtung gehen. Sonst steht der Pulsschlag geistigen Lebens still. Verstiegenheit im Einen, welche alle Unterschiede aufhebt und kein einzelnes Ding, kein Ich und Du mehr kennt, ist gleich verderblich wie Verhaftung an die Vielheit der Erscheinung. Der Buddha selbst hat jene Stimme, die ihm nach der Erleuchtung riet, im Zustand dieser Seligkeit für immer zu verharren und völlig ins Nirvâna einzugehen, als Versuchung Mâra's abgelehnt, ist wieder in das Elend dieser Welt zurückgekehrt, um das Licht, das er gefunden hatte, anderen zu zeigen, und hat sich damit wieder unter das Gesetz von Ursache und Wirkung gebeugt und in den Lauf der Zeit gefügt. Er faßte seine Wirksamkeit als die des Arztes auf, der jeden Fall zur rechten Zeit behandelt und für jede Art der Krankheit die richtige Arznei bereit hält.

Auch das helfende Bemühen um die ›Menge der lebenden Wesen‹, wie es der Buddha und nach ihm die Meister üben, ist von dem ständigen Hin und Her der beiden Richtungen nach über- und nach niederwärts bestimmt. Das hängt von der Art der Menschen ab, mit welchen sich der Meister abgibt. Die Mehrzahl derer, welche zu ihm kommen, hängen an der Welt, am eigenen Ich, an Unterscheidungen und Gegensätzen, Liebe, Haß, kurz an der Vielheit, und müssen darum aufgerüttelt werden, die Blicke überwärts zu richten. Darum greift der Meister einen solchen mit harter Hand fest an und läßt nicht locker, nimmt ihm alles weg, woran er hängt, entzieht ihm jede Stütze, reißt ein, räumt ab, und sei es selbst das Ruhepolster seiner Frömmigkeit. Diese strenge Form der Seelenführung ist es, für welche unsere Beispielsammlung den Ausdruck ›festhalten‹ verwendet. Wer den Weg in Richtung überwärts verfolgt, ›hält fest‹, ›nimmt weg‹, erstickt und tötet alle Regungen des Ichgefühls und seines rechnenden Verstandes. Er ist schroff und kompromißlos, er sitzt, im Bild gesprochen, auf kahler Felsenspitze, hoch über jeder menschlichen Behausung und hält auch in der Rede dicht, weil das, worauf er weisen will, doch nie mit Worten zu erreichen ist.

Es kommen zu dem Meister aber auch andere mit ihren Fragen, Mönche, welche in der Weltentsagung schon so weit gegangen sind, daß sie darin festsitzen. Sie sind im umgekehrten Wahn befangen und merken nicht, daß sie bei aller Heiligkeit doch immer noch ans Nichtige verhaftet sind und auch, wie andere, essen und verdauen, wachen und dann schlafen müssen. Auch die Verstiegenheit kann zu Vergiftungen und zum Tod geistigen Lebens führen. Solche Menschen muß der Meister auf den Weg in Richtung niederwärts verweisen, und um das zu können, muß er selbst auch diesen Weg beständig gehen. Er muß im Zeitlichen mit aller seiner bunten Mannigfaltigkeit zu Hause sein, muß jeden Einzelnen nach seiner Eigenart behandeln, muß auf Zeit und Stunde achten, gütig und sorgsam, ja überängstlich ›wie ein Großmutterherz‹. Beim Belehren spart er nicht mit Worten, sondern gibt sich ›leck und locker‹, kurz, er tut genau das Gegenteil von dem, was jenem ersten Weg in Richtung überwärts entspricht. Anstatt ›festzuhalten‹, ›läßt er freien Lauf‹, steigt vom schroffen Fels herunter und setzt sich leutselig zu den anderen ›ins Gras‹.

Dabei ist aber diese Gegensätzlichkeit von überwärts und niederwärts, von Festhalten und Lockerlassen in keiner Weise starr zu nehmen. Im Leben, wie es wirklich ist, laufen in beiden Richtungen die Fäden so blitzartig hin und her, daß man niemals einen einzelnen Faden festhalten und behaupten kann, er ziele ausgesprochen nur in einer Richtung. Des Meisters Strenge kann im selben Augenblick als reinste Güte sich erweisen, und wenn es scheint, er gebe sich zu tief herab, wo sich's die Menge im gemeinen ›Grase‹ wohl sein läßt, da ist er plötzlich ganz wo anders in der Höhe und zieht noch andere mit sich empor.

Und diese Doppelseitigkeit ist nicht etwa nur Mittel der Belehrung, nur Methode. Sie gründet in der letzten Wahrheit selbst und ist ein Ausfluß des geheimnisvollen Ineinanderseins des Einen in der Mannigfaltigkeit und umgekehrt. Wer von dem Einen ganz erfüllt ist, für den gibt es nichts Einzelnes und auch kein Einzelwesen mehr, und sei es gleich das höchste. Ihm gilt, wie ein beliebtes Gleichnis sagt, der größte Buddha gleich wie ein gemeiner Grashalm. Dann aber wird er alsbald auch den Blick nach unten richten und wird in jedem Grashalm alle Weisheit, alle Herrlichkeit des ewigen Buddha sehen.

Das unentwirrbar innige Verhältnis dieser beiden Richtungen des Geistes ist es, worauf Yüan-wu's Hinweis deutet, und eben dies soll nun im Beispiel an zwei Meistern von verschiedenem Alter anschaulich lebendig werden. Es wird unserem Verständnis dieses Beispiels dienen, wenn wir uns mit den Persönlichkeiten dieser Männer und mit ihrer geistigen Herkunft erst einmal näher bekannt machen.

We-schan, der Schüler Bai-dschang's

Der ältere der beiden, We-schan, von manchen auch Gue-schan genannt, steht zur Zeit der im Beispiel berichteten Begegnung bereits auf der Höhe seines Wirkens. Im Jahre 771 in der Provinz Fukien unweit der großen Hafenstadt Fu-dschou geboren, hatte er sich im zwanzigsten Lebensjahr das Haupthaar scheren lassen, einige Jahre später das Mönchsgelübde abgelegt und den Namen Ling-yu, d. h. Wunderkräftige Bewahrung, angenommen, hatte sich von einem Vinaya-Meister in Kenntnis und Übung der Mönchsregel einführen lassen und dann die Hochburg buddhistischer Scholastik, das berühmte Tiän-tai-Gebirge in der Provinz Tschekiang, aufgesucht, um sich dort in die dogmatischen Traktate der indischen Meister Asanga und Vasubandhu und ihrer chinesischen Kommentatoren mit ihrer Lehre vom alleinigen Bewußtsein oder Geiste zu vertiefen, hatte in dieser Zeit aber auch Bekanntschaft mit jenen beiden Sonderlingen Han-schan und Schï-dö gemacht, die damals auf dem Tiän-tai-schan ihr Wesen trieben – und nebenbei mit ihren drolligen Allüren den Malern späterer Zeit Stoff zu Werken echter Zen-Kunst lieferten. Wissen wir auch nicht, welchen Eindruck diese aller Gelehrsamkeit spottenden ›Narren in Buddha‹ auf den Mönch Ling-yu gemacht haben, so hat es ihn doch jedenfalls bei den gelehrten Studien nicht allzu lange gehalten. Schließlich ließen sie ihn unbefriedigt, und nach ungefähr drei Jahren (wohl um 796) beschloß er, sich einen Zen-Meister zu suchen. Zwar der berühmte Ma war seit zehn Jahren tot. Aber der bedeutendste von dessen Schülern stand, wie er hörte, gerade im Begriff, auf einem abgelegenen Berge der Provinz Kiangsï nach eigenen Plänen sich ein Kloster aufzubauen, das den Bedürfnissen der Zen-Übung besonders angepaßt sein sollte. Diesen also suchte Ling-yu auf und half dem Meister bei dem Werk des Aufbaus um so williger mit, als dieser selbst mit seinen Schülern täglich Hand anlegte. Denn sein Grundsatz war: ein Tag ohne Arbeit, ein Tag ohne Reis, und daran hat er bis ins hohe Alter festgehalten.

Der Berg, auf dem sie bauten, hieß nach einer mächtigen Felswand dort der Hundert-Klafter-Berg, chinesisch Bai-dschang-schan, und darnach führte auch der Meister nun den Namen Bai-dschang[1]. Von der geistigen Größe seines Lehrers, des Patriarchen Ma, war auf keinen so viel übergegangen, wie auf ihn. Bai-dschang ist es, von dem Yüan-wu in der Erläuterung des Gesangs zum zweiten Beispiel den Ausspruch mitteilt: »Alles, alles, Worte, Reden, Berge, Flüsse, die ganze große Erde, jedes einzelne Ding, es dreht sich alles zu dir um und fällt letztlich auf dich selbst zurück.« Zu dieser Erkenntnis jeden seiner Schüler auf eigene Art zu führen, war Bai-dschang's besondere Stärke. Bei dem Mönche Ling-yu versuchte er es unter anderem mit Hinweisen auf das Feuer. Eines Tages fragte er ihn: Hast du eigentlich Feuer? Als Ling-yu bejahte, fragte

[1] Bai-dschang, 720–814; japanisch Hyaku-jô; Traditionstafel III B, 9.

er weiter: Wo denn? Ling-yu nahm einen Ast vom Reisighaufen und blies ihn an (wohl, als wollte er sagen: Im Holze steckt das Feuer bereits drin; es bedarf nur des Anblasens). Bai-dschang wies ihn verächtlich ab: Das ist, wie wenn ein Bohrwurm zwischen Stamm und Rinde seine gewundenen Gänge gräbt; sie sehen aus wie eine Schrift und sind doch ohne Sinn. (Diese Antwort, will er sagen, ist nicht echt; sie kommt nicht aus der Tiefe, sondern ist studiert.) Später aber kam ein Tag, da trug Baidschang dem Schüler auf, das eingeschlafene Feuer in der Asche des Kohlenbeckens wieder anzufachen. Ling-yu versuchte es eine Weile vergeblich und gab zuletzt Bescheid, es sei kein Feuer mehr da. Da stand Bai-dschang selber auf, blies die Holzkohlen ganz von unten her an, wo sie in der Asche ruhten, zeigte Ling-yu, wie sie neu sich röteten, und sagte ernst: Da sieh her! Ist das etwa kein Feuer? Bei diesen Worten ging in Ling-yu selbst das Feuer an. Er eröffnete sich dem Meister, und dieser sagte: »Das ist nun für einen Augenblick dein Scheideweg. Im Sûtra steht geschrieben: ›Wer seine Buddhanatur sehen will, der muß genau auf Ursache und Anlaß, auf Zeit und Stunde achten!‹ Wenn die Stunde sich einmal gefunden hat, dann ist es wie bei einem Irrenden, dem plötzlich die Einsicht kommt, wie wenn Vergessenes auf einmal in Erinnerung tritt: man sieht zum erstenmal zurück auf seinen alten Weg und überschaut ihn. Sein Eigenstes gewinnt man nicht von irgend anderswo. Darum pflegten die Patriarchen zu sagen, der Zustand nach der Einsicht sei dem vor der Einsicht gleich, und der Erleuchtete sei ganz derselbe, wie zur Zeit, als er noch nicht erleuchtet war. Ein Unbewußtes hat ein Unfaßbares, Ungestaltetes erlangt. Nur ist kein eitler Trug mehr da. Gemeiner Mensch und Heiliger sind im Herzen von derselben Art. Sie alle sind von jeher ganz von selbst mit Ursinn ausgestattet. Jetzt ist es mit dir soweit. Hüte nun das Deine wohl und halte es fest!«

Noch Jahre lang blieb Ling-yu bei Bai-dschang und versah das Amt, als Speisemeister für Essen und Bettzeug der Bruderschaft zu sorgen. Dann, ungefähr im Jahr 812, erfuhr Bai-dschang von einem Wandermönch, daß sich in der benachbarten Provinz Hunan ein Waldgebirge befinde, das noch völlig unerschlossen sei; es bestehe dort die Möglichkeit für fleißige Mönche, den Wald zu roden und durch eigene Arbeit eine große Bruderschaft zu ernähren. Das kam Bai-dschang, welcher an die Zukunft seiner Schüler dachte, sehr gelegen. Er prüfte sorgfältig die Besten, die er hatte, fand bei Ling-yu die Entschlossenheit und starke Ruhe, die ihm für das Unternehmen nötig schien, und entließ ihn mit dem Auftrag, das besagte Waldgebirge zu erschließen und dem Zen in Hunan einen neuen Mittelpunkt zu schaffen.

Das Schriftzeichen für dieses Bergland wie auch für den Fluß, der ihm entspringt, um ostwärts in den Siang-kiang und mit diesem in den Dungting-See zu münden, lautet normalerweise Gue (sprich Gwe; die englische Schreibart ist, bei gleicher Aussprache: Kuei). Der besagte Fluß dagegen im Bezirk der Kreisstadt Ning-hsiang (d. h. Friedland) in Hunan und nach ihm sein hochgelegenes Quellgebiet heißen seit uralten Zeiten We (englische Schreibart: Wei), nicht Gue, obwohl man, wahrscheinlich erst im Lauf der Zeit, das Schriftzeichen Gue dafür eingeführt hat, weshalb sich für den Fluß in englischen Atlanten der Name Kuei-shui findet. Mit Recht ist also Ling-yu in den Zen-Schulen von jeher unter dem Namen We-schan (englische Schreibart: Wei-shan) bekannt, und es liegt kein Grund vor, ihn, wie neuerdings vorgeschlagen worden ist, Gue-schan (bzw. Kuei-shan) zu nennen.

In der Pionier- und Aufbauarbeit kam des Meisters We-schan[1] stille, aber wuchtige Kraft zu völliger Entfaltung. Erst »nährte er sich im Gebirge von Kastanien und lebte mit Affen«, dann halfen ihm die Bauern unten im Tal, eine Klause zu bauen, und mit Unterstützung des Vizekönigs in der Provinzhauptstadt Tschangscha wurde daraus dann ein ansehnliches Kloster. Bald scharten junge Mönche sich zu harter Arbeit und zu strenger Übung um den Meister, sein Ruf verbreitete sich weit, und Jahre lang befanden sich im Kloster an die tausend Schüler. Als im Jahr 845 die Regierung, von starken Gegenströmungen gedrängt, die buddhistischen Mönche des gesamten Reiches zur Rückkehr in die heimatliche Sippe zwang und über 40000 Klöster der Verwüstung anheimgab, da mußte sich wohl auch die We-schan-Bruderschaft zerstreuen. Als aber nach zwei Jahren das dem Buddhismus fast verderbliche Edikt zurückgenommen wurde, da war We-schan der erste, zu dem die Mönche wieder zurückströmten, und so kam es auch, daß von da an im chinesischen Buddhismus die Zen-Meister führend waren. Über vierzig Jahre lang hat Ling-yu auf dem We-schan gewirkt, bis er 853 die Augen schloß. In unserer Sammlung sind ihm außer diesem noch die Kapitel 24 und 70 gewidmet; von einem seiner Jünger, Hsiang-yän, hat Hsüä-dou im Gesang zum zweiten Beispiel ein Wort verwendet; von dem wichtigsten, Yang-schan, handeln die Kapitel 34 und 68. In den folgenden Generationen galten We-schan und Yang-schan als die Häupter einer besonderen Schule, die nach ihnen We-Yang-Schule heißt.

Dö-schan, der Schüler Lung-tan's

Die schwere Zeit des Rodens und des Aufbaus hatte We-schan allem nach schon lange hinter sich und war bereits von einer großen wohlorganisierten Bruderschaft umgeben, als ihn der spätere Meister Döschan[2], damals noch ein hochgemuter Wandermönch, aufsuchte, wie das nun folgende Beispiel es schildert. Er war im Jahre 780 (vielleicht auch 782?) im Norden der Provinz Si-tschuan, also weit im Innern Chinas geboren, und zwar in einer Familie, die denselben Namen trug, wie einst

[1] We-schan, 771-853; japanisch I-san. Traditionstafel III B, 10.

[2] Dö-schan, 782–865; japanisch Toku-san. Traditionstafel III A, 11.

das ehrwürdige Herrscherhaus Dschou, welches dem alten China auf Jahrhunderte hinaus sein Gepräge gegeben hat. Mit etwa zwanzig Jahren hatte der junge Dschou in der Landeshauptstadt Tschëng-tu sein Mönchsgelübde abgelegt, wobei er, für sein hohes Streben recht bezeichnend, den Namen Hsüan-djiän, d. h. predigender Spiegel, annahm, und sich dann mit Eifer und mit Scharfsinn auf das Studium der Mönchsregeln und der Lehrschriften geworfen. Unter diesen letzteren zog ihn besonders jene Gruppe an, welche dem »Hinübergelangen zur vollkommenen Erkenntnis«, der sogenannten Prajnâpâramitâ, gewidmet ist, d. h. einer Erkenntnis, die dem logischen Denken unzugänglich, jenseits der Gegensätze von Bejahung und Verneinung liegt. In dieser Gruppe war es wiederum das vielgenannte Vajracchedika oder diamantspaltende Sûtra, das seinen aufs Höchste gerichteten Geist am lebhaftesten beschäftigte, weil es diese jeden erdenklichen Begriff ablehnende Haltung am klarsten und am radikalsten durchführt. An Hand eines chinesischen Kommentars[1] aus dem 8. Jahrhundert studierte der Mönch Dschou diesen ›Diamantspalter‹ mit solchem Eifer, daß er mit der Zeit als führende Autorität im Lande hin und her Vorträge darüber hielt und sich bei seinen stets zur Ironie bereiten Landsleuten mit der Zeit den Beinamen ›der Dschou-Diamant‹ erwarb.

Von der Gedankenwelt dieses Sûtra mögen ganz wenige Sätze einen Begriff geben. Weil, was ein Mensch erdenken kann, stets nur bedingt und darum nichtig ist, so muß sich diese Überlegung folgerichtig zuletzt auch gegen die buddhistische Lehre selber richten, soweit sie sich in Worten und Begriffen ausdrückt. »Was meinst du«, fragt in diesem Sûtra der Erhabene den ehrwürdigen Subhûti, seinen Jünger, »gibt es irgendeinen Dharma (d. h. etwas Dinghaftes, begrifflich Faßbares), der von Dem, der so ist, wie er ist (dem Tathâgata, dem Buddha), als ›vollkommene Erkenntnis‹ je erkannt oder gelehrt worden wäre?« Darauf antwortete Subhûti: »Soweit ich, Erhabener, den Sinn des vom Erhabenen Verkündeten verstehe, gibt es keinen Dharma (keinen dinghaft faßbaren Denkgegenstand), welcher durch den Tathâgata als ›vollkommene Erleuchtung‹ erkannt oder gelehrt worden wäre. Und warum? Weil das, was durch den Tathâgata als ›vollkommene Erleuchtung‹ erkannt oder gelehrt wurde, unerfaßbar ist und unaussprechbar. Die Edlen nämlich sind mächtig durch das Nichtbedingte. (Vgl. Max Walleser, ›Prajnâparamitâ‹, 1914; Helmuth von Glasenapp, ›Der Pfad zur Erleuchtung‹, 1956, S. 163; ›Sacred Books of the East‹, Vol. XLIX, 1894, p. 118.)

Man braucht dem Sinn dieser auf indische Art subtil gewundenen Sätze nur ein wenig nachzudenken, um zu erkennen, daß sich in ihnen das Gefühl einer über alles erhabenen Hoheit ausspricht, einer Hoheit, welche sich auf nichts, rein gar nichts stützt, die völlig in sich selbst beruht, Souveränität im vollen Sinn des Worts. Und in der Tat: dies ist, sofern es nur von Mißverständnis freigehalten bleibt, das Grundgefühl der Buddhaschaft; es ist der Preis, den der gewinnt, der restlos alles von sich abtut, die Krone, welche derer wartet, die unentwegt die Richtung überwärts verfolgen. Sie ist, so lautete die überkommene Lehre, freilich nur in den allerseltensten Fällen schon im Laufe einer Lebenszeit erreichbar. Aber von Geburt zu Geburt kann es einen Aufstieg geben, und wenn es auch Äonen dauern mag, so ist doch das letzte Ziel gewiß. Das war es, was dem hochgesinnten Dschou den Busen schwellte, was ihn als Prediger von Ort zu Ort trieb und seinen Worten Kraft und Feuer gab.

Dann aber störte ihn die Kunde, daß stromabwärts in der Gegend um den unteren Yangtse Neuerer aufgetreten seien, welche die herkömmliche Lehre von dem allmählichen Aufstieg zur Buddhaschaft von Stufe zu Stufe verwarfen und die unmögliche Behauptung aufstellten, daß es jedem möglich sei, plötzlich, in einem Augenblick, sozusagen zeitlos Buddha zu werden. Daß solche Irrlehre um sich greifen konnte, ließ dem Eiferer keine Ruhe, und kurz entschlossen machte er sich yangtseabwärts auf den Weg, um die falschen Propheten bis in ihre Löwenhöhle zu verfolgen und im Redestreit zu schlagen.

Sein nächstes Ziel war die Stadt Li (auch Li-yang genannt) in der Provinz Hunan nordwestlich des großen Dungting-Sees (derselbe Ort, an dem dreihundert Jahre später Yüan-wu seine Vorträge über die Hundert Beispiele der Alten und Hsüä-dou's Gesänge dazu gehalten und in der Klosterstube ›zur Smaragdenen Felswand‹ von seinen Schülern hat niederschreiben lassen). Kurz bevor der Prediger des Vajracchedika die Stadt erreichte, kam er an ein Teehaus, in welchem eine alte Frau mit weißen Sesamkörnchen gewürzte Klöße feilbot. Dort legte er seine Bündel ab und verlangte, wie die übliche Redensart bis heute ist, »einen Tupfen aufs Herz« oder, wie wir sagen würden, eine Seelenstärkung. Die Alte fragte den Mönch, was er denn in seinem Bündel habe. Den Kommentar zum Diamantsûtra, war die Antwort. So, sagte die Frau, dann habe ich an Euch eine Frage. Könnt Ihr mir die beantworten, so bekommt Ihr die Klöße als Tupfen aufs Herz von mir zur Opfergabe; wißt Ihr keine Antwort, so müßt Ihr anderswo einkaufen. Dö-schan, selbstbewußt, erwiderte: Fragt nur zu! Darauf sagte die Alte: Im diamantspaltenden Sûtra stehen doch die Worte: »Ein vergangenes Herz (d. h. das, was das Herz zu irgendeiner vergangenen Zeit erfüllte) kann man nicht fassen; ein zukünftiges Herz kann man nicht fassen; ein gegenwärtiges Herz kann man nicht fassen.[2]« Welches nun von den drei Herzen wünscht der Herr Vorsitzer zu betupfen? Dö-schan war sprachlos. Sein

[1] Verfasser des Kommentars war der gelehrte Mönch Dau-yin vom Kloster zum Blauen Drachen, Tjing-lung-sï, in Tschang-an (japanisch Sei-ryû Dô-in), der unter Kaiser Hsüan-dsung 713-756 auch als Verteidiger des Buddhismus gegen Angriffe der Dauisten (Taoisten) hervorgetreten ist.

[2] Vergangenheit, Zukunft, Gegenwart - dies ist die logisch feinere Gedankenfolge des Sutrentextes. In Yüan-wu's Bericht ist sie zur landläufigen Reihenfolge vergröbert. Vgl. Vajracchedikâ, XVIII, Schluß.

ganzer Gelehrtenstolz brach zusammen, und willig folgte er dem Rat der Alten, in Li den Zen-Meister Tschung-hsin, d. h. Ehrfürchtiger Glaube, aufzusuchen, der dort im Kloster zum Lung-tan oder Drachenpfuhl hauste und daher selbst den Namen Lung-tan Tschung-hsin (japanisch Ryûtan Sôshin) führt. So, wie wir zum Verständnis We-schan's auf seinen Meister Bai-dschang zurückzugreifen hatten, so wird auch Dö-schan's späteres Verhalten uns am besten deutlich werden, wenn wir das Augenmerk zunächst auf diesen Lung-tan[1] und seine Jugenderlebnisse richten.

Er war der Sohn armer Eltern, die in der Stadt Djing-dschou (auch King-chow geschrieben) am Yangtsekiang ein Klößegeschäft betrieben. In ihrer Nähe befand sich das sogenannte Himmelsherrscher-Kloster[2], dessen Abt Dau-wu[3] einst von dem Zen-Meister Schï-tou, einem Enkelschüler des Sechsten Patriarchen und Zeitgenossen des Großmeisters Ma in die Erkenntnis eingeführt worden war. Diesem Abt Dau-wu mußte der Junge jeden Morgen als fromme Gabe seiner Eltern zehn Reißklöse ins Kloster bringen. Und jedes Mal reichte ihm Dau-wu eines der Klößchen hin, indem er sagte: Was von dir kommt, muß zu dir zurück; das schenke ich dir. Dies wiederholte sich täglich, bis der Junge groß wurde und eines Tages sagte: Ehrwürdiger Herr, ist das nicht komisch, wo ich doch selbst aus einem Klößeladen komme? Wieso denn, versetzte Dau-wu, ich gebe dir doch nur, was dir gehört; das braucht dich gar nicht weiter zu stören. So ging es Jahre lang weiter, bis der junge Mann wie selbstverständlich den Meister bat, ihn in den Mönchsstand aufzunehmen. Dieser willfahrte ihm gerne und verlieh ihm bei der Feier seinen neuen Namen mit den Worten: Bisher hast du mit deiner täglichen Opfergabe die landläufige Tugend der Ehrfurcht geübt; jetzt trittst du im Glauben an mich unter das Gesetz des Buddha; ›Ehrfürchtiger Glaube‹, Tschung-hsin, soll fortan dein Name sein. Der Novize trat nun ganz in die Dienste des Abtes und befolgte streng alle Vorschriften und Weisungen, die dieser ihm erteilte. Nur konnte er nicht begreifen, warum Dau-wu nie einen Anlauf nahm, ihn in dem Wichtigsten, was jedem Herzen nottut, regelrecht zu unterweisen, und eines Tages wagte er es, ihn deshalb zu fragen. Dau-wu erwiderte: Was denkst du eigentlich? Seit deinem Eintritt bei mir unterweise ich dich doch fortwährend im Wichtigsten, was dem Herzen nottut. Wenn du mir Tee vorsetzest, nehme ich ihn dir zulieb entgegen; wenn du mir Essen bringst, so setze ich mich dir zulieb davor und greife zu; wenn du vor mir dein Vandana (den Ehrengruß nach indischer Sitte) machst, dann nicke auch ich dir zu. Wo hätte ich dich nicht das Wichtigste, was dem Herzen nottut, gelehrt? Der junge

[1] Lung-tan, japanisch Ryû-tan. Traditionstafel III A, 10.

[2] Tiän-huang-sï.

[3] Tiän-huang Dau-wu, 738-807, japanisch Ten-nô Dô-go. Traditionstafel III A, 9.

Mönch ließ den Kopf sinken und schwieg lange. Endlich ergriff der Meister das Wort und sagte ernst: Wo etwas zu sehen ist, da sieh du richtig hin! Lange überlegen wollen ist verkehrt. Bei diesen Worten ging dem Mönch mit einem Male das Verständnis auf. Wieder fragte er den Meister: Wie kann ich sicher sein, es zu behalten? Jener versetzte: Überlasse dich der Innersten Natur, dann wandelst du geruhsam; füge dich dem jeweils dir gegebenen Anlaß, dann bist du frei und ledig; sei stets mit ganzem Herzen und mit schlichtem Sinn bei deiner Sache und gehe nicht noch auf besonders tiefsinnige Erklärungen aus!

Sehen und ergreifen ohne Worte, ohne Theorie, unmittelbar geradezu: das ist das Zen, das Lung-tan von dem Abt Dau-wu in seiner Heimat überkommen hatte und an dem er auch als Abt des Klosters zum Drachenpfuhl in Li-yang festhielt. Es war eine völlig andere Art, als die des ›Predigenden Spiegels‹, der, von jener Teehausalten hergewiesen, eines Tages bei ihm eintrat. Der Gegensatz trat schon im ersten Augenblick zutage. Dem Eingetretenen kam Lung-tan nicht etwa entgegen, sondern blieb ganz ruhig im Hintergrunde sitzen. Dö-schan scherzte etwas bissig: Komme ich da nach dem berühmten Drachenpfuhl und finde weder Pfuhl noch Drachen. Da kamen aus dem Hintergrund ganz ruhig die Worte: Ihr befindet euch persönlich mitten drin im Drachenpfuhl. Dö-schan setzte sich erwartend hin, bis er am Abend sich doch überwand, hineinzugehen und dem Meister seine Fragen vorzulegen. Die Unterredung zog sich in die Länge, und endlich forderte Lung-tan den gesprächigen Besucher auf, sich nach dem Raum für durchreisende Mönche zur Ruhe zu begeben. Dö-schan ging hinaus, fand sich aber in der stockfinsteren Nacht nicht zurecht, kam noch einmal herein und bat um Licht. Lung-tan nahm eine Wachskerze, entzündete sie an seiner Ölfunzel und reichte sie Dö-schan hin. Dieser griff darnach, und kaum hatte er das Licht in der Hand, da blies Lung-tan es ihm aus. In diesem Augenblick sprangen bei Dö-schan die Ketten reflektierender Gedanken, und alles in ihm wurde offen und weit. Überwältigt warf er sich vor dem Meister auf die Knie und berührte mit der Stirn den Boden. Dieser fragte ihn: Wovor denn betest du an? Er antwortete nur: Von heute an werde ich nicht mehr anzweifeln, was die bedeutendsten alten Mönche des Reiches sagen. Wie Lung-tan ihn als Schüler aufnahm und wie dann Dö-schan selbst der Schrift, die sein kostbarster Schatz gewesen war, den Abschied gab, haben wir in der Erläuterung bereits gelesen.

Bald entließ Lung-tan den Schüler, den er gewonnen, auf die übliche Wallfahrt von Meister zu Meister. Dö-schan wurde ein Zen-Pilger oder, wie es chinesisch heißt, ein Yün-schui (japanisch Un-sui), d. h. Wolke und Wasser. Ein solcher trägt zwar vorgeschriebene Tracht und ist für Lebensweise und Zeremoniell an feste Regeln gebunden, soll sich aber im übrigen frei wie Wolken und Wasser ohne längeres Verweilen durch die Lande treiben lassen und kann in jedem Kloster für eine Nacht, nicht mehr, um Aufnahme bitten.

Von Li, das von dem großen Dungting-See nordwestlich liegt, sind es nur wenige Tagereisen zu dem südlich eben dieses Sees gelegenen We-schan, und so war dies des Wanderers nächstes Ziel. Er hatte eine innere Erschütterung erlebt; er war mit seiner Beredsamkeit gescheitert. Und wie eine verschüttete Quelle nach Abräumen des Unrats um so kräftiger aufwallt, so brach das Unfaßbare, das des diamantspaltenden Sûtras und seiner wortreichen, subtilen Dialoge einzigen Gegenstand und Inhalt bildet, mit Urgewalt in ihm herauf und machte ihn für alles um ihn her empfindungslos, für Worte taub und für Erscheinung blind. So kam er in das Kloster auf dem Großen We-schan, wo der (zum mindesten) neun Jahre ältere Meister über eine Bruderschaft von Hunderten regierte, sie täglich lehrte und sich auf die Nöte und Probleme jedes einzelnen geduldig einließ. Zwei Extreme stießen aufeinander, und was sich dabei ergab, berichtet nun das Beispiel.

Zum Verständnis des Beispiels

Das Beispiel gibt ein kleines Drama in drei Auftritten. Zu jedem dieser drei macht Hsüä-dou, der Erzähler selbst, eine kurze Bemerkung. Und Yüan-wu, der Kommentator, hat seine Freude daran, den kleinsten Zug, die leiseste Bewegung der Spieler mit seinen Glossen zu begleiten. Bald lobt, bald tadelt er, halb meint ers ernst und halb ironisch.

Dö-schan also, zur Zeit noch als der Wandermönch ›Predigender Spiegel‹, kommt nach langer Wanderung an das Kloster im We-Gebirge. Ihn erfüllte unterwegs nichts anderes als das entrückende Gefühl der Buddhaschaft. Blind für alles um ihn her tritt er durch das Klostertor, denkt nicht daran, sein Bündel abzulegen, am Eingang sich zu melden und um Aufnahme zu bitten, sondern strebt geradeswegs dem Hintergrund des Tempelhofes zu, wo die Lehrhalle steht, und steigt die Stufen zum Eingang empor. Wahrscheinlich weiß er selber nicht, was er eigentlich hier sucht, warum er überhaupt hierher gekommen ist; denn was er sucht und was ihn treibt, ist überall und nirgends, an keinen Ort gebunden. Nur weil Lung-tan es ihm wohl geraten hat, nur weil es die Regel vorschreibt, hat er sich den Wolken und dem Wasser gleich bis zum We-schan treiben lassen. So tritt er von der Ostseite her in die Halle ein, wo hinten vor der Nordwand der Meister We-schan sitzt und lehrt, wo die Schar der Mönche seinen Worten lauscht, und wo jetzt aller Blicke sich befremdet auf den ungemeldeten Besucher richten. Aber diesen stört das nicht. Als wäre er allein auf der Welt, geht er durch die ganze Halle durch. Wahrscheinlich sieht er auf dem Lehrstuhl dort den Meister sitzen, aber ohne Drang, sich ihm zu nähern. Irgend etwas hält ihn ab; es ist wohl nicht der reine Geistesmann, mit dem er sich verstehen könnte. Es ist in diesem Raume nichts für ihn zu holen. Und so dreht er um, brummt vor sich hin: wu! wu! und steuert dem Ausgang zu. Ein Geistesmensch wie er hat auf dem We-schan nichts verloren.

Schon zu diesem ersten Auftritt macht Hsüä-dou den Vermerk: Durchschaut! Wie meint er das? Wer soll hier wen durchschaut haben? Man darf an alle Möglichkeiten denken. Vor allem ist gewiß We-schan der Meister, sich über diesen Eindringling und das, was in ihm vorging, völlig klar. Aber auch Dö-schan hat, von seinem Standpunkt aus, richtig gesehen. Und Hsüä-dou selbst hat wiederum die beiden auch durchschaut, und indem er dies ausspricht, will er sagen, eigentlich könnte die ganze Geschichte bereits hier zu Ende sein. Es käme nur darauf an, der Durchschau völlig freies Spiel zu lassen, so daß sie bis ins Letzte, Höchste durchdringt. Dann wäre alles weitere überflüssig.
Yüan-wu aber hat zu Hsüä-dou's Anmerkung noch dreierlei zu sagen: Erstens, meint er, sei sie falsch. Denn wer ist, der behaupten könnte, er durchschaue einen andern? Durchschaust du denn auch nur dich selbst? Zweitens, sagt er, ist Hsüä-dou's Bemerkung dennoch richtig. Irgendwo, an einem unfaßbaren Ort, hat jeder in sich doch die Fähigkeit, sich selbst und andere zu durchschauen. Bei den einen schläft sie; bei Hsüä-dou ist sie wach im höchsten Grad. Weil nun beides sich behaupten läßt, falsch sowohl wie richtig, ergibt sich drittens, daß hier etwas vorliegt, was in unsere hergebrachte Logik nicht hineinpaßt, daß es einen Ort der Schwebe gibt, wo man mit Ja und Nein nicht durchkommt. Dieser Ort läßt sich mit keinem Wort bezeichnen, man kann das nur durch einen Tupfen mit dem Tuschepinsel andeuten. In diesem Tupfen liegt der eigentliche Sinn des Zen. Denn hier muß man vor allen Dingen es verlernen, auf irgendeinen Satz begierig loszuspringen und sich in ihn zu verbeißen, wie der Hund in seinen Knochen. Es ist alles, was man sagen mag, Arznei und Gift zugleich. Auch das Bestgesagte muß man cum grano salis nehmen, mit einem Körnchen Salz, sonst schadet man sich damit nur.
Auf den ersten aber folgt ein zweiter Auftritt. Selbst der Himmelsstürmer Dö-schan trägt in sich seinen Gegenpol: »Zeit und Stunde, Ursache und Anlaß«. Erst hat er unerbittlich ›festgehalten‹, nun läßt auch er sich einmal ›freien Lauf‹. Noch ehe er den We-schan auf Nimmerwiedersehen verläßt, besinnt er sich eines Besseren, legt sein Reisebündel ab, läßt die Sandalen vor dem Eingang stehen, macht sich ordentlich zurecht und läßt sich, wie es sich gehört, in den Empfangsraum führen, wo We-schan schon geduldig auf seinem Polster Platz genommen hat, um sich dem Gast zur Aussprache zu stellen. Der Meister sieht genau, wie schlecht dem Feuergeist das vorschriftsmäßige Benehmen steht, wie hinter dieser Maske immer noch der echte Dö-schan lauert, für den es ja im Grunde keinen We-schan, keinen Meister gibt, und der nur sehen will, ob We-schan selbst in dieser Form- und Namenlosigkeit wirklich zu Hause ist. Und We-schan, eben weil er dies in Wahrheit ist und sich darin mit dem Besucher einig weiß, sitzt still und ohne jeden Anspruch da, hält willig sich zur Aussprache bereit. Zwar hat er auf dem Boden neben dem Sitzpolster das Zeichen seiner Meisterwürde liegen, das er

bei zeremoniellem Anlaß in der Hand hält. (Schon der Buddha hatte seinen ersten Anhängern erlaubt, zum Schutz gegen die Mückenplage einen Fliegenwedel zu benützen. Daraus war mit der Zeit ein Würdezeichen geworden. Man verwandte dazu vielfach einen Schimmelschweif, in Ostasien dann mit Vorliebe den buschigen Schweif des Jaks, des Rindes im tibetischen Hochland.) Aber diesem Dö-schan gegenüber, dem Förmlichkeit im Grund ein Greuel ist, verzichtet We-schan mit Bedacht auf jede äußere Geste. Nichts soll den freien Austausch zwischen ihnen beiden stören.

Dö-schan aber hat sich nun ins andere Extrem verrannt. Soll in dieser Anstalt, denkt er wohl, auch für meinesgleichen diese läppische Etikette gelten, so kann ich es ihnen ja zu genießen geben. Wandermönche hatten überm linken Handgelenk nach alter Sitte das indische Nishadana hängen, ein der Länge nach schmal zusammengelegtes Tuch von vier Fuß Länge und drei Fuß Breite, das zur Reinhaltung des Gewandes vor dem Niederknien zu feierlicher Begrüßung als Unterlage ausgebreitet wird. Dieses Knietuch legt nun Dö-schan nicht einfach vor sich hin und kniet sich nieder, sondern führt damit absichtlich ein Schauspiel auf, hebt es augenfällig in die Höhe und ruft, noch ehe er es ausgebreitet und sich daraufgekniet hat, dem Meister den formellen Gruß entgegen, Er hat des Meisters gütige Absicht, sich ihm ohne jede Förmlichkeit zu widmen, nicht erkannt und schlägt die umgekehrte Taktik ein.

We-schan seinerseits nimmt die Verkennung zwar nicht weiter übel, nur muß er jetzt gewärtig sein, daß der verschrobene Gast seinen Schabernack noch weiter treibt. Hat es dieser mit Formalitäten, so hat er ja seinen Jakschweif. Zwar ist es ihm durchaus nicht ernst damit. Alles Demonstrieren und Repräsentieren liegt ihm fern. Nichts erfolgt, als unwillkürlich eine leichte Handbewegung, so als griffe er nach jenem Zeichen seiner Würde.

Yüan-wu, wie es seine Zwischenbemerkungen zeigen, gerät über diesen kleinen Schachzug in helle Begeisterung. Und es zeigt sich darin in der Tat We-schan's ganze Meisterschaft. Es ist nur der Schatten eines Griffes; vielleicht würde jeder andere ihn übersehen. Nur Dö-schan nicht; er fühlt sofort die ganze Tiefe, die dahintersteckt, die unerschütterliche Ruhe, die unbeirrte Güte, die überlegene Weisheit dieses Mannes, welchen er, er muß es sich gestehen, in Verkennung seiner hohen Geistigkeit zum Besten hatte. In demselben Augenblick jedoch, in dem er seinen Fehler einsieht, ist er bereits auch wieder ganz er selber, der Wanderer, der vom Gefühl der Buddhaschaft erfüllt, nur hergekommen war, um zu sehen, ob es etwas Ähnliches auch auf dem We-schan gab. Das hat er nun gesehen; er weiß Bescheid; der Zweck der Reise ist bereits erreicht. Es bedarf hier keiner Worte mehr; sie könnten das, was er erlebte, nur zerreden. Noch weniger kann er's geschehen lassen, daß We-schan nun, um Dö-schan's Maskerade Schach zu bieten, wirklich nach dem Jakschweif greift und ihm auch äußerlich mit seiner echten Machtvollkommenheit entgegentritt. Dann ist er dem Älteren ausgeliefert, dann hat We-schan ihn im Netz, um seine Freiheit ist es dann geschehen. Denn so groß er jetzt den Meister vor sich sieht, so deutlich ist ihm auch, daß er selbst von anderer Art ist, daß auch Lung-tan's streng zurückgezogene Lebensweise samt seiner Kunst der wortlosen Belehrung nicht ohne weiteres zu We-schan's breiter Form des Wirkens stimmt.

Und Dö-schan's Größe ist es nun, daß alles dieses ohne die geringste Überlegung in einem und demselben Augenblick ihm klar wird und, noch ehe We-schan nunmehr ernsthaft nach dem Jakschweif greift, in gewaltigem Aufschrei aus der Tiefe seiner Eingeweide ausbricht, daß er dabei sich selber wieder findet und als echter Dö-schan keine Umstände mehr macht, sondern säuberlich das letzte Stäubchen dieses Klosters abklopft und davongeht.

Dieses Ho'! ist heute noch in China ein beliebter Kraftschrei; man leitet damit heftige Befehle ein wie Ruhe! halt! Er lautete in älterer Zeit vermutlich Hott! oder wohl noch rauher Chott, denn die Japaner, die, wie jedes Volk, fremde Worte ihrer eigenen Lautgewohnheit anpassen, machten daraus *katt'* oder *katsu*, eine Form, die im japanischen Zen noch heute üblich ist, und gar viel wird darein hineingeheimnist. Dö-schan's Beispiel zeigt, daß in der Tat in diesem einen Schrei mehr liegen kann, als sich analysieren läßt. Ho' oder Ka(tsu) gilt nicht ohne Grund als Ausbruch letzter Wahrheit, als Stimme eigentlichsten Wesens, die immer da am Platze ist, wo Worte ihren Dienst versagen, und wo es gilt, Gedanken, Reflexionen flacher Art mit Urgewalt aus tieferer Quelle zu zerstreuen.

Auch diesen zweiten Auftritt schließt Hsüä-dou wieder mit der Anmerkung: Durchschaut! Und wieder hebt Yüan-wu warnend seinen Finger: Falsch! Richtig! Tupfen! Für die unterscheidende Betrachtung zeigt der zweite Auftritt immerhin noch deutlicher, wie die beiden Männer zueinander stehen. Yüan-wu deutet dies mit Gleichnisbildern an, indem er We-schan einen Tiger nennt, der, was ihm nahe tritt, mit Leichtigkeit zum Raube nimmt, Dö-schan dagegen als den Himmelsdrachen schildert, der in großartigem Spiel die Wolken durcheinanderjagt. Drache und Tiger, das ist in China das gewohnte Gleichnis für zwei ebenbürtige Gegner ganz verschiedener Art. Jeder lebt in seinem eigenen Element, ist in diesem unbesiegbar, darum bleibt, geraten beide aneinander, ihr Kampf bei allem Toben, allem Wüten immer unentschieden. Mit seinem Gleichnis will Yüan-wu also, wie man sieht, jedem der beiden gleiche Ehre geben.

Der dritte Auftritt bringt ein Nachspiel, um die Verwirrung, die der zweite angerichtet hat, zurechtzurücken. Durch eine Frage, welche für ihn selbst gar keine ist, stellt We-schan fest, wie schwer es selbst den besten seiner Schüler fällt, aus den Szenen, deren Zeuge sie gewesen waren, klug zu werden. Sie sind perplex und können nur berichten, was sie gesehen haben. Der unerhörte Bruch der Regeln guten Anstands

durch den Fremdling, der Anschein von Hilflosigkeit und Niederlage, den ihr Meister bot, beides hat sie wie betäubt, sie stehen vor zwei unlösbaren Rätseln. Die Art, wie We-schan ihnen hilft, die Vorgänge im rechten Licht zu sehen, zeigt in ihrer väterlichen Güte wie in ihrem feinen Takt und ihrer Weisheit den berufenen Meister.
Obwohl er Anlaß hätte, den Schülern erst einmal sein eigenes Verhalten zu erklären, spricht er von sich selber nicht ein Wort. Ihm genügt es, seinen Leuten den Ort zu zeigen, an welchem Dö-schan in der Welt des Geistes steht. Dann werden sie imstande sein, über den Anstoß, den er mit seinem Auftreten erregt hat, wegzusehen. Dieses sonderbaren Gastes auffallendes Betragen erklärt sich einfach daraus, daß er von dem Zug in Richtung überwärts ungewöhnlich stark erfaßt ist, daß das, was andere nur mühsam suchen und erstreben, ihn einseitig in Besitz genommen hat. Ihn zieht es aus der Niederung mit Gewalt heraus, ihn locken nur die höchsten Gipfel, wo kahles Felsgestein einsam ins Blaue stößt. We-schan sieht das so deutlich, daß ihm des Dö-schan ganze Zukunft bereits klar vor Augen steht. Dieser Mann wird seinen Weg über die Vielheit der Erscheinungswelt hinaus so unbeirrt verfolgen, daß er zuletzt nur noch im Gestaltlosen zu Hause ist und jedes Wort, sei es auch das des Buddha und der Patriarchen, als Abfall vom Unsagbaren schmähen kann.
Dö-schan's spätere Wirksamkeit hat diese Voraussage bestätigt. Nach dem Besuche auf dem We-schan hatte er anscheinend kein Verlangen mehr, noch andern Meistern zu begegnen, sondern kehrte nach dem Drachenpfuhl in Li zurück, wo Lung-tan ihm den Stolz auf theoretisches Wissen und Beredsamkeit zerschlagen hatte, und blieb wohl dreißig Jahre lang bei ihm in enger geistiger Gemeinschaft. Die Verfolgung des Buddhismus von 845 bis 847 überstand er in der Verborgenheit einer Felsenhöhle. Dann wurde ihm in der Stadt Tschang-dö westlich des Dung-ting-Sees die Leitung des Dö-schan-Klosters übertragen, von welchem er seither den Namen hat. Hier wirkte er in Lung-tan's Geist, aber mächtiger als sein bescheidener Meister, wie dieser es schon früh vorausgesagt hat. Bald strömten ihm die jungen Mönche zu, und es schreckte sie nicht ab, wenn er in seinem Eifer um die reine Wahrheit jenseits aller Worte wie kein anderer den Stock schwang und zu sagen pflegte: Sagst du ja, bekommst du dreißig Hiebe; sagst du nein, bekommst du auch nicht weniger. So hat er sich in seinem Kloster neben seinen großen Zeitgenossen We-schan, Dung-schan und Lin-dji selbständig mit seiner eigenen schroffen Art behauptet, und es ist aus seiner Schule von Generation zu Generation eine ganze Kette von Meistern hervorgegangen, unter ihnen der erste Herausgeber dieser Beispielsammlung selbst, nämlich Hsüä-dou, welcher denn auch in dieser Sammlung gerade von den auf Dö-schan folgenden Meistern auffallend viele Beispiele bringt. (Gleich das folgende fünfte Beispiel handelt von Dö-schan's Schüler Hsüä-fëng, und sein Enkelschüler Yün-men, welcher im sechsten Beispiel auftritt, kommt in der ganzen Sammlung sogar achtzehnmal vor.)

We-schan aber, indem er seinen Schülern Dö-schan deutet, macht zugleich die Richtung sichtbar, in der er selbst zu finden ist. Sie führt abwärts in die Niederung, wo Irrende nach Rat und Hilfe fragen. Hier hat er seine Aufgabe als Führer und Seelsorger. Dazu will er auch seine Schüler führen. Der Auftritt mit dem ungestümen Gast soll sie nicht am eigenen Meister irre werden lassen. Sie sollen aber auch nicht denken, We-schan sei etwa beleidigt, er trage jenem sein hochfahrendes Benehmen nach. Er läßt ihm seinen Weg, zeigt gerade so die eigene Größe und bestärkt die Schüler in der Treue gegen ihn.
Wer bei Beurteilung des Treffens nur von der Frage ausgeht, auf welcher Seite nun der Sieg, und wo die Niederlage sei, wird ohne Schwierigkeit entscheiden, daß die Palme nach dem Kampf We-schan gebührt und Dö-schan der Geschlagene ist. Yüan-wu's eigene Bemerkungen weisen wohl in dieser Richtung. Vergleicht er We-schan doch mit dem Strategen, der im Feldherrnzelte planend den fernen Feind im voraus schon in seine Falle zwingt. Gleichwohl weist er dann in der Erläuterung Fragen dieser Art energisch ab. Auch unsere eigenen Beobachtungen zu dem Sinn des kleinen Dramas, mögen sie uns noch so sehr Bedürfnis sein, fallen letztlich unter Yüan-wu's hartes Wort: »Wenn man es in diesem Sinn betrachtet, soll's uns freuen; mit der Sache hat es nichts zu tun.« An der Sache selbst fällt alles ab, was immer man darüber denken mag.
Hsüä-dou seinerseits hat nach diesem dritten Auftritt endgültig genug. Schon ein Dichter des 5. Jahrhunderts (Bau Dschau) sagt in einem Vers: »Siehst du nicht, daß Reif auf Eis, außen so wie innen drin, nichts als Kälte ist?« Schnee ist kalt und rein genug, meint Hsüä-dou, um das Höchste anzudeuten. Häuft man Reif darauf, wird er davon nicht weißer und nicht reiner. Schon im ersten Auftritt war die eisige Höhe sichtbar, in der Dö-schan sich bewegt. We-schan hätte sich die Prophezeiung sparen können. Aber zum drittenmal setzt Yüan-wu dazu die drei Wörtchen: »Falsch! Richtig! Tupfen!« »Falsch«, denn We-schan's Prophezeiung bringt doch etwas Neues; man lasse sie nur auf sich wirken, dann findet man darin gar manches über jeden von den beiden, Dö-schan und We-schan selbst, und über das Geheimnis gegenseitigen Verstehens gegensätzlicher Geister. Aber freilich, die Kritik des Hsüä-dou ist auch ›richtig‹. In einem höheren Sinn gesehen ist von vornherein schon alles klar. Doch eben weil man beides sagen kann, richtig und falsch, weist der ganze Vorgang in drei Auftritten auf einen ›Tupfen‹ hin, der alle Gegensätze aufgelöst in sich enthält. Die Einheit umschließt auch die beiden Gegner Dö-schan und We-schan. Mag es scheinen, daß sie völlig gegensätzlich ausgerichtet sind, so ist doch keiner ohne seinen Gegenpol. Bei We-schan ist es völlig deutlich, wie eben da, wo er sich in der Niederung bewegt, die Richtung überwärts sich mächtig zeigt. Dö-schan seinerseits schreitet allerdings einher, als existiere für ihn weder Zeit noch Raum. Und doch bewegt er sich darin wie andere Erdenmenschen auch und

zahlt dem Irdischen seinen Zoll. So läuft es letzten Endes bei beiden auf dasselbe hinaus. Dies ist denn auch der Punkt, mit welchem Hsüä-dou im Gesang den ›öffentlichen Aushang‹ schließt.

Zum Gesang

Hsüä-dou folgt seiner Gewohnheit, gleich mit den allerersten Versen den eigentlichen Sinn des Beispiels zu beleuchten. Er setzt sich über die gewiß interessante Dramatik der drei Auftritte großzügig weg und lenkt den Blick ausschließlich auf den Punkt, auf den es beiden Partnern bei ihrem Treffen ankommt. Weder Dö-schan noch We-schan hatte irgend sonst etwas im Sinn, als ›durchzuschauen‹. Das heißt zunächst allerdings ›durch den andern durchzuschauen‹, also jenen zu ›durchschauen‹. In diesem Sinn hat We-schan schon im ersten Auftritt Dö-schan mit sicherem Blick ›durchschaut‹, während dieser letztere durch jugendliche Vorurteile noch verhindert war, We-schan's innere Abgeschiedenheit zu sehen. Ihm schien der Meister eines großen Klosters innerlich nicht ausgeleert genug zu sein. ›Durchgeschaut‹ in einem höheren Sinne aber haben beide schon von Anfang an, nämlich durch die Vielheit in die Einheit, durch das störende Gewimmel menschlicher Individualitäten in leere, offene Weite, welche ihrer aller Heimatboden ist. Statt ›durchschaut‹ könnten wir deshalb ebensogut auch übersetzen: ›Durchgeschaut im ersten Gang.‹
Dieser Doppelsinn der Durchschau wird im zweiten Gang nun vollends deutlich. Nicht nur, daß dem Dö-schan für die innere Ausgeleertheit We-schans plötzlich das Verständnis aufgeht, und sie beide sich nun bei dem Rufe Ho'! als gleichgesinnt erkennen. Sondern während ihre Blicke sich begegnen, sehen beide über ihre Individualität bereits hinüber in die offene Weite, so, wie zwei Spiegel, die sich ineinanderspiegeln, keinen Gegenstand mehr abzuspiegeln haben; denn hier spiegelt hin und her nur immer Leere Leere wider. Sie durchschauen nicht nur einer den andern; sie durchschauen Zeit und Welt in ihrer Nichtigkeit und schauen eben damit durch zur vollen, reinen Wahrheit.

Das allein ist dieses Beispiels eigentlichstes Anliegen. Und so gesehen ist das weitere, was nun der dritte Auftritt bringt, nur »Reif auf Schnee«. Es ist im Hinblick auf die Umstände des Augenblicks wohl gut und nützlich, fügt aber zu der großen Einheit, in welcher Dö- und We-schan beide leben, nichts Besonderes hinzu. Von Anbeginn des Treffens dieser beiden bis zum letzten Nachspiel geht es letztlich weder um den einen, noch um den andern, sondern um die Durchschau dorthin, wo weder Dö-schan etwas gilt noch We-schan. Darum ist mit den drei ersten Sätzen des Gesangs das Wesentliche zu dem Sinn des Beispiels schon gesagt.

Aber niemals ist die Einheit von der Mannigfaltigkeit getrennt. Im selben Augenblick, in welchem Dö-schan alles, was von We-schan ihn zu trennen schien, zusammenbrechen sieht, fühlt er sich auch schon wieder auf den eigenen Füßen stehen. Einheit im Höchsten löscht die Linien der

Lebenswege, die das Gesetz von Ursache und Wirkung, seit es eine Zeit gibt, zieht, nicht aus. Darum wendet sich Hsüä-dou's Gesang nach der Erhebung in die höchste Schau wieder abwärts der Entscheidung zu. vor welcher Dö-schan gerade in dem Augenblick stand, als er der Einheit mit dem Älteren gewiß geworden war, und rühmt mit unverhohlener Bewunderung die sichere Entschlossenheit, mit der sich dieser Feuergeist auf seinen ihm allein gemäßen Weg besinnt. Sich nun in We-schans Jüngerschaft hineinziehen zu lassen, wäre ihm Verrat am eigenen Innersten gewesen. Daß er dies im gleichen Moment erkannte, wie die Einigkeit mit We-schan in dem Höheren, das macht seine Größe aus.
Die Kühnheit des Entschlusses, mit welcher Dö-schan sich im letzten Augenblick von We-schan losreißt, erinnert Hsüä-dou an ein altes Reiterstück aus der Regierungszeit des Kaisers Guang-wu (25–58 n. Chr. Geb.), des ersten Herrschers der späteren Han-Dynastie. Wie der Reitergeneral Li Guang nur durch einen tollkühnen Streich dem Tod entrann, so entkam auch Dö-schan nur durch einen plötzlichen Entschluß dem Banne We-schan's und gewann die Freiheit, die er sich selber schuldig war. In We-schan's Art dagegen lag es, sich auch weiterhin mit Dö-schan zu befassen. Ihm ist die menschliche Gemeinschaft wichtig. Er liebt es, mit andern zusammen im grünen Gras der Niederung zu sitzen, während Dö-schan's Standort in der Höhe ist auf kahler Felsenspitze.
Aber jeder von den beiden hat in sich auch seinen Widerspruch. Schon damit, daß Dö-schan auf Wallfahrt geht und sich mit andern einläßt, ist er bereits »ins Gras gefallen«. Und We-schan's ganzes Wirken in der Welt hat seinen Sinn nur daher, daß er in derselben Höhenluft zu Hause ist, die Dö-schan für sich in Anspruch nimmt. Sie stehen beide auf einsamer Spitze, sie sitzen beide unten im Gras. Die Gegenpole überwärts und niederwärts fließen auf geheimnisvolle Weise ineinander.
Im Bemühen, dieses Ineinander auszusprechen, wagt Hsüä-dou einen Satz, der die felsige Gipfelhöhe mit dem Gras der Niederung zu einem Bild zusammenzwingt, das unser Vorstellungsvermögen schlechthin übersteigt. So überfällt ihn denn auch alsbald das bittere Gefühl, Unmögliches gewollt zu haben, und macht sich in dem bitteren Aufschrei dott! oder do'! gewaltsam Luft. So wirft ein Maler, der an einer Aufgabe erliegt, unwillig den Pinsel weg. Es ist, als sagte er: Was ich im Sinne habe, ist zu hoch, um es mit Worten auszusprechen; mein Gesang reicht daran nicht heran, und wenn er diese Grenze überschreitet, wird daraus ein Unsinn. Das ist gemeint, wenn wir diesen Aufschrei mit den Worten deuten: Ach was, ärmlicher Sang!
Im Anschluß an dies letzte Wort redet Yüan-wu sinnentsprechend von dem Höhenweg der alten Meister, auf dem sich Hsüä-dou mit We-schan und Dö-schan wie zu harmonischem Musikspiel trifft, und endet hart wie Hsüä-dou mit der Warnung: es sind jetzt genug der Worte! Um das, was hier unhörbar anklingt, zu vernehmen, ist Stille nötig. Wer noch den Mund auftut, bekommt den Stock zu fühlen.

Hsüä-fëngs Reisährchen

Hinweis

Es ist eine grundsätzliche Forderung, daß jeder, der am Bau unseres geistigen Erbteils mitarbeiten will, ein Mann von ungewöhnlicher Machtvollkommenheit des Geistes sein muß, einer, der das Zeug hätte, einen Menschen umzubringen, ohne mit der Wimper zu zucken, einer, der imstande ist, einen andern, wie er geht und steht, zum Buddha zu machen.
Bei solch einem geschieht es dann, daß, was er schaut, im selben Augenblick zur Tat wird, daß er im Verhüllen schon auch auseinanderfaltet, daß Theorie und Praxis nicht mehr auseinanderklaffen, daß, was nur für die Zeit vorläufige Geltung hat, mit ewiger, endgültiger Wahrheit Schritt hält. Er kann darauf verzichten, den ersten Stein im Spiel zu setzen, und richtet das Tor der Wahrheit zweiter Ordnung auf. Denn wollte er das Rankenwerk kurzerhand abhauen, so wäre es den Anfängern unter seinen Schülern schwer, ihr Schifflein in den Hafen zu steuern.
So haben wir es gestern schon gehalten; es geht nun einmal nicht anders. So halten wir es heute wieder; Schuld und Fehle reichen an den Himmel. Ist einer aber nur ein Mann mit hellen Augen, so wird er sich durch alles dies in keinem Punkt verwirren lassen. Ist er das nicht, so liegt er quer im Tigerrachen drin und wird dem nicht entgehen, Leib und Leben zu verlieren.
Zur Probe legen wir ein Beispiel vor. Das seht euch einmal an!

Das Beispiel

Wir legen vor:

Hsüä-feng unterwies seine Hörer mit den Worten: Die ganze große Erde ist, wenn ich sie so zwischen die Finger nehme, nicht größer als ein Reisährchen. Da, ich werfe es vor euch hin. Auch so ein Lackkübel, aus dem ihr nicht klug werdet! Schnell, schlagt die Trommel, bietet das Kloster auf und sucht!

»Hsüä-fëng unterwies seine Hörer mit den Worten:« – Ein Blinder gängelt einen Haufen Blinder. – Er tut damit aber nichts Ungebührliches.
»Die ganze große Erde ist, wenn ich sie so in die Hand nehme, nicht größer als ein Reisährchen.« – Was ist das für ein Trick? – Der Mönch vom Berge [dies ist Yüan-wu's bescheidene Selbstbezeichnung] ist dieses Teufelsaugenrollen nicht gewohnt.
»Da, ich werfe es vor euch hin.« – Ich fürchte nur, der große Wurf gelingt ihm nicht. – Was soll denn dieses Kunststück!
»Auch so ein Lackkübel, aus dem ihr nicht klug werdet!« – Er gerät in Schwindeleien hinein!
»Schnell, schlagt die Trommel, bietet das Kloster auf und sucht!« – Ich kann doch aber gar nichts sehen! – Die Trommel schlägt man doch fürs Kriegsvolk! [Wir sind doch hier an einem Ort des Friedens! Weshalb so kriegerische Töne?]

Erläuterung des Beispiels

Tschang-tjing fragte Yün-mën: Meinst du wirklich, daß sich gegen diese Worte nichts einwenden läßt? Yün-mën erwiderte: Ja, das meine ich. Tschang-tjing fragte: Wieso? Yün-mën antwortete: Eine feldfuchsartige Betrachtungsweise [d. h. eine lauernde Kritiklust] ist hier von vornherein unangebracht.
Yün-fëng gab vor seinen Schülern über Hsüä-fëng's Worte das Urteil ab: Sie bieten wohl nach oben hin nicht alles, nach unten hin aber mehr als genug. Dann fuhr er fort: Ich habe dazu noch einige weitere Schlinggewächsranken für euch. Damit ergriff er seinen Pilgerstab, stellte ihn [gleichsam als Symbol der Buddhawürde Hsüä-fëng's] senkrecht vor sich hin und sagte: Seht ihr Hsüä-fëng hier? Nehmt euch in acht! Der Befehl des Königs ist ein wenig streng; er verbietet räuberischen Überfall auf Reisende.
Da-we Dschö [der Philosoph vom Großen We-schan] sagte: Ich will euch dazu noch ein weiteres Häufchen Unrat auf die Erde setzen. Damit ergriff er seinen Wanderstab, stellte ihn feierlich vor sich hin und sagte: Seht her, seht her! Dieser Hsüä-fëng hat vor allen Leuten seinen Dreck dahingesetzt. Hu! Habt ihr nicht einmal die Nase, den Gestank zu riechen?
Hsüä-fëng also sagt zu seinen Hörern: Die ganze große Erde ist, wenn ich sie so zwischen die Finger nehme, nicht größer als ein Reisährchen. Diese Alten hatten eine ganz besondere Art und Weise, die Dinge anzufassen, wenn sie andern helfen wollten. Das erreichten sie aber nur durch den Eifer und Ernst ihres unermüdlichen Bemühens. Dreimal war er auf den Würfelberg, den Tou-dsï-Schan, gestiegen und hatte dort den Meister Tou-dsï aufgesucht. Neunmal war er auf dem Grottenberg, dem

Dung-schan, und besuchte dort den Meister Dung-schan. Bei diesem wurde er seinen Lackkübel mitsamt dem Löffel los. An jedem Ort, wohin er kam, diente er als Reiskoch, auch das nur, um in diese Sache völlig einzudringen, bis sie ihm durchsichtig wurde. Eines Tages fragte ihn Dung-schan: Was tust du da? Ich wasche Reiskörner, war die Antwort. Dung-schan fragte weiter: Wäscht du den Sand und schüttest den Reis ab, oder wäscht du den Reis und schüttest den Sand ab? Hsüä-fëng sagte: Ich schütte Sand und Reis zusammen ab. [Er will sagen: Ich halte von meiner Erkenntnis nicht mehr als von meiner Blindheit.] Dung-schan fragte weiter: Was sollen dann die Leute essen? Statt einer Antwort stürzte Hsüä-fëng kurzerhand die Schüssel um, daß Sand und Reis zusammen auf die Erde fielen. Da sagte Dung-schan: Deine Verwandtschaft ist Dö-schan, und entließ ihn mit der Weisung, diesen Meister aufzusuchen.
Kaum war er bei Dö-schan angelangt, so stellte er die Frage: Habe an der Tatsache, die in dem Fahrzeug des auf uns gekommenen Lehrgutes enthalten ist, wohl auch ich einen Anteil oder aber nicht? Dö-schan versetzte ihm einen Hieb mit dem Stock und sagte: Was redest du da? Das half ihm zur Einsicht[1].
Nachher, als er auf dem Au-schan eingeschneit war, sagte er zu Yän-tou: Damals, unter Dö-schan's Stock, war es mir, als sei dem Faß der Boden ausgeschlagen. Yän-tou schalt ihn: Ho'! und sagte: Hast du noch nie das Wort gehört: Was [von außen her] zum Tor hereinkommt, ist des Hauses wahres Kleinod nicht. Du mußt es aus der eigenen Brust heraus so strömen lassen, daß es den Himmel überschattet und die Erde zudeckt; dann erst liegst du einigermaßen richtig, wie es sich gehört. Mit einem Male wurde Hsüä-fëng alles klar. Er warf sich dankend auf die Knie nieder mit dem Rufe: Meisterbruder, heute ist es mir zum erstenmal geworden; das ist die Erleuchtung auf dem Au-schan[2]!
Heutzutage sagen die Leute, die Alten hätten solche Aussprüche [wie den Hsüä-fëng's in unserem Beispiel] eigens zu dem Zweck erdacht, um die Späteren daran als feste Regel und Gewohnheit zu binden. So etwas zu behaupten, heißt geradezu die Alten schmähen, heißt, wie wir sagen, Buddhablut vergießen. Diese Alten sind nicht so leichtfertig wie die Menschen von heute. Die denken nicht daran, auch nur ein Wort, ein halbes Sätzchen an Gewöhnliches zu wenden. Wenn einer an dem Auf-

[1] Auch bei Dö-schan diente Hsüä-fëng nun als Reiskoch, lernte dieses Meisters Art und übte unablässig, aber stets mit dem bedrückenden Gefühl, daß ihm noch etwas fehle. Nach Dö-schan's Tod im Jahr 865 ging er mit seinem jüngeren Freund und Schulgenossen Yän-tou abermals auf Pilgerfahrt. Es war Winter, und als die beiden in der Nähe der Stadt Li in Hunan den Berg Au-schan erreicht hatten, wurden sie so eingeschneit, daß sie in einem Hause dort um Herberge bitten mußten, um besseres Wetter abzuwarten. Von diesem Aufenthalt berichtet Yüan-wu im folgenden.

[2] Dieselbe Geschichte kehrt etwas ausführlicher im 22. Kapitel wieder.

bau unseres Lehrgutes arbeitet, so setzt er damit das Leben Buddhas fort, und darum schneidet er mit jedem Wort, mit jedem halben Sätzchen, das er spricht, ganz unwillkürlich den andern Menschen in der Welt die Zunge ab. In solch ein Wort hinein kannst du dir keinen vorsätzlichen Weg bahnen, kannst es mit deinem ichbefangenen Gefühl nicht deuten, es hilft dir nichts, dich auf vernünftige Erwägung einzulassen. Sieh hin, wie dieser Mann hier seine Hörer unterweist! Nicht umsonst hat er in früheren Jahren Meister, die ihr Handwerk konnten, aufgesucht. Darum besitzt er auch die Meisterzange und den Meisterhammer. Spricht er auch nur ein Wort, ein halbes Sätzchen, so ist es niemals eine absichtliche und überlegte Ausflucht, als überschlüge er die Kosten für ein Leben in der Totenhöhle, sondern übersteigt sofort die Denkart der gemeinen Menge, schlägt den Irrtum alter und neuer Zeit zu Boden, ohne sich noch lange zu besinnen. Das war sein Hausbrauch allewege.

Einmal unterwies er seine Bruderschaft, indem er sagte: Am Südhang unseres Berges haust eine Schildkrötennasenschlange. Die müßt ihr euch unbedingt alle genau ansehen. Da trat der Bruder Lëng [der spätere Meister Tschang-tjing] aus der Reihe vor und sagte: Dann werden heute aber viele in der Halle Leib und Leben verlieren[1]!

Ein andermal sagte er: Die ganze große, große Erde ist nichts als ein einziges Weisheitsauge. Wo wollt ihr da hingehen, um eure Notdurft zu verrichten?

Wiederum sagte er einmal: Wir haben uns doch schon bei dem Pavillon auf dem Schauinsland gesehen! Schon auf dem Krähenstein oben haben wir uns gesehen. Schon vor der Mönchshalle draußen haben wir uns gesehen. – Nachher fragte Bau-fu [einer von den ersten Schülern Hsüä-fëng's] seinen Freund, den späteren Meister Gänsesee (O-hu): Das vor der Mönchshalle will ich einmal beiseite lassen. Aber was heißt, er habe uns schon am Pavillon auf dem Schauinsland und auf dem Krähenstein gesehen? Gänsesee [ohne auch nur zu antworten] lief auf der Stelle fort, und suchte die Versenkungshalle auf. Von solcher Art waren die Reden, die Hsüä-fëng bei der Unterweisung seiner Hörer ständig führte.

Wenn er nun hier einfach sagt: die ganze große Erde ist, wenn ich sie so zwischen die Finger nehme, nicht größer als ein Reisährchen, wenn ihm in diesem Augenblick ein solcher Ausspruch kommt, so saget mir einmal: Seid ihr imstande, das mit den Mitteln eines ichbefangenen Verstandes zu erahnen und erraten? Diesen Käfig mußt du erst zerschlagen, dieses Netz zerreißen, darfst nicht fragen, ob der Ausspruch gut ist oder schlecht, richtig oder falsch, mußt ganz zwanglos, spielend leicht und aus dir selbst heraus die Falle, die er stellt, durchschauen: dann erst wirst du merken, wie [frei und lebendig] er verfährt.

Saget mir einmal: Wie meint es Hsüä-fëng denn? Die meisten machen sich in ihrer Befangenheit eine Deutung zurecht, als wolle Hsüä-fëng

[1] Die Geschichte bildet den Gegenstand des 22. Beispiels.

sagen: Der Geist ist Herr aller Dinge; die ganze große Erde ist mit einem Male in meiner Hand. – Freut mich! Hat mit der Sache nichts zu tun! Hier muß einer schon ein Kerl sein, der in der echten Wahrheit steht, damit es ihm beim bloßen Hören eines solchen Wortes durch Mark und Bein geht, und er die Sache mit dem ersten Blick erfaßt, anstatt in die Geleise einer vorgefaßten Denkart zu verfallen. Ein Kuttenbruder von der echten Farbe aber, der auf der Pilgerschaft Erfahrungen gesammelt hat, wird freilich auch bemerken, daß Hsüä-fëng mit seinen Worten bereits ein wenig locker läßt und auf seine Hörer Rücksicht nimmt. Sehen wir zu, was Hsüä-dou im Gesang dazu zu sagen hat!

Gesang

Geht der mit dem Ochsenkopf weg,
kommt der mit dem Pferdekopf her!
Auf Hui-nëng's Spiegel bleibt davon
auch nicht ein Stäubchen mehr.
Schlagt nur die Trommel, suchet gut!
Seht ihr es, Freunde, nicht?
Wer ist's, für den die Blumen all
im Lenz erblühen, wer?

Zwischenbemerkungen zum Gesang

»Geht der mit dem Ochsenkopf weg« – Das ist wie Blitzezucken. – Schon bist du ausgeglitten.
»Kommt der mit dem Pferdekopf her.« – Das ist wie Funkensprühen.
»Auf Hui-nëng's Spiegel[1] bleibt davon auch nicht ein Stäubchen mehr.« – Aber zerschlage nur erst den Spiegel! Dann magst du kommen und wir wollen uns sprechen.
»Schlagt nur die Trommel, suchet gut! Seht ihr es, Freunde nicht?« – Es zersticht dir ja die Augäpfel! – So etwas ist nicht leicht zu nehmen! – Was soll denn an dem Lackkübel schwer zu sehen sein?
»Wer ist's, für den die Blumen all im Lenz erblühen, wer?« – Jedes Ding hat seinen eigenen Ort und räumt ihn keinem andern ein. – Welch wirres Durcheinander! – Er [der Dichter] kommt wohl eben aus einem Schlingpflanzendickicht heraus.

[1] Der chinesische Text sagt poetischer: Auf dem Spiegel des Tsau-Bachs. Am Tsau-Bach befand sich das Kloster Hui-nëng's, des Sechsten Patriarchen. Vgl. die Erklärung S. 143 f.

Hsüä-dou hat aus sich selbst heraus den richtigen Blick für diesen Alten. Er geht einfach auf die Lebensader dieses Meisters los, tut einen Stich hinein, und daraus macht er für ihn einen Lobgesang.
»Geht der mit dem Ochsenkopf weg, kommt der mit dem Pferdekopf her.« – Nun sprecht einmal! Was besagen denn diese Worte? Wer aus der Einsicht [in sein Eigentliches] den Durchblick gewonnen hat, dem ist dies [dieses Höllentreiben] genau dasselbe, wie wenn er morgens seinen Reisbrei schlürft und abends seinen festen Reis ißt, etwas ganz Alltägliches. In seiner Güte und Barmherzigkeit nimmt Hsüä-dou gleich von vornherein den Hammer, schlägt drein und schneidet mit dem ersten Vers schon [alle überflüssigen Spekulationen] durch und ab. Nur steht ein solcher Ausspruch allerdings einsam und schroff; er ist wie Feuerfunken, aus dem Stein geschlagen, ist wie das Zucken eines Blitzes, doch ohne daß sein Schwert die spitze Schneide zeigte; er bietet keinen Landungsplatz, dein Schifflein anzulegen.
Sagt mir einmal: Meinet ihr wohl, man könne solch ein Wort begreifen, wenn man absichtlich darauf ausgeht?
Mit diesen beiden ersten Versen hat Hsüä-dou [über Hsüä-fêng's Worte] alles Nötige gesagt.
Im dritten[1] Vers geht er nun doch noch auf derselben Straße weiter und läßt uns dabei einen Blick in die Hoheit seines Wesens tun. Aber schon damit läßt er sich ins Gras herunterfallen [wird etwas redselig, um sich dem Verständnis der Hörer anzupassen]. Und dann im vierten[1] Vers fällt er gleich noch mehr ins Gras. Wenn also einer von euch sich auf diese Worte stützt und daraus weiter Worte macht, wenn er aus diesen Sprüchen eigene Sprüche bildet und aus dem Sinn [den sie für ihn enthalten] sich eine Deutung, ein Verständnis zimmert, so bringt er nicht nur mich, den alten Mönch hier, in ein schiefes Licht, sondern er lohnt auch Hsüä-dou [seine hilfsbereite Ausführlichkeit] übel. Dieser Alte wählt für seinen Vers zwar diese Worte; aber was er meint, ist damit nicht gesagt. Er gehört nun einmal nicht zu denen, die die Menschen durch verstandesmäßige Gedankenfolgen binden wollen.
»Auf Hui-nêng's Spiegel bleibt davon auch nicht ein Stäubchen mehr.« – Hierzu sagen viele Leute: Ein beruhigter, gestillter Geist, das sei mit diesem Spiegel gemeint. Freut mich, hat mit der Sache nichts zu tun. Diese Leute sind lediglich auf verstandesmäßige Erwägungen und Schlußfolgerungen versessen. Wie wollen sie auf solchem Wege je zum [eigentlichen] Schluß gelangen?
Was hier geredet wird, das dreht sich alles um das Eigentliche. Auch ich, der Mönch vom Berge, kann es mir nicht erlauben, mich auf irgend etwas

[1] Nach den Regeln der Dichtkunst gezählt sind es Halbverse; der sogenannte ›dritte‹ Vers ist darnach der zweite, und der ›vierte‹ der dritte.

anderes einzulassen, als eben auf dies Eigentliche. Mit seinen ersten Worten – »Geht der mit dem Ochsenkopf weg, kommt der mit dem Pferdekopf her« – hat Hsüä-dou den Inhalt und Sinn des Beispiels klar und deutlich ausgesprochen. Aber natürlich sehen das die Leute nicht ein, und deshalb läßt er seinen Worten den Lauf und fährt mit diesen Versen fort. »Schlagt nur die Trommel, suchet gut! Seht ihr es, Freunde, nicht?« Aber verblendete Menschen, sehen die es denn?

Dann wendet er sich euch noch einmal zu und sagt: »Wer ist's, für den die Blumen all im Lenz erblühen, wer?« Da werden, das muß man schon sagen, Tür und Fenster ganz weit aufgeschlagen. Da steht alles für euch offen, als breitete es die Arme nach euch aus. Ist es daran, daß der Frühling kommt, so geht im tiefen Tal, im weiten Feld und an den Flüssen, bis dort, wo kein Mensch hinkommt, hundertfältig um die Wette die Pracht der Blüten auf. Ihr, saget mir einmal: Für wen denn noch?

Erklärungen zum Text

Zum Hinweis

Konnte man beim vorigen Beispiel noch im Zweifel sein, welchem von den beiden Meistern, die dort einander gegenübertreten, das eigentliche Interesse Hsüä-dou's, des Herausgebers, gehört, dem We-schan mit seiner überlegenen Ruhe oder aber dem explosiven Dö-schan und seinem Feuergeist, so war es doch merkwürdig, daß dabei zweimal auf Dö-schan's bedeutende Zukunft hingewiesen wurde, erst von dem Meister des Drachenpfuhls, Lung-tan, und dann von We-schan selbst. Und jetzt zeigt sich, daß Hsüä-dou in der Tat die Linie weiter zu verfolgen gedenkt, die der ›junge Löwe‹ mit seinem ›Gebrüll‹ eingeleitet hat, indem er in diesem neuen Beispiel zwar nicht Dö-schan selber einführt, wohl aber dessen besten Schüler, Hsüä-fëng, um an ihm zu zeigen, wie sich aus Dö-schan's streng gestauter Verhaltenheit eine besondere, für das Zen seitdem kennzeichnende Lehrweise ausgebildet hat, und zwar in der Form plötzlicher Entladungen, momentaner Geistesblitze, welche häufig rätselhaft und paradox erscheinen und nur dem verständlich sind, der in das Kraftfeld ihrer Herkunft bereits auf irgendeine Weise eingeschaltet ist.

Damit rückt die Frage nach den Eigenschaften, die zur Meisterschaft gehören, in den Vordergrund. Vom Meister hieß es früher, etwa in dem Hinweis zu dem zweiten Beispiel, er vermöge über andere gar nichts; jeder müsse selbst die Wahrheit finden; selbst ein Buddha könne nur für sich allein das Heil erfahren; es andern mitzuteilen, sei unmöglich. Das ist die Wahrheit für den Werdenden, der auf sich selbst verwiesen werden muß. Für den Meister aber gilt das Gegenteil: er muß einen Menschen stehenden Fußes zum Buddha machen können. Dazu gehört vor allen Dingen innere Vollmacht, dem Menschen alles zu entreißen, woran er sich klammert, ihn an der Wurzel seiner Existenz zu treffen. Er muß den Weg in Richtung überwärts unerbittlich, rücksichtslos verfolgen und sich dabei doch immer auf den andern und sein mangelndes Verstehen einlassen. Er muß fähig sein, die äußersten Gegensätze zusammenzuzwingen. Der Meister ist in Ewigkeit und Zeit zugleich zu Hause. Er trägt in sich das Nirvâna und lebt doch im Samsâra, in dieser Welt des Werdens und Vergehens. Er erschaut in dem, der sich ihm naht, die innerste Natur, die ursprüngliche Buddhaschaft, und wirkt auf ihn im rechten Augenblick ein, um sie ans Licht zu ziehen. Er hält über dem, was Denken und Reden übersteigt, die Hand fest zu und macht sie doch auch wieder auf, um davon auszuteilen.

Wie der geübte Go-Spieler dem Partner eine Vorgabe gewährt, so kommt der Meister in der Unterweisung dem Verständnis des Schülers entgegen. In seinem Innersten wohnt die geheime Wahrheit erster, höchster Ordnung. Zum Tor, das dorthinein führt, tritt er aber dem Suchenden zuliebe heraus und baut ein ›Tor der Wahrheit zweiter Ordnung‹ auf, durch

welches jener wenigstens in den Vorhof des Heiligtums gelangen kann. Er bietet Worte, welche zwar den Kern verhüllen, wie ein Schlinggewächs den Stamm des Baums, die aber auch ein Halt sein können, um sich daran hinzutasten.
Von der ›Wahrheit erster Ordnung‹ her gesehen, ist dieses Entgegenkommen des Meisters wie Verrat. Er sagt Dinge, die doch nur vorläufig gelten. Er gibt sich mit Notbehelfen ab, bei welchen die Gefahr besteht, daß sich der Schüler vorschnell an sie klammert, als wären sie der ewig feste Grund, auf dem er stehen könnte. Gerade die besten und wirksamsten Worte des Meisters können dem Schüler zur Fessel werden, wenn er nicht merkt, daß sie auf etwas deuten, was jedem Wort vorausgeht. Der innere Widerspruch, von etwas reden zu müssen, wovon zu reden schon der Sache schadet, ist des Meisters ständige Not. Sein Trost ist nur, daß immer wieder solche sind, die Augen haben, durch das Rankenwerk der Worte durchzuschauen. Wo dann von Herz zu Herz der Funke überspringt, da fällt, was unrein war, von selber ab.

Hsüä-fêng, der Schüler Dö-schan's und der Meister Yün-mên's

Dö-schan's Schüler Hsüä-fêng[1], den das Beispiel nun als Muster eines echten Meisters vorführt, war ein Sohn der südöstlichen Küstenprovinz Fukien und entstammte einer seit Generationen dem Buddhismus zugetanen Familie in der Nähe der Formosa gegenüberliegenden Hafenstadt Tjüan-dschou (Chüan-chou). Schon als elfjährigen Knaben übergab ihn sein Vater dem Abt eines Klosters zur Einführung in das streng geregelte Leben der Mönche, fünf Jahre später wanderte er landeinwärts auf den sog. Eibisch- oder Lotosberg in der Nähe des Po-yang-Sees, um sich bei dem dortigen Abt das Haupthaar scheren zu lassen und ihm sechs Jahre lang als Novize zu dienen. Die Verfolgung, welche 845 über die buddhistischen Klöster hereinbrach, gab ihm den Anstoß zu der über zwanzig Jahre langen Wanderschaft, aus welcher Yüan-wu in seiner Erläuterung einige entscheidende Erlebnisse heraushebt. Sie brachte ihn weit in den Norden, bis nach dem heutigen Peking, wo er bei einem Meister mönchischer Zucht das Hauptgelübde ablegte und den neuen Namen I-tsun, d. h. ›Rechtschaffenheit besteht‹, erhielt. Dann wandte er sich wieder südwärts und suchte hin und her Zen-Meister auf, die im Schutz der Berge den Sturm der Verfolgung überstanden hatten. Wo es ihm der Mühe wert erschien, an einem Orte länger zu verweilen, verdingte er sich als Reiskoch. Unter den Meistern, welche er auf diesen Fahrten besuchte, hebt Yüan-wu in seiner Erläuterung drei besonders heraus: den nur drei Jahre älteren Tou-dsï[2] auf dem Würfelberge oder Tou-dsï-schan in der Provinz An-hui (nördlich der am Yangtsekiang gelegenen

[1] Hsüä-fêng, 822–908; japanisch Seppô. Traditionstafel III A, 12.

[2] Tou-dsï, 819–914; japanisch Tô-shi. Traditionstafel III A, 11.

Stadt An-tjing (An-ching), von dem in unserer Sammlung die Beispiele 41, 79, 80 und 91 handeln, ferner Dung-schan[1], den von der japanischen Sôtô-Sekte als Stifter verehrten Meister auf dem Grottenberge oder Dung-schan im Norden der Provinz Hupe (unweit der am Han-Fluß gelegenen Stadt Gu-tschĕng), von dem zwar nur das 43. Beispiel handelt, der aber von Yüan-wu in den Erläuterungen oft erwähnt wird (vgl. besonders das Gedicht, in dem er die ihm neu aufgegangene Erkenntnis ausspricht, Erläuterung zum XXII. Beispiel S. 387). Bei diesen beiden Nachfolgern des Sechsten Patriarchen wehte dem Mönch I-tsun ein anderer Geist entgegen, als der peinlich genauen Achtens auf Einhaltung der Regel, und weckte in ihm höheres Verlangen. An dritter Stelle erzählt dann Yüan-wu, was I-tsun bei Dö-schan Entscheidendes erlebte und wie er nach dessen Tod im Jahr 865 mit seinem Freunde Yän-tou (dem Meister, der in den Kapiteln 51 und 66 eine Rolle spielt) kaum zwei Tagereisen weiter wandert, um in den Bergen eingeschneit mit Yän-tou ein Gespräch zu führen, bei dem ihm plötzlich die Erleuchtung aufgeht. Nun trieb es ihn zu keinem Meister mehr. Er zog sich wieder, wie vor 26 Jahren, auf den Eibisch- oder Lotos-Berg am Poyang-See zurück, um sich in stiller Sammlung auf eine eigene Wirksamkeit als Meister vorzubereiten.

Diese suchte der nun Weitgereiste in der engeren Heimat, der Provinz Fukien, und zwar wählte er sich dafür einen Berg nicht allzuweit der Hauptstadt Fu-dschou aus, der wegen der dort vorkommenden fossilen Knochenreste als Elefantenknochenberg bekannt war. Nach zwei Jahren vorbereitender Tätigkeit konnte er dort im Jahr 870 seine Wirskamkeit eröffnen. Dem Berge gab er einen neuen Namen: Hsüä-fĕng oder Schneekuppe, und unter diesem wirkte er nun selbst noch 38 Jahre lang mit dem Erfolg, daß mit der Zeit im Sommer wie im Winter sich über 1500 Schüler um ihn scharten. Sein Einfluß machte sich in ganz Fukien geltend und reichte weit ins chinesische Reich hinaus. Es war die Zeit der Auflösung des Reiches Tang, in welcher auch der Machthaber von Fukien Wang Schĕn-dschï sich allmählich selbständig machte. Er hielt auf Hsüä-fĕng hohe Stücke, lieh ihm seinen Schutz und bewirkte, daß ihn Hsi-dsung, der drittletzte Kaiser aus dem Hause Tang, durch die Verleihung eines Purpurmantels ehrte. Drei Jahre lang, von 891 bis 894, war Hsüä-fĕng plötzlich verschwunden und hielt sich in der Nachbarprovinz Tschekiang auf. Sind auch die Gründe dafür nicht bekannt, so liegt doch die Vermutung nahe, daß ein Zerwürfnis mit dem Fürsten Wang der Anlaß war; denn immerhin hebt der Bericht geflissentlich hervor, mit welcher Ehrerbietung ihn der Fürst bei seiner Rückkehr empfing, die Bauten des Klosters erweiterte, Buddhabild und Glocke stiftete, ihn zu Predigten nach Fu-dschou einlud und in vielen Dingen seinen Rat einholte. End-

[1] Dung-schan Liang-djiä, 807–869; japanisch Tô-zan Ryô-kai. Traditionstafel III A, 11.

lich, im Jahr 908, schrieb Hsüä-fëng eines Tages an den schon zum König aufgestiegenen Herrscher einen Abschiedsbrief, setzte sich, ohne irgendeine Arznei genommen zu haben, in Ruhe zurecht und verschied mit 86 Jahren. In dem halben Jahrhundert der Zerrissenheit des Reiches (von 907 bis 960) waren es vor allem Hsüä-fëng's Schüler, welche dem Buddhismus Chinas Halt und Richtung gaben und damit seine neue Blüte unter der Herrschaft des Hauses Sung vorbereiteten. Unter ihnen ragt Yün-mën, der Meister des folgenden Kapitels, nicht nur als Persönlichkeit hervor, sondern wird auch von Hsüä-dou, der sein Urenkelschüler war, bei der Auswahl seiner Beispiele mit besonderer Vorliebe herangezogen. Bei dem Gewicht, das dem Meister-Schüler-Verhältnis zukommt, liegt deshalb für die Zen-Geschichte Hsüä-fëng's Bedeutung vor allem darin, daß er der Meister Yün-mën's ist. Darum stellt ihn auch Hsüä-dou noch in vier weiteren Beispielen (nämlich 22, 49, 51, 66) in den Mittelpunkt.

Zum Verständnis des Beispiels

Dem Verständnis der Worte Hsüä-fëngs und seines gleichzeitigen Wurfes werden wir am ehesten näher kommen, wenn wir uns an Yüan-wu's Hinweis halten und Satz für Satz daraufhin prüfen, inwiefern er auf das Beispiel paßt. Hier ist in der Tat die Machtvollkommenheit des Geistes, von der dort die Rede ist, mit Händen zu greifen. Dieser Meister hat das Zeug, zu töten und im gleichen Augenblick das Leben zu erwecken. Ihm ist der ontologische Idealismus der indischen Lehrer, nach dem die ganze Welt nur eine Form des Geistes ist, als Lehrsystem von ziemlich geringem Interesse. Aber um so mächtiger ist er von dem Drang erfüllt, die Welt in ihrer Mannigfaltigkeit, in ihrem Leid und ihrem Streit, in Tat und Wahrheit für ein Nichts zu achten, sich gänzlich von ihr loszumachen und sie wegzuwerfen. Und dieser Drang macht sich auch gleich vor seinen Schülern Luft in einem Akt, der ganz auf überwärts gerichtet, doch zugleich dem sinnlichen Begreifen geistreich erfinderisch entgegenkommt. Anstatt von Eitelkeit und öder Leere zu dozieren, nimmt er ein Reiskorn in der Spelze, von einer Ähre abgerissen, in die Finger und zeigt, wie man es mit der Welt und ihrem Jammer machen muß. Dann aber geht er nicht weg, als wäre nun schon alles in Ordnung, sondern bietet nun die ganze Bruderschaft auf, das verlorene Reisährchen zu suchen. Was in diesem Knoten alles drin steckt, das aufzulösen fordert fein geübte Finger und am besten wird uns der Gesang Hsüä-dou's belehren, wie er anzufassen ist. Vorerst hat Yüan-wu noch das Wort, der in seiner Erläuterung zunächst einmal erzählt, wie sich die zwei bedeutendsten Schüler Hsüä-fëng's über den besagten Vorgang unterhielten, nämlich der nachmalige Meister Tschang-tijng, von dem im 8. Kapitel die Rede sein wird, und der bereits genannte Meister Wolkentor oder Yün-mën, welcher im nächstfolgenden Beispiel auftritt.

Weniger bekannt ist Yün-fëng, wahrscheinlich ein Enkelschüler des Meisters Fën-yang (vgl. Traditionstafel III B, 16), also ein Nachfahre in der Schule Lin-dji's aus der ersten Hälfte des 11. Jahrhunderts. Er stellt mit seinem Pilgerstabe den Hörern Hsüä-fëng selbst als unantastbare Persönlichkeit von eigener Art höchst eindrucksvoll vor Augen. Was diese tut und redet, gehört nur ihr alleine zu. Nur wer selbst ein Hsüä-fëng wird, kann, was er tut, verstehen und üben. Alles andere, alles Diskutieren darüber, ist Raub, ist unrechtmäßiges Spiel mit fremdem Eigentum.

Noch derber, aber gut chinesisch, spricht sich ein Enkelschüler Hsüä-fëng's aus, der ›Philosoph vom Großen We‹, d. h. von demselben Bergland, welches der uns bekannte We-schan vier Generationen früher erschlossen hat. Ein echtes Meisterwort, will er wohl sagen, kann nur aus innerstem Erleben kommen; sonst bleibt es ohne Kraft. Aber auch so ist es, verglichen mit der Sache selbst, von der es Kunde gibt, nicht besser als ein Unrat, ist, wie Hsüä-dou dazu sagen würde, ›Reif auf Schnee‹.

Weiterhin verbreitet Yüan-wu sich in der Erläuterung ausführlich über Hsüä-fëng's Werdegang und zeigt an Beispielen für seine Art zu lehren, wie zwecklos es sei, seinen Aussprüchen mit verstandesmäßigen Deutungen beikommen zu wollen, und erst ganz am Schluß behandelt er in seiner scheinbar nichts- und doch stets vielsagenden Weise das vorliegende Beispiel selbst. Es ist eine Gliederung, wie er sie in den meisten seiner Erläuterungen anwendet.

Zum Gesang

Nach all den strengen Warnungen Yüan-wu's wagt man kaum, zu dem Gesang noch Erklärungen zu geben. Sie können sich nur auf Äußeres erstrecken, auf mythologische Bilder, wie Ochsen- und Pferdekopf, und auf die Tradition von Hui-nëng's Spiegelgedicht. Da jedoch das Äußere auch nur für das Innere dasteht, sind wir trotzdem darauf angewiesen, Deutungen zu suchen. Wir wagen sie in der Bereitschaft, unsern Rücken jederzeit den gut gezielten, aber wohlgemeinten Schlägen Yüan-wu's darzubieten.

In der Hölle geht es heiß her. Die vielen Sünder dürfen keinen Augenblick Ruhe haben. Die Höllenknechte mit ihren Marterwerkzeugen sind beständig unterwegs. Kaum ist der eine mit dem Ochsenkopf hinaus, kommt schon der andere mit dem Pferdekopf wieder herein. Den armen Seelen flimmert es vor den Augen. – Genau so macht es der Hexenmeister Hsüä-fëng seinen Schülern. Kaum stellen sie sich die ganze große Erde vor, hat er schon ein Reisährchen daraus gemacht; noch ehe sie es sehen, wirft er es vor sie hin und schon ist es verschwunden. Schnell sollen sie das ganze Kloster in Bewegung setzen und wissen doch im voraus, daß sie nirgends etwas anderes finden werden, als immer nur eben diese große, weite Welt, die der Meister gerade erst weggeworfen hat.

Das zuckt wie Blitze im Gewitter hin und her, aus etwas wird nichts, aus nichts wieder etwas. Und eben dies will Hsüä-fëng sagen. Die ganze Welt wie ein Reisährchen in die Hand nehmen und in ihre eigene Leere hinausschnellen, so daß sie weg ist, und dann gleich mit dem nun freien Herzen die bunte Fülle der Erscheinung so nehmen, wie sie ist, in ihrem Leid und ihrer Herrlichkeit, und diesen Zug und Gegenzug von Augenblick zu Augenblick beständig wiederholen, das ist die Geste, die seine Hörer lernen sollen.

Es handelt sich also nicht um irgendeine Art von Kosmologie, um philosophische Betrachtungen über groß und klein oder gar um magische Künste. Um dies deutlich zu machen, erinnert Hsüä-dou's Gesang an das Innerste, das Hsüä-fëng's Hexerei zugrunde liegt, an die jedem eingeborene ›Buddhanatur‹, an den Seelengrund, der wie ein Spiegel in sich leer und bildlos ist und eben darum alle Bilder in sich aufnimmt. Aber schon damit zieht er sich Yüan-wu's leichten Tadel zu: er lasse sich ins Gras fallen; und gar unsere soeben gebrauchten schönen Worte von Buddhanatur und Seelengrund würde er bestimmt mit dem Stock quittieren. Um diesen Spiegel also hat es in der Geschichte des Zen eine denkwürdige Auseinandersetzung gegeben, in welcher der uns schon bekannte Pilger Lu, d. i. der nachmalige Sechste Patriarch Hui-nëng, die entscheidende Klärung herbeiführte. Die Tradition berichtet:

Der schlichte Laienpilger Lu hatte etwa sieben Monate bei dem Fünften Patriarchen Hung-jën[1] in der Reisscheuer des Klosters Reis gestampft, als der Meister in der Absicht, einen des Patriarchates würdigen Nachfolger herauszufinden, seinen Mönchen aufgab, ein Gedicht über das ›Herz‹, d. h. den Geist, zu verfassen. Der begabteste unter ihnen, Schën-hsiu, galt im Kloster bereits als derjenige, auf den die Wahl des Meisters fallen werde, und ein Gedicht, das er nachts heimlich an die Wand des Klosterflurs schrieb, bestärkte sie in dieser Erwartung um so mehr, als auch der Meister es in Gegenwart der ganzen Bruderschaft lobte. Schën-hsiu verwendet darin zwei in der buddhistischen Tradition beliebte Bilder: erstens den sogenannten Bodhi-Baum, unter welchem der Buddha in den Wäldern von Uruvela im Lande Magadha einst die Erleuchtung fand; zweitens den chinesischen Spiegelständer, ein hölzernes Gestell mit dem Bronzespiegel darauf, der im Zen nicht, wie bei der Kunstbetrachtung, wegen seiner reliefierten Rückseite mit ihren kosmologischen Symbolen interessiert, sondern wegen seiner glatten Oberfläche, welche, wie der Geist, in sich selber bildlos leer, zwar alle Bilder in sich aufnimmt, von ihnen aber unberührt bleibt. Weil Spiegel und Gestell durchweg zusammengehören, ist im Chinesischen der Ausdruck Spiegelständer gleichbedeutend mit dem Spiegel selbst. Das Gedicht lautet:

Gleicht der Leib dem Baume der Erleuchtung,
So der Geist dem klaren Spiegelständer.

[1] Hung-jën, 602–675; japanisch Kô-nin. Traditionstafel II, 5.

Wisch ihn fleißig immer wieder rein!
Laß kein Stäubchen Unrat darauf sein!

Von diesem Vers hörte auch der Pilger Lu in seiner Reisscheuer und schüttelte dazu den Kopf. Er empfand sofort das schülerhaft Unfreie des Gedichts, das sich an Bilder klammert und sie weiterspinnt, als käme für die Sache selbst dabei etwas heraus. In der Nacht nahm er einen Klosterknaben mit sich nach dem Flur und bat ihn, selbst des Schreibens unkundig, neben Schën-hsiu's Vierzeiler den folgenden zu setzen:

Erleuchtung kommt noch immer ohne Baum.
Der klare Spiegel ist auch kein Gestell.
Wo nichts von ewig *ist*, kein einzig Ding,
Wo hinge sich das Stäubchen Unrat hin?

Dieser Vers bezeichnet für die ostasiatischen Zen-Schulen ihre eigentliche Geburtsstunde. Mit ihm hat der ungelehrte Pilger Lu nach ihrer Auffassung das geistige Erbe Bodhidharmas gerettet, es vor der drohenden Verflachung bewahrt und es zugleich aus dem Indischen ins echt Chinesische übersetzt. Während Shën-hsiu aus dem Spiegel eine Sache macht wie andere, die man besitzt und pflegt, die man behalten kann oder verlieren, ist Hui-nëng's Spiegel etwas völlig anderes, nichts, woran sich Staub ansetzt und was der Reinigung bedürfte, er ist nichts, wovon ich sagen könnte, es gehörte mir; denn es ist vor mir und nimmt im besten Falle nur mich ein.
Auch der Fünfte Patriarch war von der Echtheit dieser Aussage des Pilgers Lu betroffen, der noch nicht einmal die Mönchsweihe besaß. Nachdem er Schën-hsiu als den besten seiner Schüler öffentlich gelobt hatte, war die Lage für ihn peinlich. In aller Heimlichkeit ließ er den von der Bruderschaft Beneideten zu sich kommen, übergab ihm das von Bodhidharma vererbte Buddhagewand mit der Almosenschale als Zeichen und Siegel des Geistes und wies ihn an, sich zunächst verborgen zu halten, damit er später, vom Neid der Mönche unbehelligt, als legitimer Sechster Patriarch auftreten könne, um Bodhidharmas echten Geist der Nachwelt weiterzugeben. So wanderte der Pilger Lu denn weit nach Süden, in ein abgelegenes Tal der Provinz Kwangtung, und zog als Meister Hui-nëng (›Erkenntnis vermag's‹) in der seitdem berühmten Tsau-Schlucht eine Schülerschaft heran, aus der die beiden einzigen Meister hervorgegangen sind, auf welche sich, was heute noch den Namen Zen trägt, in ungebrochener Linie zurückverfolgen läßt.
Wenden wir uns wieder dem Gesange Hsüä-dou's zu! »Geht der mit dem Ochsenkopf weg, kommt der mit dem Pferdekopf her« – so geht es auf dieser Welt von Tag zu Tag, von Stunde zu Stunde. Beständig wechseln die Bilder, die schönen wie die schrecklichen, über den Spiegel des Herzens weg. Der Spiegel selbst aber bleibt, wie er ist, leer in sich und ohne Bild. Das ist Hui-nëng's Spiegel; das ist auch Hsüä-fëng's Spiegel.

Das Hexenspiel mit dem Reisährchen ist nur eine Falle, die er stellt. Für ihn selbst ist das Reisährchen von vornherein ein Nichts, und jeder, der es suchen will, betrügt sich selbst. Es ist alles nichts, nur Spiegelung im stillen Grund der Seele.

Aber welch eine Spiegelung! Und was ist es, was in ihr sich spiegelt? Da ist die Erde und der Himmel; da ragen die Berge und strömen die Wasser; da grünt das Gras und sprossen die Bäume. Und im Frühjahr gehen hundertfach die bunten Blumen auf. Für wen denn, und wofür? Um uns Menschen zu ergötzen? Oder zu ihrem eigenen Vergnügen? Ist in alle dem eine Absicht, ein Sinn, den man ersinnen könnte? Ist nicht alles dieses eben einfach da? Und liegt nicht eben darin seine Größe, seine Schönheit, sein unaussprechliches Geheimnis? Hierauf die Aufmerksamkeit zu lenken, lohnte sich allerdings Hsüä-fëngs Aufgebot mit der Trommel. Aber wer vernimmt es? Wer sieht es mit sehenden Augen? Doch nur der reine Spiegel, der in sich selber leer ist. Nur wer die Nichtigkeit der Welt und seiner selbst erkannt hat, sieht in ihr auch die ewige Zier.

Sechstes Beispiel

Yün-men's fünfzehn Tage

Das Beispiel

Wir legen vor:

Yün-men richtete bei der Unterweisung folgende Worte an seine Hörer: Nach den letzten fünfzehn Tagen frage ich euch nicht. Zu den nächsten fünfzehn Tagen kommt mir mit einem Sätzchen daher und redet.
An Stelle der Gefragten sagte er dann selbst: Tag um Tag ist guter Tag.

Zwischenbemerkungen zum Beispiel

»Yün-mën richtete bei der Unterweisung folgende Worte an seine Hörer: Nach den letzten fünfzehn Tagen frage ich euch nicht.« – Halb südlich des Stroms, halb nördlich. [Merkwürdige Grenzziehung, will Yüan-wu sagen, paßt auf, er führt euch auf den Leim!] – Wir können doch solch alten Kalender gar nicht auftreiben! [Versteckter Spott auf die Afterweisheit des chinesischen Kalenders, der jedem Tag seinen genauen Ort im Spiel der kosmischen Kräfte anweist, wonach es sich für jeden Tag genau berechnen ließe, ob er Glück bringt oder Unglück, und wieviel von jedem.]
»Zu den nächsten fünfzehn Tagen kommt mir mit einem Sätzchen und redet!« – Da ist auch nichts anderes zu sagen, als daß sie am Morgen anfangen und am Abend zu Ende gehen. – Aber nur ja nicht damit herkommen, daß der nächste Tag der sechzehnte ist! – Die Tage und die Monde, die fließen so dahin! [Was soll man da ausgerechnet zu den nächsten fünfzehn Tagen sagen?]
»An Stelle der Gefragten sagte er dann selbst: Tag um Tag ist guter Tag.« – Das heiße ich zusammengefaßt! – Da mögen die Krabben noch so Sprünge machen, aus diesem Scheffel kommt keine heraus. [Diesem Ausspruch kann sich keiner entziehen; jeder sollte so sagen können.] – Wer hätte auch ein Haus, das nicht der Mond beschiene und reiner Wind umwehte? – Oder weißt du doch ein solches? – Der Meergott [sagt man ja] kennt alle seine Schätze und weiß nicht, was sie wert sind.

Yün-mën hatte zunächst Mu-dschou aufgesucht. Dieses Meisters inneres Triebwerk war wie ein Wirbelwind mit Blitz und Donner, oder wie ein steiles Ufer, an dem es schwer ist, anzulegen. Er hatte seine eigene Art, die, welche ihn aufsuchten, zu behandeln. Kaum hatte jemand über die Schwelle seines Klostertors den Fuß gesetzt, so packte er ihn fest und herrschte ihn an: Rede! rede! Wenn dann der andere zu stottern anfing und nichts herausbrachte, stieß er ihn zurück, schalt ihn »Bohrmaschine aus der Tjin-Zeit« und warf ihn hinaus[1].

Yün-mën fing nun an, immer wieder zu kommen. Beim dritten Besuch hatte er kaum an das Tor geklopft, als Mu-dschou von innen fragte: Wer da? Yün-mën antwortete: Wën-yän. Kaum hatte Mu-dschou aufgemacht, da sprang Yün-mën über die hohe Schwelle hinein. Mu-dschou griff ihn fest und rief: Sag was! Sag doch was! Yün-mën machte Miene, etwas zu sagen, wurde aber [noch ehe er etwas Brauchbares hervorbrachte] zum Tor hinausgestoßen. Da er aber den einen Fuß noch innerhalb der Schwelle hatte und Mu-dschou mit einem Ruck den Türflügel zustieß, so brach er sich ein Bein und schrie vor Schmerz laut auf. In demselben Augenblick kam ihm die große Einsicht. In der Folgezeit war seine Art zu reden, wenn er anderen Anleitung gab, ganz und gar dem Muster Mu-dschou's nachgebildet. Nach diesem Vorfall hielt sich Yün-mën drei Jahre lang im Haus des Bezirksmandarins Tschën Tsau auf[2].

Mu-dschou war es, der Yün-mën anwies, Hsüä-fëng aufzusuchen. Dort angekommen, trat er aus der Hörerschaft vor und richtete an Hsüä-fëng die [zentrale, von jedem Suchenden irgendeinmal erhobene] Frage: Welche Bewandtnis hat es mit Buddha? Hsüä-fëng erwiderte: Sprich doch nicht im Schlaf! Daraufhin verneigte sich Yün-mën tief und blieb volle drei Jahre bei Hsüä-fëng. Endlich, eines Tages, fragte ihn dieser: Wie steht es denn jetzt um deine Sicht? Yün-mën antwortete: Sie weicht von der der Heiligen der früheren Zeiten nicht um ein Fädchen ab.

Ling-schu hatte zwölf Jahre hindurch nicht daran gedacht, sich um einen Vorsitzer zu bemühen. Er pflegte zu sagen: Mir ist ein Vorsitzer geboren. Oder: Mein Vorsitzer hütet seinen Büffel [übt sich in der Meditation]. Oder aber: Mein Vorsitzer ist auf der Pilgerfahrt. Eines Tages ließ er

[1] Der berühmte und berüchtigte ›Erste Kaiser‹ der Tjin-Dynastie begann im Jahr 212 v. Chr. Geb. in der Nähe der heutigen Stadt Si-an-fu mit 700000 Kriegsgefangenen den Bau eines riesenhaften Palastes, O-fang-Schloß genannt, wobei man zum Fügen der mächtigen Stämme Drillbohrer mit maschinellem Antrieb benützte. Zwei Jahre später starb er weg. Der Bau blieb unvollendet und die riesenhaften Bohrmaschinen blieben ungenutzt liegen.

[2] Dieser war ein Laienjünger Mu-dschou's, bei welchem Yün-mën vermutlich sein Bein ausheilen lassen sollte. Zugleich übten sich die beiden aber auch gemeinsam in der Meditation, woraus sich mancherlei Gespräche ergaben; davon zeugt das 33. Beispiel unserer Sammlung.

plötzlich die Glocke schlagen, damit die ganze Bruderschaft sich am Tor versammle, um den Vorsitzer zu empfangen. Alle standen in verwundertem Gemurmel. Richtig kam Yün-mën daher, und Ling-schu bat ihn alsbald in die Klause für den Vorsitzer herein und ließ ihn sein Reisebündel aufschnüren. Ling-schu hieß bei den Leuten gemeinhin der Heilige Alleswisser. Er wußte, was geschehen war, und sagte alles Künftige voraus.

Der König Liu, der Herrscher von Kwang-tung, welcher einmal im Begriff stand, für einen Kriegszug Truppen aufzubieten, suchte eines Tages höchst persönlich das Ling-schu-Kloster auf und bat den Meister, zu entscheiden, ob er Glück haben werde oder Unglück. Ling-schu hatte das bereits vorausgesehen. Hoch erfreut setzte er sich zur Versenkung [auf den Meistersessel] und – ging in die Verwandlung über. Der Herr von Kwang-tung fragte zornig: Seit wann denn war der Meister krank? Der Aufwärter erwiderte: Der Meister ist noch niemals krank gewesen; er hat aber eines Tages dieses Kästchen hier versiegelt und den Auftrag gegeben, es dem König, wenn er einmal kommen würde, darzubieten. Als der Herr von Kwang-tung den Verschluß erbrochen hatte, fand sich in dem Kästchen ein Schriftstück, darin stand: Der, auf den der Menschen und der Götter Augen blicken, ist der Vorsitzer in dieser Halle. Der Herr von Kwang-tung, der begriff, wie es gemeint war, stand von seinem Kriegsplan ab und bot Yün-mën an, als öffentlicher Meister die Leitung des Klosters zum Wunderbaum zu übernehmen. Erst später wählte dieser den [Wolkentorberg oder] Yün-mën-schan zum Wohnsitz.

Zur Eröffnung seiner Tätigkeit im Ling-schu-Kloster hielt Yün-mën eine Predigt über das Gesetz des Buddha. Unter den Anwesenden befand sich ein hoher Offizier aus dem Gefolge des Königs namens Djü. Der richtete an den Meister die [ungehörige, auf den Namen Wunderbaum-Kloster spöttisch anspielende] Frage: Ist jetzt das Obst am Wunderbaum wohl reif geworden, oder noch nicht ganz? Yün-mën gab zur Antwort: In welchem Jahre haben Sie denn sagen hören, es sei unreif?

Eines Tages lud der König Liu den Meister Yün-mën zum ›Sommeraufenthalt‹ in seinem Schlosse ein. [Gemeint ist der den Mönchen anbefohlene Gemeinschaftsaufenthalt während der Regenzeit, vârschika genannt, zu welchem schon zu Buddhas Zeiten die Könige und Vornehmen es sich zur Ehre anrechneten, ihre Gärten und Lusthäuser zur Verfügung zu stellen.] Mit Yün-mën zusammen waren auch andere angesehene Äbte geladen. Alle ließen sich von den Vornehmen des Hofes über die Lehre befragen und hielten Reden über das Buddhagesetz. Nur Yün-mën allein sagte kein Wort, und es war auch niemand, der sich ihm vertraulich genähert hätte. Einer der Hofbeamten aber verfaßte ein Gedicht, das er im Smaragdsaal des Palastes an die Wand hängte. Es lautet:

Erst Versenkung nährt in uns der Großen Weisheit Licht.
Versenkung ist zum Schweigen gut, zu Lärm und Streite nicht.
Die Kunst des vielen Redens reicht nicht an die Wirklichkeit,
Sie räumt das Feld vor Yün-mën's Geist, der überhaupt nicht spricht.

Yün-mën liebte für gewöhnlich, was er das ›Zen der drei Worte‹ nannte. Das heißt, er gab auf die meisten Fragen einfach die dreifache Antwort: Bedenke! Beachte! Verstanden?? Ferner pflegte er auch, was er das ›Zen des einen Wortes‹ nannte. Ein Mönch legte ihm einmal die Frage vor: Wer Vater oder Mutter tötet, kann vor dem Buddha beichten; vor wem kann aber einer beichten, der einen Buddha oder Patriarchen tötet? Yün-mën gab zur Antwort: Lù [offenkundig! in dem Sinn: die Tat ist ohnedies offenkundig, es gibt überhaupt nichts Verborgenes].
Ein anderer fragte: Was ist die Fülle echter Wahrheitsschau? Yün-mën antwortete: Allgemein! [d. h., es hat sie jedermann, obwohl sie doch das unergründlichste Geheimnis ist]. An seinen Aussprüchen gab es einfach nichts zu rütteln und zu deuteln. Oft pflegte er einen Mönch gerade dann zu schelten, wenn dieser überhaupt nichts Besonderes getan hatte. Wenn er so ein Wort fallen ließ, so lag es da wie ein eiserner Pflock.
Aus seiner Schule gingen später vier weise Männer hervor: Schou-tschu vom Dung-schan [der Meister, von dem das 12. Beispiel handelt], Schï-kuan von Dschï-mën, Yüan-mi vom Dö-schan und Tschëng-yüan vom Hsiang-lin-Kloster[1]. Dieser Hsiang-lin diente Yün-mën achtzehn Jahre lang als Aufwärter. Die ganze Anleitung, die der Meister ihm gab, bestand darin, daß er ihn von Zeit zu Zeit anrief: Aufwärter Yüan! Wenn dann dieser antwortete: Jawohl! sagte Yün-mën nur: Was heißt das? So trieben sie es achtzehn Jahre lang miteinander, bis Yüan eines Tages endlich begriff. Yün-mën sagte: Künftig rufe ich dich nicht mehr so.
Bei der Anleitung, die er seinen Schülern gab, bediente er sich in der Regel der Methoden Mu-dschou's. Er war schroff wie eine Steilküste, an der es fast unmöglich ist, ein Fahrzeug anzulegen. Er besaß Beißzange und Hammer, um den Leuten die Nägel aus dem Kopf zu ziehen und ihre Pflöcke auszureißen. Hsüä-dou sagt von ihm:

> Lieb ist mir der Handgriff, der in Schau-dschou ihm gelang.
> Pflock und Nägel zog den Leuten aus er lebenslang.

Die vorliegende Frage nun leitete er mit den Worten ein: Nach den letzten fünfzehn Tagen frage ich euch nicht. Zu den nächsten fünfzehn Tagen kommt mir mit einem Sätzchen daher und redet! Das schneidet alle tausend Unterschiede an der Wurzel ab und geht über heilig und gemein hinweg. Und an Stelle der Hörer gibt er selbst die Antwort: Tag um Tag ist guter Tag. Schon die ersten Worte »nach den letzten fünfzehn Tagen« usw. schneiden alle tausend Unterschiede ab. Und ebenso tun das die Worte »zu den nächsten fünfzehn Tagen« usw. Er sagt ja nicht etwa: Morgen ist der sechzehnte.
Die Späteren ziehen ihre Deutung einfach aus dem Wortlaut. Aber das hat mit der Sache nichts zu tun. Wenn dieser Yün-mën solche [neuartige]

[1] Aus seiner Schule ist der Lehrer Hsüä-dou's, des Urhebers unserer Beispielsammlung, hervorgegangen, vgl. das 17. Beispiel.

Lehrweise einführt, so kann er das nur in der Absicht tun, der Menschen Bestes zu suchen [und das, meint Yüan-wu, besteht eben darin, sie über alle Unterscheidung, über alles Einzelne, Besondere hinauszuführen]. Am Ende seiner Frage gibt er selbst die Antwort: Tag um Tag ist guter Tag. Dieses Wort geht durch Vergangenheit und Gegenwart glatt hindurch, schneidet jede Unterscheidung von zuvor und nachher an der Wurzel ab. Ich selbst, der Mönch vom Berge, gehe bei der Deutung Yün-mën's hier vom Wortlaut aus. [So schwer ist diesem Ausspruch beizukommen!] Ich muß mich eher selbst in bessere Zucht nehmen, als die andern tadeln. Wer es aber durchschaut, der wird merken, wie diese Alten es meinen. Seht, wie Hsüä-dou um die Worte Yün-mën's seine eigenen Ranken windet!

Gesang

EINES läßt er liegen,
holt sich dort dafür sieben.
Dem ist nichts oben, unten,
ringsum zu vergleichen.
Feierlich schreitet der Fuß
auf dem Rauschen der strömenden Wasser.
Trunken zeichnet der Blick
die Spur des fliegenden Vogels.
Wirres Steppengestrüpp!
Dicht in Nebel und Qualm!
Auf Subhûti's Felsensitz wirbelt es
Blumen herab.
Tust uns leid, wir schnalzen dich weg,
Schunyata, Leerheitsgeist.
Steht fest und unverrückt!
Sonst fallen dreißig Hiebe!

Zwischenbemerkungen

»Eines läßt er liegen.« – Das verschafft ihm gleich sieben, acht Löcher! [Wahrscheinlich schwebt das Bild eines Glücksspiels vor, bei dem man Steine in Grübchen rollen läßt.] – Worauf will er denn hinaus? – Er verzichtet also auf den ersten Stein, den er setzen dürfte. [Er geht auf die Frage, die er selbst gestellt hat, überhaupt nicht ein; die »nächsten fünfzehn Tage« sind ihm gleichgültig.]
»Holt sich dort dafür sieben.« – Gar nichts holt er sich heraus! [Denn das, wonach er greift, ist ungreifbar.] – Er läßt im Gegenteil nichts liegen. [Denn das, was er sich holt, ist allumfassend.]

»Dem ist nichts oben, unten, ringsum zu vergleichen.« – Was ist es dann, womit es sich vergleichen läßt? [Immer nur Es mit sich selbst.] – Oben der Himmel? Unten die Erde? Und alles rings in den vier Windrichtungen? [Sollte es etwas derart Unvergleichliches überhaupt geben?] – Was gibt es da denn zu vergleichen? [Wozu überhaupt noch so tun, als sei da eine Zweiheit?] – Was soll ich nur auch mit dem Stock hier in der Hand anfangen? [Er zuckt, er juckt, als wolle er losschlagen. Yüan-wu kann, im Innersten ergriffen, beim Anblick seiner halb verschlossenen Schüler kaum noch an sich halten.]
»Feierlich schreitet der Fuß auf dem Rauschen der strömenden Wasser.« – Frage nicht darnach, was der Fuß unter sich hat! – Aber so etwas sich selber einverleiben und ganz darein eindringen, das ist schwer! – Jetzt ist er in ein Dickicht von Schlingranken hineingeraten! [Der Dichter, Hsüä-dou, hat sich in heillose Schwärmerei verlaufen!]
»Trunken zeichnet der Blick die Spur des fliegenden Vogels.« – In den Augen drin ist davon aber nichts bekannt geworden! – Eine feldfuchsmäßige Art, die Dinge anzusehen! – Er steckt noch immer in dem Rankendickicht drin.
»Wirres Steppengestrüpp!« – Jetzt zieht er sich den Pfeil aus dem Hinterkopf und schießt ihn auf den Gegner zurück! – Was ist das für eine neue Meldung? – Er fällt in die gemeine Wirklichkeit herunter!
»Dicht in Nebel und Qualm!« – Er kommt noch immer nicht aus seinem Loch im Rankendickicht heraus. – [Aber seht nur hin:] Unter seinen Füßen bildet sich Gewölk! [Schon erhebt er sich darüber.]
»Auf Subhûti's Felsensitz wirbelt es Blumen herab.« – Wo ist denn der? – Ein Schnurrpfeifer! – Durchschaut!
»Tust uns leid, wir schnalzen dich weg, Schunyata, Leerheitsgeist!« – Auf allen vier Seiten, in allen acht Richtungen ist das Dharma-Element in seiner ganzen Fülle gegenwärtig! [Jedes kleinste Teilchen der Erscheinungswelt, jeder Zeitmoment, jeder Gedanke ist voll der ganzen Wahrheit.] – Bringt doch ein ordentliches Wort daher und greift damit dem Leerheitsgeist da in die Nüstern! Redet! – Wo bleibt er dann?
»Steht fest und unverrückt!« – Wo bleibt denn, was er vorher gesagt hat? [Hsüä-dou ist doch selbst soeben aus der Begeisterung zum »wirren Steppengestrüpp« umgeschwenkt!] – Was aber, wenn nun doch einer in Bewegung gerät?
»Sonst fallen dreißig Hiebe!« – Stelle er [der Dichter] sich nur aus freien Stücken selbst dem Stock! – Und jetzt wird gehauen!

Erläuterung des Gesangs

Die Art, wie Hsüä-dou hier den alten Meister rühmt, zeigt seine Kunst so, wie sie ist. Zuerst [in den zwei ersten Versen] schwingt er das edle Schwert des Königs diamantener Wahrheit. Und hat er das erledigt, gibt er hintennach etwas nach eigenem Geschmack und Stil zum besten. Und doch gehen die beiden Teile letztlich nicht auf zweierlei Auffassungen zurück.

»Eines läßt er liegen, greift sich dort dafür sieben.« Die meisten wollen das einfach arithmetisch deuten, indem sie sagen, das ›Eine‹, was er liegen lasse, seien die ›letzten fünfzehn Tage‹. Aber Hsüä-dou spricht diese beiden Sätze gleich zu Anfang in einem Zug zu Ende, setzt darunter [mit dem zweiten Vers] sein Siegel, und eben damit macht er das Ganze deutlich und läßt es die Leute sehen: »Eines läßt er liegen, holt sich dort dafür sieben.« Wer sich darüber Rechenschaft geben will, soll nur ja nicht auf einzelne Worte und Sätzchen losfahren. Warum? Was haben denn tatarische Weizenfladen für einen Geschmack? [Antwort: gar keinen! Ebensowenig haben einzelne Worte für sich Geist und Sinn. Es muß alles von der Gesamtauffassung des Redenden her verstanden werden.] Die Menschen bleiben eben meist in ihren Bewußtseinszuständen stecken. Hier aber gilt es, in das vorzudringen, was der Bildung von Worten und Sätzchen vorausgeht. Erst von da aus wird man [das, was Hsüä-dou sagen will] verstehen können. Wo das Große Wirken in Erscheinung tritt, da stellt das richtige Verständnis sich von selber ein.

Darum hat der Alte aus dem Stamm der Shâkya nach Vollendung seines Wegs [zur Buddhaschaft] im Lande Magadha noch dreimal sieben Tage lang Dinge, wie die folgenden, bei sich bedacht: »Der Aspekt der stillen Nichtigkeit der Daseinselemente läßt sich mit Worten nicht beschreiben. Besser täte ich daran, dieses Gesetz der Wahrheit gar nicht zu verkünden, vielmehr alsbald in das Nirvâna einzugehen.« Was diesen Punkt [der Nichtigkeit und Leerheit] anbetrifft, ist es also zwecklos, den Mund auftun zu wollen. Es kommt dabei nichts heraus. Indem der Buddha aber dann erzieherische Notbehelfe zur Belehrung anwandte, hat er nachher doch jenen fünf Mönchen gepredigt und brachte es seitdem bis auf dreihundertfünfzig Versammlungen, in denen er die Lehren seiner ganzen Lebenszeit verkündet hat[1]. All das sind für ihn stets nur Notbehelfe.[2] In diesem Sinne hat er seine kostbaren Gewänder abgelegt, ein Kleid aus schlechten Lumpen angezogen, und sich, weil ihm nichts anderes übrig blieb, mit den oberflächlichen und naheliegenden Lehren, die das Tor der Wahrheit zweiter Ordnung in sich schließt, befaßt, um auf diesem Weg die Herren anzulocken. Hätte er die ganze Wahrheit überwärtiger Richtung bieten sollen, er hätte auf der weiten Welt nicht einen ganzen, nicht einmal einen halben Menschen [der ihn verstanden hätte] finden können.

Saget mir einmal: Was ist es um den ersten Vers in diesem Gesang?

[1] Von dem Gesamtkomplex der Lehren Buddhas in den verschiedenen Perioden seines Lebens, wie ihn das Mahâyâna auffaßt, handeln das 14. und 15. Beispiel.

[2] Upâya, Kunstgriffe, um es den Unverständigen zu erleichtern und sie wenigstens in den Vorhof ewig gültiger Wahrheit zu führen.

Hier deckt Hsüä-dou Sinn und Absicht [der Worte Yün-mën's] ein klein wenig auf, damit die Menschen es sehen können. Da siehst du nämlich nach oben hin nichts davon, daß dort Buddhas sind, nach unten nichts davon, daß es da heilsbedürftige Wesen gibt. Da siehst du nach außen hin nichts mehr von Bergen, Flüssen und der großen Erde, nach innen nichts davon, daß du Gesicht, Gehör und Wahrnehmungen hast. Das ist ähnlich wie bei einem Menschen, der den großen Tod gestorben ist und dabei im Gegenteil das Leben findet. Gewinn und Schaden, gut und schlecht, alles klappt er zu einem Blatt zusammen, und kommt dann Einzelnes ihm nacheinander zwischen die Finger, so hat er gegen nichts davon irgend etwas einzuwenden.

Hast du das einmal hinter dir, so wirst du in der Anwendung aufs tägliche Leben nie das Richtige verfehlen. Dann erst sieh dir einmal an, was hier gesagt ist:

Eines läßt er liegen,
holt sich dort dafür sieben.
Dem ist nichts oben, unten,
ringsum zu vergleichen.

Wenn dir der erste dieser beiden Verse durchsichtig geworden ist, dann wirst du alsbald auch den zweiten verstehen: Dem ist nichts oben, unten, ringsum zu vergleichen. Dann werden alle bunten Erscheinungen deiner Außenwelt, Gras und Kräuter, Mensch und Vieh, eins ums andere nacheinander jeweils ihren eigenen Hausbrauch [d. h. die nur ihnen eigene Art zu sein] dir bis ins Kleinste kundtun. Darum heißt es[1]:

Wesen in der Bilder Hülle,
einzig offenbar,
Mir nur spät, erst auf mein Jawort,
innig nah und wahr!
Jahrlang säumte ich am Wege,
suchte fremdes Gut,
Sehe jetzt: ich war ein Brocken
Eis in Feuerglut.

»Über dem Himmel und unter dem Himmel bin ich allein erhaben[2]«. Die Menschen haben stets die Neigung, den Ausläufern und Enden einer Sache nachzugehen, anstatt nach ihrem Ursprung zu suchen. Hat man erst einmal den Grund und Ursprung [seiner selbst und aller Dinge] gefunden, so geht alles, was sich begibt, natürlich zu: wie der Wind weht, neigt sich das Gras; wo Wasser fließt, gibt es ein Rinnsal.

»Feierlich schreitet der Fuß auf dem Rauschen der strömenden Wasser.« Geht man langsam und gemessen, dann ist die ganze große Weite erfüllt vom Rauschen des strömenden Wassers. Dann schreitet man in gewissem Sinn auch hindurch.

»Trunken zeichnet der Blick die Spur des fliegenden Vogels.« Du gibst dem Auge freie Bahn zu einer einzigen umfassenden Schau. Dann geht es dir auch beim Verfolgen der Spur eines Vogels so, daß du selbst sie zeichnest. In dieser Verfassung macht auch das keine Schwierigkeit, was [von dem Bezwinger der Hölle] gesagt ist:

Der Kessel brodelt, der Ofen loht:
Er bläst und löscht ihre Glut.
Der Schwerterbaum droht, der Messerberg starrt:
Er schilt; sie zerfallen in nichts.

Aber an dieser Stelle sorgt sich nun Hsüä-dou in seiner erbarmenden Güte, die Menschen möchten in diesem Element[3] des Losseins von den Dingen sitzen bleiben, und sagt deshalb umgekehrt: »Wirres Steppengestrüpp, dicht in Nebel und Qualm.« Er setzt also [auf die herrliche Szene, die er soeben geschildert hat] den Deckel auf, stülpt das Ganze um, und stracks hat er um sich »wirres Steppengestrüpp, dicht in Nebel und Qualm«. Saget mir einmal: Was sind denn das für Menschen, denen das ihre Welt ist? Könnte man etwa behaupten, es seien jene, denen »Tag um Tag guter Tag« ist? Das hat doch hoffentlich nichts miteinander zu tun! Aber gleich haben wir es heraus: mit dem »feierlichen Schreiten auf dem Rauschen strömender Wasser« ist es also nichts; und nichts mit dem »trunkenen Blick«, der »die Spur des fliegenden Vogels zeichnet«. Es ist auch nichts mit dem »wirren Steppengestrüpp«, und wieder nichts mit »Nebel und Qualm«.
Aber so gewiß es mit alledem nichts ist, so geschieht nun richtig, was er sagt: »Auf Subhûti's Felsensitz wirbelt es Blumen herab.« Man muß eben auch den Rückweg aus jener Gegend [absoluter Leerheit] gegangen sein, dann erst hat man es gewonnen. Seht einmal her!
Subhûti[4] saß in schwebender Ruhe mitten zwischen den Felsen. Zu seinem Lobpreis ließ die Schar der Himmelsgötter Blumen auf ihn regnen. Der Ehrwürdige sprach: Da läßt man aus dem leeren Raume Blumen zum Lobpreis regnen! Wer ist denn das wieder? Vom Himmel kam die Antwort: Ich bin es, Shakra, der Herrscher des Himmels[5]. Der Ehrwürdige

[1] Berühmtes Gedicht von Tschang-tijng Hui-lĕng, auch einem Schüler Hsüä-fĕngs', entstanden im Augenblick des großen Erwachens, als seine Sicht mit der des Meisters erstmals übereinstimmte.

[2] Nach frommer Überlieferung die ersten Worte des neugeborenen Buddhaknäbleins, von welchen gleich der Hinweis zu dem nächsten Beispiel sagt, daß sie als etwas Unaussprechliches zu fassen sind, was aller menschlichen Rede weit vorausgeht. Hier führt Yüan-wu sie deshalb an, weil sie zu dem ersten der vier Verse Tschang-tjing's die geheime Deutung geben.

[3] Indisch: dhâtu; man könnte auch übersetzen: in diesem Erfahrungsbereich.

[4] Der entschiedenste Verkünder und Deuter der Leerheitsschau in den Sutren von der vollkommenen Erkenntnis oder Prajnâpâramitâ.

[5] Shakra, ›der Gewaltige‹, ist schon in den Veden ständiger Beiname für Indra, den König der Götterscharen des Luftkreises.

fragte: Was spendest du mir Lobpreis? Der Himmelsgott antwortete: Wir achten es gewichtig, wie trefflich der Ehrwürdige die Prajnâ-pâramitâ auslegt. Der Ehrwürdige versetzte: Ich habe in dem Punkt Prajnâ noch nie ein Wort gesprochen; was spendest du mir Lobpreis? Der Himmelsgott versetzte: Wo nichts gesprochen wird, da wird bei mir auch nichts gehört. Ungesprochen, ungehört, das ist wahrhaftige Prajnâ. Und abermals bewegte er die Erde und ließ Blumen regnen.
Von Hsüä-dou gibt es auch noch folgenden Gesang[1]:

Vom Regen halten sich noch Wolken
im halb schon offenen Tag.
Die Gipfel sind, wie wenn ein Pinsel
tiefblaue Zacken malt.
Der Leere, selber nicht der Felsen,
darin er sitzt, gewahr,
Ruft Himmelsblumen auf sich nieder,
erregt die Erde gar.

Wenn also der Himmelsherrscher [angestachelt durch Subhûti's unerschütterliches Verharren im Bereich der Erkenntnis absoluter Leerheit] die Erde erbeben und Blumen regnen läßt, wenn es [nämlich die entschlossene Verfolgung jener Leerheitsschau bis in ihre letzten Konsequenzen] diese Folge nach sich zieht: wo soll der ›Leere‹ sich dann noch verbergen? [Dann ist sein abgeschiedenes Felsversteck durch die Bewunderung der Götter und der Menschen aufgebrochen, dann muß er heraus und doch wieder in die Welt und unter die Menschen treten.]
Weiter sagt Hsüä-dou auch folgendes[2]:

Willst es fliehen? Ich befürchte,
du entfliehst ihm nicht.
Welt und Leben hat kein Draußen;
All ist voll und dicht.
Ängstlichkeit und Unruh kommen
nie mit sich zu Rand.
Ringsher wehn dir würzige Winde
Blumen aufs Gewand.

Da habt ihr es, gerade wie es ist. Auch die reine, splitternackte Blöße, rötlich und frisch besprengt, wobei auch nicht das feinste Härchen eines Fehlers und Gebrechens mehr zu sehen ist, auch das ist nicht die letzte, höchste Norm.
Aber was ist letzten Endes dann das Richtige? Nun, seht euch an und nehmet auf, was weiter dasteht! Da heißt es: »Tust uns leid, wir schnalzen dich weg, Schunyata, Leerheitsgeist!« Das Sanskritwort Schunyata bedeutet den Geist oder Gott der Leerheit; es macht aus dem Leeren ein Wesen, eine Person[3]. Dieser Schunyata ist zwar ohne Leib, nimmt aber

Berührung wahr, und nur weil er vom Licht des Buddha bestrahlt wird, erscheint er in leiblicher Gestalt. Wenn nun du es soweit gebracht hast, diesem Geist der Leerheit, Schunyata, ähnlich zu werden, gerade dann ist für Hsüä-dou die Zeit gekommen, daß er mit dem Finger schnalzt und du ihm leid tust[4].

Endlich sagt er noch: »Steht fest und unverrückt! Sonst fallen dreißig Hiebe!« Wie aber, wenn doch einer in Bewegung gerät? Dann dämmert er bei hellem Sonnenschein und unter blauem Himmel mit offenen Augen dösig vor sich hin.

[1] In seiner Sammlung »die Auserlesenen unter unsern Vätern«, Dsu-ying-dji.

[2] Ebenfalls in der Sammlung Dsu-ying-dji, Nr. 12, in einem dem scheidenden Vorsitzer Schan-tjiän gewidmeten Gedicht, welcher, wie es scheint, auch zu einseitiger Abgeschiedenheit neigte.

[3] Dies ist freilich eine chinesische Mißdeutung, welche zeigt, wie schwer es den Chinesen fiel, die ihrer Formenlehre fremde, den indogermanischen Sprachen aber geläufige Unterscheidung von Adjektiv und davon abgeleitetem abstrakten Substantiv zu verstehen. Das indische Shûnyatâ ist einfach das von dem Eigenschaftswort shûnya = leer abgeleitete Hauptwort und bedeutet Leerheit. Yüan-wu legt sich die Sache auf seine Art weiter zurecht.

[4] Dem Fingerschnalzen wird in den Erklärungen eine doppelte Bedeutung beigelegt. Zunächst dient es dazu, sich bemerkbar zu machen, z. B. wenn man zu andern in die Haustür tritt; überhaupt, um andere aufzurufen oder zu warnen; energischer aber schnalzt man mit dem Finger auch, um Unerwünschtes abzuwehren, und in diesem Sinne meint es Hsüä-dou im Gesang.

Yün-mën, Hsüä-fëng's großer Schüler

An die Spitze der geistigen Ahnenreihe, welche er in seiner Sammlung vorführt, hatte Hsüä-dou, wie es sich gebührt, das erhabene Bild des Patriarchen Bodhidharma gestellt. Dann war er auf der Leiter der Generationen sofort um eine Zahl von Stufen heruntergestiegen, hatte sogar den so wichtigen Sechsten Patriarchen übergangen und sich zunächst derjenigen Linie zugewandt, die von dem Meister Nan-yüä (oder Südhorn, japanisch Nangaku) abstammt, dessen nächster Schüler der Großmeister Ma (vom 3. Beispiel) gewesen ist. Im 4. Beispiel dagegen hat er sich mit seiner Schilderung des hochgemuten Dö-schan der älteren von dem Sechsten Patriarchen abgezweigten Linie, nämlich der des Meisters Tjing-yüan (oder Grünheide), zugewandt, und zwar gleich mit einem großen Schritt herunter auf die elfte Stufe der mit Bodhidharma beginnenden Leiter. Und nun ist es bezeichnend, daß er diese Linie auch durch die beiden nächsten Kapitel beharrlich weiter verfolgt. Nach Döschan kommt sein Schüler Hsüä-fëng oder Schneekuppe, an die Reihe, und hier, im 6. Beispiel, nunmehr der größte aus der Schar der Schüler Hsüä-fëng's, Yün-mën (oder Wolkentor). Damit ist bereits die dreizehnte Stufe der absteigenden Staffel erreicht, und zwar auf derjenigen Linie, welche in direktem Abstieg auf Hsüä-dou selber führt, den Nachfolger des Yün-mën auf der 16. Stufe, nach nur drei Generationen. Nimmt man hinzu, daß auch die Mitschüler und Schüler Yün-mëns in der Sammlung reichlich vertreten sind, so wird deutlich, wie sehr Hsüädou daran gelegen ist, innerhalb des großen Chors von Meistern gerade diejenigen Stimmen zu Gehör zu bringen, welche ihm seiner eigenen geistigen Herkunft nach besonders vertrauten Klang haben. Keinem aber hat er solche Bedeutung beigemessen, wie Yün-mën, dem er denn auch nicht weniger als achtzehn Kapitel seiner Sammlung widmet.

Hat schon Hsüä-fëng die Dynastie Tang um zwei Jahre überlebt, so fällt Yün-mën's Mannes- und Greisenalter fast ganz in die Periode der Zerrissenheit des chinesischen Reiches, welche der neuen Einigung unter dem Hause Sung im Jahre 960 vorausging. Merkwürdigerweise finden sich in der schriftlichen Überlieferung keinerlei Angaben, aus denen sein Geburtsjahr sicher zu errechnen wäre. Erst der japanische Gelehrte Tokiwa Daijô hat auf einer Forschungsreise zu geschichtlich wichtigen Stätten des chinesischen Buddhismus im Dezember 1928 auf dem Yün-mënschan in der Provinz Kwang-tung zwei diesem Meister gewidmete Gedenksteine aus den Jahren 958 und 964 entdeckt, aus denen einwandfrei hervorgeht, daß Yün-mën im Jahr 864 geboren ist, und zwar in der südwestlich von Schanghai gelegenen Kreisstadt Djia-hsing (Chia-hsing) als Sohn einer Familie namens Dschang. Schon als Knabe allem Gemeinen abgeneigt, war er früh in ein Kloster eingetreten, führte seit der Mönchsweihe den Namen Wën-yän und studierte mit ungemeinem Fleiß und seltenem Gedächtnis, so daß er mit der Zeit in allen wichtigen Schriften des Buddhismus und der chinesischen Klassiker bewandert war. Bei aller Strenge, mit welcher er die Mönchsregeln beobachtete, verfolgte ihn doch eine ständige Unruhe über den letzten Grund der eigenen Existenz, und so begann er, die Zen-Meister des Landes aufzusuchen. In Mu-dschou, dem heutigen Yän-dschou in der Provinz Tschekiang (100 km flußaufwärts von Hang-dschou), wirkte damals ein fast unheimlich strenger Meister (er begegnet uns im 10. Beispiel wieder). In Yüan-wu's Erläuterung haben wir gelesen, was alles der Mönch Wën-yän bei diesem Mu-dschou erlebte, und ebenso, wie er von dort zu Hsüä-fëng kam, der ihm nach einem Aufenthalt von zwei bis drei Jahren das Siegel des Geistes erteilte, also ihn als seinen legitimen Schüler und Nachfolger bestätigte. Wahrscheinlich fanden diese zwei entscheidenden Besuche irgendwann in der Zeit um die Jahrhundertwende oder gar noch früher statt, auf keinen Fall später als 905, denn im Jahr 908 ist Hsüä-fëng hochbetagt gestorben.

Nach dem Abschied von Hsüä-fëng hat Wën-yän dann als schlichter Wandermönch noch viele Jahre lang das Land durchzogen, um möglichst alle wichtigen Meister seiner Zeit persönlich aufzusuchen. Wo immer er hinkam, erregte er mit der beredten Verschlossenheit seines Wesens, mit der Tiefe seines Blicks, der Sicherheit und Klarheit seiner Auffassung und der Schlagfertigkeit seiner knappen Rede Staunen und Bewunderung, so daß sein Ruf ihm mit der Zeit auf seinen Fahrten schon vorausging. Erst um das Jahr 921 scheint sich begeben zu haben, was Yüan-wu dann weiter erzählt, nämlich sein Eintritt als Vorsitzer bei dem seherischen Abt des Klosters Ling-schu oder Wunderbaum, einem Enkelschüler des uns vom 4. Beispiel her bekannten Meisters Ling-yu vom Gebirge We-schan. Das Kloster Wunderbaum gehörte zur Bezirksstadt Schau-dschou im Nordteil der Kwang-tung-Provinz. Nicht weit davon im Westen lag das Städtchen Ju-yüan oder Milchbronn, von einer Höhe überragt, auf der das Kloster zum Wolkentor oder Yün-mën stand. Hier fand sich nach zwei Jahren für den Vorsitzer Wën-yän die Stätte seiner großen Wirksamkeit als Meister Yün-mën. Zu dem abgelegenen Winkel in der nördlichen Kwang-tung-Provinz strömten ihm die Schüler aus ganz China zu und bildeten eine Gemeinschaft von so besonderer Prägung, daß sie sich bald als besondere Schule innerhalb des Zen-Buddhismus zusammenschlossen. Auch Hsüä-dou ist, wie schon erwähnt, ein Meister dieser Yün-mën-Schule.

Aus der Erläuterung Yüan-wu's geht hervor, daß Yün-mën auch bei der Regierung von Kwang-tung hohes Ansehen genoß. In dieser fernsüdlichen Provinz hatte sich beim Sturz des Hauses Tang ein kaiserlicher Statthalter namens Liu behauptet, zu welchem um die Zeit des Zusammenbruchs viele der Dynastie ergebene Anhänger geflüchtet waren. Nach seinem Tod im Jahr 911 übernahm sein tatkräftiger Sohn, Liu Yän, die Herrschaft und legte sich sechs Jahre später selbst den Kaisertitel bei. Er war es, von dessen Besuch im Wunderbaumkloster Yüan-wu in der Erläuterung erzählt, der also den Mönch Wën-yän zum Nachfolger des verstorbenen Abtes berief und ihm später die Tätigkeit auf dem Yün-mën-schan übertrug. Auch bei seinem Sohn Liu Schëng (942–947) genoß der greise Yün-mën hohe Achtung und erhielt von ihm noch im Jahr 948 einen Ehrentitel. Im April 949 ist er, 85 Jahre alt, gestorben.

Von dem japanischen Zen-Meister Hakuin (1685–1768) gibt es ein mit dem Tuschepinsel gemaltes Bildnis, welches den alten Yün-mën darstellt, gewiß nicht naturgetreu, dazu fehlte es schon an jeder Unterlage, wohl aber in tieferem Sinne lebenswahr als Frucht einer Vertiefung in das innerste Wesen dieses seltenen Mannes, wie sie nur bei lebenslänglicher Beschäftigung mit ihrem Gegenstande denkbar ist. Da steht, links an den Rand gelehnt, der Oberkörper eines hageren alten Mönches, der sich in einer Haltung leicht nach rechts auf den Beschauer zu vornüber neigt, daß man im selben Augenblick beides empfindet: unnahbare Hoheit und gütigste Bereitschaft, die sonderbaren Fragen, die aus dem Mund der Menschen kommen, anzuhören. Kräftig kühne Pinselkurven, die den Rücken, den Kragen und die weite Öffnung des rechten Ärmels zeichnen, machen das Gewand zum tragenden Gerüst. Und von der rechten Hand hängt schlaff und leer ein zweites Mönchsgewand herunter, als warte es auf seinen Träger: wer ist der Würdige, aus dieses Meisters Hand es zu empfangen, das Gewand des Patriarchen, sichtbares Siegel seines Geistes? Bilden diese kräftigen Striche das Gerüst, so wachsen nunmehr um so feiner, zärtlicher gezeichnet aus ihm hervor die ausdrucksvollen Hände und, Mittelpunkt des Ganzen, der liebenswert unregelmäßige wunderliche Kopf, den kahlen Schädel aufgetrieben, als schwellte ihn von innen her die Geistesfülle, das mächtige rechte Ohr langhängend, als hörte es auf Stimmen einer andern Welt, der ungepflegte Haarwuchs stopplig, schlecht geschoren, dafür die Augenbrauen um so längere Fähnchen. Dann, von unten her gesehen, im Gegensatz zum übergroßen Schädel die Kinngegend ganz klein und eingezogen, der winzige Mund zusammengekniffen, als ließe nur die Unterlippe ein bißchen Atem aus und ein und nur im besten Falle einmal ein Silbchen sich entschlüpfen. Endlich, dem flüchtigen Blicke kaum bemerkbar, zwischen dem hohen Schädel und den hohlen, knochigen Wangen die Seele selbst, zwei helle Äuglein, hinter sichelförmig fast geschlossenen Lidern frisch und munter, gütig oder spöttisch, wie man's nehmen will, herausblitzend, wie in der Nacht Lichtstrahlen durch die Läden einer Klause tief im finstern Wald.

Dieses Bild muß man vor Augen haben, will man Yün-mën und seine einsilbigen Worte, die wie Tropfen eines Zaubertrankes fallen, zunächst einmal nur würdigen, noch ehe man sie recht versteht. Denn greift man ohne diesen Eindruck eines tief verborgenen Innenlebens schnellfertig ihren Wortlaut an, so geht man ihres unerschöpflichen Gehalts gewiß verlustig.

Dafür sind die Worte, die von Yün-mën hier berichtet werden, ein gutes Beispiel. Aus unbekannter Ursache fehlt der übliche Hinweis von Yüan-wu; wahrscheinlich ist er verloren gegangen. Um so besser scheinen seine weiteren Bemerkungen erhalten zu sein, so daß ihnen kaum noch viel hinzuzufügen ist.

Zum Verständnis des Beispiels

Man kann diesen ›öffentlichen Aushang‹ wie eine mathematische Aufgabe betrachten. Gegeben ist zunächst die Frage nach »den nächsten fünfzehn Tagen«. Über sie sollen die Hörer etwas aussagen. Diese Aussage soll vor dem Meister bestehen können; sie darf nichts Selbstverständliches, nichts Banales enthalten. Yüan-wu zeigt in seinen Glossen, welcher Art Plattheiten man daherbringen könnte. Er deutet auch an, daß man den Kalender studieren könnte, der nach gut chinesischer Art über jeden Tag seine astrologisch-kosmologische Weisheit auskramt. Aber damit darf man dem Meister nicht kommen, das wissen sie längst. Von den täglichen Arbeiten im Kloster kann auch nicht die Rede sein, denn die sind immer dieselben, und die Frage geht doch ausgerechnet auf die nächsten fünfzehn Tage, es muß also etwas Besonderes an ihnen sein. Aber was? Kein Wunder, wenn im Schülerchor nur ein verlegenes Schweigen herrscht. So, nicht anders, erwartet es der Meister. Die Antwort hält er selbst bereit.

Aber diese Antwort ist selbst wiederum ein Rätsel. »Tag um Tag ist guter Tag«, die ganzen nächsten fünfzehn Tage lang? Das wäre allerdings etwas Besonderes. Aber woher will er denn das wissen? Und wenn es stimmt, dann können es auch gar nicht bloß die nächsten fünfzehn Tage sein. Denn diese sind an sich durchaus nichts Besonderes; sie sind bestimmt nur eine Wiederholung dessen, was gestern und was immer war. Dann wäre an dem grauen Alltag überhaupt, der nie etwas Besonderes mit sich bringt, doch etwas Besonderes? Und dies Besondere wäre wiederum alltäglich?

Hier also liegt das Thema dieses ›öffentlichen Aushangs‹, das Problem für jeden; denn wie soll er dies ›Besondere‹ erfassen? Aber es enthält auch schon die öffentliche Bekanntmachung dieses ›Besonderen‹; liegt dieses doch schon in den kurzen Worten Yün-mën's für jeden, dem das Auge dafür aufgeht, klar zutage. Die unbekannte Größe, die zu finden ist, läßt sich, wie man nun sieht, nicht aus dem Tatbestand der »nächsten fünfzehn Tage« irgendwie erschließen. Aus den Tagen selbst ist eine Antwort, wie der Meister sie erwartet, schlechterdings nicht abzulesen. Die Unbekannte ist, darauf läuft es hinaus, offenbar überhaupt keine Zahl, keine definierbare Größe mehr. Sie ist weder positiv noch negativ. Aber sie umschließt das ganze ungeheure Reich der Zahl und macht es darum möglich, im Handumdrehen die Vorzeichen zu vertauschen, wenn man sich nur die Freiheit dazu nimmt.

Das Wunderbare dabei ist, daß Yün-mën selbst von dieser Unbekannten nicht ein Wörtchen redet. Und er weiß genau, warum. Aber sie ist der geheime Zauberstab, mit dessen Hilfe er aus jedem Tag einen guten Tag zu machen weiß, und sei es auch der allerschlimmste. Daß seine Hörer aus alledem, was er in der ersten Hälfte des Monats zu ihnen geredet und mit ihnen geübt hat, diesen Zauberstab für alle Folgezeit mitnehmen möchten, das ist offenbar das geheime Anliegen, das ihn an diesem fünfzehnten des Monats bewegt, und das er in der wunderlichen Frage nach den nächsten fünfzehn Tagen versteckt hält.

Zum Gesang und zur Erläuterung Yüan-wu's

Dies eben ist für Hsüä-dou nun, wie der Gesang beweist, das Große und Besondere an Yün-mën's Meisterschaft. Daß nämlich Yün-mën nicht, wie viele andere ernste Jünger Buddhas, sich in der Region des Leeren, das von keiner Zahl mehr weiß, verliert und starr, dem Leben abgewandt, darin beharren bleibt, sondern daß er in ihr drin die Kraft gewinnt, aus ihr herauszutreten in den Alltag, den er in seiner Leerheit durchschaut hat, und ihn von Tag zu Tag als guten Tag zu nehmen. Das spricht Hsüä-dou gleich mit den zwei ersten Versen aus. Diese Kraft meint er mit der Sieben, die er im Austausch gegen die leere Eins der fünfzehn Tage wie der einseitigen Leerheitsschau überhaupt gewinnt. Will man unbedingt einen Namen dafür haben, so ist es nichts anderes als die Kraft der Buddhaschaft, einer Sache, die mit nichts sonst zu vergleichen ist. Was darin aber alles enthalten ist an Höhen und an Tiefen, an Verneinung, Bejahung, an Gegensatz und Aufhebung der Gegensätze, an Bewegung und Ruhe, das deutet er in einer Reihe knapper Bilder an, welche durch Yüan-wu's Erläuterung bereits deutlich geworden sind. Es wird dem Leser aufgefallen sein, mit welcher Sorgfalt ganz besonders jene Szene aus dem Prajnâpâramitâ-sûtra ausgedeutet wird, in welcher Shakra, der Himmelsgott, den im Leeren festgefahrenen Subhûti mit einem Blumenregen überschüttet. Man kann hier sehen, mit welchem Fleiß auch jene Zen-Meister die Sutren studierten, aber auch, mit welcher Freiheit.

Und niemals kommt es diesen Meistern auf dogmatische Erkenntnis an, sondern stets nur auf die innere Aneignung. Darauf läuft denn auch Hsüä-dou's Gesang hinaus. Und ganz in diesem Sinn weist Yüan-wu zum Beschluß die Hörer von dem Beispiel weg in den Übungsraum hinein, wo sie mit untergeschlagenen Beinen sitzend dem Meister Yün-mën, der mit einem kurzen Wort so viel zu sagen weiß, seine Schau entwinden und sich selbst zu eigen machen sollen. Es ist die Schau, die alle Unterschiede der Gestalten und der Charaktere, der Denk- und Handlungsweisen, der Freuden und der Leiden dieser Welt in der großen Einheit aufgelöst, ihrer Sonderheit entleert und doch zugleich bestätigt sieht, also die Zusammenschau von Einheit und von Vielheit, von Leerheit und von Fülle, von Ichlosigkeit und ausgesprochener Individualität. Das erfordert offene und wache Augen, Blicke, welche alles sehen können, und sei es ein Medusenhaupt, klare, unerschütterliche Ruhe. Die Kraft zu solcher Überwindung letzter Gegensätze kommt ihnen allerdings nur aus der Einsicht in die Einheit; sie allein erhebt und löst, sie allein ist Quelle alles Sieges, aller Seligkeit. Doch für den, der dies einmal gesehen und erlebt hat, ist es nur ein kleiner Schritt in neue Wirrnis, wenn er nämlich im Genusse dieser reinen Schau vergißt, der rauhen Wirklichkeit der Unterschiede und der Gegensätze ins Gesicht zu sehen. Dann sitzt er da, zunächst sogar mit offenen Augen, und döst und träumt weltabgewandt, verloren in der großen Leerheit, wie Subhûti, vor sich hin. Diese fast unmerkliche Bewegung des Abgleitens von dem schmalen Pfad des »mittleren Weges« in einseitige Leerheitsschau ist es, vor welcher Hsüä-dou und Yüan-wu warnen. Darum geht im Übungsraum stets einer von den Brüdern, mit dem langen flachen Stock bewaffnet, schweigend an den Sitzenden entlang und achtet darauf, ob er einen dösig finde, um ihn, Erinnerung an Hsüä-dou's ›dreißig Hiebe‹, mit einem leichten Schlag auf den Rücken aufzuwecken.

»Tag um Tag ist guter Tag«, dieser Ausspruch Yün-mën's ist in China und erst recht in Japan längst schon zum geflügelten Wort geworden und hängt in kräftig zügiger Zeichenschrift in manchem Hause an der Nischenwand des besten Zimmers. Der Japaner Akashi Sôtei widmet ihm einen Abschnitt in seiner von Hermann Bohner übertragenen Schrift ›Zen-Worte im Tee-Raume‹ (Tôkyô 1949, S. 49). Welche Wirklichkeit aber allein es möglich macht, ihn ohne Selbstbetrug von Tag zu Tag zu wiederholen, ist keine leichte Frage. Nur für diese wollen Yün-mën und nach ihm der Dichter Hsüä-dou und sein Deuter Yüan-wu ihrem Hörerkreis die Blicke öffnen.

Siebtes Beispiel

Fa-yän antwortet Hui-tschau auf die Buddhafrage

Hinweis

Das *eine* Sätzchen, das der Stimme vorausgeht, das können all die tausend Heiligen dir nicht weitersagen. Solange du es noch nicht in persönlicher Audienz vernommen hast, ist es, als trennten Tausende von Welten dich von ihm.

Selbst wenn einer in Richtung auf das, was der Stimme vorausgeht, eine verstandesmäßige Kenntnis erlangt hätte, die ihn befähigte, den klügsten Menschen in der Welt das Wort abzuschneiden, so wäre er damit noch immer kein Kerl von durchgebackener Art.

Darum heißt es: Der Himmel kann's nicht überdachen, die Erde nicht tragen, der Weltraum nicht fassen, Sonne und Mond nicht erhellen. Erst da, wo man für sich allein und ohne Buddha sich selbst erhaben nennt, da mag es einigermaßen angehen.

Aber auch das ist es vielleicht noch nicht. Wenn du es aber auf der Spitze jedes Härchens durchleuchten siehst, und große Lichteshelle ausstrahlt, dann kannst du siebenfach geradeaus und achtfach in die Quere schreiten, kannst selbstherrlich frei mit allen Dingen schalten, kannst nehmen, was die Hand erfaßt, und nichts ist, was ein Nein enthielte.

Steht mir einmal Rede: Was ist das für ein Ding, das zu gewinnen solche Wunder schafft? Und wiederum sage ich: Ihr alle hier, begreifet ihr es denn?

Von einst die Rosse, schweißbedeckt,
wer weiß davon noch heut?
Die Taten, aller Zeiten Glanz,
man rühmt sie nie genug.

Doch lassen wir, was ich hier sage, auf sich beruhen. Wie aber steht es mit der Aufgabe, die Hsüä-dou zur Lösung vorlegt? Seht euch an, was da geschrieben steht!

Das Beispiel

Wir legen vor:

Ein Mönch befragte Fa-yän mit folgenden Worten: Hui-tschau hat mit dem Ehrwürdigen etwas zu besprechen: Was ist es mit Buddha?

Fa-yän erwiderte: Du bist Hui-tschau.

Zwischenbemerkungen zum Beispiel

»Ein Mönch befragte Fa-yän mit folgenden Worten:« – Was will er denn? – Er trägt sein Strafurteil bereits auf dem hölzernen Halskragen. [Schon daß er mit einer Frage daherkommt, zeigt, daß es mit ihm nicht ganz richtig steht. Wer mit sich im reinen ist, braucht nicht mehr zu fragen.]

»Hui-tschau hat mit dem Ehrwürdigen etwas zu besprechen: Was ist es mit Buddha?« – Was sagt er da? – Die Augäpfel treten ihm aus der Stirn.

»Fa-yän erwiderte: Du bist Hui-tschau.« – Das springt ihm nur so aus seiner Gußform heraus. – Ein eisernes Reis- und Zuckerklößchen! – Nimmst du mir einen Stein, nehme ich dir einen Stein[1]. [Kommst du mir mit der Buddhafrage, komme ich dir mit der Hui-tschau-Frage.]

Erläuterung des Beispiels

Der Zen-Meister Fa-yän (Dharma-Auge) hatte ein besonderes Verständnis für die Gleichzeitigkeit von Feilen und Aufpicken und beherrschte diese Kunst in der Praxis[2]. Eben darum war er imstande, eine derartige Antwort zu erteilen, welche, wie man zu sagen pflegt, über Wortlaut und Gebärde weit hinausgeht. Sie zeugt von dem Besitze einer königlichen Freiheit, die je nach Zeit und Umständen bald losläßt und bald an sich rafft, die das Leben nehmen oder schenken kann, ganz nach eigener Entscheidung. Das ist schon etwas höchst Wunderbares.

Nun gibt es aber hin und her gar viele, welche diesen öffentlichen Aushang zum Gegenstand berechnender Überlegungen machen und aus einem befangenen Verständnis heraus nicht selten auf irrige Deutungen verfallen. Sie kennen nicht die Art dieser Alten, die immer nur ein Wort, ein halbes Sätzchen von sich geben und es dabei machen, wie einer, der bei Nacht mit Hilfe eines Funkens aus dem Feuerstein oder in dem Zucken eines Blitzes den richtigen Weg auf seiner ganzen Strecke erhellen und einem andern zeigen kann. Diese Späteren gehen lediglich vom bloßen Wortlaut aus und erklären: Hui-tschau sei eben selber ein Buddha, das sei der Sinn der Antwort Fa-yän's. Andere sagen, dieser Hui-tschau sei gerade wie der Bauer, der auf der Suche nach seinem Büffel auf diesem Büffel umherreitet. Wieder andere sagen, die Frage selbst sei das Rich-

tige [in ihr stecke schon der Buddha] ! Was soll das mit der Sache selbst zu tun haben? Mit Auslegungen dieser Art schadet man sich nicht nur selbst, sondern zieht überdies noch die Alten in den Staub.
Wenn du dieses Meisters inneres Getriebe richtig sehen willst, so darfst du gar nicht anders denken, als daß du es mit einem Mann zu tun hast, der, schlägst du ihn auch mit dem Stock, den Kopf nicht umdreht, der Zähne hat wie aufgepflanzte Schwerter und einen Mund wie eine Schale voll Blut; einen Mann, der auf die Sache losgeht, die außerhalb der Worte liegt, und genau den Punkt, auf den es hinausläuft, kennt. Erst wenn du von solchen Voraussetzungen aus an ihn herangehst, wirst du ihm ein klein wenig gerecht werden. Wenn jeder von euch nur derart [in verständiger Überlegung] befangene Erklärungen daherbringt, so gehört er zu den Leuten, die in der weiten Welt dabei sind, den Stamm des indischen Barbaren [die Gemeinde des Buddha] auszurotten. Auch die Folge jener Unterredung, daß nämlich der Zen-Gast Hui-tschau auf Fa-yän's Antwort hin mit Licht im Herzen von ihm wegging, ist nur dadurch zu erklären, daß er sich den Besuch der Meister und die Arbeit an sich selbst zur alltäglichen Hauptaufgabe gemacht hatte. Nur so konnte es geschehen, daß er auf Fa-yän's eines Wort hin es sofort erlebte, als sei dem Faß der Boden ausgeschlagen.
Es war einfach wie im Fall des Klosteraufsehers Dsö, der zu Fa-yän's Bruderschaft gehörte, ohne daß er je in irgendeiner Frage den Meister aufgesucht hätte. Eines Tages fragte ihn Fa-yän: Aufseher Dsö, warum kommst du eigentlich nie zu mir ins Zimmer? Dsö erwiderte: Weiß denn der Ehrwürdige noch nicht, daß ich bereits im Kloster zum Grünen Gipfel den Kopf hineingesteckt habe? Fa-yän bat: Erzähle mir das doch! Dsö berichtete: Ich stellte dem Meister dort die Frage: Was ist es mit Buddha? Darauf antwortete mir jener: Die Knaben Bing und Ding kommen daher und fragen nach Feuer[3]. Fa-yän sagte: Ein gutes Wort; ich fürchte nur, du hast es falsch verstanden. Erkläre es mir einmal deutlicher! Dsö erwiderte: Nun, Bing und Ding hängen ja mit dem Feuer zusammen; also suchen da welche Feuer, die selbst Feuer in sich haben! Darauf sagte Fa-yän: Habe ich es nicht gesagt, Aufseher? Du hast es richtig mißverstanden. Da erhob sich der Aufseher Dsö schwer gekränkt, nahm seinen Abschied und ging über den Yangtsekiang fort. Zu seinen Schülern sagte Fa-yän nachher: Wenn je dieser Mann wiederkommt, kann er gerettet werden; kommt er nicht mehr, ist es aus mit ihm. Unterwegs aber wurde Dsö nachdenklich und sagte sich: So ein Meister von

[1] Das Bild ist dem Go-Spiel entnommen, wo es häufig zu einer derartigen Situation wechselseitiger Vergeltung kommen kann.

[2] S. Erklärung S. 178.

[3] Bing und Ding heißt in der chinesischen Kosmologie und Kalenderkunde das als Yang-Yin-Paar gedachte Feuerelement, eines der fünf Grundelemente Holz, Feuer, Erde, Metall, Wasser. Hier ist es als Brüderpaar gedacht.

fünfhundert Mönchen kann mich doch eigentlich nicht zum besten haben wollen. Er kehrte wieder um und trat ein zweites Mal vor Fa-yän. Dieser sagte: Frage nur zu; ich werde dir antworten. Da fragte ihn Dsö: Was ist es mit Buddha? Und Fa-yän gab zur Antwort: Die Brüder Bing und Ding kommen daher und fragen nach Feuer. Auf diese Worte hin ging dem Aufseher Dsö im Augenblick das große Licht auf.

Heutzutage gibt es Leute, die starren einen einfach mit großen Augen an und erklären, wie sie es verstehen: Der Aufseher Dsö habe mit seiner Frage ganz recht, und die Antwort habe auch gar nicht den Sinn, dies zu bestreiten!! Wer aber bei den Meistern lange in die Schule gegangen ist, dem braucht man diese Geschichte nur einmal zu erzählen, und er wird sofort verstehen, was gemeint ist. In Fa-yän's Schule pflegt man in solch einem Fall zu sagen: »die Pfeile treffen mit den Spitzen aufeinander«. Man macht in dieser Schule keinen Gebrauch von den ›fünf Stufen‹ [des Meisters Liang-djiä vom Dung-schan] oder von den ›vier Kategorien‹ [des Meisters Lin-dji], sondern geht einfach darauf aus, daß »die Pfeile mit den Spitzen aufeinandertreffen«. Dies ist bei Fa-yän der Hausbrauch. Es fällt ein Wort und schon sieht man den springenden Punkt. Man trifft auf eine Helle und schon sieht man bis zum Ende durch. Wirfst du bei einem Ausspruch Fragen auf und läßt dich auf Reflektionen ein, gerätst du jählings in die Dunkelheit und tappst hilflos mit den Händen hin und her.

Fa-yän hatte, seitdem er öffentlich als Meister aufgetreten war, eine Hörerschaft von fünfhundert Schülern, mit dem Erfolg, daß in dieser Zeit die Lehre Buddhas einen [neuen] großen Aufschwung erlebte. Damals hatte Dö-schau, der [nachmalige] Landesmeister [auf dem Tiäntai-schan[1]] nach langem Aufenthalt bei Su-schan [einem Meister aus der Stammlinie des soeben erwähnten Meisters Liang-djiä vom Dung-schan oder Grottenberg] sich selbst eingeredet, er habe dessen Sinn erfaßt, hatte sich von Su-schan's täglichen Aussprüchen Aufzeichnungen gemacht und Bildnisse von ihm gesammelt und wanderte nun [sozusagen als Meister auf eigene Faust] mit einem Anhang von fahrenden Schülern durch das Land. So kam er auch in die Versammlung Fa-yän's. Und auch hier suchte er den Meister nicht etwa in seinem Zimmer auf, sondern ließ nur die Schüler, welche er mitgebracht hatte, hinter denen aus der Bruderschaft zum Meister hineingehen. Eines Tages nun, als Fa-yän seinen Lehrstuhl bestiegen hatte, trat ein Mönch aus der Reihe vor und fragte: Was ist es um einen Tropfen Wasser aus der Quelle Tsau[2]? Fa-yän gab ihm zur Antwort: Es ist ein Tropfen Wasser aus der Quelle Tsau. Sichtlich enttäuscht und niedergeschlagen trat der Mönch an seinen Platz zurück. Dö-schau dagegen, der mit in der Versammlung saß und Fa-yän's Antwort hörte, sah mit einem Schlag in sich das große Licht aufgehen[3]. Dö-schau trat darnach öffentlich als Meister auf und bekannte sich als Schüler Fa-yän's[4]. Er hat Fa-yän einen Gesang gewidmet; der lautet:

Tung-hsüan – dieses Gipfels Höhe
Ist kein Ort für Menschenvolk.
Herz faßt alles, nichts ist draußen,
Auge blauer Berge voll.

Fa-yän setzte auf diesen Gesang sein Siegel, indem er ihm antwortete: Nur dieser eine Vers, es braucht nichts weiter, um unsere Schule weiter zu erhalten. Dich werden einmal Könige und Fürsten ehren. Ich reiche nicht an dich heran[5].

Seht, so sind diese Alten zur Erleuchtung gelangt. Wie, nach welcher Vernunftordnung ging das wohl zu? Das dürft ihr euch nicht einfach von dem Mönch des Berges [von mir, Yüan-wu] erklären lassen. Dieser Frage muß ein jeder alle zweimal zwölf Stunden des Tages nachgehen, indem er sich in feinster Unterscheidung geistiger Dinge übt. Wenn er dann auf diesem Wege die Sache jener Schau zu seiner eigenen macht, dann wird es ihm auch eines Tages nicht mehr schwer sein, auf den Kreuzwegen des Landes für der Menschen Wohl die Hand zu bieten.

Das ist der Grund, weshalb Fa-yän dem Mönch auf seine Frage, was es um den Buddha sei, die Antwort gibt: Du bist Hui-tschau. Wo hätte hier der eine sich am anderen vergangen? Die Frage ist in Ordnung, ohne Falsch. Genauso ist die Antwort, ohne Arg. Seht doch her, was Yün-mën sagt: »Wenn einer auf ein Wort des Meisters hin nicht in sich geht, so gehen Frage und Antwort aneinander vorbei. Legst du dich aufs Überlegen und Erwägen, in welcher Ewigkeit willst du dann noch Erleuchtung finden?« Nun, auf der nächsten Seite findet ihr den Gesang von Hsüä-dou. Der macht es herrlich klar.

1 S. Traditionstafel III A, 16.

2 Nach dem Bergbach dieser Quelle hat die berühmte Tsau-Schlucht in der Provinz Kwangtung ihren Namen, in welcher einst Hui-nëng, der Sechste Patriarch, den Zen-Schulen der Folgezeit seinen ganz besonderen Stempel aufgeprägt hat.

3 Er brach, wie ein genauerer Bericht erzählt, in Tränen aus, die sein Gewand benetzten. Fa-yän war hoch erfreut und entließ ihn alsbald als seinen anerkannten Schüler mit der Prophezeiung, er werde noch ein großer Meister und Verkünder der Lehre werden.

4 Er ließ sich auf dem alten Mittelpunkt buddhistischer Scholastik, dem an spitzen Gipfeln überreichen Tiän-tai-schan in Tschekiang nieder, und zwar bei dem seiner Kühnheit wegen viel gerühmten Gipfel Tung-hsüan. Davon spricht er in einem kurzen Gedicht, das er an Fa-yän sandte und das Yüanwu nun zitiert.

5 In der Tat hat Dö-schau nicht nur das Verdienst, die längst in scholastischem Formalismus erstarrten Klöster auf dem Tiän-tai-schan zu neuem geistigem Leben im Sinne von Fa-yän's Zen erweckt zu haben, sondern genoß auch die Verehrung und den Schutz des damaligen Territorialfürsten von Tschekiang. Er starb 972 im Alter von 81 Jahren.

Gesang

Im Land am Strom der Frühlingswind
will und will nicht weh'n.
Ein Rebhuhn ruft tief im Versteck
wo Blütenbüsche steh'n.
Ein Fisch am dreigestuften Fall
stieg hoch, flog auf, ward Drache.
Und Toren kannst du nachts am Wehr
noch Wasser schöpfen sehn.

Zwischenbemerkungen zum Gesang

»Im Land am Strom der Frühlingswind will und will nicht wehn.« – Wo aus aller Welt hat er das denn her? [Das hat doch mit dem Beispiel nichts zu tun!] – Man sieht aber doch schon den Frühlingsglanz! [Man merkt dem Mönch Hui-tschau bereits an, daß es in ihm Licht wird.]
»Ein Rebhuhn lockt tief im Versteck, wo Blütenbüsche stehn.« – Wozu denn dieses Nan-nan? [Wozu der Rebhuhnruf? Man weiß auch ohnedies, daß es Frühling ist.] – »Und schon wehen mir die Winde andre Weise zu.[1]« [Erst hieß es, der Frühling wolle nicht kommen; jetzt klingt das Lied schon anders.] – Ach was, das gibt es doch nicht! [Die Schüler sollen nicht an diesen Bildern hängenbleiben. Auf diese kommt es nicht an!]
»Ein Fisch am dreigestuften Fall stieg hoch, flog auf, ward Drache.« – Einer Gemeinde ernsthafter Mönche soll er doch nichts vormachen! [Sind wir doch selbst solche Leute, wie Hui-tschau. Da ist es unfein, hohe Töne von Drachen u. ä. anzuschlagen.] – Solchem Drachen tritt man auf den Kopf! Sonst wird er gefährlich.
»Und Toren kannst du nachts am Wehr noch Wasser schöpfen sehn.« – Sie halten sich am Geländer fest; sie tasten sich an der Mauer entlang. – Sie stoßen das Tor auf, sie stehen an der Haustür [um den Hausherrn zu belauern, der schon längst nicht mehr im Hause ist]. – Dieses Treiben ist für Kuttenmönche nichts. – Das heißt, bei dem Baumstumpf auf den Hasen warten[2].

Erläuterung des Gesangs

Die Meisterschaft Hsüä-dou's, mit der er aus dem schwer zu beißenden, schwer zu kauenden, schwer zu durchleuchtenden, undurchsichtigen, knotigen, kantigen Gefasel der Alten einen Gesang macht, der den Leuten die Augen dafür aufschließt, ist schon etwas Außerordentliches. Er kennt Fa-yän's Dreh, den Riegel aufzustoßen; er versteht, wo Huitschau der Schuh drückt, und trägt obendrein noch Sorge um die spä-

teren Generationen, sie möchten bei den Worten Fa-yän's auf falsche Deutungen kommen. Das sind die Voraussetzungen für seinen Gesang.
Der Mönch stellt seine Frage, wie das Beispiel es berichtet, und Fa-yän gibt darauf die Antwort. Das ist es, wovon Hsüä-dou in den beiden ersten Versen redet: »Im Land am Strom der Frühlingswind will und will nicht wehn. Ein Rebhuhn lockt tief im Versteck, wo Blütenbüsche stehn.« Diese beiden sind [wohlgemerkt!] ein einziger Vers [sie bilden dieselbe Einheit wie das Feilen des ausgereiften Küchleins im Innern des Eis mit den Schnabelstößen der Henne, die das Ei von außen aufpickt]. Sagt mir doch einmal: Was will denn Hsüä-dou mit diesen Versen andeuten? Die meisten Leute, sei es im Westen des Stromes, sei es im Süden, fassen die Sache zweiseitig auf und behaupten, der erste Vers gehe auf die Antwort Fa-yäns: du bist Hui-tschau; weiter haben sie nichts zu vermelden. Also nicht einmal der Frühlingswind wage es, sich [gegen die alles zum Schweigen bringende Größe der Worte Fa-yän's] zu erheben. Der zweite Vers aber, »Ein Rebhuhn lockt tief im Versteck, wo Blütenbüsche stehn«, beziehe sich darauf, daß man über dieses Wort Fa-yän's überall lebhafte Diskussionen führe; das sei wie die Rufe der Rebhühner im Versteck der Blütenbüsche. Was hätte auch das mit der Sache zu tun! Diese Leute merken durchaus nicht, daß die beiden Verse Hsüä-dou's nur ein einziger sind. Hier darf es keine Naht und keine Schrunde geben. Ich sage es euch deutlich heraus: Worte treffen auch den Sinn; Rede trifft auch den Sinn. [Dasselbe sagte Hsüä-dou im Gesang zum 2. Beispiel, S. 65.] Das deckt den Himmel und die Erde zu. Jener fragt: Was ist es um Buddha? Fa-yän sagt: Du bist Hui-tschau. Und Hsüä-dou sagt dazu: »Im Land am Strom der Frühlingswind will und will nicht wehn. Ein Rebhuhn ruft tief im Versteck, wo Blütenbüsche stehn.« Wenn du das alles zusammen einstreichst [wie ein Spieler im Glücksspiel seinen Gewinst], dann wandelst du im Himmelsmorgenrot. Gibst du ihm aber eine Deutung aus befangenem Verstand, dann hast du noch drei weitere Leben, wenn nicht sogar noch sechzig Ewigkeiten [Kalpas] zu gewärtigen.
Im dritten und im vierten Vers spricht Hsüä-dou nun, weil er es so un-

[1] Dies ist ein Vers aus dem Gedicht »Äolsharfe« von Gau Piän, einem militärischen Würdenträger und Dichter der ausgehenden Tang-Zeit. Es lautet:

Nacht ist stille. Saitentöne schweben im blauen Raum.
Do und re, sie schwellen und schwinden, ihnen sind Winde die Ruh.
Fast wie Melodie nun raunt es. Nur, ich hör sie kaum.
Und schon wehen mir die Winde andre Weise zu.

Gau Piän ist am Ende einer erfolgreichen Laufbahn gescheitert, hat sich dann dem Dauismus zugewandt und 887 ein schlimmes Ende gefunden.

[2] Im Altertum erzählte man von einem Bauern in dem Lande Sung, auf dessen Feld ein Hase sich an einem Baumstumpf die Hirnschale einrannte. Betört von seinem mühelosen Fang gab er das Ackern auf und lauerte nur immer an dem Baumstumpf auf einen zweiten Hasen.

sagbar gut mit andern meint, ganz offen aus [was er in den zwei ersten Versen nur verhüllt andeutete], daß dem Zen-Meister Hui-tschau bei jener Antwort Fa-yän's auf der Stelle das große Licht aufgegangen ist, und kleidet das in den Vergleich: »Ein Fisch am dreigestuften Fall stieg hoch, flog auf, ward Drache. Und Toren kannst du nachts am Wehr noch Wasser schöpfen sehn.« Der dreifach gestufte Stromschwall am Yü-mën oder Yü-Tor, auch Drachentor genannt[1], ist dadurch entstanden, daß [nach uralter Überlieferung] der König Yü dort das Gebirge durchbohrte und [zum Zweck der Abdämmung des gewaltigen Gefälles und der Anlage von Bewässerungskanälen] drei Stufen [d. h. Wehre] anlegen ließ. Wenn nun jetzt am dritten Tag des dritten Monats die Pfirsiche blühen, so geht die Empfindung davon durch Himmel und Erde und bewirkt, daß einzelne Fische [und zwar sind es kräftige Karpfen] sich an den Wasserfällen emporschnellen und dieses Drachentor durchstoßen. Ist einem Fisch dies gelungen, so wachsen ihm am Kopfe Hörner, sein Schwanz dehnt sich in der Form einer Pferdemähne, er greift nach den Wolken und entfliegt. Wenn einem Fisch der Sprung mißlingt, muß er mit verwundeter Hirnschale umkehren.
Wenn nun Toren an diesen Worten [an der Frage Hui-tschau's und der Antwort Fa-yän's] nur herumkauen, so ist das gerade, wie wenn sie »nachts am Wehr noch immer Wasser schöpften«, um den Fisch zu suchen. Sie begreifen durchaus nicht, daß dieser längst in einen Drachen verwandelt ist. Der alte Meister Schou-duan[2] hat dazu einen Gesang gedichtet, welcher lautet:

Er zog ein großes blankes Groschenstück
Und kaufte einen Ölkloß sich damit,
Ließ ihn sich schmecken, schickt' ihn in den Bauch.
Man hörte nie mehr, daß er Hunger litt.

Dieser Gesang ist ausgezeichnet; er ist nur schrecklich plump. Der des Hsüä-dou dagegen ist um so kunstvoller; der hat an der Schneide keine Scharte, daran kann keiner sich die Hand verletzen. Der Bibliothekar Tjing[3] hatte damals eine besondere Vorliebe für diesen Gesang Hsüädou's und fragte seine Schüler gerne: Wie hast du es mit jenem Vers: »Ein Fisch am dreigestuften Fall stieg hoch, flog auf, ward Drache«? Ich für meine Person halte diese Frage nicht für unbedingt nötig. Ich frage euch nur einmal: Wo kommt das jetzt und heute vor, daß ein Fisch sich in einen Drachen verwandelt und davonfliegt?

[1] Nämlich am Durchbruch des Huang-ho oder Gelben Stroms aus dem Gebirge in die nordchinesische Tiefebene an der Stelle, wo er von seinem nordsüdlichen Lauf scharf nach Osten umbiegt.

[2] Bai-yün Schou-duan, 1025–1072, Meister von Yüan-wu's eigenem Meister. Traditionstafel III B, 19.

[3] Ein älterer Schulgenosse Yüan-wu's aus der Zeit seines Aufenthaltes im Kloster auf dem We-schan.

Erklärungen zum Text

Zu den fünf Abschnitten des Hinweises

1. Die in Ostasien überlieferten Evangelien vom Leben des Buddha erzählen, wie Mâyâ, die Gemahlin des Fürsten Suddhodana, in Erwartung ihrer Niederkunft der Sitte gemäß ihr Elternhaus in Koli aufsuchte, aber schon unterwegs im Haine Lumbini, von den Wehen überrascht, haltmachen mußte und hier ihren ersten Sohn gebar. Alsbald erschienen vor ihr vier Engel und begannen, das neugeborene Kindlein zu preisen. Dieses schaute sich nach allen Seiten um, erhob sich und tat sieben Schritte. Dann deutete es mit der rechten Hand nach unten zur Erde, mit der linken nach oben zum Himmel und rief: Über dem Himmel und unter dem Himmel bin ich allein erhaben. Alle drei Weltzeiten – die vergangene, die zukünftige und die gegenwärtige – sind im Leid. Ich werde ihnen Ruhe geben.

Einfältig sinnlich ist hier in die Diesseitigkeit etwas ihr völlig Fremdes, Unzugängliches hereingestellt. Ein Sätzchen ist hier einem Kinde in den Mund gelegt, das nie ein Mensch in Worten aussprechen kann, er werde denn im selben Augenblick zum Irren oder Lügner. Und dennoch wußten empfängliche Menschen das Geheimnis, das ihnen an dem Buddha begegnet war, nicht anders auszudrücken, als mit diesem Sätzchen. Und über jedem, der die Buddhaschaft erstrebt, steht dieses Sätzchen wie ein Leitstern, besonders also über jedem Zenbeflissenen. Nur weiß man im Zen, daß es sich hier um das abgründigste Geheimnis handelt, an welchem jedes gesprochene Wort zerbricht. Nie kann es Stimme annehmen und über die Lippen dringen. Es ist »das eine Sätzchen«, auf das alles ankommt. Aber es geht »der Stimme voraus«. Darum läßt es sich nicht weitersagen und ist für den, der es nicht in sich selbst in seiner vernichtenden Majestät vernimmt, weltenfern.

2. Aber, wird der ›objektiv‹ Denkende einwenden, das Sätzchen steht ja da! Im Câryanidâna, im Buddhacaritam und anderen Schriften ist es schwarz auf weiß zu lesen. Und haben nicht die Väter und Lehrer der Mönchsgemeinde ihren Tiefsinn daran gewendet und seinen Inhalt in faßliche Lehrsätze auseinandergelegt, die man studieren, diskutieren und predigen kann? Die Dogmatiker zu Yüan-wu's Zeit hatten längst festgeprägte Formeln, die genau bestimmten, worin das Wesen eines Buddha besteht und wie ein jeder zur Buddhaschaft gelangen kann. Aber gerade damit wird das, was *vor* aller Rede liegt, ins Gerede herabgezogen, und die Sache selbst geht darüber verloren.

3. Diese ›Sache‹, um die es geht, reicht über alle Räumlichkeit hinaus und kann nur im Innersten des Menschenherzens erlebt werden. Wo dies eintritt, fallen alle Scheidewände in nichts zusammen. Der Buddha, das erstrebte Vorbild, der Helfer und Heiland, löst sich auf, wird namenlos. Das Ich, und mit ihm alle Iche ringsumher, versinkt. Und aus Tiefen steigt ein neues Wesen auf und ist nichts als erhabene Würde. Und der

Mensch, zugleich erschrocken und beseligt, erkennt sich selbst in dieser Tiefe: das bist *du eigentlich.*

4. Jedoch auch dieses ist, fährt Yüan-wu fort, noch nicht das Höchste. Wer in dem so gewonnenen eigentlichen Sein verharrt, der wird es erleben, daß sich die ganze Welt um ihn verwandelt. Die Wunder dieser transparenten Lichtwelt sind es, deren Anblick die Blumenschmuck-Sutren, Avatamsaka und Gandavyûha, nach allen Richtungen in unbeschreiblich kühner Schau entfalten. Mit gutem Bedacht erinnert Yüanwu hier an diese Dinge; denn er kennt den alten Fa-yän und weiß, daß wo immer der sich eines Schülers annimmt, ihm diese Wunderwelt vor Augen steht. Sie ist die Welt der Freiheit und des wahren Glücks, und ist doch keine andere als die, in der wir täglich leben. Sie meint der Meister, wenn er diesen Hui-tschau nun bei seinem Namen ruft.

5. Yüan-wu aber wird es beim Anblick seiner Hörer weh ums Herz. Werden sie etwas von alledem vernehmen, was die alten Meister in schwerem Kampf errungen haben? Er kann nichts tun, als den Schülern deren Beispiel vorhalten, so wie sein eigener Meister »vom Berg des fünften Patriarchen« (vgl. S. 64) es in einem Verse fordert, der für den geistigen Kampf des Buddha die Taten alter Kriegshelden zum Gleichnis nimmt.

Fa-yän Wën-i, der Vater der Fa-yän-Schule

Auch der Meister Fa-yän[1] gehört wie Yün-mën in die Nachkommenschaft von Dö-schan und Hsüä-fëng, und zwar steht er, obwohl nur 21 Jahre jünger als Yün-mën, auf der mit Bodhidharma beginnenden Staffel der Schülergenerationen um zwei Stufen tiefer als dieser, also auf der fünfzehnten. Er stammte aus der Provinz Tschekiang, und zwar aus der landeinwärts von Hang-dschou gelegenen Stadt Yü-hang. Schon als sechsjähriger Knabe von seiner Familie in ein Kloster gebracht und der Obhut eines Abtes anvertraut, legte er als Jüngling in der Stadt Schauhsing an der Hang-dschou-Bucht sein Mönchsgelübde ab und trat später in der nicht weit davon gelegenen Hafenstadt Ning-po in ein altehrwürdiges Kloster ein, das vor mehr als 450 Jahren von dem weitgereisten, von Ort zu Ort die Buddhalehre verkündenden und das Dhyâna, die Versenkungsübung, lehrenden Mönche Dharmamitra aus Kaschmir, also einem Vorläufer des Patriarchen Bodhidharma, begründet und dem Gedächtnis des großen Friedenskönigs Ashoka geweiht worden war. Hier, im Ashoka-Kloster, galt die strenge Regel für die Mönchszucht alten Stils, und in dieser sich zu üben, war nun des jungen Mönches Hauptaufgabe. Doch hatte er noch andere geistige Bedürfnisse, wie sich dies schon in dem Namen ausspricht, den er bei der Mönchsweihe angenommen hatte: Wën-i, japanisch: Bun-eki, was je nachdem ›Bildungsvorteil‹ oder auch ›Immer mehr Bildung‹ bedeuten kann. Die offenbar ansehnlichen Bücherschätze der klösterlichen Bildungsstätte kamen diesem seinem Bedürfnis sehr entgegen und erlaubten es ihm, sich neben fleißiger Übung der Klosterregel nicht nur in die buddhistischen Lehrschriften, sondern auch in die chinesischen Klassiker und die lyrische Dichtung zu vertiefen, so daß er sich mit den Jahren auf allen diesen Gebieten hervorragende Kenntnisse erwarb. Nach Jahren des Studiums gelangte er aus innerem Antrieb heraus zu dem Entschluß, die Zen-Meister seiner Zeit aufzusuchen, nahm im Ashoka-Kloster seinen Abschied und wanderte südwärts nach der Provinz Fukien, wo bis 908 auf der Schneekuppe der berühmte Hsüä-fëng gewirkt hatte und wo noch jetzt nicht wenige seiner Nachfolger zu treffen waren. Der erste Hsüä-fëng-Schüler, den er aufsuchte, war Tschang-tjing, dessen Gedicht vom ›Eis in Feuerglut‹ Yüan-wu in der Erläuterung zum vorhergehenden Gesang mitgeteilt hat und der damals zwei Wegstunden vom Westtor der Provinzhauptstadt Fu-dschou entfernt Hunderte von Schülern um sich versammelt hatte. Der hohe Adel des seltenen Mannes erfüllte ihn mit Bewunderung und Sehnsucht, er suchte ihn wiederholt persönlich auf, ohne doch das Licht, das er erhofft hatte, zu finden. So wanderte er zur Stadt zurück, kam vor dem Westtor an den Westsee, geriet in wolkenbruchartigen Regen und suchte in dem nahegelegenen Kloster Zuflucht, welches dem Bodhisattva Kshitigarbha, chinesisch Di-tsang (japanisch Jizô), geweiht war. Hier wirkte ein Schüler des Meisters Tiefensand oder Hsüan-scha, welch letzterer ebenso wie Tschang-tjing und Yün-mën aus der Schule Hsüä-fëng's hervorgegangen war. Dieser Enkelschüler Hsüä-fëngs hatte selbst im Auftrag und mit Unterstützung des damaligen Königs von Fukien das Kloster aufgebaut und führte seitdem selbst den Namen Di-tsang. Er war nur sechzehn Jahre älter als Wën-i (Fa-yän), aber gerade das mochte die Annäherung der beiden begünstigen. Sie disputierten viel zusammen, denn der Gast aus dem Ashoka-Kloster in Ning-po hatte über die Grenzen des schlichten Buddhismus hinausgesehen und beschäftigte sich gern mit philosophischen Problemen.

Eines Tages unterhielten sich die beiden über einen dogmatischen Traktat des Mönches Dschau (japanisch Jô, 384–414), Dschau-Lun (japanisch Jô-ron) genannt, der sich mit den ontologischen Fragen von Sein und Nichtsein, Einheit und Vielheit u. ä. befaßt. Als sie an die Stelle kamen, wo es vom Menschen heißt: »Er hat dieselbe Wurzel wie Himmel und Erde, er ist mit allen Dingen eins«, fragte Di-tsang seinen Schüler: Bist nun du mit Bergen, Flüssen und der großen Erde dasselbe oder etwas anderes? Anders, erwiderte Wën-i (Fa-yän). Ohne ein Wort zu sagen hielt ihm Di-tsang zwei Finger seiner Hand ausgestreckt entgegen. Wën-i (Fa-yän) verbesserte sich und sagte schnell: Dasselbe. Wieder streckte ihm Di-tsang die zwei Finger entgegen, ging wortlos davon und ließ den verwirrten Schüler in langem Schweigen sitzen.

[1] Fa-yän Wën-i, 885–958; japanisch Hô-gen Bun-eki. Traditionstafel III A, 15.

Inzwischen war Wën-i Vorsitzer im Di-tsang-Kloster geworden. Aber schließlich drängte es ihn, weiterzuwandern, um noch andere Meister zu sehen. Da rief ihn Di-tsang eines Tages an: Vorsitzer Wën-i, wo willst du hin, wenn sich das Wetter aufklärt und die Wege wieder gangbar sind? Wën-i erwiderte: Ich habe kein bestimmtes Ziel; ich schlängle mich als Wandermönch auf Seitenwegen durch das Land. Di-tsang fragte: Wie steht es bei dir mit der Angelegenheit, in der die Mönche wandern? Darauf sagte Wën-i nur: Ich weiß nicht. Ich weiß nicht, sagst du, gab Di-tsang ihm zurück; nun ja, »ich weiß nicht«, diese Antwort trifft es am genauesten. Bei diesen Worten brach in Wën-i etwas auf, woran er bisher nicht im Traum gedacht hatte. (Dieses Gespräch bringt die nicht lange nach dem Bi-yän-lu entstandene Sammlung Tsung-jung-lu [japanisch Shô-yô-roku], in ihrem 20. Beispiel als besonderen ›öffentlichen Aushang‹.)

Es kam zum Abschied, und Meister Di-tsang geleitete seinen Vorsitzer bis ans Tor des in chinesischem Gartenstil angelegten Klosterhofes. Bei einem der Steinblöcke, die ihn zierten, fragte er den Scheidenden plötzlich: Du hast doch immer die Lehre vertreten: »Seele nur ist dieses Weltall«, die Dinge alle seien nur Bewußtheiten im eigenen Herzen. Hast du wirklich auch diesen Steinblock da im Herzen drin, oder liegt der noch davor draußen? Wën-i, sich auf den alten Weisheitsspruch zurückziehend, sagte: Herz ist alles, nichts ist draußen; ich sollte denken, auch der Stein da geht aus meinem Herzen nicht hinaus. Da seufzte Di-tsang auf und sagte: Ein schöner Wandermönch! Was der nur Gründe hat, sich einen Stein ins Herz zu setzen! Wën-i hätte gerne etwas erwidert, es fiel ihm aber nichts ein; er merkte, daß noch etwas bei ihm nicht in Ordnung sei, besann sich anders und bat den Meister, ihm noch länger im Kloster dienen zu dürfen.

Di-tsang gewährte es, hielt ihn aber seitdem von sich in gemessener Entfernung. Wën-i blieb sich selber überlassen und quälte sich nun immer zäher mit seinen philosophischen Problemen ab, wozu er sich die Nahrung aus dem Blumenschmuck- oder Avatamsaka-Sûtra, und besonders dessen wichtigstem Teil, dem Gandavyûha, mit seiner Lehre von der allseitig-gegenseitigen Durchdringung und Durchleuchtung holte. Aber sooft er vor dem Meister seine Gedanken darüber aussprach, lachte ihn dieser aus und sagte: Du hast von echtem Buddhatum noch immer keine Ahnung; das ist von Haus aus ganz etwas anderes als alle diese Theorien. Wën-i wußte sich in seiner Not nicht mehr zu helfen und warf sich schließlich stöhnend vor dem Meister auf die Knie: Erbarmt Euch über mich; ich bin mit meinem Verstand am Ende, ich finde keine Worte mehr. Da richtete sich Di-tsang streng und würdig auf und sagte nur: Rede einfach nur von echtem Buddhatum, dann wird sich alles finden. Wën-i war es, als zerrissen diese Worte ihm das Trommelfell. Der Schweiß trat ihm aus allen Poren. Dem Wasserbottich war der Boden ausgeschlagen, das Wasser ausgelaufen, kein Mond mehr konnte sich darin spiegeln. Er fand sich in der leeren, offenen Weite und sah mit einem Schlage alles anders. Di-tsang trug kein Bedenken mehr, auf den hochbegabten Mann das Siegel seines eigenen Meisters Hsüan-scha zu übertragen, und dieser konnte nun im Frieden seine Straße ziehen. Nach einer Angabe soll sich dies im Jahr 935 zugetragen haben; dann hätte Wën-i die Reife für die Wirksamkeit als Meister genau mit fünfzig Jahren erreicht! Man scheint es damals mit der Reife ernst genommen zu haben.

Von Fu-dschou in Fukien wanderte Wën-i nach Kiangsï und kam dort wieder in eine Stadt Fu-dschou, die etwa 100 km südlich des Po-yang-Sees gelegen ist. (Das Fu im Namen der Stadt in Fukien bedeutet Glück, das in Kiangsï dagegen Besänftigung.) Hier übertrug ihm der Mandarin des Landbezirks die Leitung eines Klosters, so daß er nunmehr öffentlich als Meister auftrat und bald die jungen Wandermönche sich zu Hunderten bei ihm einfanden. So wurde mit der Zeit auch der in Nanking regierende Herrscher des damaligen Teilstaates Süd-Tang auf Wën-i aufmerksam, berief ihn in seine Hauptstadt, stellte ihm ein Kloster zur Verfügung, behandelte ihn mit Ehrerbietung und holte (bis zu seinem Tod im Jahr 943) häufig seinen Rat ein. Später konnte Wën-i auf den schönsten Berg der Großstadt übersiedeln, den Tjing-liang-schan, den Berg zur Reinen Kühle, der im Westen noch innerhalb der riesigen Stadtmauer sich erhebend, einen großartigen Ausblick auf den gewaltigen Strom und ostwärts über die Stadt weg auf den Schutzberg gegenüber, den Becherberg, gewährt. Dieses Kloster zur Reinen Kühle hat er dann für die ganze Folgezeit zum Hauptsitz seiner Fa-yän-Schule gemacht, welche innerhalb der großen Zen-Gemeinschaft ihre besondere Note pflegte, indem sie sich nach Fa-yän's Vorbild stets auch mit philosophischen Problemen abgab und ganz besonders sich dem Studium der Avatamsaka-Sutren und ihrer Lehren widmete. Dort hat ihm noch kurz vor seinem Ende, nachdem der Teilstaat Süd-Tang 956 in den Machtbereich des von Norden her allmählich ausgreifenden ›Späteren Dschou-Reiches‹ (Vorläufer des nachherigen Sung-Reichs) geraten war, auch dessen Herrscher, der tüchtige Guo Yung (mit dem Kaisertitel Schï-dsung), seine Verehrung bezeigt und dem im Sommer 958 feierlich Entschlafenen den Ehrentitel Großes Auge des Gesetzes, Da Fa-yän, verliehen, unter welchem er seitdem bekannt ist.

Der vielgelesene Zen-Schriftsteller Daisetz' T. Suzuki behandelt in der dritten Serie seiner ›Essays in Zen-Buddhism‹ das Verhältnis der Zen-Schulen zu der Identitätslehre des Blumenschmuck- oder Avatamsaka-Sûtra und insbesondere des dazugehörenden Gandavyûha in vier bemerkenswerten Abhandlungen. Er führt aus, daß die starke Abneigung der strengen Zen-Schulen gegen jede theoretische Beschäftigung mit Glaubensinhalten schließlich eine völlige Abkehr von den Avatamsaka-Studien zur Folge gehabt habe. Er bedauert diese Entwicklung, weil Zen, genauer besehen, nichts anderes sei, als die praktische Anwendung eben der Avatamsaka-Lehre auf das eigene Leben, diese beiden Richtungen also mindestens für denkende Menschen aufs engste zusammengehören. Für diesen Zusammenhang ist Fa-yän's Leben und Wirken ein deutlicher Beleg. Er hat nach dem entscheidenden Gespräch mit Di-tsang doch auch wieder das Gandavyûha hervorgeholt und seinen Nachfolgern die Beschäftigung mit diesem ungeheuer kühnen und erhebenden Lehrsystem empfohlen. Gleichwohl ist er durch das Erlebnis bei Di-tsang etwas ganz anderes geworden als ein bloßer Avatamsaka-Gelehrter. Er ist bis dahin durchgedrungen, wo die verschlungenen Wege dieser Lehre alle sich in ein einziges Meer von Licht auflösen, hat in diesem Licht gelebt und hat daran gearbeitet, andern dafür die Augen zu öffnen. In dem Beispiel, welches folgt, bildet zwar die ganze Herrlichkeit, in der die Avatamsaka-Lehre das Buddhalicht erstrahlen läßt, den Hintergrund. Aber geredet wird davon kein Wort. Es ist alles nur auf eigenstes Erleben abgestellt, und das beginnt stets in der denkbar unscheinbarsten Weise, still verborgen. Fa-yän's besondere Kunst als Meister bestand, wie das folgende zeigen wird, gerade darin, diesen innersten, dem gewöhnlichen Auge und Ohr verborgenen Vorgängen mit unglaublich feinem, sicherem Spürsinn nachzugehen, so daß er genau den Augenblick erkannte, wann ein Schüler für die große Einsicht reif war, und genau das Wort fand, welches jenem die entscheidende Hilfe bringen konnte. Der Meister ›Spiegelreine‹ oder Djing-tjing, welchem wir im 16. Beispiel begegnen werden, scheint einer der ersten gewesen zu sein, welche dieses intimste Zusammenwirken von Meister und Schüler mit dem Vorgang verglichen, welcher beim Ausschlüpfen eines Küchleins aus dem Ei stattfindet. In dem Augenblick, in dem das Küchlein dazu reif wird, ist ihm auf dem Oberschnabel ein feines Hornstäbchen gewachsen, womit es von innen an der Eischale zu feilen beginnt. Sogleich hört aber auch die Henne das Geräusch und beginnt im selben Augenblick die Schale aufzupicken und das Küchlein zu befreien. In dieser seltenen Kunst war Fa-yän Meister.

Davon folgt hier ein Beispiel. Es berichtet von dem späteren Meister Hui-tschau, und wie ihm Fa-yän im entscheidenden Augenblick half. Sonst weiß man von ihm wenig, nur daß er in hohem Ansehen stand und im Jahr 979 gestorben ist.

Die entscheidende Aussprache ist, Fa-yän's Art entsprechend, von äußerster Kürze. Um so mehr ist Yüan-wu daran gelegen, den Blick darauf zu lenken, was hier zwischen beiden vorgeht. Um so ausführlicher ist daher dieses Mal sein Hinweis, um so klarer seine Erläuterung.

Zum Verständnis des Beispiels

Die Frage nach Sinn und Inhalt des Namens Buddha ist die Kernfrage des Buddhismus, welche jeder stellt, der sich mit dieser geistigen Macht beschäftigt. Sie steht am Anfang und am Ende der inneren Entwicklung, genauso wie im Christentum die Frage: Wie dünkt euch um den Christus! (Matth. 22,42). Sie war auch in den Zen-Klöstern die häufigste Frage, die an die Meister gerichtet wurde, und die Antworten, die uns von diesen überliefert sind, zählen in die Hunderte. Der Unterschied gegenüber der Christusfrage ist nur der, daß bei dieser letzteren ganz bestimmte ›geschichtliche‹ Vorgänge vorausgesetzt sind: Gottes Führung mit dem Volke Israel, die Verheißung des Messias, Geburt und Erdenwandel, Leiden, Tod und Auferstehung Jesu von Nazareth, Vorgänge, welchen der Glaubende zunächst einfach als gegebenen Tatsachen gegenübersteht. Dieses harte Gegenüberstehen von menschlichem Subjekt und übermenschlichem Objekt ist, wie schon dem indischen Vedânta, so auch dem Buddhismus fremd. Gewiß wird auch hier mit Liebe und in frommer Andacht der Geburt des Königssohnes Gautama gedacht, seiner Flucht aus der verderbten Welt, ganz besonders jener Nacht des großen Erwachens, seines heiligen Wandels, seines Lehrens bis zum Eingang ins Nirvâna. Aber dieses alles ist doch von Anfang an stets so gemeint, daß der Weg des Buddha jedes Menschen Weg ist, daß Buddha am Anfang und am Ende alles Werdens steht, daß jede Scheidewand, die ihn von irgendeinem Menschen trennt, in jedem Augenblick einfallen kann, so daß man nicht mehr sagen kann: dort Buddha und hier ich. Auf dem Boden christlicher Verkündigung kommt dieser Geistesart am nächsten das Johannesevangelium, wo die Geschichte Jesu, unlöslich verknüpft mit irdischem Geschehen, doch planmäßig eingeschaltet ist in einen ewigen Stromkreis, beginnend mit dem Wort, das im Anfang bei Gott und selbst Gott war und endend mit dem Geist, dem Parakleten. Aber auch hier wird die strenge Unterscheidung zwischen Gott und Menschen, Christus und Gläubigen niemals angetastet. Ganz anders im Buddhismus, und zwar nicht etwa, weil hier nicht genauso scharf unterschieden würde. »Solange du es nicht in persönlicher Audienz vernommen hast, ist es, als trennten Tausende von Welten dich von ihm«, hat Yüan-wu im ersten Abschnitt seines Hinweises gesagt. Nur behauptet der Buddhismus das Unglaubliche, daß diese Trennung bloß ein flüchtiger Schein ist, und daß man das Zerreißen dieses Scheins, das Versinken aller Trennungswände in sich selbst erleben, ja daß man auch im Bann der Unterscheidungen doch nur von dieser Einheit leben kann. Auf die Buddhafrage angewandt bedeutet dies, daß die Frage nach der Heilsbedeutung des zum Buddha gewordenen Königssohnes Gautama von untergeordneter Bedeutung ist. Man erwähnt ein Wort an seine Jünger, das ihm zugeschrieben wird: Ich bin gewordener Buddha, ihr seid werdende Buddhas. Buddha werden ist das Wichtige, nicht was Buddha war. Das steht bei Hui-tschau, welcher hier zu Fa-yän kommt, im Vordergrund. Und wenn man auf die merkwürdig verschämte Art seiner Frage achtet, als werde sich der Meister wundern, daß er, Hui-tschau, damit noch immer nicht fertig sei, so darf man daraus schließen, daß er sich mit dem Ziel, Buddha zu werden, gewiß schon jahrelang beschäftigt hat, nicht etwa nur studierend, sondern in heißem Ringen um das Heil. Er weiß genau Bescheid in allem, was Buddha betrifft, er kennt die ganze Überlieferung, er verehrt den Buddha als das Höchste und übt sich täglich, ihm gleich zu werden. Doch je weiter er vorankommt, um so weiter rückt das Ziel nur von ihm weg, um so undurchsichtiger wird ihm die ganze Buddhafrage.

In dieser Not sieht Fa-yän ihn nun kommen; er kennt sie, und wahrscheinlich wartet er schon lange auf diesen Augenblick. Er sieht genau den Splitter in des Fragers Auge, der ihn am Sehen hindert. Der Splitter ist nichts anderes als eben jener Name: Buddha. Den meint er immer noch vor sich und außer sich zu haben, der ist für ihn noch immer eine fremde Sache. Auf diesem Weg kommt er freilich nie zum Ziel. Es ist, wie Yüan-wu in dem Hinweis sagte: »Erst da, wo man für sich allein und ohne Buddha sich selbst erhaben nennt« usw. Kein Wort also von Buddha. Du bist Hui-tschau, das genügt. Nichts anderes hat diesem Mann gefehlt, als einmal bei seinem Namen gerufen zu werden. Überlegung braucht es dabei nicht. Hui-tschau weiß im selben Augenblick schon alles. Und sieht, wie Yüan-wu es im Hinweis ausdrückt, in sich und um sich große Lichteshelle.

Zum Gesang

In der klassischen Kunstform der Strophe von vier siebenfüßigen Zeilen, wie die Dichter der Tangzeit sie zur Vollendung gebracht haben, singt Hsüä-dou von dem Wunder, das sich auf der Höhe des Bergs der Reinen Kühle, des Tjing-liang-schan, mit seinem herrlichen Blick auf den Yang-tse-kiang zwischen Fa-yän und Hui-tschau begeben hat. Dort ringt der Mönch wohl schon seit Jahren um Licht und Freiheit des Herzens. Es ist für ihn ein langer Winter. Aber je länger er dauert, um so näher ist auch der Frühling. Wir haben gesehen, wie Yüan-wu daran gelegen ist, aus dem winterlichen »will und will nicht wehen« bereits das erste leise Wehen herauszuhören.

Doch ist es gar nicht nötig, das Bild sofort deuten zu wollen. Es will zunächst in seiner sinnfälligen Lebendigkeit genossen werden. Es spricht so um so deutlicher. Das Land am unteren Yangtsekiang liegt trotz seiner südlichen Lage noch immer unter dem Einfluß der gewaltigen Temperaturunterschiede zwischen Winter und Sommer, wie sie das chinesische Kontinentalklima kennzeichnen. Dabei vollzieht sich der Übergang von der Winterkälte zur Wärme des Frühjahrs hier wegen der Nähe des kühleren Meeres sogar noch langsamer als im trockenen Norden. Noch im April ist es in Schanghai kaum wärmer als in Peking, obwohl die Pflanzenwelt schon längst zu sprechen und zu blühen begonnen hat. Erst wenn auch das Meer hinreichend erwärmt ist, setzen von Osten her die milden Winde ein. Hui-tschau ist ein echter Sohn dieses Landes. Lange schon bereitet sich der Frühling in ihm vor. Er ist bereits überfällig.

Aber das richtige Gefühl des Frühlings bleibt noch aus. Das peinigt ihn und treibt ihn zu dem Meister.

Trotzdem ist bereits der Frühling da. Im Blütendickicht der Büsche auf den Feldern heckt das scheue Yangtse-Rebhuhn seine Jungen. Schon sind sie ausgeschlüpft, man hört den Ruf der Henne: ›nan-nan‹, und man begrüßt ihn als den ersten Ruf des echten Frühlings. Zarter als mit diesem Bild läßt sich wohl schwerlich sagen, was zwischen Fa-yän und dem Frager vorgeht. Das Rebhuhn ruft nan-nan; der Meister ruft: Hui-tschau! So wie das Küchlein weiß, was mit nan-nan gemeint ist, so weiß es Hui-tschau ohne die geringste Überlegung, was gemeint ist, wenn der Meister ihn beim Namen ruft. Das ist mehr als irgendeine Weisheitslehre. Es ist, wie Rilke sagen würde, »die heimliche leise Gewahrung, die uns im Inneren schweigend gewinnt«. Es ist, wie Yüan-wu sagt, »das Sätzchen, das der Stimme vorausgeht«.

In der zweiten Hälfte des Gesangs wechselt die Szene vom Yangtse über nach dem Norden, wo der ungestüme Gelbe Strom, der Huang-ho, von seinem nordsüdlichen Laufe plötzlich scharf nach Osten umbiegt, um aus dem Gebirge, das ihn bis dahin eingedämmt hat, in die nordchinesische Ebene einzutreten. Dort hat nach alter Überlieferung der sagenhafte Herrscher Yü, um dem Strom einen Ausweg zu bahnen, das Gebirge durchstochen und das mächtige Gefälle durch starke Wehre in drei Stufen aufgeteilt, um davon Kanäle zur Bewässerung des fächerförmig sich ausbreitenden weiten Ackerlandes abzuleiten. Dort, erzählt die Sage, kommen alljährlich am dritten Tag des dritten Monats bergwärts ziehende Karpfen angeschwommen und versuchen sich an den Wasserfällen in die Höhe zu schnellen. Gelingt es einem, so verwandelt er sich in einen Drachen, Lung, die glückliche Verkörperung aller aufsteigenden Kräfte, wie sie in Kämmen des Gebirges, namentlich aber im Aufsteigen der Wolken, ihrem freien Flug und dann in ihrer Ballung zu Gewitter, Blitz und Donner in Erscheinung treten. Die meisten dieser Fische freilich kommen nicht hinauf und müssen mit Verwundungen am Kopf umkehren.

Daß Hsüä-dou auch mit diesem Bild auf Hui-tschau zielt und dann im letzten Vers auf alle, welche an ein Wunder dieser Art nicht glauben können, bemerkt der Leser selbst. Ein übriges gibt Yüan-wu noch dazu.

Achtes Beispiel

Tsui-yän's Augenbrauen

Hinweis

Wo man's versteht, da bietet mitten unterwegs das Nötige sich an, so wie der Drache [ganz von selbst] sein Element im Wasser findet, der Tiger seinen Hang erklettert. Wo man nicht versteht, da macht sich die weltläufige Weisheit breit, da verfängt sich der Ziegenbock in der Hecke; da lauert der Bauer bei seinem Baumstumpf und wartet auf den Hasen.

Das eine Mal ist ein gesprochenes Wort wie ein kauernder Löwe, das andere Mal gleicht es dem prächtigen Schwert des Fürsten mit dem diamantenen Donnerkeil. Einmal schneidet es den Menschen in der Welt die Zunge ab; und wieder einmal fügt es sich der Welle, folgt der Woge.

Wo mitten unterwegs das Nötige sich bietet, da begegnen sich die Gleichgestimmten [im Verständnis]. Man unterscheidet innere Regung und was sich zu ihr schickt. Man weiß um Wohl und Wehe untereinander, bezeugt sich und erweist sich wechselweise. Wo aber die weltläufige Weisheit sich breit macht, da muß man, mit dem Einauge der Erkenntnis ausgerüstet, nach allen zehn Richtungen hin in aller Ruhe abschneiden und schroff dastehen wie eine Wand von tausend Klaftern.

Darum heißt es: »Das Große Wirken, wo es in Erscheinung tritt, weiß nichts von Regel und Geleise.« Das eine Mal ergreift es einen Grashalm und macht ihn sich zum Goldbuddha von sechzehn Fuß. Das andere Mal nimmt es den Goldbuddha von sechzehn Fuß und macht sich daraus einen Grashalm.

Sagt mir einmal: Welcher vernünftige Sinn liegt alle dem zugrunde? Versteht ihr es denn auch bis in die letzte Feinheit? Versuchen wir's mit einem Beispiel! Sehet her!

Das Beispiel

Wir legen vor:

TSUI-YÄN, zum Beschluß der sommerlichen Übungszeit, unterwies seine Hörer mit folgenden Worten:
Den ganzen Sommer über habe ich euch Brüdern zuliebe geredet und geredet. Seht her, ob Tsui-yän noch seine Augenbrauen hat!
Bau-fu sagte: Bei Leuten, die das Diebsgewerbe treiben, ist im Herzen alles hohl.
Tschang-tjing sagte: Gewachsen sind sie!
Yün-mën sagte: Sperre!

Zwischenbemerkungen zum Beispiel

»Tsui-yän: Den ganzen Sommer über habe ich euch Brüdern zuliebe geredet und geredet.« – Wie hätte man das auch merken sollen, wo er doch immer den Mund auftat? [Echtes Reden ist stumm; tut einer den Mund auf, so redet er im eigentlichen Sinn schon nicht mehr.]
»Seht her, ob Tsui-yän noch seine Augenbrauen hat.« – Es sind ihm nur zum Überfluß auch noch die Augäpfel herausgefallen. – Auch die Nasenlöcher sind weg! [Er hat der eigentlichen Wahrheit gegenüber mit seinem Gerede überhaupt das Gesicht verloren, kann sich nicht mehr sehen lassen.] – Er wird wie ein Pfeil zur Hölle fahren.
»Bau-fu sagte: Bei Leuten, die das Diebsgewerbe treiben, ist im Herzen alles hohl.« – Klar! – Hier gilt das Wort: Diebe verstehen einander.
»Tschang-tjing sagte: Gewachsen sind sie!« – Dem fällt die Zungenspitze auf den Boden herunter! [so lang streckt er sie mit seiner Aufschneiderei heraus.] – Auf die eine Dummheit folgt die andere. [Auf die des Tsui-yän fällt Tschang-tjing herein.] – Aber so hatte ich es gerade erwartet.
»Yün-mën sagte: Sperre!« – Wohin sollen sie jetzt davonlaufen? [Yün-mën behandelt alle drei, Tsui-yän, Bau-fu und Tschang-tjing, als Schwindler, die festgenommen zu werden verdienen. Er verwehrt ihnen diese Reden.] – Über dieses Wort springt in der ganzen Welt kein Kuttenmönch weg. – Sie ist aufgebrochen! [Direkter Aufruf Yüan-wu's an die Hörer: Jetzt geht die Sperre für euch auf! Denn sie kann jeden Augenblick einmal aufgehen, und zwar gerade dann, wenn man davor steht und nicht weiter kann. Und diesen Augenblick muß man sofort benützen.]

Erläuterung des Beispiels

Bei den Alten pflegte man den Meister früh und spät aufzusuchen und ihn um Gehör zu bitten. Daß aber Tsui-yän dann am Schluß der sommerlichen Übungszeit an seine Hörer diese Frage stellt, das ist schon wie ein

einsam steiler Gipfel, das, man kann schon sagen, schreckt den Himmel auf und setzt die Erde in Bewegung.
Saget mir einmal: Ist denn in der ganzen großen Sammlung von 5048 Bänden Sutrenschriften, die doch über Geist und innerste Natur, über plötzliche und stufenmäßige Erleuchtung nichts ungesagt lassen, irgend etwas dieser Art vermeldet? In der langen Reihe geschieht es nur dieses eine Mal. Tsui-yän steht mit diesem Ausspruch einzig da. Seht euch nur an, was er da sagt.
Saget mir einmal: Worauf will er denn hinaus? Wenn einer dieser Alten seine Angel auswirft, so sind das schließlich keine Streiche in die leere Luft, vielmehr hat er dabei unter allen Umständen etwas Vernünftiges, was andern helfen soll, im Sinn.
Viele verstehen ihn falsch, indem sie erklären, bei hellem Sonnenschein und blauem Himmel [wo alles in schönster Ordnung sei] rede Tsui-yän aufs Geratewohl daher und werfe eine Frage auf, wo gar keine sei. Weil am letzten Tag der Übungszeit die Teilnehmenden in allgemeiner offener Aussprache ihre Fehler bekennen, so komme er ihnen, indem er sich selbst der Musterung unterziehe, zuvor und beuge so der Musterung durch andere vor. Freut mich! Hat mit der Sache nichts zu tun! So legen es sich Leute aus, die, wie wir sagen, mit dabei sind, den Stamm des indischen Fremdlings auszurotten. Wenn die Lehrer unseres Glaubens, die von Geschlechte zu Geschlecht im Land auftreten, nicht lehren, unterweisen, Aufschluß geben, so ist ihr ganzes Treiben nutz- und zwecklos. Was sollen sie denn sonst beabsichtigen? Wer dagegen an diesem Punkt richtig durchzublicken vermag, der wird erst recht bemerken, wie trefflich dieser Alte sich auf die Künste verstand, mit denen der Bauer seinen Pflugochsen durch das Brachfeld lenkt oder mit denen einer einem Hungrigen seine Speise entreißt. [Wenn der Ochse links will, reißt ihn der Bauer nach rechts, und umgekehrt. Tsui-yän will damit, daß er, was er geredet hatte, selbst in Frage stellt, die Schüler warnen, seine Worte nicht so zu verstehen, als wiesen sie unentwegt und stur in eine ganz bestimmte Richtung. Die Schüler sollen auch mit seinen Worten nicht fortgehen, als hätten sie daran nun eine Speise für die Zukunft. Im Gegenteil, die reißt ihnen Tsui-yän wieder aus der Hand. Nur was sie schon gegessen haben, was ihr Eigenes geworden ist, kann ihnen niemand nehmen.]
Legt man den Leuten heutzutage diese Frage Tsui-yäns vor, so kauen sie am Wortlaut und raten an den Augenbrauen herum. Dagegen seht euch jene an, die mit ihm unter einem Dache wohnen! Wie die es ganz von selber wissen, wohin der seine Füße setzt, wie sie durch all sein tausendfach gewendetes, zehntausendfach gewandeltes, knotiges und kantiges Gefasel sich unbeirrt durchschlagen und so dessen fähig werden, ihm mit solchen Worten [wie das Beispiel sie erzählt] Bescheid zu geben. Wäre seine Frage nicht so außerordentlich und einzigartig, wie könnte es dann sein, daß jeder von den dreien, Yün-mën, Bau-fu und Tschang-tjing, sie schmatzend aufnimmt und ihm auf seine Weise respondiert?

Bau-fu erwidert: Bei Leuten, die das Diebsgewerbe treiben, ist im Herzen alles hohl. Gerade dieser Ausspruch hat viele dazu verführt, Tsui-yän's Worte in der vorhin besprochenen Weise aus vorgefaßter Meinung heraus zu mißdeuten. Saget mir einmal: Was meint Bau-fu denn eigentlich? Daß ihr mir aber nicht einfach den Wortlaut anseht, als bekämet ihr auf diesem Weg den Alten zu Gesicht! Bringst du [im Unterschiedlichen befangene] Gefühle und Gedanken vor, wird dir Bau-fu die Augäpfel auswechseln. Solche Leute merken gar nicht, daß Bau-fu mit seinem Ausspruch, der alles auf den Kopf stellt, dem Tsui-yän seine Beine abgehauen hat [ihm den Boden unter den Füßen weggezogen hat, so daß er mit seiner Frage im Leeren schwebt – wobei nur zu bedenken wäre, ob er nicht gerade damit Tsui-yän's Sinn und Meinung am besten getroffen hätte].

Tschang-tjing sagte: Gewachsen sind sie! Manche behaupten, Tschang-tjing gehe eben in Tsui-yän's Fußstapfen, deshalb rede er so. Die haben's schön erfaßt! Hat mit der Sache nichts zu tun! Sie bemerken nicht, daß Tschang-tjing mit dieser Antwort ganz aus freien Stücken seine eigene Meinung ausspricht. Jeder der beiden hat etwas, worin er sich selber in Person ausspricht. Laßt mich euch einmal fragen: Was ist denn der Sinn davon, daß Tschang-tjing sagt: Gewachsen sind sie? Das ist gerade, als zöge er im Angesicht des kunstgeübten Meisters das edle Schwert des Fürsten mit dem diamantenen Donnerkeil, um es sofort frei nach Bedarf zu schwingen. Erst wenn ihr fähig seid, die unablässig strömenden Gedanken eures Innern mit ihren Theorien und Erklärungen zu zerschlagen, das kluge Fragen, was das Bessere, was richtig oder falsch sei, abzuschneiden, wird euch der Blick aufgehen für den Standort, von dem aus Tschang-tjing auf die Frage Tsui-yäns eingeht.

Yün-mën sagt: Sperre! Das ist nun allerdings ganz außerordentlich. Nur ist es sehr schwer zu ergründen. Dieser große Meister übte bei der Unterweisung häufig, was er »das Zen des einen Wortes« nannte. Seht nur, wie dieser Alte dem Augenblick gemäß zwanglos und ungesucht Bescheid gibt, ganz anders, als die Menschen heutiger Zeit. Das ist die Art und Weise, wie er einen Ausspruch von sich gibt.

Trotzdem liegt Yün-mëns eigentliche Meinung keineswegs in diesem Wort [Sperre! Halt!]. Wenn sie aber darin nicht liegt, so saget mir einmal: wo denn sonst? Da gilt es, sorgsam und genau mit sich zu Rate zu gehen; dann erst wird man auch das begreifen. Wer ein helles, klares Auge hat, dem stehen auch die Mittel zu Gebote, sich den Himmel zu erhellen und die Erde zu beleuchten, und in einem Nu ist alles um ihn ein Geklingel von Juwelen.

Um dieses einen Wortes Sperre willen [d. h., weil das ihm unter allem, was die Freunde sagten, das Wichtigste ist] nimmt Hsüä-dou die Worte der drei andern [Tsui-yän, Bau-fu und Tschang-tjing] mit hinzu, zieht durch alle seine Perlenschnur und reiht sie im Gesange aneinander.

Gesang

Mit Tsui-yän, wie er die Seinen lehrt,
Nimmt keiner seit ältesten Zeiten es auf.
Zum Dank hat ihm einer die Rede gesperrt.
Wer Geld verliert, nimmt Strafe in Kauf.
Bau-fu, den hat es fortgeschwemmt.
Bekrittelt, lobt er? Schwierige Frage.
Tsui-yän, der plappert ungehemmt.
Daß der ein Dieb ist, liegt am Tage.
Ein weißer Zierstein ohne Fehl:
Ob echt, Ersatz, wer scheidet es schnell?
Tschang-tjing, der weiß es, leiert's her:
Sein Brauenhaar wuchs ihm noch mehr.

Zwischenbemerkungen zum Gesang

»Mit Tsui-yän, wie er die Seinen lehrt.« – Dieser alte Dieb! – Er ist ein Verderber der Jugend aus unseren Häusern.
»... nimmt keiner seit ältesten Zeiten es auf.« – Keiner von all den Tausenden, Zehntausenden! – Aber doch einer oder ein halber. [Vor allem Yün-mën.] – Es stimmt genau [was Hsüä-dou hier sagt].
»Zum Dank hat ihm einer die Rede gesperrt.« – Traut er ihr nicht? – Das ist allerdings ganz außerordentlich. – Wenn es ein Mann darnach ist, dann, aber auch erst dann versteht man, daß er so etwas sagen kann.
»Wer Geld verliert, nimmt Strafe in Kauf.« – Da bleibt einem ja der Atem weg! Da versagt die Stimme! [Daß man für Geldverlust auch noch bestraft werden kann! Schreiendes Unrecht!] – Auch Hsüä-dou selbst verliert nicht wenig. [Auch er gibt sich in Worten zuviel aus; macht sich desselben Fehlers schuldig, wie Tsui-yän.] – Im Takt zu seinem Sang laßt uns ihn hauen!
»Bau-fu, den hat es fortgeschwemmt.« – Und Hsüä-dou schwemmt es mit ihm fort in gleicher Richtung. – Sie treiben es immer weiter mit ihrem Geschaukel. – Zu zweien, zu dreien!
»Bekrittelt, lobt er? Schwierige Frage.« – Läßt er los? Hält er fest? – Wer ist bereit, mit ihm [Bau-fu] zu leben und zu sterben [so, wie Bau-fu mit Tsui-yän, wie Hsüä-dou mit Bau-fu usw.]? – Hsüä-dou hätte besser daran getan, ihn [Bau-fu] nicht zu schelten.
»Tsui-yän, der plappert ungehemmt.« – Dieser Feldfuchsgeist! – Soll er doch den Mund halten!
»Daß der ein Dieb ist, liegt am Tage.« – Gegen diese Behauptung ist nichts einzuwenden. – Jetzt haben wir ihn festgenommen. [Haben uns

Tsui-yän zu eigen gemacht, verstehen ihn. Dabei kommt alles darauf an, ihn rasch zu fassen; sonst entschlüpft er.]
»Ein weißer Zierstein ohne Fehl:« – Könnt ihr einen solchen denn auch sachverständig begutachten? – Die Welt weiß gar nicht, was er wert ist.
»Ob echt, Ersatz, wer scheidet es schnell?« – Die meisten Steine dieser Art sind ja doch nur Ersatz. – Dem Mönch vom Berge [mir, Yüan-wu] fehlt für so etwas das Auge. – Aber der fremde Mönch mit den blauen Augen! [Bodhidharma, der sieht den Unterschied genau.]
»Tschang-tjing, der weiß es, leiert's her:« – Umgehende Geister kennen einander. – Dazu muß man schon ein Tschang-tjing sein; der erst ist dazu imstande. – Aber eine Hälfte davon hat er noch nicht erfaßt [die bleibt für dich zu holen frei].
»Sein Brauenhaar wuchs ihm noch mehr.« – Wo ist es denn! – Vom Scheitel bis zur Sohle ist auch nicht ein Hälmchen gewachsen!

Erläuterung des Gesangs

Würde Hsüä-dou in seinem Gesang es den Leuten nicht mit solch barmherziger Güte zeigen, wie könnte man ihn sonst einen Freund und Mann des Segens nennen? Das ist die Art der Alten. Er kann es nicht lassen, alles Stück für Stück ausführlich herzuzählen[1].
Hsüä-dou behauptet, seit den ältesten Zeiten sei keiner gewesen, der es mit Tsui-yän aufnehmen könne. Und doch hatte dieser nur gesagt: Seht her, ob Tsui-yän noch seine Augenbrauen hat. Was ist denn dabei so Besonderes und Außerordentliches, daß man sagen könnte, seit den ältesten Zeiten komme ihm keiner gleich? Da muß man wissen, daß wenn einer der Alten den Mund auch nur zu einem Wort, zu einem halben Sätzchen auftut, es nie nur für den Augenblick zurechtgemacht ist, daß man, um es richtig zu verstehen, Augen haben muß, die das Maß für Himmel und Erde bestimmen. Wenn Hsüä-dou nur ein Wort, ein halbes Sätzchen spricht, so wirkt es wie das prächtige Schwert des Fürsten mit dem diamantenen Donnerkeil, wie der Anblick eines kauernden Löwen. Dann ist es wie Funken aus dem Feuerstein, wie das Zucken eines Blitzlichts [es erhellt ein ganzes Panorama]. Wenn einer nicht ein (drittes) Auge auf dem Scheitel oben hat, wie soll er das, worauf es diesen Alten ankommt, sehen können, wie seine Intuition, mit der er frischweg behaupten kann, daß dieses Wort Tsui-yän's an seine Hörer seit den ältesten Zeiten nicht seinesgleichen hat, also auch über Dö-schan's Stock und Lin-dji's Ho'! hinausgeht? Saget mir einmal: Wozu will Hsüä-dou denn mit diesem seinem Urteil anderen verhelfen? Wie nehmt denn ihr es jetzt gerade auf? Er sagt ja doch: Mit Tsui-yän, wie er die Seinen lehrt, nimmt *keiner seit ältesten Zeiten* es auf.
»Zum Dank hat ihm einer die Rede gesperrt. Wer Geld verliert, nimmt Strafe in Kauf.« Was soll das bedeuten? Mag einer noch so helle Augen haben, um durch die »Sperre« hindurchzusehen, muß er es doch an

dieser Stelle sehr genau nehmen, bis er es begreift. Sagt mir einmal: Ist es nun Tsui-yän, der hier dafür bestraft wird, daß er Geld verloren hat? Oder hat Hsüä-dou Geld verloren und wird dafür bestraft? Oder hat Yün-mën Geld verloren und wird dafür bestraft? Wenn es dir gelingt, das zu durchschauen, so gestehe ich dir zu, daß du mit Augen ausgestattet bist.

»Bau-fu, den hat es fortgeschwemmt. Bekrittelt, lobt er? Schwierige Frage!« Setzt nun er [Hsüä-dou, mit diesem Vers] sich selbst herab und lobt die Alten? Saget mir einmal: Wo steckt denn bei Bau-fu [in seiner Antwort auf Tsui-yäns Ausspruch] ein Tadel, und wo ein Lob? [Die Meinung ist: nirgends. Es handelt sich überhaupt nicht um die Entscheidung zwischen Lob und Tadel, sondern um die freie Weite, in der es weder Lob noch Tadel gibt.]

»Tsui-yän, der plappert ungehemmt. Daß der ein Dieb ist, liegt am Tage.« Sagt mir einmal: Was hat er denn gestohlen? Hsüä-dou nennt ihn doch einen Dieb. Daß mir aber keiner von euch sich um den Wortlaut herumdreht! An dieser Stelle muß jeder das Seine festhalten; dann erst wird er es verstehen[2].

»Ein weißer Zierstein ohne Fehl: ob echt, Ersatz, wer scheidet es schnell?« Der Gesang vergleicht also Tsui-yän mit einem weißen Zierstein, der auch nicht den kleinsten Riß oder Flecken aufweist. Aber daß jemand echt und unecht sicher unterscheiden könnte, kommt in der Tat nur selten vor. So bringt es Hsüä-dou mit seiner ungewöhnlichen Begabung fertig, seine Perlenschnur vom Anfang bis zum Ende durchzuziehen. Und nachdem er dieses Ende schon erreicht hat, sagt er erst: »Tschangtjing, der weiß es, leiert's her: Sein Brauenhaar wuchs ihm noch mehr.« Sagt mir einmal: Wo ist denn da etwas gewachsen? Schnell blickt hin und sehet!

[1] Hier übergehen wir zweieinhalb Zeilen, weil ihr Gedankengang nicht ganz klar ist; wahrscheinlich ist gemeint: Den Späteren, welche Tsui-yäns Worte falsch verstehen, weil sie sich zu sehr am Wortlaut festhalten, ist Hsüä-dou's überlegene Betrachtungsweise wohl eine starke Hilfe zu besserem Verständnis. Aber richtig verstehen wird Tsui-yän's und der drei anderen Reden doch nur der, der selbst den Grund und Boden, auf welchem jene stehen, gewonnen hat.

[2] Katô Totsudô sagt dazu in seiner Sprache: Die Wahrheit des Universums, weit gefaßt die ganze Fülle aller Weisheit, eng gefaßt das eine Herz, der eine Geist, außer dem sonst nichts ist, das ursprüngliche, eigentliche Selbst, die einzig wirkliche Tatsache – wer die festhält und gut bewahrt, der kann an Worten anderer nicht hängen bleiben und sich um sie drehen. Der erst wird auch ohne weiteres verstehen, daß es seinen guten Sinn hat, wenn Hsüä-dou von Tsui-yän, der nie etwas gestohlen hat, sagen kann: Daß der ein Dieb ist, liegt am Tage.

Erklärungen zum Text

Vorbemerkung

Je deutlicher es wird, daß die eigentlichste, tiefste Wahrheit sich dem Zugriff verstandesmäßiger Erklärung entzieht, um so fragwürdiger wird alles Reden darüber. Hat es überhaupt einen Sinn, andere zu dieser Wahrheit führen zu wollen? Ist, an ihr gemessen, nicht jedes Wort, das einer sprechen mag, Versündigung? Unter den Buddhisten Chinas ging die Rede, daß, wer von Buddha und seinem Gesetz leichtfertig rede, die Augenbrauen verliere. Sein Gesicht würde entstellt, er könnte sich nicht mehr sehen lassen.

Damit war gerade der geistliche Führer und Meister vor einen unlösbaren Widerspruch gestellt. Er ist erfüllt von einem höheren Leben. Ihn drängt es, sich den andern helfend mitzuteilen. Was kann er anderes tun, als davon reden und immer wieder reden? Und doch läuft er Gefahr, daß ihm dabei gerade das entgleitet, was er bringen will, daß ihm, im Bilde zu reden, die Brauenhärchen ausfallen und er blöde dasteht als einer, der besser daran täte, sein Angesicht zu verhüllen.

Dies ist das Problem, um welches es sich im vorliegenden Beispiel handelt. Was soll ein Lehrer des Unsagbaren sagen? Und wie soll, wenn er etwas sagt, der Hörer ihn verstehen? Gibt es einen Boden gegenseitigen Verstehens, jenseits der allgemeinen Form der Diskussion, die sich im Gegensätzlichen bewegt? Von dieser Frage geht Yüan-wu im Hinweis aus, bejaht sie und weist nach, wie solches Verstehen möglich ist und wie mannigfaltig es sich äußern kann.

Zum Hinweis

»Wo man's versteht, da bietet mitten unterwegs das Nötige sich an« usw. – Der Boden gemeinsamen Verstehens ist nichts anderes als die völlige Lösung von dem Zwang des Denkens in den weltläufigen Gegensätzen von Ich und Du, von Subjekt und Objekt, diese aber nicht als theoretische Erkenntnis, sondern als ein aus dem Innersten hervorgebrochenes Erlebnis. Wer sich von Ich und Welt gelöst hat, dem steht von Augenblick zu Augenblick auch alles wieder auf und bietet sich ihm an zum ›Großen Wirken‹, zur Ausstrahlung des Lichtes in die dunkle Umwelt. Wo dieser Boden nicht erreicht ist, da klammert man sich an den Notbehelf einer beliebigen Theorie, an einen Standpunkt, pocht auf ihn und kämpft verbissen gegen dessen Gegner.

»Da verfängt sich der Ziegenbock in der Hecke; da lauert der Bauer bei seinem Baumstumpf und wartet auf den Hasen.« – Schon das uralte ›Buch der Wandlungen‹, I-ging (34. Kapitel), vergleicht den unbefreiten Geist mit einem Ziegenbock. Und der im Jahr 234 vor Christi Geburt im Gefängnis vergiftete Staatsmann und Schriftsteller Han Fe erzählt im 19. Band seiner Werke von einem Bauern in dem alten Lande Sung (dem

Gebiet um die heutige Stadt Kaifëng am Huangho), wie er sein Reisfeld pflügte, in dem ein alter Baumstumpf aus der Erde ragte. Plötzlich »rannte ein Hase daher, stieß an den Stumpf, brach sich den Hals und war tot. Da ließ der Mann seinen Pflug liegen und hielt nur immer an dem Baumstumpf Wache in der Hoffnung, wieder einen Hasen zu erbeuten. Es kam aber kein Hase mehr, und der Mann wurde zum Gelächter des ganzen Landes Sung.«

»Das eine Mal ist ein gesprochenes Wort wie ein kauernder Löwe, das andere Mal gleicht es dem prächtigen Schwert des Fürsten mit dem diamantenen Donnerkeil.« – Der kauernde Löwe ist das Bild majestätischer Ruhe. Das Schwert ist Gleichnis für die Schärfe, die jeden Irrwahn an der Wurzel trifft. Der Fürst mit dem diamantenen Donnerkeil, welcher es führt, ist einer aus der großen Menge geistiger Gestalten, die aus buddhistischer Andacht und Versenkung im Stil des sogenannten Vajrayâna oder Diamantfahrzeugs entstanden sind. Er heißt indisch Vajra-râja Bodhisattva und verkörpert die Unüberwindlichkeit der höchsten Wahrheit und Erkenntnis. Der Yogin des Vajrayâna soll sich in die Schau des Fürsten mit dem diamantenen Donnerkeil versenken und dabei zu sich sprechen: Das bin ich; ich bin Vajra-râja.

»Wo mitten unterwegs das Nötige sich bietet, da begegnen sich die Gleichgestimmten usw.« – Dieser Boden gegenseitigen Verstehens ist wie ein elektrisches Feld, in dessen Umkreis alles aufeinander anspricht. Da braucht, was man empfindet, nicht ans Licht gezerrt zu werden. Man weiß um die Empfindlichkeit der inneren Regung, wahrt Takt und bewährt gerade so die innere Gemeinschaft. Wo dieser Boden fehlt, herrscht die Einseitigkeit der Gegensätze, und diese ist mit klarem Blick und notfalls mit entschiedener Schärfe abzuweisen.

»Darum heißt es: Das Große Wirken, wo es in Erscheinung tritt, weiß nichts von Regel und Geleise.« – Dies ist ein oft zitierter Ausspruch Yünmën's, desselben, der im Beispiel auftritt.

»Der Goldbuddha von sechzehn Fuß« ist ein schon in Indien, dann ebenso in ganz Ostasien häufig zur Andacht in den Tempeln aufgestelltes Buddhabild. In den Zeiten nach Buddhas Tod malte man sich auch die körperliche Gestalt dieses alle Menschen Überragenden nach übermenschlichen Maßen aus. Acht Fuß galt im damaligen Indien als die normale Länge eines gut gewachsenen Mannes. Dem Buddha schrieb man deshalb sechzehn Fuß, die doppelte Größe, zu. Und weil von seinem Leib »ein goldener Glanz ausstrahlte«, so wurde dieses Buddhabild vergoldet. Vor dieser imponierenden Gestalt betet die fromme Menge an. Der Freigewordene wehrt es ihr nicht. Er selbst kennt dieses Buddhas Hoheit und verehrt sie. Aber dieselbe Majestät und Herrlichkeit der Wahrheit kann ihm auch aus dem einfachsten Grashalm entgegenleuchten. Es macht ihm gar nichts aus, den goldenen Riesenbuddha und den Grashalm beliebig miteinander zu vertauschen.

Im übrigen ist das, was Yüan-wu sagen will, am besten an lebendigen

Beispielen zu erkennen. Nur auf sie sollte ja auch sein Hinweis vorbereiten.

Die Personen des Gesprächs: vier Schüler Hsüä-fëng's

Nach dem Gesagten handelt es sich also um ein Problem, das nicht so sehr die Suchenden angeht, als solche, welche schon gefunden haben. Darum steht hier nicht wie sonst dem Meister ein Schüler gegenüber, sondern es treten nebeneinander vier Genossen auf, und zwar alle aus derselben Schule des uns schon bekannten Meisters Hsüä-feng, die uns mit der überragenden Gestalt Yün-mën's im sechsten, und zwei Generationen abwärts im siebten Beispiel mit Fa-yän, dem ›Gesetzesauge‹, entgegengetreten ist.

Auch hier begegnen wir Yün-mën wieder, außer ihm aber noch drei andern seiner Schulgenossen, und zwar an erster Stelle dem sonst wenig genannten Meister Tsui-yän, der seinen Namen von dem Kloster bei der ›Meergrünen Felswand‹, Tsui-yän, im Gebiet der Hafenstadt Ning-po hat. Von seinem Leben ist sehr wenig überliefert, nicht einmal sein Todesjahr. Man weiß nur, daß er in Hu-dschou in der Provinz Tschekiang (südlich des Tai-hu oder Großen Sees landeinwärts von Schanghai) geboren ist, daß er Hsüä-fëng's Erziehung genossen und das ›Siegel des Geistes‹ von ihm erhalten hat, daß er dann in Ning-po lehrte und in seinen späteren Jahren von dem damaligen Machthaber der Provinzen Tschekiang und Kiangsu, Tjiän Liu, mit der Leitung eines Klosters in dessen Hauptstadt, Hang-dschou, betraut worden ist.

Bei Tsui-yän nun treffen sich die drei andern im Beispiel erwähnten Freunde, Yün-mën, Tschang-tjing und Bau-fu. Von ihnen hat auch Tschang-tjing uns bereits berührt, und zwar mit seinem vielberufenen Begegnungs- oder Findelied, das Yüan-wu in seiner Erläuterung zum Gesang des sechsten Beispiels anführt, und das mit den Worten schließt: »Eis in Feuerglut«. Er stammte wie Tsui-yän aus Tschekiang, war 854 in der Stadt Yän-guan oder ›Salzamt‹ an der Hang-dschou-Bucht geboren, mit zwölf Jahren in ein Kloster der Stadt Su-dschou eingetreten, hatte bei Ablegung des Mönchsgelübdes den Namen Hui-lëng, d. h. Weisheitswürde, angenommen und war mit 24 Jahren südwärts nach der Provinz Fukien gewandert, wo er nach kurzer Suche auf der Schneekuppe den Meister fand, dem er sich dauernd anvertraute. Achtundzwanzig Jahre hielt er sich bei Hsüä-fëng auf, bis er 906, zwei Jahre vor des Meisters Tod, von dem Mandarin der kleinen Hafenstadt Tjüandschou in Fukien an ein dortiges Kloster berufen wurde. Alsbald sammelte sich um ihn eine solche Menge von Schülern, daß nach kurzer Zeit der damalige Machthaber von Fukien, Wang Schën-dschï, auf ihn aufmerksam wurde und ihm das größte Kloster des Landes übertrug, dem er gleichzeitig den neuen Namen »Langer Segen«, Tschang-tjing, verlieh. Es liegt etwa 7 km westlich von Fu-dschou und war noch 1929, als der japanische Gelehrte Tokiwa es in den Neujahrstagen besuchte, eine erstaunlich große, an Gebäuden reiche Anlage. Das würdige Grabmonument des Meisters Tschang-tjing Hui-lëng in schlichtester Stûpaform mit Namensinschrift und einer Steinbank als Altar davor dürfte sich auch heute noch daselbst befinden. Von Tschang-tjing wird noch in sieben weiteren Beispielen dieser Sammlung die Rede sein, zunächst in den Kapiteln 22 und 23.

Der vierte in dem Bruderkreis ist Bau-fu, auch er in weiteren vier Beispielen vertreten. In Fu-dschou geboren, kam er schon mit vierzehn Jahren auf die in der weiteren Umgebung der Stadt gelegene Schneekuppe zu Hsüä-fëng, legte drei Jahre später in einem Kloster seiner Heimat das Mönchsgelübde ab und diente daraufhin viele Jahre abermals bei Hsüäfëng als Helfer in der Hausverwaltung. Sein älterer Mitschüler Hui-lëng, der spätere Tschang-tjing, hat sich in dieser Zeit besonders brüderlich um ihn angenommen. Endlich, im Jahr 918, erreichte ihn der Ruf des Mandarinen der einwärts des Seehafens Swatau im äußersten Osten der Kwangtung-Provinz gelegenen Stadt Tschau-dschou, einen von ihm neu gegründeten ›Zen-Park‹ namens Bau-fu, d. h. Segensbürgschaft, zu leiten. Die Zahl seiner Schüler betrug bald etwa siebenhundert. Doch währte seine Wirksamkeit daselbst nicht länger als zehn Jahre. Im Frühjahr 928 erkrankte er scheinbar nur leicht, setzte sich mit gekreuzten Beinen zur Versenkung aufrecht hin und ging mit einem Lächeln auf den Lippen in die Verwandlung ein.

Wann die Zusammenkunft der vier Genossen stattfand, läßt sich nicht sicher ausmachen. Da sie sich bei Tsui-yän in dem Kloster an der Meergrünen Felswand treffen, wo dieser damals schon als Meister wirkte, wird man annehmen dürfen, daß die andern noch nicht durch ein festes Amt gebunden waren. Das weist uns in die Zeit vor der Berufung Tschangtjings nach Tjüan-dschou, also vor 906. Da Yün-mën sich bei Hsüä-fëng erst um 900 herum drei Jahre lang aufgehalten hat und dann noch viele Jahre lang gewandert ist, so liegt die Annahme am nächsten, daß der Besuch der drei bei Tsui-yän in die Jahre zwischen diesen beiden Daten fällt. Entweder waren alle drei damals noch bei Hsüä-fëng und besuchten von der Schneekuppe aus den bereits in Amt und Würden stehenden Tsui-yän in Ning-po oder kamen nur noch zwei, Tschang-tjing und Bau-fu, von Hsüä-fëng her, während Yün-mën sich schon auf der Wanderschaft befand.

Wir beobachten also hier vier Meister oder doch der Meisterschaft bereits fähige Jünger Hsüä-fëng's unter sich. Jeder hat seine eigene Art, und doch verstehen sie einander schon ohne Worte. Und wenn sie reden, so ist es, als hätten sie untereinander eine Geheimsprache. Die Bemerkungen, die sie fallen lassen, klingen für Außenstehende ziemlich rätselhaft. Schon ihre eigenen Nachfolger mochten es schwer haben, sie zu deuten. Darum ist Yüan-wu in seinem Hinweis bestrebt, vor aller anderen Erklärung den Boden aufzuzeigen, auf dem die vier Freunde stehen, den Boden grundlegenden Verstehens überhaupt. Nur von ihm aus mag auch zu den Worten, die geredet werden, ein Zugang sich eröffnen.

Zum Verständnis des Beispiels

Schon der Buddha hatte, einem uralten indischen Brauche folgend, für seine Mönche den jährlichen Wechsel von Wandern und stiller Zurückgezogenheit eingeführt. Wenn der dreimonatige Monsunregen einsetzte, der die Wanderung unmöglich machte, sammelten sich die Seinen um den Meister zu gemeinsamer Belehrung und Übung. Diese Sitte wurde auch in China weitergepflegt, nur daß man die Zeit der Übung aus klimatischen Gründen etwas verschob, sei es auf Mitte Mai bis Mitte August, sei es ein paar Wochen früher oder später. Sie bildete den Höhepunkt buddhistischen Gemeinschaftslebens. Und die Zen-Meister benützten sie, wie zu erwarten ist, vor allem für persönliche Gespräche mit jedem einzelnen der Schüler. Der letzte Tag, bevor die Mönche wieder auseinandergehen, hat deshalb als Abschlußfeier besondere Bedeutung. Hier schließen sich die Herzen auf, um auszusprechen, was jeden während der vergangenen neunzig Tage bewegt hat. Die Freude der Befreiung, Vorsätze für die Zukunft, besonders auch Bekenntnisse begangener Fehler, alles kommt hier zum Ausdruck.

Dann folgt das Schlußwort des Meisters. Die Regel wird sein, daß er noch einmal zusammenfaßt, was er in seelsorgerlicher Aussprache mit den einzelnen an Eindrücken bekommen hat, und seinen Mönchen für die Zeit der Wanderschaft Mahnungen und Ratschläge mitgibt. Tsui-yän aber tut noch etwas Besonderes. Er erinnert nicht nur an alles, was er den ihm Anbefohlenen während der drei Monate gesagt hat, sondern stellt es darüber hinaus in Frage, und das in der drastischen Art des Zen-Meisters. Er reckt sich vor und hält den Versammelten sein Gesicht hin: sie sollen nachsehen, ob ihm über dem vielen Reden nicht die Augenbrauen ausgefallen sind! Er stellt sich selber ihrem Gericht. Sie sollen urteilen, ob er mit all dem vielen Reden irgend etwas Wesentliches überhaupt gesagt, irgendeine Wirkung in der Tiefe eigentlicher Wahrheit überhaupt erreicht hat. Wenn nicht, so hätte er mit seinem Reden sich versündigt, so müßten ihm die Brauenhaare ausgefallen sein.

Die Hörer sind bestürzt und wissen nicht, was sie mit der merkwürdigen Geste des Meisters anfangen sollen. Faktisch hat er ja wohl die Brauen noch gerade so über den Augenhöhlen, wie zu Beginn der sommerlichen Übungszeit. Und statt unnötig zu fragen, könnte er ja mit den Fingern nachfühlen und feststellen, daß die Härchen noch da sind. Ob wohl einige unter ihnen merken, wo er hinaus will? Daß es ihm gar nicht um ihn selbst und um ihr Urteil über ihn zu tun ist, sondern um sie? Daß er ihnen sagen will: Was ich da die ganze Zeit über geredet habe, das ist alles wertlos, solange es euch noch als fremde Rede eines andern in den Ohren nachklingt; erst wenn in euch selber etwas Eigenes aufsteigt und es an sich reißt, hat auch euer Meister nicht umsonst geredet, kann er sich noch mit seinen Augenbrauen sehen lassen. Auf seine Art sagt Tsui-yän dasselbe, was manche späteren Schriften des Mahâyâna-Kanons betonen, allen voran das Lankâvatâra-sûtra, daß die echte Lehre der Wahrheit nicht in Worten bestehe, sondern in ihrem direkten Erweis durch Verwirklichung in der Person des Lehrenden. Daher die wiederholte Warnung Buddhas in dem genannten Sutra: Klammert euch nicht an Worte an. Und in diesem Sinne auch die erstaunliche Versicherung: »Seit der Nacht, in welcher der Tathâgata Erleuchtung fand, bis zur Nacht, in der er ins Nirvâna eingeht, hat er kein einziges Wort geredet[1].« Und doch waren die dazwischenliegenden neunundvierzig Jahre mit nichts anderem ausgefüllt, als mit unermüdlichem Reden, Raten und Belehren.

Dies also ist der Knoten, den Tsui-yän seinen Hörern hinwirft. Und die drei Freunde, die an diesem Abschiedstage mit dabei sind, fangen den Knäuel mit sicherem Griff auf und werfen ihn mit einem Spruch dazu dem Nächsten weiter. Bau-fu, selbst im Ruf eines höchst redseligen Lehrers stehend, ist so entzückt von Tsui-yäns Meisterschaft, daß er seine Freude mit einer hämischen Bemerkung noch verbrämt. Dieser Tsui-yän ist doch ein unverbesserlicher Dieb. (Ist doch sein Geschäft nichts anderes, als anderen ihr Inneres auszuplündern, bis nichts Festes mehr darin übrig bleibt.) Kein Wunder, wenn er selbst hohl ist, so daß man bei keinem seiner Worte weiß, ob er wahr spricht oder schwindelt.

Auch Tschang-tjing hat seinen Witz, aber auf trockene Art. Schlicht und geradeheraus greift er Tsui-yäns Frage nach den Augenbrauen auf und stellt fest: Von Haarausfall ist hier nichts zu sehen; vielmehr sind seine Brauen noch gewachsen, weit entfernt, daß Tsui-yän sich mit seinem unermüdlichen Reden versündigt hätte; er hat im Gegenteil die Hörer näher als wohl je zuvor an die Wahrheit herangeführt, und zwar gerade jetzt durch diese ganz originelle Geste. Denn eben damit hat er rücksichtslos sein eigenes Reden in Frage gestellt und die Hörer davor gewarnt, sich aus irgendeinem Wort, das er gesprochen, einen Eselspflock zu machen.

Den Schluß macht Yün-mën, von den vier Freunden der verschwiegenste und tiefste. Er versteht sie alle, versteht Tsui-yäns Geste und was die beiden andern dazu meinen. Aber er verfolgt den Weg der Diskussion nicht weiter, sondern sperrt ihn ab. Er verzieht keine Miene, sondern sagt nur streng und bestimmt: Guan! Guan ist die Schranke, der Querbalken an der Grenzsperre, der dem Wanderer den Durchgang verwehrt. Halt, will Yün-mën sagen, hier kommt keiner durch, hier stehen wir vor dem Geheimnis. Es ist jetzt genug davon geredet. Daß der Buddha neunundvierzig Jahre lang redete und am Ende behauptet, er habe die ganze Zeit über nicht ein einziges Wort gelehrt, daß Tsui-yän, unser Bruder, nun neunzig Tage lang geschwatzt hat und noch Brauenhaare über den Augen trägt, das sind Widersprüche, deren Auflösung ver-

[1] Lankâvatâra-sûtra LXII; vgl. Suzuki, The Lankâvatâra Sûtra, S. 124.

boten ist. Hier ist dieselbe Sperre, wie jenes hohe Wehr im Gelben Strom, über das kein Fisch hinaufkommt, es sei denn, es geschehe ein Wunder, das den Fisch zum Drachen macht. Im Lichte dieses ›es sei denn‹ verstanden, ist Yün-mëns ›Sperre‹ freilich wohl sein letztes Wort, aber gewiß nicht sein letzter Gedanke.

Zum Gesang

In dem Scharmützel zwischen Tsui-yän und den Freunden blitzte es so hin und her, daß für Danebenstehende kaum auszumachen war, wohin die Schüsse zielten. Gerade so gefällt es Hsüä-dou; darum läßt er es in dem Gesang so weiter blitzen. Die harte Form vierfüßiger Verse alten Stils ist ihm dafür gerade recht. Aber so kurz er seine Worte faßt, so genau nimmt er es von Fall zu Fall. Zwar gibt er keine Deutung in verstandesmäßigen Begriffen, wohl aber Fingerzeige nach der Richtung, in welcher der Betrachter suchen mag. Yüan-wu ist des Lobes voll auf diese gewissenhafte Sorgfalt, mit welcher Hsüä-dou jeden der vier Freunde deutet, und nennt ihn dafür mit dem Ehrennamen, der den indischen Ausdruck Kalyamitra, Freund und Mann des Segens, auf chinesisch wiedergibt.
Die Hauptsache, auf welche es ihm ankommt, nennt Hsüä-dou, wie gewöhnlich, gleich mit dem ersten Verspaar. Er sieht in Tsui-yän's Geste etwas Einzigartiges, was bisher noch nicht da war, nicht ›seit den ältesten Zeiten‹, d. h. seit Buddha Shâkyamuni und seit Bodhidharma. Nicht als ob er Tsui-yän etwa für größer als jene Väter hielte. Aber etwas tritt in dessen wunderlicher Frage augenfällig an den Tag, was so ausgeprägt bei jenen Alten nicht zu finden ist: die herrliche Unbesorgtheit dessen, der in der offenen Welt lebt, in welcher jedes Wort versagt, und der doch eben darum Herr auch über alle Worte ist und ohne eine Spur von Ängstlichkeit sie frei, wie es der Augenblick ihm gibt, verwenden kann. Und dazu noch der feine Trick, mit dem Tsui-yän dieses sein Innerstes nicht etwa ausspricht, sondern schalkhaft einhüllt in den kecken Ruck, mit dem er seine Stirn vorstreckt, damit die Brüder seine Augenbrauen sehen. In solcher Art des Lehrens durch die bloße Geste erkennt ein Zen-Meister wie Hsüä-dou, daß seit der Zeit des Sechsten Patriarchen Hui-nëng in China etwas Neues, Eigenartiges gewachsen ist, was es bis dahin nicht gegeben hat: eben das, was man bis heute in besonderem Sinne Zen zu nennen pflegt. Daran hat er seine Freude, und Yüan-wu pflichtet bei, ja stellt die Geste Tsui-yän's noch über die berühmten Mittel der Erinnerung an das, was jenseits aller Worte liegt, die seit Dö-schan und seit Lin-dji bei den Zen-Meistern im Schwange sind: über Dö-schan's Stock und über jenen Weck- und Scheltruf Ho'!, der schon beim Patriarchen Ma, darnach bei Dö-schan vorkam, dann aber in der Schule Lin-dji's (japanisch Rinzai) zum eigentlichen Hausbrauch aufgerückt ist (wovon in den Kapiteln 20 und 32 noch die Rede sein wird).
Auf diese erste Hauptsache hin aber bringt Hsüä-dou alsbald eine zweite,

die ihm gleich wichtig und von der ersten nicht zu trennen ist: Yün-mën's ›Sperre!‹. Denn nachdem er Tsui-yän's kühne Freiheit mit solch hohem Lob gerühmt hat, ist er um so mehr genötigt, diese gegen jeden abzusperren, der meint, er könne über sie einfach verfügen. Der Weg, auf welchem Tsui-yän sich bewegt, ist ein verbotener Weg, und nirgends gibt es eine Stelle, die dafür einen Freibrief, ihn doch zu betreten, auszustellen ermächtigt wäre. Darum ist und bleibt auch Tsui-yän selber problematisch. Entscheiden kann hier jeder nur für sich. Tschang-tjing z. B. hat es gewagt. Wer wagt es noch? – So etwa dürfte Hsüä-dou zu verstehen sein, und ebenso Yüan-wu's Erläuterung.

Neuntes Beispiel

Die vier Tore von Dschau-dschou

Hinweis

Steht ein klarer Spiegel auf dem Ständer, ist schön und häßlich ganz von selbst zu unterscheiden. Hält einer das Schwert Mo-yä in den Händen, so kann er töten oder Leben schenken, wie es der Augenblick erfordert.
Chinesen kommen, und Tataren gehen; Tataren gehen, und Chinesen kommen. Im Tode findet sich Leben; im Leben findet sich Tod.
Sage mir einmal: Was wirst du tun, wenn du in solche Lage kommst? Ohne ein Auge, das durch alle Hindernisse hindurchdringt, und ohne Freiheit zu jeder Wendung ist hier gar nichts zu machen – so viel ist klar. Aber nun sage mir: Was ist es um solch ein Auge, das durch alle Hindernisse hindurchdringt, und um die Freiheit zu jeder Wendung? Versuchen wir's mit einem Beispiel! Sehet her!

Das Beispiel

Wir legen vor:

Ein Mönch fragte Dschau-dschou: Was ist es mit Dschau-dschou? Dschau-dschou sagte: Osttor, Westtor, Südtor, Nordtor.

Zwischenbemerkungen zum Beispiel

»Ein Mönch fragte Dschau-dschou: Was ist es mit Dschau-dschou?« – Im Norden des Stroms? Im Süden des Stroms[1]? – Das läßt sich überhaupt nicht sagen. – Das ist wie scharfe Dornen tief im Schlamm des Reisfelds [für den Reisbauern eine sehr häßliche Sache; genau so eklig ist es, sich

[1] Der Gelbe Strom, Huangho, spielte auch in Kriegen von jeher eine wichtige Rolle. Oft täuschte der Feind Vorbereitungen nördlich desselben vor, um dann im Süden loszuschlagen, oder umgekehrt. Man kann deshalb bei dieser Doppelfrage auch an die Hinterlist des Mönches denken, der es im ungewissen läßt, ob er die Stadt meint oder den Meister.

auf die Frage dieses Mönches einzulassen]. – Wenn es nicht südlich des Stromes liegt, dann muß es nördlich davon sein [die einzige Antwort die man notfalls geben könnte].
»Dschau-dschou sagte: Osttor, Westtor, Südtor, Nordtor.« – Sie gehen auf! – Schilt nur zu, kannst dir noch einen Schnabel dazu aufbinden! Spucke nur, magst noch Wasser dazu nachgießen! [Dschau-dschou ist über allen Unfug erhaben.] – Ein öffentlicher Aushang, fertig sichtbar! [Hier wird höchste Wahrheit offenbar.] – Seht ihr es denn auch? – Und nun gibt es Hiebe!

Erläuterung des Beispiels

Wenn man den Meister aufsucht, ihn befragt und Antwort erhält, so handelt es sich stets nur darum, über sich selbst Klarheit zu gewinnen. Dabei muß man es streng vermeiden, an den Worten zu naschen. Warum? Ihr habt ja gesehen, daß Dschau-dschou sagt: Der höchste Weg ist gar nicht schwer, nur abhold wählerischer Wahl [vgl. das 2. Beispiel]. Und seht ihr nicht auch, wie Yün-mên klagt: »Die heutigen Zen-Freunde stecken zu dreien und zu fünfen die Köpfe zusammen, schwatzen mit geschäftigen Mäulern drauf los und erklären dann: Das hier ist ein sehr geistreicher Ausspruch; jenes Wort geht auf das Persönliche.« Sie wissen nichts von der Notbehelfsmethode der Alten. Denn nur mit Rücksicht auf die Anfänger und Führungsbedürftigen, die über Herz und Geist noch keine Klarheit und von ihrer eigentlichen Natur noch keine Anschauung besitzen, sehen sie sich genötigt, zu dem Behelf von Worten und von Sätzen zu greifen. Denkt an folgendes: Der Patriarch, aus dem Abendland zu uns gekommen, gibt nur einfach das Siegel des Geistes weiter; er weist mit ausgerecktem Finger auf das Herz des Menschen, daß er im Anblick seiner innersten Natur zum Buddha werde. Wo wäre hier etwas von solchen Schlinggewächsen [kluger Reden]? Hier ist es nötig, Wort und Rede an der Wurzel abzuschneiden, jenseits aller Regel letzte Wahrheit zu erblicken und auf diesem Wege dahin durchzudringen, wo man aller Bande ledig ist. Das ist, pflegen wir zu sagen, wie der Drache sein Gewässer findet, wie der Tiger seinen Hang erklettert.
Auch den Tapferen der alten Zeit erging es so, daß sie zunächst wohl etwas sahen, aber nicht hindurchblicken konnten; daß sie wohl hindurchblicken konnten, aber ohne rechte Klarheit. [Dann griffen sie zu einem Mittel, das schon Konfuzius seinen Jüngern empfohlen hat:] Man nennt es »Bitte um genauere Belehrung«. Wenn sie nachher einmal den Durchblick gewonnen hatten, dann mußten sie allerdings bei ihrem Suchen nach noch weiterer Belehrung den Wortlaut sorgfältig umkreisen, nur daß sie bei keinem Wort stecken bleiben durften. Hatten sie dieses Verfahren lange Zeit geübt, so konnte ihre Bitte um noch weitere Belehrung schließlich von der Art sein, wie man dem Dieb die Leiter hinstellt [um ihn so zum Diebstahl zu verführen und dabei zu er-

tappen. Das heißt, sie stellten irgendeine Frage nur, um zu sondieren, ob der Meister ebenso dachte, wie sie]. Aber [das war nur kluge Vorsicht, um den Takt nicht zu verletzen], in Wirklichkeit ging es ihnen stets nur um die Sache, nicht um Worte.

Darum sagt Yün-mën: Wenn dieses Eine auf Worten stünde, wozu hätte dann Bodhidharma aus dem Abendland herkommen müssen? Wo doch alle ›drei Fahrzeuge‹ und sämtliche ›zwölf Gattungen von Lehrformen‹[1] es doch wahrhaftig an Worten und Sätzen nicht fehlen lassen! Unter den achtzehn Arten von Fragen an die Meister, welche Fën-yang[2] aufstellt, gehört die Frage dieses Mönchs zu jener Art von Fragen, die Sinn und Meinung eines Meisters zu erkunden suchen; sie ist also eine Sondierungsfrage.

Daß der Mönch diese Frage stellt, ist nun schon etwas Außergewöhnliches. Ein anderer als Dschau-dschou hätte es schwer gehabt, ihm Rede und Antwort zu stehen. Der Mönch fragt: Was ist es mit Dschau-dschou? Und Dschau-dschou, als wahrer Meister ganz aus seinem Eigentlichen schöpfend, erwidert ihm: Osttor, Westtor, Südtor, Nordtor. Der Mönch versetzte: Ich frage nicht nach diesem Dschau-dschou. Und Dschau-dschou fragte zurück: Nach welchem Dschau-dschou fragst du denn?

Unter den Nachfahren sind nicht wenige, welche erklären, Dschau-dschou habe die Leute zum besten, indem er das »Zen des Ledigseins von den Dingen« betreibe. Auf die Frage des Mönches nach Dschau-dschou antworte er ihm mit Osttor, Westtor, Südtor, Nordtor, rede also nur von diesem Dschau-dschou [von der Stadt]. Wenn solch eine Auffassung gelten soll, dann kann irgendein Bursche in einem Dörfchen von drei Familien nebenbei auch noch das Buddhagesetz verstehen. Aber auf diese Weise richtet man das Buddhagesetz nur zugrunde. Das ist gerade, wie wenn einer ein Fischauge mit einem Edelstein vergleichen wollte. Eine Ähnlichkeit besteht da schon. Aber darum ist es nicht dasselbe. Der Mönch vom Berge [ich, Yüan-wu] sagte vorhin [s. Zwischenbemerkung]: »Wenn es nicht im Süden des Stromes liegt, dann muß es nördlich davon sein.« Nun saget mir einmal: Heißt das an den Dingen haften oder aller Dinge ledig sein? Diese Frage müßt ihr euch auch sehr genau ansehen; dann erst werdet ihr es richtig begreifen.

[1] Die Scholastiker der Tiän-tai-Schule teilten die Sutrenschriften je nach ihrem Inhalt in dreierlei Lehrtypen (›Fahrzeuge‹) ein, deren höchsten sie das ›Große Fahrzeug‹, Mahâ-yâna, nennen. Die ›zwölf Gattungen von Lehrformen‹, welche sie aufstellten, bezeichnen verschiedene Stilarten, wie Lehrreden zur Beantwortung von Fragen, spontane Reden, Lehren in Versform, Gesänge, Verheißungen für fromme Jünger, einleitende Erzählungen u. ä., wie sie sich in den Sutren neben- und durcheinander finden.

[2] Fën-yang Schan-dschou, der erste, der die Aussprüche der alten Meister in Gesängen pries, s. Vorbericht, S. 14 f. Traditionsliste III B, 16.

Meister Fa-yüan, der ›Herr Rechtsgelehrte‹[1], hat gesagt: »Wenn noch nach dem letzten Ende einer Unterredung ein kurzes Wörtchen fällt, dann erst kommt man an die allerstärkste Sperre. Das, was ein Meister mit einem solchen Hinweis meint, läßt sich in Worten nicht abschließend zusammenfassen. ›In zehn Tagen einmal Wind, in fünf Tagen einmal Regen; Ruhe haben wir im Land, Freude macht das Werk der Hände; trommelt auf den Bauch und singt!‹ Das heißen sie die goldene Zeit des großen Friedens, das nennt man Aller-Dinge-ledig-sein!« Es geht aber nicht an, von Blinden, die mit Händen klatschen, deshalb zu sagen, sie seien aller Dinge ledig. Erst muß der Riegel an der Sperre aufgebrochen sein, erst mußt du dich durch das Dickicht von Dornen durchgeschlagen haben und rein dastehen, splitternackt und rötlich frisch besprengt. Wenn du dann noch immer einem ganz gewöhnlichen Menschen ähnlich bist, so kannst du aus dir selbst heraus sowohl der Dinge voll sein als auch der Dinge ledig, kannst siebenfach geradeaus und achtfach in die Quere gehen und bist am Ende weder auf das Ledigsein versessen noch auch hältst du am Vorhandenen fest.

Nun gibt es eine Art Menschen, welche sagen: Es existiert im letzten Grunde gar nichts, nicht das kleinste Ding. Kommt man zu Tee, so trinkt man eben Tee; kommt man zu Reis, so ißt man eben Reis. Das ist ein großer Unsinn. Das redet von Begriffenhaben, wo man noch nichts begriffen hat; das redet von Erfahrung, wo man nichts erfahren hat. Leute, die so reden, haben überhaupt noch nie einen Meister so lange aufgesucht, bis sie hindurchsahen. Sie sehen nur, wie andere von Herz und Geist, von ursprünglicher Natur, von geheimnisvollen, wunderbaren Dingen reden, und erklären das einfach alles für Phantasterei, denn von Haus aus existiere doch überhaupt nichts. Da kann man nur sagen: Es sind blinde Blindenführer. Sie wissen und verstehen nichts. Wo wäre denn vor der Ankunft unseres Patriarchen aus dem Abendlande jemand dahergekommen und hätte den Himmel Erde genannt oder aus Bergen Wasser gemacht? Wozu aber ist der Patriarch aus dem Abendlande hergekommen? Und jetzt, wenn solche Leute [als Meister!] in der Lehrhalle auftreten, was lehren sie da? Nichts als Spitzfindigkeiten eines im Gefühl [des Gegensätzlichen] befangenen Bewußtseins. Wenn ihnen einmal das Gefühl [des Gegensätzlichen], das solchen Spitzfindigkeiten zugrunde liegt, ausgehen sollte, dann, aber auch erst dann, werden sie soweit sehen, daß es zum Durchblick reicht. Und wenn sie mit ihrem Sehen den Durchblick gewonnen haben, so wird ihnen genau wie bisher der Himmel Himmel sein, die Erde Erde, die Berge Berge und das Wasser Wasser. Einer der Alten[2] sagt folgendes:

Geist ist des Bewußtseins Wurzel,
Alles Dingliche ist Staub.
Beide gleichen Fleckenspuren
Auf des Spiegels reinem Rund.

Wenn einer einmal diese Ebene [des fleckenreinen Spiegels] erreicht hat, dann steht er ganz von selbst rein splitternackt und rötlich frisch besprengt. [Der Weg zur vollen Freiheit führt allerdings, will Yüan-wu sagen, über die Einsicht in das Wesen von Geist und Welt; darum wird auch in der Belehrung von ihnen viel geredet. Dies aber nur, um die Erkenntnis dann auch über sie hinauszuführen. Wo die Einheit beider gewonnen ist, da redet man auch davon nicht mehr. Dann bleibt, bildlich gesprochen, nur der leere Spiegel ohne jedes Spiegelbild, auch ohne die Begriffe Geist und Welt.[3]]
Jedoch ist auch dies, wenn man es am höchsten Maßstab mißt, noch nicht die Stätte fester Ruhe und Gelassenheit. Denn an diesem Punkt verfallen viele Menschen auf ein Mißverständnis, indem sie sich in dem Bereich des Ledigseins von allen Dingen häuslich niederlassen und nun meinen, sie brauchten weder weiter je den Buddha zu verehren noch Weihrauch zu brennen. Ähnlich ist das allerdings [d. h., es sieht schon fast so aus, als seien diese Leute aller Dinge ledig]. Gleichwohl ist es etwas gänzlich anderes. Klopft man solchen Leuten nur ein bißchen auf den Busch, so zerflattert die Blume in sieben, acht Blättchen. Dann sitzen sie mit leerem Bauch in ihrem blinden Hochmut da. Und wenn am dreißigsten des letzten Monats [d. h. in der letzten Stunde] sie sich mit beiden Händen wechselweise auf die Brust schlagen, so ist es längst zu spät.
Wenn nun dieser Mönch solch eine Frage stellt, und Dschau-dschou ihm in dieser Weise antwortet, so saget mir einmal: wie wollt ihr wohl den Sinn von alle dem ertasten? Erkläret ihr mir, so und so sei es gemeint, versteht ihr's nicht. Erkläret ihr, so sei es nicht gemeint, versteht ihr's wieder nicht. Wie wollt ihr also schließlich es verstehen? An dieser winzigen Kleinigkeit [die aber eben ein und alles ist] hängt die ganze Schwierigkeit [des ›öffentlichen Aushangs‹]. Darum greift Hsüä-dou sie auf, hält sie den Leuten hin und zeigt sie vor.
Eines Tages, als Dschau-dschou auf dem Lehrstuhl Platz genommen hatte, meldete der Aufwärter: Der Große König[4] ist gekommen! Dschau-dschou sah bestürzt nach rechts und links und sagte: Dem Großen König Heil vieltausendfach! [Anstatt den hohen Besuch abzuwarten, rief er seinen Gruß dem Aufwärter entgegen!] Der Aufwärter [sichtlich betroffen] sagte: Er ist noch nicht da, Ehrwürdiger! Da sagte Dschau-dschou: Jetzt sagst du wieder: Er ist gekommen! – Wenn ihr nach

[1] Vgl. Beispiel III, S. 85, 99

[2] Der von Hui-nëng, dem Sechsten Patriarchen, in seiner Erfahrung bestätigte Yung-djia (japanisch Yô-ka, 665–713), und zwar in seinem berühmten ›Lied vom Erleben des WEGES‹, Dschëng-dau-go (japanisch Shôdôka, vgl. die deutsche Übertragung von Ôhasama und Faust in dem Buche Zen, der lebendige Buddhismus in Japan). Traditionstafel II, 7.

[3] Vgl. zu der Stelle Ôhasama-Faust, S. 84 und 148f.

[4] S. Erklärungen zum Text, S. 208.

fleißigem Suchen unter meiner Leitung soweit kommt, das zu verstehen, dann ist das schon etwas Besonderes. Der Meister Hui-nan[1] hat diese Geschichte behandelt und sagt dazu: Der Aufwärter versteht sich nur darauf, den Gast zu melden. Daß er sich selbst leibhaftig in des Kaisers Hofgebiet befindet, merkt er nicht. Dschau-dschou hingegen geht ins Gras hinein, er sucht den Menschen – und merkt nicht, wie er sich am ganzen Leib mit Schlamm beschmutzt. Diese winzige Probe echten Wesens – versteht ihr die denn auch? Seht her und nehmt euch den Gesang des Hsüädou vor!

Gesang

SPRINGT, im Wort sein Uhrwerk drin, keck ihm ins Gesicht.
Das demantne Auge blickt makellos und licht.
Ost und Westen, Süd und Nord – Tore dort und hier.
Hammerschlägen, noch so viel, öffnen sie sich nicht.

Zwischenbemerkungen

»Springt, im Wort sein Uhrwerk drin, keck ihm ins Gesicht.« – Es knackt! [In seiner Frage hat der Mönch eine Falle, einen Apparat eingebaut, der wie ein Uhrwerk eingestellt ist, um in jedem Fall den Meister zu schnappen. Man sieht es noch nicht, hört es aber schon knacken.] – Schwimmt der Fisch, trübt sich das Wasser. [Und an der Trübe im Wasser erkennt man, daß da ein Fisch schwimmt.] – Hoffentlich tut er Dschau-dschou keinen Schimpf an!

»Das demantne Auge blickt makellos und licht.« – Streut ihm doch Sand hinein! Streut ihm Erde hinein! [Auch das würde *diesem* Auge nichts ausmachen.] – Er sollte doch Dschau-dschou nicht in Verlegenheit bringen! [Dermaßen gelobt zu werden, ist für solch alten Mann doch unangenehm!] – Er sucht ja Himmel und Erde ab [nach Lobsprüchen für Dschau-dschou]! Wozu denn das?

»Ost und Westen, Süd und Nord – Tore dort und hier.« – Sie sind aufgegangen! – Aber wo sollten es denn so viele Tore sein? [In Wahrheit gibt es nur ein einziges Tor, durch das man gehen muß; und hier, in diesem Fall, ist es das Tor Dschau-dschou's.] – Wohin willst du denn noch, wenn du dem Tor von Dschau-dschou den Rücken kehrst? – [Hier, in diesem ›öffentlichen Aushang‹, tut sich das eine Tor jetzt auf, durch das man nur hindurchzugehen braucht. Dann ist alles gut.]

»Hammerschlägen noch so viel öffnen sie sich nicht.« – Du kommst ja selbst mit deinem Hammer gar nicht daran hin. [Ihr hämmert nicht richtig! Ihr suchet nicht mit ganzem Ernst!] – Sie sind offen!

Die Art, wie Dschau-dschou hier der inneren Einstellung [dem inneren Apparat, dem Uhrwerk] jenes Mönchs entgegentritt, ist ganz, wie wenn der König mit dem diamantenen Donnerkeil sein edles Schwert gebraucht. Wenn du hier Miene machst, es lange noch zu überlegen, hat er dir schon den Kopf abgehauen; oder aber greift er dir auf einmal ins Gesicht und wechselt dir die Augen aus.
Dieser Mönch wagt auch ein keckes Stück, indem er so dem Tiger über den Bart streicht. Es ist wie ein Blitz aus heiterem Himmel. Aber was hilft es ihm, daß er in seinen Worten einen Apparat [ein Uhrwerk, eine Falle] verborgen hält, wo jener ihm sein eigenes Uhrwerk offen hinhält? Denn Dschau-dschou lohnt ihm seine Frage gar nicht übel. Er gibt ihm eine Antwort, die sein eigenes Uhrwerk sichtbar macht. Und das nicht einmal in besonderer Absicht. Einfach als einem Menschen, der durch alles durchsieht, so ist es ihm natürlich, sich auf das Geleise seines Partners einzulassen, als wäre es von vornherein so ausgemacht.
Sehet her! Ein Draußenstehender [ein Nicht-Buddhist, ein indischer Brahmane] trat mit einem Sperling in der Hand zu dem Erhabenen und fragte ihn: Sage mir doch einmal, ist der Sperling hier in meiner Hand lebendig oder tot? [Auch der Brahmane stellt mit seiner Frage dem Buddha eine Falle. Sagt dieser: tot, wird er den Sperling fliegen lassen; und auf ›lebendig‹ drückt er ihn zu Tode.] Zur Antwort setzte der Erhabene sich rittlings auf den Balken, der die Schwelle des Tores bildete, und fragte zurück: Nun sage du mir: gehe ich hinaus oder hinein? Der Draußenstehende hatte nichts zu erwidern, und schließlich kniete er vor dem Erhabenen nieder und verehrte ihn. Diese Geschichte ist also unserem ›öffentlichen Aushang‹ ähnlich. In den Adern dieser Alten fließt ganz von selbst und ohne Unterbrechung ein und dasselbe Blut. Darum heißt es[2]: Die Frage steckt in der Antwort drin, die Antwort in der Frage. [Das heißt, der Sinn der Frage wird in der Antwort sichtbar, und umgekehrt.]
In klarer Kenntnis dessen [d. h. dieses Zusammenhangs zwischen Frage und Antwort] sagt Hsüä-dou also im Gesang: »Springt, im Wort sein Uhrwerk drin, keck ihm ins Gesicht.« In der Frage des Mönchs ist sein inneres Uhrwerk versteckt. Sie ist zweideutig. Teils scheint es, als be-

[1] Huang-lung Hui-nan, 1002-1069, japanisch Ô-ryû E-nan, auf dem Berg zum Gelben Drachen oder Huang-lung am Treffpunkt der Provinzen Kiangsi, Hupe und Hunan, Vater der Schule ›zum Gelben Drachen‹. Traditionstafel III B, 18.

[2] Der Ausspruch stammt von dem Meister Schëng-niän (d. h. Wachsam Rezitieren), der im 10. Jahrhundert auf dem Kopfberg oder Schou-schan südlich von Honan-fu ein Kloster gegründet hat und Lehrer des oben erwähnten Fën-yang war. Er lebte von 926 bis 993. Traditionstafel III B, 15.

treffe sie den Menschen Dschau-dschou, teils klingt sie so, als frage er nach der Umgebung. Und Dschau-dschou rückt davon [von diesem Doppelsinn der Frage] auch nicht ein Fädchen ab, sondern wendet sich ihm zu und sagt: »Osttor, Westtor, Südtor, Nordtor.«

»Sein demantnes Auge blickt makellos und licht.«[1] Mit diesen Worten also rühmt es Hsüä-dou, wie Dschau-dschou dem Mönche seine beiden Möglichkeiten, die Frage nach ihm selbst und die nach der Umgebung, einfach entwindet und ihm zugleich doch den Gefallen tut, in der Antwort seinerseits sein eigenes Uhrwerk bloßzulegen. Es ist also beides drin: sein inneres Getriebe und die äußere Umgebung. Und wenn der Mönch nur muckst, so wird er ihm mit einem Blicke Herz und Leber durchleuchten. Würde Dschau-dschou nicht auf diese Art dem Mönch begegnen, so hätte er es schwer, die Fragen, die dann kommen würden, abzuwehren.

Shakra-Auge ist ein brahmanischer [d. h. ein Sanskrit-] Ausdruck und bedeutet hartes, festes Auge. Man nennt es auch Vajra-, d. h. diamantenes Auge, weil es mit seinem Leuchten alles durchdringt, ohne Widerstand zu finden, weil es nicht nur tausend Li weit weg eine Herbstdaune aufspürt, sondern auch, was falsch und richtig ist, bestimmt, Vorteil und Nachteil unterscheidet, die Gelegenheit zur rechten Zeit erkennt und weiß, was Heil bringt und was Unheil.

Hsüä-dou fährt fort: »Ost und Westen, Süd und Nord – Tore dort und hier. Hammerschlägen, noch so viel, öffnen sie sich nicht.« [Im Chinesischen heißt es wörtlich: Mag ein endlos rotierender Hammer darauf schlagen, sie öffnen sich nicht!] Wo also doch von einem endlos rotierenden Hammer die Rede ist [wohl einem Gleichnis für das unaufhörliche Sehnen der Menschen nach Erlösung], warum gehen auf diese Hammerschläge nicht die Tore auf? Aber so sieht es Hsüä-dou nun einmal von seinem Standpunkt aus. Wie werdet ihr es fertig bringen, dieses Tor zu öffnen? Bitte, sehet zu, daß ihr euch guten Rats erholt!

[1] Wörtlicher übersetzt heißt der Vers: In seinem Shakra-Auge ist auch nicht das feinste Fäserchen mehr.

Erklärungen zum Text

Zum Hinweis

Die nachfolgende Zwiesprache zwischen Dschau-dschou und dem Mönch ist so kurz und schlicht, daß die Tiefe, die darin aufbricht, gar leicht übersehen werden kann. Darum weist Yüan-wu sofort auf den Kernpunkt hin, um den es sich dabei handelt, auf die unbeirrbare Klarheit des Blicks, die allein befähigt, in jedem Augenblick richtig zu urteilen und zu handeln. Es geht hier um das eigentliche Wesen des Zen; denn Zen, Tschan, Dhyâna bedeutet von Haus aus nichts anderes als die Übung, in welcher man stille wird zu reiner Wahrheitsschau.

Hierfür ist das beste Beispiel der Spiegel auf dem Ständer. Schon die Wahrsager Chinas nehmen sich ihn zum Sinnbild und preisen ihre Kunst an mit Worten wie: Klarer Spiegel, stilles Wasser. Der Spiegel nimmt alles in sich auf, verschließt sich vor nichts. Kommt ein Chinese vorbei, so zeigt ihn auch der Spiegel. Geht ein Mongole, ein Türke oder sonst ein ›Tatare‹, d. h. Fremdstämmiger, vorüber, so erscheint wiederum im Spiegel der Fremdling. Auch dies war bei den Wahrsagern stehende Redensart und wird im Zen übernommen als Bild für die unbestechliche Sachlichkeit, mit welcher der im Schauen Geübte alles sieht, wie es ist, Glück und Unglück, gut und böse, echt und falsch.

Nur wer alle seine Sinne eingezogen hält in die stille Klarheit des alle Dinge umfassenden Spiegels, der den Untergrund seines eigenen Wesens bildet, besitzt die Sicherheit des Blicks, die nötig ist, um jede Frage, die an ihn herantritt, frei und sicher zu entscheiden. Richtiges Urteil und richtiges Handeln sind für ihn Sache eines Augenblicks. Er ist wie ein geübter Fechter mit dem altberühmten Meisterschwert Mo-yä in der Hand, das Mo-yä, die Frau des Schwertfegers Gan-djiang, ungefähr fünfhundert Jahre vor Christi Geburt dem König Ho-lü des Landes Wu im Mündungsgebiet des Yangtsekiang geschmiedet hatte. Wo er treffen will, trifft er genau und tödlich. Wo er schonen will, da krümmt er nicht ein Haar. Er kann einen Bedrängten aus dem sicheren Tod heraushauen und kann einen anderen, der sich außer aller Gefahr glaubt, unversehens niederschlagen.

Dies ist die Art, wie Dschau-dschou das Schwert des Geistes führt, und mancher ist, der sie bewundert und ihre Kunstgriffe studiert. Doch damit wird er es stets nur zum Stümper bringen. Solche Meisterschaft ist nicht studiert; sie kommt aus der Tiefe eigensten Wesens, aus dem Sein, aus dem, was einer ist und wo er seinen Standort, seine Heimat hat. Auf nichts anderes als dies will Yüan-wu hier hinweisen, und ebenso, noch deutlicher, nachher in der Erläuterung.

Zum Verständnis des Beispiels

Mit Dö-schan, Hsüä-fêng, Yün-mên und zwei anderen hatte Hsüä-dou seit dem 4. Beispiel lauter Meister aus der älteren, vom Sechsten Patri-

archen über Tjing-yüan (Grüne Heide) laufenden Stammlinie in den Mittelpunkt der Betrachtung gestellt, also solche, mit denen er als Nachfolger Yün-mën's sozusagen näher verwandt ist. Nun wechselt er wieder zu der jüngeren der beiden Linien, der des Meisters Südhorn oder Nan-yüä, über, von welcher er im 2. Beispiel Dschau-dschou, im 3. den noch zwei Generationen älteren Großmeister Ma eingeführt hatte. Und wieder ist es der steinalte Meister Tsung-schën, ›Gemäß der Gemahnung‹, der hier in seiner schlichten und doch unnahbaren Größe vor uns tritt. Daß es sich um einen Großen handelt, der auf seine Zeitgenossen tiefen Eindruck machte, davon zeugt noch heute die Pagode, die zu seinem Gedächtnis errichtet worden ist, ein ansehnlicher Stockwerkturm aus hellem Werkstein auf achteckigem Grundriß mit sieben Dachkränzen übereinander, sehr ähnlich dem des dreißig Jahre früher unweit davon verstorbenen Meisters Lin-dji. (Vgl. Kapitel 32, S. 525.) Denn mit seinem hohen Alter hat Dschau-dschou, der als Enkelschüler Ma's in der mit Bodhidharma beginnenden Generationenfolge auf zehnter Stufe steht, den um eine Generation jüngeren Lin-dji doch um drei Jahrzehnte überlebt.
Von der alten Kreisstadt Dschau-dschou ist heute freilich wenig mehr zu sehen. Ihr einstiges Weichbild ist zum großen Teil Ackerland mit einzelnen verstreuten Weilern; eines der alten Tore steht einsam in der weiten Ebene; was von dem Kloster zum Wacholderhain, dem Sitz des alten Meisters, noch geblieben ist, diente schon vor dreißig Jahren der landwirtschaftlichen Genossenschaft der Markung Dschau zur Geschäftsstelle. Damals aber, in der Tang-Zeit, war Dschau-dschou Sitz der Kreisregierung und von größerer Bedeutung. Politisch war es manchem Wechsel ausgesetzt, indem zur Zeit des Niedergangs der Dynastie sich dort im Norden des Huangho die Generäle, die zur Abwehr der Nomadenstämme aus dem Norden und Nordosten mit besonderen Vollmachten ausgestattet waren, manchmal unbotmäßig zeigten. Einer namens Wang hatte sich schon im Jahr 821 zum Machthaber aufgeworfen, vom Kaiserhof seine Anerkennung erzwungen und es dahin gebracht, daß seine Machtstellung sich auf seine Nachkommen vererbte. 891 folgte ein solcher Wang schon mit neun Jahren seinem Vater in der Würde eines Landvogts. Der Name Wang bedeutet König, und so hieß der Knabe bei dem stets zu Ironie bereiten Volk Tai-Wang, der Große König. Dschau-dschou war damals bereits einhundertdreizehn Jahre alt, 897 ist er dann gestorben. In die Zeit dazwischen also fällt der Besuch, den, wie Yüan-wu es nachher berichtet, der kleine Landvogt mit Gefolge dem allgemein verehrten Meister abgestattet hat.
Dieser Staatsbesuch war ohne Zweifel eine Ehrung für den greisen Dschau-dschou und wird von den Historikern in diesem Sinn gedeutet. Bei Yüan-wu aber ist davon mit keinem Wort die Rede. Ihm dient dieses Ereignis nur dazu, zu zeigen, wie weltenfern der alte Meister dem ganzen irdischen Getriebe steht. Das Wort ›der Große König‹ braucht sein Ohr nur zu berühren, da wird es ihm schon Ausdruck für das Eine, was ihn

innerlich erfüllt und ihm als einzige wahre Wirklichkeit hinter dem wechselvollen Spiel der Bilder des Geschehens gilt. Und doch tritt er aus seiner Weltenferne frei heraus zu allen, die ihm nahen, und läßt sie fühlen, daß eben diese unerhörte Ferne auch ihnen selbst das Allernächste, die erste und die letzte Heimat ist.

Das ungefähr ist wohl der Punkt, auf welchen Yüan-wu hinzuweisen sich bemüht. Was man noch sonst an Fragen aufwerfen kann, ist Nebensache. Mit dem Mönch z. B. brauchen wir uns nicht eingehend zu beschäftigen. Ihn im Vergleich mit seinem überlegenen Meister herabzusetzen, wäre billig. Yüan-wu stellt ihn im Gegenteil auf eine hohe Stufe. Allerdings wird es so dargestellt, als sei der Mönch ein hinterlistiger Gegner. Um hinter das Geheimnis des greisen Meisters zu kommen, versucht er es keck mit einem Frontalangriff und sichert sich dabei durch eine List. Er fragt einfach nach Dschau-dschou. Bezieht der Meister dieses Wort auf sich und straft ihn wegen seiner Ungehörigkeit, so kann er sich damit hinausreden, er habe sich nur nach der Stadt erkundigt. Erzählt ihm jener etwas von der Stadt, dann wird er deutlicher werden und sagen, die meine er gar nicht. So oder so wird er den Meister in Verlegenheit bringen; wie sich dieser dann herauszieht, wird ihm gewiß wertvollsten Aufschluß geben. Kurz, er stellt dem Meister eine Falle. Aber deshalb braucht man von dem Mönch nicht schlecht zu denken. Sein einziges Anliegen ist doch nur, einen Hauch von Dschau-dschou's Geiste zu verspüren.

Und dieser kommt ihm über alles Erwarten hinaus entgegen. Er durchschaut die ganze Lage auf den ersten Blick. Er sieht die Falle, die der Mann ihm stellte, und – geht ihm geradeswegs hinein. Er hat die Größe, ihm gütig zu unterstellen, daß er wenigstens den Anstand wahrt und in der Form der Frage auf die Stadt abzielt. So spricht auch seine Antwort der Form nach nur von der Stadt. Aber auch nur der Form nach. Denn irgend etwas Unterscheidendes über die Stadt Dschau-dschou enthält diese Antwort nicht. Wichtig ist nur, daß Dschau-dschou offen ist nach allen Seiten. Und das ist nicht die Stadt allein, das ist der Meister selbst. Sein Lieblingsvers klingt wieder an: »Der höchste WEG ist gar nicht schwer, nur abhold wählerischer Wahl.«

In der Erläuterung gibt Yüan-wu noch die Fortsetzung des Zwiegesprächs. Der Mönch versteht noch nicht; von seinem listigen Plane eingenommen, merkt er gar nicht, daß er schon geschlagen ist, und meint, jetzt könne er die Falle schnappen lassen. Nur sitzt nun in der Falle nicht der Meister, sondern – er selbst. Er hat die Einladung, die in dem Wort von den vier Toren lag, unachtsam überhört. Darum gehen jetzt die Tore für ihn zu. Wir werden annehmen dürfen, daß er daraufhin den richtigen Weg nach Dschau-dschou bzw. zu Dschau-dschou gefunden hat; sonst wäre das Gespräch nicht überliefert worden. Aber diese Frage interessiert Yüan-wu nicht. Ihm geht es nur um seine Hörer: Wie werdet ihr es fertig bringen, dieses Tor zu öffnen?

Zehntes Beispiel

Mu-dschou's ›Hohlkopfräuber‹

Hinweis

»JA, so ist es.« »Nein, so ist es nicht.« Macht man daraus einen Redestreit, so steht ein jeder auf seinem besonderen Drehpunkt.
Darum heißt es: Wenn sich einer in der Richtung überwärts bewegt, ist er alsbald imstande, die Buddhas Shâkyamuni und Maitreya, den Manjushrî und den Samantabhadra, die tausend und zehntausend Heiligen nebst allen Lehrmeistern unter dem Himmel samt und sonders dahin zu bringen, daß sie den Atem einziehen und die Stimme verschlucken.
Wenn er sich statt dessen in der Richtung niederwärts bewegt, dann strahlen ihm auch Essigwürmer, Fliegenschwärme und alles, was sich an Beseeltem krümmt und windet, eins wie das andre großes Leuchten aus und stehen aufrecht steil, zehntausend Klafter hoch. Will man aber weder auf- noch abwärts steigen, wie wägt man es dann gegeneinander ab? Hat man eine Regel, so halte man sich an diese. Hat man keine Regel, so halte man sich an ein Beispiel. Zur Probe legen wir eines vor. Seht her!

Das Beispiel

Wir legen vor:

MU-DSCHOU fragte einen Mönch: Wo kommst du gerade her? Zur Antwort schrie der Mönch: Ho'!
Mu-dschou sagte: Nun habe ich alter Mönch ein Ho' von dir zur Antwort bekommen.
Abermals schrie der Mönch: Ho'!
Mu-dschou sagte: Ein drittes Ho', ein viertes Ho', und was dann?
Der Mönch sagte kein Wort mehr.
Da schlug ihn Mu-dschou und sagte zu ihm: Hohlkopfräuber, du!

Zwischenbemerkungen zum Beispiel

»Mu-dschou fragte einen Mönch: Wo kommst du gerade her?« – Sondierstange! – Tarnkappe!

»Zur Antwort schrie der Mönch: Ho' !« – Ein Kenner unter den Zen-Gästen! [Oder auch: Ein Eingeweihter!] – Hoffentlich tut er nicht nur so, als sei er ein heller Kopf! – Aber ich sehe schon, so macht er es.
»Mu-dschou sagte: Nun habe ich alter Mönch ein Ho' von dir zur Antwort bekommen.« – Tigerfalle! – Wozu nur beschwatzt er den Mann?
»Abermals schrie der Mönch: Ho' !« – Seht hin, ob er richtige Drachenhörner hat! – Ähnlich ist ähnlich; aber richtig ist auch unrichtig. – Ich fürchte nur, er hat vorne einen Drachenkopf und hinten ein Schlangenschwänzchen.
»Mu-dschou sagte: Ein drittes Ho', ein viertes Ho', und was dann?« – Der Wellenschlag rollt zurück. – Gegen solch ein Wort hat noch keiner den Kopf aufgehoben. – Wohin verkriecht er sich nun?
»Da sagte der Mönch kein Wort mehr.« – Richtig, er tappt im Finstern.
»Darauf schlug ihn Mu-dschou und sagte: Hohlkopfräuber, du!« – Er verzichtet auf einen Zug im Spiel und läßt sich auf die zweite [untere] Ebene hinunterfallen.

Erläuterung des Beispiels

Es ist eine grundsätzliche Forderung, daß jeder, der am Bau unseres geistigen Erbteils mitarbeiten will, sowohl die Augen eines Lehrmeisters der eigentlichen Hauptsache besitze, als auch die Verfahrensweise eines Lehrmeisters der eigentlichen Hauptsache beherrsche. Wenn Mu-dschou's inneres Triebwerk einen Ausschlag gibt, so ist es wie das Zucken eines Blitzes. Er liebte es, mit Äbten, welche ihn besuchten, Verhöre anzustellen, und das kurze Wort oder halbe Sätzchen, mit dem er ihnen am Schluß Bescheid gab, gleicht einem Brombeerdornendickicht, in das die Hand nicht greifen und der Fuß nicht treten kann.
Einmal hatte er einen Mönch kaum daherkommen sehen, als er ihm zurief: Der öffentliche Aushang, sichtbar fertig vor Augen, gewährt dir dreißig Stockhiebe. Einem andern Mönch, den er gehen sah, rief er nach: Du trägst ja ein Brett auf der Schulter! Und seine Mönchsgemeinde unterwies er mit den Worten: Wenn ihr die Stelle noch nicht habt, an der es euch in den Kopf hineingeht, dann müßt ihr die Stelle, an der es hineingeht, eben finden. Und wenn ihr die Stelle, an der es euch in den Kopf hineingeht, einmal gefunden habt, dann werdet ihr auch keinen Anlaß mehr haben, mir altem Mönch zu widerstreben. Das war die Art, wie der Mensch Mu-dschou mit den Menschen umging.
Auch der Mönch in diesem Beispiel ist nicht schlecht geschliffen [er hat sich auf des Meisters sprichwörtliche Bösartigkeit schon im voraus eingestellt]. Was aber soll man dazu sagen, daß hinter seinem Drachenkopf zuletzt ein Schlangenschwänzchen herauskommt? Ein anderer als Mudschou hätte von dem Mönch schon eine peinliche Szene hinnehmen müssen. Auf die bloße Frage: Wo kommst du her? bricht dieser los mit Ho'! Sagt mir einmal: Wie meint er denn das?

Dieser alte Chinese aber hat es gar nicht eilig. In gelassener Ruhe wendet er sich jenem zu und spricht: Nun habe ich alter Mönch von dir ein Ho' zur Antwort bekommen! Teils sieht es so aus, als nehme er dem Mönch sein Angebot ab und lege es neben sich auf die Seite; teils auch so, als stelle er ihn auf die Probe. Er neigt sich schräg nach links und beobachtet, wie der andre sich benimmt.
Und abermals ruft dieser Mönch: Ho'! Ähnlich ist das schon. Aber richtig ist noch nicht das Richtige. Er muß es sich gefallen lassen, daß der alte Chinese nun daherkommt und ihm in die Nüstern hineinbohrt [um ihn wie einen Stier an sein Leitseil zu binden]! Denn alsbald fragt ihn dieser: Ein drittes Ho'! Ein viertes Ho'! Und was dann? Und richtig hat der Mönch kein Wort mehr zu erwidern. Mu-dschou schlägt ihn und sagt: Hohlkopfräuber du! Will man einen Menschen auf die Probe stellen, so kommt alles darauf an, daß man ihn sofort beim ersten Wort erkennt. Leider hat der Mönch kein Wort mehr zu erwidern. [Er hat den ersten Einwurf Mu-dschou's nicht verstanden, hat den Meister, den er auf die Probe stellen wollte, daran nicht erkannt.] Er hat es selbst sich zugezogen, daß Mu-dschou ihn nun einen Hohlkopfräuber nennt.
Wie wäre es, ihr alle, wenn ihr selbst in dieser Lage wäret, und Mu-dschou legte euch die Frage vor: Ein drittes Ho', ein viertes Ho', und was dann? Nur weil er kein Wort mehr zu erwidern hat, bekommt der Mönch jetzt von dem alten Chinesen »auf Grund eigenen Geständnisses sein Urteil ausgestellt«. [Dies ist die amtliche Formel bei Gericht.] Hört Hsüä-dou's Gesang!

Gesang

ZWEIMAL ho'! – Gib noch ein drittes dazu!
Kenner weiß, wie das Blatt sich wendet im Nu.
Sagst du ihm: Steig auf den Kopf dem Tiger doch schnell!
Wird aus jedem der beiden ein blinder Gesell!
Wer ist ein blinder Gesell?
Greifet es auf, ihr Männer im Reich! Wir geben's den Leuten zu sehn.

Zwischenbemerkungen zum Gesang

»Zweimal ho'! – Gib noch ein drittes dazu!« – Es donnert gewaltig und fällt kein Tröpfchen Regen. – Seit ältester Zeit bis heute kommen Menschen, die so sind, selten vor.
»Kenner weiß, wie das Blatt sich wendet im Nu.« – Wären es nicht Kenner, wie könnten sie einander in dieser Weise auf die Probe stellen? – Ich fürchte nur, bei euch ginge es nicht so.

»Sagst du: Steig auf den Kopf dem Tiger doch schnell!« – Ho hupp! – So ein blinder Gesell! – Wie macht man es wohl, dem Tiger auf den Kopf zu steigen? – Aber so meinen es nicht wenige! – Und es gibt noch andere, die ebenso denken [aber in anderem Sinn, daß nämlich der Mönch tatsächlich das Zeug dazu haben sollte, dem Tiger auf den Kopf zu steigen; so denkt wahrscheinlich Hsüä-dou selbst].

»Wird aus jedem der beiden ein blinder Gesell.« – Persönliches Wort aus persönlichem Mund [ein Wort, in dem der ganze Hsüä-dou drin liegt; das will gründlich bedacht sein, gerade wie das Wort von Mu-dschou: Hohlkopfdieb. Vielleicht erschließt sich in diesen scheinbar tadelnden Ausdrücken noch ein ganz anderer Sinn, je nachdem man sie im Licht der Gegensätzlichkeit betrachtet oder aber in dem der höchsten Wahrheit]! – Warum sollte es bei zweien sein Bewenden haben? [Ist nicht jeder ein blinder Gesell?] – Stelle er sich nur selber seinem Urteilsspruch! [Hsüä-dou spricht mit diesen Worten auch ein Urteil über sich selbst aus; und in Wahrheit will er gar nichts anderes, als für die Unterscheidungen und Gegensätze dieser Welt ein Blinder sein.]

»Wer ist ein blinder Gesell?« – Wen will er denn diese Frage entscheiden lassen? – Gut, daß die Geschichte noch ein Schlußwort hat! – Er treibt es noch so weit, uns tödlich zu beschwindeln[1]!

»Greifet es auf, ihr Männer im Reich! Wir geben's den Leuten zu sehn.« – Am Sehen fehlt es ja nicht; aber vom Hinsehen wird man ja blind! – Wenn ihr, Âcâryas[2], die Blicke darauf richtet und fest hinseht, rafft ihr mit beiden Händen leeren Raum zusammen! [Es ist also nirgends etwas, was man ins Auge fassen könnte, oder umgekehrt: niemand hat ein Auge, in welches er dieses Eine, Große fassen könnte; wer dieses ansieht, ist notwendig blind.] – So etwas also legt Hsüä-dou hier vor. Sagt mir einmal: Von der wievielten Ordnung ist nun dieser Geistesausbruch[3]?

Erläuterung des Gesangs

Man muß es Hsüä-dou schon lassen, daß er Mensch unter Menschen ist. [Er ehrt beide, Mu-dschou und den Mönch, und steht nicht an, auch den letzteren als ›Kenner‹ zu bezeichnen.] Handelte es sich [in dem Zwiegespräch] nicht um eingeweihte Kenner, so wäre die Sache einfach in ein wildes Geschrei mit Ho' und wieder Ho' ausgelaufen. Darum sagt einer der Alten[4] [zur Warnung vor Mißbrauch]: »Manches Ho' wirkt überhaupt nicht wie ein Ho'. Manches Ho' dagegen wirkt richtig wie ein Ho'. Das eine Mal ist solch ein Ho' wie das Gebrüll eines kauernden Löwen. Das andere Mal ist es dem edlen Schwert des Königs mit dem diamantenen Donnerkeile ähnlich.«

Und Hsing-hua[5] sagte einmal: »Wenn ich mich nach euch umsehe, so höre ich ho' im östlichen Flur und ho' im westlichen Flur. Laßt doch einmal dieses wilde Ho'-Geschrei! Mögt ihr den Hsing-hua hier mit eurem

Ho' bis zu den dreiunddreißig Himmelsgöttern [zu Indra und seinen zweiunddreißig Trabanten] hinaufjagen, daß er herunterstürzt und keinen Hauch mehr von sich gibt, könnt ihr euch doch darauf verlassen, daß ich, wieder zum Leben erwacht, mich erhebe und euch sage: Es ist noch nichts mit euch! Warum? Weil Hsing-hua noch nie die echte Perle hinter dem lilaseidenen Vorhang hervorgeholt und vor euch hingeworfen hat. Was wollt ihr denn damit, blindlings nur immer ho' zu schreien?«
Lin-dji sagte einst: »Ich bemerke, daß ihr allgemein mein Ho' nachahmt. Ich muß euch einmal fragen: Wenn aus dem Saal im Osten ein Mönch herauskommt und aus dem Saal im Westen wieder einer, und beide rufen sich ein Ho' zu, welcher ist denn da der Gast und welcher ist der Hausherr? Wenn ihr zwischen Gast und Hausherr noch nicht unterscheiden könnt, muß ich es euch künftighin verbieten, den alten Mönch hier nachzuahmen.«
Darum sagt Hsüä-dou: »Kenner weiß, wie das Blatt sich wendet im Nu.« Obgleich dieser Mönch es sich hatte gefallen lassen müssen, von Mu-dschou in die Tasche gesteckt zu werden, so besitzt er doch ein sicheres Gefühl für den wendenden Punkt im Schwung des inneren Triebwerks. Sagt mir einmal: An welcher Stelle zeigt es sich denn, daß er »weiß, wie das Blatt sich wendet im Nu«? Der Meister vom Hirschtor bemerkt im Hinblick auf diesen Mönch: »Wer das GESETZ erkannt hat, fürchtet es.« Und Yän-tou [der Freund, der Hsüä-fëng auf dem Au-schan einst mit seinem Zuspruch geholfen hat, vgl. v, S. 133.] sagt: »Im Redestreit steht jeder Teil auf seinem eigenen Drehpunkt.« Der Ehrwürdige Hsin[6] von der Schule des Gelben Drachen sagt: »Wenn es zum Äußersten kommt, wendet sich das Blatt; hat sich das Blatt gewendet, so ist der Durchgang

[1] Ein Ausdruck der Bewunderung für die Wendung, zu welcher Hsüä-dou in der Deutung des Ausdrucks »blinder Gesell« hier ansetzt. Seine Frage fordert auf, darüber tiefer nachzudenken, ob Blindheit denn in allen Fällen zu verachten ist.

[2] Âcârya ist der brahmanische Titel für einen Lehrer, der seine Schüler im rechten Wandel unterweist. Er wurde vom Buddhismus übernommen und war je nach dem Hausbrauch der verschiedenen Sekten teils ein hoher Ehrentitel, teils, wie in den Zen-Schulen, eine vertraulich ehrende Anrede des Meisters an seine Bruderschaft.

[3] Es gibt eine Wahrheit erster und eine Wahrheit zweiter Ordnung. Die Hörer, denen dies vertraut ist, hören die Antwort schon aus der Frage heraus.

[4] Lin-dji, japanisch Rin-zai, wie Mu-dschou ein Schüler des Huang-bo, und zwar dessen bedeutendster, der selbst in vielen Fällen ho' zu rufen pflegte.

[5] Ein Schüler dieses Lin-dji, 925 gestorben.

[6] Gemeint ist Hui-tang Dsu-hsin, 1025–1100, japanisch Mai-dô So-shin, Schüler des S. 205 erwähnten Huang-lung Hui-nan. Traditionstafel III B, 19.

frei.«[1] An dieser winzigen Kleinigkeit [an diesem wissenden Gefühl für die Wendepunkte des Lebens] liegt es, daß unsere Patriarchen imstande sind, allen Menschen in der Welt die Zunge abzuschneiden. Wenn du einmal die Wendungen des inneren Triebwerks kennst, dann wirst du, falls ein Beispiel von den Alten dir begegnet, alsbald erkennen, worauf es hinausläuft.

[Zum zweiten Verspaar:] Nun gibt es Leute, welche sagen: Wieso macht sich denn der Mönch etwas daraus, daß Mu-dschou ihm sagt: »Ein drittes Ho', ein viertes Ho'! Und was dann?« Er brauchte einfach immerzu ho' zu rufen und könnte dann fortgehen. Bei diesen Leuten handelt es sich also nicht etwa um zwanzig oder dreißig Ho'; da wird gebrüllt, bis dereinst Maitreya als Buddha einer künftigen Welt vom Himmel her auf diese Erde kommt. Denn das bedeutet es, wenn sie verlangen, der Mönch hätte dem Tiger auf den Kopf steigen sollen. Davon, daß diese Leute etwa Mu-dschou kennten und verstünden, kann bei solcher Auffassung ohnehin keine Rede sein; aber auch das Bild, das sie sich von dem Mönch machen, bleibt weit hinter dessen wahrer Gestalt zurück. Wer auf dem Kopf eines Tigers reiten geht, der braucht dafür in seiner Hand ein Schwert und obendrein die Wendigkeit zu jeder Drehung; dann erst wird er es schaffen.

Bei solcher Auffassung, sagt Hsüä-dou, würde »aus jedem der beiden ein blinder Gesell.« Das ist, als führte Hsüä-dou hier ein mächtiges Himmelsschwert mit einer Vollgewalt von eisiger Schärfe. Wenn einer das, was Hsüä-dou meint, begriffen hat, dann wird er alle tausend anderen Punkte ganz von selbst auf einen Sitz verstehen. So wird er dann auch sehen, daß die weiteren Worte Hsüä-dou's in dem Gesang nichts anderes sind, als eine Art Randbemerkung zum Bisherigen [daß sie also den bisherigen Gedankengang nicht unbedingt weiter zu verfolgen brauchen, sondern davon auch abspringen können].

[Zum dritten Verspaar:] Er sagt also weiter: »Wer ist ein blinder Gesell?« Sagt mir einmal: Meint er hier etwa, der Gast sei blind? Oder der Hausherr sei blind? Oder meint er nicht etwa, Gast und Hausherr seien beide zusammen gleichermaßen blind?

»Greifet es auf, ihr Männer im Reich! Wir geben's den Leuten zu sehn.« Hier sitzt der lebendige Kern [des ganzen Gesangs, des ganzen Beispiels]! Damit ist Hsüä-dou's Gesang auf einen Schlag fertig. Weshalb sagt er denn das noch: »Greifet es auf, ihr Männer im Reich! Wir geben's den Leuten zu seh'n.« Sagt mir einmal: Wie sieht man es denn? Augen kann man öffnen; Augen kann man auch schließen. Kann wohl [dem Vorwurf der Blindheit] überhaupt ein Mensch entgehen?

[1] Der Ausspruch geht auf eine Bemerkung im ›Buch der Wandlungen‹, I-Ging, zurück, wo nach Übertragung von Richard Wilhelm, S. 253, von den ältesten Herrschern gesagt ist: »Wenn eine Wandlung am Ende angelangt war, so veränderten sie. Durch Veränderung erreichten sie Zusammenhang. Durch Zusammenhang erreichten sie Dauer.«

Erklärungen zum Text

Zum Hinweis

Alles Fühlen, Denken und Wollen bewegt sich zwischen zwei Polen, einem positiven und einem negativen. Und nirgends wird diese Polarität stärker und schmerzhafter empfunden, als da, wo es dem Menschen um das Höchste geht, in Religion und Philosophie. Immer ist es deren einziges Streben, die Feindschaft der zwei Pole zu begraben und einen Ort des Friedens und der Einheit zu gewinnen. Darin besteht der Herzschlag des Buddhismus, das ist das Eine Große oder auch die ›winzige Kleinigkeit‹, um die es den Zen-Meistern geht.

Darum geht es auch in diesem Hinweis. Sein Gedankengang ist klar und schön geordnet. Der erste Absatz stellt den Gegensatz von Ja und Nein ins Licht. Wo dieser gilt, da gibt es unvermeidlich Streit, da muß ein jeder fest auf seinem Standort stehen und ihn nach allen Seiten hin verteidigen.

Auch wer die Buddhaschaft erstrebt, kann sich dem Gegensatz der Pole nicht einfach entziehen. Ja und Nein verfolgen ihn auf allen seinen Wegen. Wie es ihm dabei ergeht, zeigt Yüan-wu in dem zweiten und dritten Abschnitt. Ist er vom Nein zu dieser nichtigen Welt erfüllt und strebt mit aller Macht empor ins Reine, Leere, so gilt ihm schließlich auch der Buddha nichts, sei es der Königssohn der indischen Geschichte, sei es Maitreya, der in seinem eigenen Himmel wohnt, bis er nach der Vernichtung dieser gegenwärtigen Welt in einer neuen als Buddha erscheint. Und ebenso verschwinden für ihn vor dem Namenlosen die großen Buddhajünger, Manjushrî, der erkenntnisreichste, Samantabhadra, der erbarmungsvollste, und alle anderen in dem ehrwürdigen Gefolge.

Aber wie vom Nein, kann er zu anderer Stunde auch vom Ja zu allem, zu der ganzen bunten Welt erfüllt sein – denn kein Pol kann ohne den andern bestehen, entweder sind sie zu zweien oder sie heben sich beide auf. Und wenn er nun ja sagt und sich in der Bilderwelt bewegt, dann begegnet er dem Buddha überall, dann hat am Höchsten das geringste Lebewesen seinen Anteil.

Das muß beides sein. Dennoch streben die zwei Pole immer nach Versöhnung miteinander. Und Zen, Versenkung, hat kein anderes Ziel, als diese zu erreichen und immer neu sie festzuhalten. Hier liegt das Feld der Übung, auf dem es Meister, Könner, Kenner, Eingeweihte gibt und solche, die noch in den Anfangsgründen stehen. Darauf weist Yüan-wu in seinem letzten Abschnitt hin. »Weder auf- noch abwärts« heißt soviel wie: weder nein noch ja, weder schelten noch bewundern, oder auch: sowohl nein als ja, sowohl Ablehnung als Zustimmung. Yüan-wu bereitet also auf die Begegnung mit einem Meister vor, der die Kunst versteht, die feindlichen Pole zusammenzuzwingen. Daran wird man sich bei der Betrachtung dieses Beispiels erinnern müssen; denn auf den ersten Blick sieht es durchaus nicht so versöhnlich aus.

Mu-dschou[1], *der Schüler Huang-bo's*

Wie Dschau-dschou gehört auch Mu-dschou der jüngeren vom Sechsten Patriarchen sich herleitenden Stammlinie an, also derjenigen, die für uns vor allem durch den Patriarchen Ma gekennzeichnet ist. Er war in jungen Jahren Vorsitzer bei dem geistesmächtigen Huang-bo, einem Enkelschüler Ma's gewesen, von dem das nächste, 11. Beispiel, handelt, und als solcher, wie sich dort zeigen wird, ein guter Berater seines jüngeren Mitschülers, des berühmten Lin-dji, auf den die japanische Lin-dji- oder, japanisch ausgesprochen, Rin-zai-Sekte zurückgeht. Da Lin-dji 867 gestorben ist, dürfen wir annehmen, daß Mu-dschou, von welchem genauere Lebensdaten nicht überliefert sind, vor und um 850 gelebt und gewirkt hat. Nach seinem Abschied von Huang-bo übernahm er die Leitung eines Klosters in der Bezirksstadt Mu-dschou, dem heutigen Yändschou, das in der Provinz Tschekiang, südwestlich von der Hauptstadt Hang-dschou liegt. Dort wirkte er im strengen Geiste seines Meisters Huang-bo, wenn auch nach eigener Methode. Er war es, der dem Yünmën am Tor das Bein einklemmte und Besucher, welche ihm nicht auf der Stelle eine gute Antwort gaben, mit dem Scheltwort »Bohrmaschine aus der Tjin-Zeit« davonjagte. Wie gut er es dabei im Grund des Herzens mit den Menschen meinte, zeigt seine merkwürdige Gewohnheit, hin und wieder aus dem Kloster in die Einsamkeit zu verschwinden, wo er Sandalen flocht, die er zum Wohl der Wanderer am Wegrand liegen ließ. So stand er denn beim Volk im Rufe eines wunderlichen Heiligen, wurde von den Oberflächlichen verspottet, von Wandermönchen, die ihn aufsuchten, gefürchtet, aber von denen, die ihm hatten näher treten können, um so höher verehrt. Das Beispiel, welches Hsüä-dou hier von ihm erzählt, kann zeigen, wie sehr er der Verehrung würdig war.

Zum Verständnis des Beispiels

Zum Verständnis bedarf es nur einiger Vorbemerkungen. Alles übrige geht aus Yüan-wu's Erläuterungen und Hsüä-dou's Gesang deutlich hervor. Die Frage »Wo kommst du her?« ist bei Mu-dschou wie bei andern Zen-Meistern hintergründig zu verstehen. Sie bedeutet: Welches Geistes Kind bist du? So faßt auch der Mönch sie auf und seine Antwort lautet: Ho'!

Diesem Kraftwort sind wir zum erstenmal bei Dö-schan im vierten Beispiel begegnet und werden im nächstfolgenden noch mehr darüber hören. Da wird berichtet, daß schon der Patriarch Ma vor seinem Schüler Bai-dschang in dem großen Augenblick der Übermittlung von Geist zu Geist in diesen Ho'-Schrei ausgebrochen ist. Es war für diese geisterfüllten Männer der spontane Ausbruch alles dessen, was in Worte sich nicht fassen läßt, erschreckend und befreiend zugleich. Und je mehr

[1] Mu-dschou Dau-ming; japanisch Boku-shû Dô-mei. Traditionstafel III B, 11.

sie selbst die Kraft, die darin lag, verspürten, um so mehr verwandten sie den Ausruf selbst, um die ihnen anbefohlenen Schüler aus aller Zerstreuung und Verirrung zurückzurufen zu dem Einen Wichtigen. Von Bai-dschang ging der Schrei auf Huang-bo über, von Huang-bo übernahm ihn ganz besonders Lin-dji, Mu-dschou's jüngerer Schulgenosse. Nehmen wir hinzu, daß in derselben elften Generation wie Lin-dji und zu derselben Zeit auch Dö-schan, obwohl er nicht, wie Ma und seine Schüler, der jüngeren, sondern der älteren vom Sechsten Patriarchen ausgehenden Stammlinie von Meistern angehört, neben seinem Stock auch von dem Rufe ho'! reichlichen Gebrauch gemacht hat, so verstehen wir leicht, wie in der zen-beflissenen Jugend um die Mitte des neunten Jahrhunderts dieser Ruf zu einer Art Schibboleth, einem Kennwort wurde, mit welchem sich die Geisterfüllten gegenseitig zu erkennen gaben. Daß das zu Mißbrauch und Entwertung dieses Rufes führen mußte, liegt auf der Hand.
Dabei ist es durchaus nicht nötig, dem Mönch in diesem Beispiel Oberflächlichkeit oder gar Unverschämtheit vorzuwerfen. Hsüä-dou sowohl wie Yüan-wu nehmen diesen Mann vollkommen ernst. Er ist auf dem Weg der Übung weit vorangeschritten; er hat die Richtung überwärts verfolgt, wie Yüan-wu sie im zweiten Abschnitt seines Hinweises beschreibt, und ist von dem, was über jeden Unterschied und jedes Wort hinausgeht, so erfüllt, daß er nun glauben kann, dasselbe zu besitzen wie die Meister. Mit ihnen sich auf Worte einzulassen wäre Abstieg; hier gibt es keinen andern Weg, sich zu eröffnen, als das Ho'!
Auch Mu-dschou jagt ihn keineswegs hinaus, wie sonst die meisten der Besucher. Aber schon seine erste Bemerkung kommt aus einer völlig anderen Tonart als das Ho' des Mönchs. Es fehlt ihr sozusagen ganz der klare Standort. »Jetzt habe ich alter Mönch ein Ho' von dir zur Antwort bekommen.« Der japanische Erklärer Katô Totsudô erinnert sinnig an die Schreckensgeste der Erwachsenen, wenn ihre Kinder sie aus einem Hinterhalte plötzlich überfallen. Diese Tonart aber ist dem Mönch noch fremd. Er sieht in ihr nur Schwäche und fühlt sich nun schon überlegen. Aber gerade das raubt seinem zweiten Ho' die innere Wahrheit und die Kraft, die in dem ersten immerhin noch liegen mochte. Jedenfalls muß es sich jetzt entscheiden, ob der alte Tiger es mit einem ebenbürtigen Drachen zu tun hat oder mit einer maskierten Schlange.
Und wieder bleibt der Meister bei seiner milden anspruchslosen Tonart. Jetzt gehen dem Mönch die Augen auf; er fühlt die überlegene Größe dieser Haltung, die weder aufwärts sich versteigt, noch in die Niederung hinabgeht. Er bleibt stumm und unterwirft sich. Und damit zeigt auch er sich als ein Kenner, wie nachher Hsüä-dou im Gesang es rühmt. Er findet noch im rechten Augenblick den Mut zur Wendung; auf diese nämlich kommt es an, sonst tritt auch auf der Stufe höchster Geistigkeit Erstarrung ein.
Und Mu-dschou? Er versetzt dem Mönche einen Schlag und sagt:

Hohlkopfräuber, du! Das klingt zunächst wie rauhe Schelte: Du bist ein Dieb und Räuber, der den Meistern ihren Kraftruf stiehlt und selber nichts in seinem hohlen Schädel hat. Der Mönch wird sich nicht weigern können, diesen Tadel anzunehmen. Aber was heißt Hohlkopfräuber eigentlich? Genau besehen ist es einer, der einem andern seinen Hohlkopf raubt. Und was will das Zen denn anderes, als den Menschen alles, was sie an Gefühlen und Gedanken haben, erst einmal wegzunehmen, ihnen den Kopf auszuräumen, bis er leer und hohl ist? So gesehen sind die hohlsten Köpfe nirgends sonst zu suchen als bei Meistern. Und für die Schüler gibt es nichts Wichtigeres, als sich das, was der Meister hat, selbst anzueignen. Das hat der Mönch soeben ausgeführt, indem er auf ein drittes Ho' verzichtete. Und das verdient beim Meister Anerkennung. Mu-dschou gewährt sie mit der Schelte. Er behält also die Tonart, die er angeschlagen hat, bis zum Schlusse bei. Er erfüllt genau, was Yüan-wu's Hinweis erwarten läßt, wenn er sagt: Will man aber weder auf- noch abwärts steigen, wie wägt man es dann gegeneinander ab?

Zum Gesang

Die drei Zeichen, die den Schluß des letzten Verses bilden, lassen sich noch auf verschiedenste Weise übersetzen: Er, Mu-dschou, läßt es die Leute sehen; ich, Hsüä-dou, gebe ihn, den blinden Gesellen, den Leuten zu sehen; oder als Befehlsform: lehret die Leute sehen! Letztlich läuft aber die Deutung immer auf dasselbe hinaus, und dieses ist bei der oben gegebenen Fassung wohl am ehesten zu erahnen. In welcher Richtung dies zu suchen ist, muß der Leser den Andeutungen Yüan-wu's am Schluß der Zwischenbemerkungen und der Erläuterung entnehmen. Hier sei zur Erleichterung nur über den Gedankengang des Gesangs das Nötigste gesagt:

Der erste Doppelvers enthält, wie üblich, alles, was Hsüä-dou zu dem ›öffentlichen Aushang‹ direkt zu sagen hat.

Der zweite Doppelvers bekämpft die Mißverständnisse der Zeitgenossen.

Im dritten Doppelvers jedoch gibt Hsüä-dou dem Stichwort »blind« eine völlig neue Wendung, welche aus dem Kampfplatz der Polemik ganz im Sinne Mu-dschou's und des Hinweises von Yüan-wu in die Stille führt, in der die Gegensätze schweigen.

Elftes Beispiel

Huang-bo's Tresterlecker

Hinweis

Der Buddhas und der Patriarchen mächtige Geisteskräfte sind auf ihn gekommen und stehen ihm völlig zu Gebot. Der Menschen wie der Götter Lebenspulse empfangen alle von ihm Wink und Ruf.

Ein Alltagswort von ihm [so wie das im folgenden Beispiel] erschreckt die Hörer, setzt den Haufen in Bewegung.

Er rührt sich, er faßt etwas an, und damit schon zerreißt er andern ihre Ketten, schlägt ihnen den Halskragen aus Holz in Stücke [auf dem ihre Taten verzeichnet stehen. Er befreit sie von Verblendung und von Schuld].

Er nimmt sich derer an, die überwärts gerichtet sind und bietet ihnen das, was überwärtig ist.

Nennt mir einmal jemanden, der schon in dieser Weise aufgetreten ist! Wißt ihr denn auch, was bei solch einem der Punkt ist, auf den ihm alles ankommt? Zur Probe hier ein Beispiel! Sehet her!

Das Beispiel

Wir legen vor:

Huang-bo sagte bei der Unterweisung seiner Bruderschaft: Ihr Leute hier seid alle samt und sonders Tresterlecker. Das ist die Art, wie ihr als fahrende Scholaren von Ort zu Orte pilgert. Wo aber habt ihr euer Heute? Wißt ihr denn eigentlich, daß im ganzen großen Tang-Reich kein Zen-Meister zu finden ist?

Nun war da ein Mönch, der trat vor und sagte: Dann möchte ich nur wissen, was es bedeutet, daß überall im Lande Klöster sind, wo man sich der Scholaren annimmt und Bruderschaften leitet?

Huang-bo erwiderte: Ich sage nicht: Es gibt kein Zen; nur: Es gibt keinen Meister.

»Huang-bo sagte bei der Unterweisung seiner Bruderschaft:« – Schöpft man Wasser, ist der Kübel dafür zu eng. [So geht's, wenn man das Grenzenlose in Worte fassen will.] – Mit einem Schluck ist's ausgetrunken[1].

»Ihr Leute hier seid alle samt und sonders Tresterlecker.« – Darüber können die bedeutendsten Mönche in der Welt nicht wegspringen. – Er sagt es ihnen.

»Das ist die Art, wie ihr als fahrende Scholaren von Ort zu Ort pilgert.« – Sie laufen sich die Strohsandalen ab. – Sie heben den Himmel hoch und bringen die Erde ins Schwanken! [Sie nehmen sich dabei ungeheuer wichtig.]

»Wo aber habt ihr euer Heute?« – Was hilft das Heute? – Da kann man wohl sagen: Er schreckt die Hörer auf, er bringt den ganzen Haufen in Bewegung.

»Wißt ihr denn eigentlich, daß im ganzen großen Tang-Reich kein Zen-Meister zu finden ist?« – Das ist mir altem Mönche unverständlich! – Mit einem Schluck verschlingt er sie alle. – Er ist eben auch so ein eingebildeter Heiliger vom Wolkenheimberg[2].

»Nun war da ein Mönch, der trat vor und sagte: Dann möchte ich nur wissen« usw. usw. – Ein guter Hieb! – Auf eine Bemerkung, wie sie Huang-bo machte, mußte schon ein solcher Einwand kommen.

»Huang-bo erwiderte: Ich sage nicht: Es gibt kein Zen; nur: Es gibt keinen Meister.« – Da haben wir's: er ist nicht imstande, sich deutlich zu erklären. – Es [sein großes Wort] geht in die Brüche, wird zu Wasser! – So ein Kerl! Vorne ein Drachenkopf, hinten ein Schlangenschwänzchen!

Erläuterung

Huang-bo[3] maß sieben Fuß, hatte eine Perle auf der Stirn und besaß ein angeborenes Verständnis für Zen. Als er einst im Tiän-tai-Gebirge, wo er sich studienhalber aufhielt, wanderte, begegnete er unterwegs einem Mönch, mit dem er ins Gespräch kam, so daß sie zusammen lachten wie alte Bekannte. Als er ihn aber dann genau betrachtete, da hatte der Mönch ein durchbohrendes Licht in den Augen und sah ganz ungewöhnlich aus. Unterdessen kamen sie an einen reißenden Gebirgsfluß, wo sie erst einmal die Wanderstäbe in den Boden stießen, die Schirmhüte abnahmen und stehenblieben. Nun schickte der Mönch sich an, mit Huang-bo zusammen den Fluß zu überschreiten. Dieser aber bat ihn, zunächst allein hinüberzugehen. Da schürzte der Mönch sein Gewand auf, trat auf die Wellen, als ginge er auf ebenem Boden, und rief rückwärtsblickend Huang-bo zu: Komm herüber, komm herüber! Dieser aber schalt ihn nun mit lauter Stimme: Warte nur, selbstfertiger Geselle! Hätte ich dich zeitiger als falschen Spuk erkannt, so hätte ich dir gleich die Waden zerhauen! Da seufzte der Mönch staunend auf und rief:

Wahrlich, ein Werkzeug für das GESETZ des Großen Fahrzeugs! Damit verschwand er[4].

Als Huang-bo zum erstenmal zu Bai-dschang[5] kam, fragte ihn dieser: Von wo kommst du denn so hochgemut und feierlich daher? Huang-bo erwiderte: Hochgemut und feierlich komme ich daher vom Land zwischen den Bergkämmen[6]. Bai-dschang fragte weiter: In welcher Absicht? Huang-bo sagte: In keiner besonderen Absicht. Bai-dschang hatte den starken Eindruck eines Werkzeugs. Tags darauf trat Huang-bo vor Bai-dschang, um sich zu verabschieden. Bai-dschang fragte: Wohin gehst du weiter? Huang-bo erwiderte: Nach Kiangsi, um mich vor dem großen Meister Ma dort zu verneigen. Bai-dschang sagte: Der Großmeister Ma ist bereits in die Verwandlung übergegangen [er ist im Jahr 788 gestorben]. Huang-bo sagte: Und ich wollte eigens hin, um ihm meine Verehrung zu bezeigen! Ich habe, wie es scheint, mit dem Glück keine tiefere und festere Verbindung. Nun hat es nicht gereicht, ihm auch nur einmal zu begegnen! Jetzt möchte ich nur wissen, was er so gewöhnlich für Aussprüche tat. Laßt mich doch, bitte, von seiner Unterweisung etwas hören!

So kam es, daß Bai-dschang ihm berichtete, wie er zum zweiten Male den Patriarchen Ma aufgesucht, und was sich da begeben hat. Als der Patriarch mich kommen sah, erzählte Bai-dschang, da hob er seinen Jakschweif aufrecht in die Höhe. Ich fragte ihn: Hält man es mit dem

[1] Huang-bo's Wort vom Tresterlecken ist ganz kurz. Aber wer ihm nachdenkt, wird merken, worauf es ihm ankommt: auf den Wein, nach dem die Trester duften, und der doch kaum aufzutreiben und so schwer zu trinken ist.

[2] Auf den Felskanten dieses Berges westlich des Poyang-Sees in der Nähe von Kien-tschang befanden sich die Steinbilder von fünfhundert Arhats oder buddhistischen Asketen, die auf die heraufsteigenden Pilger verächtlich herabzublicken schienen. Der Berg befindet sich wie Huang-bo's Kloster in der Provinz Kiangsi, liegt also für die Zuhörer nicht allzu fern.

[3] Huang-bo Hsi-yün, –850; japanisch Ô-baku Ki-un. Traditionstafel III B, 10.

[4] Der Mönch in der Legende ist Vertreter jener Richtung des Buddhismus, welche wie die schon erwähnten Arhats, nur auf Selbstvervollkommnung und auf den Erwerb übernatürlicher Kräfte ausging, anstatt sich in den Dienst der Menschheit zu stellen, wie es dem Ideal des Bodhisattva entspricht. An diesem Punkte setzte sich die Richtung des sogenannten ›Großen Fahrzeugs‹ oder Mahâyâna von dem, was sie das ›Kleine Fahrzeug‹ oder Hînayâna nannte, ab. Die Legende zeigt, daß diese Auseinandersetzung zu Huang-bo's Zeiten und noch später die Gemüter bewegt hat und in den Zen-Schulen wichtig genommen wurde.

[5] Bai-dschang Huai-hai, 720–814; japanisch Hyaku-jô E-kai. Traditionstafel III B, 9.

[6] D. h. von der Provinz Fukien, seiner Heimat, welche von geradlinigen, von Südwesten nach Nordosten streichenden Bergketten durchzogen wird.

Gebrauche dieses Mittels oder ohne das?[1] Statt einer Antwort lehnte der Patriarch den Jakschweif in der Ecke seines Zen-Sessels an und verharrte eine lange Weile[2]. Endlich richtete der Patriarch an mich die Gegenfrage: Wie wirst nun du es halten, um in Zukunft so mit deinem Mundwerk zu klappern, daß den Leuten damit geholfen ist? Darauf griff ich zu dem Jakschweif und hielt ihn aufrecht in die Höhe. Der Patriarch fragte: Wirst du es mit dem Gebrauch dieses Mittels halten oder ohne das? Zur Antwort nahm ich den Jakschweif und lehnte ihn in der Ecke des Lehrstuhls an. Da nahm der Patriarch seine ganze Macht und Majestät zusammen und entlud sie in einem gewaltigen Ho'! Im selben Augenblick traf es mich, daß ich drei Tage lang taub war.
Unvermerkt befiel Huang-bo ein Zittern, daß ihm die Zunge zum Mund heraushing. Bai-dschang fragte: Wollt Ihr Euch nun in Zukunft nicht als geistlichen Sohn des Großmeisters Ma bekennen? Huang-bo erwiderte: Keineswegs, mein Meister! Eurer Schilderung habe ich es zu verdanken, daß ich heute hier die gewaltige Geisteskraft des großen Meisters Ma an mir selbst wirksam verspürte. Wenn ich mich als Jünger des Großmeisters bekennen wollte, so würde ich in späterer Zukunft meine eigenen Kinder und Enkel verlieren[3]. Bai-dschang sagte: So ist es richtig! So ist es richtig! Wer an Einsicht seinem Meister ebenbürtig ist, der ist an Lebenskräften dieses Meisters um die Hälfte ärmer. Wer an Erkenntnis seinen Meister übertrifft, der erst ist tüchtig, das Überkommene weiterzugeben. Die Einsicht, welche Ihr mit dieser Entscheidung bewiesen habt, das ist die Leistung, mit welcher Ihr den Meister übertrefft. – Wenn ihr [fährt Yüan-wu zu seinen Schülern gewandt fort] dies richtig verstehen wollt, dann müßt ihr euch vor allem einmal genauer ansehen, wie es im ›Hause Bai-dschang‹ zwischen ›Vater und Sohn‹ zuging. [Hiervon nun ein Beispiel!]
Eines Tages trat Huang-bo wieder mit einer Frage vor Bai-dschang: Wie soll man, sagte er, das Fahrzeug [das Heilsgut], das von dem Buddha und den Patriarchen her auf uns gekommen ist, den Menschen zeigen und verkünden? Bai-dschang verharrte eine lange Weile. Endlich wendete Huang-bo ein: Man darf doch die Kette der Nachfolger nicht abreißen lassen! Bai-dschang erwiderte nur: Ich dächte, der Nachfolger seiest du! Damit stand er auf und ging in sein Zimmer.
Huang-bo hatte mit dem Kanzler Pe eine auswärtige [d. h. außerhalb der Mönchsgemeinschaft liegende] Freundschaft. In der Zeit, als Pe Gouverneur von Yän-ling war, lud er den Meister nach seinem Amtssitz ein[4]. [Die ›Einladung‹ bedeutet nichts anderes, als daß Pe Hsiu den Meister bewogen hat, vom Huang-bo-schan oder Geierhorn mit seiner ganzen Bruderschaft nach dem Kloster zum Drachenaufstieg in Nan-tschang umzuziehen. Diesen Umzug aus den Bergen wohl zweihundert Kilometer weit flußabwärts mit dem ganzen großen Gefolge seiner Schüler und unter der Huldigung der anwohnenden Bevölkerung meint Pe Hsiu, wenn er ihn als den Triumphzug eines Herrschers beschreibt, der Dra-

chen und Elefanten mit sich führt.] Dort, an seinem Amtssitz, zeigte Pe dem Meister eine Handschrift, in welcher er seine Auffassung [von den höchsten Dingen] niedergelegt hatte. Der Meister nahm sie entgegen, und ohne sie richtig aufzuschlagen und durchzusehen, legte er sie neben sich auf seinen Sitz. So verharrte er eine gute Weile. Endlich sagte er: Habt Ihr mich verstanden? Pe verneinte. Darauf sagte Huang-bo: Wenn Ihr eben jetzt verstanden hättet, was ich meine, möchte es vielleicht noch angehen. Aber wenn Ihr dann auch das mit Tusche auf Papier in Form zu bringen versucht, so weiß ich nicht, wo da von unserem Geist noch etwas zu erkennen bliebe. Darauf verfaßte Pe zum Preis des Meisters folgendes Gedicht:

Seit des Geistes Siegel er,
der große Held, nimmt wahr,
Runde Perle auf der Stirn,
von Wuchse sieben Fuß,
Hing im Kloster überm Schu
sein Stab wohl zehen Jahr.
Heut erst glitt sein schwanker Kahn
talwärts auf dem Fluß.

Der Drachen, Elefanten Schwarm
drängt sich auf seiner Bahn.
Der Blumen meilenweiter Duft
kränzt seines Sieges Ruhm.
Ständ ich in dieses Meisters Dienst,
ich hing' ihm gerne an!
Ach, wüßte ich: wen weiht er wohl
ein in sein Heiligtum?

[1] Den Jakschweif heben heißt in die Richtung überwärts verweisen, heißt alles Irdische verleugnen und verneinen; um sich auf das Gewöhnliche einzulassen, bedarf es dieses Mittels nicht. Bai-dschang wünscht Belehrung, wie er sich als Meister künftig zu verhalten hat. Vgl. auch Beispiel IV, S. 103 f.

[2] Man wird bei aufmerksamem Lesen dem Zusammenhang von selbst entnehmen, daß dieses Schweigen des Großmeisters für Bai-dschang der entscheidende Wendepunkt gewesen ist.

[3] Das Band, das Jünger und Meister verbindet, gewährleistet den ununterbrochenen Fortgang der Überlieferung von einer Generation zur andern. Seine Heilighaltung ist Gemeingut der indischen wie der chinesischen Kultur und bildet im Zen zu dessen königlicher Freiheit den unentbehrlichen Gegenpol.

[4] Hier liegt eine Verwechslung vor. Yän-ling ist der Name der heutigen Stadt Ning-guo in Anhui. Aus dem Inhalt der Erzählung ergibt sich aber mit Sicherheit, daß es sich nur um das heutige Nan-tschang in Kiangsi handeln kann.

Ohne Freude im Gesicht erwiderte der Meister:

Geist ist, wie das große Meer, ohne Kant' und Rand.
Lotos aus dem Munde[1] hält kranken Leib instand.
Meine beiden Hände sind der Geschäfte leer,
Gaben nie gesellig sich zu Artigkeiten her.

Nachdem Huang-bo die Leitung des Klosters am Geierhorn übernommen hatte, führte er das Schwert des Geistes mit unnahbarer Strenge. Einer seiner Schüler war Lin-dji[2]. Mu-dschou, welcher das Amt des Vorsitzers bekleidete, fragte diesen eines Tages: Ihr seid nun schon so lange hier. Warum geht Ihr nie zum Meister, um ihn zu befragen und Euch auszusprechen? Lin-dji erwiderte: Welche Frage ratet Ihr mir denn zu stellen, damit ich etwas davon habe? Der Vorsitzer sagte: Warum geht Ihr nicht einfach hin und fragt nach dem eigentlichen Sinn und Wesen des Buddhagesetzes? So ging denn Lin-dji hin und fragte. Dreimal wurde er mit Schlägen fortgeschickt. Darauf ging er zum Vorsitzer, um sich zu verabschieden, und sagte: Ich bin auf Euren Rat nun dreimal hingegangen, und jedesmal hat mich der Meister mit Schlägen fortgejagt. Ich fürchte, ich finde hier nicht die Bedingungen und Anlässe, die zum Ziele führen können. Ich will zunächst einmal vom Berg hinuntergehen. Mu-dschou erwiderte: Wenn Ihr gehen wollt, so müßt Ihr auf jeden Fall vorher noch Abschied vom Ehrwürdigen nehmen. Dann ging Mu-dschou selbst im voraus hin, um Huang-bo aufmerksam zu machen. Der Mönch, der Euch befragt hat, sagte er, ist einer, wie man ihn so leicht nicht wieder findet. Warum, Ehrwürdiger, helft Ihr ihm nicht durch, damit ein Baumstamm aus ihm wird, unter dem noch spätere Geschlechter kühlen Schatten finden? Huang-bo erwiderte: Ich weiß schon. Dann kam Lin-dji, um sich zu verabschieden. Huang-bo sagte ihm: Jetzt darfst du aber nirgends anders hin, sondern mußt geradewegs auf die Sandbank von Gau-an zuhalten, um dort den Meister Da-yü[3] aufzusuchen.
So kam Lin-dji zu Da-yü. Er erzählte diesem, wie es ihm bei Huang-bo ergangen war und schloß: Wenn ich nur wüßte, wo bei mir der Fehler liegt! Da sagte Da-yü zu ihm: So gut also meint es Huang-bo mit dir! Herzensgut wie eine Großmutter! Er geht deiner Not auf den Grund. Was soll ich da weiter erklären, wo bei dir der Fehler liegt oder wo nicht? Mit einemmal war Lin-dji alles klar, und er rief aus: Dann ist aber an Huang-bo's Buddhagesetz nicht viel daran! Da hielt Da-yü ihn fest und sagte: Eben wolltest du noch, daß ich dir sage, wo bei dir der Fehler liegt, und jetzt behauptest du, es sei am GESETZ des Buddha nicht viel daran! Da gab Lin-dji dem Da-yü drei Püffe unter seine Rippen. Dieser stieß ihn von sich weg und sagte: Dein Meister ist Huang-bo. Das ist keine Sache, die mich angeht. [Mit den drei Püffen gibt Lin-dji Huang-bo's dreimalige Prügel sozusagen an Da-yü weiter und gibt ihm damit zu verstehen, daß er deren Sinn begriffen hat. Darum tritt nun auch Da-yü von jedem Anspruch an Lin-dji zurück. Eine Ergänzung

zu diesem Bericht bringt die Einleitung zum 32. Beispiel, S. 523. Vgl. auch Heinrich Dumoulin, Zen, S. 122f.]

Ein andermal sagte Huang-bo bei der Unterweisung seiner Bruderschaft: Der große Meister Fa-yung vom Ochsenkopfberg[4] hat sich in seiner Lehre kreuz und quer über alle Fragen verbreitet. Aber über den Riegel zum Aufstieg in das Überwärtige war er sich noch nicht im klaren. Zu der Zeit, als Huang-bo diesen Ausspruch tat, wurde nämlich unter den Zen-Freunden aus den Schulen des Patriarchen Ma und des Meisters Schï-tou (oder Steinkopf)[5] über ZEN und WEG unermeßlich viel geredet. Warum hat Huang-bo wohl vom Meister Ochsenkopf so etwas gesagt? [Die Antwort ist klar: Um seine eigenen Schüler vor dem Abweg des Redens über Zen und über das Innerste seines Wesens zu warnen. Es handelt sich ja um den Ausdruck Tresterlecker.]

Nun, aus demselben Grund sagt Huang-bo bei der Unterweisung seiner Bruderschaft: Ihr Leute hier seid alle samt und sonders Tresterlecker. Mit diesem Umherwandern von Meister zu Meister macht ihr euch ja lächerlich. Wenn ihr nur seht, daß irgendwo achthundert oder tausend Hörer sind, gleich lauft auch ihr dorthin. Es tut nicht gut, sich nur auf fieberhaften Rummel einzustellen. Wenn ihr es in diesen Dingen all-

[1] Der Ausdruck ›Lotos aus dem Munde‹ geht auf den Vergleich der Lehre Buddhas mit der Lotosblüte zurück, wie er sich schon im Titel des berühmten Sutra vom ›Lotos des Guten GESETZES‹, Saddharma-pundarîka, ausspricht. Huang-bo bezeichnet damit einfach seine Lehrtätigkeit als buddhistischer Priester, und zwar stellt er sie betont geringschätzig als Mittel seines Lebensunterhalts in Gegensatz zu seinem wahren Anliegen, dem Geist. In diesem, meint er, werde ihm der hohe Staatsbeamte doch nicht folgen können, und nur seine Lehrvorträge anzuhören, sei nicht der Mühe wert.

[2] Lin-dji I-hsüan, –867; japanisch Rin-zai Gi-gen. Traditionstafel III B, 11.

[3] Gau-an Da-yü war ebenso wie Huang-bo ein Enkelschüler des Patriarchen Ma und Schüler des Meisters Gue-dsung, von dem im 69. Kapitel unseres Buches die Rede ist. Ihm fühlte sich Huang-bo innerlich verwandt. Die Sandbank von Gau-an befand sich an dem Flusse Schu, der aus der Gegend des Geierhorns talabwärts nach der nächsten Stadt, nach Jui-dschou, führte. Vgl. Traditionstafel III B, 10.

[4] Fa-yung vom Ochsenkopfberg oder Niu-tou-schan in der Provinz Kiangsu lebte von 594 bis 657, war ein Schüler des Vierten Patriarchen und ein bedeutender Lehrer und Schriftsteller. Seine Nachfolgerschaft ist nach etwa sieben Generationen erloschen, und die Zen-Schulen aus der Tradition des Sechsten Patriarchen haben sich, wie dieses Beispiel zeigt, bewußt von ihm abgesetzt. Vgl. Traditionstafel II, 5.

[5] Schï-tou Hsi-tjiän, 700–790, war Schüler des Vaters der älteren vom Sechsten Patriarchen ausgehenden Linie, nämlich des Meisters Tjing-yüan (Grüne Heide). Ma dagegen Schüler von Nan-yüä (Südhorn), dem Vater der jüngeren Linie. Vgl. Traditionstafel II, 7, und III A, 7, 8, III B, 7, 8.

gemein derartig leicht nehmt, wo werdet ihr da noch einmal ein Heute haben?

»Reisweintresterlecker«, das war in der Tang-Zeit ein beliebtes Wort, um andere zu schelten. Und vielfach sagen die Leute, Huang-bo sei eben auch einer, der seine Schüler mit Scheltworten traktiere. Wer aber Augen hat, wird ganz von selbst bemerken, worum es ihm zu tun ist. Der ganze Sinn ist einfach, daß er seine Angel auswirft, um einen Frager zu fischen. Und unter den Hörern ist nun richtig ein Zen-Bruder, der nicht um Leib und Leben bangt, sondern vortritt und den Meister fragt: Was bedeutet es dann nur, daß man überall sich der Scholaren annimmt und Bruderschaften leitet? Das war auch ein guter Hieb. Und der alte Chinese weiß in der Tat keine deutliche Erklärung zu geben, sondern wird im Gegenteil leck und locker, indem er erwidert: Ich sage nicht, es gebe kein Zen, sondern nur, es gebe keinen Meister.

Saget mir einmal: Was meint er denn mit diesen Worten? Er, der doch nach seiner hergebrachten Art zu lehren bald festhält und bald freigibt, bald tötet, bald lebendig macht, bald ausgibt und bald an sich zieht? – Nun, ich frage euch frei heraus: Was bedeutet denn im Zen der Meister? – Wenn ich, der Mönch vom Berge, in dieser Weise rede, so bedeutet das, daß ich bereits bis über den Kopf eingesunken bin [d. h. mich unter meine eigene Stellung erniedrigt habe. Auch Yüan-wu hatte hier nach einem Frager gefischt, aber in der Hörerschaft blieb alles stumm. Nun deutet er selbst auf die Fragwürdigkeit des Amtes eines Zen-Meisters hin, spricht sich sozusagen selbst das Urteil, wie Huang-bo, und steht da, als dankte er nun ab.] – Ihr alle, wo habt ihr eure Nüstern? [Zumindest in diesem Augenblick sollte wenigstens einer der Hörer aufstehen und ein freies Wort wagen. Dann würde man sehen, daß er unverletzte Nüstern hat, daß er nicht wie ein Wasserbüffel mit durchbohrten Nüstern an des Meisters Leitseil geht.] – Nach einer langen Weile [während welcher nichts erfolgte] sagte Yüan-wu: Ich habe sie euch durchbohrt! [Ihr seid noch unfrei; ihr braucht noch einen Meister; ich muß euch immer noch am Leitseil weiterführen.]

Gesang

Eisig einsam, hoch von Art,
    ohne Eigenruhm,
Aufrecht weit im Rund, bestimmt
    Drachen er und Schlange.
Der Himmelssohn zur Da-dschung-Zeit
    streifte ihn einst leicht,
Spürte dreimal in Person
    seine Krallen und Zähne.

Zwischenbemerkungen zum Gesang

»Eisig einsam, hoch von Art, ohne Eigenruhm« – Und selbst weiß er davon nichts. – Wieder der Arhat vom Wolkenheimberg![1]
»Aufrecht weit im Rund, bestimmt Drachen er und Schlange« – Er sollte auch schwarz und weiß unterscheiden. [Das läßt sich verschieden deuten.]
»Der Himmelssohn zur Da-dschung-Zeit streifte ihn einst leicht.« – Was soll hier Himmelssohn? – So hoch er stehen mag, stammt er doch wohl auch von der Erde[2]. – Auch noch Höhere haben den Himmel über sich.
»Spürte dreimal in Person seine Krallen und Zähne.« – Eine tote Kröte! – Was soll man auch mit einem Schwätzer Besseres anfangen? – War nur ein kleiner Handgriff.

Erläuterung des Gesangs

Dieser Gesang Hsüä-dou's erscheint auf den ersten Blick einfach als ein Hymnus auf die Gestalt Huang-bo's, als dichterisches Porträt. Aber so darf man es gerade nicht auffassen. In seinen Versen ist etwas, was über diesen Rahmen hinauswächst. Klar und deutlich sagt Hsüä-dou: »Eisig einsam, hoch von Art, ohne Eigenruhm.« Das geht auf Huang-bo's Worte in der Unterweisung an seine Hörer [»Ihr seid alle Tresterlecker«; »im ganzen großen Tang-Reich ist kein Zen-Meister zu finden«]. Und diese bedeuten nicht etwa, daß er andere bekämpfte und sich selbst empfehlen würde. Das ist kein Vordrängen seiner Person, kein Eigenruhm. Wenn einer das, was hinter diesen Worten schwingt, begriffen hat, dann stellen wir es ihm frei, siebenmal geradeaus zu gehen und achtfach in die Quere. Der mag das eine Mal auf einsamer Bergesspitze stehen und mag ein anderes Mal sich mitten im Gedränge des Marktes auf die Erde legen. Warum sollte er beschränkten Sinns nur immer einen einzigen engen Winkel hüten müssen? Je mehr man aufgibt, um so weniger läßt man los. Je mehr man sucht, um so weniger findet man. Je mehr man sich auflädt, um so mehr versinkt man und ertrinkt darin. Bei den Alten ging die Rede: Wer flügellos die Lande überfliegt, des Name geht von Mund zu Mund. Erst muß einer seine Gefühlswallungen verebben, seine ganze Weisheit von Grundsätzen, Tiefen und Wundern des Buddhagesetzes einmal auf eine Weile fahren lassen. Dann mag es vielleicht ein wenig angehen, daß sich ihm zu dem, was in diesem ersten Verse liegt, wie von selbst ein Berührungspunkt einstellt.
Weiter sagt Hsüä-dou: »Aufrecht weit im Rund bestimmt Drachen er und Schlange.« Da, ein Drache! Da, eine Schlange! Dies sofort, wenn einer zum Tor hereintritt, prüfend zu erkennen, das nennt man das

[1] Vgl. dieselbe Bemerkung zum Beispiel, S. 222 f.
[2] Nach anderer Deutung hieße es: Auch der Berg Tai, der Tai-schan, steigt von der Erde auf.

Auge, das Drachen und Schlange bestimmt, das Schlagwerk, das den Tiger und das Nashorn fängt. Bei Hsüä-dou heißt es auch [in einem seiner längeren Gedichte]:

Drachen scheiden sie von Schlangen nicht mit sichrem Blick.
Tiger, Nashorn einzufangen, ist der Apparat zu lahm.

Weiter heißt es in Hsüä-dou's Gesang: »Der Himmelssohn zur Dadschung-Zeit streifte ihn einst leicht, spürte dreimal in Person seine Krallen und Zähne.« Denkt also nur nicht, daß Huang-bo bloß in diesem einen Fall so grob gewesen wäre! Er war schon immer so[1].

In der Fortsetzung der Lebensbeschreibungen von Mönchen, in der Ära Hsiän-tung [860–873] von Dau-hsüan herausgegeben, steht geschrieben: Der Kaiser Hsiän-dsung[2] hatte zwei Söhne. Der eine hieß als Kaiser Mu-dsung, der andere Hsüan-dsung. Dieser Hsüan-dsung ist der Kaiser der Da-dschung-Zeit. Er war [als sein Vater im Jahr 820 dem Mordanschlag zum Opfer fiel und sein vorgenannter Bruder auf den Thron erhoben wurde] ein zwölfjähriger Knabe von lebhaftem Geist, der es schon damals liebte, auf buddhistische Art mit gekreuzten Beinen in stiller Andacht zu sitzen. Während der Regierung des Kaisers Mu-dsung[3] hatte er die Gewohnheit, nach Schluß der täglichen Morgenaudienz im Spiel auf den Drachenthron zu steigen und den umgebenden Hofbeamten mit über der Brust gekreuzten Händen Komplimente zu machen. Ein Höfling, der es sah und Verdacht schöpfte, der Prinz sei nicht recht bei Verstand, meldete es dem Kaiser. Mu-dsung sah es sich an und sagte mit einem beruhigenden Seufzer: Mein kleiner Bruder hat eben den Heldengeist unseres Ahnherrn. Mu-dsung machte im 4. Jahr der Ära Tschang-tjing seine friedevolle letzte Ausfahrt [d. h. im Jahr 824 starb er]. Er hinterließ drei Söhne, nämlich Djing-dsung [824–826], Wën-dsung [826–840] und Wu-dsung [840–846]. Zwei Jahre nachdem Djing-dsung seinem Vater auf den Thron gefolgt war, fiel er dem Anschlag eines Eunuchen zum Opfer, und es kam zum Thronwechsel. Nach Wën-dsung's vierzehnjähriger Regierung bestieg Wu-dsung den Thron [also derjenige Kaiser, welcher im Jahr 845 die Rückkehr der Mönche und Nonnen in ihre Heimat angeordnet und damit die Zerstörung zahlloser Klöster und eine allgemeine Verfolgung des Buddhismus eingeleitet hat]. Er nannte Hsüan-dsung [den Bruder seines Vaters] einen blöden Kerl. Und als er eines Tages hörte, daß dieser sein Oheim sich einst im Scherz auf den Thron seines Vaters gesetzt habe, grollte er ihm so, daß er befahl, den Prinzen zu erschlagen und den Leichnam im hinteren Palastgarten mit Jauche zu übergießen.

Der Prinz erwachte aber wieder zum Leben. [Ein mitleidiger Eunuch nahm sich seiner an, verkleidete ihn als Wandermönch und verhalf ihm zur Flucht.] Er flüchtete sich in die Verborgenheit und fand Schutz in der Bruderschaft des ehrwürdigen Dschï-hsiän im Hsiang-yän-Kloster [im südlichen Honan; Schüler des Meisters We-schan]. Dort ließ er sich später das Haupthaar scheren und wurde ein Shrâmanera [ein Novize, noch nicht auf die vollständige Mönchsregel verpflichtet].

Später einmal unternahm er mit dem Meister Dschï-hsiän eine weite Wanderung, auf welcher die beiden zusammen auch in den Lu-schan[4] kamen. An einem hohen Wasserfall, den sie besuchten, kam Dschï-hsiän der Gedanke, auf diesen ein Gedicht zu machen, und er begann:

> Er stößt durch Wolken, bohrt Gestein, weist keine Mühe fort.
> So weit sein Weg zum Erdental, so hoch sein Ursprungsort.

Nachdem er diese beiden Verse [die erste Hälfte einer vierzeiligen Strophe] summend vor sich hingesungen hatte, blieb er lange in Gedanken versunken stehen. Er war nämlich darauf gespannt, wie sein Begleiter fortfahren würde, und hoffte, ihm bei seinen Worten den Puls fühlen zu können. [Denn er hatte mit seinen Eingangsversen angedeutet, daß er von der hohen Herkunft seines Novizen eine gewisse Ahnung hatte, und war nun begierig, zu erfahren, ob dieser ihn verstand und seine Vermutung bestätigen würde.] Dann fuhr der Prinz fort:

> Wer hielte auch in enger Schlucht den Strom zum Weilen fest?
> Er findet heim ins Große Meer und wallt in Wellen dort.

So erst erhielt Dschï-hsiän Gewißheit darüber, daß sein Novize nicht von gewöhnlichem Stande war; er schwieg und kannte ihn dabei.

Später kam der kaiserliche Prinz zu dem Zen-Meister Yän-guan[5]. Yän-

[1] Dies, wird nun im folgenden gezeigt, mußte schon ein kaiserlicher Prinz, der sich einst bei Huang-bo aufhielt, am eigenen Leib erfahren, nämlich der spätere Kaiser Hsüan-dsung, dessen Regierungszeit, von 847 bis 859, unter der Losung ›Große Mitte‹, Da-dschung, bekannt ist. Die Macht des Tangreiches war zu jener Zeit längst im Niedergang begriffen. Zur Abwehr der ständigen Bedrohung durch Nomadenstämme aus der Steppe waren die Kaiser wiederum auf solche Stämme angewiesen, die sich zum Lohn für die geleistete Hilfe im Reich einnisteten. Die militärischen Machthaber in den Provinzen gebärdeten sich als selbständige Fürsten, behielten die Steuern für sich und ließen die Zentralregierung verarmen. Am Hofe selbst bekämpften sich die Cliquen der Eunuchen und trieben mit der kaiserlichen Familie ein nur zu oft verbrecherisches Spiel.

[2] Hsiän-dsung, reg. 806–820.

[3] Mu-dsung, reg. 820–824.

[4] Die viel besuchte und besungene Gebirgslandschaft im Süden der Hafenstadt Kiu-kiang am Yangtsekiang in Kiangsi, unweit des Poyang-Sees, uralte Zufluchtsstätte für Einsiedler und Mönche.

[5] Er hat seinen Namen von dem Salzamt oder Yän-guan auf der Nordseite der Hang-dschou-Bucht und war, wie Bai-dschang, ein Schüler des Patriarchen Ma. Bei ihm hat sich auch Hsüä-fëng in seinen Wanderjahren aufgehalten, vgl. Kap. 22, S. 387. Er steht im Mittelpunkt der Anekdote des 91. Beispiels. Traditionstafel III B, 9.

guan übertrug ihm das Amt des Klostersekretärs. Daselbst war auch Huang-bo und versah das Amt des Vorsitzers[1]. Eines Tages, als Huang-bo vor dem Buddhabild des Klosters betete [wie es zur täglichen Übung im Kloster gehörte], beobachtete ihn der Prinz und brach ein Frage- und Antwortspiel mit ihm vom Zaun, indem er zitierte[2]: ‚Man trachtet nicht, indem man sich an Buddha hängt, man trachtet nicht, indem man sich an das GESETZ anhängt, man trachtet nicht, indem man sich an die Gemeinde hängt.' Wornach trachtet nun Ihr mit Eurer Buddhaverehrung? Huang-bo erwiderte: Nicht trachten mit Hangen am Buddha, nicht trachten mit Hangen am GESETZ, nicht trachten mit Hangen an der Gemeinde, das ist der Geist, in dem ich täglich meine Verehrung darbringe. [Mit dieser Antwort zeigt Huang-bo dem Prinzen im Sinne des Gesangs zum erstenmal seine Zähne.] Der Prinz fragte weiter: Was hat es dann für einen Sinn und Zweck, den Buddha anzubeten? Da gab ihm Huang-bo einen Backenstreich. Der Prinz rief: O, wie grob! Da sagte Huang-bo: Wo bleibt hier [wo die Richtung überwärts gestellt ist] noch Raum, von fein und grob zu reden? Und damit versetzte er ihm abermals einen Streich.

Später, nachdem der Prinz den Thron des Reiches geerbt hatte, in der Ära Da-dschung, nannte er Huang-bo den Shramana mit dem groben Benehmen. Als dann Pe Hsiu sein Kanzler geworden war, verlieh er ihm auf dessen Vortrag hin den Ehrentitel ›Zen-Meister Duan-dji‹, d.h. Grenzdurchbrecher.

Hsüä-dou wußte also über das Verhältnis zwischen diesen beiden und seine Hintergründe gut Bescheid. Darum konnte er es auch für seinen Gesang geschickt verwenden. Ob heute unter euch wohl auch einer solche Krallen und Zähne hat wie Huang-bo? Damit schlug [der Meister auf das Pult].

[1] Das kann, wie schon oben bemerkt, nur im Jahr der Verfolgung unter Mu-dsung, also 845 oder etwas später gewesen sein, also schon nahe vor dem Tode Mu-dsungs im März 846 und der Erhebung des Prinzen auf den Thron als Kaiser Hsüan-dsung. Huang-bo stand damals bereits im Alter von 77 Jahren!

[2] Vimalakîrti-Sûtra, Kap. 6.

Erklärungen zum Text

Huang-bo, der Schüler Bai-dschang's und Meister Lin-dji's.

In ein kleines Kloster der Provinz Fukien, nur drei Wegstunden von dem Fischerhafen Fu-tjing südlich der Hauptstadt Fu-dschou entfernt, trat um die Wende vom achten zum neunten Jahrhundert ein junger Riese von zwei Meter Länge, um das Mönchsgelübde abzulegen. Sein hoher Wuchs gab ihm ein imponierendes Aussehen, ein Hautbällchen auf der Stirn erinnerte an die leuchtende Perle zwischen den Augenbrauen, mit welcher der Buddha dargestellt wird (sie heißt indisch ûrnâ und bedeutet eigentlich einen Haarwirbel), und der Name Hsï-yün, d. h. seltenes Glück, den er bei der Mönchsweihe erhielt, drückte bereits die Hoffnungen aus, die man auf ihn setzte.

Der Hügel, an den sich das Kloster anlehnte, war mit einer mehr als zwanzig Meter hohen Baumart bestanden, die im Sommer gelbe, rautenähnliche Blüten trägt und deren bitter schmeckende, korkartige Rinde einen gelben Farbstoff liefert, welcher teils zu Arzneien, teils zum Färben verwendet wird. Sie heißt bei den Botanikern Phellodendron und auf chinesisch Huang-bo, d. h. Gelbrinde, und darnach führte auch der Hügel selbst mitsamt dem Kloster den Namen Huang-bo-schan. Dem Mönch Hsi-yün verwuchs das Bild dieses Berges so eng mit den Erfahrungen seiner frühen Lehrjahre, daß er es nachmals auf seiner Wanderschaft mit sich trug, bis er schließlich im Alter von vierundsechzig Jahren weit im Westen der Provinz Kiangsi selbst die Leitung eines Klosters am sogenannten Geierhorn übernahm, welchem er nun den heimatlich klingenden Namen Huang-bo-Berg gab, der seitdem auf ihn selbst als den berühmten Meister dieser Stätte übergegangen ist.

Die Überlieferung der Zen-Schulen über Huang-bo Hsi-yün (japanisch Ô-baku Ki-un) besteht mehr aus einzelnen Anekdoten, als daß sie ein zusammenhängendes Bild seiner Lebensgeschichte ergeben würde. Nicht einmal sein Geburtsjahr ist sicher überliefert. Doch kann man annehmen, daß er wahrscheinlich im Jahr 768, vielleicht auch erst 771, geboren ist, und zwar in der Landschaft Min, welche dem bei Fu-dschou mündenden Min-Fluß den Namen gegeben hat. Er wäre also genau so alt oder aber drei Jahre älter, als sein Schulgenosse We-schan, der Meister des 4. Beispiels. Die Mönchsweihe auf dem Huang-bo-schan seiner Heimatprovinz muß er ungefähr im Jahr 785 empfangen haben, wäre dann also höchstens siebzehn Jahre alt gewesen. Dann begab er sich auf die Wanderung und besuchte vor allem das berühmte Tiän-tai-Gebirge in Tschekiang, den Mittelpunkt buddhistischer Gelehrsamkeit, mit Bücherschätzen reich versehen, und scheint dort auf der Wanderung, wie aus Yüan-wu's Erläuterung hervorgeht, eine merkwürdige Begegnung mit einem buddhistischen Asketen oder Arhat gehabt zu haben, die in späterer Zeit zu einer Legende ausgesponnen worden ist. Immerhin zeigt sie, wie dem jungen Mönch an diesem nur auf den Erwerb besonderer Kräfte bedachten Eremiten die Überlegenheit des ›Großen Fahrzeugs‹, Mahâyâna, gegenüber dem sogenannten ›Kleinen‹, Hînayâna, deutlich wurde.

Dann wanderte er weiter landeinwärts in der Absicht, in Nan-tschang, der Hauptstadt der Provinz Kiangsi, den Großmeister Ma aufzusuchen. Statt dessen traf er dort dessen bedeutendsten Schüler, den nachmaligen Meister Bai-dschang (vgl. das 26. Beispiel), von dem er zu seiner Enttäuschung erfuhr, der Großmeister Ma sei bereits gestorben. Ma's Todesjahr wird nach neueren Forschungen auf 786 angesetzt, so daß der junge Huang-bo bei seiner Begegnung mit dem nachmaligen Bai-dschang kaum älter als neunzehn Jahre gewesen sein dürfte. Aber auch wenn er noch jünger gewesen sein sollte, so war doch diese Begegnung für ihn die entscheidende seines Lebens. Davon war in Yüan-wu's Erläuterung ausführlich die Rede.

Da nun außerdem noch eine ganze Anzahl wichtiger Gespräche zwischen Bai-dschang und Huang-bo überliefert wird, so muß man als sicher annehmen, daß der letztere sich lange Zeit bei diesem ersten Schüler des Patriarchen Ma aufgehalten hat. Nur wissen wir nicht, wo und wann. Denn nach dem Tode Ma's blieb Bai-dschang noch vielleicht acht Jahre lang am Ort von dessen Grab, bis er etwa um 794 von Nan-tschang weiter westlich ins Gebirge zog, um dort auf dem berühmten ›Reckenberg‹ sein Kloster zum Hundertklafter- oder Bai-dschang-Fels zu gründen, das erste, das in seiner Bauart den besonderen Bedürfnissen der Zen-Schulen entsprach. Es ist sehr wohl möglich, daß Huang-bo sich auch dort bei Bai-dschang aufhielt, bis dieser im Jahr 814 starb. Im übrigen wird er wie andere spätere Meister viele Jahre lang im Land umhergezogen sein, immer mit der Arbeit an sich selbst beschäftigt, wohl auch lehrend als Gehilfe anderer Meister. Erst um das Jahr 832, also vierundsechzig Jahre alt, hat er sich dann auch in der Provinz Kiangsi, vom Bai-dschang-Berg nur etwa fünfzig Kilometer weiter nach Südwesten, auf dem schon genannten Geierhorn niedergelassen und seinem Sitz den Namen Huang-bo-schan gegeben. Hier hat er während der nächsten zehn Jahre seine stärkste Wirksamkeit entfaltet.

Dann trat im Jahr 842 eine neue Aufgabe an ihn heran, als in der Bezirkshauptstadt Nan-tschang ein neuer Gouverneur namens Pe Hsiu (787 bis 860) einzog, welcher sich sehr bald für den berühmten Meister an der Westgrenze seines Bezirks aufs lebhafteste interessierte. Dieser aus einer frommen buddhistischen Familie der Provinz Honan stammende Beamte war nach Ablegung seiner Staatsprüfungen rasch zu hohen Ämtern aufgestiegen, war bereits 827 als Zensor mit der Aufgabe betraut gewesen, dem Kaiser Wên-dsung über alle wichtigen Ereignisse Bericht zu erstatten, und hatte dann Jahre lang hohe Verwaltungsämter in den Provinzen bekleidet. Über seine erste Begegnung mit Huang-bo wird Merkwürdiges berichtet.

Der Gouverneur stattete bald nach seinem Amtsantritt dem wichtigsten Buddhatempel der Provinzhauptstadt, dem Tempel zum Drachenaufstieg, einen Besuch ab. Nachdem er seine Andacht verrichtet hatte, ließ er sich von dem bedienenden Mönch durch den Tempelraum führen. An der Wand hing das Bildnis eines Zen-Meisters, das ihn beschäftigte. Wer ist das? fragte er den Mönch. Ein angesehener Mönch, war die Antwort. Der Gouverneur gab zurück: Das sehe ich selbst; ich möchte wissen, wo er ist. Der Mönch konnte ihm keinen Bescheid geben. Ist kein Zen-Mönch in eurem Kloster? fragte der Gouverneur zurück. Da brachte der Mönch schließlich einen Alten herbei, der seit einiger Zeit neben seinen Übungen die Aufgabe hatte, Kloster und Garten täglich zu kehren. Das ist unser Klosterfeger, sagte er, der sieht ganz wie ein Zen-Mönch aus. Sofort wandte sich der Gouverneur an den alten Klosterfeger und sagte mit einem Blick auf das Bild an der Wand: Diesen Meister muß ich selbst sehen. Wo ist er? Da sagte der alte Klosterfeger mit einer Stimme, die den hohen Herrn im Herzen traf: Gouverneur Pe! Und als dieser erschrocken auffuhr, fuhr er fort: Wo ist er wohl? Da gingen dem Gouverneur mit einem Mal die Augen auf; er erkannte in dem alten Klosterfeger denselben, der als angesehener Meister auf dem Bilde an der Wand hing, und verneigte sich vor ihm in tiefer Ehrfurcht. Der Klosterfeger aber war kein anderer als der alte Meister Huang-bo, der in dem Bedürfnis, wieder einmal ganz zurückgezogen in der Stille sich zu sammeln, vor einiger Zeit plötzlich aus dem Kloster auf dem Geierhorn verschwunden war und sich hier verborgen hielt.

Von da an blieb Pe Hsiu mit Huang-bo eng verbunden. Er nötigte ihn, seinen Sitz vom fernen Geierhorn in das Kloster zum Drachenaufstieg zu verlegen und pflegte seitdem mit ihm eifrigen Verkehr. Als er sechs Jahre später, 848, weiter weg nordöstlich nach dem heutigen Ning-guo in der Provinz Anhui (südlich von Nanking) versetzt wurde, baute er für das dortige Hauptkloster eigens eine große Übungshalle, bewog Huang-bo, mit seiner Bruderschaft ihm nach hierherzuziehen und förderte seine Wirksamkeit auf jede Weise, bis der alte Meister nach zwei Jahren starb (850). Zwei Jahre später wurde Pe Hsiu von dem Kaiser Hsüan-dsung zum Kanzler des Reiches berufen; deshalb heißt er für seine Nachwelt kurzweg der Kanzler Pe, obwohl er dieses höchste Amt des Reiches nur vier Jahre lang bekleidete. Die chinesischen Geschichtsschreiber stellen ihm das Zeugnis aus, daß er es zwar in der Prüfung amtlicher Fragen nicht gerade peinlich genau nahm (wie es nämlich dem Ideal des strengen Konfuzianers entspräche), beim Volke aber wegen der Milde seiner Steuereintreibung und seiner weitherzigen Güte große Verehrung genoß und auch von Kaiser Hsüan-dsung (reg. 847–859) persönlich hochgeschätzt wurde. Daß diese Seiten seines Wesens durch den Umgang mit Huang-bo stark gefördert worden sind, dürfte keinem Zweifel unterliegen.

Für die weitere Entwicklung der Zen-Schulen hat Huang-bo dadurch Bedeutung gewonnen, daß der Geist des Patriarchen Ma, wie er ihn von Bai-dschang überkommen hatte, durch ihn wiederum auf Männer von besonderer Kraft übergegangen ist. Den einen seiner besten Schüler, Mu-dschou, kennen wir bereits. Noch wichtiger für die Folgezeit ist Mu-dschou's jüngerer Mitschüler Lin-dji (japanisch Rin-zai) gewesen; denn von diesem leitet sich in ununterbrochener Folge die nach ihm benannte Lin-dji- bzw. Rinzai-Schule her, zu welcher zehn Generationen später Yüan-wu, der Verfasser der Hinweise, Zwischenbemerkungen und Erläuterungen, kurz, der eigentliche Herausgeber unserer Sammlung Bi-yän-lu gehört, und in welcher eben diese unsere Schrift bis in die Gegenwart herein sich ganz besonderer Hochschätzung und Pflege erfreut. Dazu kommt, daß in der Ming-Zeit, zwischen 1368 und 1644, jenes kleine Kloster in der weiteren Umgebung von Fu-dschou, in welchem der Mönch Hsi-yün einst sein Gelübde abgelegt und von dem er die Erinnerung an jene Huang-bo-Bäume bis auf das Geierhorn in Kiangsi mitgenommen hatte, sich unter der Leitung tüchtiger Meister eifrig auf die Pflege der Tradition Huang-bo's warf, sich selbst den Namen Huang-bo-schan beilegte und seit 1661 auf den Ruf des damaligen Reichsverwesers in Japan zur Auffrischung des etwas matt gewordenen Zen-Geistes daselbst mehrere chinesische Meister nach dem Inselreich entsandte, von welchen unter dem Namen Huang-bo bzw. Ô-baku ein neuer Zweig des japanischen Zen ausgegangen ist. So ist es zu verstehen, weshalb der Name Huang-bo in der Zen-Geschichte seinen besonderen Klang hat. Welch ein Ernst und welche Kraft in diesem Klange liegt, davon legt das Beispiel selbst und alles, was Hsüä-dou und Yüan-wu dazu sagen, so beredtes Zeugnis ab, daß uns nur Einzelheiten zu erläutern bleiben.

Zum Beispiel und Yüan-wu's Zwischenbemerkungen

»Huang-bo erwiderte: Ich sage nicht: Es gibt keinen Zen; nur: Es gibt keinen Meister.« Dazu bemerkt Yüan-wu mit gewohnter Ironie: »Vorne ein Drachenkopf, hinten ein Schlangenschwänzchen.« Also: Nach dem saftigen Scheltwort Tresterlecker klingt die Antwort auf den Einwurf jenes Mönches allerdings auffallend zahm. Warum hebt Yüan-wu diesen Widerspruch geflissentlich hervor? Nur, um daran zu zeigen, daß es Huang-bo überhaupt nicht ums Schelten und nicht um Kritik zu tun ist, sondern lediglich darum, seine Schüler auf den ungeheuren Abstand ihrer Übungen und Studien von dem Eigentlichen, auf das allein es ankommt, aufmerksam zu machen.

Dieses sein Anliegen spricht Huang-bo mit der Frage aus: »Wo habt ihr euer Heute?« Es ist das zweite Kernwort dieses Beispiels neben ›Tresterlecker‹. Das Wandern von Meister zu Meister kann ewig weitergehen, ohne daß ein einziger dem Suchenden zu seinem Heute hilft, zu dem Tag, an dem er nicht mehr Trester leckt, sondern den Trank trinkt, der allein gesund macht. Diesen Trank jedoch muß jeder selber trinken; kein Meister ist imstand, ihn einem andern einzuflößen. Auf das Amt des Meisters fällt damit ein dunkler Schatten. Huang-bo, weit entfernt, ihn zu zerstreuen, weist absichtlich auf ihn hin. Dies um so mehr, je stärker gerade in seiner Zeit der Zulauf zu den Meistern ist, ganz besonders zu ihm selbst, und je lebhafter über die Meister, ihre Aussprüche und ihre Lehrweise geredet wird. Wenn er dem gegenüber unbarmherzig sagt: Es gibt keinen Meister, so ist das nicht Kritiksucht aus eitler Selbstzufriedenheit, sondern nur der volle Ernst der Wahrheit. Er denkt dabei in erster Linie an sich selbst und hat nichts anderes im Auge, als seine Hörer wahrhaft frei zu machen.

Einzelheit aus Yüan-wu's Erläuterung des Beispiels

Das Ho' des Patriarchen Ma (S. 224). Dies ist der erste Ho'-Schrei eines Meisters, von dem die Überlieferung berichtet. An ihm ist auch am deutlichsten zu sehen, was damit gemeint ist. Ho' ist zunächst ein allgemeines Scheltwort und wird besonders dann gebraucht, wenn einer andere überschreien will, so daß keiner mehr etwas zu sagen wagt. Hier hat es diesen selben Zweck, nur in dem allerhöchsten Sinn: Es dringt hervor aus jenem langen Schweigen, in dem der Patriarch soeben noch verharrt hat und das für Bai-dschang Offenbarung jenes Letzten war, in dem es weder Dinge mehr noch Worte gibt. Zugleich ist es, zeitlich gesehen, in diesem Fall, was man die Übermittlung von Geist zu Geist zu nennen pflegt, ist das ›Siegel‹, mit welchem der Großmeister Ma Bai-dschang als Nachfolger im Geist bestätigt.

Dung-schan's drei Pfund Hanf

Hinweis

Ein Säbel, um zu töten, ein Degen zum Lebendigmachen: das war bei den Alten Brauch und Regel; das gehört auch heute noch zum unerläßlichen Bedarf. Gilt es zu töten, so wird dabei auch nicht ein Härchen gekrümmt. Gilt es, lebendig zu machen, so muß doch Leib und Leben dabei zugrunde gehen.
Darum sagt einer: Den einen Pfad, der überwärts hinaufführt, kann aller tausend Heiligen Überlieferung dir nicht weisen. Gelehrte mühen sich, ihm eine Form zu geben. Sie sind den Affen gleich, die nach dem Spiegelbild im Wasser greifen.
Nun sagt einmal: Wenn man es schon nicht greifen kann, was sollen dann die vielen ›öffentlichen Aushänge‹ mit ihrem Rankengewirr? Wer Augen hat, versuche es zu sagen! Sehet her!

Das Beispiel

Wir legen vor:

Ein Mönch fragte Dung-schan: Was ist es mit Buddha? Dung-schan erwiderte: Drei Pfund Hanf.

Zwischenbemerkungen zum Beispiel

»Ein Mönch fragte Dung-schan: Was ist es mit Buddha?« – Eine eiserne Sterndistel! [Eine stachlige Kugel, wie man solche im Krieg verwendete, um Gelände ungangbar zu machen.] – Darüber springt der klügste Kuttenmönch nicht weg.
»Dung-schan erwiderte: Drei Pfund Hanf.« – Strahlende Helle! – Abgetretene Sandale! – Er deutet auf Sophorabäume[1], schilt sie Weiden und tut, als wären das Bäume von gleichem Wert und gleicher Ehre.

[1] In der Dschou-Zeit des chinesischen Altertums hielten die drei Reichsminister ihren Staatsrat unter drei Sophorabäumen ab, einer über zwanzig Meter hohen, robinienähnlichen Baumart, die auch von den Dichtern gern als Hüter edler Ruhe besungen wird. Im Gegensatz dazu ist die Weide, besonders die mit den herabhängenden, im Winde wehenden Zweigen, der allgemein bekannte Baum der Vergnügungsviertel und vielfach geradezu Symbol für Ausschweifungen. Also besagt das Gleichnis: Er deutet auf den Buddha, schilt ihn ›drei Pfund Hanf‹ und tut so, als wären das Namen von gleichem Gewicht und gleicher Ehre.

Erläuterung des Beispiels

Dieser öffentliche Aushang wird von vielen Leuten mißverstanden. Es fällt auch schwer, ihn nur so einfach zu zerkauen. Du wirst nichts daran finden, worüber du sofort ein Urteil abgeben könntest. Und warum? Weil er ohne Würze ist und keinen Geschmack gibt.

Die Alten haben auf die Frage nach Buddha die verschiedensten Antworten gegeben. Einer [nämlich Dschau-dschou, der Meister des 2. und 9. Beispiels] sagte: Ist in der Buddhahalle. Ein anderer: Besitzt die allgemein bekannten zweiunddreißig auszeichnenden Körpermerkmale. [Die zweiunddreißig Körpermerkmale eines Großen, mahâ-puruschalakschana, werden in manchen Sutren von den Fußsohlen bis zum Scheitel mit echt indischer Subtilität beschrieben.] Ein dritter gab zur Antwort: Eine Rute aus den Bambuswurzeln unten im Berg. Kommen wir aber zu Dung-schan, so antwortet der einfach: Drei Pfund Hanf. Da kann man wohl sagen: er schneidet den Alten die Zunge ab.

Manche Leute wollen sich die Geschichte verständlich machen und sagen, Dung-schan sei um diese Zeit in der Scheuer des Klosters gewesen und habe Hanf abgewogen. Da sei der Mönch mit seiner Frage gekommen, und darum habe er ihm so geantwortet. Andere sagen: Die Frage ist nach Osten gerichtet, Dung-schan's Antwort nach Westen [d. h., um den Frager aus seinen Denkgeleisen herauszustoßen, gebe Dung-schan absichtlich eine Antwort ohne jeden Sinn]. Wieder andere erklären, die Antwort sei nur ein Umweg, um dem Mönch vorzuhalten: Du bist selber Buddha und gehst dabei nach Buddha fragen! – Tote Leichname! Allgemein findet sich ferner auch die Auffassung, Dung-schan wolle einfach sagen: Da, diese drei Pfund Hanf, das ist Buddha.

Nun, das alles hat mit dem Kern der Sache nichts zu tun. Wenn du mit solchen Überlegungen an Dung-schan's Wort herangehst, kannst du dich bis zur Herabgeburt des Buddha Maitreya[1] an dieser Aufgabe üben und wirst auch nicht im Traum die Lösung sehen. Und warum nicht? Weil Worte nur Gefäße und Stützen sind, um den Weg, die Wahrheit zu tragen: Die Leute verstehen eben einfach nicht, wie die Alten es tatsächlich meinten, und suchen nur immer im Wortlaut herum. Was werden sie da wohl für eine Nase zum Anfassen finden?

Seht ihr nicht, was einer der Alten[2] gesagt hat: »Die Wahrheit, der Weg, ist im Grunde ohne Worte. Aber durch das Wort wird die Wahrheit kund. Wer die Wahrheit schaut, vergißt die Worte.« Erst wenn einer bis dahin gelangt, wird er es erleben, daß das Triebwerk erster, höchster Ordnung auf ihn selbst zurückschlägt.

Einfach diese drei Pfund Hanf! Es ist wie die große Hauptstraße, die kerzengerade durch Tschang-an hindurchführt. Du magst den Fuß heben oder senken, da ist kein Schritt, der nicht in rechter Richtung ginge. Dieses Wort ist von der gleichen Art wie das des Meisters Yün-mên von den Wickelklößen[3]. Freilich, diese Art ist sehr schwer zu verstehen.

Mein verstorbener Meister vom Berg des Fünften Patriarchen[4] sagt in einem Gesang:

Der kleine Krämer, freien Blickes bar,
Schlägt seinen Hanf los, gleich im Bausch drei Pfund.
Er bleibt ihm liegen hunderttausend Jahr.
Hat niemand Platz für das lästige Bund.

[Es ist mit diesem Wort wie mit allem höheren Geheimnis: es liegt offen da, kostet nichts, und doch kann es niemand gebrauchen. Man vergleiche dazu das Gedicht im dritten Teil des Stundenbuchs von R. M. Rilke: »Du bist der Arme, du der Mittellose«.]
Aber du brauchst nur den unreinen Staub der Gefühlsneigungen, der Wünsche und Gedanken, das kleinliche Federlesen um Vorteil und Nachteil, um Ja und Nein, kurz alles zusammen in eins zusammenzufalten und mit einem Ruck reinen Tisch zu machen, dann gehst du hin und hast es ganz von selbst begriffen.

Gesang

So schnell der goldene Vogel,
so flink der Hase im Mond.
Gute Antwort hieß noch nie
nur so leicht gestreift.
Zieht ihr aber Dung-schans Wort breit
und spekuliert,
Gehn Schildkröten, eine lahm, eine blind,
ins Tal.
»Blütenfülle im Frühling,
der Herbst in brokatnem Gewand.«
»Schlanker Bambus im Süden,
im Norden der Bäume Wuchs.«
Tschang-tjing kommt mir in den Sinn mit Lu,
dem Edelmann.
Er verstand es: »Soll nur lachen!
Klage braucht es nicht!«
Iii ...

[1] S. x. Beispiel, S. 217.

[2] Tschëng-guan, der Vierte Patriarch der chinesischen Hua-yän- oder Avatamsaka-Schule (japanisch Kegon-shû) in seinem großen Kommentar zum Avatamsaka-Sûtra.

[3] Davon ist im 77. Beispiel die Rede.

[4] Der Meister Fa-yän, 1025–1104, vgl. S. 16–18, 64.

»So schnell der goldene Vogel« [die Sonne] – Wiegt das linke Auge ein halbes Pfund ... – Den holt der schnellste Wanderfalke nicht mehr ein. – Und in diese feurige Lohe legen sie sich blind hinein. [Sie, die Menschen, merken nicht, daß alles brennt, daß alles nur Momente sind.]

»So flink der Hase im Mond.« [d. h. der Mond selbst auf seiner täglichen Bahn, deren Ablauf mit dem der Sonne in genauestem Zusammenhang steht: geht am 15. des Mondmonats die Sonne abends unter, so geht auch schon der Mond im Osten auf]. – ..., so wiegt das rechte acht Sechzehntel. [Wiegt das linke Auge ein halbes Pfund, so wiegt das rechte acht Sechzehntel – ein Gleichnis, welches wie das von Sonne und Mond das gesetzmäßige Verhältnis zwischen der Frage des Mönchs und Dungschan's Antwort beleuchtet: die Frage enthält das Geheimnis des Buddha, die Antwort auch: beide haben gleiches Gewicht, beide gehören zusammen, darum erfolgt auch bei Dung-schan die Antwort auf die Frage mit einem Schlag, ohne weiteres Besinnen.] – Sie machen sich ein Nest in Frau Hëng-o's Schloß zurecht! [Sie, die Menschen, treiben mit dem Mond denselben Unverstand, wie mit der Sonne. Hëng-o, die Frau des Meisterschützen I, hatte nach der Sage einst ihrem Mann das Lebenselixier, das ihm die Königsmutter aus dem Westen überlassen hatte, entwendet, war durch seinen Genuß unsterblich geworden und wohnt seitdem am Ort der Genien auf dem Mond. Solch ein Nestchen von Unsterblichkeit ist es, meint Yüan-wu, von dem die Menschen sich in ihrem Wahn von bleibendem Sein und Haben träumen lassen.]

»Gute Antwort hieß noch nie nur so leicht gestreift.« – Das ist wie der Schlag des Schwengels auf die Glocke, wie der Ruf ins Tal des Widerhalls. [Mit der Antwort ›drei Pfund Hanf‹ hat Dung-schan jenen Frager, den er durch und durch verstand, so ins Herz getroffen, daß sein Buddhawesen in ihm aufklang wie ein Glockenschlag.]

»Zieht ihr aber Dung-schan's Wort breit und spekuliert.« – Wenn du nämlich aus Versehen den Blick aufs Sternchen an der Waage heftest, anstatt auf den Waagbalken [an dem allein das Gewicht abzulesen ist, d. h., wenn du an ›Hanf‹ und an ›drei Pfund‹ herumrätselst, anstatt an dich selbst und an dein eigentliches Teil zu denken]. – Aber macht es der Herr Meister nicht ebenso?

»Gehn Schildkröten, eine lahm, eine blind, ins Tal.« [Der chinesische Vers sagt es noch genauer: Eine lahme Landschildkröte und eine blinde Meerschildkröte gehen miteinander in ein tiefes Tal. Man weiß dann schon im voraus, daß sie in ihrer Unbeholfenheit aus diesem nie mehr herauskommen werden. Sie werden sich rettungslos verirren. Genau so wird es denen ergehen, die dem Sinn von Dung-schans ›drei Pfund Hanf‹ auf dem Weg verstandesmäßiger Überlegungen beizukommen versuchen.] – Möge sich der Meister Hsüä-dou nur selbst diesem seinem Urteil stellen! – Aus einem und demselben Erdloch kommt auch nur eine Erdart. [Es ist

keiner besser als der andere; jeder kann an diesem Ausspruch sich verwirren.] – Wer hat denn deinen Wanderfalken totgeschossen? [Wer hat dir den unbefangenen Blick, der schnurstracks das Ziel erspäht, geraubt? Doch wohl niemand als du selbst?]
»Blütenfülle im Frühling, der Herbst in brokatnem Gewand.« [Mit diesem und dem folgenden Vers führt Hsüä-dou den Ausspruch seines Meisters Dschï-mën zu Dung-schan's ›drei Pfund Hanf‹ an; siehe unten!] – Nun verdoppelt sich der öffentliche Aushang. [Erst bringt Hsüä-dou Dung-schan's Wort von den drei Pfund Hanf, nun dieses neue Bild von der Herrlichkeit der Natur.] – Aber der Richterspruch über beide ist in einem und demselben Urteilsbrief zu lesen. – Es ist immer dasselbe.
»Schlanker Bambus im Süden, im Norden der Bäume Wuchs.« – Jetzt verdreifacht sich der öffentliche Aushang. – Er vervierfacht sich. – Auf den Kopf soll immer noch ein Kopf obendrauf! [Denn hat man erst einmal den Sinn der ›drei Pfund Hanf‹ begriffen, so fallen alle Grenzen, so gehen alle Schleusen auf, so ist millionenfache Herrlichkeit ringsum.]
»Tschang-tjing kommt mir in den Sinn mit Lu, dem Edelmann.« – [Die Geschichte von dem Edelmann Lu und dem, was Tschang-tjing dazu später bemerkte, folgt in Yüan-wu's Erläuterung.] Es kommt kein Räudiger allein; er muß Begleitung haben. [Dung-schan, Dschï-mën und Tschang-tjing mit Lu sind alle von derselben Sorte.] – Auch der Mönch vom Berge [Yüan-wu] ist dabei. Und so auch Hsüä-dou [der Dichter].
»Er verstand es: ›Soll nur lachen! Klage braucht es nicht!‹« – Hahaha! [Wir lachen mit!] – Ach, du lieber blauer Himmel! Noch um Mitternacht befällt sie neues Leid!
»Iii . . .« [Dieses langegezogene tiefe Iii! ist ein Anruf von eindringlichem Ernst, mit welchem die Meister vielfach ihre Ansprachen und Ermahnungen schlossen.] – Nanu! – Und jetzt gibt es Hiebe!

Erläuterung des Gesangs

Wo Hsüä-dou eine Sache ansieht, da durchschaut er sie. Deshalb sagt er gleich zu Anfang des Gesangs:
»So schnell der goldene Vogel, so flink der Hase im Mond.« Das ist mit jener Antwort Dung-schan's ›drei Pfund Hanf‹ von einer und derselben Art. Die Sonne geht auf, der Mond geht unter; so ist es Tag für Tag. [Genau so ist es, wenn ein rechter Meister einem Schüler auf die für ihn entscheidende Frage Antwort gibt.]
Viele Leute aber bringen für diesen Vers Erklärungen daher, die aus befangenem Verständnis hervorgehen. Sie behaupten einfach, der goldene Sonnenvogel sei das linke Auge, der Hase im Mond das rechte. [Das heißt, sie meinen, Hsüä-dou rühme Dung-schan's helle Augen, indem er sie mit Sonne und Mond vergleiche.] Fragst du sie um ihre Deutung, so starren sie dich an und sagen steif und fest, das sei es. Was hätte das wohl mit der Sache zu tun! Mit dieser Art Verständnis tilgt man nur den Geist des Patriarchen und seiner Schule vom Erdboden weg.

Darum sagt ein Meister [nämlich Liang-schau – der vor und nach 1100 lebte –, um seinen Hörern von der geistigen Höhe Dung-schan's einen Begriff zu geben]:

Er wirft die Angel aus weit in den Ozean,
Fischt grimmige Drachen, nichts Geringeres.
Im Herzen drin, nach tief verborgnem Plan,
Legt er's auf einen Freund und Geistverwandten an.

Hsüä-dou gehört zu den Menschen, welche über die fünf skandha erhaben sind [die vom Buddha viel besprochenen ›fünf Gruppen‹, aus welchen sich das menschliche Wesen zusammensetzt und an welchen darum die Menschen in ihrer Unwissenheit unwillkürlich haften bleiben, als wären sie ihr eigenes Selbst: nämlich die Gruppe körperlicher Elemente, die der Empfindungen, die der unterscheidenden Denktätigkeiten, die der aktiven Triebkräfte und endlich die der Bewußtseinsvorgänge, die alles dieses in sich aufnehmen. Von alle dem ist Hsüä-dou frei, so gut wie Dung-schan]. Wie sollte er den Ausspruch Dung-schan's in solch befangenem Sinn auffassen, wie jene Unverständigen! Er geht auf seinen Gegenstand ganz leicht und ohne Zögern los, zerschlägt den Balken [der den Weg dahin versperrt], zerhaut den Knoten, und damit gibt er den Blick ein kleines bißchen mehr oder weniger frei, daß du es sehen kannst [woher die Antwort Dung-schans kommt].
Dann [d. h., nachdem er mit diesem ersten Vers die Antwort ›drei Pfund Hanf‹ bereits gedeutet hat] geht er weiter und sagt, als Randbemerkung: »Gute Antwort hieß noch nie nur so leicht gestreift.« Dung-schan, will Hsüä-dou sagen, gibt dem Mönch mit jenen ›drei Pfund Hanf‹ nicht etwa einen leichtfertigen Bescheid. Diese Worte sind wie der Klang der Glocke auf den Schlag des Schwengels, wie der Widerhall des Tales auf den Ruf: laut auf laut, leise auf leise. Das heißt nicht einfach ›leicht gestreift‹. Unversehens kehrt Hsüä-dou hier sein Innerstes heraus, hält euch sein Herz und Leber und alle Eingeweide hin. Es gibt von ihm einen Gesang mit der Überschrift ›In Ruhe gut erwidern‹, der lautet:

Aug in Auge sich zu bieten,
Brauchts nicht viel warum und wie.
Leicht ist's, Drach' und Schlange scheiden,
Einen Mönch zu täuschen, nie.
Goldnen Hammers Form bewegt sich,
Edles Schwert zuckt kalten Blitz.
Eben jetzt ist es geschehen:
Schleunig blicke hin und sieh!

Als Dung-schan zum erstenmal bei Yün-mën eintrat, fragte ihn dieser: Wo kommst du jetzt gerade her? Er antwortete: Von der Dscha-Furt [in Kiang-si]. Yün-mën fragte weiter: Wo warst du zur sommerlichen Übungszeit? Im Bau-tsï-Kloster [in Hunan], war die Antwort. Wann bist du von dort weg? forschte Yün-mën weiter. Dung-schan sagte: Am fünfundzwanzigsten des achten Monats. Da sagte Yün-mën nur: Ich erlasse dir drei Trachten Stockhiebe. Geh in die Halle! [Die schlichte Sachlichkeit, mit der Dung-schan Yün-mën's Fragen beantwortet, ohne irgendeine Zen-Manier zu zeigen, gefallen dem Meister, wenngleich sich dieser auf den Gast nicht weiter einläßt.] Am Abend trat Dung-schan zu Yün-mën in das Zimmer und stellte ihm offen heraus die persönliche Frage: Wo liegt bei mir der Fehler? Da sagte Yün-mën: Du Reissack du! so läufst du in der Welt herum von Kiangsi bis nach Hunan! [Das heißt: In einem Kloster nach dem andern läßt du dich füttern, als wäre es für dich nicht längst schon Zeit, das Wandern aufzugeben. Man denke auch an Huang-bo's Frage im vorigen Beispiel: Wo habt ihr euer Heute?] Bei diesen Worten Yün-mën's ging Dung-schan mit einem Schlag das große Verständnis auf, und schließlich sagte er zu ihm: Nun aber werde ich mir eines Tages fern vom Rauch menschlicher Wohnungen eine Klause bauen. Da soll kein Körnchen Reis aufgespeichert, kein Hälmchen Gemüse gepflanzt werden. Aber von allen Seiten her will ich die Tugendhaften und die Weisen, die mich besuchen, aufnehmen, will ihnen ihre Nägel ziehen, ihre Pflöcke ausreißen, ihnen die schmierigen Mützen und die muffigen Röcke abnehmen und sie dahin bringen, daß ein jeder zwanglos frei, herzhaft und frisch zu einem Mann des Friedens wird, der aller Dinge ledig ist und sich aus keiner Sache etwas macht. Yün-mën versetzte: Wie doch ein Männchen von der Größe einer Kokosnuß das Maul aufreißen kann! Damit nahm Dung-schan Abschied und ging fort. Die Art und Weise, wie er damals zur Erkenntnis kam, ist einfach hervorragend. Wie sollte solch ein Mann in seinen Anschauungen kleinlich sein! Später trat er öffentlich als Meister auf und gab denen, die ihn aufsuchten, nach dem Maß ihrer Einsicht Bescheid.

Seinen Ausspruch ›drei Pfund Hanf‹ verstehen die meisten Leute einfach als seine Belehrung auf die Frage nach dem Buddha. Sie sind immer nur damit beschäftigt, Theorien über den Buddha aufzustellen. Denen sagt Hsüä-dou: Wenn du in dieser Weise Dung-schans Worte breit ziehst und aufs Geratewohl herumrätst, wie es zu verstehen sei, dann ist das gerade, wie wenn eine lahme Landschildkröte und eine blinde Meerschildkröte miteinander in eine hohle Schlucht hineingehen [aus der sie nie mehr herauskommen]. An welchem Tag, in welchem Monat welchen Jahres werden solche Leute einen Ausweg aus der Irre finden?

Das Folgende nun, nämlich die Worte »Blütenfülle im Frühling, der Herbst in brokatnem Gewand«, geht auf den Meister Dschï-mën zurück [den Lehrer Hsüä-dou's, der uns im 21. Beispiel noch näher beschäftigen wird]. Zu diesem kam ein Mönch mit der Frage: Was meinte Dung-schan, als er sagte: Drei Pfund Hanf? Dschï-mën gab zur Antwort: Blütenfülle im Frühling, der Herbst in brokatnem Gewand. Verstehst du es jetzt? Der Mönch verneinte. Da fuhr Dung-schan fort: »Schlanker Bambus im Süden, im Norden der Bäume Wuchs.«

Jener Mönch [von dem im Beispiel die Rede ist] fragte auf die Antwort Dung-schan's [›drei Pfund Hanf‹] wieder zurück und bat ihn, ihm den Sinn auszulegen. Dung-schan erwiderte: Anstatt dir allein werde ich es allen zusammen erklären. So ging er in die Vortragshalle und sagte: »Auf ein Wort von mir dürft ihr das Gegenständliche darin nicht in die Breite ziehen; wenn ich rede, dürft ihr nicht aufs Geratewohl herumrätseln. Wer bloß die Worte aufnimmt, dem geht der Sinn verloren; wer sich an einen Ausspruch klammert, wird sich darin verirren.« Diese Befangenheit der Menschen in ihren eigenen Gefühlen und Gedanken ist Hsüä-dou ganz genau bekannt; deshalb verwendet er absichtlich hier die Worte seines Meisters Dschï-mën und reiht sie im Gesang an seinem Faden auf.
Aber in den späteren Zeiten bringen die Leute im Gegenteil gerade jene im Gegenständlichen befangenen Auffassungen daher, indem sie z. B. behaupten, mit ›Hanf‹ meine Dung-schan einen hänfenen Rock, also die schlichte Lebenshaltung, wie sie das Gebot kindlicher Pietät von einem guten Sohn oder einer guten Tochter fordert. So bedeute auch Dschï-mën's Hinweis auf den Bambus südlicher Landstriche den einfachen Wanderstab eines gehorsamen Sohnes. Und was Dschï-mën von dem Baumwuchs im Norden, von der Blütenfülle im Frühling und von dem Brokatgewand des Laubes und der Gräser im Herbst sage, das gehe auf das Holz zum Sarge für die Eltern und auf den Schmuck von Blumen und von Gräsern, den die gute Sitte beim Begräbnis fordert. Ob diese Leute auch noch Schamgefühl besitzen? Sie begreifen durchaus nicht, daß »schlanker Bambus im Süden, im Norden der Bäume Wuchs« und die ›drei Pfund Hanf‹ genau so Ausdrücke für ein und dieselbe Sache sind, wie A-yä und A-diä [die familiären Namen für Vater, der eine süd-, der andere nordchinesisch]. Wenn einer von den Alten auf eine Frage hin ein Wort der Wende sagt [das im Leben dieses Fragers eine Wende herbeiführt], so ist ein solches nie im Sinne solch [banaler] Deutungen wie der obigen zu verstehen. Vielmehr muß man solch ein Wort genauso nehmen, wie Hsüä-dou es beschreibt: »So schnell wie der goldene Vogel, so flink wie der Hase im Mond.« Solche Worte sind ihrer Natur nach immer großzügig, weit umfassend. Nur daß eben Gold und Messing schwer zu unterscheiden sind und daß man das Schriftzeichen für Lu [die Heimat des Konfuzius] mit dem für Yü [das Fisch bedeutet] gar zu leicht verwechselt.
Nun hat Hsüä-dou, weil er sich um andere ängstlich sorgt wie eine alte Großmutter, noch das Bedürfnis, deine Gefühle des Zweifels zu zerstreuen, und zieht zu diesem Zweck ein paar tote Chinesen heran, indem er sagt:

> »Tschang-tjing kommt mir in den Sinn mit Lu, dem Edelmann
> Er verstand es: Soll nur lachen! Klage braucht es nicht!«

Was seinen Gesang betrifft, so hat Hsüä-dou mit den obigen drei Doppelversen bereits den ganzen öffentlichen Aushang dichterisch behandelt. Ich möchte euch einmal fragen: Unsere große Weltenhütte, die ist doch wohl nichts anderes als jene drei Pfund Hanf? [Man denke hier an Hsüä-fëng's Reisährchen, Kapitel v!] Wenn trotzdem Hsüä-dou immer noch Schlingranken in Menge daherbringt, so ist das nur durch seine grenzenlose Güte zu erklären. Daher nun die folgende Geschichte. [Sie handelt zunächst von dem langjährigen Bezirksvorsteher Lu Gëng in der heute Ning-guo genannten Stadt in der Provinz Anhui, einem angesehenen Beamten, der später das Amt eines kaiserlichen Zensors bekleidet haben soll. Er war schon früh den Zen-Übungen zugetan gewesen und trat von Ning-guo aus mit dem in Tschï-dschou am Yangtsekiang wirkenden Meister Nantjüan oder Südquell, einem Schüler des Patriarchen Ma, in Verkehr[1], so daß er bald sein Verehrer und Freund wurde.]

Der Würdenträger Lu Gëng hatte als Präsident des Regierungsbezirkes Hsüan-dschou [heute Ning-guo genannt] häufig den Meister Nan-tjüan aufgesucht. Als nun dieser [im Jahr 834] in die Verwandlung eingegangen war, hörte Lu Gëng die Trauernachricht und besuchte daraufhin die Gedächtnisfeier, bei welcher das Bildnis des verstorbenen Meisters im Tempelraum enthüllt wurde. [Er trat, wie es der Sitte entsprach, vor das Bildnis, um davor Weihrauch zu opfern.] Dabei aber brach er in ein helles, lautes Lachen aus. Der Vorsteher des Klosters sagte zu ihm: Standen nicht der frühere Meister und der Herr Würdenträger im Verhältnis von Lehrer und Schüler? Warum erhebt Ihr nicht Totenklage? Der Würdenträger entgegnete: Redet ein Wort [ein Wort von Geist, des Meisters Nan-tjüan würdig], so werde ich Klage erheben. Aber der Vorsteher blieb ohne ein Wort. Da erhob Lu Gëng laute Klage und rief: O blauer Himmel, blauer Himmel! In welche Ferne ist der alte Meister aus der Welt entschwunden!

Später hörte Tschang-tjing[2] von dieser Geschichte. Er sagte: Der Würdenträger hat ganz recht mit seinem Lachen; hier bedarf es keiner Klage.

Den Sinn dieser Geschichte nimmt Hsüä-dou kurz zusammengefaßt in seinen Gesang auf, um euch zu sagen: Wenn ihr an die Deutung von Dung-schan's Ausspruch [›drei Pfund Hanf‹] mit jener Befangenheit in vorgefaßten Gedanken und Gefühlen herangeht, dann verdient ihr auch, daß wir über euch lachen, anstatt zu klagen. Und so ist es richtig.

Letzten Endes steht nun da noch ein einziges Schriftzeichen. Man muß schon sagen: ein eigenwilliges Kauderwelsch! Sagt er da am Schluß noch iii...! Hat dieser Hsüä-dou seine Wäsche nun wirklich sauber gewaschen?

[1] Im 40. Beispiel unserer Sammlung wird eine Szene aus diesem Verkehr mitgeteilt. Von Nan-tjüan handeln auch die Kapitel 28, 63, 64 und 69.

[2] Tschang-tjing kennen wir bereits vom 6. und vom 8. Beispiel her als Schüler Hsüä-fëng's. Wahrscheinlich hat er dort von dem Gelächter des Lu Gëng gehört, also gut vierzig oder mehr Jahre danach. Vielleicht auch hat ein Schüler ihm den Vorfall vorgelegt und ihn um seine Meinung dazu befragt. Dann könnte es sogar siebzig Jahre später gewesen sein.

Dung-schan Schou-tschu, ein Schüler Yün-mën's

Der Name Dung-schan, d. h. Grottenberg, führt leicht zu Verwechselungen. Er kommt zwei verschiedenen Bergen zu, und mehr als zwei Meister gibt es, die darnach genannt sind. Wohlbekannt ist das Dung-schan-Kloster in der Provinz Kiangsi, nicht allzu weit von Huang-bo's Geierhorn und Bai-dschang's Reckenberg entfernt, der Sitz des großen Meisters Dung-schan Liang-djiä (japanisch Tôzan Ryôkai, 807–869), von dem noch wiederholt die Rede sein wird, besonders in Kapitel 43, und der als Gründer der in Japan sehr lebendigen Sôtô-Sekte geschichtliche Bedeutung hat. Hier dagegen ist von einem anderen Dung-schan die Rede, der sich im Norden der Provinz Hupe befindet, und zwar nordwestlich der Kreisstadt Hsiang-yang, und der dortige Meister, von dem das Beispiel handelt, heißt Dung-schan Schou-tschu (japanisch Tôzan Shusho), d. h. ›Bewahre den Anfang‹. Während der Meister Dung-schan Liang-djiä in der mit Bodhidharma beginnenden Stammlinie noch der elften Generation angehört, steht Dung-schan Schou-tschu bereits auf der vierzehnten Stufe, also auf einer der jüngsten, die in unserer Sammlung vertreten sind. Er war ein Schüler des großen Yün-mën, und da dieser von 864 bis 949 gelebt hat, so können wir annehmen, daß Dung-schan Schou-tschu um die Mitte des 10. Jahrhunderts und wohl noch später gewirkt hat, also bereits in die Anfänge der Sung-Dynastie hineinreicht. Von seiner Begegnung mit Yün-mën berichtet Yüan-wu in der Erläuterung. Daraus ist zu ersehen, daß er von kleiner Statur war. Sonst ist über ihn kaum etwas bekannt, außer dem hier angeführten Ausspruch. Durch diesen aber ist sein Name weit über den engeren Kreis des Zen hinaus berühmt geworden.

Zum Hinweis

»Ein Säbel, um zu töten, ein Degen zum Lebendigmachen.« – Mit den zweierlei Waffen ist natürlich nur ein und dasselbe Schwert des Geistes gemeint, das mit dem gleichen Hiebe tötet und lebendig macht. Ertöten und Leben wecken, verneinen und bejahen, binden und lösen, stets muß beides beieinander sein, und keines darf das andere stören.
»Darum sagt einer: Den einen Pfad usw.« – Das sagt der Meister Bau-djï vom Kloster Pan-schan nordöstlich des heutigen Peking, ein Schüler des Großmeisters Ma; vgl. Traditionstafel III B, 9: Pan-schan Bau-djï.
»Den Affen gleich« usw. – Vgl. Beispiel III, S. 83.

Zum Verständnis des Beispiels

Zum zweiten Mal begegnet uns ein Mönch, der dem Meister mit der Buddhafrage naht. Im 7. Beispiel war es jener Hui-tschau, dem Fa-yän damit half, daß er ihn beim eigenen Namen nannte. Was sich hier abspielt, ist im Grund dasselbe und doch in Hinsicht auf Person und Umstände einmalig. ›Drei Pfund Hanf‹ – was immer diese Worte bedeuten mögen, eines ist sicher: sie schlagen die ganze Buddhafrage, so wie der Mönch sie meinte, nieder. Sie sind der ›Säbel zum Töten‹ jener sämtlichen Gedankengänge, die dem Mönch die Frage zum Bedürfnis machten. Sie sind aber ebenso der ›Degen zum Lebendigmachen‹ eben jener Wirklichkeit, nach der die Frage forschte. Denn dieser Wirklichkeit wird mit den ›drei Pfund Hanf‹ ›auch nicht ein Härchen gekrümmt‹. Wohl aber bricht, was hier geboren wird, aus einem Grund hervor, der tiefer reicht als das Gefüge menschlichen ›Leibes und Lebens‹. Darum sinkt dieses Gefüge selbst zurück in jenen Grund.

Und weil in den drei Wörtchen dieses Unfaßliche einbeschlossen ist, erübrigt sich für den, der es begreift, das ganze Fragen nach dem Sinn des Wortlauts. Der Übersetzer freilich hat schon einiges zu fragen. Das Wort Ma, für das er ›Hanf‹ setzt, kann auch für Hu-ma stehn und Flachs bedeuten. Auch die andere Frage könnte man aufwerfen, ob Dung-schan dabei an die Spinnfaser denkt oder an Hanf- bzw. Leinsamen zur Gewinnung des beliebten Öls. Den einzigen Anhaltspunkt für diese Fragen bietet wohl das Gedicht, welches Yüan-wu in der Erläuterung von seinem verstorbenen Meister vom ›Berg des Fünften Patriarchen‹ anführt. Wenn dort die ›drei Pfund Hanf‹, welche der ›Krämer‹ Dung-schan feilbietet und nicht losschlagen kann, ein ›lästiges Bund‹ genannt werden, so ist doch wohl sicher anzunehmen, daß zumindest der Dichter dieses Verses an ein Bündel Hanffaser oder Werg dachte. Aber damit würde die negative, die Frage ablehnende Tendenz des Ausspruchs nur unterstrichen. Mit gutem Grund wehrt sowohl Yüan-wu in der Erläuterung als auch Hsüä-dou im Gesang alle Versuche, die ›drei Pfund Hanf‹ mehr oder weniger sinnig auszudeuten, aufs entschiedenste ab. Denn so hübsch sie sich anhören mögen, sind sie doch nur ein Spiel des unterscheidenden Verstandes, also eben jenes Organs, dem Dung-schans Antwort die Axt an die Wurzel legt. Darum sagt ein moderner japanischer Erklärer (in dem Zen-Wörterbuch von Jimbo und Andô) zu diesem ›öffentlichen Aushang‹ folgendes: »Es ist kein Ausspruch, der aus unterscheidender Überlegung hervorgeht. Er kommt aus einer Sphäre, in welcher Worte und Gedanken zu Ende sind. Doch eben darum klingt in ihm die Sphäre seiner Herkunft an. Wenn der Frühling kommt, so brechen Blüten auf; wenn es Herbst wird, fällt das Laub. Wer am dinghaften Sinn solcher Worte hängen bleibt, kann die Wahrheit, die sie meinen, niemals finden. Der öffentliche Aushang, fertig für aller Augen sichtbar, der ist hier einfach in die Worte ›Drei Pfund Hanf‹ gefaßt. Lernende können hier nichts Besseres tun, als persönlich sich an diesem Wort zu üben.«

Von der Erläuterung des Beispiels (S. 240) gibt es eine freiere Übertagung durch Daisetz' T. Suzuki in seinen ›Essays in Zen Buddhism‹, second series, S. 87f.

Dreizehntes Beispiel

Ba-ling's silberne Schale

Hinweis

Über dem großen Gefilde verdichtet es sich zu Gewölk; die weite Welt verbirgt es nicht. Schnee liegt auf den Blütenrispen des Uferschilfs; schwer ist's, zu unterscheiden, wo diese anfangen und wo jener aufhört.
Kälte ist kälter als Eis und Schnee, Feinheit feiner als Reismehl. Des Tiefen Tiefe zu erschauen, hat auch ein Buddha-Auge Mühe. Das Geheime des Geheimen zu ermessen, bleibt Zaubergeistern und den Draußenstehenden versagt.
Lassen wir also die Klugen, die sich an einer Ecke gleich die drei andern deutlich machen können, einmal beiseite! Die Frage ist: Wie spreche ich das aus, was allen Menschen in der Welt einfach die Zunge abschneidet? Sagt mir einmal: Von welcher Art sind denn die Leute, die zu solchem Amt berufen sind? Versuchen wir's mit einem Beispiel! Sehet her!

Das Beispiel

Wir legen vor:

Ein Mönch fragte Ba-ling: Was ist es mit der Deva-Schule? Ba-ling erwiderte: Auf silberne Schale häuft sie Schnee.

Zwischenbemerkungen zum Beispiel

»Ein Mönch fragte Ba-ling: Was ist es mit der Deva-Schule?« – Ein weißer Schimmel geht ins Uferschilf [wo ihn die weiße Decke dichtgedrängter Blütenrispen unerkenntlich machen soll. Mit seiner Frage begibt sich der hochstrebende Mönch in das Gebiet der Ein- und Gleichfarbigkeit, in dem das Sagen in das Unsagbare, das Unsagbare in das Sagen fast unmerkbar übergeht]. – Was sagt er da? – Tupfen! [Schon einmal benützte Yüan-wu dieses Wort bei einem Ausspruch, dem er weder zuzustimmen noch zu widersprechen wagt. Um solch ein Grenzgebiet handelt es sich auch hier.]
»Ba-ling erwiderte: Auf silberne Schale häuft sie Schnee.« – Er schneidet dir den Hals ab! [Auf solch einen Ausspruch kannst du gar nichts mehr

sagen – Ausdruck höchster Bewunderung.] – Die Blume zerflattert in sieben, acht Blättchen! [Der Ausspruch ist wohl schön wie eine Blume. Aber sein Inhalt, will man ihn in Worte fassen, läßt sich nicht zusammenhalten. Er zerfällt in verschiedene Teile, die zusammengesetzt doch nie das Ganze geben können.]

Erläuterung des Beispiels

Diesen öffentlichen Aushang verstehen die Leute vielfach falsch, so daß sie behaupten, hier handle es sich um eine Schule von Draußenstehenden [von Nichtbuddhisten]. Was hätte dies mit der Sache zu tun? Allerdings hatte der Fünfzehnte Patriarch, der verehrungswürdige Deva, zunächst zu den Draußenstehenden gezählt, dann aber den verehrungswürdigen Nâgârjuna, den Vierzehnten Patriarchen [in der mit Mahâ-Kâshyapa beginnenden Reihe], aufgesucht. Nachdem er in dessen Wasserbecken eine Nadel versenkt hatte, gewann Nâgârjuna die tiefe Gewißheit, es mit einem Gefäß [der edlen Wahrheit] zu tun zu haben, und führte ihn nun in den Sinn des Buddhageistes ein. So wurde Deva der Fünfzehnte Patriarch.

Im Lankâvatâra-Sûtra steht geschrieben: »Des Buddhawortes Geist ist Inhalt unseres Erbguts, und daß in dieses kein Lehrsystem als Tor hineinführt, [eben das] ist unser Lehrsystem und Eingangstor.«

Der Patriarch Ma hat gesagt: »Wenn irgendeiner nach Worten oder Sätzen sucht, so gibt es diese bei der Deva-Schule. Das eben ist bei ihr der Hauptpunkt.« Nun seid doch ihr hier samt und sonders Gäste in der Schule von uns Kuttenmönchen. Habt ihr denn aber die Deva-Schule und ihre Lehren jemals so eingehend studiert, daß diese euch zur persönlichen Erfahrung geworden ist? Falls ihr sie wirklich in euch aufgenommen habt, werden sich die sechsundneunzig Sekten Draußenstehender in Indien allesamt euch unterwerfen. Habt ihr sie dagegen nicht studiert und in euch aufgenommen, so werdet ihr [im Disput mit jenen Andersgläubigen] es nicht vermeiden können, daß ihr mit gewendetem Überwurf, die Innenseite nach außen gekehrt, fortgehen müßt.

Saget mir einmal: Wie steht es denn damit? Sagt ihr, Worte oder Sätze seien recht, so ist es falsch. Sagt ihr, Worte oder Sätze seien nicht recht, ist es auch falsch. Saget mir einmal: Was meint denn nun der Großmeister Ma mit seinem Ausspruch, Worte und Sätze könne man bei der Deva-Schule finden?

In späterer Zeit hat sich Yün-mên zu diesem Punkt geäußert, indem er sagte: »Der Großmeister Ma hat da ein gutes Wort gesprochen; nur ist kein Mensch, der darnach fragte.« Auf dies hin fand sich dann ein Mönch, der fragte: Was ist es mit der Deva-Schule? Da fuhr ihn Yün-mên an und sagte: Sechsundneunzig Sekten gibt es bei den Draußenstehenden; du gehörst wohl zur geringsten unter ihnen!

Früher einmal war da ein Mönch, der [sich bei dem Meister Tai-sui[1] auf-

gehalten hatte und nun von Tai-sui Abschied nehmen wollte. Tai-sui fragte: Wohin gehst du jetzt? Der Mönch erwiderte: Ich will zum Heiligtum des Bodhisattva Samantabhadra[2] gehen, um ihn dort anzubeten. Auf die Antwort des Mönchs hin hob Tai-sui seinen Jakschweif aufrecht in die Höhe und sagte feierlich: Hier drin sind alle beide, Manjushrî und Samantabhadra. Statt einer Antwort zeichnete der Mönch einen Kreis in die Luft, tat so, als nehme er ihn auf die Hände, um ihn Tai-sui zu geben, riß ihn dann mit einer weiteren Geste Tai-sui wieder aus der Hand und warf ihn hinter sich. [Er wollte mit dem Kreis andeuten, daß Tai-sui ihn in seine Kreise zu ziehen versuche; das lasse er sich nicht gefallen, bestehe vielmehr auf seiner Freiheit[3].] Tai-sui rief den Aufwärter: Bringe eine Tasse Tee und setze sie dem Mönch hier vor!
Zu dieser Geschichte äußerte sich später einmal Yün-mên, indem er sagte: Unter dem westlichen Himmel [in Indien] mußte sich einer [der im Redestreit unterlegen war] in den Kopf oder in den Ellbogen schneiden lassen. Hierzulande genügt es, daß einer seine Niederlage offen zugibt.
Ein andermal hat Yün-mên auch gesagt: Die rote Fahne ist in unsern Händen. In Indien ist es nämlich Sitte, daß der Sieger in einem Redestreit eine rote Fahne erhält, wogegen man dem Unterlegenen seinen Überwurf[4] mit der Innenseite nach außen wendet und ihn durch ein Seitentor entläßt. In Indien ist es Gesetz, daß wer eine öffentliche Disputation zu führen beabsichtigt, dazu eines königlichen Befehles bedarf. In einem großen Tempel wird daraufhin die Glocke geläutet und die Trommel geschlagen. Dann erst kann der Redestreit beginnen. [Als nun in einem Lande Kânadeva mit Genehmigung des Königs auftrat und die Lehre Nâgârjunas mit unwiderstehlicher Beredsamkeit verbreitete, da begannen die Priester eines großen Tempels um ihre Macht zu bangen.] Nun verrammelten die Draußenstehenden die Glocke und die Trommel ihres Tempels. Der ehrwürdige Kânadeva erkannte, daß dem Buddhatum eine Verfolgung drohe, setzte schließlich übernatürliche Geisteskräfte in Bewegung, bestieg das Gerüst und schlug die Glocke in der Absicht, die Draußenstehenden im Redestreit zurückzuweisen. Erschrocken eilte der Brahmane

[1] Von Tai-sui handelt das 29. Beispiel.

[2] Samantabhadra ist im Avatamsaka- oder Blumenschmuck-Sûtra der Bodhisattva höchster, reinster Weisheit, bei dem der Pilger Sudhana nach Besuchen bei mehr als fünfzig Lehrern auf die Weisung des Bodhisattva Manjushrî hin die letzte und entscheidende Belehrung findet.

[3] In der We-Yang-Schule (vgl. IV, S. 117), zu welcher Da-sui gehörte, spielte dieser Kreis als Zeichen der Verständigung, freilich in ganz anderem Sinn, nämlich als Symbol des einen Ganzen, eine Rolle, und gerade, daß der Mönch dies im Sinne einer Manier nachahmte, verriet dem Meister, daß dem Mann die volle innere Selbständigkeit noch fehlte und er einer Demütigung bedurfte. Die Art, wie Da-sui dies dem Mönch zu fühlen gab, ist von besonderer Feinheit.

[4] Kaschâya, das Zeichen seiner Lehrerwürde.

an das Gerüst und rief hinauf: Wer hat die Glocke geläutet? Ein Deva, war die Antwort. Der Draußenstehende rief: Welcher Deva? Kânadeva: Ich. Der Brahmane: Wer ist Ich? Kânadeva: Ich ist du. Der Draußenstehende: Wer ist Du? Kânadeva: Du bist ein Hund. Der Brahmane: Wer ist der Hund? Kânadeva: Der Hund bist du. Dieses Spiel trieben sie siebenmal, bis der Draußenstehende seine Niederlage einsah, sich dem Recht beugte und schließlich selbst die Sperre zum Glockengerüst entfernte. Nun stieg Kânadeva herab und hielt dabei eine rote Fahne in der Hand. Der Draußenstehende fragte ihn: Warum kommst du nicht nachher, wenn du eingeladen bist? Kânadeva erwiderte: Warum kommst du nicht [mit der Einladung] zuvor? Der Draußenstehende fragte: Bist du von geringem Stand? Kânadeva fragte zurück: Bist du von gutem Stand? So wechselten sie Frage und Antwort. Und weil Kânadeva sich niemals in Worten verfing, sondern frei und unbefangen redete, so blieb den Gegnern nach dem Landesgesetz nichts anderes übrig, als sich geschlagen zu geben und unter die rote Fahne zu treten, die Kânadeva in der Hand hielt. Ja, sie erklärten sich sogar bereit, sich den Kopf abschlagen zu lassen[1]. Kânadeva lehnte dies aber ab und verlangte nur, daß sie sich das Haupthaar scheren lassen und der Mönchsgemeinde beitreten. So gewann die Deva-Schule einen gewaltigen Aufschwung. Darauf spielt Hsüä-dou in seinem Gesange an.

Ba-ling hieß bei seiner Bruderschaft »der Spiegel mit den vielen Mündern«. Er nähte beständig Knieunterlagen zusammen und ging damit auf die Wanderung. Er hatte zu Füßen seines Meisters Yün-mën dessen große Hauptsache tief in sich aufgenommen. Er hatte seinen Sitz in dem Kloster auf dem Ba-ling, d. h. Ba-Gräberhügel von Yo-dschou. Er hatte sich nicht einmal ein Schreiben zur Beglaubigung seiner Eigenschaft als anerkannter Schüler ausstellen lassen, sondern übersandte Yün-mën lediglich drei seiner Kernworte. Das erste war seine Antwort auf die Frage: Was ist es um den Weg? Darauf sagte er: Ein Mensch mit hellen Augen fällt ins Brunnenloch. Die zweite Antwort galt der Frage: Was ist es um das Schwert, das ein ihm entgegengeblasenes Härchen durchschneidet[2]? Er erwiderte: Alle Ästchen der Korallen strecken dir den Mond entgegen[3]. Der dritte Ausspruch war die Antwort auf die Frage nach der Deva-Schule: Auf silberne Schale häuft sie Schnee. Yün-mën sagte dazu: Wenn ihr mir altem Mönch einmal die Totenfeier und Gedenktag haltet, so wird es mir des Danks genug sein, wenn ihr nur einfach diese drei Sprüche vortragt. Tatsächlich gab es später für Yün-mën keine Totenfeier von gewohnter Art [mit Sutrenlesung und mit Weihrauchopfer], man trägt zu seinem Gedenken lediglich diese drei Worte Ba-ling's vor. Dessenungeachtet aber antworten auf die Frage nach der Deva-Schule die meisten Leute mit sachlichen Erörterungen [über die Lehrsätze, mit denen Âryadeva die Meinungen der Gegner widerlegt]. Nur Ba-ling antwortet auf diese seine Art. Er steht damit einzig da, einsam wie ein zackiger Fels. Freilich ist sein Wort schwer zu verstehen. Es weist auch nicht die geringste Schärfe oder Spitze auf. Es nimmt den Feind rundum von allen Seiten an und bahnt sich Schritt für Schritt einen Weg, sich durchzusetzen. Es hat seine Tigerfallen, es übersteigt die in unterscheidenden Gedanken und Gefühlen befangene Betrachtungsweise der Menschen. Wer aber sich auf die Region der Ein- und Gleichfarbigkeit[4] und ihre Fragen einlassen will, der muß vor allem erst sich selbst durchleuchtet und alles von sich abgestreift haben, muß aber einmal auch einem anderen [der diese Gegend kennt] begegnet sein; dann erst wird er es erlangen. Darum heißt es[5]:

Dau-wu läßt sein Täfelchen tanzen: der ihm gleicht, versteht's.
Schï-gung zielt: ausweicht der Könner, sicher wie im Schlaf.

Solange einer für sein Verständnis dieser inneren Zusammenhänge nicht das Siegel der Bestätigung durch einen Meister erhält, nach welchem Maßstab will er sich dann anstellen, Worte zu reden, die in das Geheimnis der Tiefe führen? Zum Schluß greift Hsüä-dou den Menschen zuliebe die Sache auf und stellt sie im Gesang heraus.

Gesang

Alter Neuerschließer
sinnt Besondres aus,
Löst die Frage: Silberschale,
voll mit Schnee darauf.
Sechsundneunzig Sekten sollten
es von selbst verstehn.
Müßten sonst den Mond am Himmel
auszufragen gehn.
Âryadeva-Erbe! Âryadeva-Stamm!
Unter seinem roten Banner reine Winde wehn.

1 Wohl nur symbolisch zu verstehen, indem sie eine Verwundung am Kopf hingenommen hätten.

2 Gemeint ist die blitzende, auch die feinste Regung des ichbefangenen Verstandes und Gefühls durchschneidende Schärfe letzter, höchster Wahrheit. Also eine Frage, die den Befragten überforderte; es läßt sich darauf keine Antwort geben. Aber Ba-ling hatte auch darauf seine Antwort.

3 Wenn die Küste während der Ebbe nachts im Mondschein liegt, so strahlen die noch nassen Korallen das Mondlicht hundertfach zurück, ein einzigartig zauberhafter Anblick. Hsüä-dou verwendet diesen Ausspruch Ba-ling's im 100. Beispiel als ›öffentlichen Aushang‹, um damit seine Sammlung zu beschließen.

4 Vgl. Erklärungen S. 266f.

5 In einem Gesang des Meisters Dö-fu vom Yün-ding-schan oder Wolkenhorn-Berge. Vgl. Erklärungen S. 267f.

Zwischenbemerkungen zum Gesang

»Alter Neuerschließer« – Tausend Landsknechte sind leicht zu bekommen, ein Feldherr schwer. – Solch Plappermaul von einem Schulmeister!
»Sinnt Besondres aus,« – Was ist das für ein Sinn, den er aussinnt? – Träumt euch wohl etwas von dem, was er oben im Kopf hat, oder ist es noch nicht so weit?
»Löst die Frage: Silberschale, voll mit Schnee darauf.« – Aus diesem Scheffel kommt keine Krabbe mehr heraus, soviel sie auch Sprünge macht. – Der öffentliche Aushang hat sich verdoppelt. [Erst hängt ihn Ba-ling aus, jetzt Hsüä-dou. Es ist Zeit, sich ernsthaft auf ihn einzulassen!] – An dem [an diesem Aushang] verlieren viele Leib und Leben.
»Sechsundneunzig Sekten sollten es von selbst verstehn.« – Ihr gehört aber auch dazu! – Versteht es denn auch der Herr Âcârya [der Meister Hsüä-dou]? – Begrabt sie nur alle in einer und derselben Grube!
»Müßten sonst den Mond am Himmel auszufragen gehn.« – Das ist ja furchtbar weit weg! – Stelle er sich doch selber seinem Urteilsspruch! [Gehe er, Hsüä-dou, doch selbst dorthin!] – Blickt er da zum Himmel hinauf und eröffnet ihm seine Klage!
»Âryadeva-Erbe! Âryadeva-Stamm!« – Was sagt er da! [Er tut wohl so, als ob wir alle Deva-Leute wären?!] – Hier bin ich, der Mönch vom Berge. – Er hat den Mund voll Reif! [Er murmelt Unverständliches, bewegt hilflos Mund und Lippen.]
»Unter seinem roten Banner reine Winde wehn.« – Ja schön! Hundert Kuttelfetzen! [Hsüä-dou tut so, als ob da eine einmütige große Deva-Gemeinde wäre. In Wirklichkeit hat sie sich seit Âryadevas Tagen in so und soviel Richtungen aufgespalten, und in diesen hat obendrein noch jeder seinen eigenen Kopf.] – Er haut zu und sagt: Schon ist es zurechtgehauen. [Man denke an die andere Redensart: Klappe es zu einem Blatt zusammen!] – Du da, geh doch einmal hin, laß dir den Kopf abschneiden und den Arm abhauen! Kommst du dann wieder, werde ich dir etwas sagen.

Erläuterung des Gesangs

»Alter Neuerschließer« – Neuerschließung hieß das Kloster, in dem Baling lehrte.
»Sinnt Besondres aus.« – Hsüä-dou's Lob und Bewunderung sind angemessen. Saget mir einmal: Was ist denn das Besondere an dieser Antwort? Wo doch alles, was man redet, wo doch alle Worte Buddhawahrheit sind! [Aus jedem Wort, sei es noch so verdreht, spricht für den, der es vernimmt, das GESETZ der Wahrheit.] Was kommt dann eigentlich an vernünftigem Sinn noch heraus, wenn ich, der Mönch vom Berge, hier diese Rede führe?
Hsüä-dou aber geht ganz fein zu Werke und deckt von dem Sinn zunächst nur ein kleines bißchen auf, indem er sagt: »Er sinnt Besondres

aus.« Dann nachher schlägt er den Vorhang zurück, indem er fortfährt: »Löst die Frage: Silberschale, voll mit Schnee darauf.« Und weil er es gut mit euch meint, fügt er noch hinzu: »Sechsundneunzig Sekten sollten es von selbst verstehn.« Erst wenn ihr geschlagen seid und euch unterwerft, werdet ihr's erlangen. [Erst müssen alle vermeintlich klugen Gedanken mitsamt den Denkgrundlagen, von denen sie ausgehen, radikal ausgeräumt und das Herz leer sein, dann erst ist für ein Verständnis der Worte Ba-ling's Raum.]

Verstehst du es aber nicht, so »müßtest du den Mond am Himmel oben auszufragen gehn!« – Diese Redensart stammt von einem der Alten, der auf die Frage nach der Deva-Schule erwiderte: Hole dir die Antwort beim Mond am Himmel! [Das ist nicht so leichthin gesagt, wie es klingt. In Mondnächten pflegte der Buddha zur Menge zu reden. Seitdem ist für seine Nachfolger das Mondlicht das vollkommenste Sinnbild für das Licht der Wahrheit. Nur in diesem Licht wird Ba-ling's Wort verständlich. Anders ist hier nicht zu helfen.]

Zum Beschluß aber muß Hsüä-dou freie Bahn zu einem Verse haben, der dich kräftig anspricht, wie wenn ein Löwe plötzlich kehrt macht und sich nach dir umdreht. So bietet er dir denn noch diese weiteren Worte: »Âryadeva-Erbe, Âryadeva-Stamm! Unter seinem roten Banner reine Winde wehn.« Ba-ling hatte gesagt: Auf silberne Schale häuft sie Schnee. [Damit war doch die Frage nach der Deva-Schule beantwortet.] Wozu sagt denn Hsüä-dou noch dazu: »Unter ihrem roten Banner reine Winde wehn«? Merkt ihr denn auch, daß Hsüä-dou Menschen totschlägt und kein Schwert dazu gebraucht?

Erklärungen zum Text

Vorbemerkung

In besonderem Sinn handelt es sich bei diesem ›öffentlichen Aushang‹ um den Kernpunkt der Bemühungen des Zen, nämlich um die Aufgabe, das unfaßbare Höchste, soweit es irgend möglich wäre, in eine Form zu fassen, es für die Hände greifbar, für das Auge sichtbar, für das Ohr hörbar zu machen. Um sie bemüht sich jede einfache Verrichtung vom Morgen bis zum Abend, um sie die Kunst und alle Fertigkeiten, und um sie ringt vor allen Dingen auch die Rede, das menschliche Wort, um welches es in einer Sammlung von Aussprüchen, wie der unseren, in erster Linie geht. Es ist die Frage: gibt es eine Möglichkeit, das Sagen dem Unsagbaren anzugleichen, daß in ihm das Unsagbare hörbar wird? Und kommen solche Fälle in der menschlichen Geschichte vor?

Zum Hinweis

»Über dem großen Gefilde verdichtet es sich zu Gewölk; die weite Welt verbirgt es nicht.« Um das Bild zu verstehen, gehe man von der Anschauung aus, daß die Erdoberfläche das Angesicht der Welt darstellt; alles darüber ist nur Leere. Dieses Angesicht der Welt zeigt bunte Mannigfaltigkeit der Farben und der Formen; die Leere darüber ist das Eine, in sich Gleiche. In Wirklichkeit jedoch ist auch die bunte Welt in ihrer Mannigfaltigkeit nichts anderes als Leere, ist im Grund gestaltlos und dem Einen, in sich Gleichen gleich. Und sie verrät es damit, daß aus ihr der Wasserdunst aufsteigt und sich zu Wolken ballt, die ins Gestaltlose zerfließen. Die Wolken sind dem Leeren schon ganz nah und ähnlich.

»Schnee liegt auf den Blütenrispen des Uferschilfs; schwer ist's, zu unterscheiden, wo diese anfangen und wo jener aufhört.« – Das Bild der Ähnlichkeit wird hier noch deutlicher. Schnee ist das völlig Reine, in sich Gleiche. Deckt er das ganze Land, so ist das Bild des Einen, Gleichen vollkommen. Deckt er einen Tannenzweig, so tritt der Gegensatz des Farbigen und Ungefärbten hart zutage. Liegt er aber auf dem matten Weiß der Blütenrispen des Uferschilfs, dann scheint es so, als ginge diese Welt der bunten Mannigfaltigkeit bereits ins Eine, Reine über. So, wie dieses Bild es zeigt, kann es auch im Geistigen sich begeben, daß das mannigfaltige Vergängliche dem Einen, Leeren, in sich Gleichen zum Verwechseln ähnlich angeglichen scheint. Man nennt dies das Gebiet der Ein- oder Gleichfarbigkeit, und wer den Weg in Richtung überwärts beharrlich verfolgt, dem kann es begegnen, daß er in diese Region gelangt und daß er dann Dinge tut oder Worte redet, in denen etwas Anderes als Dinge oder Worte sichtbar oder hörbar wird.

»Kälte ist kälter als Eis und Schnee, Feinheit feiner als Reismehl« usw. – Jenes Andere freilich ist und bleibt bei aller Nähe jenseits aller meßbaren Erfahrung und verstandesmäßigen Überlegung. Es ist kälter als kalt

und heißer als heiß, größer als groß, kleiner als klein. Es ist der in sich selber gleiche, eine Urgrund aller Unterschiede, das wahre Wesen unser selbst und aller Dinge. Wer meint, es zu erkennen und darüber zu verfügen, wie es der Buddha und seine Jünger an den Brahmanen und anderen ›Draußenstehenden‹ bemerkten, der hat es gerade nicht erkannt. Die Region der Einfarbigkeit, der Angleichung des Sagens an das Unsagbare ist von Gefahren umwittert, von denen Yüan-wu den, der sich in sie hineinwagt, warnen will.
Dennoch muß das Wagnis immer neu versucht werden. Und dafür gibt nun Hsüä-dou hier ein Beispiel, und zwar, wie er so gerne tut, nicht einfach schlicht, sondern gefaltet, also, wie er und Yüan-wu es zu nennen pflegen, in Gestalt von Schlingpflanzenranken. Denn es handelt sich hier nicht nur um irgendeinen beliebigen Meister, sondern um das Wesen der Zen-Gemeinschaft als eines in der Zeitlichkeit aufgetretenen und über Generationen reichenden Zusammenhangs. Daher denn auch das Überraschende, daß diese Gemeinschaft hier mit einem Namen eingeführt wird, den man sonst nur selten hört, einem Namen, der rückwärts über Bodhidharma in die indischen Ursprünge der Zen-Bewegung hinaufweist, dem Namen Deva-Schule, daß also hier das Zen sich mit dem indischen Meister Kânadeva oder Âryadeva sozusagen gleichsetzt, weil es in ihm ein Vorbild jener ›Einfarbigkeit‹ erblickt, um die es selbst sich unablässig müht. Aber wiederum ist es bezeichnend, daß Hsüä-dou Âryadeva nicht etwa direkt zum Worte kommen läßt – dazu steht dem Chinesen dieser indische Dialektiker doch zu fern. Vielmehr tritt in seinem Beispiel nur ein chinesischer Meister auf, gibt aber über Kâna- oder Âryadeva sein Urteil ab in einer Form, die wiederum die Region der Ein- und Gleichfarbigkeit auf einzig schöne Art aufbuchten läßt.

Ba-ling, an Yün-mën lose angeschlossen[1]

Seinen Namen Ba-ling führt dieser Meister nach der damals so genannten Stadt am Ausfluß des großen Dungting-Sees in der Provinz Hunan. Heute heißt dieselbe Stadt Yo-dschou und ist unter dem Namen Yo-yang von den Dichtern der Tang-Zeit wegen ihrer schönen Hügellage am Wasser viel besungen worden. Hier leitete der Meister Ba-ling das Kloster Hsin-kai, d. h. Neuerschließung, weshalb ihn Hsüä-dou im Gesang den ›Neuerschließer‹ nennt. Wie Dung-schan Schou-tschu, der Meister des vorhergehenden Beispiels, gehört auch er der vierzehnten Generation in der Linie Bodhidharmas an, und zwar ebenfalls auf Grund einer Bestätigung durch Yün-mën, hat also ungefähr zur selben Zeit gewirkt, wie jener Dung-schan. Als Mönch führte er den Namen Hau-djiän, d. h. ›leuchtender Spiegel‹, doch hieß er in der Schülerschaft seiner Wortgewandtheit wegen nur ›der Spiegel mit den vielen Mündern‹. Er ging häufig auf Pilgerschaft und trug dabei zwar der Regel gemäß die

[1] Ba-ling Hau-djiän, japanisch Ha-ryô Kô-kan. Traditionstafel III A, 14.

gefütterte Knieunterlage (nischadana, vgl. Beispiel IV, 124) über den Arm gehängt, soll sich diese aber vorher zusammengenäht haben, weil er es verschmähte, sie zur Verehrung vor Buddhabildern oder Meistern zum Niederknien auszubreiten. Dies ist wenigstens die eine Auffassung der etwas knappen Angabe hierüber. Andere legen sie so aus, daß er auf der Pilgerschaft für andere Mönche Knieunterlagen genäht hätte. Auf jeden Fall war Ba-ling ein sehr selbständiger Geist. Seine Begegnung mit Yün-mën war zwar für sein Leben und Wirken entscheidend gewesen, aber er hat sich nie längere Zeit bei diesem aufgehalten, so daß es nicht zu einer unmittelbar persönlichen Übertragung des Geistes zwischen ihm und Yün-mën kam. Dafür hat er später auf schriftlichem Wege Yün-mën drei seiner Antworten auf bestimmte Fragen zur Prüfung zugehen lassen, und dieser hat ihn daraufhin ebenfalls schriftlich als echten Nachfolger im Geist anerkannt. Ja, die ihm übersandten Antworten waren Yün-mën so kostbar, daß er für den Fall seines Todes bestimmte, es solle zu seiner Beisetzung kein anderes Schriftwort verlesen werden, als nur diese drei Aussprüche von Ba-ling. Einer derselben schließt als das 100. Beispiel unsere Sammlung ab. Ein anderer wird uns hier vorgelegt.

Zum Verständnis des Beispiels

Die Frage, welche der Mönch aufwirft, ist im Zen verhältnismäßig ungewöhnlich. Sie betrifft das Verhältnis der chinesischen Meister zu den indischen Patriarchen, von welchen sie selbst das von Buddha Shâkyamuni seinem Jünger Kâshyapa anvertraute ›Siegel des Geistes‹ überkommen haben. Bodhidharma, der erste Patriarch in der chinesisch-japanischen Linie, gilt zugleich als der achtundzwanzigste der indischen Reihe. Unter seinen Vorgängern ragen der vierzehnte und fünfzehnte, Nâgârjuna und Âryadeva, besonders hervor. Es gab zu ihrer Zeit eine Gruppe von Sutren, in welchen der Buddha mit äußerster Entschiedenheit die auch sonst schon gepredigte Lehre von der Nichtigkeit der Welt und aller Begriffe menschlichen Denkens in den Mittelpunkt stellt und als Heil eine ›vollkommene Erkenntnis‹ verkündet, die jenseits menschlicher Vernunft auf einem anderen Ufer zu finden ist. (Vgl. Max Walleser: Prajnâ Pâramitâ, ›Die Vollkommenheit der Erkenntnis‹, Göttingen 1914.) Diese Sutren von der vollkommenen Erkenntnis (prajnâ-pâramitâ) bilden den Anstoß zu jener Vergeistigung und Ausweitung des Buddhismus, für welche sich mit der Zeit die Bezeichnung Mahâyâna, d. h. Großes Fahrzeug, im Gegensatz zu dem abwertend so genannten Kleinen Fahrzeug oder Hînayâna einbürgerte. Nâgârjuna aber und sein Nachfolger Âryadeva sind die großen Meister, welche die Lehren dieser Sutrengruppe mit indischem Scharfsinn durchdacht, mit indischer Zähigkeit verteidigt und damit die geistige Bewegung des ›Großen Fahrzeugs‹ über die scholastische Philosophie des älteren Buddhismus erstmals klar und deutlich hinausgeführt haben.

Doch wäre es falsch, in diesen Männern nur große Denker und Dialektiker zu sehen. Die treibende Kraft, die sie beseelte, ist anderer Art, genau so, wie beim Buddha selbst. Âryadeva hat diesem innersten Anliegen in einer Strophe Ausdruck verliehen, die zwar in China unbekannt geblieben, in einem indischen Fragment aber vor etwa fünfzig Jahren entdeckt worden ist. Sie lautet:

Fern sich halten erst von allem Unrecht,
Dann sich ferne halten von sich selbst,
Alles ferne halten letzten Endes:
Wer sich darin auskennt, hat Verstand.

(Vgl. P. L. Vaidya: Etudes sur Âryadeva et son Catuhshataka, Strophe 190: Vâranam prâg apunyasya, madhye vâranam âtmanah, sarvasya vâranam pashcâd – yo jânîte sa buddhimân.) Alles fern von sich halten, alles lassen, von allem sich lösen: was immer Nâgârjuna und Âryadeva philosophiert, gelehrt und diskutiert haben mögen, es läßt sich nur aus der Macht dieses ihres innersten Dranges heraus verstehen.

Es ist derselbe Drang, der auch den Buddha selbst beseelt und ihn bewogen hat, alle Spekulationen über Sein und Nichtsein der Welt, über die Fortdauer persönlichen Lebens, über Gott und Götter beharrlich abzulehnen. Nur daß Nâgârjuna und Âryadeva im Unterschied von ihrem großen Meister als scharfe Denker von haarspaltender Logik diese Ablehnung zu einem kaum übersehbaren Arsenal vernichtender Argumente ausbauten, um jeden Gegner, welcher Schule er auch angehöre, bis in den Grund seiner Überzeugungen hinein zu erschüttern. Denn sie hatten es zu ihrer Zeit nicht mehr nur mit den sechs klassischen Schulen indischer Philosophie zu tun. Vielmehr hatten sich diese, wenigstens nach buddhistisch-gegnerischer Zählung, mit der Zeit in sechzehn, dann in zwanzig, dreißig und zuletzt in sechsundneunzig verschiedene Sekten aufgespalten. Und Âryadevas Kampfesmut nahm es mit allen auf. Das Ende aber jedes Redestreits und aller Widerlegung war stets die Einladung, in das, was dann allein noch übrig bleibt, das völlig Unfaßbare, Leere ohne Grauen einzutreten und schließlich auch von dem Begriff des Leeren sich zu lösen, um wahrhaft frei zu werden.

Das Bild Nâgârjunas ist von Legende derart überwuchert, daß es schwer hält, Sicheres über seine Lebenszeit festzustellen. Die Überlieferung schreibt ihm ein unglaublich hohes Alter zu. Heute nimmt man an, daß seine Wirksamkeit ungefähr in die Jahre zwischen 150 und 200 n. Chr. Geb. fällt. Er soll einem Brahmanengeschlecht in Südindien entstammt sein, früh die Veden auswendig gelernt und alles Wissen seiner Zeit sich angeeignet haben. Als junger Mann brach er, wie es heißt, mit drei Genossen in den königlichen Harem ein; während die drei anderen gefaßt und hingerichtet wurden, entrann er mit knapper Not dem Tode, erkannte die Wahrheit von Buddhas Lehre, daß Lust Leiden wirkt, wurde Mönch, durchlief eine Reihe von Stufen, die er später als Irrtümer erkannte, bis ihm ein Meister eine Schrift zu lesen gab, durch welche er den Sinn des ›Großen Fahrzeugs‹ begriff. So wurde er schließlich der Begründer der Philosophie der ›Mitte‹ (madhyamâ), auch die ›mittlere Lehre‹ (madhyamaka) genannt, welche auf Grund der oben erwähnten Sutren von der Vollkommenheit der Erkenntnis davon ausgeht, daß der Buddha nicht nur im sittlichen Wandel, wie das Hînayâna lehrt, die Mitte hält, nämlich zwischen Sinnengenuß und Selbstabtötung, sondern auch in der grundsätzlichen Einstellung zur menschlichen Existenz und ihrer Welt. Diese seine Lehre hat Nâgârjuna in zahlreichen Schriften niedergelegt, von denen einige noch im Urtext, andere in chinesischer und tibetischer Übersetzung vorhanden sind. (Vgl. Max Walleser: ›Die mittlere Lehre des Nâgârjuna‹, Heidelberg 1912.) Von besonderer Bedeutung sind sein großes Lehrgedicht, Madhyamaka Kârikâ, und sein ›Traktat von den zwölf Zugängen‹, Dvâdasha-mukha-shâstra, die in China und Japan eine der wichtigsten Grundlagen für das Studium der Philosophie des Mahâyâna bilden.

Zwischen Brahmanen und Buddhisten und ebenso unter den Buddhisten selbst ging der Streit hin und her um die Wirklichkeit von Ich und Welt. Es wurden die verschiedensten Lehren vorgetragen; waren die einen stark in der Bejahung, so die andern um so mehr in der Verneinung. Nâgârjuna aber sah gerade in der Verbohrtheit, mit welcher jeder, der Jasager wie der Neinsager, auf seinen Standpunkt pochte, das Fortleben des zähen Ichwahns, den doch beide glaubten überwunden zu haben. Mit unerbittlicher Schärfe des Gedankens folgerte er aus der Bedingtheit aller Erscheinungen, daß nichts in sich selbst Bestand und Wesen hat, weder die Welt noch das menschliche Ich. Es ist alles wesenloser Schein, unfaßbar, hohl und leer. Wer diese Leerheit seiner selbst und alles Dings durchschaut, der steht damit im Leeren und ist wirklich leer. Das aber ist nichts anderes als das Erlöschen, das Nirvâna, wie es der Buddha als höchste Seligkeit erlebt und gelehrt hat. Wer so sich selbst als leer begreift, der hat die Buddhaschaft erlangt. Wer so die Welt betrachtet, hat in ihr selber das Nirvâna. Darum ist beides falsch: sich auf sich selbst etwas einzubilden, und: sich selber zu verachten. Es ist beides falsch: an der Welt zu hängen und die Welt zu hassen. Jedes Dogma, das man aufstellen mag, ist eingebildete Weisheit; sie knechtet den, der sie verkündet. Darum beginnt Nâgârjuna seine Madhyamika Kârikâ mit der Verehrung Buddhas, dessen Vorbild er diese Erkenntnis verdankt, und faßt sie in folgende Worte (Übertragung von Helmuth von Glasenapp in der Auswahl buddhistischer Texte ›Der Pfad zur Erleuchtung‹, Eugen Diederichs Verlag, Düsseldorf-Köln, 1956):

Die Welt des abhängig entstandenen Seins
Ist mit dem seligen Nirvâna eins,
Weil nichts jemals entsteht und untergeht,
Spurlos verschwindet oder stets besteht.

Nicht eins noch vieles ist, kein Gehen und kein Kommen.
Dem großen Meister, der zu aller Frommen
Dies aufgezeigt zu heilvoller Belehrung,
Dem voll erwachten Buddha sei Verehrung!

Seinen bedeutendsten Schüler und Nachfolger fand Nâgârjuna in Âryadeva, der, weil er auf einem Auge blind war, zunächst den Namen Kânadeva, der Einäugige Deva, führte, unter welchem allein er in Ostasien bekannt ist. Man wird seine Wirksamkeit in die Jahre bis etwa 225 ansetzen dürfen. Auch über sein Leben gibt es anscheinend mehr Legende als sichere Überlieferung. Aber gerade diese Legenden zeigen, welchen Eindruck die beiden großen Lehrer des Mahâyâna auf ihre Zeitgenossen gemacht haben. Und da Âryadeva im Unterschied von dem mehr in der Stille wirkenden Nâgârjuna der große Redner und Verkünder der ›Mittleren Lehre‹ war, so erklärt es sich, daß diese in Ostasien unter seinem Namen und nicht unter dem seines Meisters bekannt geworden ist und im chinesischen Zen nach ihm die Deva-Schule heißt.

Zu Yüan-wu's Erläuterung des Beispiels

»So wurde Deva der Fünfzehnte Patriarch. – Im Lankâvatâra-Sûtra steht geschrieben« usw. – Hier lohnt es sich, zunächst den ausführlichen Bericht über Kânadeva, wie ihn die Überlieferung festgehalten hat, einzuschalten. Kânadeva war zunächst ein brahmanischer Priester oder Wahrsager aus Ceylon und zeichnete sich früh durch seltene Beredsamkeit aus. Als er hörte, daß in dem südindischen Lande Kosala, einer Hochburg des Brahmanismus, ein buddhistischer Lehrer namens Nâgârjuna aufgetreten sei, um den König und sein Volk zum Buddhismus zu bekehren, machte er sich dorthin auf in der Absicht, diesen Gegner durch seine ungewöhnliche Beredsamkeit aus dem Felde zu schlagen.
Er trat in die Volksmenge, zu welcher Nâgârjuna vom Buddha und der Buddhaschaft als einzig wahrem Wesen redete. Die Hörer waren unzufrieden; sie erwarteten von dem Redner Verheißung irdischen Glücks, wie sie es von den Brahmanen her gewohnt waren. Nâgârjuna hielt ihnen streng entgegen: Wer noch am Ich und seinem Vorteil hängt, wird nie die Buddhaschaft erblicken. Wer diese schauen will, muß allen Eigenwillen lassen. Da rief ihm eine Stimme entgegen: Wie sieht die Buddhaschaft denn aus, groß oder klein? Nâgârjuna erwiderte: Die Buddhaschaft ist weder groß noch klein, weder breit noch schmal, sie bringt kein Glück und keinen Lohn, sie wird nicht geboren und stirbt nicht. Und indem er so redete, da war auf dem Rednerpult auf einmal kein Nâgârjuna mehr zu sehen, sondern eine himmlische Erscheinung wie der leuchtende Vollmond, und nur die Stimme klang ganz leise weiter mit herzandringender Gewalt. Da rief es wieder aus der Menge: Seht, seht! Der Ehrwürdige selbst erscheint uns in Gestalt der Buddhaschaft! Es ist die

Schau des Unbedingten! Die Buddhaschaft, sie gleicht dem Vollmond: offene Weite, leer und hell! Im gleichen Augenblick war auf dem Rednerpult Nâgârjuna wieder zu sehen und dichtete:

Der Leib, in runden Monds Gestalt erschienen,
Zeigt aller Buddhas Wesen offen vor.
So merket: Lehre ist nichts Äußerliches,
Ist weder für das Auge noch fürs Ohr.

Die Menge war tief bewegt. Viele der Hörer ließen sich von Nâgârjuna in die Mönchsgemeinde aufnehmen. Der Rufer in der Versammlung aber, der kein anderer war als Kânadeva, trat nicht nur der Gemeinde bei, sondern meldete Nâgârjuna seinen persönlichen Besuch an. Dieser befahl seinem Diener, ein eisernes Becken im Empfangszimmer mit frischem Wasser zu füllen, und setzte sich mit untergeschlagenen Beinen aufrecht davor in stiller Versenkung. Schweigend trat Kânadeva ein, holte aus seinem Gewand eine Nadel heraus und versenkte sie im Wasser des Beckens. Er war bereit, die ganze Schärfe seines Verstandes und seiner Wortführung im Redestreit in der Buddhaschaft des Meisters untergehen zu lassen. Voller Freude hieß Nâgârjuna ihn Platz nehmen, und bald knüpfte sich zwischen den beiden das Band von Meister und Jünger.

Das aber, worauf es Yüan-wu bei der Knüpfung dieses Bandes ankommt, ist nicht in erster Linie die Übereinstimmung der beiden in ihren philosophischen Thesen oder ihrer Lehrmethode, sondern ist der Umstand, daß durch Nâgârjunas Vermittlung das Herz, der Geist des Buddha auf diesen Âryadeva übergegangen ist und über ihn dann weiter auf die folgenden Geschlechter. Denn Befreiung gibt es nur im Geist, und alles andere, was sonst noch im Buddhismus eine Rolle spielt, mönchische Zucht, dogmatische Studien und kultische Formen aller Art, hat nur insoweit Sinn und Wert, als es aus diesem Geist entsprungen ist und diesem Geiste dient. Der Nachdruck, den die Zen-Schulen auf den Geist im Gegensatz zu allem religiösen Beiwerk legen, begründet ihre Sonderstellung innerhalb des Gesamtbuddhismus. Darum nennen sie denn auch ihr Erbgut, ihre Religion mit gutem Recht die ›Wahrheit des Buddhaherzens oder Buddhageistes‹.

Das ist nun allerdings in seiner schlichten Faßbarkeit ein Ausdruck, der nicht der Sprache jener großen Dialektiker entstammt, sondern dem Bedürfnis der aufs Praktische gerichteten Chinesen. Zu der Erkenntnis aber, daß auch die subtilen Argumente eines Nâgârjuna und Âryadeva nichts anderes bezwecken als nur Vergegenwärtigung des wahren Buddhageistes, dazu verhalf ihnen eine andere Schrift, die wahrscheinlich über hundert, wenn nicht zweihundert Jahre nach jenen großen Lehrern ihre endgültige Form gefunden hat und wohl bald darauf, nämlich zuerst im Jahr 443, ins Chinesische übertragen worden ist: das Lankâvatâra-Sûtra, das nach ältesten Berichten der Patriarch Bodhidharma nach China

mitgebracht, in Lehrvorträgen ausgelegt und seinem Schüler Hui-ko, dem Zweiten Patriarchen der chinesischen Zen-Schulen, als besonders wichtig empfohlen hat.
Auf dieses Sutra beruft sich denn Yüan-wu im folgenden, und zwar, wie es scheint, nicht durch ein wörtliches Zitat, wohl aber, indem er den Grundgedanken, der sich durch das ganze Sutra hindurchzieht, kurz zusammenfaßt. In diesem Sutra nämlich erscheint der Buddha wunderbarerweise dem König von Lankâ, der Insel Ceylon, und erklärt ihm, daß es bei allem, was er je gelehrt, nie auf den Wortlaut ankomme, sondern auf den Sinn. Die höchste Wirklichkeit, heißt es hier z. B. im 33. Kapitel, läßt sich nur dadurch erreichen, daß man sie vermittelst der vollkommenen Erkenntnis in sich selbst verwirklicht. Sie ist kein Zustand, in welchem man mit Worten eins vom andern unterscheidet. Unterscheidung kann die höchste Wirklichkeit nicht ausdrücken. Worte sind dem Gesetz von Werden und Vergehen unterworfen; sie sind unstet, eines bedingt ein anderes, sie entstehen durch das Gesetz von Ursache und Wirkung. Darum heißt es an anderer Stelle: Halte dich an den Sinn und lasse dich nicht von Worten gefangen nehmen. Ja, um die Neigung, sich an Worte anzuklammern, mit der Wurzel auszurotten, widerruft der Buddha sozusagen alles das, was er geredet hat, indem er sagt: Von der Nacht der Erleuchtung an bis zu der des Eintritts ins Nirvâna, habe ich nicht ein einziges Wort verkündet (Kap. 61 und 89). Darum gibt es auch kein dogmatisches System, kein dharmaparyâya, welches die Verwirklichung der höchsten Wirklichkeit im Innern eines Menschen bewirken könnte. Die einzige Doktrin, welche man darüber aufstellen kann, ist die, daß es eine solche nicht gibt. Und da man den Ausdruck Lehrsystem in China ›Tor‹ zu nennen pflegt, so kommt es, daß man hier seit dem Patriarchen Ma von einem Tore redet, das kein Tor besitzt, von einem Tore also ohne Tor. Daher hat denn der Meister Hui-kai im 13. Jahrhundert seine Beispielsammlung, die er nicht viel Jahre später, als Yüan-wu das Bi-yän-lu, herausgegeben hat, ›die Grenzsperre ohne Tor‹ Wu-mën-guan betitelt. Vergleiche die deutsche Ausgabe von Heinrich Dumoulin, S. J.: Wu-men-kuan, ›Der Paß ohne Tor‹, Tokio 1953.
An den Bericht über Kânadeva's siegreichen Redestreit (Seite 253 f.) schließt der Erklärer Katô Totsudô noch einen solchen über dessen Ende an, wie er in der chinesischen Tradition erhalten war. In späteren Jahren, heißt es da, erhielt Kânadeva die Kunde, daß ein Râdscha im südlichen Indien, der sich von den Brahmanen hatte betören lassen, die Buddhisten seines Landes mit äußerster Härte verfolge. Sofort dachte er sich einen Plan aus, begab sich unerkannt in die Hauptstadt jenes Landes, ließ sich dort als Söldner für die Leibwache des Königs anwerben und wurde seiner vorzüglichen Haltung wegen gar bald zum Palasthauptmann befördert. Dem König fielen die ehrfurchtgebietende Würde des neuen Offiziers und der Ernst, mit dem er seinen Dienst verrichtete, bald auf, so daß er ihn eines Tages fragte, wer er eigentlich sei. Kânadeva eröffnete

ihm, er sei ein in ganz Indien bekannter Gelehrter und gelte allgemein als der erste Meister im Redestreit. Der König erstaunte und befahl alsbald die bedeutendsten Brahmanen seines Landes zu einer öffentlichen Diskussion in seinen Palast zusammen. Mit der roten Fahne, dem Zeichen seiner früheren Siege, in der Hand betrat Kânadeva das Rednerpult und erklärte feierlich zum Entsetzen der Hörer: Ich stelle hiermit drei Sätze zur Diskussion. Erstens: Unter allen großen Heiligen ist der Buddha der verehrungswürdigste und unüberwindlichste. Zweitens: Unter allen Lehrgesetzen ist das des Buddha das unvergleichlich höchste. Drittens: Unter allen Ackerfeldern des Heils ist die Mönchsgemeinde des Buddha das beste. Darum heißen der Buddha, sein Gesetz und seine Gemeinde Tri-ratna, die drei Kleinodien. Sollte es einem der hier Versammelten gelingen, diese drei Kleinode im Redestreit zu zerschlagen, bin ich zum Bekenntnis meiner Niederlage bereit, mir den Kopf abhauen zu lassen. Ein Gegner um den andern stand auf und wehrte sich verbissen. Aber keiner vermochte dem Scharfsinn und der Überzeugungskraft Kânadeva's zu widerstehen. Der Abend kam, und da die Gegner noch nicht alle zu Wort gekommen waren, wurde bestimmt, die Diskussion am nächsten Tag fortzusetzen. In der Nacht erging sich Kânadeva zur Erholung im Lusthain des Palastes. Plötzlich sprang aus dem Gebüsch ein Unhold hervor, Anhänger eines der Redner, die bei Tag im Streit unterlegen waren, und drang auf Kânadeva ein mit den Worten: Du hast mit deinem Schwert aus Leerheit die Theorien meines Meisters durchbohrt; ich durchbohre dir mit meinem Schwert aus Eisen den Bauch. Und damit stieß er Kânadeva tief in die Seite, bis die Eingeweide heraustraten. Kânadeva blieb ruhig und gelassen, wie er immer war, nur Mitleid faßte ihn, und gütig warnte er den Mörder: Schnell, schnell entfliehe! Wenn meine Jünger in die Nähe kommen, bist du verloren! Verbirg dich hinten in den Bergen; vorn in der Ebene wirst du bestimmt gefaßt. Es dauerte nicht lange, da fanden die entsetzten Jünger ihren Meister todwund am Boden. Sofort berieten sie, den Mörder zu verfolgen. Kânadeva aber wehrte ihnen und sagte: Alle Daseinselemente sind von Haus aus leer. Es gibt im wahren Sinn kein Ich und keinen Menschen, auch keinen Mörder noch Ermordeten. Nicht der, der mich verwundet hat, hat mich verwundet. Verwundet hat mich nur die Wirkung meines Tuns in früheren Welten. Feindschaft und Freundschaft, beide sind leer. Nach diesen Worten ging er ohne Schmerz in das Nirvâna ein.

»Wer sich auf die Region der Ein- und Gleichfarbigkeit einlassen will, der muß vor allem erst sich selbst durchleuchtet haben.« Die ›Gegend der Ein- und Gleichfarbigkeit‹ ist also voller Gefahren. Man kann sich leicht nach beiden Seiten hin verirren! Man kann sich einbilden, das Eine Reine schon erfaßt zu haben, und hat es nicht. Dann redet man nur schöne Worte. Man spielt mit silbernen Schalen ohne Schnee darauf. Man kann sich auch im reinen Leeren so versteigen, daß man darin erfriert. Dann ist man sich zu gut, sich noch mit andern abzugeben und in den Niederungen dieser Welt zu wandeln. Zwischen diesen Extremen den Maßstab für die richtige Mitte zu finden, dafür gibt es kein geschriebenes Rezept. Das findet einer nur durch eigene Übung und Erfahrung unter Führung eines Meisters. Und was er erlebt und erfahren hat, das muß wiederum von einem Meister bestätigt und besiegelt sein, sonst kann die Zen-Gemeinde ihm kein Lehramt anvertrauen.

An dem unverbrüchlichen Gesetz der Bestätigung des Jüngeren durch den Meister, durch welche jener erst wiederum zum Meister wird, findet also die Forderung persönlich eigenen Erlebens mit der darauf gegründeten Freiheit ihren Gegenpol. Doch herrscht der Geist der Freiheit auch noch in dieser Bindung. Es ist durch keine Prüfungsordnung festgelegt, nach welchen Kriterien der Meister einem Jünger die Echtheit seiner Erkenntnis zu bestätigen hätte. Wohl bildet sich im Lauf der Zeiten die Gewohnheit aus, daß die Meister bestimmte Voraussetzungen in Erwägung ziehen. Es spielt naturgemäß eine Rolle, ob ein Schüler seinen Meister zur Beratung häufig aufsucht oder nicht, ob seine Fragen auf den Kernpunkt zielen oder an Nebensachen hängenbleiben, ob er sich klar, entschieden, frei und mutig zeigt und ob er fleißig ist im Üben sitzender Versenkung. Letztlich aber kommt doch alles einfach darauf an, ob Geist und Geist zusammenstimmen, und wo der Meister davon überzeugt ist, kann er von anderen Bedingungen getrost auch absehen. Das sichert der Gemeinschaft des Zen ihre Lebendigkeit und hält sie offen für Originale, die in keinerlei Schablone passen. Mit gutem Bedacht weist deshalb Yüan-wu gerade an dem Punkt, wo er die Unerläßlichkeit des Siegels der Bestätigung hervorhebt, auf zwei Sonderlinge hin, bei welchen sich der Kontakt zwischen Meister und Jünger plötzlich und auf durchaus eigenartige Weise einstellte, auf Dau-wu von Guan-nan und auf Hui-tsang von Schï-gung.

Dau-wu[1], der erstgenannte, ein Urenkelschüler des Patriarchen Ma, Enkelschüler des schon genannten Meisters Yän-guan, also dem 9. Jahrhundert angehörig, kam einst als wandernder Mönch an einem Dorfheiligtum vorbei, als gerade eine Tempeldienerin vor dem Gottesschrein ihren Dienst verrichtete. Sie hielt, wie es das Zeremoniell verlangt, ihre schmale, etwa 30 cm lange Holztafel, Hu genannt, als Amtszeichen aufrecht vor die Brust und rezitierte ein langes Gebet. Dau-wu blieb stehen, um ihr zuzuhören. Als sie an die Stelle kam, wo es heißt: »ob wir Gott erkennen oder nicht«, durchzuckte es ihn mit einemmal, und alles in ihm wurde offen, frei und licht. Er pilgerte weiter, kam schließlich in der Provinz Hupe nach der Bezirksstadt Hsiang-yang zu einem Enkelschüler des Patriarchen Ma, dem Meister Dau-tschang, und erzählte ihm von seinem Erlebnis bei dem Dorfheiligtum, dabei hielt er selbst ein kleines Hu, ein Holztäfelchen, in der Hand, und die Art und Weise, wie er es

[1] Guan-nan Dau-wu, japanisch Kwan-nan Dô-go. Traditionstafel III B, II.

agierend hin und her tanzen ließ, war so sprechend, daß Dau-tschang ohne weiteres die Echtheit seines Erlebnisses erkannte und kein Bedenken trug, ihm auf der Stelle das Siegel der Bestätigung zu erteilen.

Der zweite Fall[1], den Yüan-wu in dem oben zitierten Doppelvers erwähnt, ereignete sich zwei Generationen früher und betrifft den absonderlichen Meister Hui-tsang vom Schï-gung-Kloster bei Fu-dschou, einer Stadt der Provinz Kiangsi. Während seiner Jugendzeit wirkte dort noch der Großmeister Ma. Er selbst aber war zunächst dem Weidwerk ergeben, das dem Gebot der Schonung alles Lebenden peinlich zuwiderläuft. Als er nun eines Tages im Gebirge einen Hirsch verfolgte, stieß er auf einmal mit dem Patriarchen Ma zusammen und fragte ihn, ob er nicht seinen Hirsch gesehen habe. Ma stellte ihm die Gegenfrage: Verstehst du denn die Kunst des Bogenschießens? Der Weidmann erwiderte: Wie könnte ich sonst Jäger sein? Wieviel Stück Wild erlegst du denn mit einem Pfeilschuß? fragte Ma ihn weiter. So beutegierig bin ich nicht, sagte der Jäger, daß ich mir nicht an einem Stück für einen Schuß genügen lasse; soviel aber treffe ich bestimmt. Wieviel trifft denn der ehrwürdige Herr Abt? Nun, erwiderte Ma, ich bringe mit einem einzigen Pfeil ein ganzes Rudel zur Strecke. Damit leitete der Patriarch ein Gespräch ein, das schließlich dahin führte, daß der Jägersmann sein Handwerk aufgab, dem Meister in sein Kloster folgte, schließlich die Erleuchtung fand und selbst ein Meister in dem Schï-gung-Kloster wurde.

Aber von seinem Pfeil und Bogen konnte er sich auch als Meister nicht trennen. Vielmehr hatte er die Gewohnheit, auf jeden, der ihn aufsuchte, erst einmal einen Bolzen loszulassen, um zu sehen, wie er sich dabei benehme. Die meisten Besucher ließen es sich ruhig gefallen. Als nun eines Tages der nachmalige Meister San-ping I-dschung (japanisch Sampei Gi-chû) bei ihm eintrat, um als Schüler aufgenommen zu werden, spannte Schï-gung auch auf diesen seinen Bogen, fixierte ihn scharf und rief ihn an: Schau auf den Pfeil da! San-ping aber ließ sich nicht einschüchtern, sondern machte rasch eine ausweichende Bewegung, in der sich die ganze überlegene Sicherheit seines Wesens aussprach. Auf der Stelle warf Schï-gung seinen Bogen weg und rief mit sichtlicher Befriedigung: Sonst bekommt gewöhnlich jeder von mir seinen Pfeilschuß; heute hat mir's nur gereicht, einen halben Heiligen zu schießen. Er hatte in dem neuen Jünger sofort die geistige Verwandtschaft erkannt und bestätigte ihn mit diesen Worten.

Zum Schluß des Gesangs und der Erläuterung dazu

»Âryadeva-Erbe! Âryadeva-Stamm!
Unter seinem roten Banner reine Winde wehn.«

Zum erstenmal in dieser Sammlung klingen hier Töne an, die wir von anderen Religionen her gewohnt sind, Töne des Siegesbewußtseins gegenüber Andersgläubigen. Gleichwohl zeigen Yüan-wu's letzte Worte, wie auch hier das Zen sich selber treu bleibt und mit nüchternem Ernst das Gift des Eigenruhms und des damit verbundenen Machttriebs, das sich in solche Töne einzuschleichen pflegt, entschieden abwehrt. »Merkt ihr denn auch, sagt er, daß Hsüä-dou Menschen totschlägt und kein Schwert dazu gebraucht?«

Der japanische Erklärer Katô Totsudô führt an dieser Stelle an, was zwei seiner Landsleute, beide hochangesehene Meister der Sôtô-Schule, zu Yüan-wu's letzten Worten sagen. Der eine, namens Tenkei (er lebte von 1648 bis 1735), bemerkt: »Diese letzten Verse klingen wohl herrlich und erhebend. Aber was bedeutet das für einen jeden unter uns? Es bedeutet, sich Wunden schlagen und die eigene Fehle frei bekennen. Versuchet es einmal, ein jeder einzelne, euch diesen eiseskalten reinen Wind ins Gesicht wehen zu lassen! Hsüä-dou selbst erhebt die Fahne und bringt das Ganze in Bewegung. Er bezwingt den falschen Glauben der Draußenstehenden, der in irgend etwas Äußerem Halt sucht, und legt uns nahe, unsere Fehle zu bekennen, bisher begangenes Unrecht zu bereuen. Wo einer ist, der reuevoll bekennt, da und sonst nirgends blüht der Deva-Stamm, da weht sein reiner Wind. Das ist's, was Hsüä-dou sagen will.«

Der andere, der Meister Fûgwai (1779–1847), erklärt den Schlußvers Hsüä-dou's »Unter seinem roten Banner reine Winde wehn« mit folgenden Worten: »Damit ist alles gesagt. Denn das tönt nicht für andere. Das ist von je und je dein allereigenstes Wesen. Darum wird schließlich alles, Gras und Kräuter, Tier und Mensch, zum Beweger reinen Windes. Da geht es nicht nur um die ›Sechsundneunzig‹. Da stehen unter Hsüä-dou's roter Fahne die Buddhas der drei Welten und die Patriarchen. Da darf jeder kommen und uns widersprechen. So frei und unbekümmert redet Hsüä-dou hier. Natürlich läßt sich keiner gern einen Draußenstehenden und Heiden nennen. Aber wenn wir nur erkennen, daß wir alle, einer wie der andere, Draußenstehende und Heiden sind, so ist es schon in Ordnung. Hsüä-dou, mit einem Auge auf des Hauptes Scheitel ausgerüstet, schlägt hier, wie Yüan-wu sagt, uns Menschen, ohne in der Hand ein Schwert zu führen, den Kopf ab. Ihr alle, wendet euch einmal mir zu! Habt ihr noch euren Kopf? Doch nein, ich will jetzt nicht nach euch hier fragen. Seht her auf mich, den Mönch vom Berge! Hat er am Ende seinen Kopf noch?«

[1] Schï-gung Hui-tsang, japanisch Shak-kyô E-zô. Traditionstafel III B, 9.

Vierzehntes Beispiel

Yün-mën sagt: Ein einziger Zuspruch

Hinweis

Ein Säbel, um zu töten, ein Degen zum Lebendigmachen: das war bei den Alten Brauch und Regel; das gehört auch heute noch zum unerläßlichen Bedarf.
Saget mir einmal: Was ist nun hier in diesem Fall der Säbel, um zu töten, und was der Degen zum Lebendigmachen? Versuchet es an diesem Beispiel! Seht her!

Das Beispiel

Wir legen vor:

Ein Mönch fragte Yün-mën: Was ist es mit der Lehre des Buddha in den verschiedenen Perioden seines Lebens?
Yün-mën erwiderte: Dui i schuo [Ein einziger Zuspruch].

Zwischenbemerkungen zum Beispiel

»Ein Mönch fragte Yün-mën: Was ist es mit der Lehre des Buddha in den verschiedenen Perioden seines Lebens?« – Bis heute ist der Mann mit dieser Frage noch nicht fertig. – Die Herren Magister begreifen es nun einmal nicht. – Er sitzt in seinem Gewirr von Schlingpflanzenranken wie in einem Loch.
»Yün-mën erwiderte: Dui i schuo [Ein einziger Zuspruch]«. – Ein Hammerkopf ohne Öhr! – Die Blume zerflattert in sieben, acht Blätter. – Eine alte Ratte kaut an grünem Ingwer!

Erläuterung des Beispiels

Bei denen, die das Zen betreiben, gilt, daß wenn einer die Buddhanatur erkennen will, er seinen Blick auf Zeit und Stunde, Ursache und Anlaß fest gerichtet halten muß [ihrer stets gewärtig bleibend; denn all und jedes Ding kann dazu Ursache und Anlaß sein, und jederzeit kann etwas solcher Art begegnen. Wer immer nur studiert, der gleicht dem Mann, der eines andern Schätze zählt und selber nichts zu eigen hat]. Das meinen wir, wenn wir darauf bestehen, abseits von [formulierter] Lehre auf besonderem Weg zu übermitteln, einfach nur das Siegel des Geistes weiterzugeben, mit ausgestrecktem Finger auf das Herz des Menschen zu deuten, daß er im Anblick seiner innersten Natur zum Buddha werde.

Der alte Meister vom Shâkyastamme hat sich in den neunundvierzig Jahren seines Wirkens vor dreihundertundsechzig Versammlungen über augenblickliche sowohl als auch allmähliche Erkenntnis, über vorläufige sowohl als auch endgültige Wahrheit offen ausgesprochen, und dies ist es, was man die »Lehre des Buddha während der Perioden seines Lebens« nennt. Das also greift der Mönch hier auf und fragt Yün-mën nach seiner Auffassung hierüber. Was bedeutet es nun, daß Yün-mën, anstatt dem Mann den ganzen Knäuel von Erklärungen zu geben, sich ihm zuwendet und einfach dieses kurze Sätzchen spricht: Dui i schuo [ein einziger Zuspruch]?

Yün-mën hatte die Gewohnheit, von sich zu verlangen, daß in einem einzigen Sätzchen stets drei Aussagen enthalten sein müßten: eine Aussage, die Himmel und Erde zudeckt [d. h. in der etwas aufbricht, was Himmel und Erde verschwinden läßt], eine Aussage, die sich dem Wellenschlage anschmiegt [sich genau dem Frager und der Frage anpaßt], und eine Aussage, die alle Ströme [der Gedanken und Gefühle] radikal abschneidet. Ob das nun freigibt oder festhält, das ergibt sich ganz von selbst auf einzig wunderbare Weise. Das ist, als schnitte einer Nägel ab und sägte Eisen durch. Das läßt die Menschen, die es mit Erklärungen des Wortsinns oder mit Wahrsagerei versuchen, scheitern.

Die Lehren der gesamten großen Sutrenbücherei löst er einfach in drei Wörtchen auf. Von vier Seiten, von acht Richtungen her magst du dich daran versuchen, du findest keinen Ort, den Meißel anzusetzen.

Die meisten Leute verstehen Yün-mën falsch und erklären [das Wort dui, was Antwort heißen kann], indem sie sagen, er beziehe sich darauf, daß der Buddha in seiner Lehrtätigkeit auf die augenblickliche Situation und die Fassungskraft der Hörer Rücksicht nehme. Oder man sagt, die ganze Fülle der Natur und alle Erscheinungen seien Siegelabdrücke des einen Buddhagesetzes; darum sage er: Ein einziger Zuspruch. Wieder andere behaupten, er wolle einfach sagen: Wir haben nichts anderes zu verkünden, als nur dieses eine GESETZ des Buddha. Was hätte das alles mit der Sache zu tun? Nicht genug damit, daß sie es nicht verstehen; sie fliegen obendrein noch pfeilgeschwind zur Hölle. Sie merken durchaus nicht, daß Sinn und Meinung dieser Alten nicht von dieser Art ist. Darum eben heißt es [im Gesang des Yung-djia, S. 41]:

Zermahlene Knochen, zerstückelter Leib reichen nicht hin zum Dank.
Ein einziges Wort, das Klarheit schafft, gilt mehr als Millionen.

Das ist schon etwas einzigartig Wunderbares. »Was ist es mit der Lehre des Buddha in den Perioden seines Lebens?« Das löst er einfach auf mit diesem »Dui i schuo«, ›ein einziger Zuspruch‹. Wenn du dir das [gleich einem Bargewinn im Glücksspiel], so wie es herausspringt, einstreichst, magst du nach Hause gehen und dich in Ruhe hinsetzen. Wenn nicht, so höre untertänigst an, was Hsüä-dou im Gesang dazu zu sagen hat!

Gesang

Ein einziger Zuspruch«, sagt er!
Einsam steht es und steil,
Treibt noch in eisernen Hammerkopf
wuchtig hinein seinen Keil.
Unterm Jambubaum, haha!
lachen hell sie auf:
Dem schwarzen Drachen brach einer aus
die Hörner nächtlicherweil!
Oder anders gesagt:
Der Alte von Schau-yang brach sich davon
das eine zum Beuteteil.

Zwischenbemerkungen zum Gesang

»Ein einziger Zuspruch, sagt er!« – Voll des quellenden Lebens! – Es klingt uns noch in den Ohren. – Das ist allerdings einsam und schroff.
»Einsam steht es und steil« – Der Beobachter nebenan trifft das Richtige. – Wie sollte das nur eine Wand von tausend Klafter Höhe sein? – Aber wieso denn das?!
»Treibt noch in eisernen Hammerkopf wuchtig hinein seinen Keil.« – Er [Hsüä-dou] mißversteht ein berühmtes Wort. – Auch der alte Chinese Yün-mën macht es wie die andern: wäscht seinen Erdklumpen in Schmutzwasser! [Der Sutrenkanon ist nichts weiter, als eine Masse unzureichender Worte; er bedarf der Reinigung. Yün-mën versucht das zwar, er will ihm eine höhere Deutung geben. Aber wiederum hat auch er dafür nur Worte zur Verfügung.] – Und Hsüä-dou streicht [mit seinem Lob für Yün-mën] auf den Erdklumpen noch Schminke darauf!
»Unterm Jambubaum, haha! lachen hell sie auf:« [Beim Jambu- oder Rosenapfelbaum mag man an die Weltesche Yggdrasil im altgermanischen Weltbild denken. Er überschattet die im Süden des ungeheuren Weltenbergs Sumeru gelegene irdische Welt, die darum auch das Jambu-Festland, Jambudvîpa, heißt; es ist die Welt der heilsbedürftigen, zur Buddhaschaft berufenen Menschheit. An deren höchstem Orte, oben unterm Weltenbaum, wo die befreiten Geister wohnen und wo auch Hsüä-dou zu Hause ist, erschallt ein triumphierendes Lachen: Das hoffnungslos verworrene Gespinst buddhistischer Scholastik löst sich in ein einziges Wort des Zuspruchs auf! Herrlich!] – In allen vier Weltgegenden sogar, in allen acht Richtungen [nicht nur im Süden unterm Jambubaum] gibt es einen solchen Kerl nicht wieder [wie Yün-mën, kann man ergänzen; vielleicht auch Hsüä-dou]. – Aber die mit ihm auf gleichem

Wege gehen, die, und die allein, verstehen ihn. – Doch wieviele mögen es wohl sein?
»Dem schwarzen Drachen brach einer aus die Hörner nächtlicherweil!« [Der ›schwarze Drache‹ ist der Mönch mit den gefährlichen Hörnern seiner tödlich beklemmenden Frage.] – Sie sind nicht nur dem schwarzen Drachen ausgebrochen. [Yün-mën hat mit seinem Ausspruch allen Fragen der Dogmatiker den Boden entzogen.] – Aber wer war denn dabei und hat es gesehen? – Kann er es denn auch wirklich bezeugen? – Hahaha!
»Oder anders gesagt:« – Sein Lob und seine Bewunderung treffen das richtige Maß. [Hsüä-dou erinnert sich, daß es falsch wäre, Yün-mën allein mit Lob zu überhäufen, wo es doch für jeden gilt, dieselbe Freiheit zu gewinnen.] – Aber dazu [zu solch sorgfältiger, alles berücksichtigender Behandlung von Yün-mëns Ausspruch] bedarf es schon eines Hsüä-dou. – Was wird es wohl anderes sein?
»Der Alte von Schau-yang brach sich davon das eine zum Beuteteil.« [Yün-mën's Wolkentorberg befand sich im Nordteil der Provinz Kwangtung im Bezirk der Kreisstadt Schau-dschou oder Schau-yang[1]. Von seinem Sieg gebührt Yün-mën gewiß ein Beuteanteil; aber denselben Sieg müssen auch wir andern erringen; jeder muß mit diesem Drachen fertig werden, muß sich ein Horn von ihm erjagen.] – Wo steckt es denn, das Hornstück? – Aber wem wollen wir es denn zuteilen? – Da heißt es auch für einen Dö-schan oder Lin-dji: Dreitausend Li weit rückwärts konzentriert! [Da hilft auch Dö-schan's Stock und Lin-dji's Ho'! nicht weiter, sondern nur dieselbe Erhebung über alle Widersprüche, über alle Einzelheiten der Lehre, wie sie Yün-mën zeigt.] – Was ist es also mit diesem Stück Horn? – Und nun ein Hieb mit dem Stock!

Erläuterung zum Gesang

»Ein einziger Zuspruch, sagt er! – Einsam steht es und steil.« Hsüä-dou's Lobpreis auf den Ausspruch Yün-mën's reicht an diesen nicht heran. Dessen Wort geht über alles hinaus; es steht allein in steiler Höhe. Es überstrahlt, was vor ihm war, und nach ihm kommt kein Wort mehr, das ihm ebenbürtig wäre. Es ist mit einer Felswand von zehntausend Klaftern zu vergleichen, mit einer Heeresmacht von hundertmal zehntausend Mann. Es gibt da für dich keinen Zugang. Es ist einfach über alle Maßen einsam steil. Einer der Alten sagt: »Wenn du vom Meister ein sorgfältiges Eingehen auf dein Anliegen erwartest, so komme ihm nicht mit Fragen daher! Die [richtige] Frage steckt in der Antwort drin, die Antwort in dem Sinn, auf den die Frage hinausläuft.« Und dieser [Sinn] ist ohne weiteres einsam und steil. Sagt mir einmal: Wieso denn? Wo steckt in diesem Zusammenhang das Einsame und Steile? Da weiß kein Mensch im ganzen Reiche Rat. Aber dieser Mönch ist auch einer, der Bescheid weiß. Darum kann er solch eine Frage stellen, und darum kann Yün-mën ihm so antworten.

Diese Antwort hat allerdings große Ähnlichkeit mit dem, was Hsüä-dou sagt: Sie »treibt noch in den eisernen Hammerkopf [dem die ungeheuerliche Frage des Mönches ähnlich sieht] einen Keil hinein« [einen Stiel, an dem sich der Hammer heben läßt]. Hsüä-dou's bildliche Ausdrucksweise ist hier von höchster Kunst.

»Unterm Jambubaum, haha! lachen hell sie auf!« Im Sutra von der Weltentstehung wird erzählt: An den südlichen Ausläufern des Berges Sumeru spiegelt sich der Vaidûrya- oder Beryllbaum in der Jambu- oder Rosenapfelinsel. Dort ist alles bläulich-grün. Nach dem Namen jenes großen Baumes heißt die Insel Rosenapfel- oder Jambu-Festland. Die Größe dieses Baums mißt in die Höhe und die Breite siebentausend Yojana [das wären über hunderttausend Kilometer]. Unter ihm befindet sich der Goldblock der Jambuterrasse, zwanzig Yojana hoch. Weil aus dem Untergrunde dieses Baumes Gold hervorkommt, deshalb heißt er Jambubaum. [Das klingt etwas verwirrt, doch spielen diese Mythen für Yüan-wu keine Rolle; ihm ist die Jambuterrasse mit ihrem unerschöpflichen Reichtum an lauterem Gold nur ein Gleichnis für den unerschöpflichen Reichtum der Buddhanatur, des aller Dinge, aller Unterschiede und Widersprüche ledigen Geistes. So fährt er fort:] Darum sagt nun Hsüä-dou von sich selbst: »Unterm Jambubaum, haha, lachen hell sie auf.« Sagt mir einmal: worüber lacht er denn? Nun, er lacht darüber, daß »dem schwarzen Drachen einer nächtlicherweil die Hörner ausgebrochen hat«. Hsüä-dou ist es einfach zuteil geworden, diesen Vorgang vor sich zu sehen, ehrfürchtig zu ihm aufzuschauen und so für seinen Lobgesang auf Yün-mën das gebührende Maß zu finden. Yün-mën sagte: Ein einziger Zuspruch. Womit läßt sich das vergleichen? Er gleicht einem Mann, der dem schwarzen Drachen die Hörner ausbricht [und bei diesem Anblick bleibt Hsüä-dou nichts übrig, als hell aufzulachen]. Wäre jener Vorfall [jene Frage des Mönches] nicht gewesen, wie hätte es zu diesen Reden [dieser Antwort Yün-mën's und diesem Gesang Hsüä-dou's] kommen können?

Aber ganz am Ende sagt Hsüä-dou nun doch: »Oder anders gesagt: Der Alte von Schau-yang brach sich davon das eine zum Beuteteil.« Warum sagt er nicht: das Ganze [d. h. beide Hörner zusammen?] Warum soll Yün-mën nur eines bekommen? Sagt mir einmal: Wo ist denn das andere Horn? Indem er diesen Zusatz macht, hat Hsüä-dou also [mit seiner Nadel] gleich noch einen zweiten durchbohrt [den er neben Yün-mën an seiner Perlenschnur aufreihen möchte].

[1] Vgl. VI, S. 159.

Vorbemerkung zu den Beispielen 14 und 15

War es im vorhergehenden Beispiel ein Schüler des Meisters vom Wolkentor oder Yün-mën, nämlich Ba-ling, der mit dem Gleichnis vom Schnee auf silberner Schale das eigentliche Anliegen der Deva- und mit ihr der Zen-Schule angedeutet hatte, so tritt nun in den beiden folgenden Beispielen Yün-mën selber auf, um den Kreis der Betrachtung noch weiter zu ziehen und sie von diesem Ausgangspunkte aus noch höher hinauf zu führen. Handelte es sich dort um das Wesen des Zen als solchen, sofern es vor dem unlösbaren Problem steht, Unsagbares in Worte zu fassen, so tritt jetzt sein Verhältnis zum Buddhismus als Ganzem in den Gesichtskreis, und zwar im Hinblick auf die verwirrende Menge der in ihm lebenden Überzeugungen, wie sie in der Fülle heiliger Schriften, im Sutrenkanon, autoritativ niedergelegt sind.
Diese Frage wird in zwei Beispielen nacheinander entwickelt. Es ist deutlich, und auch von den Kommentatoren unbestritten, daß beide zusammengehören. Auffallend ist nur, daß während dem 14. Beispiel kein Hinweis vorangeht, das 15. von einem solchen eingeleitet wird. Wir stimmen der Vermutung neuerer Beurteiler zu, daß wohl eine Verwechslung vorliegt, und nehmen uns daher die Freiheit, den Hinweis vom 15. Beispiel hierher vorzuverlegen, wollen ihn jedoch beim 15. nochmals in Erinnerung bringen, weil er dort im Vergleich mit dem vorliegenden Beispiel gerade in die umgekehrte Richtung weist. Er wiederholt im übrigen nur den ersten Satz des Hinweises zum 12. Beispiel, dies aber mit bestimmter Absicht: An ihm soll man die Antwort Yün-mën's, die er dem Mönch auf seine erste und dann auf seine zweite Frage gibt, zum besseren Verständnis messen.

Zum Hinweis

Mit genau den gleichen Worten hat Yüan-wu schon den Ausspruch Dung-schan's von den ›drei Pfund Hanf‹ als Antwort auf die Buddhafrage eingeleitet. Gemeint ist wiederum ein und dasselbe Schwert als Sinnbild der Entschlossenheit des Meisters, in jedem Augenblick nach beiden Seiten auszuholen, zu nehmen und zu geben, zu binden und freizulassen, im Nein schon ja und im Ja schon nein zu sagen. Für dieselbe Sicherheit der Führung hat Yüan-wu beim Gesang zum 1. Beispiel das altberühmte Schwert Tai-o als Sinnbild angeführt (I, S. 46, Erläuterung zum Gesang). In der ersten Hälfte des 17. Jahrhunderts hat über dieses ›Schwert Tai-o‹ der originelle Meister Taku-an in Japan eine kleine Schrift verfaßt, in welcher er die Kunst des Fechtens mit dem Geist des Zen in innigste Verbindung bringt. Dort heißt es unter anderem: »Der Meister braucht das Schwert nicht, um zu töten, sondern um zum Leben zu verhelfen. Er tötet nur da, wo etwas den Tod verdient; wo etwas leben soll, da weckt er Leben. Beim Töten ist er in das Töten ganz versunken, beim Lebenwecken ganz ins Lebenwecken. Er achtet dabei nicht auf gut und böse, und sieht doch gut und böse ganz genau. Er macht keinen Unterschied und weiß doch um die Unterschiede gut Bescheid. Er tritt auf Wasser wie auf festen Boden, auf festen Boden wie auf Wasser. Hat einer diese freie Sicherheit gewonnen, vermag ihm auf der weiten Welt niemand etwas anzuhaben. (Vgl. auch die Erläuterungen des buddhistischen Gelehrten R. Yûki zu der Schrift Taku-an's in dem Buche ›Japan und die Kultur der Stille‹ von Karlfried Graf von Dürckheim-Montmartin.)

Zum Beispiel ›Die große Frage des Mönchs‹

Mit der Frage, welche der Mönch an Yün-mën richtet, verrät er aufs deutlichste seine geistige Herkunft. »Die Lehre des Buddha in den verschiedenen Perioden seines Lebens« – dieser Ausdruck stammt wörtlich aus der Scholastik des chinesischen Buddhismus, wie sie vor allem auf dem berühmten Tiän-tai-schan (japanisch Tendai-san) ihren Sitz hatte, und stellt den Versuch dar, die verschiedenen und zum Teil einander widersprechenden Lehren, welche der Sutrenkanon enthält, in einem umfassenden System kritisch zu ordnen. Den Anlaß zu solchen Ordnungsversuchen, welche einen wesentlichen Teil der dogmatischen Arbeit des späteren Buddhismus bilden, gab der eigentümliche Charakter des kanonischen Schrifttums.

Die sogenannten Sutren nämlich, welche dessen wichtigsten Teil bilden, erheben alle den Anspruch, Lehrreden, die der Buddha selbst gehalten hat, wiederzugeben. Jedes Sutra beginnt mit dem schlichten Sätzchen: So habe ich gehört, fährt fort etwa mit den Worten: Einst weilte der Erhabene in dem und dem Haine oder auf dem und dem Berge; es schildert die Szene und die Hörerschaft, die sich um ihn versammelt; dann tritt ein Jünger oder auch ein Gegner vor, stellt eine wichtige Frage, und daraus entspinnt sich ein Gespräch, das schließlich in eine ausführliche Lehrrede des Buddha mündet, bis am Ende die Hörenden ihm danken und die Versammlung auseinandergeht.

Die Sutren geben sich also schon mit ihrer Eingangsformel als ein Niederschlag mündlicher Überlieferung zu erkennen. Daß aber mündliche Überlieferung es mit den ›historischen Tatsachen‹ nicht immer genau nehmen kann, zumal da, wo es sich um geistliche Erlebnisse handelt, wissen wir schon aus der Geschichte unserer eigenen Religion. Auf indischem Boden gar hat die geistige Schau ein derartiges Übergewicht, daß die Fragen nach Ort und Zeit kaum noch eine Rolle spielen und die Phantasie sich in der Ausmalung geistiger Vorgänge ungehemmt ergehen kann. So ist es nicht weiter zu verwundern, wenn aus der Versenkung in den Sinn und Geist des Buddha noch Jahrhunderte nach seinen Lebzeiten Sutren entstanden sind, die genau wie die ältesten irgendeine Versammlung schildern, in welcher der Erhabene lehrte, und daß die Szenen, in denen sich dies abspielt, an wunderbaren, überirdisch leuchtenden Erscheinungen immer reicher wurden. Stets blieb dabei der Buddha selbst im Mittelpunkt. Aber seine Züge vergeistigten sich mehr und mehr, erhoben sich immer höher über das menschliche Maß und wuchsen ins Ewige hinein. Im Sutra von der Lotosblüte des Guten GESETZES, dem Saddharma-pundarîka-sûtra, ist es zwar wohl der menschliche Buddha Shâkyamuni, der auf der Geierkuppe bei Benares im Licht des vollen Mondes zu den Hörern redet, aber gleichwohl ist die ganze Szene in das Überirdische erhoben, und der Buddha selbst ist nichts anderes mehr als die ewige Wahrheit selbst, das ewige Licht und ewige Leben sichtbar vor aller Augen. Darum ist auch das Tor des Heils, das er verkündet, für alle aufgetan; aus dem ›Kleinen Fahrzeug‹, Hînayâna, das nur den einzelnen Asketen oder deren nur ein kleines Häuflein zum jenseitigen Ufer hinüberträgt, ist das ›Große Fahrzeug‹, Mahâyâna, geworden, auf dem ein jeder Platz finden kann. Und nicht derjenige wird gepriesen, der nur für sich allein die Buddhaschaft erstrebt. Höher vielmehr, als der weltentsagende Asket, der Arhat, steht hier der Bodhisattva, der in dem gleichen Maß, in dem er aus der Welt heraus nach oben strebt, sich um des Heils der andern willen gütig zu der Welt herabläßt.

Für unsere nüchterne Betrachtungsweise schlägt sich also in den vielen Büchern, zu welchen nach dem Tod des Buddha der Sutrenkanon angeschwollen ist, nichts Geringeres nieder, als die vielgestaltige Entfaltung buddhistischer Lehre vom Hînayâna bis zum Mahâyâna in allen seinen Zweigen, kurz der für die ganze weitere Entwicklung grundlegende Hauptabschnitt buddhistischer Glaubens- und Dogmengeschichte überhaupt.

Den Schriftgelehrten des chinesischen Buddhismus, welchen dieser Sutrenkanon seit etwa 550 in chinesischer Übertragung nahezu vollständig vorlag, ist unsere historisch-kritische Betrachtungsweise selbstverständlich fremd. Für sie steht fest, daß all die vielen Sutren Worte eines und desselben Meisters wiedergeben, daß eben sie den Inhalt jener neunundvierzig Jahre ausmachen, während deren er unter dem ›westlichen Himmel‹, in Indien, gelehrt hat. Auf der andern Seite freilich standen auch sie selbst innerhalb der buddhistischen Lehrentwicklung, gehörten zu der einen oder anderen Richtung, hatten ihre Sondermeinung und stützten sich dafür auf ein bestimmtes Sutra oder auf eine Gruppe von Sutren, also auf Worte, die nach ihrer Überzeugung der Buddha selbst gesprochen hatte. So stellte sich ihnen ganz von selbst das Problem, wie es möglich sei, daß derselbe Buddha einmal so, ein andermal anders lehre, und da ihnen, wie gesagt, eine historisch-kritische Betrachtungsweise fern lag, so waren sie genötigt, dieses Problem auf anderem Wege zu lösen.

Ein solcher Weg war von der buddhistischen Grundhaltung aus gar nicht so schwer zu finden. Denn von jeher war es deutlich, daß das, was der Buddha in der Nacht der Erleuchtung erlebt hatte, sich mit Worten niemals aussprechen ließ, daß deshalb alles, was er lehrte, immer nur ein Hinweis, ein Notbehelf, ein erzieherisches Mittel war, und daß er sich bei der Wahl dieser Mittel grundsätzlich von der Rücksicht auf die Fassungskraft seiner Hörer leiten ließ. Er betrachtet sich als Arzt, der jeden nach seiner besonderen Krankheit behandelt. In den späteren Sutren wird dieser Heilgedanke geflissentlich herausgestellt, z. B. durch das Gleichnis von den verschiedenen Arzneipflanzen in dem schon erwähnten Lotos-Sutra, und damit ist der Weg freigemacht für eine kritische Ordnung der gesamten Sutrenmasse nach bestimmten Lehrtypen, wobei zwar auf der einen Seite höhere und niedere Stufen der Erkenntnis deutlich unterschieden, auf der andern aber alle gleichermaßen als Lehre des Buddha anerkannt werden.

Finden sich die Ansätze zu dieser kritischen Stufenordnung also schon in den Sutren selbst und sind sie von den indischen Lehrern bereits systematisch bearbeitet worden, so haben sie ihre volle Entfaltung doch erst bei den Chinesen gefunden, und zwar wohl deshalb, weil diese, realistischer als die Inder, das Bedürfnis hatten, die verschiedenen Lehren des Buddha nicht nur ihrem Inhalt nach zu unterscheiden, sondern sie auch in einer bestimmten Zeitfolge aufzureihen. Ihr Leitgedanke dabei war, daß der inhaltlichen Stufung eine zeitliche entsprechen müsse, daß also der Buddha zuerst mit einer einfachen Lehrweise begonnen habe und dann allmählich in die Tiefe gegangen sei, um erst gegen das Ende hin seine höchste Erkenntnis zu verkünden. Unter diesem Gesichtspunkt haben denn die chinesischen Lehrer des Mahâyâna die Berge kanonischer Schriften durchgearbeitet und je nach ihrem besonderen Standpunkt in Stufen geordnet. Diese Stufen aber bedeuteten für sie zugleich bestimmte Perioden innerhalb der neunundvierzigjährigen Lehrtätigkeit des Buddha.

Das bedeutendste Ordnungssystem dieser Art, welches denn auch das buddhistische Denken in China und Japan bis in die Neuzeit herein stark beeinflußt hat, stammt von Dschï-i, dem großen Meister auf dem Tiäntai-schan in der Provinz Tschekiang, dessen Lebenszeit schon in das sechste Jahrhundert fällt (538–597), also etwa der des dritten Zen-Patriarchen entspricht und der eigentlichen Blütezeit der Zen-Bewegung um etwa hundert Jahre vorausgeht. Ihm gilt das Lotos-Sutra als die höchste Buddha-Offenbarung, wobei er dennoch nicht umhin kann, auch den Blumenschmuck- oder Avatamsakasutren einen außerordentlichen Rang zuzuerkennen. Damit auch diese Gruppe ihre Ehre habe, ohne doch dem Lotos-Sutra den Rang streitig zu machen, beginnt denn nach seinem System die Lehrtätigkeit des Buddha mit drei Wochen eines Zustandes der Verklärung, in welchem er einer Schar besonders Auserwählter gleich zu Beginn seine tiefsten Erkenntnisse in Bildern von grandioser Pracht und Herrlichkeit in ähnlicher Weise, wie man ein

großes Gebirge zunächst aus weiter Ferne erblickt, zu schauen gab: es sind die Bilder, wie sie in den Blumenschmuck-Schriften geschildert sind. Dies ist die erste, kurze, aber unvergleichlich reiche Avatamsaka-Periode. Dann erst, in der zweiten oder Wildpark-Periode, habe der Buddha denen, welche jener hohen Schau nicht fähig waren, im Wildpark Isipatana bei Benares und an anderen Orten zwölf Jahre lang die einfacheren Lehren gepredigt, wie sie die Sutren des sogenannten ›Kleinen Fahrzeugs‹ bieten, die auf Ceylon und in Hinterindien in der Pali-Sprache erhalten, aber früh auch schon ins Chinesische übertragen worden sind. Als dritte Periode folgen acht Jahre, während welcher der Buddha sich in freier Weise über alle möglichen Fragen ausgelassen habe, um die Geförderten unter seinen Hörern aus der Enge des Kleinen Fahrzeugs heraus der Weite und Tiefe des Großen entgegenzuführen, so daß von dieser Periode eine große Zahl verschiedenartigster Schriften Zeugnis ablege. Dann erst, in der vierten Periode, sei der Buddha dazu übergegangen, zweiundzwanzig Jahre lang seine Hörer durch den Nachweis der Leerheit aller Dinge und Gedanken und die daraus folgende Identität von unterschiedlicher Erscheinung und in sich gleicher Einheit, von Samsâra und Nirvâna, in die Vollkommenheit der Erkenntnis einzuführen, wie sie in den darnach genannten Schriften, den Sutren von der Prajnâ-pâramitâ, niedergelegt ist. Die letzten acht Jahre seines Lebens aber, welche die fünfte Periode seiner Lehrtätigkeit bilden, seien dem zusammenfassenden Abschluß gewidmet gewesen, wie ihn das Lotos-Sutra enthält, und der darauf hinausläuft, daß der Buddha wohl mancherlei Wege zum Heil, und damit eine Reihe vorläufiger Wahrheiten verkündet habe, daß aber die endgültige höchste Wahrheit nur eine, diese aber allen Menschen erreichbar sei. Als Letztes gehören in diese Periode noch die Reden, die der Erhabene vor seiner Auflösung gehalten hat und die in dem großen Nirvânasûtra niedergelegt sind.
Mit dieser vertikal-zeitlichen Ordnung des gesamten Kanons kreuzt sich obendrein eine horizontale, welche die Sutren jedes Zeitalters je nach ihrer Lehrform auf acht Gruppen verteilt. Hier spielt es neben andern Gesichtspunkten eine Rolle, daß der Weg zur Buddhaschaft in vielen Sutren über eine große Zahl von Stufen führt, die zu Neugeburten über Neugeburten zwingen, während andere die Buddhaschaft als jederzeit im Augenblick erreichbar bezeichnen.
Dieses doppelte Ordnungssystem war schon rein äußerlich eine gewaltige Leistung; denn es handelte sich um die Bewältigung von Hunderten von chinesischen Bänden; die konventionelle Zählung in der Tang-Zeit lautet auf 5048. Und wenn die Ordnung dieser Masse auch von Voraussetzungen ausgeht, die geschichtlicher Kritik in keiner Weise standhalten, so stellte sie doch systematisch eine Leistung ersten Ranges dar, eine ›summa buddhologiae‹, welche alles enthielt, was der Buddhismus bis dahin erlebt, gedacht und gelehrt hatte, ein Gebäude, in dem jeder Gedanke, jedes Lehrstück seinen bestimmten Ort hatte, diesen aber stets

bezogen auf die letzte, höchste Wahrheit, nach der allein sein höherer oder geringerer Wert bemessen wurde.
Von alledem muß man einen Begriff haben, um zu verstehen, was jener Mönch meinte, als er Yün-mën nach der ›Lehre des Buddha in den verschiedenen Perioden seines Lebens‹ fragte. Er meinte damit nichts anderes als eben den gesamten Sutrenkanon und alle Widersprüche mannigfacher Auffassungen und Richtungen, die er enthält. Er hatte ohne Zweifel den großen Tiän-tai-Meister und seine Theorie von den fünf Lehrperioden des Buddha studiert und überschaute sehr wohl die imponierende Größe dieses geistigen Bauwerks. Wahrscheinlich hatte er sich auch mit den Systemen anderer Schriftgelehrten befaßt; denn es traten nach Dschï-i wohl noch ein Dutzend Meister auf, deren jeder wieder ein neues Ordnungssystem vorzuschlagen hatte. Unter ihnen ragt der große Lehrer der Avatamsaka-Schule, Fa-tsang (japanisch Hôzô, 643–712), besonders hervor, in dessen System, wie schon der Name besagt, die Blumenschmuck-Sutren den höchsten Rang einnehmen. Es war ein ungeheurer Aufwand an Gelehrsamkeit, mit welchem sich der Mönch auseinandergesetzt hatte, und dies alles nur, um Antwort auf die eine Frage zu finden: Was ist, in kurzen Worten ausgedrückt, das Wesen des Buddhismus? Was hat der Buddha mit all den vielen Reden, die er während seines Lebens gehalten hat, letztlich sagen wollen?
Es ist kein Wunder, daß, je weiter er in seinen Studien ausgriff, die Lösung dieser Frage um so schwerer, die Antwort, die er hätte geben können, um so unbestimmter, vager wurde. So lag es für den unbefriedigten dogmatischen Forscher nahe, sich einmal auch nach einem jener Zen-Meister umzusehen, die sich, wie man wußte, rühmten, die Lehrautorität der Sutrenschriften einfach abzulehnen. Was war dann *ihre* Formel für das Wesen des Buddhismus? Worin erblickten *sie* den Sinn des Lebenswerkes jenes Großen, den doch auch sie verehrten? Dem Meister Yün-mën insbesondere rühmte man die Kunst der knappen Antwort nach. Nun, sagte sich der Mönch, ich habe eine Frage, riesengroß. Laßt sehen, ob und wie er damit fertig wird!

Zum Beispiel: Yün-men's Antwort

Yüan-wu mit seinen Zwischenbemerkungen deutet gleich schon an, wie wenig Eindruck die Gelehrsamkeit des Mönchs auf Yün-mën machen wird. Viele Jahre lang hat dieser Mann die Schriften durchstudiert. Der Lehrgang in den Klöstern der Scholastiker schrieb das sorgfältig vor. (Es galt nicht nur, die Sutren zu studieren, sondern auch die philosophischen Traktate, angefangen mit drei Jahren Abhidharmakosha-shâstra, dann acht Jahre Vijnaptimâtratâ, dann erst die höheren Lehren.) Was aber diese ganze Schriftenmasse für ihn selbst bedeutete, davon war ihm der eigentliche Sinn nicht aufgegangen. Die Wissenschaft, der er den Ehrentitel eines Herrn Magisters verdankte, hatte ihm den Blick für das, worauf allein es ankam, wohl verdunkelt. Die Ordnungssysteme der Scholastiker sind klüglich ausgedacht; aber je näher man sich auf sie einläßt, um so dornenvoller werden die Probleme, die sie bieten, und aus den Widersprüchen vorgeschlagener Lösungsversuche führt kein Weg heraus. Der Mann sitzt in einem Dickicht von Schlingranken gefangen.

Yün-mën nun versteht nicht nur die Frage, sondern auch den Frager und gibt ihm mit nur drei Wörtchen genau die Antwort, die er braucht. Sie ist freilich in sich selber rätselhaft genug, und auch ein Chinese oder ein Japaner wird, wenn er die drei Schriftzeichen *dui-i-schuo* vor sich sieht, zunächst kaum etwas damit anzufangen wissen. Das Wörtchen *i* ist die Zahl eins, *schuo* heißt Rede, Gespräch, auch Lehre, überhaupt alles sinnvoll Gesagte, so daß es sich je nachdem mit dem griechischen Logos berührt. Aber ob nun *i* mehr zu *schuo* oder zu dem vorausgegangenen *dui* gehört, kann fraglich sein. Doch weist alles darauf hin, daß es mit *schuo* verbunden ist: *i-schuo*, eine Rede, das eine stark betont, so daß wir besser dafür sagen: eine einzige Rede. Davor steht nun *dui*, das als Sinngrundlage die Anschauung ›gegenüber‹ enthält, im Fall des Redens also die Richtung der Rede andeutet: eine gegenübertretende, dem Hörer zugewandte, seiner Frage entsprechende, ihm antwortende, ihn anrufende, seinem Bedürfnis entgegenkommende, ihm zugesprochene, ihm zusprechende Rede. *Dui i-schuo* also je nachdem: eine einzige Antwort, ein einziger Anruf, ein einziger Zuspruch. Nur daß auch diese Worte nicht in zugespitztem Sinn zu nehmen sind, sondern lediglich als Andeutungen allerweitesten Umfangs. Denn nur von Yün-mën's innerer Schau her angesehen, entfalten sie ihr Licht und ihre befreiende Weite.

Die Frage hieß: Was ist letzten Endes die ganze Masse heiliger Schriften, angefüllt mit Worten Buddhas, die sich doch in so vielen Punkten widersprechen? Und Yün-mën sagt: Eine einzige Antwort, oder wenn man will: ein einziger Anruf, ein einziger Zuspruch. Auf die Ausdeutung der Worte Antwort, Anruf, Zuspruch kommt hier gar nichts an, um so mehr aber auf das Wörtchen *ein*. Denn wenn die Millionen Buddhaworte jenes ungeheuren Kanons nichts sein sollen als eine einzige Rede, ein einziger Logos, wie soll dann diese Rede, dieser Logos wörtlich lauten? Dann versagen alle Worte, dann ist es eine Rede ohne Worte. Dann geht, was in den Sutren steht, über diese Sutren weit hinaus. Und wer sie richtig liest, fällt auf kein einziges dieser Worte herein, sondern nimmt sie mit hinauf dorthin, woher sie kommen. Mögen sie dem Wortlaut nach beschränkt sein und darum sich häufig widersprechen: dort, woher sie kommen, gibt es solche Schranken nicht. Und eben dieses Schrankenlose in den beschränkten Worten zu vernehmen, darauf kommt es bei allem Sutrenstudium an. In diesem Sinne ist auch diese Schriftenmenge eine einzige Antwort, ein einziger Anruf, ein einziger Zuspruch. Und dabei steht nicht mehr zur Frage (wie das Wörtchen *dui* es seiner Grundbedeutung ›gegenüber‹ entsprechend zu erfordern scheint), wer hier

wem gegenübersteht, wer hier redet und zu wem. Denn dieser Anruf oder Zuspruch ist immer nur im eigenen Innern zu vernehmen.
Aber freilich, wenn man den Kopf mit exegetischen, dogmatischen und dialektischen Fragen voll hat, ist solchem Worte Yün-mën's sehr schwer beizukommen. Zu einem ›Hammerkopf ohne Öhr‹ gehört ein Stiel, der härter ist als Eisen, und Kraft, um ihn hineinzutreiben. Und sieht man sich die Sutren näher an, dann geht die so gerühmte Einheit in die Brüche, die schöne Blume löst sich in ihre Blättchen auf. Und der gelehrte Mönch verzieht zu Yün-mën's rätselhaften Worten das Gesicht wie eine Ratte, die an einem grünen Wurzelstück des brennend scharfen Ingwers kaut.

Fünfzehntes Beispiel

Yün-mën sagt: Ein einziger Zubodenspruch

Hinweis

Ein Säbel, um zu töten, ein Degen zum Lebendigmachen: das war bei den Alten Brauch und Regel; das gehört auch heute noch zum unerläßlichen Bedarf.
Saget mir einmal: Was ist nun hier in diesem Fall der Säbel, um zu töten, und was der Degen zum Lebendigmachen? Versuchet es an diesem Beispiel! Sehet her!

Das Beispiel

Der Mönch fragte Yün-mën: Was ist es dann, wenn es sich nicht um zufällige Hörer mit ihrer besonderen Fassungskraft handelt und kein bestimmter Gegenstand in Frage steht?
Yün-mën erwiderte: Dau i schuo [Ein einziger Zubodenspruch].

Zwischenbemerkungen zum Beispiel

Zur Frage des Mönchs: Was macht der für Luftsprünge? – Jetzt heißt es: Dreitausend Li weit rückwärts konzentriert!
»Yün-mën erwiderte: Dau-i-schuo [Ein einziger Zubodenspruch]« – Er zahlt ihm mit gleicher Münze. – Dem Sträfling [Yün-mën] hängt das Sündenregister zum Mund heraus. [Unter der Folter kommt all seine Bosheit zutage. So kommt bei Yün-mën, wie der Mönch mit seiner ganz abwegigen Frage in ihn dringt, mit einem Male die ›Mordlust‹ an den Tag: der ›Säbel, um zu töten‹, springt ihm aus der Scheide.] – Man darf ihn auch noch nicht freigeben. [Es ist aus dem Sträfling noch mehr herauszuholen, nämlich nicht nur seine Sünden, sondern auch sein Gutes. Es ist zu erforschen, ob Yün-mën's Schwertstreich nicht im Gegenteil das Ziel verfolgt, den Gegner zum Leben zu erwecken.] – Er legt sich quer ins Steppengras hinein. [Er trägt kein Bedenken, auf die Ebene des Irrtums, auf welcher sich der Mönch bewegt, herabzusteigen. Hier aber legt er sich diesem quer über den Weg, wie eine Schlange, die den Schritt des Wanderers plötzlich hemmt.]

Erläuterung des Beispiels

Dieser Mönch ist schon ein Könner, daß er versteht, in dieser Form zu fragen. Auf den ersten Blick gleicht seine Frage einer Bitte um weitere

Belehrung; in Wirklichkeit aber bringt er darin seine eigene Auffassung zum Ausdruck, ja hält in ihr schon seine Waffe zum Angriff versteckt. Wäre der, der ihm Bescheid gibt, nicht ein Yün-mën, er würde mit der Frage schwerlich fertig. Aber Yün-mën ist mit Hand und Fuß so gut versehen, daß er, wenn jener ihm mit seiner Frage kommt, gar nicht anders kann, als sie erwidern. Warum? Ein Meister unserer Schule, der sich auf sein Amt versteht, ist wie ein klarer Spiegel auf dem Ständer. Kommen Tataren daher, erscheinen Tataren darin; kommen Chinesen daher, erscheinen Chinesen darin. Einer von den Alten sagt: Willst du gut behandelt sein, so komme nicht mit Fragen daher! Warum nicht? Weil die Frage in der Antwort drin steckt, und die Antwort in der Frage. Wo hätten je die heiligen Männer alter Zeit auch nur eine einzige Wahrheit oder Lehre andern darzubieten gehabt? Wo wäre etwas, was der Weg des Zen dir je gegeben hätte? Wenn du dir mit deinem Tun kein Höllenkarma schaffst, wirst du es ganz von selbst vermeiden, dir ein Höllenschicksal zuzuziehen. Und wenn du keinen Himmelssamen säst, wirst du ganz von selbst auch keine Himmelsfrüchte ernten. Die sämtlichen Verknüpfungen des Karma zwischen ursächlicher Tat und ihrer Frucht beruhen durchweg nur auf eigenem Tun und eigenem Empfangen. Die Alten reden zu dir klar und deutlich [und zwar ist es Yün-mën selbst, der sagt]: Wo es um diese eine Sache geht, da handelt es sich nicht um Worte. Soweit es sich um Worte handelt, haben wir dafür ja die ›drei Fahrzeuge‹[1] und die zwölf Gattungen von Lehrformen[2]. Wie sollte es da an Worten fehlen! Aber wozu wäre dann der Patriarch [Bodhidharma] vom Abendland hergekommen?

Vorher hatte Yün-mën gesagt: *Dui-i-schuo*, ein einziger Zuspruch. Hier aber sagt er im Gegenteil: *Dau-i-schuo*, ein einziger Zubodenspruch! Der Wettstreit geht nur um ein einziges Wort und Schriftzeichen. Wie kann das nur solch tausendfachen Unterschied bewirken? Sagt mir einmal: Wo steckt in diesem eigenwilligen Kauderwelsch der Sinn? Nun, darum heißt es: Den Dharma übe man dharmagemäß; das Dharmabanner pflanze man so auf, wie es dem Ort entspricht. [D. h.: Man passe seine Lehre der besonderen Art der Menschen, die man vor sich hat, und ihrer augenblicklichen Situation an: man gebe jedem die Arznei, die gegen seine Krankheit gut ist; man sei kein Quacksalber, der für alle Krankheiten nur seine einzige Arznei hat.]

»Was ist es dann, wenn es sich nicht um zufällige Hörer mit ihrer besonderen Fassungskraft handelt und kein bestimmter Gegenstand in Frage steht?« Da schiebt der Mann in seine Frage nur die Wörtchen »nicht« und ›kein‹ hinein [als wäre das eine ganz harmlose Änderung]. Aber einen, welcher Augen hat, kann er damit nicht täuschen. Schon diese

[1] Die Lehren für ›Hörer‹, für ›Einzelbuddhas‹ und für Bodhisattvas, vgl., Kap. IX, S. 201.

[2] Siehe ebenda.

Frage ist ein eigenwilliges Kauderwelsch. Darum muß die Antwort auch so sein. Es ist tatsächlich so, daß Yün-mën sich aufs Roß des Räubers schwingt und damit ihn verjagt.
Manche Leute legen seinen Ausspruch falsch aus, indem sie sagen: Diese Frage gehe eigentlich nur den Frager selber an; statt dessen richte er sie an einen andern; und darum sage Yün-mën: *Dau – i – schuo* [das ist eine Rede, die das ganze Gespräch auf den Kopf stellt]. Was sind das doch für sterbenskranke Menschen?
Der Mönch hat ganz recht, so zu fragen: »Was ist es dann, wenn es sich nicht um zufällige Hörer mit ihrer besonderen Fassungskraft handelt und kein bestimmter Gegenstand in Frage steht?« Warum antwortet ihm Yün-mën denn nicht mit anderen Worten [die auf seine Frage näher eingehen], sondern schlägt die Frage einfach nieder, indem er sagt: Ein einziger Zubodenspruch?
An dieser Stelle [so müssen wir sagen] ist auch das Wort »*Dau-i-schuo*, ein einziger Zubodenspruch« dasselbe, wie wenn man in gesundes Fleisch eine Wunde bohrt [eine Operation an gesundem Leib, d. h. zuviel des Guten]. Wieso? Wo Wort und Fußspur aufkommt, da führt es dazu, daß die Wege gleich den Wolken auf zehntausend Meilen auseinandergehen. Verzichtet man einmal auf Worte und auf Sätze, so bleiben [in der Kloster- oder Tempelhalle und im Garten] eben unverkleidete Säulen und Leuchtergehäuse [Stein- oder Bronzelaternen]. Wie hätten die je Worte oder Sätzchen bei sich gehabt? [Yüan-wu zieht hier einige Sätze aus dem Traktat des Mönches Dschau herbei, der im Jahr 414 im Alter von nur dreißig Jahren gestorben ist. Dort heißt es: »Wo Wort und Fußspur aufkommt, da führt es dazu, daß die Wege auseinandergehen. Denn Wort besteht in dem, was sich mit keinem Worte sagen läßt, Fußspur in dem, was man, der Spur nachfolgend, nicht erspüren kann. Darum reden die, die sich auf Wort und Rede gut verstehen, von dem, wovon man eigentlich nicht reden kann, und die, die gute Spürer sind, spüren dem nach, was sich, der Spur nachfolgend, nicht erspüren läßt. Die höchste Wahrheit ist nun einmal leer und unergründlich. Stellt man sich innerlich mit wichtiger Miene dazu an, so hat man sie bereits verfehlt.«]
Versteht ihr es denn auch? Wenn ihr an diesem Punkt es nicht versteht, so tut euch eine wendende Bewegung not. Dann werdet ihr zum ersten Male merken, worauf es hinausläuft.

Gesang

Ein einziger Zubodenspruch« –
so fügt sich Wort zu Wort.
Mit dir sterben, mit dir leben,
heißt mein Zauberwort.

Nicht die Vierundachtzigtausend
zierte Phönixpracht.
Dreiunddreißig waren's, wagten
sich an Tigers Ort.

Oder anders gesagt:

Ruhelos der Mond im Wasser
flimmert fort und fort.

Zwischenbemerkungen

»Ein einziger Zubodenspruch« – Er [Hsüä-dou] kann sich von dem Wort nicht losmachen! – Die Blume zerflattert in sieben, acht Blätter!
»So fügt sich Wort zu Wort« – Deinerseits, meinerseits. [Wie du mich fragst, so antworte ich dir.] – Halb südlich des Stroms, halb nördlich des Stroms. – Sie gehen Hand in Hand zusammen.
»Mit dir sterben, mit dir leben heißt mein Zauberwort.« – Er wäscht [dem Yün-mën] seinen Erdklumpen in Schmutzwasser. [Yün-mën's Worte sind ja auch nur Worte; und Hsüä-dou macht darüber auch wieder nur Worte.] – Woher hat er denn das? – »Von dir kann ich nicht lassen!«
»Nicht die Vierundachtzigtausend zierte Phönixpracht.« – [Die Versammlung auf der Geierkuppe bei Benares, vor welcher einst der Buddha, eine Blume zwischen den Fingern drehend, wortlos sein Geheimnis kundgab, verstand ihn nicht. Glich er dem herrlichen, in fünffarbigem Gefieder prangenden Himmelsvogel Phönix, der in Zeiten seltenen Glücks, vom Ostmeer her geflogen, Heil und Frieden auf die Erde bringt, so gleichen sie den Vögeln mit gewöhnlichem Gefieder. Nur einer aus der Schar der Jünger, Kâshyapa, war dem Buddha ebenbürtig; ein Lächeln, welches über seine Züge glitt, verriet, daß er begriffen hatte. Ihm übergab daher der Buddha das Siegel seines Geistes. Kâshyapa allein trug, wie der Buddha, Phönixfedern.] – Aber Vogelfedern sind sich doch alle ähnlich! – Das geht zu weit, wie er den Leuten Glanz und Würde abspricht! – Es gibt eben der Lackkübel so viele wie Hanf- und Hirsesamen. [Fast alle Menschen lassen ihr eigentliches, innerstes Wesen von dem zähen Fluß des Irrtums und der Leidenschaften so lange überziehen, daß es, wie ein Lackkübel durch beständigen Gebrauch, völlig unkenntlich wird.]
»Dreiunddreißig waren's, wagten sich an Tigers Ort.« [Als erster Kâshyapa, nach ihm die weiteren Patriarchen, deren jeder dem folgenden das Siegel des Geistes übergeben hat. Der achtundzwanzigste, Bodhidharma, war zugleich der erste in der chinesischen Reihe; der dreiunddreißigste ist somit der Sechste Patriarch, Hui-nëng, auch Pilger Lu genannt. Sie alle haben den schweren Kampf bestanden, in tödlicher Gefahr gesiegt.] –

Das kenne nur ich. [Yüan-wu prahlt hier nicht, sondern fordert seine Hörer nur heraus, es ihm nachzumachen.] – Schwer ist es, auch nur einen einzigen Feldherrn aufzutreiben. – Ein Rudel verhexter Steppenfüchse! [Diese dreiunddreißig Patriarchen sind anderen unheimlich. Nur ein Fuchs kann sich in das Lager eines Tigers wagen.]
»Oder anders gesagt:« – Was hat er denn noch anderes? – Kleinkram! – Mag er tanzen oder springen, wie es ihm gefällt!
»Ruhelos der Mond im Wasser flimmert fort und fort.« – Blau der Himmel, weiß die Sonne. [Hart stellt Yüan-wu dem Bilde Hsüä-dou's mit seinem unstäten Geflimmer das große, ruhige Gegenbild gegenüber, dem Schein, an dem die Menschen hangen, das Wesen.] – Sie sind an ihrem Kopf irre geworden und sein Spiegelbild erkennen sie an. [Im 4. Buch des Shûrangama-Sûtra wird von einem Manne namens Yajnadatta in der Stadt Shrâvastî erzählt, der am frühen Morgen sein Gesicht im Spiegel zu betrachten pflegte und an der Schönheit seiner Augenbrauen Freude hatte. Als er diese nun einmal betastete und sie im Spiegel eben darum nicht mehr sehen konnte, da ärgerte ihn das so, daß er an der Wirklichkeit seines Kopfes irre wurde, sich von einem Kobold behext glaubte, aus Angst vor diesem den Verstand verlor und wie wahnsinnig in Shrâvastî umherlief, seinen Kopf zu suchen.] – Was soll all das aufgeregte Treiben!

Erläuterung des Gesangs

Auch hier zeigt sich Hsüä-dou wieder so recht als Meister seiner Kunst. Er wiederholt einfach den Ausspruch Yün-mëns und fügt sofort hinzu: »So fügt sich Wort zu Wort« [d. h.: die Antwort paßt mit der Frage so genau zusammen, als wären sie die beiden Hälften eines und desselben Stücks.] Damit gibt er aufs deutlichste zu erkennen, daß er auf einen Gegenzug verzichtet [daß er Yün-mën seinen immerhin etwas überspitzten Ausspruch nachsieht]. Er geht mit ihm Hand in Hand.
Yün-mëns Methode war es schon immer, dem andern, der ihm gegenübertrat, freien Lauf zu lassen, so daß er riskierte, mit ihm nötigenfalls ins Schmutzwasser hineinzugehen, mit ihm zu sterben und mit ihm zu leben. Darum sagt Hsüä-dou das in seinem Gesang. Was Yün-mën dabei aber tatsächlich im Sinn hatte, das war nichts anderes als dir deinen Kleister aufzulösen, deine Stricke abzunehmen, Nägel auszuziehen, Pflöcke auszureißen.
Heutzutage aber hängt man sich an den Wortlaut und bringt Erklärungen hervor, die auf Befangenheit in hergebrachter Denkungsart beruhen. [Denn es gehört in der Tat viel dazu, so wie Yün-mën den Irrenden sozusagen auf seinem Irrweg zu begleiten.] Es ist einfach wie bei Yän-tou[1], der einmal sagte: »Hsüä-fëng lebt zwar mit mir zusammen, aber er stirbt nicht mit mir zusammen.« Wenn einer nicht mit seinem ganzen inneren

[1] Yän-tou, der Freund Hsüä-fëng's, s. S. 133.

Triebwerk zur großen, unumschränkten Freiheit durchgedrungen ist, wie sollte er da mit dir sterben und mit dir leben können?

Warum [kann es aber Yün-mën]? Weil er frei ist von dem Sinter des Befangenseins in Gewinn oder Verlust, in Zustimmung oder Ablehnung. Darum sagt Dung-schan[1]: »Wer Menschen, welche überwärts gerichtet sind, auf echt und unecht prüfen will, der muß beachten, daß es dreierlei Arten von Sinter gibt [d. h. von Niederschlag der angeborenen Unreinheit im Gemüt]: den Sinter der Affekte, den Sinter des theoretischen Standpunktes und den Sinter der Worte. Der theoretische oder Standpunktsinter besteht darin, daß das innere Triebwerk sich nicht von seinem Standort trennen kann; so stürzt man in ein Meer von Gift. [Der Erklärer Katô Totsudô sagt dazu: Man sieht zwar die Leerheit der Erscheinungswelt, ist aber selbst von dieser Überzeugung voll, nicht selber leer; man weiß um das Höchste, Reine, aber man verweilt dabei, bleibt daran haften, pocht darauf.] Der Sinter der Affekte besteht darin, daß die Erkenntnis sich beständig zwischen Zuneigung und Abneigung bewegt und die Ansichten einseitig und starr sind. Der Wortsinter besteht darin, daß das Geheimnis des Wesens seine Ehrwürde verliert und der innere Sinn für Ende und Anfang, für wohin und woher blind wird. Diese drei Arten von Sinter sollte jeder bei sich selbst erkennen.«

Ferner gibt es auch drei Tiefen: die Tiefe im Wesen, die Tiefe im Wort und die Tiefe in der Tiefe[2]. Bis in solche Gebiete sind die Alten vorgedrungen; darum geht ihr ganzes inneres Getriebe in dem Großen Wirken auf. Begegnen sie Lebendigem, so leben sie mit dir; begegnen sie Totem, so sterben sie mit dir. Sie legen sich dem Tiger quer in den Rachen und lassen sich samt Händen und Füßen von ihm forttragen, sei es auch tausend und zehntausend Meilen weit; sie fügen sich dir willig und liegen dir im Munde wie ein Knebel. Warum? Weil sie sich nicht zufrieden geben, bis der andere auf dem Spielbrett jenen einen Punkt gefunden hat, auf den er seinen Stein hinsetzen muß.

»Nicht die vierundachtzigtausend zierte Phönixpracht.« Die auf dem Berg der Wunder versammelten vierundachtzigtausend Hörer [sagt er wörtlich] waren ›keine Phönixgefieder‹. In der ›Geschichte des Südens‹[3] wird erzählt, daß unter der Dynastie Sung[4] am Hof des Königs Hsiau-Wu[5] ein Gelehrter namens Hsiä Tschau-dsung lebte. Er war [ein Nachkomme des bedeutendsten Dichters in jener Zeit der südlichen Dynastien, nämlich des Hsiä Ling-yün aus Yang-hsia im Bezirk Tschën der Provinz Honan (384–433) und] ein Sohn des Hsiä mit dem Beinamen Fëng, d. h. Phönix. Durch seine umfassenden Kenntnisse und seine Meisterschaft im literarischen Stil ragte er so hervor, daß ihm am Hofe niemand gleichkam. Er verfaßte für den König Reden und Gedichte und wurde dessen ständiger Begleiter. Als nun die Königinmutter das Zeitliche gesegnet hatte, verfaßte Hsiä Tschau-dsung auf die Verewigte einen dichterischen Nachruf, der den König, als er ihn sah, in solche Rührung und Bewunderung versetzte, daß er bemerkte: Dieser Tschau-dsung ist wahrhaftig ein Phönixgefieder! Dasselbe Bild findet sich auch in einem alten Gedicht[6]. Es lautet:

Der Hof vertagt sich. Weihrauch tastet
nach Hängeärmeln sacht.
Der Dichter singt. Es streut Juwelen
hin seines Pinsels Macht.
Fragst du, wer meistert in der Welt
der Bildung seidne Fäden?
Sieh, über königlichem Teich
des Phönix Flügelpracht.

Als einst in der Versammlung auf dem Berg der Wunder [der Geierkuppe bei Benares] die vier Menschenmengen [Mönche, Nonnen, Männer und Frauen gewöhnlichen Standes] wie Wolken den Erhabenen umgaben, da pflückte dieser mit den Fingern eine Blume. Nur Kâshyapa allein verzog leicht das Gesicht zu einem feinen Lächeln. Die andern alle merkten nicht, welch ein verehrungswürdiger Sinn in dieser stummen Geste lag. Darauf spielt Hsüä-dou an, indem er sagt: »Nicht die Vierundachtzigtausend zierte Phönixpracht.«
»Dreiunddreißig waren's, wagten sich an Tigers Ort.« Ânanda nämlich fragte einst Kâshyapa: Was hat der Erhabene außer seinem goldgewirkten Mönchsgewand[7] sonst noch Besonderes hinterlassen? Da rief Kâshyapa ihn an: Ânanda! Ânanda erwiderte: Ja! Kâshyapa sagte: Stelle die Bannerstange vor dem Klostertor auf den Kopf. Da gingen Ânanda die Augen auf. Seitdem hat ein Patriarch es dem andern weitergegeben. Die unter westlichem Himmel und die in diesem Land zusammengenommen, sind es ihrer dreiunddreißig. Die hatten das Zeug, den Tiger in seiner Höhle aufzusuchen, wie es denn bei den Alten heißt: Wer nicht in Tigers Höhle dringt, fängt nicht das Tigerjunge. Von dieser Art ist Yün-mën,

[1] Dung-schan Liang-djiä, Vater der Tsau-dung-(japanisch Sô-tô-)Schule.

[2] Die Lehre von den drei Tiefen geht auf Lin-dji, den Schüler Huang-bo's und Vater der Lin-dji-(japanisch Rinzai-)Schule zurück.

[3] Nan-schï, eine zwischen 650 und 680 verfaßte Geschichte der vier Dynastien, welche während der Zeit der Spaltung Chinas im 5. und 6. Jahrhundert die Südhälfte des Landes regierten.

[4] Auch Liu-Sung-Dynastie genannt; 420–479.

[5] Hsiau-Wu, reg. 454–464.

[6] Das Gedicht stammt von dem großen Du Fu, der zusammen mit Li Tai-bo die chinesische Dichtung auf den Gipfel des Glanzes geführt hat (712–770). Er rühmt darin seinen Freund, den Hofsekretär und Dichter Djia Dschï (718 bis 773), wie er beim morgendlichen Hoftag vor dem kunstliebenden Kaiser Hsüan-dsung ein soeben neu erdachtes Gedicht vorträgt.

[7] Dem gelbroten Kaschâya, einem Geschenk seiner Tante Mahâprajâpatî, die einst Mutterstelle an ihm vertreten hatte.

wohl imstande, mit zu sterben und mit zu leben. Soweit muß ein Meister in seiner Charakterbildung kommen, wenn er auf dem Stuhl mit krummer Lehne [und gekrätschten Füßen, bei Predigten fürs Volk und Leichenfeiern zu gebrauchen] oder auf dem breiten Lehrsessel sitzen will. Indem er wegwirft, aufgibt, bringt er euch dahin, den eigenen Irrwahn zu zerschlagen, und läßt es dann sich auch gefallen, wenn einer ihm, dem Tiger, über die Schnurrhaare streicht. Auf diesen Boden müßt ihr notwendig gelangen, dann erst habt ihr es gewonnen. Ihr müßt eure sieben Sachen auf dem Leibe tragen [wie der Kriegsmann] und so mitleben und mitsterben. »Das Hohe niederdrücken, das Niedrige erhöhen[1].« Das, woran es mangelt, geben wir. Wer auf einsamem Gipfel steht, dem helfen wir herunter in das struppige Gras. Wer ins struppige Gras gefallen ist, dem helfen wir hinauf zum einsamen Gipfel. Bist du in kochendes Wasser oder in den brennenden Ofen geraten, so muß auch ich ins kochende Wasser und in den brennenden Ofen hinein. Und das zu keinem andern Zweck, als dazu, dir deinen Kleister aufzulösen und die Fesseln aufzubinden, die Nägel und die Pflöcke auszureißen, den Maulkorb abzuhalftern und die Packlast abzuladen.
Von dem Meister Ping-tiän[2] gibt es einen Vers, der ist ausgezeichnet:

Das Licht des Geistes, unverdunkelt,
War stets der allerbeste Rat.
Hier trete ein nur, wer von seiner
Gelehrsamkeit gelassen hat.

»Oder anders gesagt: Ruhelos der Mond im Wasser flimmert fort und fort.« In diesen Worten, das kann man schon sagen, tut sich ein Weg auf, der ins Weite führt, es wirkt in ihnen ein Getriebe, das lebendige Bewegung überträgt. Mit diesem Schlußwort weist Hsüä-dou die Leute von sich weg, damit sie selbst hingehen und die Triebkraft, welche Leben zeugt, deutlich erkennen, anstatt an anderer Worte sich zu halten. Hältst du dich an ihn, dann eben hast du jenes ruhelose Mondgeflimmer auf der Wasserfläche. Wie nun willst du endlich Ruhe und Frieden finden? Laß den nächsten Stein im Spiele einmal ungesetzt!

[1] So sagt Lau-dsï im 77. Kapitel seines Buches.

[2] Dieser sonst wenig bekannte Mann stammte aus der Provinz Kiangsi, wurde dort Mönch mit Namen Pu-yüan, fand bei Bai-dschang, dem Lehrer der uns bekannten Meister Huang-bo, We-schan und anderer, das Licht, hörte dann von der wilden Schönheit des Tiän-tai-schan in Tschekiang und von den vielen Heiligen, welche sich dorthin zurückgezogen haben, machte sich, vom Verlangen nach der Ferne ergriffen, dorthin auf, flocht sich aus Schlingpflanzen und Gräsern eine Hütte und lebte als Einsiedler im Wald, bis ihm die Frommen der Umgebung eine Klause bauten, den ›Zenhof zum flachen Reisfeld, Ping-tiän‹. Den Vers, den Yüan-wu anführt, hatte er an der Pforte zu seinem Zenhof angebracht.

Die zweite Frage des Mönchs

Wenn unsere Auffassung zu Recht besteht, daß das hier berichtete Gespräch unmittelbar an das vorhergegangene anschließt, der Mönch also derselbe ist, wie im vorigen Beispiel, so hat sich dieser mit der ersten Antwort Yün-mën's nicht zufrieden gegeben. Auf seine erste Frage nach dem Sinn der »Lehre Buddhas in den verschiedenen Perioden seines Lebens« hatte Yün-mën ihm erwidert: *Dui-i-schuo*, wofür wir deutsch zu sagen wagten: Ein einziger Zuspruch, ein einziger Anruf, oder: eine einzige Antwort. Diesen Ausspruch Yün-mën's hat der Mönch offenbar nicht recht verstanden, und der Wortlaut seiner zweiten Frage läßt den Grund des Mißverstehens ungefähr erraten.

Was, fragt er, sind die Sutren dann, wenn es sich nicht um gerade dastehende Hörer und ihr Aufnahmeorgan handelt und kein bestimmter Gegenstand in Frage steht? Er hört also aus Yün-mën's Antwort nur heraus, was er bei den Dogmatikern wohl oft genug gehört hat, daß nämlich der Buddha sich jeweils nach den ihm gegenüberstehenden Hörern und ihrer Fassungskraft gerichtet und sich für seine Predigt stets passende Gegenstände gewählt habe, daß also seine Lehre nicht durchweg gleichwertig war, und daß er deshalb gegen das Ende seines Lebens in einem letzten zusammenfassenden Sutra die eine endgültige, voll abgerundete Lehre geoffenbart habe, welche allein bleibende Geltung besitzt. Er faßt das Wörtchen *dui* in Yün-mën's Antwort als ein sinnfälliges Gegenüber von Buddha und den Hörern, und *i-schuo*, die ›eine Rede‹, als die Lehre etwa des Lotos- oder auch des Blumenschmuck-Sutras. Für den weit tieferen, geheimnisvollen Sinn von Yün-mën's Antwort fehlt ihm das Organ. So unterschätzt er ihn und will nun zeigen, daß er selbst weit Höheres im Sinne hat. Er denkt abstrakt und konsequent weltabgewandt und fragt: Was ist der Sinn des ganzen Sutrenkanons, abgelöst von aller zeitlichen Veranlassung, ohne Rücksicht auf die jeweiligen Hörer oder auf die Gegenstände der Erörterung? Denn alles dies, das ist sein Hintergedanke, gehört ja in die Scheinwelt, aus der die Wahrheit, die der Buddha predigt, doch gerade herausführen will. Das Ende dieser Wahrheit ist das Nichts, denkt er und hat sich darin so verlaufen, daß er den Weg in Welt und Zeit nicht mehr zurückfindet.

Der Weg des Buddha, der an allem irdischen Tun und Treiben mit entschlossener Unbefangenheit vorbeigeht, ist allerdings schon immer leicht mit völliger Verneinung alles Seins verwechselt worden. Die Lehre von der Leerheit aller Dinge und Gedanken konnte zu der Folgerung führen (die Nâgârjuna in seinem Traktat von der ›Mittleren Lehre‹ im 24. Kapitel ausführlich behandelt): Wenn alles leer ist und es weder ein Entstehen noch Vergehen gibt, dann kann es auch keine ›vier edlen Wahrheiten‹, keine Frucht guter und böser Taten, keinen Buddha, kein Buddhagesetz und keine Buddhagemeinde geben. Die gewundene Form der Frage jenes Mönches läßt vermuten, daß auch er Schlußfolgerungen dieser Art bei sich bewegte und vielleicht erwartet hatte, bei den Zen-Meistern, die doch für ihre Ablehnung der Schriftautorität bekannt waren, seine radikalen Zweifel bestätigt zu finden. Um so billiger war wohl in seinen Augen Yün-mën's Antwort: Ein einziger Zuspruch. Das klang für ihn platt positiv. Hatte er im Anfang noch gehofft, Belehrung zu finden, so bereitet er mit der gewundenen zweiten Frage schon den Angriff vor, um des alten Meisters Antwort ›ein einziger Zuspruch‹ zu zerpflücken.

Yün-mën's zweite Antwort

Yün-mën bleibt unerschüttert und eben deshalb völlig frei beweglich. *Dui-i-schuo* hatte er schlicht und vielsagend auf jene erste Frage geantwortet. Wie die Sequenz dazu, nun aber donnergleich, fällt seine zweite Antwort: *Dau-i-schuo*! *I-schuo* bleibt dieselbe eine und einzige Rede, wie zuvor, der eine Logos, der eine Spruch. Nur wird aus *dui* jetzt *dau*; nur ist es nicht mehr eine Rede, welche ›gegenübertritt‹, antwortet, anruft, zuspricht, sondern eine, die ›zu Boden wirft‹, den Frager und was er mit seiner Frage meint, erbarmungslos umstößt. Ein einziges Verdammungsurteil, könnte man in unserer Sprache sagen. Yün-mën, eigensinnig, bleibt im Tenor seiner ersten Antwort. Was dort ›ein einziger Zuspruch‹ war, das ist auf diese neue Frage hin ›ein einziger Zubodenspruch‹. *Dau-i-schuo* könnte man freilich auch noch anders übersetzen: Du wirfst die ganze Rede um, stellst alles, was die Sutren sagen, auf den Kopf. Ja, es läßt sich sogar als Aufforderung verstehen: Dann wirf eben die ganze Rede um! Dann ist es mit dem ganzen Sutrenkanon eben nichts. Dann sind alle seine Worte leerer Schall. Und das braucht nicht einmal ironisch aufgefaßt zu werden, vielmehr in vollem Ernst, vom Sinn der höchsten, letzten Wahrheit her gesehen.

Bei der Eindeutigkeit, die unsere Sprache fordert, müssen wir freilich darauf verzichten, alle diese Möglichkeiten in drei Wörtchen einzuschließen, wie Yün-mën dies mit ›*dau-i-schuo*‹ vermag. Daß aber auch die andern Möglichkeiten mit anklingen, läßt sich aus dem, was Hsüä-dou und was Yüan-wu nachher sagen, wohl erfühlen. Denn dort erscheint Yün-mën nicht einfach als der Sieger in dem Redestreit, der den Gegner niederwirft; vielmehr nimmt er an dem Mönch und seiner Fragestellung solchen Anteil, daß er selber ›mit ihm stirbt‹. Und wenn zuletzt von Kâshyapa die Rede ist, der seinen Mitjünger Ânanda anweist, die Fahnenstange bei dem Klostertore ›auf den Kopf zu stellen‹, so ist gewiß auch dies nicht unbedacht gerade hier, wo es ›*dau-i-schuo*‹ heißt, erwähnt.

Gleichwohl tragen wir zunächst kein Bedenken, uns an diejenige Deutung zu halten, die aus der Fassung ›ein einziger Zubodenspruch‹ hervorgeht. Denn sie entspricht auf jeden Fall dem altbewährten Grund der

›mittleren Lehre‹, auf welchem Yün-mën fest und sicher steht, genau wie ihn der Buddha selbst gelegt, und wie Nâgârjuna, und nach ihm Ârya-deva, ihn mit feiner Kunst noch weiter philosophisch überbauten. Die Leerheit der Erscheinungswelt bedeutet nicht ein Nichts, darum auch nicht die Nichtigkeit von Buddha und Buddhismus. Die Leerheit aller Dinge macht im Gegenteil den Ablauf eines ursächlich bedingten Weltgeschehens erst möglich. In diesem gilt die ›Wahrheit zweiter Ordnung‹, und hier hat auch der Buddha seine Stelle, wenngleich die höchste Wahrheit, welche er verkündet, auch nach einem Buddha und Buddhismus nicht mehr fragt. Dies alles aber ist für Yün-mën keine Theorie. Das hat er nicht in Worten; darin lebt er. Und darum macht er sich auch nichts daraus, Worte zu prägen, aus welchen man die größten Widersprüche herauslesen kann. Im Gegenteil, so nötigt er die, die ihn hören, sich schließlich auch von seinen Meisterworten wieder loszumachen.

Sechzehntes Beispiel

Djing-tjing's Grashocker

Hinweis

DEN WEG, den kreuzen keine Gassen. Wer ihn betritt, steht einsam und gefährlich. GESETZ, das ist nicht Sehen und Hören. Weit läßt es Worte und Gedanken hinter sich.
Wem es gelungen ist, durch das Gestrüpp von Dornen durchzudringen, Buddhas, des Stifters, Bande lösend aufzuknüpfen und jenen Grund und Boden der geheimen Stille zu erreichen, zu dem finden die Götter keinen Weg, um Blumen über ihn zu streuen, die Draußenstehenden kein Tor, ihm feindlich aufzulauern. Er übt den ganzen Tag und hat noch nie geübt. Er lehrt den ganzen Tag und hat noch nie gelehrt. Dann mag er frei und wie im Spiel das Triebwerk Feile-picke laufen lassen und führt das Schwert zum Tode wie zum Leben.
Daneben tut es immerhin auch gut, davon zu wissen, daß man innerhalb des Tores der Verwandlung [d. h. in den Zen-Klöstern, in welche man geht, um ein anderer Mensch zu werden], mit der einen Hand hochhebt, mit der andern Hand festhält [d. h. dem Schüler je nachdem bald freundlich zustimmt, bald ihn aber auch durch Schelte oder Schläge niederduckt]. Das Eigentliche freilich hat mit diesem Auf und Nieder nichts zu tun. Was aber ist es um dies Eigentliche? Versuchen wir's mit einem Beispiel! Sehet her!

Das Beispiel

Wir legen vor:

EIN Mönch fragte Djing-tjing: Bei Eurem Schüler feilt es. Ich bitte, Meister, picket auf!
Djing-tjing sagte: Hat es denn auch Leben, oder nicht?
Der Mönch erwiderte: Wenn's nicht zum Leben käme, würden wir ja von den Leuten ausgelacht.
Djing-tjing sagte: Du bist auch so ein Grashocker!

Zwischenbemerkungen zum Beispiel

»Ein Mönch fragte Djing-tjing[1]: Bei Eurem Schüler feilt es. Ich bitte, Meister, picket auf!« – Was rührt er Wellen auf, wo doch kein Wind ist? – Was willst du hier mit solchen Vorstellungen und Begriffen?

»Djing-tjing sagte: Hat es denn auch Leben, oder nicht?« – Er setzt die Sonde an. – Kauft man einem einen Hut, besieht man sich seinen Kopf. – Er setzt falsch auf falsch.

»Der Mönch erwiderte: Wenn's nicht zum Leben käme, würden wir ja von den Leuten ausgelacht.« – Er zieht noch andere mit ins Spiel. – Er stemmt den Himmel, stützt die Erde. – Der Mann mit dem Brett auf der Schulter!

»Djing-tjing sagte: Du bist auch so ein Grashocker!« – Da hast du's! – Stelle er sich selber zum Geständnis! – Darüber wegzugehen ist nicht erlaubt!

Erläuterung des Beispiels

Djing-tjing hatte das GESETZ von Hsüä-fëng überkommen. Er hatte sich unter diesem zu derselben Zeit geübt wie Bën-jën[2], Hsüan-scha, Suschan[2] und Fu von Tai-yüan[3]. Gleich bei der ersten Begegnung mit Hsüä-fëng hatte er den Sinn erfaßt. Später [als Meister] hat er sich zur weiteren Vertiefung besonders eingehend mit dem Getriebe Feile-picke befaßt und diese Erkenntnisse in der Behandlung derer, die ihn aufsuchten, sowohl mit Sorgfalt angewandt als auch seine Schüler darüber belehrt.

Bei der Unterweisung seiner Hörer sagte er einmal: »Wer irgend auf Wanderschaft gehen [d. h. sich auf den Beruf des Meisters vorbereiten] will, der muß für das Getriebe des gleichzeitigen Feilens und Pickens sowohl ein verstehendes Auge haben, als auch die Fähigkeit, es in der Praxis anzuwenden. Dann erst verdient er den Namen eines Kuttenbruders. Wenn es die Henne drängt, die Schale aufzupicken, dann kann das Küchlein gar nicht anders als feilen. Und wenn es das Küchlein drängt, innen an der Schale zu feilen, dann kann die Henne gar nicht anders als aufpicken.« Nun war da ein Mönch, der vortrat und fragte: »Nehmen wir an, ich sei das Küchlein und feile; Ihr, Ehrwürdiger, seiet die Henne und picket. Was hat dann der ehrwürdige Meister davon für einen Gewinn?« Djing-tjing erwiderte: »Es ist schön, dieses Weben.« Der Mönch fuhr fort: »Wenn nun Ihr als Bruthenne aufpickt, und ich, Euer Schüler, als Küchlein feile, was habe dann ich davon für einen Gewinn?« Djing-tjing sagte: »Es erscheint, dieses Wesen.« Darum also gibt es bei Djing-tjing das Getriebe Feile-picke.

Dieser Mönch hier ist ein Zen-Gast aus Djing-tjing's eigener Schule. Er kennt und versteht die Dinge, die in diesem Hause Brauch sind. Daher die besondere Art seiner Frage. »Bei eurem Schüler feilt es«, sagt er;

»ich bitte, Meister, picket auf!« In der Schule des Dung-schan Liang-djiä nennt man diese Art von Fragen Erklärung eines inneren Vorgangs durch einen äußeren. Das Küchlein feilt, die Henne pickt: das trifft ganz von Natur im selben Augenblick zusammen.

Djing-tjing einerseits ist gut; stößt Faust auf Faust und Fuß auf Fuß; Herz schlägt an Herz, und Auge scheint in Auge. Darum fragt er zur Antwort: »Hat es denn auch Leben?« Aber andererseits ist auch der Mönch gut. Auch er weiß um den wendenden Punkt. Auf die eine kurze Frage seines Meisters hat er sofort alles Nötige bei der Hand, sein Du, sein Ich, die Theorie, die Praxis, Tod und Leben. So sagt er denn: »Wenn's nicht zum Leben käme, würden wir ja von den Leuten ausgelacht.«

Djing-tjing sagte: »Du bist auch so ein Grashocker!« Immer ist es die Art dieser Meister, in Schlamm und Wasser hineinzupatschen; und Djing-tjing ist in diesem Stück besonders schlimm. Wo der Mönch doch im Augenblick seiner Antwort alles bereits begriffen hat, wie kommt Djing-tjing hier dazu, zu sagen: Du bist auch so ein Grashocker? An diesem Beispiel könnt ihr sehen, wie ein Meister, der seine Kunst versteht, sein muß: gerade so, wie Djing-tjing. Das ist, wie wenn man aus dem Feuerstein Funken schlägt, das gleicht dem Zucken eines Blitzes. Ob einer es erreicht hat oder nicht erreicht, in jedem Falle ist er der Gefahr noch nicht entronnen, Leib und Leben zu verlieren. Wenn ihr das so, wie ich es sage, in euch aufgenommen habt, dann werdet ihr auch sehen, wie es Djing-tjing meint, wenn er zu dem Mönch hier sagt: Du bist auch so ein Grashocker!

Darum [hier eine ähnliche Geschichte]: Nan-yüan[4] sagte bei der Unterweisung seiner Bruderschaft: Im allgemeinen ist es so, daß die Leute für den Vorgang gleichzeitigen Feilens und Pickens nur Augen haben, nicht aber das Organ, ihn in der Praxis anzuwenden. Nun war da ein Mönch, der trat vor und fragte: Wie ist es mit der Anwendung dieses Vorgangs in der Praxis? Nan-yüan erwiderte: Unter wahren Könnern feilt und pickt man nicht. Denn wenn man feilt und pickt, so geht im selben Augenblick die Sache schief. Der Mönch versetzte: Euer Schüler hat noch Zweifel. Nan-yüan fragte: Woran zweifelst du? Der antwortete:

[1] Djin-tjing Dau-fu, japanisch Kyô-sei Dô-fu; Schüler Hsüä-fēng's. Traditionstafel III A, 13.

[2] Bēn-jēn und Su-schan wurden später Nachfolger des Meister Dung-schan Liang-djiä und damit Väter der Tsau-dung-Schule.

[3] Fu von Tai-yüan war Vorsitzer bei Hsüä-fēng, ohne je selbständiger Meister zu werden.

[4] Nan-yüan heißt eigentlich Südhof und bezeichnet den Teil des Klosters Bai-ying, in dem der hier gemeinte Meister Hui-yung lehrte. Er heißt deshalb in der Tradition gewöhnlich Bau-ying Hui-yung. Er war ein Enkelschüler Lin-dji's; vgl. Traditionstafel III B, 14.

Daran, daß es schief gehen soll. Da schlug ihn Nan-yüan. Der Mönch wollte sich die Schläge nicht gefallen lassen. Da jagte Nan-yüan ihn fort.

Später kam der Mönch in das Kollegium Yün-mēn's und erzählte dort sein Erlebnis bei Nan-yüan. Dabei ließ einer der anwesenden Mönche die Bemerkung fallen: Dem Nan-yüan war sein Stock wohl abgebrochen. Bei diesen Worten gingen dem Mönch mit einem Male die Augen auf und er sah alles ein. – Sagt mir einmal: Wo liegt denn nun der eigentliche Sinn dieser Geschichte?

Der besagte Mönch aber beschloß darauf hin, umzukehren, um Nan-yüan noch einmal zu sehen. Dieser aber war inzwischen schon in die Verwandlung eingegangen. An seiner Stelle traf er dort im Südhof Fēng-hsüä[1]. Kaum hatte er seine Verbeugung pflichtgemäß beendet, als Fēng-hsüä sagte: Du bist doch der Mönch, der seinerzeit den ehemaligen Meister über das gleichzeitige Feilen und Picken befragt hat? Der Mönch bejahte. Fēng-hsüä fragte weiter: Wie hast du es denn damals aufgefaßt? Da gab der Mönch zur Antwort: Ich war zu jener Zeit wie einer, der im Lichtschatten geht. Und Fēng-hsüä sagte nur: Du hast es begriffen.

Sagt mir einmal: Wo liegt der Sinn von alledem? Statt auf Fēng-hsüä's Frage einzugehen, sagt der Mönch einfach: Ich war zu jener Zeit wie einer, der im Lichtschatten geht. Wie kann auf das hin Fēng-hsüä zu ihm sagen: Du hast es begriffen?

Später hat auch Tsui-yän[2] diesen öffentlichen Aushang behandelt und dabei gesagt: Nan-yüan gleicht dem Feldherrn, der seinen Kriegsplan im Zelt des Generalstabs macht; das Operationsfeld liegt in weiter Ferne, seine Offiziere sind hin und her verstreut, nur ganz wenige wissen um seine Gedanken. Und Fēng-hsüä[1] selbst hat noch folgendes gesagt: Nan-yüan hätte jenem Mönch gleich in dem Augenblick, als er den Mund auftat, eins auf den Rücken geben und dann sehen sollen, wie er sich verhält.

Wenn ihr für diesen öffentlichen Aushang den richtigen Blick habt, dann werdet ihr auch sehen, was bei dem Gespräch zwischen jenem Mönch und Djing-tjing vorgegangen ist. Was meint ihr? Würde Djing-tjing wohl auch euch Grashocker schelten, oder glaubt ihr, dem entgehen zu können? Auf jeden Fall dürftet ihr jetzt verstehen, warum Hsüä-dou solche Freude daran hat, daß Djing-tjing jenen Mönch Grashocker schilt. Hört seinen Gesang!

[1] Fēng-hsüä Yän-dschau, Schüler des Bau-ying Hui-yang (oben Nan-yüan genannt), japanisch Fu-ketsu En-shô. Traditionstafel III B, 14.

[2] Tsui-yän Schou-dschï heißt nach einer anderen Wirkungsstätte gewöhnlich Da-yü Schou-dschï und gehört als Schüler Fēn-yang's in die 17. Generation der Linie III B. Nicht zu verwechseln mit dem Meister des 8. Beispiels Tsui-yän Ling-tsan.

Gesang

BEIM Buddhameister – weht besondere Hausluft.
Nimmt er dich vor, wirst du gescholten, gezwickt.
Küchlein, Henne – keines weiß von dem andern.
Wer nur wäre es denn, der zumal feilte und pickt'?
Aufgepickt, Licht erblickt!
Noch in der Schale!
Und nochmals gepickt!
Mönche im Reich, ihr verschwendet umsonst
Namen darauf und Bild.

Zwischenbemerkungen zum Gesang

»Beim Buddhameister weht besondere Hausluft.« – Es klingt uns noch in den Ohren. – Vorbild und Muster seit ältesten Zeiten. – Er wird doch nicht den alten Shâkyamuni schmähen wollen?
»Nimmt er dich vor, wirst du gescholten, gezwickt.« – Wie kommt aber jetzt der Mönch vom Berge hier [ich, Yüan-wu] dazu, sie alle an den Nüstern zu nehmen? – Acht Stockschläge gelten soviel wie dreizehn Hiebe mit der Bambusgerte [die leichteste Polizeistrafe]. – Wie stellt denn ihr euch dazu? – Er verzichtet auf einen Zug im Spiel. [Er könnte eigentlich noch einen Tadel für Djing-tjing aussprechen, daß er den Mönch viel zu mild behandelt habe.]
»Küchlein, Henne – keines weiß von dem andern.« – Wo sie schon nichts voneinander wissen, wie trifft es sich denn, daß beide zugleich beginnen, zu feilen und zu picken? –
»Wer nur wäre es denn, der zumal feilte und pickt'?« – Er zerklopft es in hundert Brocken. – Er ist sorgsam und genau wie eine alte Großmutter. – Aber gebt acht, daß ihr es nicht falsch auffaßt!
»Aufgepickt, Licht erblickt!« – Was sagt er da? – Er läßt sich auf die zweite Stufe herabfallen. –
»Noch in der Schale!« – Warum schlüpft es denn nicht heraus?
»Und nochmals gepickt!« – Das ist nicht richtig! – Er hätte zuhauen sollen! – Aus dem einen sind zwei öffentliche Aushänge geworden, drei sogar, vier sogar. [Feilen-picken, Licht erblicken, noch in der Schale, nochmals gepickt.]
»Mönche im Reich, ihr verschwendet umsonst Namen darauf und Bild.« – Sie gehen über die Sache weg. – Es hat keinen Wert, weiter davon zu reden. – Oder sollte es doch jemand geben, der Namen und Bild dafür fände? – Aber dann wäre auch der ein Grashocker. – Es liegt seit alter, alter Zeit ein Meer der Finsternis. – Sie füllt den Talweg, sperrt die Schlucht; es findet keiner durch.

Erläuterung des Gesangs

»Beim Buddhameister weht besondere Hausluft.« Mit dem einen Vers hat Hsüä-dou seinen Gesang [zum Ruhme Djing-tjing's] bereits fertig. Es ist immer dasselbe: tritt einer vor den Meister, so zeigt es sich sofort, wie schlecht es gelingt, sich ihm zu nähern. Gelingt es dennoch, so sieht man sich in einer unheimlichen Landschaft von lauter schroffen Felsen. Vermeinst du endlich, ein wenig vor ihm zu bestehen, so bist du bereits ins Gras gefallen, und auf alle deine Vorstöße und Seitensprünge rührt er kaum einen Finger.

Was Hsüä-dou hier von der besonderen Hausluft bei den Buddhameistern sagt, das gilt nicht nur für die heutige Zeit. Der alte Shâkyamuni, als neugeborenes Knäblein auf die Welt herabgekommen, hat mit der einen Hand zum Himmel, mit der andern zur Erde gedeutet, sich nach allen Windrichtungen hin umgeblickt und dann gesprochen: Über dem Himmel und unter dem Himmel bin ich allein erhaben. Und Yün-mën hat dazu gesagt: Wäre ich zu jener Zeit dabei gewesen, ich würde dieses Kind mit meinem Stock erschlagen und es den Hunden vorgeworfen haben, damit um alles diese Welt in Ruh' und Frieden weiterleben kann. Dieser Ausspruch Yün-mën's ist auf jene Worte genau der richtige Dank.

Darum gehört dieses Getriebe Feile-picke zum Hausbrauch aller alten Buddhas. Ist einer einmal auf diesen WEG gekommen, so kann er den hohen Bau ›Zum Gelben Kranich‹[1] mit einem einzigen Faustschlag in Trümmer legen und schleudert den Papageienstrand mit einem Fußtritt in die Luft. Das ist wie eine mächtige Feuersbrunst: kommst du ihr nah, verbrennt es dir die Stirn. Das ist wie das Schwert Tai-o: fuchtelst du damit herum, verlierst du Leib und Leben. Damit kann nur umgehen, wer selbst hindurchgedrungen ist in die große Freiheit und Erlöstheit. Wer auf der Suche nach dem Urgrund sich verläuft, an Worten und an Sprüchen hängen bleibt, der wird an das, was hier erzählt wird, nie herankommen.

»Nimmt er dich vor, wirst du gescholten, gezwickt.« – Hier ist der eine also Gast, der andere Hauswirt. Der eine fragt, der andere erwidert. Und in der Frage ist die Antwort schon enthalten. Darum wird gescholten und geschunden. Hsüä-dou hat von diesen Dingen eine tiefe Kenntnis. Deshalb genügen ihm diese zwei Verse zur Behandlung des öffentlichen Aushangs im Gesang.

Was dann noch weiter folgt, ist nur ein Fall ins Gras, eine Erläuterung, um das Verschlossene dem Verständnis aufzubrechen.

»Küchlein, Henne – keines weiß von dem andern. Wer nur wäre es denn, der zumal feilte und pickt'?« Die Henne ist mit ihrem Picken nicht imstande, das Küchlein zum Feilen zu bewegen. Das Küchlein vermag mit seinem Feilen ebensowenig die Henne zum Picken anzuregen. »Keines weiß von dem andern.«

In dem Augenblick, wo es zum Feilen und Picken kommt, wer nur ist es da, »der zumal feilt und pickt«? Wenn du das nun so, wie es dasteht [als Frage, die Antwort verlangt,] auffaßt, so wirst auch du erleben, daß du dich über Hsüä-dou's letzten Vers in diesem Gesang nicht hinwegsetzen kannst. Warum das? Seht einmal her, was Hsiang-yän[2] dazu sagt:

Küchlein feilt, Henne pickt.
Küchlein erwacht, Schale ist weg.
Küchlein, Henne, beide vergessens.
Folgen der Fügung, fehlen sich nicht.
Gleichen Weges, gemeinsamer Sang.
Wunder der Tiefe, ein einziger Fuß.

Man kann allerdings sagen: Hsüä-dou läßt sich ins Gras fallen. Er zieht ein richtiges Gewirr von Schlingranken auf. »Aufgepickt«, sagt er und weist damit auf die Antwort Djing-tjing's, nämlich auf dessen Frage: Hat es denn auch Leben? Dann fährt er fort: »Licht erblickt« und deutet damit auf die Antwort des Mönches: Wenn es nicht zum Leben käme, würden wir ja von den Leuten ausgelacht. Warum aber sagt er dann doch wiederum: »Noch in der Schale?« Im Moment, wo die Funken aufleuchten, trennt er hell und dunkel; noch im Zucken des Blitzes scheidet er Ansatz und Ende.
Nun sagt Djing-tjing: Du bist auch so ein Grashocker! Darauf gehen Hsüä-dou's Worte: »Nochmals gepickt«. Dahinter steckt die Kleinigkeit, die so viel Not macht; da ist sie. Djing-tjing sagt: Du bist auch so ein Grashocker! Wollt ihr das nun mit der Bemerkung erklären, Djing-tjing wechsle jenem die Augen aus [er verdamme die Bemerkung des Mönchs und gebe ihm dafür sein eigenes Urteil über ihn]? Oder will er dem Mönch damit nicht etwa sagen, er sei noch immer in der Schale drin? Da hätten wir es wieder einmal! Deutungen, die mit der Sache nichts zu tun haben! Wo wäre [in Djing-tjing's Worten oder im Gesange Hsüä-dou's] dafür ein Anhaltspunkt zu finden? Wenn ihr es aber einmal wirklich verstanden habt (nämlich Djing-tjing's ›Grashocker‹), dann könnt ihr gerne hin und her das Reich durchwandern, um [als Meister lehrend] die euch widerfahrene Gnade zu vergelten. Auch ich, der Mönch vom Berge hier, mit diesen meinen Reden, bin so ein Grashocker.

[1] Der Hochbau zum Gelben Kranich in Wu-tschang auf dem Südostufer des Yangtsekiang, von Sage umwoben, war damals ein Glanzstück chinesischer Baukunst und bietet noch heute einen herrlichen Blick über den breiten Strom auf die gegenüberliegenden Städte Han-yang und Han-kou, die Berge dahinter und vor allem auf den Papageienstrand, eine Insel im Yangtse. Von Dichtern viel besungen, von aller Welt besucht, war und ist er noch heute ein Mittelpunkt weltlichen Treibens. Vgl. die Gedichte von Li-Bo und Tsui Hau, ›Lyrik des Ostens‹, S. 296 und 304.

[2] Hsiang-yän Dschï-hsiän, japanisch Kyô-gen Chi-kan, ein Schüler des Meisters We-schan Ling-yu. Traditionstafel III B, 11.

»Mönche im Reich, ihr verschwendet umsonst Namen darauf und Bild.« – Wer sucht denn nicht nach Namen und bemüht sich um ein Bild davon? Hier kommt auch Hsüä-dou selbst mit Namen und mit Bildern nicht mehr weiter, schiebt es aber umgekehrt den andern Mönchen im Reiche zu.

Sagt mir einmal: Woran liegt es denn, daß über das, was Djing-tjing hier mit diesem Mönche tut, kein einziger Kuttenmönch im Reich hinausspringt?

Erklärungen zum Text

Djing-tjing, der Schüler Hsüä-fëng's

Der Meister Djing-tjing hatte schon als Kind eine Vorliebe für schlichte Kost, lernte bei guten Lehrern, trat mit Erlaubnis seiner Eltern in ein Kloster der nahen Stadt Fu-dschou ein, erhielt als junger Mönch den Namen Dau-fu, d. h. ›Den Weg zu Herzen nehmen‹, und begab sich nach Abschluß seiner Lehrjahre auf die Wanderung, die ihn bald zu der nordwestlich von Fu-dschou gelegenen ›Schneekuppe‹, Hsüä-fëng, führte, wo der berühmte Meister gleichen Namens (vgl. besonders Kapitel 5) ihm so starken Eindruck machte, daß er beschloß, bei ihm auf lange Zeit zu bleiben.

Eines Tages ließ Hsüä-fëng bei der Unterweisung seiner Hörer die Bemerkung fallen: »Das ist etwas ganz, ganz Feierliches, ganz Geheimes.« Da trat der Mönch Dau-fu vor und fragte: »Was ist es um dies ganz, ganz Feierliche, ganz Geheime?« Darauf erhob der Meister selbst sich feierlich von seinem Sitz und stand gerade. Streng sagte er: »Was redest du da?« Dau-fu trat voller Ehrfurcht einen Schritt zurück und blieb in andächtiger Erwartung stehen. Da ließ sich Hsüä-fëng auf ihn ein und sagte: »Ja, solch hoher Adel liegt in dieser Einen Sache, solch ein zart und dicht gesponnenes Geheimnis.« Da sagte Dau-fu: »In all den Jahren, seit ich hier bin, habe ich Euch, Ehrwürdiger, noch nie so deutlich lehren hören.« Hsüä-fëng versetzte: »Ich habe es bisher nicht gehabt; aber jetzt habe ich es. Hoffentlich bin ich dir nicht im Weg gestanden.« »Durchaus nicht, Ehrwürdiger«, erwiderte Dau-fu, »so seid Ihr stets gewesen«. Hsüä-fëng sagte: »Du hast mich dahin gebracht, solch ein Lehrer zu werden.« Von da an war es zwischen beiden ein gar inniges Verhältnis. Dann kam es noch einmal zu einer Wende. Hsüä-fëng fragte Dau-fu eines Tages: »Wo kommst du eben her?« »Von draußen«, war die Antwort. »Und wo bist du dort draußen dem Patriarchen Bodhidharma begegnet?« fragte der Meister. »Ja, wo?« gab Dau-fu zurück. Da sagte der Meister: »Dir ist noch immer nicht recht zu trauen.« Versetzte Dau-fu: »Ehrwürdiger, es wäre doch wohl besser, nicht länger solches Fett zu schmieren.« Und Hsüä-fëng stimmte bei. Von da an verkehrten sie auf gleichem Fuß, und Dau-fu nahm des Meisters Geist und Wesen immer tiefer in sich auf.

Dann ging er wieder auf die Wanderschaft, besuchte ältere Schüler seines Meisters, die bereits selbständig wirkten, und übernahm schließlich in der Stadt Schau-hsing östlich von Hang-dschou die Leitung des Zenparks »Zur Spiegelreine«, Djing-tjing (japanisch Kyôsei), nach welchem er seitdem genannt wird. Unter denen, die sich zu ihm hingezogen fühlten, waren Gelehrte, Dichter und Künstler, und der tributpflichtige Herrscher des damaligen Teilstaates, zu dem die Stadt gehörte, lud den Meister zu Vorträgen nach seiner Hauptstadt Hang-dschou ein und verlieh ihm dafür einen Ehrentitel. Ja, sein Sohn und Nachfolger holte Djing-tjing ganz weg nach Hang-dschou und übertrug ihm für die letzten Jahre seines Lebens die Leitung des Hauptklosters dieser Stadt.

In seinem Wirken hielt Djing-tjing darauf, mit seinen Schülern jenen innigen Kontakt zu pflegen, den er bei seinem Meister Hsüä-fëng selbst erfahren hatte. Seine Gedanken kreisten viel um das Geheimnis geistigen Wirkens, und als Leitbild dafür schwebte ihm der rätselhafte Einklang zwischen Bruthenne und Küchlein im Augenblick des Ausschlüpfens vor. Wenn das junge Vögelchen im Ei ausgereift ist, so gibt sich dies dem Ohr durch ein leichtes Geräusch zu erkennen. Die Chinesen deuten es auf ein »Schlürfen«. In Wirklichkeit ist dem Küchlein auf dem Schnäbelchen nur für die Zeit des Ausschlüpfens ein winziger, aber zweckdienlicher Hornaufsatz gewachsen, mit dem es von innen an der Eischale zu feilen beginnt. Für »schlürfen« sagen wir deshalb »feilen«. Noch ehe nun das Vögelchen die Schale durchgefeilt hat, kommt ihm die Brüterin entgegen und pickt das Ei von außen auf. Hinter diesem Vorgang sah Djing-tjing dasselbe Geheimnis, das zwischen Meister und Schüler im Augenblick der geistigen Zeugung wirksam ist.

Zum Hinweis, Beispiel und Gesang

Dieses Geheimnis ist denn auch das eigentliche Thema des ganzen Kapitels. Schon im Hinweis liegt der Nachdruck nicht so sehr auf dem Vorgang gleichzeitigen Feilens und Pickens als solchem, sondern auf dem unbetretbaren Gebiet, in dessen Grenzen es allein zur Wirkung kommen kann. Ganz klar wird hier das Reden vom Geheimnis als Störung eben dieser Vorgänge bezeichnet.

Von daher ist dann auch das Beispiel zu verstehen: der Wirrwarr, den der Mönch mit seiner schülerhaften, ungeschickten Ausdrucksweise anrichtet, die staunenswerte Meisterschaft, mit welcher Djing-tjing dem Schüler vortäuscht, daß er von Picken erst einmal nichts wissen will, sondern von Leben, und eben damit ihm die Eierschale aufpickt, aber auch der heimliche Triumph des nun tatsächlich ausgeschlüpften Küchleins, wie Yüan-wu dies in der Erläuterung kräftig hervorhebt. So mit einem Schlag ist von dem Mönch das Schülerhafte abgefallen, daß er im Tenor seiner ersten plumpen Frage einfach fortfahren, sich selbst damit ironisieren kann, um hinter diesem Scherz das Zarte, was inzwischen in ihm vorgegangen ist, schamhaft zu verhüllen.

Dies ist nun allerdings der Höhepunkt des Vorgangs. Aber nicht das Ende. Djing-tjing wäre kein echter Zen-Meister, wenn er nun mit dem Schüler zusammen ein Loblied anstimmte. Im Gegenteil, jetzt ist der Augenblick da, ihn zu ernüchtern. Unbarmherzig schlägt der Meister ihm die Hochgefühle nieder. Denn Geheimnis muß Geheimnis bleiben; es darf keiner sagen, er besitze es; sonst geht er gerade daran innerlich zugrunde. Darum kehrt auch Hsüä-dou im Gesang, nachdem er dem Vorgang zwischen Schüler und Meister gerecht geworden ist, zu diesem eigentlichen Thema zurück: Mönche im Reich, ihr verschwendet umsonst Namen darauf und Bild.

Siebzehntes Beispiel

Hsiang-lin zum Sinn des Kommens aus dem Westen

Hinweis

NÄGEL zerschneiden, Eisen zertrennen: das erst macht den Meister, der zum Eigentlichen führen kann. Dem Pfeil ausweichen, vor dem Schwert sich ducken: wie soll das den Kundigen geben, der in allem durch ist?
Wo sich der Meister und der Schüler ganz verstehen, bleibt zwischen beiden allerdings für keine Nadel mehr ein Spältchen. Doch sehen wir von solchen Fällen einmal ab! Wie steht es aber dann, wenn weißer Wellengischt zum Himmel schlägt? Versuchen wir's mit einem Beispiel! Sehet her!

Das Beispiel

EIN Mönch fragte Hsiang-lin: Was ist der Sinn davon, daß fern vom Westen her der Patriarch gekommen ist?
Hsiang-lin erwiderte: Vom langen Sitzen müde.

Zwischenbemerkungen zum Beispiel

»Ein Mönch fragte Hsiang-lin: Was ist der Sinn davon, daß fern vom Westen her der Patriarch gekommen?« – Das gibt den Leuten mächtig zu fragen. – Geht die Geschichte denn noch immer um?
»Hsiang-lin erwiderte: Vom langen Sitzen müde.« – Schwimmt der Fisch, trübt er das Wasser. Fliegt der Vogel, läßt er Federn fallen. – Halte er doch den Mund! – Könnerauge! – Er sägt vom Waagbalken das Laufgewicht ab!

Erläuterung zum Beispiel

Hsiang-lin sagt: »Vom langen Sitzen müde.« Versteht ihr es denn? Wenn einer es verstehen sollte, dann ruht für ihn der Streit von Schild und Speer über den Halmen der hundert Arten Gräser des Feldes. Wiederum, sollte einer es nicht verstehen, der höre vorgebeugt die Schlichtung.
Wenn einer von den Alten sich auf Wanderschaft begab, schloß er Verbindungen und las sich Freunde aus. So gingen sie zusammen, wurden Weggenossen, und schlugen sich durchs hohe Gras hindurch, um dann

zu einem Meister aufzuschauen und seinen Geist und Hausbrauch in sich aufzunehmen. Es war damals die Zeit, wo Yün-mën auf der Höhe seines Menschen verwandelnden Wirkens stand, fern im Süden, in der Provinz Kwangtung. So machte Hsiang-lin sich aus seiner Heimat Schu zur weiten Wanderung auf, zur selben Zeit wie Djing-tjing (16. Beispiel), besuchte erst den Meister Bau-tsï in Hunan, kam später bis zu Yün-mën, trat in dessen Schulgemeinde ein und machte bei ihm achtzehn Jahre lang den Famulus. In dieser Zeit bei Yün-mën vernahm und hörte er aus nächster Nähe, und wenn ihm gleich das richtige Verständnis erst spät aufgegangen ist, so schlug es doch in seinem Wesen um so stärkere Wurzeln.

In diesen achtzehn Jahren bald links, bald rechts an Yün-mën's Seite, rief dieser ihm nur immer zu: Aufwärter Yüan! Sobald er dann zurückrief: Ja! fuhr ihn der Meister an: Was soll das heißen? Hsiang-lin brachte dann auch irgend etwas vor, was seine Meinung aussprach. Doch strengte er dabei ganz unnötig die Verstandeskräfte an, so daß es zwischen ihm und Yün-mën zu keinem reinlichen Zusammenklingen kam. Eines Tages aber erklärte er auf einmal: Ich habe es begriffen. Yün-mën erwiderte: Warum sagst du mir das nicht mit einem Wort, das aus der Höhe kommt? So blieb er noch drei weitere Jahre, und wenn Yün-mën in dieser Zeit in seinem Zimmer, wo die Schüler ihn befragen durften, seine geisterfüllten Sprüche fallen ließ, so hatte er es dabei zu einem guten Teil auf diesen Yüan, den Famulus, abgesehen, um ihn je nach Bedarf in alles einzuführen, was ihm nottat. Und immer, wenn Yün-mën ein Wort, ein Diktum hatte, so wurde es bestimmt von Yüan, dem Famulus, heimlich notiert und aufbewahrt.

Später kehrte er nach Schu zurück. Erst übernahm er den ›Kristallpalast‹ in Dau-djing, darnach das Kloster ›zum Düftewald‹, Hsiang-lin, bei Grünburg (Tjing-tschëng). Der spätere Meister Dschï-mën, aus Tschekiang gebürtig, hörte dort so viel von Hsiang-lin's Wirksamkeit, daß er sich auf die Reise machte, um ihn im fernen Schu verehrend zu besuchen. Dieser Dschï-mën wurde dann der Lehrer Hsüä-dou's, der unsre hundert Beispiele gesammelt und die Gesänge dazu gedichtet hat. Es sind aus Yün-mën's Schule Meister ohne Zahl hervorgegangen. Doch heutzutage steht nur die von Hsiang-lin abgestammte Gruppe noch in hoher Blüte. Nach Sïtschuan zurückgekehrt, wirkte Hsiang-lin vierzig Jahre lang und ging mit achtzig in die Verwandlung ein. Damals tat er den Ausspruch: Vierzig Jahre schlage ich zu einem Blatt zusammen.

Zur Unterweisung seiner Jüngerschar sagte er gerne: Wer irgend wandern will, um Meister aufzusuchen und von ihnen zu lernen, der muß dazu seine Augen mitnehmen, muß hell und dunkel unterscheiden und sehen können, wo es seicht ist und wo tief; nur so wird er den rechten Meister finden. Und dann muß er vor allem andern seinen Entschluß fürs Leben fassen. Auch bei dem alten Meister vom Geschlecht der Shâkyas war, solange er im Ursprungsland der Buddhalehre wirkte, ein jedes

Wort und jeder einzelne Gedanke nur dem Entschluß entsprungen, den er als junger Mann unter dem Baum der Erleuchtung gefaßt hatte.
Nach Übernahme seines Amtes fragte ihn einmal ein Mönch: Wie steht es mit dem Ampellicht im Zimmer? [Er meint das innere Licht des Meisters und möchte davon eine Probe sehen.] Hsiang-lin erwiderte: Wenn ihrer drei eine Meerschildkröte begutachten, wird eine Landschildkröte daraus. Wieder einer fragte: Was ist es mit dem Ding unter der Kutte? [Das heißt: Was ist jenes Eigentliche, Ursprüngliche, das der Zen-Mönch sucht?] Hsiang-lin erwiderte: Gegen Ende des Jahres verbrennt das Feuer den Berg. [Vor dem ersten Schneefall brennen die Bauern das Gras an den Berghängen ab, damit im Frühjahr die nahrhaften und wohlschmeckenden Keime der Farnkräuter um so kräftiger ansetzen.]
Die Frage nach dem Sinn des Auftretens unseres Patriarchen ist seit alter Zeit überaus häufig [gestellt und von den Meistern] beantwortet worden. Aber nur diese eine Antwort von Hsiang-lin schneidet allen Menschen unter dem Himmel die Zunge ab. Da bleibt keine Stelle, an der du mit deinem Räsonnement ansetzen könntest, um eine vernünftige Doktrin herauszubringen. Der Mönch fragt: Was ist der Sinn davon, daß fern vom Westen her der Patriarch gekommen ist? Und Hsiang-lin gibt zur Antwort: Vom langen Sitzen müde! Da kann man nur sagen: Eine Rede, in der weder das einzelne Wort noch das ganze Sätzchen irgendeinen Geschmack gibt. Sie verschließt den Menschen einfach den Mund. Sie verschlägt dir den Atem.
Willst du sehen, so sieh hin! Wenn du es nicht siehst, dann nur um alles nicht erklären wollen. Hsiang-lin kommt von der Begegnung mit dem gewiegten Könner Yün-mën her. Darum verfügt er über dessen Künste. In seinen Aussprüchen klingt jene dreifache Aussage an, die Yün-mën von einem Meisterworte fordert [es soll die ganze Welt umfassen, soll sich dem Wellenschlag anschmiegen und soll dem Frager alle Ströme seines Denkens abschneiden][1].
Die meisten Leute mißverstehen es und sagen: ‚Nachdem der Patriarch vom fernen Westen her in unser Land gekommen ist, saß er neun Jahre lang vor einer Wand in der Versenkung. Wie sollte er da nicht vom langen Sitzen müde geworden sein!' Wo böte Hsiang-lin's Wort für so was einen Anhaltspunkt! Die Leute sehen nicht die überlegene Meisterschaft, die jenen Alten eigen ist. Dieser Hsiang-lin steht mit seinen Füßen auf dem Boden praktischer Erfahrung. Er hat nicht weiß nicht wieviel Theorien und Doktrinen über Buddha und den Dharma. Er handelt nach der Forderung des Augenblicks, so wie es heißt: Gesetz übt man gesetzgemäß, und stets pflanzt man die Fahne des Gesetzes nach der Art des Ortes auf. In dieser Windrichtung bläst denn auch Hsüä-dou in seinem Gesang das Feuer weiter an.

[1] Vgl. die Erläuterung zum 14. Beispiel, S. 272.

Gesang

Einem, zweien, Tausenden, Millionen gar
bindet er den Maulkorb los, hebt die Traglast ab.
Rechtsum, linksum hinterher laufen, bringt den Stock,
den Dsï-hu der Liu, dem Mühlstein, einst zu fühlen gab.

Zwischenbemerkungen zum Gesang

»Einem, zweien, Tausenden, Millionen gar.« – Warum halten sie sich nicht daran und üben es? – Wie Hanf- und Hirsesamen [d. h. wie der Sand am Meer]. – Was hilft es aber, wenn sie Herden bilden und sich zusammenrotten?

»Bindet er den Maulkorb los, hebt die Traglast ab.« – Aber von heute ab will und muß ich frei und ledig sein! – Habt ihr nun Ruhe oder nicht?

»Rechtsum, linksum hinterher laufen, bringt den Stock.« – Es geht noch nicht recht mit der Selbstbefreiung. – Schatten von Schatten, Schall von Schall! – Dann also Hiebe!

»Den Dsï-hu der Liu, dem Mühlstein, einst zu fühlen gab.« – Mir altem Mönch würde dabei der Stock abbrechen. – Ich werde diesen Befehl durchaus nicht befolgen. – Das heißt ja doch, den Bogen erst dann spannen, wenn der Räuber weg ist. – Aufgepaßt!

Erläuterung des Gesangs

Hsüä-dou ist geradezu wie einer, der aus dem Feuerstein Funken schlägt, wie das Leuchten eines zuckenden Blitzes. So legt er los und zeigt es dir. Man merkt den geistigen Enkel aus der Schule Hsiang-lin's. Darum vermag er so zu reden. Ihr müßt es einfach auf euch wirken lassen; dann werdet ihr es auch verstehen.

»Einem, zweien, Tausenden, Millionen gar
bindet er den Maulkorb los, hebt die Traglast ab.«

Frei und leicht, los und ledig! Hier hat aus dem ganzen Kreislauf von Geburt und Tod nichts mehr abgefärbt, hier bindet kein gefühlsbestimmtes Vorurteil, das an dem Unterschied von heilig und gewöhnlich hängen bleibt. Da ist nach oben kein Sichklammern und kein Augenaufschlag. Da bleibt nach unten nichts von Ich und eigener Person. Das ist genauso, wie die beiden, Hsiang-lin und Hsüä-dou, selber sind. Und warum sollten so nur Millionen sein? Das trifft die Menschen auf der ganzen weiten Erde. So sind sie alle samt und sonders, die Buddhas, die es schon geworden sind, die Buddhas, die es einmal werden. Jawohl, sie alle sind von dieser Art.

Wenn nun einer etwa am Wortlaut Hsiang-lin's hängen bleibt und daran deutelt, dann »bringt ihm das den Stock, den Dsï-hu der Liu, dem Mühlstein, einst zu fühlen gab«. In der Tat, eigentlich hätte Hsiang-lin den Mönch auf dessen Frage hin im gleichen Takt mit seiner Antwort hauen sollen.

Der Meister Dsï-hu war bei Nan-tjüan in die Schule gegangen, war also ein Mitschüler von Dschau-dschou [s. Beispiel 2 und 9] und von Tsën[1], dem ›schleichenden Ungeheuer‹ [ein chinesischer Beiname des Tigers]. Es war zu der Zeit, als die Nonne Liu, der Eiserne Mühlstein, am Fuß des We-schan ihre Klause gebaut hatte. Wer auch immer mit ihr zu tun hatte, es kam keiner gegen sie auf. Eines Tages faßte Dsï-hu seinen Entschluß, suchte sie auf und sagte zu ihr: Das ist doch die Liu, der Eiserne Mühlstein, oder nicht? Zu viel der Ehre, erwiderte die Nonne. Dsï-hu fragte weiter: Dreht er sich links herum oder rechts? Der Mühlstein sagte: Herr Abt, stellt nicht die Dinge auf den Kopf! [Will sagen: Ihr seid der Worteklauber und nicht ich.] Im gleichen Takt mit ihren Worten bearbeitete ihr Dsï-hu den Rücken mit dem Stock.

Der Mönch fragt: Was ist der Sinn davon, daß fern vom Westen her der Patriarch gekommen ist. Hsiang-lin hält ihm entgegen: Vom langen Sitzen müde. Wenn ihr das einfach so auffaßt [wie es wörtlich dasteht], dann gilt es auch von euch: Rechtsum, linksum lauft ihr alle hinter andern her. Nun sagt einmal: Was meint also Hsüä-dou mit diesem Gesang?

1 Tschang-scha Djing-tsën, gest. 868, japanisch: Chô-sha Kei-shin. Trt III B 10 g.

Erklärungen zum Text

Zu Yüan-wu's Hinweis

Die Art, zu denken und zu reden, in der wir aufgewachsen sind, hält uns so fest in ihrem Bann, als wären wir mit Nägeln an die Wand geschlagen oder säßen in Ketten gefesselt. Sie aber ist es, die uns hindert, uns selbst im wahren Licht zu sehen. Denn sie sieht immer nur nach außen, sie interessiert sich nur für Gegenstände. Von ihr den Schüler zu befreien, das ist des Meisters ständiges Bemühen. Aber nicht jeder vermag es; nicht jeder ist wirklich ein Meister. Dazu gehört ein Schwert, das muß er so führen können, daß es Nägel zerhaut, als wären sie Luft, und Eisen zerteilt wie Nebel.

Der japanische Schwertkünstler stellt eine Strohpuppe frei auf den Tisch, holt mit der blanken Schneide aus und läßt sie wie einen Blitz schräg durch den Leib der Puppe sausen, so daß der Rumpf vollkommen unverrückt an seinem Orte stehen bleibt und nur die Schulter mit dem Kopf abgleitet, als wäre sie schon immer nur leicht aufgesetzt gewesen. Da wird nicht plump und klotzig draufgehauen, das geht nur wie ein Blitzstreich durch die Luft. Was aber darin an geballter Wucht gespeichert ist und welch ungeheure Übung es kostet, die Kräfte so zu sammeln, daß sie in diesen einen Streich sich zwingen lassen, das kann, wer es nicht selbst versucht, nur ahnen.

Genauso ist es mit der Kunst des Meisters. Er sammelt seine Kraft in der Versenkung, er ruht im Grunde der geheimen Stille, und wenn dann eine Frage an ihn kommt, die, wie alle Fragen, auf dem Boden gegenständlichen Denkens gewachsen ist, dann steigt aus seinem tieferen Grund ein Wort hervor, nichtssagend scheinbar oder sogar sinnlos, das aber jene eisenharte Schicht des Denkens glatt durchschneidet und in den tieferen Grund des Fragers selbst hineinzielt, ja ihm von da aus dann auch seine Frage löst, nur in ganz anderem Sinn, als er erwartet hatte.

Vom Schüler freilich fordert das, daß er dem Schwert des Meisters standhält, ohne auszuweichen. Erst wenn er sich hat treffen lassen, wird er mit dem Meister eines Sinns. Dann bedarf es zwischen beiden keiner Auseinandersetzung mehr. Da findet selbst die feinste Nadel keinen Spalt. Das ist, mit einem andern Bild gesagt, wie wenn der blaue Himmel in der blauen See sich spiegelt. Wo aber das gewohnte Denken noch regiert, da schlagen Gegensätze ständig aneinander, da gebiert jede Frage eine neue: das ist, wie weißer Wellengischt zum Himmel schlägt. Und damit muß der echte Meister fertig werden.

Hsiang-lin, der Schüler Yün-mën's

Hsiang-lin[1], der uns nun als Beispiel eines echten Meisters vorgeführt wird, stammte aus dem Innern Chinas, der alten Landschaft Schu, die heute Sï-tschuan heißt. Die Kunde von berühmten Meistern, die in

Mittel- und Südchina wirkten, ließ ihm keine Ruhe, bis er sich entschloß, die weite Wanderung anzutreten, die wohl 1500 Kilometer betragen mochte. Der Name Tschëng-yüan, ›Klare Ferne‹, den er als Mönch erhielt, ist wohl als Ausdruck dieser Sehnsucht zu verstehen. Nach einem Aufenthalt in Hunan kam er schließlich in die südliche Provinz Kwangtung, wo auf dem Wolkentorberg, Yün-mën-schan, der geistesmächtige Yün-mën wirkte. Von seinem jahrelangen Dienst bei diesem als ›Aufwärter Yüan‹ berichteten wir schon in Kapitel 6, und Yüan-wu's Erläuterung berichtet darüber noch mehr. An ihm bewährte sich das Sprichwort »Gut Ding braucht lang Weil«. Nachdem er endlich die Bestätigung des Meisters erlangt hatte, kehrte er ins ferne Schu zurück und übernahm nach einiger Zeit das Kloster ›zum Düftewald‹, Hsiang-lin, wo er noch vier Jahrzehnte wirkte, bis er mit achtzig Jahren starb. Es fehlen über ihn genaue Zeitangaben, doch nimmt man an, daß er nach der Periode der Zerrissenheit die Anfänge des großen Sung-Reichs (seit 960) noch erlebte. Unter den vielen Jüngern Yün-mën's gilt er als einer der bedeutendsten, wenn nicht der erste selbst.

Über Hsiang-lin's Ende erzählt ein Bericht aus dem 12. Jahrhundert noch folgende Einzelheit: Als Hsiang-lin im Begriff war, in die Stille einzugehen, besuchte er den Präfekten des Bezirks, den Fürsten Sung, bedankte sich bei ihm für seine langjährige Anhänglichkeit und alle dem Kloster erwiesenen Wohltaten und bat um seinen Abschied, da er sich entschlossen habe, nun wieder auf die Wanderschaft zu gehen. In der Umgebung des Fürsten ließ ein Beamter die Bemerkung fallen: Der ehrwürdige Herr Abt ist wohl nicht recht im Kopf und altersschwach geworden. Wer wird sich wohl mit achtzig Jahren noch auf Wanderschaft begeben? Der Fürst aber nahm Hsiang-lin in Schutz: Heilige und Weise dieser Art seien nicht mit gewöhnlichem Maßstab zu messen: man könne über sie nicht leicht ein Urteil fällen. Er ließ es sich nicht nehmen, den greisen Meister hinauszubegleiten und höflich zu verabschieden. Hierauf kehrte Hsiang-lin in sein Kloster zurück, versammelte die ganze Schar der Mönche in der Vortragshalle, setzte sich auf seinen Sessel und erklärte: Der alte Mönch hier – vierzig Jahre nun schlägt er zu einem Blatt zusammen. Im selben Augenblick ging Hsiang-lin schmerzlos und friedlich in die Verwandlung über.

Zum Verständnis des Beispiels

»Der Sinn davon, daß fern vom Westen her der Patriarch gekommen ist« – das war zu Hsiang-lin's Zeit bereits die festgeprägte Formel für ein Problem, das irgend einmal jeden, der bei einem Zen-Meister lernte, stark beschäftigt haben muß. Es hieß deshalb auch abgekürzt ›Der Sinn

[1] Hsiang-lin Tschëng-yüan; japanisch Kô-rin Chô-on; Traditionstafel III A, 14.

des Kommens aus dem Westen‹, wie die Überschrift es gibt. Man hat die Meisterberichte daraufhin durchgesehen und gefunden, daß ungefähr 220 Schüler erwähnt sind, welche diese Frage einmal stellten, und daß die Antwort, die der Meister gab, in jedem Falle wieder anders lautete. Es ist für uns nur nicht ganz einfach, zu erfassen, in welchem Sinn sich eben diese Frage jenen Mönchen stellte. Wir sind, als eingefleischte Theoretiker, zunächst geneigt, sie irgendwie historisch zu verstehen, ähnlich wie wir etwa nach der Bedeutung des Meisters Eckehart für die Geschichte der Kirche fragen, oder aber im Sinn einer Konfessionslehre: Worin besteht der Unterschied der Zen-Sekte von andern buddhistischen Sekten? Das wäre jedoch kaum zur Hälfte richtig.
Wir machen uns von den sogenannten Sekten des chinesischen Buddhismus leicht verkehrte Vorstellungen, als habe dort eine ähnlich scharfe Scheidung der Konfessionen bestanden, wie wir sie infolge der Nachwirkungen des römischen Imperiums auf europäischem Boden haben. Der Name Zen, modern chinesisch Tschan, war nie im gleichen Sinn ein Aushängeschild wie bei uns etwa die Worte katholisch oder protestantisch. Wie schon in Indien, so lehrten auch in den chinesischen Klöstern die Meister hin und her frei nach ihrer Art, und wer zu ihnen kam, der suchte, wenn er es ehrlich meinte, nicht diese oder jene Sonderlehre, sondern schlicht den Weg des Buddha. Zen oder Tschan, d. h. die Dhyâna-Übung stillen Sitzens in Versenkung, war obendrein durchaus nicht etwa auf die Zen-Klöster beschränkt, war nicht ein Sektenmonopol. War es doch urbuddhistisch und daher schon lange, ehe Bodhidharma kam, in den chinesischen Klöstern Brauch. Die Meister der Scholastik pflegten es, die des sakramentalen Rituals nicht minder, und erst recht die strengen Lehrer mönchischer Zucht und Übung.
Der Unterschied war nur, daß die sogenannten Zen-Klöster diese Übung nicht als eine neben andern behandelten, sondern als die überragende Hauptsache, und daß sie in der Übung nicht die Gedanken auf bestimmte Gegenstände, Wahrheiten oder Dogmen richteten, d. h. nicht über etwas meditierten, sondern im Gegenteil versuchten, sich aller solcher Gedanken, die doch immer auf das Haften an etwas Endlichem, Begrenztem hinauslaufen, zu entschlagen und leer zu werden für das Eigentliche, das Eine Große, das kein Gedanke fassen kann. In diesem Sinn erhielt denn freilich auch der Name Zen seinen besonderen Ton und schließlich unterscheidende Bedeutung.
Für dieses Zen, für diese neue, ganz besondere Wertschätzung und innerlichste Auffassung des Dhyâna, beriefen sie sich auf den Inder Bodhidharma als Träger der geheimsten, wahrsten Überlieferung des Buddha. Er war für sie schlechthin ›der Patriarch‹. Seine Gestalt hatte in ihrer Erinnerung längst feste, sogar einseitig starre Züge angenommen. Er war der rätselhafte Heilige, der, anstatt wie andere Sendlinge aus dem Westen, Sutren zu übersetzen und zu lehren, sich nach dem ergebnislosen Treffen mit dem Kaiser Wu von Liang in das Schau-lin-Kloster auf dem Sung-

schan zurückzog, um hier neun Jahre lang in der Versenkung zu sitzen und dem einzigen, der ihm dessen würdig schien, dem Mönche Hui-ko, das Siegel des Geistes weiterzugeben. Den Sinn dieser seiner Sendung hat Yüan-wu schon in der Erläuterung zum ersten Beispiel dieser Sammlung ausgesprochen: »Er richtet keinen Schriftbuchstaben auf. Er weist mit ausgestrecktem Finger auf das Herz des Menschen, daß er im Anblick seiner innersten Natur zum Buddha werde.«

Dieses Bild des Patriarchen und diese Deutung seines Auftretens waren den Zen-Beflissenen also längst vertraut, und wenn ein anderer sie gefragt hätte, worin eigentlich das Besondere ihres Zen bestehe, so würden sie eben mit dem Hinweis auf diesen ihren Patriarchen geantwortet haben.

Aber ein anderes ist das Wissen um überlieferte Erinnerungen, ein anderes das eigene Erleben. Bei denen, die es ernst mit ihrem Streben nahmen, kam ein Augenblick, in welchem ihnen aufging, daß, was sie von dem Patriarchen und seiner Sendung gehört hatten, auch nur eine Hülle war, unter der sich unergründete Tiefen zu verbergen schienen. Das Zen, in dessen Luft sie lebten, wurde ihnen nun erst richtig zum Problem. Und dieses nahm die Form der Frage an: Was ist nun eigentlich das Geheimnis, das unser Patriarch von Indien nach China mitgebracht hat? Worin liegt das Besondere seiner Botschaft?

Es ging also bei dieser Frage um den Kern, ganz ähnlich wie bei der uns schon bekannten nach dem Buddha. Gilt dies schon von dem Schüler, der die Frage stellt, dann erst recht für den Meister, der an gar nichts anderes denkt, als wie er jenem den Geschmack des Kerns zu kosten geben kann.

Wie greift es nun der alte Hsiang-lin an? Was soll er über den Sinn der Botschaft des Patriarchen noch viel sagen, wo jedes Zen-Kloster im Land, das eigene eingeschlossen, von dieser alten Geschichte voll ist? Die Antwort kommt ihm nicht aus langer Überlegung. Sie kommt von selbst, wie er sich seinen Frager ansieht. Der Patriarch, der kam, um jeden von dem Gegenstand, an dem er haftet, freizumachen, der ist für diesen jungen Mönch gerade selbst der Gegenstand, über welchen er nicht wegkommt. Was willst du denn von dem? Du weißt doch, wie er dagesessen hat vor jener Wand im Schau-lin-Kloster, und weißt, wie langes Sitzen müde macht. Und in der Vorstellung, die wir seitdem von ihm haben, da sitzt er noch viel länger, sitzt und sitzt. Merkst du denn nicht, daß er davon schon längst genug hat? Komm, laß den armen müden Mann in Ruhe!

Zum Überfluß ist dieser Ausdruck ›Vom langen Sitzen müde‹ in den Zen-Klöstern die übliche Formel, mit der sich der vortragende Meister am Schluß seiner Lehrrede von den Hörern verabschiedet, ähnlich wie bei uns ein Redner etwa für die Länge seines Vortrags sich entschuldigt oder der Versammlung für ihr geduldiges Ausharren dankt. Er klingt vielleicht in Hsiang-lin's Mund von vornherein schon wie ein Abschieds-

gruß, eine Aufforderung an den Frager, den Patriarchen seine Wege gehen zu lassen. Doch ist nicht sicher auszumachen, seit wann er diesen Nebensinn deutlich besitzt. Die Antwort Hsiang-lin's spricht auf jeden Fall das, was sie meint, verhüllt aus, nicht mit nackten Worten. Sie läßt dem Frager Zeit, darüber nachzudenken, und lenkt ihn eben damit auf sich selbst zurück, also dorthin, wo er allein das finden kann, was er bei Bodhidharma sucht. Sie gleicht der Antwort Dung-schan's auf die Buddhafrage: Drei Pfund Hanf, oder der des Fa-yän: Du bist Hui-tschau.
Zum Schluß fügen wir noch einige Worte des japanischen Meisters Fû-gwai an, der in der ersten Hälfte des 19. Jahrhunderts gelehrt hat: Dieses Problem, sagt er, sieht so aus, als wäre daran nichts Besonderes. Aber es hat seinen guten Sinn, daß Hsüä-dou und Yüan-wu es an dieser Stelle bringen. Die Frage nach dem Sinn des Kommens unseres Patriarchen haben Unzählige gestellt. Aber dieser Mönch hier ist kein gewöhnlicher Frager. Deshalb hat es auch der alte Meister schwer, der Frage zu begegnen. Aber nun zeigt sich der echte Hsiang-lin. ›Vom langen Sitzen müde!‹ Als kampfgeübter Fechter erledigt ers mit Leichtigkeit. Hat er nun die Frage nach dem Sinn des Kommens unseres Patriarchen beantwortet oder nicht? Oder worauf hat er geantwortet? Er führt in der Tat ein Meisterschwert. Auf der Stelle haut er Nägel durch und schneidet Eisen . . . Dieses ›Vom langen Sitzen müde‹ ist wert, daß man es immer wieder vornimmt und sich daran übt.

Zum Gesang

»Einem, zweien, Tausenden, Millionen gar bindet er den Maulkorb los, hebt die Traglast ab.« – Als Kaiser Wu von Liang den Inder Bodhidharma nach dem »höchsten Sinn der heiligen Wahrheit« fragte, gab dieser ihm die Antwort: Offene Weite, nichts von heilig. Aus diesem Ort der Freiheit stammt auch Hsiang-lin's Wort: Vom langen Sitzen müde. Darum wohnt diesem Worte selbst die Kraft der Freiheit inne. Es zerschneidet Eisenketten, hieß es oben. Hier ist das Bild vom Lastpferd hergenommen, dem man in China noch dazu den Maulkorb anlegt. Und diese innerlichste Freiheit wird nicht nur jenem Frager zuteil. Im höchsten Sinne gesehen tut jenes Meisterwort denselben Dienst an allen. Denn es bestätigt nur, was jeder Mensch im tiefsten Grund von jeher ist. Traglast und Maulkorb sind dem Pferde etwas Fremdes. Und so ist alles, was wir meinen zu besitzen, nicht wir selbst. Vom Buddha wird der Ausspruch überliefert: Ich bin gewordener Buddha; ihr seid werdende Buddhas. Daß freilich zwischen Sein und Werden die große Kluft befestigt ist, die Kampf und Leid des Daseins ausmacht, darauf weist Yüan-wu mit seinen eingeworfenen Sätzen deutlich hin.
›Rechtsum, linksum hinterher laufen‹ ist ein Bild der Unselbständigkeit. Unselbständig aber ist im Sinn des Zen nicht nur der, der andern nach-

läuft, auf die Worte eines Meisters schwört und ohne Anschluß an irgendeine Herde oder Rotte, wie es Yüan-wu nennt, nicht leben kann. Unselbständig ist auch, wer von Worten und Begriffen, die ihm andere entgegentragen, nicht loskommt, wer an Widersprüchen zwischen dem, was dieser und was jener Meister sagt, hängenbleibt und Sutrenverse gegeneinander ausspielt. Auch der Wortklauber läuft andern ›rechtsum, linksum‹ hinterdrein und gibt die große Freiheit preis.

»... bringt den Stock, den Dsï-hu der Liu, dem Mühlstein einst zu fühlen gab.« Hsüä-dou nennt hier als ein Musterbeispiel die streitbare Nonne Liu, die zur Zeit des Meisters We-schan (siehe 4. Beispiel) am Fuß des We-Gebirges ihre Klause hatte und von den Zen-Mönchen gefürchtet war, weil sie jede Behauptung eines andern aufgriff, um daraus einen Streit zu machen, in dem sie unbedingt das letzte Wort behielt. Die Unerbittlichkeit, mit der sie jede fremde Meinung zu zermalmen liebte, trug ihr den Beinamen Tiä-mo ein, d. h. der Eiserne Mühlstein. Wie We-schan mit ihr fertig wurde, wird sich im 24. Kapitel zeigen. Hier ist auf einen andern Meister angespielt, der, rascheren Temperamentes als der ruhige We-schan, den Eisernen Mühlstein mit dem Stock traktierte. Er ist unter dem Namen Dsï-hu[1] bekannt und stammte eigentlich aus Nordchina, wo er seine Laufbahn als Mönch in der Gegend des heutigen Peking begonnen hatte. Von dort war er an den Yangtsekiang gewandert, um in Tschï-dschou bei dem bedeutenden Nan-tjüan, einem Schüler des Großmeisters Ma, zu lernen, und hatte sich dann in der Provinz Tschekiang am Oberlauf des Flusses, der bei Hang-dschou mündet, auf dem sogenannten Roßtrappenberg eine Binsenhütte geflochten, um hier als Einsiedler zu leben. Trotz seiner rauhen Art gewann er bald Verehrer, und ein alter Grundbesitzer der Gegend schenkte ihm den kleinen See Dsï-hu, der am Fuß des Roßtrappenberges lag. Im Jahr 839 konnte er dort ein Zenkloster einrichten und wandernde Mönche aufnehmen. Man erzählt von ihm, er habe für die Eintretenden eine Warnungstafel aufgestellt, auf der geschrieben stand: »Am Dsï-hu haust ein Hund. Oben nimmt er den Leuten den Kopf, in der Mitte das Herz, unten die Füße. Wer lange sich besinnt und disputiert, verliert hier Leib und Leben.« Einmal fragte ihn ein Mönch, wo denn der Hund vom See zu sehen sei. Da bellte er ihn an: gwau, gwau! Zwei Mönche aus der Schule Lin-dji's kamen zu Besuch, als er auf seinem Sitz hinter einem Rohrvorhang saß. Da rollte er den Vorhang auf und sagte: Da seht ihr den Hund. Die Art, wie er der Nonne Liu, dem Eisenmühlstein, das Worteklauben austrieb, liegt ganz auf dieser Linie.

[1] Dsï-hu Li-dsung, bis 880; japanisch Shi-ko Ri-shô; Traditionstafel III B, 10.

Achtzehntes Beispiel

Der Landesmeister Dschung und seine nahtlose Pagode

Das Beispiel

Wir legen vor:

DER Kaiser Su-dsung [eine Verwechslung: eigentlich war es Dai-dsung] fragte den Landesmeister Dschung: Was soll nach hundert Jahren sein?
Der Landesmeister erwiderte: Baue dem alten Mönch eine nahtlose Pagode!
Der Kaiser sagte: Bitte, Meister, den Plan dazu!
Der Landesmeister hielt eine gute Weile an sich. Schließlich fragte er: Hast du es begriffen?
Der Kaiser verneinte: Ich verstehe nicht.
Da sagte der Landesmeister: Ich habe einen Schüler namens Dan-yüan, dem ich das GESETZ übertragen habe. Der kann dir den Plan auswendig hersagen. Bitte, laß doch den einmal kommen und befrage ihn.
Nachdem der Landesmeister in die Verwandlung eingegangen war, ließ der Kaiser Dan-yüan kommen und fragte ihn, wie das mit der nahtlosen Pagode gemeint war.

Dan-yüan antwortete:
Von Hsiang steht sie im Süden,
von Tan reicht sie nach Nord.
Hsüä-dou bemerkt hierzu: Eine Hand allein ins Blaue klatscht nicht.
Ist lautres Gold darin und füllt
das Reich von Ort zu Ort.
Hsüä-dou bemerkt hierzu: Ein Stock Naturholz frisch vom Bergwald.
Unter schattenlosem Baum
ein Schiff, nimmt alle mit.
Hsüä-dou bemerkt hierzu: Die Meere ruhig, die Ströme rein.
Im Glassaal oben wissen sie
von Meistern nicht ein Wort.
Hsüä-dou bemerkt hierzu: Und damit hat er es erschöpft.

»Der Kaiser Su-dsung (eigentlich war es Dai-dsung) fragte den Landesmeister Dschung: Was soll, Landesmeister, nach hundert Jahren sein?« Er kratzt sich im voraus und wartet, bis es juckt. – Wahrhaftig, er heckt Pläne aus, entwirft Modelle. – Das ist nun die Beschäftigung alter und gewichtiger Männer! – Aber keinesfalls darf man nach Westen deuten und den Osten daraus machen. [Mindestens muß der Landesmeister dem Kaiser eine Antwort geben, die dem Sinn seiner Frage entspricht. In Wirklichkeit wird er aber das Gegenteil davon tun.]
»Der Landesmeister erwiderte: Baue dem alten Mönch eine nahtlose Pagode!« – Das läßt sich ja gar nicht greifen!
»Der Kaiser sagte: Bitte, Meister, den Plan dazu!« – Ein guter Hieb!
»Der Landesmeister hielt eine gute Weile an sich. Schließlich fragte er: Hast du's begriffen?« – Je länger einer im Gefängnis sitzt, um so reicher wird er auch an Listen. – Da haben wir's! Er deutet nach Osten und macht Pläne für den Westen; er macht aus Süden Nord. – Da habt ihr's! Er läßt die Mundwinkel wie zwei Plakatstreifen herunterhängen.
»Der Kaiser verneinte: Ich verstehe nicht.« – Ein Glück, daß er ihn nicht versteht. – Eigentlich sollte er in diesem Augenblick dem Landesmeister nochmals einen Hieb versetzen, der ihm den Mund mit Reif stopfen würde; dann käme er an das eigentlich Richtige schon ein klein wenig heran.
»Da sagte der Landesmeister: Ich habe einen Schüler mit Namen Dan-yüan, dem ich das GESETZ übertragen habe. Der kann dir den Plan auswendig hersagen. Bitte, laß ihn doch einmal kommen und befrage ihn!« – Er kann froh sein, daß ihn der Kaiser wenigstens nicht mitsamt seinem Meistersessel umstößt. – Warum gibt er jenem [der Meister dem Kaiser] nicht das richtige Futter zu fressen? [Nämlich Stock und Schelte.) – Er täte besser daran, ihn nicht noch zu beschmieren! [Wenn der Kaiser nicht versteht und der Meister ihm nicht helfen kann, dann lasse er den Kaiser in Ruhe und das Geheimnis der Pagode unangetastet.] – Er verzichtet auf einen Zug im Spiel. [Anstatt um der Sache willen schroff und unnahbar zu bleiben, läßt er sich dazu herab, den Kaiser zu vertrösten.]
»Nachdem der Landesmeister in die Verwandlung eingegangen war.« – Schade!
»Ließ der Kaiser Dan-yüan kommen und fragte ihn, wie das mit der nahtlosen Pagode gemeint war.« – Dachte ich mir's doch! Nun schaut er richtig auf das Sternchen am Waagbalken anstatt auf das Laufgewicht! [Anstatt dem eigentlichen Sinn der Bitte des Landesmeisters nachzudenken, befolgt er wörtlich dessen Empfehlung, als käme alles nur auf Dan-yüan an.] – Der Sohn führt ja des Vaters Handwerk weiter. – Nun fallen sie auf die zweite, auf die dritte Ebene herunter!
»Dan-yüan antwortete: Von Hsiang steht sie im Süden, von Tan reicht sie nach Nord.« – Das ist ja auch wieder nicht zu greifen! – Was wollen

sie eigentlich alle miteinander, diese zwei, diese drei? – Halb offen, halb zu.
»Hsüä-dou bemerkt hierzu: Eine Hand allein ins Blaue klatscht nicht[1]. – Ein blinder Blindenführer. – Richtig, er klammert sich für seine Deutung an den Wortlaut. – Er schließt sich verkehrtem, wertlosem Gerede an; was soll das heißen! [Hsüä-dou's Bemerkung läßt sich natürlich auch in banalem Sinne deuten: Dan-yüan war in einer Notlage; er mußte dem Kaiser wohl oder übel antworten und brachte nun eben nichts Gescheiteres heraus.]
»Ist lautres Gold darin und füllt das Reich von Ort zu Ort.« – Oben der Himmel, unten die Erde. – Von so etwas hat man aber nie gehört! – Wen geht das wohl an?
»Hsüä-dou bemerkt hierzu: Ein Stecken Naturholz frisch vom Bergwald[2]«. – Einfach abgerissen! – Aber das heißt ja auch wieder, Pläne aushecken und Modelle entwerfen.
»Unter schattenlosem Baum ein Schiff, nimmt alle mit[3]«. – DerLandesmeister ist doch aber schon tot! – Was sagt er da?
»Hsüä-dou bemerkt hierzu: Die Meere ruhig, die Ströme rein.« – Ringsum weit ein wogendes Meer; Wellengischt schlägt zum Himmel! [Yüanwu also sagt genau das Gegenteil.] – Er trifft aber schon ein klein wenig das Richtige.
»Im Glassaal oben wissen sie von Meistern nicht ein Wort.« – Nanu!
»Hsüä-dou bemerkt hierzu: Er ist mit der Erklärung fertig.« – Er spannt den Bogen, wo der Räuber schon davon ist. [Dasselbe hätte er schon längst sagen können.] – Es klingt uns immer noch in den Ohren.

Erläuterung des Beispiels

Su-dsung und Dai-dsung sind beide Nachkommen des Kaisers Hsüan-dsung, sein Sohn und sein Enkel. Als Kronprinzen liebten sie beide es stets, beim Zen-Meister zu üben. Da sich im Reich mächtige Räuber erhoben, zog Hsüan-dsung schließlich nach Schu [der Provinz Sï-tschuan]. Eigentlich hatte das Haus Tang seine Residenz in Tschang-an aufgeschlagen. Aber nachdem sich An Lu-schan widerrechtlich dort festgesetzt hatte, wurde [das weiter östlich gelegene] Lo-yang zur Residenz erhoben und Su-dsung übernahm als Reichsverweser die Regierung.

[1] Zum Klatschen bedarf es zweier Hände. Des Kaisers Frage war ein Klatschen mit nur einer Hand; damit es einen Ton gibt, muß Dan-yüan mit der seinen draufklatschen. Die Frage ist nur, ob nicht auch seine Hand an der des Kaisers vorbeischlägt.

[2] Der Wanderstab des Zen-Mönchs.

[3] Der Weltenbaum ist transparent; alles ist von gleichem Licht durchstrahlt. Auf dem Fahrzeug des Heils gibt es keine Unterschiede mehr; alle sind durchleuchtet von demselben Licht des wahren Wesens.

Damals wohnte der Landesmeister Dschung in seinem Kloster auf dem Berg der weißen Klippen oder Bai-yai-schan im Regierungsbezirk Dëng-dschou [der wie Lo-yang zur Provinz Honan gehört]. Heutzutage befindet sich dort die Übungshalle zum ›duftenden Ernst‹, Hsiang-yän. Vierzig Jahre lang kam Hui-dschung von diesem Berg nicht herunter. Das Gerücht von seinem Wandel und von seiner Wirksamkeit drang bis zum kaiserlichen Hof, und im zweiten Jahr der Ära Schang-yüan [761] entsandte der Kaiser eigens einen Boten, ließ den Meister zu sich in den Palast einladen, empfing ihn mit den Förmlichkeiten, die der Schüler seinem Lehrer schuldig ist, und ehrte ihn aufs höchste. Hui-dschung legte nun dem Kaiser den WEG, der alles überragt, sorgfältig aus und nahm vom Hofe wieder seinen Abschied. Ihn zu geleiten, setzte sich der Kaiser höchstpersönlich zum Meister auf den Wagen, so daß die Hofbeamten rot vor Ärger wurden und Miene machten, ihrem Herrn das Ungebührliche seines Benehmens vorzuhalten. Der Landesmeister aber, der die Fähigkeit besaß, die Gedanken anderer zu lesen, kam den Höflingen zuvor, indem er, sich zum Kaiser wendend, sagte: Soeben habe ich am Thron des Himmelskaisers Shakra gestanden; von dort sah ich die Himmelssöhne [die Kaiser aller Länder] auf der Erde unten einen Augenblick aufleuchten wie winzige verstreute Hirsekörner. Auf diese Worte hin verehrte ihn der Kaiser nur noch mehr.

Als dann Dai-dsung den Thron bestiegen hatte, zog auch er den Meister wieder an den Hof und gab ihm das Guang-dsai- oder Lichthauskloster zur Betreuung und zum Aufenthalt. Dort hat er dann noch sechzehn Jahre lang den Hörern das GESETZ des Buddha ihrem Verständnis angemessen ausgelegt, bis er im zehnten Jahr der Ära Da-li [775] in die Verwandlung überging.

Der Abt vom Tjing-tso-schan oder Grünkesselberg bei Schan-nan-fu war einstmals [als Scholare] mit Hui-dschung zusammen gewandert. In späteren Jahren berichtete der Landesmeister dem Kaiser über diesen [seinen Jugendfreund] und empfahl, ihn an den Hof zu berufen. Dreimal sandte ihm der Kaiser eine Einladung, aber jener ließ sich nicht bewegen. Im Gegenteil, er schalt beständig auf den Landesmeister und warf ihm Ruhmsucht, Eigenliebe und weltliche Neigungen vor.

Der Landesmeister bekleidete sein Amt unter den Regierungen der drei erwähnten Herrscher[1]. Beide, Vater und Sohn[1] hatten einst unter seiner Leitung sich im Zen geübt. Aus der Darstellung des Berichts von der Weitergabe der Leuchte (Djing-dö Tschuan-dëng-lu) geht hervor, daß es Dai-dsung war, der die [im Beispiel erwähnte] Frage an ihn gerichtet hat. Dafür hat Su-dsung dem Landesmeister eine andere Frage gestellt, nämlich wie die sogenannten »zehn Leiber« des Buddha [d. h. zehn verschiedene Seiten seines Wesens und Wirkens als abgelöste Wesenheiten vorgestellt] in Einklang miteinander zu bringen seien[2].

Als der Landesmeister seine Schicksalsfäden enden sah und vor dem Eingang ins Nirvana stand, besuchte er den Kaiser Dai-dsung noch zum

Abschied. Dai-dsung fragte ihn: Was bedarf der Landesmeister nach hundert Jahren? Auch das ist nur eine Frage gewöhnlicher Art. Jener alte Chinese dagegen erregt, ohne daß irgendein Wind wehte, eine Wellenbewegung, indem er sagt: Baue dem alten Mönch eine nahtlose Pagode! Sagt mir einmal: Am hellen Tag bei blauem Himmel solch ein Wort – was hat das eigentlich zu sagen? Eine Pagode bauen, gut, das läßt sich machen. Aber warum sagt er: Baue mir eine Pagode ohne Naht?

Auch dem Kaiser Dai-dsung muß man es lassen, daß er sich aufs Reden versteht. Er versetzt dem Meister einen Hieb, indem er sagt: Bitte, Meister, gebt mir einen Plan dazu! Darauf hält der Landesmeister eine gute Weile an sich. Dann sagt er: Hast du es begriffen? Rätselhaft, dies kleine ›es‹. Nichts ist schwerer, als daran heranzukommen.

Auf den Hieb, den ihm der Kaiser versetzt hat, läßt also der würdige Herr Landesmeister prompt seine Mundwinkel wie zwei Plakatstreifen herunterhängen. So saß er nun allerdings da. Aber [damit gewann er auch, denn] wäre er nicht dieser alte Chinese gewesen, so hätte der Kaiser beinahe sein Spiel mit ihm treiben und ihn umlegen können.

Es gibt Leute, die behaupten, diese wortlose Ruhe des Landesmeisters, das eben sollte dem Kaiser die Pagode darstellen. Mit Deutungen dieser Art fegt man das Erbe Bodhidharmas vom Erdboden weg. Wenn jenes lange Stillsitzen die Pagode bedeuten soll, dann ist jeder Stumme schon ein Zenverständiger.

Seht einmal her! Ein Draußenstehender [so nennt die Buddhagemeinde vor allem die zu Buddhas Zeiten maßgebenden Brahmanen] richtete an den Buddha folgende Frage: Ich frage nicht nach dem, wofür es Worte gibt; auch nicht nach dem, wofür es keine Worte gibt. Der Allehrwürdige hielt eine gute Weile an sich. Da verneigte sich der Draußenstehende in tiefer Ehrfurcht, brach in Dank und Lobpreis aus und sagte: Groß ist des Allehrwürdigen Güte und Barmherzigkeit! Du hast die Wolken meines Irrtums aufgerissen; du hast mich den Eintritt finden lassen. Nachdem der Draußenstehende fortgegangen war, fragte Ânanda den Buddha: Was hat dieser Draußenstehende eigentlich erfahren, daß er sagen konnte, er habe es gefunden? Der Allehrwürdige erwiderte: Das ist, wie in der Welt ein gutes Pferd die Peitsche nur zu sehen braucht, um zu laufen[3].

– Aber die meisten Leute richten ihr Verständnis nur auf die gute Weile Ruhe. Als ob das der Nasenstrick wäre, um den Büffel daran zu halten!

[1] Die Zahl drei ist hier verwirrend. Yüan-wu will nur nachweisen, daß nicht Su-dsung, sondern Dai-dsung das im Beispiel berichtete Gespräch geführt, Hsüä-dou also die Kaisernamen verwechselt hat.

[2] Diese Frage bildet den öffentlichen Aushang im 99. Beispiel.

[3] Diese Erzählung bildet den öffentlichen Aushang im 65. Kapitel unserer Sammlung.

Mein einstiger Lehrer vom Berg des Fünften Patriarchen hat unser Beispiel behandelt und dabei [von Hui-dschung's nahtloser Pagode] folgendes gesagt: Vorn ist sie aus Perlen und Achat, hinten aus Achat und Perlen. Auf den Seiten sind im Osten die Bodhisattvas Avalokiteshvara und Mahâsthâmaprâpta, im Westen Manjuschrî und Samantabhadra[1]. In der Mitte weht, vom Wind bewegt, eine Fahne und macht hu-lu, hu-lu[2].
Dann fragt der Landesmeister: Hast du es begriffen? Und der Kaiser verneint: Ich verstehe es nicht. Mit dieser Antwort kommt er aber gerade der eigentlichen Sache ein klein wenig nahe. Sagt mir einmal: Dieses ›Ich verstehe nicht‹ des Dai-dsung und jenes ›Ich weiß nicht‹ des Wu-di von Liang, ist das dasselbe oder ist es verschieden? Ähnlich sind die beiden Antworten einander wohl; aber richtig ist eben nicht richtig.
Nun sagt der Landesmeister: Ich habe einen Schüler namens Dan-yüan; der kann dir den Plan auswendig hersagen. Bitte, laß doch diesen einmal kommen und befrage ihn! Lassen wir das ›Ich verstehe nicht‹ des Kaisers einmal auf sich beruhen! Aber versteht es denn nun etwa Dan-yüan? Wenn es dieser einen Bitte nach dem Plan für die Pagode zu entsprechen gilt, dann gibt es eben in der weiten Welt nicht einen Menschen, der hier raten könnte.
Mein einstiger Lehrer vom Berg des Fünften Patriarchen hat [sich gleichsam an den Landesmeister wendend] gesagt: Du bist der Meister für das ganze Reich! Warum sagst du es nicht selber und schiebst statt dessen deinen Schüler vor?
»Nachdem nun der Landesmeister in die Verwandlung eingegangen war, ließ der Kaiser Dan-yüan kommen und fragte ihn, wie das mit der nahtlosen Pagode gemeint war.« Nun kommt Dan-yüan daher, und indem er an des Landesmeisters Stelle auf chinesisch und tatarisch den ganzen Sachverhalt auseinandersetzt, da zeigt es sich: er hat ganz von selbst das, was der Landesmeister damals gesagt hat, begriffen[3].
Dan-yüan hieß mit Namen Ying-dschën. Bei dem Landesmeister hatte er den Aufwärter gemacht. Später ist er dann Abt des Klosters Dan-yüan in Dji-dschou[4] geworden. Dort besuchte ihn einmal [der nachmalige Meister] Yang-schan,[5] um sich bei ihm im Zen zu üben. Dan-yüan war im Reden hart und bösartig; man konnte ihm nicht nahetreten.
Nun hatte Yang-schan vorher den Meister Hsing-kung[6] aufgesucht. Dort war ein Mönch gewesen, welcher Hsing-kung gefragt hatte, was der Sinn des Kommens unseres Patriarchen aus dem Westen sei. Darauf hatte Hsing-kung geantwortet: Stelle dir einen Menschen vor, der tausend Fuß tief unten in einem Brunnen sitzt. Wenn es dir gelingt, diesen Menschen ohne das kleinste Endchen Brunnenseil aus der Tiefe herauszuziehen, dann werde ich dir sagen, was der Sinn jener Ankunft aus dem Westen ist. Da erwiderte der Mönch: Auch der Ehrwürdige Tschang in Hunan hat kürzlich einem eine Antwort gegeben, die Ost und Westen durcheinanderwirft. Hsing-kung aber rief nur dem dabeistehenden Yang-schan zu: Shrâmanera, schaff den Leichnam da hinaus!

Nachher nun, bei Dan-yüan, brachte Yang-schan diese Geschichte vor und fragte: Wie könnte man dem Mann aus dem Brunnen heraushelfen? Dan-yüan schrie ihn an: Was willst du denn, du Einfaltspinsel? Wer sitzt denn im Brunnen? Yang-schan konnte sich in diese Art nicht finden. Aber später legte er dieselbe Frage We-schan vor. Da rief We-schan ihn bei seinem Namen: Hui-dji! Yang-schan meldete: Jawohl! We-schan sagte: Er ist heraus. Auf diese Worte hin gelangte Yang-schan zur großen Einsicht. Er sagte: Bei Dan-yüan erhielt ich die Sache als solche, auf dem We-schan ihre lebendige Wirkung.

Gerade dieser eine Gesang des Dan-yüan hat nicht wenige zu Mißdeutungen verleitet. In ihrem Mißverständnis sagen viele, das Wort Hsiang [gehe nicht auf die Landschaft dieses Namens, sondern] bedeute hier sich sehen, sich begegnen; ebenso sei mit Tan [nicht Tschang-scha, sondern] eine tiefgreifende Erörterung gemeint; zwischen Begegnung und Erörterung befinde sich die nahtlose Pagode, und deshalb heiße es, ihr lauteres Gold fülle das Reich von Ort zu Ort. Daß der Kaiser mit dem Landesmeister Frage und Antwort tauscht, das sei das Schiff unter schattenlosem Baum, das alle mitnimmt. Und weil der Kaiser das lange Schweigen des Landesmeisters nicht versteht, heiße es am Schluß: Im Glassaal oben wissen sie von Meistern nicht ein Wort.

Wieder andere erklären, es heiße ja: von der Landschaft Hsiang nach Süden, von der Landschaft Tan nach Norden, und in diesem Umkreis sei das ganze Land voll Gold; Dan-yüan habe also einen Lobgesang auf das kaiserliche Haus angestimmt. Und dabei zwinkern sie bedeutungsvoll mit den Augen und sagen: Das ist die nahtlose Pagode. Wer es so auffaßt, der ist aus gefühlsbedingten Anschauungen noch nicht heraus.

[1] Avalokiteshvara ist die Macht des Lichtes der Erkenntnis, die das Wesen dieser Welt durchschaut, Mahâsthâmaprâpta die des allumfassenden Erbarmens; beide sind Begleiter des Amitâbha Buddha in dessen Paradies des Reinen Landes. Manjuschrî, auf einem Löwen reitend, verkörpert die Erkenntnis und die Weisheit des Shâkyamuni Buddha, der in Indien aufgetreten ist, Samantabhadra, auf einem Elefanten sitzend, sein erbarmungsvolles Wirken.

[2] In der Mitte also ist nicht etwa ein kultisches Heiligtum, wie ein in der herkömmlichen Frömmigkeit aufgewachsener Buddhist erwarten würde; es ist da »nichts von heilig«, wie Bodhidharma sagte, sondern nur ein Wehen. Man vernimmt es wohl, doch ohne ein begrifflich klares Wort.

[3] Hier folgt eine Wiederholung von Dan-yüan's Gesang.

[4] Dji-dschou am Yangtsekiang in der Provinz Anhui (im Atlas auch Tschitschou, Chichou u. ä.).

[5] Yang-schan Hui-dji, 804–890, Schüler von We-schan Ling-yu, mit diesem Vater der We-Yang-Schule. Traditionstafel III B, 11.

[6] Schï-schuang Hsing-kung, wie We-schan ein Schüler Bai-dschang's. Traditionstafel II B, 10.

Es ist einfach so, wie Hsüä-dou es in seinen vier Kraftworten [zu den Versen Dan-yüan's] ausspricht. Aber wie sollen wir es nun verstehen? Die Menschen von heute haben einfach keinen Begriff davon, wie jene Alten es meinten. Sagt mir einmal: »Von Hsiang steht sie im Süden, von Tan reicht sie nach Nord« – wie versteht ihr denn das? »Ist lautres Gold darin und füllt das Reich von Ort zu Ort« – wie versteht ihr denn das? »Unter schattenlosem Baum ein Schiff, nimmt alle mit« – wie versteht ihr denn das? »Im Glassaal oben wissen sie von Meistern nicht ein Wort« – wie versteht ihr das? Wenn ihr es soweit bringt, dies alles, so wie Dan-yüan es beschreibt, richtig zu sehen, dann hindert nichts mehr eure Freude, euer Glück von Tag zu Tag.

»Von Hsiang steht sie im Süden, von Tan reicht sie nach Nord.« Dazu sagt Hsüä-dou: »Eine Hand allein ins Blaue klatscht nicht.« Er hat keine andere Wahl, als dir eine Erklärung zu geben[1].

»Ist lautres Gold darin und füllt das Reich von Ort zu Ort.« Dazu sagt Hsüä-dou: »Ein Stecken Naturholz frisch vom Bergwald.« Einer der Alten[2] sagt: Wer einmal soweit ist, seinen Wanderstab zu verstehen, der hat die Lehrjahre seines Lebens hinter sich.

»Unter schattenlosem Baum ein Schiff, nimmt alle mit.« Dazu sagt Hsüä-dou: »Die Meere ruhig, die Ströme rein.« Er schlägt auf einmal Tür und Fenster ganz weit auf, so daß du rings umher lauter kristallenes Gehänge siehst und alles klingen hörst.

»Im Glassaal oben wissen sie von Meistern nicht ein Wort.« Dazu sagt Hsüä-dou: »Der Plan ist fertig.« Auf einen Schlag hat er das Ganze dir erklärt. Das ist schon nicht leicht zu sehen. Gelingt es aber, es zu sehen, ist es auch etwas Schönes. Nur darf dabei auch nicht das kleinste Mißverständnis sein, sonst bleibt man an Worten hängen und gerät auf falsche Bahn. Hsüä-dou's Schlußbemerkung dagegen: der Plan ist fertig, die trifft gerade ein klein wenig das eigentlich Richtige. Seine Bemerkungen sagen alles klipp und klar. Nachher nun im Gesang beschränkt er sich ganz auf die Betrachtung dieser nahtlosen Pagode.

Gesang

PAGODE ohne Naht –
aber schwer zu sehn!
Den blauen Drachen duldet's nicht
in klaren Wassers Grund.
Sie steigt in fernste Höhen,
sie wächst ins weiteste Rund,
Sie gibt sich den Menschen schon immer zu sehen,
und noch zu jeder Stund.

Zwischenbemerkungen zum Gesang

»Pagode ohne Naht« – Das ist auf jeden Fall eine Naht, und keine kleine! –
»Aber schwer zu sehn!« – Die ist überhaupt nicht für die Augen. – Bin doch blind!
»Den blauen Drachen duldet's nicht in klaren Wassers Grund.« – Siehst du ihn etwa [dort]? – [Oder dort,] wo rings in die Weite der Ozean wogt, wo die Wellen zum Himmel schäumen? – Wo soll denn da der blaue Drache sich zur Ruhe zusammenrollen? – Da hast du es nun: du suchst nach ihm vergeblich.
»Sie steigt in fernste Höhen« – Gib acht, daß es dir nicht vor den Augen schwimmt! – Was willst du machen, wenn dir's vor den Augen flimmert?
»Sie wächst ins weiteste Rund.« – Dein ganzer Leib muß Auge sein. – Sie fällt in sieben, acht Stücke auseinander! – Sie gehen den alten Weg zu zwei und zwei, zu drei und drei. – Linksum, rechtsum, immer einer hinter dem andern her.
»Sie gibt sich den Menschen schon immer zu sehen, und noch zu jeder Stund.« – Siehst du sie etwa? – Wie soll ein Blinder sie denn sehen? – Hat wohl der Herr Âcârya [Hsüä-dou] sie mit seinem Blick erspäht?

Erläuterung des Gesangs

Hsüä-dou beginnt sofort: »Pagode ohne Naht – aber schwer zu sehn!« Wohl steht sie ganz allein und ohne an sich selbst zu denken vor aller Augen offen da; aber wenn sie einer sehen möchte, so fällt ihm das sehr schwer.
In seiner ungemeinen Güte und Barmherzigkeit aber wendet sich Hsüä-dou dir noch weiter zu, indem er fortfährt: »Den blauen Drachen duldet's nicht in klaren Wassers Grund.« Dazu bemerkt mein einstiger Lehrer vom Berg des Fünften Patriarchen: In dem ganzen Band von Gesängen Hsüä-dou's zum Preis der Alten ist mir gerade dieser eine Vers der liebste. Damit ist er [mein alter Lehrer Fa-yän] ein klein wenig an die Sache herangekommen. Es gibt nicht wenige, die spekulieren auf die ›gute Weile‹, während welcher der Landesmeister stille an sich hielt. Aber

[1] Er hat keine andere Wahl. – Auf die Frage des Kaisers muß Dan-yüan wohl oder übel eine Antwort geben. Er muß die Hand, mit der jener ins Blaue hinein klatscht, mit der seinen treffen, damit es einen Ton gibt. Und dasselbe tut er so auch dir und allen, die den Plan der Pagode verstehen möchten. Aber seine Worte sind doch immer nur ein Notbehelf. Den richtigen Klang geben sie nur, wenn ihnen das entsprechende Verständnis entgegenkommt.

[2] Tschang-tjing Hui-lëng, der Schüler Hsüä-fëng's.

damit haben sie bereits alles mißverstanden. Seht einmal, was Hsüä-dou sagt[1]:

Der Drache sieht sich nicht, zu ruh'n,
nach totem Wasser um.
Nur wo er nicht ist, scheint der Mond,
und glätten sich die Wellen.
Da, wo er ist, wallt ohne Wind
das Meer in Wogen auf.

Und ein anderes Wort[2] lautet:

Ewig scheut der ruhende Drache
die Klarheit des smaragdenen Sees.

Ist einer ein Kerl von diesem Schlag, so wird er sich selbst dort nicht zur Ruhe zusammenrollen, wo rings in die Weite der Ozean wogt, die Wellen zum Himmel schäumen. – Hier ist Hsüä-dou mit seinem Gesang fertig.

Zum Beschluß fügt er noch ein weniges hinzu und poliert aus seiner eigenen Sicht eine nahtlose Pagode heraus, indem er sagt: »Sie steigt in fernste Höhen, sie wächst ins weiteste Rund. Sie gibt sich den Menschen schon immer zu sehen, und noch zu jeder Stund.« Wie seht denn ihr sie? Wo ist sie denn gerade jetzt in diesem Augenblick? Selbst für den Fall, daß du sie klar und deutlich vor dir sehen solltest, mußt du dich doch stets davor hüten, aus Versehen auf das Sternchen am Waagbalken zu blicken.

[1] Die Verse stehen im Gesang zum 95. Beispiel.

[2] Von Lung-ya, dem Schüler des Dung-schan Liang-djiä.

Hui-dschung, der Schüler Hui-nëng's

Nach der Begegnung des Patriarchen Bodhidharma mit dem Kaiser Wu von Liang führt uns dieses Beispiel abermals einen Meister im Gespräch mit dem Beherrscher des Reiches vor. Nur stehen wir jetzt nicht mehr in der Nähe des Jahres 500, sondern in der zweiten Hälfte des achten Jahrhunderts, und der Kaiser der hier auftritt, ist nicht der selbstbewußte Schöpfer eines kurzlebigen Teilstaates, sondern ein eher sorgenvoller Sohn des ruhmreichen, aber bereits geschwächten Hauses Tang, welches einer der denkwürdigsten Zeiten ostasiatischer Kultur- und Geistesgeschichte den Namen gegeben hat. Auch die Zen-Bewegung, anfangs noch klein und ohne scharf umrissene Züge, hat erst im Reiche Tang jene fest geprägte Gestalt gewonnen, in welcher sie zu einer Macht in China und später auch in Japan geworden ist. Die entscheidende Rolle spielte dabei der einstige ›Pilger Lu‹, Hui-nëng, der Sechste Patriarch, der nach der Bestätigung durch seinen Meister, den Fünften Patriarchen Hung-jën, sich fünfzehn Jahre lang in der Verborgenheit des fernen Südens aufgehalten hatte, um dann ebendort, in einem Winkel der Kwangtung- oder Kantonprovinz, noch weitere 37 Jahre lang seine Schüler heranzubilden, bis er im Jahre 713 das Zeitliche segnete. Denn nur von ihm gehen die verschiedenen Schulen aus, die sich heute noch zum Zen bekennen, während andere Linien, welche sich von Hui-nëng's Vorgängern oder Zeitgenossen ableiteten, schon früh ausgestorben sind.

Ein Schüler dieses Hui-nëng ist der Meister Hui-dschung[1] unseres Beispiels, nach seinem späteren Wirkungskreis Nan-yang Hui-dschung genannt, also nächst Bodhidharma der älteste in der Reihe der Hauptpersonen, die in den bisherigen Beispielen auftreten. Selbst der Großmeister Ma (3. Beispiel), ein Enkelschüler Hui-nëng's, ist eine Generation jünger als er. Bei Hui-dschung's Tod im Jahre 775 war We-schan noch ein kleines Kind, Huang-bo, Dschau-dschou und Dö-schan kamen einige Jahre danach auf die Welt, alle andern, von denen bisher die Rede war, folgen weiter hinterher. Dabei ist Hui-dschung selbst kein direkter Vorgänger dieser späteren Meister; die Linie, die von ihm ausging, ist schon nach einer oder zwei Generationen ausgestorben. Daß Hsüä-dou ihn trotzdem in die Meisterreihe seiner Problemsammlung aufgenommen hat, zeigt, wie hoch er von ihm dachte, und bestärkt uns nebenbei darin, eben jener Tradition, welche ihn unter die Schüler Hui-nëng's rechnet, den Vorzug zu geben, obwohl noch zwei andere Meister als seine Lehrer genannt werden.

Auf Hui-dschung's Grabstein stand, daß er hundert Jahre alt geworden

[1] Nan-yang Hui-dschung (kurz: Dschung), 675–775; japanisch Nan-yô E-chû. Traditionstafel II, 7.

sei, und geht man den Angaben über seinen Lebenslauf genauer nach, so kommt man sogar auf hundertundzehn. Liest man dann, was für ein stiller, in sich gesammelter Mensch dieser Sohn einer in Tschekiang ansässigen Familie gewesen ist, so wundert man sich darüber nicht einmal mehr. Schon als Knabe fiel er durch die merkwürdige Eingezogenheit seines Wesens auf. Niemals, heißt es, sei er über die Brücke hinausgegangen, die vor dem Tor des väterlichen Hofes auf die Straße führte. Dann aber, im Alter von fünfzehn Jahren, habe er eines Tages auf dem Wege draußen zufällig einen Zen-Mönch vorbeigehen sehen. Da sei er zum Erstaunen der Seinen plötzlich hinausgeeilt, habe sich vor dem fremden Wanderer tief verneigt, ihn hereingeladen und gebeten, er möge ihm doch dazu helfen, selber ein Mönch zu werden. Der Gast, der wohl bemerkte, daß er es mit keinem gewöhnlichen Jüngling zu tun habe, sei darauf eingegangen und habe ihn gleich an den besten Meister seiner Zeit, an Hui-nĕng, gewiesen. So sei der Junge, von den Eltern entlassen, südwärts nach der Provinz Kwangtung gereist und habe dort in dem einsamen Tal Tsau-tji im Bezirk Schau-dschou bei dem Sechsten Patriarchen Aufnahme gefunden. Vor diesem legte er mit der Zeit das Mönchsgelübde ab und übte sich, bis ihn der Meister auf die Wanderschaft entließ, die ihn zu den bedeutendsten Pflegestätten des Buddhismus im Tang-Reiche führte. Endlich erkor er sich ein Tal des Bezirkes Nan-yang in der Provinz Honan, wo er im Wald auf eine Quelle gestoßen war, zum dauernden Aufenthalt und verbrachte dort mehr als vierzig Jahre bei eifrigem Studium der Lehrschriften und Mönchsregeln in unablässiger, harter Arbeit an sich selbst. Während er in dieser ganzen langen Zeit nicht ein einziges Mal aus seinem Tal heraus unter die Menschen ging, verbreitete sich um so mehr das Gerücht von seiner Gelehrsamkeit und seinem heiligen Wandel in der näheren und ferneren Umgebung, so daß viele kamen, um bei ihm zu lernen. Da der Bezirk Nan-yang von Loyang, der östlichen Residenzstadt des Tangreiches, auch für die damalige Zeit nur wenige Tagereisen entfernt lag, zählte Hui-dschung zu seinen Verehrern auch einen ehemaligen Vizeminister im Großsekretariat des berühmten Kaisers Hsüan-dsung, der es erreichte, daß dieser letztere dem ehrwürdigen Einsiedler im Jahr 734 die Leitung eines Klosters in Nan-yang übertrug. Von da an strömten ihm nicht nur viele Schüler zu; auch hohe Staatsbeamte und Gelehrte suchten ihn auf, um seinen Rat einzuholen. Auf die Herzenseinfalt seines still beschaulichen Wesens hatte dieser Umgang mit den Großen der Welt nicht den geringsten Einfluß. Man berichtet, daß er sich vor keinem noch so hohen Besuch jemals von seinem Sitz erhoben habe, ihm entgegenzugehen oder das Geleit zu geben. Von keinem Vorteil ließ er sich locken, von keiner Drohung einschüchtern. Jedem aber wußte er zu raten, auf jede Frage die richtige Antwort zu erteilen.

Inzwischen zog sich über dem Kaiser Hsüan-dsung und seinem Reich ein Gewitter zusammen, von dessen furchtbaren Folgen sich das Haus

Tang nie mehr ganz erholen sollte. In den ersten zwei Jahrzehnten seiner Regierung war es diesem bedeutenden Herrscher gelungen, die innere Ordnung, die er um die Zeit seiner Thronbesteigung im Jahr 713 hergestellt hatte, klug und mit fester Hand zu erhalten. Der ständigen Gefahr des Einfalls nomadischer Fremdvölker beugte er durch Einsetzung starker Militärgouverneure in den nördlichen und westlichen Grenzgebieten vor und bereitete so dem Volk eine Friedenszeit, in welcher die über das vorwiegend türkisch besiedelte Innerasien bis nach Indien, Persien, Syrien und Arabien reichenden Verbindungen des Riesenreiches dazu beitrugen, eine Kulturblüte von reichster Fülle und Farbenpracht heraufzuführen. An seinem Hofe in den Residenzstädten Tschang-an und Lo-yang gingen Dichter, Künstler und Gelehrte aus und ein; den Glanz der Festlichkeiten erhöhten Fürsten und Gesandte aus fernen Ländern, und die Bewirtung erstreckte sich bis auf das gemeine Volk. Den Späteren erschien die Regierung dieses Kaisers, der im Land den Namen Ming, der ›Glänzende‹, führte, wie ein Goldenes Zeitalter. Doch im Übermaß des Genusses erlahmten diesem Herrscher mit der Zeit die Kräfte; umgarnt von einer schönen Frau ließ er die Zügel in die Hände ihres Verwandtenklüngels gleiten, und als der Kaiser sich nun anschickte, einen Militärgouverneur fremdstämmiger Abkunft, der ihm zu mächtig geworden war, zu beseitigen, da sah der Verräter die längst erlauerte Gelegenheit gekommen, das Haus Tang mit seinem verweichlichten Hof wegzufegen und selbst eine neue Dynastie zu gründen. Gegen Ende 755 erhob er sich in seinem Machtbereich in der Gegend des heutigen Peking, zog sengend und brennend über den Gelben Strom und hatte in kürzester Frist die östliche Hauptstadt Lo-yang eingenommen. Bald hatte er auch Tschang-an in der Hand und ließ sich als Kaiser ausrufen. Hsüandsung mit seinem Hof hatte inzwischen Hals über Kopf die Flucht ergriffen und es unterwegs zulassen müssen, daß seine erbitterten Soldaten die schöne Yang, der allein sie die Schuld an dem ganzen schweren Unglück zuschrieben, erdrosselten. Er selbst dankte ab und überließ die Nachfolge seinem Sohne Su-dsung. Diesem gelang es denn auch bald, die erste Kraft des Aufstandes zu brechen, zumal da An Lu-schan, der Aufrührer, seit der Einnahme von Lo-yang an Syphilis erblindet und seiner selbst nicht mächtig, schon Anfang 757 von einem rachsüchtigen Untergebenen erschlagen worden war.

Aber die Blüte des Tangreiches war dahin. Die Verheerungen waren ungeheure, die Finanzen des Hofes zerrüttet, da und dort brachen neue Aufstände aus. Bevor der tüchtige und ernstgesinnte Su-dsung ihrer Herr wurde, starb 762 sein gramgebeugter Vater, und er selbst folgte ihm nur wenige Wochen später in den Tod. Auf uigurische Hilfstruppen gestützt, konnte sein Sohn und Nachfolger Dai-dsung die Ruhe wiederherstellen. Um die Militärgouverneure der Grenzgebiete in Schach zu halten, setzte er solche auch in den inneren Provinzen ein und stattete sie mit zivilen und Finanzvollmachten aus, womit zwar für den Augenblick geholfen, für die Folgezeit aber der Übergang der Staatsgewalt vom Kaiserhaus auf die Territorialmächte, also die Auflösung des Reiches vorbereitet war. Die chinesischen Geschichtsschreiber beurteilen Dai-dsung als einen Herrscher von mittlerer Begabung und rechnen es ihm immerhin als Verdienst an, den Unruhen, die sich seit der Erhebung des Militärgouverneurs An Lu-schan neun Jahre lang hingezogen hatten, ein Ende bereitet zu haben.

Wenn der Zen-Meister Hui-dschung in Nan-yang seit dem Jahr 734 ständig Besuche aus der östlichen Hauptstadt Lo-yang erhielt, so dürfen wir annehmen, daß der Wellenschlag der Ereignisse an Kaiser Hsüan-dsung's Hof auch in die Stille seines Klosters gedrungen ist. Von An Lu-schan's Erhebung war auch der Bezirk Nan-yang betroffen, und man legte dem alten Meister nahe, zu fliehen. Er aber blieb, wie und wo er war, und als Aufständische mit Schwertern auf ihn eindrangen, da verharrte er, »wie in eine blaue Wolke der Unzugänglichkeit eingehüllt«, auf seinem Sitz und »zeigte in Worten und Mienen nicht die geringste Unruhe«, so daß der Anführer, von der hohen Grazie dieser zenmäßigen Unberührtheit ergriffen, ihn als Meister verehrte und ihm Schülerdienste erwies.

So ist es begreiflich, wenn nach der Katastrophe Hui-dschung's Ansehen beim kaiserlichen Hof noch weiterstieg. Im Jahr 761 lud der Kaiser Su-dsung den nun bald Hundertjährigen durch ein ehrerbietiges Schreiben in rücksichtsvollster Weise ein, nach seiner Residenz in Tschang-an zu kommen, die Leitung des Klosters ›zum tausendfachen Glück‹ zu übernehmen und Lehrvorträge zu halten. Hui-dschung folgte der Aufforderung, wurde auch im kaiserlichen Palast mit höchsten Ehren empfangen und redete hier, wie er es gewohnt war, frei und unverblümt von der rechten Art, Menschen zu lenken und ein Land in Ordnung zu halten, so eindringlich, daß ihm der Kaiser während des Zuhörens vor innerer Bewegung immer näherrückte. Beim Abschied, als der Meister wieder fort fuhr, setzte er sich sogar zu diesem auf den Wagen, so daß die Hofbeamten an solchem Verstoß gegen das Zeremoniell Ärgernis nahmen. Doch Su-dsung verordnete, daß Hui-dschung auch künftig von allen derartigen Bestimmungen entbunden sein und die Freiheit haben solle, sich jederzeit auf der Sänfte bis ins Innere des Palastes hereintragen zu lassen.

Das blieb auch so, als ein Jahr später dieser Kaiser gestorben war und sein Sohn Dai-dsung dem Meister ein anderes Kloster, ›Wohnung des Lichts‹ genannt, zum Sitze angewiesen hatte. Als Meister und Berater des Landesherrn hieß Hui-dschung jetzt der Landesmeister Dschung. Es fielen ihm als solchem allerlei Aufgaben zu. So wird erzählt, wie er einmal einen Sonderling, der sich dem Hof als Alleswisser empfohlen hatte, ein andermal einen, der sich der Kunst des Gedankenlesens rühmte, durch verblüffende Fragen in kürzester Frist als Schwindler entlarvte. Wichtiger als das war, daß er den Auftrag erhielt, die ungenügend kontrollierte

Menge derer, die sich, ob würdig oder unwürdig, dem Mönchtum ergeben hatten, zu sichten, und daraufhin zehntausend Insassen der maßgebenden Klöster des Reichs die staatliche Bestätigung erteilte.
Im übrigen wird man annehmen dürfen, daß für Su-dsung's Sohn Dai-dsung das Verhältnis zwischen Kaiser und Landesmeister nicht von derselben Innigkeit mehr war wie für seinen Vater. Die Ehrerbietung, die er jenem entgegenbrachte, hielt er wohl mehr für übernommene Schuldigkeit, als daß sie von derselben Überzeugung getragen gewesen wäre. Nur um diesen Dai-dsung kann es sich bei der in unserem Beispiel erzählten Begegnung handeln. Wenn der Text statt dessen Su-dsung nennt, so muß man annehmen, daß schon Hsüä-dou sich im Namen versehen hat. Sonst hätten die Späteren den Irrtum schwerlich stehen lassen. So aber begnügten sie sich mit einem berichtigenden Einschub.

Zum Verständnis des Beispiels

Wie im vorhergehenden Beispiel der alte Hsiang-lin sich vor seinem Ende noch von dem Präfekten seines Bezirks verabschiedet, so hat das zweihundert Jahre zuvor schon der Landesmeister Hui-dschung bei dem Herrscher des Reiches getan. Wir stehen im Jahr 775, und Dai-dsung ist jetzt neunundvierzig Jahre alt. Sicher empfängt er den Mann, den schon sein Großvater geschätzt, zu dem sein Vater als geistlichem Führer aufgeschaut hat, mit geziemender Ehrerbietung. Und wenn nun davon die Rede ist, daß der greise Meister hier zum letzten Male erscheint, so besinnt er sich alsbald darauf, was er als Kaiser dem ersten Geistlichen des Landes schuldig ist: er wird ihn nach seinem Tode ehren, ihm irgendein Denkmal setzen müssen. »Was soll nach hundert Jahren sein?« Das ist zwar schonend ausgedrückt, denn in China vermeidet man es überhaupt, den Tod beim Namen zu nennen. Aber eben darum versteht man auch genau, wie es gemeint ist. Yüan-wu trifft es wieder, wenn er dazu bemerkt: »Er kratzt sich schon im voraus und wartet, bis es juckt.« Er setzt sich über den Tod des Meisters, der unmittelbar bevorsteht, einfach weg, ›heckt Pläne aus, entwirft Modelle‹. Den Kaiser trennt vom Meister eine Kluft, ähnlich jener, die zwischen Wu von Liang und Bodhidharma sich im ersten Beispiel auftat.
An was für ›Pläne und Modelle‹ Dai-dsung denkt, ist nach den Zeitumständen nicht schwer zu erraten. Für die posthume Ehrung eines hohen Geistlichen ist im Umkreis des Buddhismus die allgemeine Form von Indien her längst durch die Sitte festgelegt. Man ehrt einen Buddha oder Heiligen, indem man über seinen sterblichen Resten einen Stûpa errichtet, und ein großer Stûpa ist in China das, was wir mit einem von den Portugiesen hergebrachten Wort etwas dilettantisch Pagode nennen. Dilettantisch, weil wir mit Pagode nur die Vorstellung einer bestimmten architektonischen Form verbinden, nicht aber den allgemeinen Sinn des Mahnmals über den Gebeinen oder doch Reliquien eines Heiligen. Der

buddhistische Stûpa, in der Pâlisprache Thûpa genannt (woher bei uns auch schon der Ausdruck Tope in Gebrauch stand), war ursprünglich ein schlichtes kuppelförmiges Grabdenkmal, hat sich dann aber unter dem Einfluß des Klimas und des Kunstgeschmacks in den verschiedenen Ländern Asiens zu Gebilden mannigfachster Art entwickelt und vor allem in China, Korea und Japan die uns geläufige Pagodenform eines Turmes mit Gesimsen oder gar Zwischendächern über jedem einzelnen Geschoß angenommen.

An einen Stûpa dieser Art also denkt der Kaiser Dai-dsung höchst wahrscheinlich schon von vornherein, wenn er den Meister taktlos fragt, wie er ihn später ehren solle. Was wird der greise Hui-dschung darauf sagen? Yüan-wu stellt sich besorgt, ob dieser sich durch solch ein Angebot nicht doch beirren lassen könnte. Und fast hat es den Anschein, als sorge er sich nicht umsonst. Denn dem Wortlaut seiner Antwort nach geht der Landesmeister dem Kaiser nun wahrhaftig auf den Leim. Er bittet ihn im gleichen Ton geschäftsmäßiger Verhandlung genau um das, was jener bereits halb erwartet: um einen Stûpa, eine Pagode. Merkwürdig ist nur die Bestimmung, die er beifügt: sie soll »nahtlos« sein, also ohne Nähte oder Fugen, ungefügt, aus einem Stück. Kein kompliziertes Turmgebäude, wie sonst die herrlichen Pagoden, die Zierde der Landschaft, sondern etwas ganz Einfaches, ohne irgendwelche besonderen Teilstücke. Aber doch immerhin ein Stûpa, ein heiliger Bau, welcher der ganzen Gegend eine neue Weihe gibt. Dahinter steckt ein Rätsel, und wenn man bedenkt, in welchen Hintergründen ein Zen-Meister lebt, so wird es erst recht rätselhaft. Der nimmt es mit dem Ausdruck ungenäht genau. Für ihn gibt es auf der weiten Welt keinen Baustoff ohne Nähte. Auch ein Baumstamm ist aus Fasern zusammengesetzt, auch ein Obelisk aus Körnchen gefügt.

Nun, jedenfalls ist auch dem Kaiser eine nahtlose Pagode noch nicht vorgekommen. Offenbar, denkt er, handelt es sich um ein neues Modell. Wie gut, daß er die Angelegenheit rechtzeitig zur Sprache gebracht hat. So kann er den Meister selber fragen. Der muß es ja am besten wissen. Also: bitte um den Bauplan! Und Yüan-wu, nun bei der Partei des Kaisers, stimmt herzhaft zu. »Gut so, nur heraus mit dem Dokument!«

Aber der Meister hat leider keinen Plan mitgebracht. Auch frei aus dem Kopf kann er ihn nicht beschreiben. Er sitzt nur lange schweigend da und fragt am Ende gar den Kaiser: Hast du es begriffen? Yüan-wu in seiner Ironie wird immer beißender. Er vergleicht den schweigenden Meister mit einem Bösewicht, der in seiner Kerkerzelle nur immer auf neue Listen verfällt. Wo er selbst es nicht beschreiben kann, tut er, als müßte es der Kaiser wissen. Er ist ein Schwindler, der die Menschen an der Nase herumführt.

Für den Kaiser war es ohne Frage eine peinliche Szene, wie der Meister, statt den Plan der nahtlosen Pagode zu beschreiben, einfach vor ihm saß und schwieg. Daß aber dieses Schweigen ihn auf irgendeinen neuen

Gedanken gebracht hätte, dazu war er nicht der Mann. Auf die Frage, ob er verstanden habe, hat er nur sein ehrliches Nein. Und Yüan-wu, immer noch auf seiner Seite, freut sich darüber: »Ein Glück, daß er es nicht versteht!« Ja, er findet das Nein des Kaisers noch viel zu zahm und meint: »Eigentlich hätte er dem Meister härter zusetzen und ihm den Mund mit Reif stopfen sollen; so wäre es erst richtig gewesen!«

Der greise Hui-dschung hat nun weiter nichts mehr auf dem Herzen. Er war auch nur gekommen, um sich für dieses Leben zu verabschieden. Wenn sein Schweigen dem Kaiser nichts hat sagen können, dann weiteres Reden noch viel weniger. Aber immerhin hat er dem Kaiser etwas von einer nahtlosen Pagode vorgespiegelt, und dieser hat ihn um den Bauplan dazu gebeten. So bleibt nichts übrig, als den neugierigen Herrscher zu vertrösten. Mein Schüler Dan-yüan, sagt er, den ich zu meinem Nachfolger bestimmt habe, der weiß über die nahtlose Pagode genau Bescheid. Er kann den Bauplan frei aus dem Kopf beschreiben.

Yüan-wu hat auch dazu wieder seine Glossen. Teils stellt er sich auf Dai-dsungs Seite und faßt Hui-dschung's Vertröstung als leisen Hohn auf, den der Kaiser sich nicht hätte gefallen lassen sollen. Umgekehrt setzt er dann an dem Meister aus, er sei zu milde vorgegangen: Warum gibt er dem Kaiser nicht das Futter, das ihm gehört? Warum verzichtet er nachlässig darauf, den letzten Stein, den er im Spiel noch hat, aufs Brett zu setzen?

Wie dem nun sei, der Landesmeister Dschung tritt jetzt vom Schauplatz in den Hintergrund. Er »geht in die Verwandlung über«. Der Ausdruck ist in diesem Fall besonders angebracht. Denn ist der Meister nun auch tot, so bleibt doch sein Rätselwort und beschäftigt den Kaiser nun erst recht. Das führt zum zweiten Auftritt unseres Beispiels, in welchem Hui-dschungs Schüler Dan-yüan dem Kaiser den Sinn der ›nahtlosen Pagode‹ erläutert.

Yüan-wu in seinen Zwischenbemerkungen schüttelt den Kopf über den Kaiser, der doch nun Zeit gehabt hätte, über seine letzte Begegnung mit Hui-dschung gründlicher nachzudenken. Schade, sagt er, daß der Kaiser noch immer nicht auf den Gewichtstein an der Waage achtet und statt dessen auf das Sternlein am Drehpunkt des Waagbalkens starrt. So wird ihm auch Dan-yüan's Erklärung wenig helfen. Dieser Dan-yüan ist ja nur »der Sohn, der das Geschäft des Vaters weiterführt«. Und wenn Dan-yüan in der Erklärung weitergehen will als der verstorbene Meister, so wird er das nur können, indem er aus dessen reiner Höhe »ersten Ranges« »auf den zweiten oder dritten Rang heruntersinkt«, d. h. indem er in Bildern redet, die doch auch wieder nicht zu fassen sind.

Dan-yüan antwortet dem Kaiser mit einer Strophe von vier Versen, auf welchen so sehr das Hauptgewicht liegt, daß vom Kaiser nachher kein Wort mehr verlautet. Sie stellen eine Vision dar, die in der Unvorstellbarkeit ihrer ebenso farbenprächtigen wie farblos durchscheinenden Bilder deutlich an die sublime Schau geistiger Welt erinnert, wie sie in den sogenannten Blumenschmuck- oder Avatamsaka-Sutren (auch Ganda-vyûha genannt) vor dem inneren Auge des Lesers aufsteigt. Man kann aus der Verwandtschaft beider erschließen, wie stark sich die Zen-Meister des achten Jahrhunderts mit jenen an Höhenflug des Gedankens alles überragenden Schriften des Mahâyâna-Buddhismus beschäftigt haben. Hier entfaltet sich eine Geisteswelt hoch über unserem Raum, die doch jeden Ort des Raumes in sich schließt, jenseits aller Zeit, und diese doch von Augenblick zu Augenblick umfassend. Sie ist in sich vollkommen leer, es ist hier nichts mehr übrig, was sich von etwas anderem unterschiede. Und doch enthält sie alles, was jemals unsere Sinne an Erscheinungen in Form und Farbe unterscheidend aufzufassen fähig sind. Hier herrscht vollkommene Stille, und in ihr ist doch alles unablässige Bewegung.

Ähnlich reihen sich auch in Dan-yüan's Versen die Bilder aneinander: sinnlich greifbar und doch ungreifbar. Ein faßbares Gesamtbild ist aus ihnen schlechterdings nicht zu gewinnen. Aber gerade so führen sie über das Vorstellbare hinaus in das Unvorstellbare der ›nahtlosen Pagode‹. Denn letztlich ist auch diese nichts anderes als die Geisteswelt der Blumenschmuck-Sutren, die eine wahre Wirklichkeit, um die allein das Sinnen des dem Tode nahen Landesmeisters kreiste.

Schon mit dem ersten Vers bricht Dan-yüan jedem Versuch, sich die nahtlose Pagode als ein im Raum begrenztes Bauwerk vorzustellen, die Spitze ab:

»Von Hsiang steht sie im Süden, von Tan reicht sie nach Nord.« Das geht allerdings von Raumbegriffen aus, genauer vom Zentrum des südlichen China in der Provinz Hunan. Dort fließt von Süden her der sagenumwobene Hsiang-kiang nordwärts zum großen Dung-ting-See und berührt, ehe er in diesen mündet, die Provinzhauptstadt Tschangscha, die unter der Tang-Dynastie den Namen Tan-dschou führte. Warum Dan-yüan gerade diese Gegend nennt, ist nicht ganz klar. Es liegt aber die Vermutung nahe, daß sie ihm als wichtigster Brennpunkt der Zen-Bewegung erschien, um so mehr als damals bei Hëng-yang am Hsiang der Meister Schï-tou wirkte, welcher zwar etwas jünger war als Hui-dschung, aber gerade jetzt neben dem im benachbarten Kiangsi lehrenden Großmeister Ma die meisten Schüler anzog. Die uns bereits bekannten Meister Dö-schan, Dung-schan, Hsüä-fëng, Yün-mën und Fa-yän gehören alle zu den von Schï-tou ausgehenden Zweiglinien der Zen-Tradition.

Bis hierher also ist das Bild geographisch deutlich. Hsiang bezeichnet die südliche, Tan die nördliche Gegend des östlichen Hunan. Aber wo steht nun Hui-dschung's nahtlose Pagode? Vom südlicheren Hsiang in südlicher, vom nördlicheren Tan in nördlicher Richtung. Das ist gerade als sagte man: südlich des Rheinlands und nördlich von Köln. Mit Recht bemerkt Yüan-wu: »Das läßt sich auch nicht besser greifen, als die nahtlose Pagode! Was wollen sie eigentlich, diese zwei, diese drei? Halb sieht man's und halb sieht man's nicht!«

Hsüä-dou aber fühlt sich bewogen, wieder einmal eine Ausnahme zu machen und schon diesen Teil des Beispiels mit eigenen Bemerkungen zu begleiten. Die Bilder, die Dan-yüan vor dem Kaiser von der nahtlosen Pagode seines Meisters hinzaubert, sind derart unvorstellbar, daß Hsüä-dou es für gut hält, den Betrachter aus dem Schweifen seiner Phantasie sofort zur nüchternen Besinnung zurückzurufen, damit er sich nicht allzuweit verliere. Dan-yüan's Pagodenplan, so denkt und will er sagen, ist wundervoll und völlig richtig; nur will er ganz konkret verstanden sein. Darum lautet Hsüä-dou's erste Bemerkung:

»Eine Hand allein ins Blaue klatscht nicht.«

So war es schon beim alten Landesmeister, als er den Kaiser bat, ihm dereinst eine nahtlose Pagode zu errichten. Das war ein Schlag ins Blaue, dem keine andere Hand entgegenkam, ihn klatschend aufzufangen. Auch dem Kaiser ging es nicht besser mit seiner Frage. Und zwischen ihm und Dan-yüan wiederholt sich nun dasselbe. Der Kaiser aber ist ja nur Vertreter für den gewöhnlichen Verstand überhaupt. Für diesen sind die Worte aller Meister Schläge ins Blaue mit der einen Hand, und die Bilder, die sie entwerfen, Phantasien Blinder. Und Yüan-wu, indem er für den gewöhnlichen Verstand Partei nimmt, schließt auch Hsüä-dou in den Vorwurf ein und sagt zu dessen Bemerkung: »Ein blinder Blindenführer«. Bei diesem Achselzucken läßt er es bewenden. Denn das weitere ist Sache jedes einzelnen. Es kann immer einmal sein, daß einer in plötzlichem Verständnis mit der eigenen Hand einschlägt und daß dann in einem einzigen Schall beides hörbar wird: der stumme Ton in der Handbewegung des Meisters und derjenige, der in der eigenen Hand unerlöst geschlummert hatte.

Nun Dan-yüan's zweiter Vers: »Ist lautres Gold darin und füllt das Reich von Ort zu Ort.«

So unfaßbar wie der Ort der nahtlosen Pagode, so unvorstellbar ist ihr Inhalt bzw. das Material, aus dem sie besteht: Gold allüberall, das Kostbarste, was es auf Erden gibt. Es ist, je nachdem man es ansieht, beides: die letzte, einzige Wahrheit, die eigentliche, einzige Wirklichkeit, und ebenso auch die Erkenntnis derselben, die Buddhaschaft. Dieses Höchste aller Güter ist nirgends zu sehen und doch überall. »Oben im Himmel, unten auf der Erde«, sagt Yüan-wu, wendet sich aber sofort auch wieder ernüchternd ab: Daß alles voller Gold sei – »davon hat man noch nie gehört! Wer behauptet das eigentlich?«

Hsüä-dou aber bricht gleich aller Schwärmerei, die sich an das Bild einer goldenen Pagode heften könnte, energisch die Spitze ab und führt diese ganze Herrlichkeit zurück auf den Ort, wo allein sie ihren Grund und ihre Quelle hat: auf den entsagungsvollen Wandel in der Nachfolge Buddhas, den nichts so deutlich kennzeichnet wie der Pilgerstab: ›Ein Stecken Naturholz frisch vom Bergwald‹. Die goldene Pagode ist nichts anderes als Zen, und das im ursprünglichsten, eigentlichsten Sinn genommen. Darum nennt Hsüä-dou absichtlich nicht den sorgfältig gearbeiteten Pilgerstab mit dem kunstvollen Aufsatz und seiner reichen Symbolik, sondern den einfachsten Stecken Naturholz, und Yüan-wu fügt hinzu: »Einfach abgerissen!« Denn die nahtlose Pagode wäre auch damit falsch gedeutet, daß man sagte: Der Landesmeister wollte also dem Kaiser nahelegen, vor allen Dingen die Zen-Bewegung, ihre Klöster und ihre Wirksamkeit zu fördern. Das hat Yüan-wu im Sinn, wenn er von Hsüä-dou sagt: »Aber das heißt ja auch wieder, Pläne aushecken und Modelle entwerfen.« Mag der Kaiser die nahtlose Pagode in diesem Sinn verstehen. Das ist eine irdische, weltliche Angelegenheit. Was der Landesmeister damit im Sinn hat, ist ganz etwas anderes.

Wieder ein anderes Bild bringt der dritte Vers Dan-yüan's:

»Unter schattenlosem Baum ein Schiff, nimmt alle mit.« Unwillkürlich steigt hier die Vorstellung des Großen Fahrzeugs, Mahâyâna, auf, das alle Lebewesen aufnimmt, um sie aus dem Wirrsal des Samsâra in die Stille des Nirvâna zu befördern. Der schattenlose Baum, unter dessen weit ausladendem Geäst dieses große Schiff dahinfährt, wäre dann wohl das GESETZ der ewigen Wahrheit, wie der Buddha es verkündet hat. Es ist eine gegliederte Einheit, wie ein Baum, unendlich verzweigt, alles übergreifend. Und weit entfernt, Lichtstrahlen aufzuhalten, daß er Schatten würfe, ist dieser Baum mit allen seinen Zweigen selber Licht. So gibt es auf dem großen Schiff, das alle mitnimmt, eine schöne Fahrt. Und Hsüä-dou stimmt dazu mit ein: »Die Meere ruhig, die Ströme rein.«

Sofort aber fährt ihm Yüan-wu dazwischen mit seinem Widerspruch: »Ringsum weit ein wogendes Meer; Wellengischt schlägt zum Himmel!« Nirvâna und Samsâra sind, so unbegreiflich es auch scheint, ein und dasselbe. Erdenjammer und Seligkeit hängen untrennbar zusammen. Wer sich aus der Seligkeit des Nirvâna einen Rausch oder ein Ruhepolster macht, der ist schon auf dem Irrweg. Die Fahrt auf dem Fahrzeug des Heils, das alle zur Buddhaschaft führt, ist gar nichts anderes als der unerbittliche Alltag dieses Erdentals.

»Im Glassaal oben wissen sie von Meistern nicht ein Wort.«

In diesem vierten Verse endlich kehrt die Schau zum Bild der Pagode zurück. Dort ist das oberste Geschoß ein gläserner Saal: der Sitz der reinen, lauteren Erkenntnis. Wer aber meinte, hier seien nun Meister, Bodhisattvas und Buddhas versammelt und strahlten in unnahbarer Heiligkeit und Majestät, der wird zu seinem Erstaunen finden, daß man dort von solchen hohen Titeln gar nichts weiß. Da gibt es auch keine besonderen Bekanntschaften und Berühmtheiten, auf die man sich berufen könnte, da werden keine Namen genannt. Man baut da also keine Pagoden für Landesmeister und große Männer. Darum hat es auch keinen Sinn, Pläne dafür zu entwerfen.

»Und damit«, schließt Hsüä-dou, »hat er es erschöpft«. Der Kaiser weiß jetzt, wie er daran ist. Dan-yüan hat ihm für die nahtlose Pagode, die der

Landesmeister Dschung sich erbeten, den richtigen Plan gezeichnet. Sie ist so anspruchslos und anspruchsvoll zugleich, wie Hui-dschung selbst es war. Sie will nichts anderes besagen als die Antwort, die er seinen Schülern gab, als sie ihn kurz vor seinem Tod noch um ein letztes Wort gebeten hatten. »Der Buddha«, sagte er, »hat eine klare Lehre hinterlassen. Übt euch in ihr! Dann bleibt ihr von Verwirrung frei. Was brauche ich da noch zu sagen?« Kurz darauf, nach Mitternacht, am 9. des chinesischen zwölften Monats 775, trat eine Lähmung auf der rechten Seite ein, und ohne irgendwelche Sorge um das eigene Befinden, entschlief er ruhig. Der Kaiser verlieh ihm einen hohen Ehrentitel, der ganze Hof trauerte um ihn, die Gebeine wurden nach dem Bezirk Nan-yang überführt und dort bei seiner einstigen Klause im Tang-dsï-Tal feierlich bestattet. Zu seinem bleibenden Gedächtnis endlich ließ der Kaiser Dai-dsung auf Staatskosten eine prächtige Pagode erbauen. Die nahtlose Pagode, die der Landesmeister sich erbeten hatte, war das aber nicht.

Zum Gesang

»Pagode ohne Naht.« – Von des Landesmeisters Hui-dschung nahtloser Pagode ist hier alles abgefallen, alles Gerede, alles Verstehenwollen und Rätseln. Rein wie in Hui-dschung's eigener Vision stellt Hsüä-dou sie hin. Sie ist nicht dies und ist nicht das. Aber was ist sie nun? Schon daß Hsüä-dou sie hier nennt, gibt Yüan-wu Anlaß, ihn zu rügen: »Was sagt er da?« Nun hat sie schon die erste Naht, und die ist, wie man es nehmen will, hauchfein oder riesengroß.
»Aber schwer zu sehn!« – Hui-dschung's nahtlose Pagode ist ein Geheimnis, das sich hinter dem bunten Schleier sichtbarer Erscheinung und zeitlichen Geschehens streng verborgen hält. Es ist in allen Erscheinungen drin, ist ihr wahrer Kern, ihr Wesensgrund und ihr Gesetz; aber niemals sondert es sich von ihnen ab und tritt als sichtbare Gestalt heraus. Auch wer sie sieht, kann sie nur in der Fülle der Erscheinungen und durch sie hindurch wahrnehmen. Eben diesen Punkt nimmt Hsüä-dou ganz besonders wichtig, und zwar deshalb, weil er für die Stellung eines Menschen zu den wechselreichen, mühevollen Aufgaben des Alltags von entscheidender Bedeutung ist. So fährt er denn mit einem neuen Gleichnis fort, das doch dasselbe Rätsel nur von anderer Seite her beleuchtet:
»Den blauen Drachen duldet's nicht in klaren Wassers Grund.« – Auch der blaue Drache ist solch ein geheimnisvolles Wesen. Man bekommt ihn nie zu sehen. Sorgsam meidet er die ruhigen, durchsichtigen Gewässer und hält sich nur in solchen auf, in die kein Blick hinunterdringt. Yüan-wu sagt es deutlicher: er ist im sturmbewegten Meer zu Hause. Auf das Gleichnis von der Pagode übertragen bedeutet also dieses Bild: die sturmbewegte See ist der nahtlosen Pagode eigenes Gesicht, so, wie es sich uns täglich zukehrt. Man kann dem Lärm und Streit der Welt und ihrem namenlosen Leid nirgends entfliehen. Eine Stätte ungestörter Ruhe

und ungetrübten Friedens gibt es nicht. Beschaulichkeit allein für sich ist trügerisches Glück. Wer meint, sie stille für sich selig zu genießen, dem wird sie selbst gar bald zum Gift.

Das sind auf dem Boden des buddhistischen Mönchtums sehr bemerkenswerte Worte. Sie korrigieren das so weit verbreitete Mißverständnis, welches im Buddhatum nur Abkehr von der Welt und untätige Beschaulichkeit vermutet. Bei Hsüä-dou jedenfalls ist davon nichts zu spüren. Und Yüan-wu stimmt ihm nicht nur bei, sondern beruft sich obendrein auf seinen einstigen Lehrer Fa-yän, der bekennt, daß ihm von allen Versen Hsüä-dou's gerade dieser hier der liebste sei. Und daß Hsüä-dou gerade diesen Punkt so klar herausstellt, führt er mit Recht auf dessen Güte und Barmherzigkeit zurück. Es geht ihm um den Glauben und das wahre Glück der Seinen, daß sie an dem, was ihnen von der Seligkeit der Buddhaschaft von anderen gepredigt wird, nicht irre werden, weil die bittere Wirklichkeit des Lebens so ganz anders ist. Denn nirgends als in dieser bitteren Wirklichkeit bewährt die Buddhaschaft ihr Licht und ihre Wahrheit. Ist die sturmbewegte See, wie vorhin gesagt wurde, der Pagode eigenes Gesicht, so wie es sich uns zukehrt, so ist die Pagode umgekehrt der sturmbewegten See verborgenes Gesicht, wie es dem Licht der glaubenden Erkenntnis sich enthüllt.

»Sie steigt in fernste Höhen, sie wächst ins weiteste Rund«. – Mit den drei ersten Versen hat Hsüä-dou das gesagt, was ihm zur Rühmung des Landesmeisters Hui-dschung und seines Schülers Dan-yüan nötig schien. Mit den drei nächsten unternimmt er es nun selbst, die ›nahtlose Pagode‹ von der andern Seite her zu betrachten. Denn so verborgen das Geheimnis letzter Wahrheit ist, so offen liegt es doch vor aller Augen. Die Pagode ohne Naht erfüllt alles, umschließt alles. Aber nur sich nicht daran berauschen, will Yüan-wu sagen, wenn er alsbald warnt: »Werde mir keiner schwindlig! Was willst du machen, wenn es dir vor den Augen schwimmt? Dein ganzer Leib muß Auge sein! Auch so erreichst du es nur stückweise.«

»Sie gibt sich den Menschen schon immer zu sehen, und noch zu jeder Stund.« – Und Hsüä-dou's letztem Vers hält er entgegen: »Wie sollen Blinde sie denn sehen? Hast denn du selber, Meister Hsüä-dou, sie mit deinem Blick erspäht?«

Djü-dschï's Finger-Zen

Hinweis

Es steigt ein Stäubchen in die Höhe: die ganze Erde ist darin befaßt. Es geht ein Blümchen auf, und eine Welt entsteht.
Die Frage ist nur nach so etwas wie dem Zeitpunkt, an dem das Stäubchen noch nicht aufgestiegen, das Blümchen noch nicht aufgegangen ist: wie bekommt man diesen in den Blick?
Darum heißt es: Wie man einen Strang mattdunkelgrüner Seide zerschneidet: ein Schnitt, der ganze Strang ist ab. Wie man einen Strang von Seidenfäden in das Färbebad mattdunkelgrüner Miscanthusgräser taucht: einmal eingetaucht, ist schon der ganze Strang gefärbt.
Nur daß es jetzt gilt, das Gewirr von Schlingranken zu durchhauen, den im eigenen Haus verborgenen Schatz herauszuholen, damit er allerorts dem Hohen wie dem Niedrigen entspreche, nach vorne wie nach hinten nichts verfehle, und so in jedem Fall an jedem Menschen sich offenbar bekunde.
Falls es bei dir etwa noch nicht soweit gekommen ist, so sieh dir, was nun folgt, so an, daß du es fassen kannst!

Das Beispiel

Wir legen vor:

Der Ehrwürdige Djü-dschï[1] hatte die Gewohnheit, auf jede Frage, die ihm jemand stellte, nur den Finger aufzuheben.

Zwischenbemerkungen zum Beispiel

»Der ehrwürdige Djü-dschï, so oft ihn jemand etwas fragte« – Was wird auch der [auf eine Frage] zu erzählen haben! – Solch schwachsinniger Stümper!
»...hob nur den Finger auf.« – Dieser alte Chinese! Tut gerade so, als wolle auch er den Menschen in der weiten Welt die Zunge abschneiden. – Er reißt sie ihnen wahrhaftig aus!

[1] Djü-dschï, japanisch Gu-tei. Traditionstafel III B, 11.

Wer das Verständnis bei dem aufgehobenen Finger sucht, kehrt Djü-dschï undankbar den Rücken. Wer zum Verständnis nicht den aufgehobenen Finger ansieht, macht es wie einer, welcher rohe Erzkörner in die Gußform schüttet.
Versteht ihn einer, macht er so; versteht ihn einer nicht, so macht er auch so. Kommt einer hoch daher [auf Überwärtiges gerichtet], macht Djü-dschï so; kommt einer niedrig [auf das Niedrige gerichtet], macht er auch so. Ist einer richtig, macht er so; hat einer unrecht, macht er auch so.
Darum sagt ein Meister[1]: »Kaum steigt ein Stäubchen in die Höhe, so ist die ganze Erde schon darin befaßt. Es will ein Blümlein sich erschließen, und eine Welt entsteht.« [Und im Avatamsaka- oder Blumenschmuck-Sutra heißt es von dem königlichen Löwen, auf dem Manjushrî, der große Bodhisattva, reitet:] Auf der Spitze jedes seiner Haare erscheint ein neuer Löwe; und wiederum auf jedem dieser Löwen Milliarden von Haarspitzen.
Yüan-ming [oder Yüan-mi, einer der vier Schüler Yün-mën's, welche Yüan-wu in der Erläuterung zum 6. Beispiel anführt, vgl. VI, S. 150] sagt: »Bei Kälte ist der ganze Himmel und die ganze Erde kalt. Bei Hitze ist der ganze Himmel und die ganze Erde heiß.« Die Erde mit Gebirgen und Gewässern dringt hinunter bis zur Unterwelt. Der dichtgewebte Schleier der vieltausendfältigen Erscheinung erstreckt sich aufwärts über die Milchstraße weg bis zum höchsten Himmel.
Sagt mir einmal: Was ist denn dieses Ding, das solche Wunder fertig bringt? Wenn einer das einmal erkannt hat, braucht er sich über Djü-dschï's Finger weiter nichts Besonderes auszuhecken. Erkennt er's nicht, wird ihm [der Finger Djü-dschï's] so den Weg versperren, daß er keinen Schritt mehr weiter kann.
Der Ehrwürdige Djü-dschï also lebte in Djin-hua im Bezirk Wu-dschou [Provinz Tschekiang]. In seiner ersten Zeit, als er in einer Klause wohnte, war da eine Nonne mit Namen Schï-dji [d. h. Harte Tatsache]. Die kam eines Tages an seine Klause, trat ungebeten ein, ohne auch nur ihren Schirmhut abzunehmen, umkreiste dreimal das Polster, auf dem er in Versenkung saß, stieß bei jedem Schritte ihren Pilgerstab zu Boden, daß die Messingringe daran klirrten, und sagte: Hast du ein Wort für mich, so werde ich den Hut abnehmen. So fragte sie ihn dreimal. Djü-dschï hatte keine Antwort. Da wandte sich die Nonne, um wieder fortzugehen. Djü-dschï sagte: Der Himmel ist schon abendlich; bleibe hier über Nacht! Die Nonne erwiderte: Wenn du ein Wort hast, werde ich die Nacht über bleiben. Aber wieder hatte Djü-dschï keine Antwort, und so ging die Nonne ihres Wegs.
Da erhob Djü-dschï Klage über sich selbst und sagte: Nun lebe ich dem äußeren Ansehen nach als Mann von Geist und habe doch vom Geiste nichts in mir! Er war so erregt, daß er das unbedingt ins reine bringen

wollte und Anstalten machte, seine Klause aufzugeben und in aller Form auf Wanderschaft zu gehen, um bei den Meistern hin und her Weisung zu suchen. In der Nacht aber erschien ihm der Gott des Berges, auf dem seine Klause stand, und weissagte ihm: Es ist nicht nötig, daß du dich von dieser Stätte trennst. In diesen Tagen wird ein leibhaftiger Bodhisattva kommen und dir, Ehrwürdiger, das GESETZ verkünden. Es ist nicht nötig, daß du fortgehst. In der Tat kam tags darauf der Ehrwürdige Tiän-lung[2] an Djü-dschï's Klause. Dieser hieß ihn ehrfurchtsvoll willkommen und berichtete ausführlich, was ihm am Tage zuvor begegnet war. Tiän-lung, um ihn zu belehren, hob nur seinen Finger. Im selben Augenblick ging Djü-dschï das große Licht auf. Das macht, daß er zu jener Zeit mit gesammeltem Ernst ausschließlich auf diesen Punkt gerichtet war. Und seitdem pflegte er, sooft ihn jemand etwas fragte, nur den Finger aufzuheben.

Tschang-tjing [der Schüler Hsüä-fēng's] sagt hierzu: Delikatessen taugen nicht zur Kost für Satte. [Er ist von Hsüä-fēng's und der eigenen Erfahrung so erfüllt, daß er an Djü-dschï's Finger kein Interesse hat.]

Hsüan-scha [ebenfalls Schüler Hsüä-fēng's] sagt: Wenn ich damals dabei gewesen wäre, ich hätte ihm den Finger abgedreht. [Hsüan-scha's Kritik geht über die des Tschang-tjing noch hinaus. Dazu äußern sich nun später zwei seiner Urenkelschüler, Hsüan-djio und Tjing-hsi.]

Hsüan-djio bemerkt: Was will Hsüan-scha damit sagen? Tjing-hsi vom Wolkenheimberg sagt: Wenn Hsüan-scha erklärt, er würde dem Djü-dschï den Finger abgebrochen haben, so braucht man nur zu fragen: Ist er mit Djü-dschï einverstanden oder nicht. Ist er mit ihm einverstanden, warum sagt er wohl, er würde ihm den Finger abdrehen? Ist er nicht mit ihm einverstanden, wo liegt dann bei Djü-dschï der Fehler?

Der erste Meister auf dem Tsau-schan[3] hat gesagt: Die Art, wie Djü-dschï sich seiner Aufgabe entledigt, ist unbeholfen und schnellfertig. Er kennt nur einen treibenden Gedanken und nur ein einziges Ausdrucksmittel. Dann klatscht er einfach in die Hände und streicht sich die Handballen ab. Damit verglichen finde ich den Hsi-yüan[4] noch merkwürdiger.

[1] Lo-pu Yüan-an, 834–894; Urenkelschüler von Yau-schan; japanisch Rakuho Gen-an. Traditionstafel III A, 12.

[2] Tiän-lung, Schüler Da-hai's. Traditionstafel III B, 10.

[3] Tsau-schan Bēn-dji, japanisch Sô-zan Hon-jaku, 839–931, Hauptschüler des Dung-schan Liang-djiä.

[4] Hsi-yüan, ein Schüler des Patriarchen Ma, hieß eigentlich Tan-tsang und leitete das Hsi-yüan- oder Westpark-Kloster auf dem Nan-yüä oder Südhorn in Hupe, wo zwei Generationen früher der Meister Ma's, Nan-yüä Huaijang, gelehrt hatte. Als er einst in seinem Ofen Feuer machte, hielt ein Mönch ihm vor, das sei doch keine Arbeit für den alten Meister; die könne auch ein junger Novize für ihn tun. Zur Antwort strich sich Hsi-yüan nur dreimal die Handflächen ab und wandte sich dann wieder seinem Feuer zu.

Hsüan-djio [der oben schon erwähnte] sagt nun auch [zu der Bemerkung Tsau-schan's] folgendes: Saget mir einmal: Hatte Djü-dschï überhaupt es recht begriffen? Oder hat ers nicht erreicht? Wieso ist seine Art, sich seiner Aufgabe zu entledigen, unbeholfen und schnellfertig? Wenn er noch nicht begriffen hat [d. h. wenn ihr aus Tsau-schan's kritischer Bemerkung entnehmen solltet, dem Djü-dschï sei das Licht nie aufgegangen], soll das dann auch heißen, daß er nicht imstande war, das schlichte Zen des immer wieder aufgehobenen einen Fingers im eigentlichen vollen Sinne auszuüben? Sagt mir doch einmal: Wohinaus will denn der Meister Tsau-schan eigentlich?

Djü-dschï hätte also damals [bei der Begegnung mit dem Meister Tiänlung] tatsächlich nichts begriffen. Und dann, nach seiner [eingebildeten] Erleuchtung, wäre er darauf gekommen, auf jede Frage, die ihm einer stellte, einfach den Finger aufzuheben! Wie war es dann wohl möglich, daß Tausende und aber Tausende es nicht vermochten, ihn in ihr Netz [von Fragen] einzufangen, ihn mit den Schlägen [ihrer Zweifel] zu erschlagen?

Wenn du dich dieses aufgerichteten Fingers bedienst, um ihn zu erklären, dann wirst du, was dieser Alte meint, bestimmt nie zu Gesicht bekommen. Ein Zen von dieser Art ist wohl leicht anzugehen, nur zu verstehen schwer. Aber heute gibt es Leute, die braucht man nur zu fragen, dann heben sie sofort den Finger hoch. Das heißt nur, die Kräfte des Verstandes [für einen Gegenstand, den sie doch nie bewältigen können], unnötig strapazieren. Hier tut es not, durch Mark und Bein und alles Ding hindurchzusehen; so erst gelangst du zum Verständnis.

Djü-dschï hatte in seiner Klause einen Knaben, der ihm diente. Diesen fragte draußen einer aus, wie denn sein Meister andere zu unterweisen pflege. Zur Antwort hob der Knabe seinen Finger aufrecht in die Höhe. Beim Meister zurück, erzählte und beschrieb er ihm die Szene. Da nahm Djü-dschï sein Messer und schnitt ihm diesen Finger ab. Der Knabe schrie laut auf und lief hinaus. Djü-dschï rief ihm einen Ruf nach, und der Knabe drehte den Kopf nach ihm um. Djü-dschï aber hielt den Finger aufrecht in die Höhe. Da wurde es in dem Knaben weit und offen und er sah alles ein. – Sagt mir einmal: Was für vernünftige Zusammenhänge hat er denn gesehen?

Als Djü-dschï im Begriff stand, in die Verwandlung einzugehen, sagte er zu seiner Bruderschaft: Ich habe von Tiän-lung das Zen des einen Fingers überkommen, habe es tagtäglich ausgeübt und nicht erschöpft. Möchtet ihr es gern verstehen? Damit hob er den Finger aufrecht in die Höhe und verschied[1].

In späterer Zeit stellte der ›Einäugige Drache‹ an den Meister Dau-hsin vom Guo-tai-Zenhof eine Frage. [Er hieß eigentlich Dö-tjiän, war ein Enkelschüler jenes Yän-tou, welcher einst dem Meister Hsüä-fëng zum Durchbruch verholfen hatte (vgl. S. 133 und 386 ff.), wirkte in einem Kloster von Djü-dschï's einstigem Wohnort Kinhua und führte jenen Beinamen, weil er das linke Auge verloren hatte. Von ihm wird im 48. Beispiel, wo er an einem Teegespräch teilnimmt, noch mehr die Rede sein. Ganz in seiner Nähe, in demselben Kloster, in dem drei Generationen früher Djü-dschï selbst das ›Zen des einen Fingers‹ geübt hatte, wirkte zu dieser Zeit Dö-tjiän's älterer Freund Dau-hsin, d. h. Weges Tiefe, als Meister des Zen-Hofes Guo-tai-yüan. Er war ein Enkelschüler Hsüä-fëng's, und da dieser letztere wie Yän-tou Schüler Dö-schan's gewesen ist, stammen also beide hier genannten Meister von dem gestrengen Dö-schan ab. Dö-tjiän also fragte Dau-hsin:] In früheren Zeiten ging die Rede, Djü-dschï habe immer nur drei Zaubersprüche vor sich hingemurmelt und auf diese Weise es erreicht, an Ruhm all seine Zeitgenossen zu übertreffen. Wie kann man ihm zu Gefallen dieses Gerede von drei Zaubersprüchen widerlegen? Da hob auch Dau-hsin seinen Finger aufrecht in die Höhe. Der Einäugige Drache versetzte: Wenn der heutige Tag nicht wäre, wie hätte ich je mit diesem guten Freund Bekanntschaft machen können? – Saget mir einmal: Was meint er damit?

Bi-mo[2] bediente sich in der Regel einfach eines gegabelten Steckens. Der Ehrwürdige Da-di[3] [d. h. Schlag auf den Boden] führte bei jeder Frage, die man an ihn richtete, einfach einen Schlag auf den Boden aus. Als ihm später jemand seinen Stock versteckt hatte, und dann ein Besucher ihn fragte: Was ist es mit Buddha? verzog er nur den Mund. Auch er hat es sein Leben lang geübt und nicht erschöpft.

Wu-yä[4] sagt: »Der Patriarch, nachdem er erschaut hatte, daß in diesem Land ein geistiges Gefäß zur Aufnahme des Großen Fahrzeugs zu finden war, hat seitdem weiter nichts getan, als daß er das Siegel des Geistes weitergab, und so die Irrtumswege aufgehellt. Für den, der dies einmal erlangt hat, gibt es keine wählerische Unterscheidung mehr von einfältig und weise, von Menschen dieser Welt und Heiligen. Obendrein ist eine Menge Falschheit nie so gut wie ein klein wenig Echtes. Was ein Mann von Geist ist und ein tüchtiger Kerl, der macht jetzt gleich und auf der Stelle Schluß, hört auf; der läßt sofort mit einem Schlag von allem, was ihn bindet, ab; der setzt über den Strom des Wechsels von Geburt und Tod hinüber, läßt das gemeine Maß weit hinter sich. Und wenn es heilige

[1] Diese zwei Erzählungen von Djü-sdchï's Knaben und von seinem Ende bilden den dritten ›öffentlichen Aushang‹ in der Sammlung Wu-mën-guan des Meisters Hui-kai aus dem Jahr 1228; vgl. die deutsche Ausgabe von H. Dumoulin S. J.: Wu-mën-kuan, ›Der Paß ohne Tor‹, Tokyo 1953.

[2] Bi-mo, Enkelschüler des Patriarchen Ma.

[3] Da-di, Schüler des Patriarchen Ma.

[4] Wu-yä, Schüler des Patriarchen Ma; ?–824; hatte sich auf dem Wu-tai-schan in Schansi eingehend mit dem Studium der Sutrenschriften beschäftigt und wirkte von 800 bis 824 an dem führenden Kloster der Hauptstadt Tschang-an. – Ob die drei hier erwähnten Meister, die auch durch Gesten wirkten, von Yüan-wu selbst angeführt sind, wird mit Recht bezweifelt.

Schriften oder Worte, fromme Übungen und Bräuche gibt, die ihm so lieb sind wie sein eigen Fleisch und Blut: er trachtet nicht darnach, er hat es in sich selbst.«

Dieser Wu-yä hat sein Leben lang, sooft ihm jemand eine Frage stellte, immer nur gesagt: Bilde dir nichts ein!

Darum heißt es: Siehst du auch nur an einem Punkte durch, so durchschaust du es im selben Augenblick an allen Punkten. Ist dir die Lösung auch nur einer Frage klar, so hast du in demselben Augenblick die Lösung für wohl tausend und zehntausend Fragen.

Aber heute sind die meisten Menschen nicht von dieser Art. Sie lassen ihrem Sinn und Willen hemmungslos die Zügel schießen und legen sich die Dinge nach ihren vorgefaßten Meinungen zurecht. Für die sparsame Beschränkung dieser Alten auf den Angelpunkt, auf den allein es ankommt, fehlt ihnen das Verständnis. Kein Wunder, wenn ihr eigenes inneres Triebwerk nie den Schwung zur Wendung findet.

Warum gebrauchte Djü-dschï nur den einen Finger? Ihr müßt wissen: an diesem Punkte zeigt es sich, wie tief er eingedrungen war in das Geheimnis, anderen zu helfen. [Er weiß, will Yüan-wu sagen, daß die Entscheidung frei sein muß und nur von innen kommen kann. Darum verzichtet er auf jedes Wort, hebt nur den Finger aufrecht in die Höhe und stellt damit den Fragenden leibhaftig vor das Höchste, gleichviel, ob dieser es merkt oder nicht.]

Habt ihr Verlangen, die Kraft der Kraftersparnis zu verstehen und zu gewinnen? Hier gilt nun wieder, was Yüan-ming sagt: »Bei Kälte ist der ganze Himmel und die ganze Erde kalt. Bei Hitze ist der ganze Himmel und die ganze Erde heiß.« Die Erde mit Gebirgen und Gewässern stößt in die Höhe oben durch, einsam und steil. Der dichtgewebte Schleier der vieltausendfältigen Erscheinung dringt abwärts in die schroffen Schlüfte. Woher dann hat wohl Djü-dschï das Zen des einen Fingers?

Gesang

Wie er's vorhält und emporhält:
innig lieb ich ihn.
Tat's in weiter Welt dem Alten
einer gleich darin?
Ließ ein Treibholz in die Meere,
Woge nahm es mit,
Trug's bei Nacht zu einer blinden
Seeschildkröte hin.

Zwischenbemerkungen zum Gesang

»Wie er's vorhält und emporhält: innig lieb ich ihn.« – Ein Aussätziger führt den andern am Gängelband. – Geht man denselben Weg, dann merkt man erst recht, wie es ist. – Aber damit [mit seinem Zen des einen Fingers] verfällt er doch wieder einem einzelnen geistigen Trick, einer einzelnen sichtbaren Geste!
»Tat's in weiter Welt dem Alten einer gleich darin?« – Jawohl, den einen gibt es doppelt und dreifach! – Aber auch die müßt ihr totschlagen.
»Ließ ein Treibholz in die Meere,« – Das ist es, ganz und gar! [Das, was Djü-dschï zu geben hatte, ist in der Tat mit nichts treffender zu vergleichen als mit einem Treibholz auf dem Weltmeer.] – Was es ist, das ist es. – Einsam steil im höchsten Grade! – Eine zerfetzte Sandale! Wofür soll die noch gut sein?
»Woge nahm es mit, trug's bei Nacht zu einer blinden Seeschildkröte hin.« – Er sucht den Himmel ab und tappt auf der Erde umher. [So ungewiß es ist, ob das Treibholz je auf etwas, dem es nützen könnte, trifft, ebenso ungewiß ist Djü-dschï, ob er mit seinem aufgerichteten Finger je einem Menschen helfen wird, so sehr ihn auch danach verlangt.] – Wo wird das je ein Ende finden [der hoffnungslose Lauf der Welt von einem Irrtum in den andern]? – Und befaßt man sich dann mit den Menschen, was kommt dabei heraus? – Dann wird auftragsgemäß verfahren [mit strenger Zucht und Stock]. – Dann treibt man sie in eine Welt, in der kein Buddha ist. – Damit hätten auch wir uns mit einem blinden Chinesen, wie es der Herr Âcârya [Hsüä-dou] ist, befaßt. [Wir setzen der Begeisterung des Dichters die rauhe Wirklichkeit der Zen-Schule entgegen.]

Erläuterung des Gesangs

Hsüä-dou versteht sich auf die Dichtkunst und ist in allen ihren Feinheiten bewandert und geschickt. Immer dann, wenn er einen so recht unverdaulichen, ganz eigenartigen öffentlichen Aushang vor sich hat, ist es ihm eine besondere Freude, ihn im Gesang zu rühmen.
»Wie er's vorhält und emporhält: innig lieb ich ihn. Tat's in weiter Welt dem Alten einer gleich darin?« Die Alten verstanden es[1], bald als Gast und bald als Hausherr, bald durch Fragen, bald durch eine Antwort [das, worauf es ankommt, zu beleuchten; aber] diese Art, wie Djü-dschï es den Menschen einfach vors Gesicht hinstellt, zeigt eine ganz besondere Feinheit des Bemühens um der Menschen Bestes. Darum sagt Hsüä-dou: »Wie er's vorhält und emporhält: innig lieb ich ihn.« Saget mir einmal: Was ist es denn, was Hsüä-dou an dem alten Djü-dschï so besonders liebt?

[1] So übersetzen wir dem offenbar verschriebenen Text entgegen.

Wer, sagt er weiter, ist seit dem Beginn von Himmel und Erde noch gewesen, der es auch so gemacht hätte? Es ist nur der eine alte Djü-dschï. Jeder andere muß sich durch den Wirrwarr verschiedener Verfahrensweisen durchschlagen. Nur der alte Djü-dschï, der allein gebraucht einfach den einen Finger und bleibt dabei geraden Weges bis ins Alter, bis zum Tod.

Die Zeitgenossen freilich verstehen es vielfach falsch und sagen [übertreibend]: Berg und Strom, die ganze Erde ist eitel, leer; der Mensch ist leer, die Dinge sind leer; aber wenn sich auch das ganze Weltall mit einem Male in Leerheit auflöst, dann bleibt doch dieser eine, der alte Djü-dschï. Die bringen's fertig, etwas zu behaupten, was mit der Sache [und mit dem, was Hsüä-dou sagen will], rein nichts zu tun hat.

»Ließ ein Treibholz in die Meere.« Wenn der alte Djü-dschï, um sich der Menschen hilfreich anzunehmen, sich seines aufgehobenen Fingers bediente, so ist das dem Verfahren des Mannes ähnlich, der um einer [irgendwo im Weltmeer schwimmenden] blinden Seeschildkröte zu helfen, ein Treibholz ins Wasser warf.

»Woge nahm es mit, trug's bei Nacht zu einer blinden Meerschildkröte hin.« Im Lotossutra, dem Saddharma-pundarîka-sûtra, steht geschrieben: Es [nämlich der kaum denkbare Glücksfall, daß ein verlorener Mensch das Heil des Buddha findet] ist ähnlich, wie wenn eine einäugige Schildkröte ein Loch in einem Treibholz findet [durch das sie ihren Kopf hindurchstecken kann] und so von der Sorge zu ertrinken befreit wird. Ein Kalyamitra, ein Freund und Mann des Segens, nimmt es mit drachenartig, tigerartig Tapfern auf, führt sie der Welt des Buddha zu [wo man zunächst den Unterschied von Buddha und gemeinem Menschenwesen scharf beachtet], dann werden sie sich gegenseitig Gast und Hausherr [sie wechseln miteinander Frage und Antwort, wobei man auf das Geheimnis stößt, daß alles Unterschiedene doch sich gleich, daß Eines Alles ist und Alles Eins], und bringt auf diese Weise sie in die Welt ohne Buddha, wo sie auf jede Zuflucht in irgendeinem sicheren Port getrost verzichten können.

Erklärungen zum Text

Yüan-wu's Hinweis

Es liegt in diesen Sätzen Yüan-wu's so ungeheuer viel, daß wir auf den Versuch, sie auszudeuten, für den Augenblick verzichten müssen. Andeutend darf darauf hingewiesen werden, daß sie zwei Brennpunkte enthalten: den Kosmos und die Buddhaschaft. Die Buddhaschaft beginnt mit jenem radikalen Schnitt, der mit dem Fadenstrang des Haftens an dem eigenen Ich und seinen Strömen von Gedanken und Gefühlen zugleich den ganzen Kosmos abtrennt. Damit ist der verborgene Schatz im eigenen Haus von dem, was ihn verdunkelte, befreit, er kann als Leuchte nun das Haus erhellen, aber nicht nur dies. Die Leuchte läßt nun auch den Kosmos, vom kleinsten Stäubchen an bis in die fernsten Ewigkeiten, in ihrem eigenen Licht, im Licht der Buddhaschaft, erstrahlen. Ein Panorama von unfaßlicher Größe und übersinnlicher Herrlichkeit tut sich auf; der geistige Leib des Buddha, seine Wahrheit, seine Weisheit, sein unverbrüchliches Gesetz erfüllt den Kosmos.

Es ist die Welt, wie sie das Avatamsaka- oder Blumenschmuck-Sutra in kühnen Bildern malt, eine Welt, in der jedes Stäubchen eine Buddhaseele ist und darum die Gestalt der Lotosblume annimmt, so daß, wohin das Auge blickt, Lotosblumen blühen, nur um den Buddha zu verherrlichen. (Wir besitzen dieses Sutra heute noch in keiner Übersetzung; doch gibt Daisetz T. Suzuki im dritten Band seiner ›Essays in Zen Buddhism‹ aus seinem wichtigsten Teil, dem Gandavyûha, eine fein gewählte Bilderreihe. Avatamsaka heißt auf chinesisch Hua-yän, auf japanisch Ke-gon, und unter diesem letzteren Namen hat der Japaner Torakazu Doi eine zwar kurze, aber von tiefem Verständnis und persönlicher Überzeugung getragene Einführung in deutscher Sprache unter dem Titel ›Das Kegon-Sutra‹ herausgegeben, zu welcher Robert Schinzinger ein willkommenes Vorwort beiträgt. Vergleiche das Verzeichnis der benutzten Bücher.)

Wichtig ist bei alledem, daß in diesem Buche, anders als in allen sonstigen Sutren, der Buddha selbst auch nicht ein Wörtchen redet. Er schweigt. An seiner Stelle reden nur die Bodhisattvas, voran Samantabhadra und Manjushrî; sie sind, wenn man so sagen will, der redende Mund des Schweigenden. Am Anfang also steht hier nicht die Rede, sondern das Schweigen; und nur sofern die Rede dem Preis des schweigenden Buddha dient, hat sie Sinn und Wert. Für sich genommen und vom Verstand als Diskussionsobjekt ergriffen, wird sie zum Hindernis, zum Schlingpflanzendickicht, in dem der Geist sich verfängt, verwirrt. In diesem Sinne schließt auch Yüan-wu mit der Warnung vor dem Haften an den Worten, wie sie fast in jedem Beispiel wiederkehrt. Hier hat sie ihre besondere Bedeutung. Denn in dem nun folgenden Beispiel tritt ein Mann auf, der sich so gründlich und so radikal vom Worte abkehrt, wie kaum ein anderer. Ein schlichter, ganz bescheidener Heiliger, zu dem Bild des

Buddha im genannten Sutra, wie überhaupt zur ganzen Bilderpracht in jenem Werke frommer Phantasie der denkbar stärkste Gegensatz. Aber wie er einfach schweigt und nur den Finger aufrecht in die Höhe hält, das ist so still, so alles Eigenen entleert, daß es gerade so den Szenenraum dem Aufzug des gesamten Panoramas jener Buddhawelt aus dem Avatamsaka-Sutra freigibt.

Djü-dschï und das ›Zeigefinger-Zen‹

Es ist von diesem Djü-dschï nicht viel mehr bekannt, als was Yüan-wu schon in der Erläuterung berichtet hat. Er stammt aus Kinhua im Zentrum der Provinz Tschekiang und hatte dort wahrscheinlich auch seinen späteren Wirkungskreis. Da der Meister Tiän-lung, bei dem er seinen Wendepunkt gefunden hat, ein Enkelschüler des 788 verstorbenen Patriarchen Ma gewesen ist, kann man annehmen, daß er in der zweiten Hälfte des neunten Jahrhunderts gewirkt hat. Und wenn er selbst bekennt, sein ›Zen des einen Fingers‹ von seinem Meister Tiän-lung übernommen zu haben, so darf man hinzufügen, daß auch dieser nicht der erste war, der sich der besagten Geste bediente. Der ›Bericht von der Weitergabe der Leuchte aus der Ära Djing-dö‹ erzählt von einem sonst wenig bekannten Meister aus der Schule des Patriarchen Ma namens Wu-dëng, welcher eines Abends zur Zeit der persönlichen Beratung durch die Menge der von allen Seiten auf ihn zukommenden Schüler betroffen fragte: Nach welcher Richtung hin soll ich denn nun reden? Da habe einer von den Mönchen seinen Zeigefinger aufrecht in die Höhe gehalten und dem Meister damit angedeutet, wie er sich helfen könnte. Wu-dëng habe ihn sofort begriffen und erwidert: Etwas Kostbares, mit Vorsicht zu behandeln! Es kann sehr wohl sein, daß davon auch der Schulgenosse Wu-dëng's, Tiän-lung, hörte. Aber Djü-dschï scheint der einzige zu sein, der sah, daß diese schlichte Geste alles leisten konnte, was einem Zen-Meister zu lehren befohlen war, und der ein Leben lang sich darin übte, mit diesem aufgehobenen Finger den gesamten Kosmos im Licht der Buddhaschaft zum Aufleuchten zu bringen.

Zwanzigstes Beispiel

Lung-ya zum Sinn des Kommens aus dem Westen

Hinweis

Es häuft sich zu Bergen; es türmt sich zu Gipfeln. Du stößt auf Zäune; du prallst an Mauern.
Wenn du nun die Gedanken anhältst und dir das innere Getriebe stehen bleibt, so gibt es eine Szene, wie einer sich in Qualen windet. Nun aber kommt vielleicht ein Kerl daher, der rührt mit seinem Arm das Weltmeer auf, stößt mit dem Fuß den Berg Sumeru um, bläst mit seinem Ho'! die weißen Wolken auseinander und schlägt den leeren Raum in Stücke. Der nimmt es, wie er geht und steht, mit jeder Frage, jeder Lage auf und schneidet allen Menschen in der Welt die Zunge ab, so daß kein Ort mehr bleibt, wo du in seiner Nähe stehen könntest.
Sagt mir einmal: Wer sind die Männer, die seit alten Zeiten so etwas vermochten? Versuchen wir's mit einem Beispiel! Sehet her!

Das Beispiel

Wir legen vor:

Lung-ya fragte Tsui-we: Was ist der Sinn des Kommens unseres Patriarchen aus dem Westen?
Tsui-we sagte: Reiche mir einmal das Stützbrett her!
Lung-ya reichte Tsui-we das Stützbrett hin.
Tsui-we nahm es und schlug ihn damit.
Lung-ya sagte: Wenn Ihr mich schlagt, so lasse ich mich schlagen! Kurz, einen Sinn des Kommens unseres Patriarchen aus dem Westen gibt es nicht.
Lung-ya fragte dann auch Lin-dji: Was ist der Sinn des Kommens unseres Patriarchen aus dem Westen?
Lin-dji sagte: Reiche mir das Sitzpolster her!
Lung-ya nahm das Polster und reichte es Lin-dji hin.
Lin-dji nahm es und schlug ihn damit.
Lung-ya sagte: Wenn Ihr mich schlagt, so lasse ich mich schlagen! Kurz, einen Sinn des Kommens unseres Patriarchen aus dem Westen gibt es nicht.

»Lung-ya fragte Tsui-we: Was ist der Sinn des Kommens unseres Patriarchen aus dem Westen?« – Alte, allbekannte Geschichte! – Er will ihn auch auf die Probe stellen.

»Tsui-we sagte: Reiche mir einmal das Stützbrett her!« – Was will er denn mit dem Stützbrett? – Das läuft ja auf Fahrlässigkeit hinaus! [Lung-ya muß doch wissen, daß Tsui-we ihn mit dem Stützbrett schlagen will, und läßt ihn selbst darnach greifen.] – Das ist gefährlich! [Wie, wenn Lung-ya mit dem Brett gleich selbst auf Tsui-we losschlägt?]

»Lung-ya reichte Tsui-we das Stützbrett hin.« – Das heißt auch: gefaßt und dann nicht festgehalten. – Er bekommt den Blauen Drachen[1] zum Reitpferd und kann ihn nicht reiten! – Schade! – Er zeigt sich der Lage nicht gewachsen.

»Tsui-we nahm es und schlug ihn damit.« – Hat ihn! – Aber wem ist damit geholfen, einen toten Chinesen noch zu schlagen? – Er hat sich damit selbst auf die zweite Stufe fallen lassen.

»Lung-ya sagte: Wenn ihr mich schlagt, so lasse ich mich schlagen. Kurz, einen Sinn des Kommens unseres Patriarchen aus dem Westen gibt es nicht.« – Dieser Chinese steht mit seinem Gerede auf der zweiten Stufe. – Jetzt hintendrein, nachdem der Räuber weg ist, spannt er seinen Bogen!

»Lung-ya fragte dann auch Lin-dji: Was ist der Sinn des Kommens unseres Patriarchen aus dem Westen?« – Den alten allbekannten öffentlichen Aushang bringt er noch ein zweitesmal daher! – Das ist doch keinen halben Heller wert!

»Lin-dji sagte: Reiche mir das Sitzpolster her!« – »Wenn im Tsau-bach eine Welle wie die andre wär, gingen viele gute Leute jämmerlich zugrund.«[2] [Der Tsau-bach ist der Gießbach jener Tsau-schlucht im Norden der Provinz Kwang-tung, wo der Sechste Patriarch Hui-nëng seine Schüler lehrte. Von ihnen gehen die Meister aus, von denen in den Beispielen des Bi-yän-lu die Rede ist. Hier hat jeder seine eigene Art, wie in dem steinigen Gebirgsbach jede Welle ihre besondere Richtung und Größe hat. Wenn Lin-dji in diesem Beispiel ähnlich handelt, wie vor ihm Tsui-we, so ist das keine Nachahmung; es kommt nur aus demselben Geist des Zen. Mit Nachahmung verfälscht man nur das echte Leben und führt andere irre.] – Er [Lung-ya] bekommt seinen Urteilsspruch auf einer und derselben Urkunde. – Begraben wir sie alle drei im selben Grab!

»Lung-ya nahm das Polster und reichte es Lin-dji hin.« – Wieder, wie zuvor: gefaßt und dann nicht festgehalten. – Unbeholfen, wie zuvor. – Ungefähr so, wie sich Yang- und Hang-dschou ähnlich sind [die damaligen Mittelpunkte des Fluß- und Seeverkehrs in Kiangsu und Tschekiang].

»Lin-dji nahm es und schlug ihn damit.« – Hat ihn! – Schade [um das Polster], solch toten Chinesen noch zu schlagen! – Das springt aus derselben Gußform heraus.

»Lung-ya sagte: Wenn Ihr mich schlagt, so lasse ich mich schlagen. Kurz, einen Sinn des Kommens unsres Patriarchen aus dem Westen gibt es nicht.« – Es leuchtet! – Er überschlägt die Kosten für ein Leben in der Totenhöhle. – Er glaubt sich gar wohl noch im Vorteil. – Jetzt hintendrein, nachdem der Räuber weg ist, spannt er seinen Bogen.

Erläuterung des Beispiels

Der Ehrwürdige Schou-dschï von Da-yü [ein Meister aus dem 10. Jahrhundert] sagt: »So ging es damals zu. Bei den heutigen Kuttenbrüdern muß man sich fragen, ob sie überhaupt noch Blut unter der Haut haben.«

Mu-dschö vom We-schan [11. Jahrhundert] bemerkt: »Tsui-we und Lin-dji verdienen es wahrhaftig, Lehrer des eigentlichen Grundes zu heißen.«

Aber auch Lung-ya ist aus gleichem Holz geschnitzt, wie er durchs Grasland streift, um zu den Meistern aufzublicken und von ihrem Geiste etwas zu verspüren. Das können sich die Späteren wohl zu ihrem Zauberspiegel nehmen.

Nachdem er sich in späterer Zeit auf dem Drachenzahnberg, Lung-ya-schan, niedergelassen hatte, fragte ihn einmal ein Mönch: »Ehrwürdiger, wart Ihr nun damals eigentlich mit den zwei alten Meistern einverstanden?« Lung-ya gab zur Antwort: »Einverstanden war ich schon mit ihnen. Nur daß es einen Sinn des Kommens unseres Patriarchen aus dem Abendland nicht gibt.« Dieser Lung-ya hat nach vorn die nötige Achtung und nimmt dabei nach hinten Rücksicht. Er macht es wie der Arzt, der die Arznei je nach der Krankheit reicht.

Hsüä-dou sagt[3]: »Lin-dji und Tsui-we verstehen sich nur auf das Loslassen [der höchsten, letzten Wahrheit], nicht aber auf das Festhalten. [Lung-ya umgekehrt, deutet Hsüä-dou damit an, versteht sich nur auf das Festhalten; er beharrt starr im Höchsten und findet nicht den Weg herunter in die Vielheit und ihre Gegensätze.] Ich an Lung-ya's Stelle wäre damals auf die Bitten um Polster und Stützbrett in der Weise verfahren, daß ich den Gegenstand aufgehoben hätte und dem Meister gegenüber damit ins Gesicht gefahren wäre.«

Djiä vom Berg des Fünften Patriarchen[4] sagt: »Lung-ya's Kunst war es nun einmal, solch langes Gesicht zu machen.« Und ein andermal sagt

[1] Blauer Drache ist auch ein beliebter Name für prächtige Rosse.

[2] Dies sind Verse aus Hsüä-dou's Gesang zum 93. Beispiel unserer Sammlung, welches gegen das Nachäffen von Zen-Manieren gerichtet ist.

[3] In der von seinen Schülern unter dem Titel Dung-ting-lu herausgegebenen Sammlung von Aussprüchen.

[4] Djiä vom Berg des Fünften Patriarchen: wie Hsüä-dou ein Schüler des Meisters Dschï-mën und Urenkelschüler Yün-mën's.

Djiä: »Ihm hat der Unglücksstern Saturn auf den Kopf geschienen« [er war ein Pechvogel].

Wu-hsin vom Gelben Drachen[1] sagt: »Lung-ya treibt den Stier noch heftiger an als der Pflüger selbst, er greift noch gieriger nach der Speise als der Hungrige. Was ihm nun einmal klar ist, ist ihm klar. Versteht ihr denn den Grund, weshalb er sagt: Einen Sinn des Kommens unseres Patriarchen aus dem Westen gibt es nicht? Aber freilich, am Stock der beiden Meister [Tsui-we und Lin-dji] sind Augen, klar wie die Sonne. Wer echtes Gold erkennen will, muß es im Feuer prüfen.«

Es ist eben so: Um das Wunderbare, Wichtige, was nottut, kraftvoll zu verkünden und den Menschen das Fahrzeug unseres geistigen Erbes anzubieten, muß sich einer unter das Getriebe erster Ordnung stellen und hier die Klarheit finden, die nötig ist, um allen Menschen in der Welt die Zunge abzuschneiden. [Lung-ya, will Yüan-wu sagen, ist also auf dem richtigen Weg, wenn er zuerst einmal sich jedes Dings entschlägt und alles, was man sich erdenken, woran man dann sich klammern mag, konsequent verneint.] Sobald er jedoch zaudert oder zögert, ist er auch schon in das Getriebe zweiter Ordnung abgesunken. [Das hat Tsui-we sowohl wie Lin-dji schon bei der Frage, wie Lung-ya sie stellte, sofort erkannt. Wenn es den Sinn, nach dem er fragt, nicht gibt, braucht er ja nicht danach zu fragen.] Diese zwei alten Chinesen konnten wohl dreinschlagen, daß Wind und Wolken durcheinanderfuhren, aber nie und nimmer schlugen sie nach einem Kerl, der helle Augen hatte.

Die Alten haben es sich, um an das Zen heranzukommen, reichlich sauer werden lassen. Sie faßten einen mannhaften Entschluß, stiegen über Berge, setzten über Ströme, um die bewährten Meister aufzusuchen. Lung-ya war erst bei Tsui-we gewesen, dann bei Lin-dji. Nachher hatte er auch Dö-schan aufgesucht. Diesen fragte er: Was würdet Ihr wohl dazu sagen, wenn ich Euch gleichsam mit dem Schwert Mo-yä den Kopf abhiebe? Dö-schan streckte ihm den Hals hin mit dem Ruf: Hau' zu! Lung-ya sagte: Der Kopf des Meisters ist gefallen. Dö-schan lächelte, und damit war es aus.

Dann ging Lung-ya weiter und kam zu Dung-schan Liang-djiä. Der fragte ihn: Wo bist du zuletzt gewesen? Lung-ya erwiderte: Bei Dö-schan. Dung-schan fragte weiter: Was für ein Wort hat Dö-schan für dich gehabt? Schließlich erzählte Lung-ya was soeben hier berichtet wurde. Da fragte Dung-schan: Was hat Dö-schan denn darauf gesagt? Lung-ya erwiderte: Er hat kein Wort mehr gehabt. Da sagte Dung-schan: Sage nicht, er habe kein Wort mehr gehabt! Zeige einmal, was du kannst! Hol' den Kopf, den du Dö-schan abgehauen hast und weise ihn mir altem Mönche her! Bei diesen Worten kam Lung-ya die Einsicht. Er brannte Weihrauch, blickte ferne in die Richtung nach dem Dö-schan und verneigte sich in Reue und Bekenntnis seiner Sünde. Als später Dö-schan davon hörte, sagte er: Der alte Dung-schan weiß nichts von gut und böse; der Kerl dort ist doch längst schon tot! Was hat es da für einen Sinn, den noch zu retten? Nun ja, mag er mit meinem alten Schädel an der Tragstange in der Welt hausieren gehen! Mir soll's recht sein.

Lung-ya also, von Natur hellhörig, aufgeweckt, den ganzen Bauch voll Zen, wanderte nun alsbald weiter, wandte sich nach Tschang-an, wo er Tsui-we wieder traf und ihn nach dem Sinn des Kommens unseres Patriarchen aus dem Westen fragte. Statt einer Antwort ließ sich dieser von Lung-ya das Stützbrett geben, um ihn damit zu schlagen. Und Lung-ya sagte: Wenn Ihr mich schlagt, so lasse ich mich schlagen. Kurz, einen Sinn des Kommens unseres Patriarchen aus dem Westen gibt es nicht. Dann ging er von Tsui-we weiter [und kam zum zweitenmal] zu Lin-dji, stellte ihm dieselbe Frage, ließ sich von Lin-dji dafür mit dem Sitzpolster schlagen und quittierte mit derselben Antwort, die er schon Tsui-we gegeben hatte. Daß er nun in beiden Fällen diese Frage nach dem Sinn des Kommens des Patriarchen aus dem Westen stellte, geschah ganz einfach in der Absicht, diese alten Chinesen [noch einmal] auf ihrem Zen-Stuhl mit der gekrümmten Lehne sitzen zu sehen und dabei zugleich für sein eigenstes und wichtigstes Anliegen noch mehr Klarheit zu gewinnen. Seine Frage, das muß man ihm lassen, ist nicht aus der Luft gegriffen; er setzt nicht leichten Sinnes das Getriebe in Bewegung; er geht genau von jenem Punkte aus, der ihm in seiner Arbeit an sich selbst am meisten Mühe macht.

Seht einmal [als Beispiel für den Ernst, mit dem die Alten ihre Fragen überlegten], wie Wu-hsiä[2] einst Schï-tou[3] um seinen Rat anging. Wu-hsiä hatte, ehe er zu Schï-tou kam, im voraus bei sich beschlossen: »Wenn ich beim ersten Wort mit ihm zusammenstimme, bleibe ich bei ihm; wo nicht, so gehe ich weiter. Wie er nun vor Schï-tou trat, saß dieser, ohne sich zu rühren, still auf seinem Sitz. Wu-hsiä klopfte sich die Ärmel ab und wandte sich, um fortzugehen. Schï-tou, der merkte, daß er ein Werkzeug des GESETZES vor sich hatte, brach das Schweigen und begann, ihn zu belehren. Wu-hsiä aber konnte ihn nicht recht verstehen, bat um seinen Abschied und ging fort zum Klostertor. Da rief ihm Schï-tou nach: Âcârya! Wu-hsiä drehte sich um und blickte zurück.

[1] Wu-hsin vom Gelben Drachen: d. h. von der im Huang-lung-Kloster an der Grenze der Provinzen Kiangsi, Hunan und Hupe begründeten Schule des Gelben Drachen, Huang-lung, ein Zeitgenosse des hier redenden Meisters Yüan-wu. Begründer der Schule war Huang-lung Hui-nan, 1002 bis 1069. Vgl. Traditionstafel III B, 18.

[2] Wu-hsiä, bis 818; wirkte als Meister auf dem Berg gleichen Namens in der Provinz Tschekiang.

[3] Schï-tou Hsi-tjiän, 700–790; japanisch Seki-tô Ki-sen; mit seinem Lehrer Tjing-yüan Vater der älteren von Hui-nëng ausgehenden Traditionslinie; wirkte auf dem Steinkopf- oder Schï-tou-Berg im Hëng-Bergland des südlichen Hunan. Traditionstafel III A, 8.

Da sagte Schï-tou: Von Geburt an bis zum Tod braucht es nur dieses eine, den Kopf umzuwenden, das Gehirn umdrehen. Laß ab davon, sonst noch irgend etwas anderes zu suchen! Bei diesen Worten ging Wu-hsiä mit einem Schlag das große Licht auf.

Noch ein Beispiel![1] Ma-yü[2], den Klingstab in der Hand, kam zu Dschang-djing[2]. Er umkreiste dessen Zen-Sitz in drei Gängen, schüttelte den Klingstab, daß die Ringe klirrten, stieß ihn in den Boden und stand fest. Dschang-djing sagte: Recht so, recht so! Von da ging er zu Nan-tjüan[2] weiter, ging auch um dessen Zen-Sitz dreimal im Kreis herum, schüttelte den Klingstab, daß die Ringe klirrten, stieß ihn in den Boden und stand fest. Nan-tjüan sagte: Falsch! Verkehrt! Das sind Drehungen der Windeskräfte, welche in Vernichtung enden. Ma-yü erwiderte: Dschang-djing hat zu mir gesagt, so sei es recht. Warum sagt Ihr, Ehrwürdiger, es sei verkehrt? Da antwortet ihm Nan-tjüan: Dschang-djing, der hat recht; aber du hast unrecht.

An diesen Beispielen kann jeder sehen, wie diese Alten mit den Fragen, die sie stellten, nur darauf bedacht waren, zu dem einen Wichtigen hindurchzudringen. Aber heutzutage brauchen die Leute nur zu fragen, so merkt man schon, daß da von einem ernsten Ziel der Frage und von mühevoller Überlegung, wie diese wohl zu stellen wäre, keine Spur vorhanden ist. So treiben sie es heute, und morgen treiben sie es einfach wieder so. Wenn ihr nichts Besseres wißt, als das, so werdet ihr in alle Zukunft nie den Schlußtag, der die Klarheit bringt, erleben. Hier gilt es, sich im Innern aufzuraffen, seinen Geist zu rütteln und zu schütteln. So erst wird es euch gelingen, dieser Sache, sei es auch nur in geringem Maß, gerecht zu werden.

Sieh es dir an! Lung-ya stellt die Frage nach dem Sinn des Kommens unseres Patriarchen aus dem Westen. Tsui-we bittet ihn, das Stützbrett herzureichen. Und wie Lung-ya es ihm reicht, schlägt Tsui-we damit auf diesen ein. Wie hätte etwa Lung-ya in dem Augenblick, als er nach dem Stützbrett griff, nicht genau gewußt, daß Tsui-we ihn damit schlagen wollte? Kein Mensch wird hier sagen können, Lung-ya habe den Sinn dieser Aufforderung nicht verstanden. Warum dann aber hat er doch das Stützbrett Tsui-we hingereicht? Saget mir einmal: Was wäre auf den hier gegebenen Anlaß hin die passende Entsprechung gewesen? Anstatt dem Anlaß aber in der Richtung des lebendigen [des natürlich fließenden] Wassers stattzugeben [also selber mit dem Stützbrett dem Tsui-we zu drohen oder loszuschlagen], treibt es ihn ins tote [stehende] Gewässer, sich darin seinen Lebensunterhalt zu suchen, nur um unter allen Umständen Selbstherrscher zu bleiben. So sagt er denn: Wenn Ihr mich schlagt, so lasse ich mich schlagen; kurz, einen Sinn des Kommens unseres Patriarchen aus dem Westen gibt es nicht. Dann läuft er fort bis hin nach Hope, tritt vor Lin-dji und stellt ihm dieselbe Frage wie zuvor. Lin-dji sagt, er solle ihm sein Sitzpolster reichen. Lung-ya reicht es hin, Lin-dji schlägt ihn damit. Und wieder sagt Lung-ya: Wenn Ihr mich schlagt, so lasse ich mich schlagen; auf jeden Fall bleibt es dabei, daß es einen Sinn des Kommens unseres Patriarchen aus dem Westen nicht gibt. Nun sagt einmal an! Diese beiden angesehenen Lehrer haben das GESETZ nicht etwa von einem und demselben Meister überkommen. Wie wollt ihr es da erklären, daß sich ihre Antworten so ähnlich sind, daß sie in diesen beiden Fällen auf genau dieselbe Art verfahren? Hier müßt ihr erkennen, daß die Alten sich bei keinem Wort, bei keinem Sätzchen eine Unbesonnenheit erlauben.

Nachdem er dann später die Leitung des Lung-ya-schan, des Klosters auf dem Drachenzahnberg, übernommen hatte, geschah es, daß ein Mönch ihn fragte: Ehrwürdiger, wie war es denn damals, als Ihr vor jenen zwei bewährten Meistern standet? [Er will sagen: Wenn Ihr mit jenen einverstanden wart, warum habt Ihr dann doch zurückgeschlagen mit den Worten: Einen Sinn des Kommens aus dem Westen gibt es nicht? Und wenn Ihr nicht mit ihnen einverstanden wart, warum habt Ihr jenen doch das Stützbrett und das Polster in die Hand gereicht?] Lung-ya erwiderte: Einverstanden war ich schon; kurz, einen Sinn des Kommens unseres Patriarchen aus dem Westen gibt es nicht. Er wirft dem Mönche einen Klumpen faulen Schlamms mit Dornen darin zu, er läßt sich auf die Ebene zweiter Ordnung fallen. Die Art, wie dieser alte Chinese [die absolute, allem Unterscheiden, allem Denken und Begriffebilden gegenüber negative Wahrheit] faßt und festhält, weist ihn deutlich als bewährten Meister aus der Schule Dung-schan's aus. Wäre er bei Dö-schan oder Lin-dji in die Lehre gegangen, müßte er wissen, daß es daneben auch noch ein endliches Leben zu leben gibt. Der Mönch vom Berge hier [ich, Yüan-wu] hätte es anders gemacht und jenem Mönch auf seine Frage hin einfach gesagt: Einverstanden war ich nicht mit ihnen; kurz, einen Sinn des Kommens unseres Patriarchen aus dem Westen gibt es nicht[3].

Seht ihr nicht? Ein Mönch fragte Da-me[4]: Welchen Sinn hat das Kommen unseres Patriarchen aus dem Westen? Da-me erwiderte: Für sein Kommen aus dem Westen gibt es keinen Sinn. Yän-guan[5] erfuhr von

[1] Yüan-wu erzählt hier den Inhalt des 31. Beispiels; das Nähere über die erwähnten Personen wird dort gesagt werden.

[2] Ma-yü, Dschang-djing und Nan-tjüan: drei Schüler des Patriarchen Ma. Traditionstafel III B, 9.

[3] Katô Totsudô, der moderne Erklärer, sagt zu dieser Stelle: Lung-ya's Antwort dreht sich wie ein Rad im Kreise: Was die andern sagen, auch das läßt sich hören; aber ich denke eben, wie *ich* denke, ob es die andern nun verstehen oder nicht. Yüan-wu dagegen ist für Klarheit und Entschiedenheit der Rede; er würde sagen: Ich bin mit euch nicht einverstanden, ich bin nun einmal ich.

[4] Da-me, Schüler des Patriarchen Ma; 8. Jahrhundert.

[5] Yän-guan Tji-an, auch ein Schüler Ma's. Traditionstafel III B, 9.

dem Gespräch der beiden und bemerkte: Ein einziger Sargkasten, zwei tote Chinesen. [Der Mönch ist tot, weil er im Ja, Da-me, weil er im Nein befangen bleibt.] Hsüan-scha [einer der bekannten Schüler Hsüä-fêng's] erfuhr davon und sagte: Yän-guan versteht sich auf seine Kunst. Hsüä-dou aber sagte: Nun gibt es sogar drei! [Da-me, Yäng-guan und Hsüan-scha, alle drei sind tot. Sie reden von etwas, worüber man nicht reden kann.]
Wenn ihr nun, wie dieser Mönch, einfach nach dem Sinn des Kommens unseres Patriarchen aus dem Westen fragt, und dann Da-me umgekehrt zur Antwort gibt: Für das Kommen aus dem Westen gibt es keinen Sinn, und wenn ihr nun einfach diese Worte nehmet, wie sie lauten, dann seid ihr in die Region, in der es keine Dinge gibt, hineingefallen. Darum sagen die Meister: Du mußt dich bei lebendigen Worten Rats erholen, nicht bei toten. Streichst du dir den Gewinn aus einem lebendigen Worte ein, wirst du es in Ewigkeit nicht mehr vergessen. Streichst du dir den Gewinn aus einem toten Worte ein, so kommst du mit der eigenen Rettung nie zu Ende.
Wenn Lung-ya so redet [nämlich: »Kurz, einen Sinn des Kommens unseres Patriarchen aus dem Westen gibt es nicht«], so hat er damit ohne Frage sein Bestes geleistet. [Er ist in die Gedankenwelt der älteren Meister tief eingedrungen, und wenn diese, wie das Beispiel Da-me's zeigte, jeden Versuch, den Sinn der Sendung Bodhidharmas irgendwie mit Worten zu deuten, ablehnen, so hat er sich auch mit diesem Geheimnis ernstlich befaßt und sich den radikalen Satz, einen solchen Sinn gebe es nicht, mit Überzeugung angeeignet. Aber hier liegt ein wunder Punkt:] Einer der Alten [und zwar kein anderer als Dung-schan selbst, der Meister Lung-ya's] hat gesagt: Ausgesprochen ist das leicht; aber daß es sich dabei [im Geist des andern] ungebrochen [so, wie es gemeint war] fortpflanzt, das ist ungeheuer schwer.
[Katô Totsudô führt den Zusammenhang an, aus welchem diese Worte Dung-schan's genommen sind: Dung-schan fragte einen Mönch: Was ist dein Name? Der Mönch nannte seinen Namen. Dung-schan fragte weiter: Und wer ist Hausherr bei dem Herrn Âcârya? (Wer führt in deinem Inneren das Regiment?) Der Mönch erwiderte: Ich verehre die Ansichten der Meister. Der Meister sagte: O diese Not, o diese Not! So sind die Leute dieser Zeit fast alle. Ihre ganze Weisheit ist: Esel voran, Gaul hinterdrein; das nennen sie ihr Ich, ihr Selbst. Das ist der Untergang des Buddhatums. Wenn sie nicht einmal den Hausherrn von den Gästen unterscheiden können, wie sollen sie aus diesem Hausherrn dann den (eigentlichen) Herrn herausfinden? Der Mönch fragte: Was ist das mit dem Herrn im Hausherrn? Der Meister versetzte: Herr Âcârya faßt es selbst in Worte! Der Mönch erwiderte: Soweit ich es sagen könnte, wäre es wohl der Hausherr im Gaste; was aber soll der Herr im Hausherrn bedeuten? Da sagte der Meister: Ausgesprochen ist das leicht; aber daß es sich dabei ungebrochen fortpflanzt, das ist ungeheuer schwer.

– Wenn Yüan-wu dieses Wort hier anführt, so deutet er wohl an, daß Lung-ya von etwas überzeugt ist und von etwas redet, was er vielleicht doch in seinem vollen Sinn nicht ganz in sich aufgenommen hat. Deshalb fährt er fort:]
Diese Alten erlauben sich bei keinem Wort, bei keinem Sätzchen eine Unbesonnenheit. Was sie vorher tun und was nachher, das steht in deutlichem Zusammenhang [so die Bitte um Stützbrett und Polster mit dem Schlag nachher], sie haben beides, sowohl das Zeitliche als auch die eigentliche Wahrheit [die drastisch derbe Art, wie sie mit Lung-ya umgehen, zeugt von gesundem Menschenverstand, und eben darin geben sie den ›Sinn des Kommens aus dem Westen‹ treffend kund]. So, wie sie die Erleuchtung haben, so verstehen sie es auch, sie praktisch anzuwenden. Sie unterscheiden klar den Gast vom Hausherrn [den Menschen in sich, der im Irdischen lebt und sich mit Irdischem befaßt, von ihrem wahren Ich, das ganz wo anders zu Hause ist] und wechseln zwischen beiden ab, so daß sie bald geradeaus, bald in die Quere gehen. [Lung-ya dagegen zeigt sich innerlich gespalten. Ein japanischer Erklärer aus dem 18. Jahrhundert bemerkt von ihm: Er ist von seiner eigenen Erkenntnis eingenommen. Der Gast in ihm fragt nicht darnach, was der Herr in ihm im Schilde führt, und der Herr in ihm fragt nicht darnach, wie der Gast sich aufführt.]
Wenn einer den intimen, entscheidenden Punkt in der Geschichte herausfinden will, so muß er darauf achten, wie Lung-ya, obwohl er die uns überlieferte Lehre in keiner Weise verdunkelt, dennoch auf die Ebene zweiter Ordnung herabgefallen ist. Es ist ausgeschlossen, daß Lung-ya in dem Augenblick, als jene beiden bewährten Meister ihn um das Stützbrett bzw. um das Polster baten, nicht gewußt hätte, was die beiden damit im Sinn hatten. Das bedeutet, daß er sich in den Kopf gesetzt hatte, das, was sie im Busen hegten, [für seine Absicht] zu gebrauchen. Trotzdem [obgleich solches ›Gebrauchen‹ einem Mißbrauch gleichkommt] kann man wohl sagen, daß er eine äußerst schroffe Höhe an den Tag legt.
Lung-ya also fragt nach dem Sinn des Kommens unseres Patriarchen aus dem Westen. Die beiden Alten geben ihm die Antwort mit Stützbrett und Polster. Weshalb gibt es trotzdem einen Sinn des Kommens unseres Patriarchen aus dem Westen nicht? An dieser Stelle gilt es, zu erkennen, daß es abgesehen davon [von dem, was sich, rein äußerlich gesehen, zwischen Lung-ya und den beiden Meistern abspielt] noch etwas einzigartig Wunderbares gibt. Hsüä-dou greift es auf und läßt es uns andere sehen.

Erster Gesang

Im Drachenzahngebirge haust
ein Drache ohne Augen.
Soll, alte Winde aufzurühr'n,
ihm totes Wasser taugen?
Wenn Stützbrett er und Polster nimmt
und selbst nicht weiß, wozu,
Teil' er sie nur an andre aus,
lass' er sie dem Herrn Lu!

Zwischenbemerkungen zum ersten Gesang

»Im Drachenzahngebirge haust ein Drache ohne Augen.« – [Lung-ya sieht nicht, wie er mit seiner Reflexion über die Unmöglichkeit, von einem Sinn der Sendung Bodhidharmas zu reden, eben diesen Sinn verfehlt.] – Blind ist er, jawohl! – Bei anderen Leuten mag es ihm gelungen sein, sie zu betören. – [Hsüä-dou, der Dichter] wäscht den Erdklumpen [Lung-ya's] in Schmutzwasser. [Er redet noch weiter davon, wo schon Lung-ya besser daran getan hätte, zu schweigen.] – Das merkt doch jedermann [das braucht man doch nicht mehr zu sagen]!
»Soll, alte Winde aufzurühr'n, ihm totes Wasser taugen?« – Was machen wir aber, wenn der Drache plötzlich lebendig wird? [Lung-ya ist es bitterer Ernst. Er ist darin nur stecken geblieben; es kann daraus aber auch ein machtvolles Leben hervorbrechen.] – Dann wird die ganze Welt davon betroffen, und keiner kommt mehr gegen ihn auf.
»Wenn Stützbrett er und Polster nimmt und selbst nicht weiß, wozu,« – Wer soll auch für ihn sprechen? [Lung-ya weiß schon, warum er Stützbrett und Polster den Meistern hinreicht, aber das ist sein persönliches Geheimnis; dafür kann ihn kein anderer in Schutz nehmen.] – Weißt denn du [Hsüä-dou], wozu du diese Sachen nehmen würdest? – Wird er [Lung-ya] die beiden Stücke am Ende nicht dem Herrn Âcârya überlassen [dem Dichter, Hsüä-dou]?
»Teil' er sie nur an andre aus, lass' er sie dem Herrn Lu!« – Das ist doch gar nichts, was man austeilen kann! [Den geheimen Sinn der Sendung Bodhidharmas kann man nicht so ohne weiteres einem andern mitteilen.] – Dieser Lackkübel! Lasse er doch von solch verkehrten Begriffen!

Erläuterung des ersten Gesangs

Hsüä-dou stützt sich für den Urteilsspruch, den er Lung-ya ausstellt, auf das Geständnis des Angeklagten. Aber ungeachtet dieses [anklägerischen] Tons, den er infolgedessen in seinem Gesang anschlägt, sagt mir doch

einmal: Worauf will er denn hinaus? Was meint er denn, wenn er Lung-ya einen Drachen ohne Augen nennt? Was heißt ›ohne Augen‹? Und was meint er mit dem ›toten Wasser‹? Diese Ausdrücke muß man schmiegsam nehmen; dann erst wird man sie richtig verstehen. Darum hieß es [an anderer Stelle, im Gesang zum 18. Beispiel]: »Den blauen Drachen duldet's nicht in klaren Wassers Grund.« Wie sollte sich in stehendem Wasser jemals ein grimmiger Drache befinden? Seht ihr nicht, daß Hsüä-dou damit sagen will: Totes Wasser birgt keinen Drachen? Was ein lebendiger Drache ist, wendet sich dorthin, wo ringsum weit der Ozean wogt und Gischt zum Himmel schlägt. Wenn Hsüä-dou hier sagt, Lung-ya sei in totes Wasser getaucht, so meint er damit, daß er Schläge bekommen hat. Lung-ya hatte doch gesagt: »Schlägst du mich, so lasse ich mich schlagen; kurz, einen Sinn des Kommens unseres Patriarchen aus dem Westen gibt es nicht.« Das ist der Anlaß für Hsüä-dou, zu sagen: »Kann, alte Winde [den Geisteswind des Patriarchen] aufzurühr'n, ihm totes Wasser taugen?« Aber mag er auch so fragen, so sagt mir doch einmal: Stellt er sich damit nun auf Lung-ya's Seite oder tut er dessen leuchtender Hoheit Abbruch?
Vielfach verstehen es die Leute falsch und sagen: Wozu soll Lung-ya denn Stützbrett und Polster einfach »dem Herrn Lu überlassen«? Sie merken gar nicht, daß ja Lung-ya selbst sie andern überläßt [den Meistern Tsui-we und Lin-dji. Und zwar hat er damit, daß er sich von ihnen willig schlagen ließ, ihre Methode gutgeheißen.] Wo es sich um den Besuch bei einem Meister mit Frage und Antwort handelt, darf man die Unterschiede, die dabei hervortreten, immer nur im Blick auf das Getriebe erster Ordnung [im Licht der letzten, höchsten Wahrheit] beurteilen, dann erst wird man die Meinung dieser Alten erkennen.
»Wenn Stützbrett er und Polster nimmt und selbst nicht weiß, wozu« – Tsui-we sagte: Reiche mir einmal das Stützbrett! Und Lung-ya reichte es ihm. Was sollte das anderes sein, als daß er die Kosten für ein Dasein in totem Wasser überschlägt? Es liegt doch auf der Hand, daß jene Meister ihm [zum Himmelsritt] einen blauen Drachen zur Verfügung stellen, und er versteht es nicht, darauf zu reiten! Das taugt doch nicht!
»Teil er sie nur an andre aus, lass' er sie dem Herrn Lu!« – Diesen Namen deutet man immer wieder auf den Sechsten Patriarchen, Hui-nëng [weil dieser sich während seines Aufenthaltes beim Fünften Patriarchen ›den Pilger Lu‹ genannt hat]. Aber das ist ein Irrtum. Hsüä-dou selbst hat sich zu seiner Zeit den ›Herrn Lu‹ genannt [es war sein Dichtername]. Es gibt einen Gesang von ihm [in welchem dieser Name vorkommt. Er stammt aus der Zeit, als Hsüä-dou, kaum dreißig Jahre alt, aus seiner Heimat in der Provinz Sï-tschuan tief im Innern Chinas erstmals in die Leitung eines Zen-Klosters berufen worden war, und zwar in die Nähe der landeinwärts von Schanghai gelegenen berühmten Stadt Su-dschou in der Provinz Kiangsu. Dort liegt der wegen seiner landschaftlichen Schönheit viel besuchte, von Dichtern und von Malern ge-

feierte ›Große See‹, Tai-hu, sechsmal so groß wie der Bodensee, und aus ihm erhebt sich mit vielen Gipfeln das Inselgebirge Dung-ting (nicht zu verwechseln mit dem gleichnamigen Dung-ting-See am Mittellauf des Yangtsekiang). Das Kloster, welches Hsüä-dou übernahm, stand auf einem der höchsten Berge dieser Insel. Der ›Herr Lu‹ war über seinen neuen Wohnsitz, von dem er bisher nur gehört und Abbildungen gesehen hatte, hoch erfreut und feierte seinen Einzug in die malerische Berg- und Seelandschaft mit einem klassischen Vierzeiler]. Der Gesang trägt die Überschrift: »Ich habe meine Spur verwischt, mich selber hinterlassen« und lautet:

Dungting, vor Jahren schon geliebt,
wie es von Künstlerhand
Mit zweiundsiebzig Gipfeln blau,
der Wellen Herz, erstand.
Und heut', gebettet hoch in Ruh',
denk ich des alten Bilds:
Es kam noch einer drauf, Herr Lu:
lehnt an der Felsenwand.

Hsüä-dou strebt also [in diesem ersten Gesang] dem Lung-ya über den Kopf hinaus. Nun aber besorgt er, die Leute möchten ihn falsch verstehen, und so fügt er noch einen weiteren Gesang hinzu, um etwaige Zweifel zu zerstreuen. Er nimmt das Thema noch einmal auf und sagt:

Zweiter Gesang

Dieser alte Chinese! Ich kann ihm doch nicht ganz den Garaus machen. Ich muß ein Zweites dazu dichten!

Hat sie Herr Lu, sind sie ihm doch
kein Unterpfand noch Hort.
Mit Sitzen, Stützen erbt man nicht
der Väter Leuchte fort.
Abends, eh' Gewölk sich wieder
nächtlich schließt, gib acht:
Ferne Berge ohne Ende,
eine Welt Smaragd!

Zwischenbemerkungen zum zweiten Gesang

»Dieser alte Chinese! Ich kann ihm doch nicht ganz den Garaus machen. Ich muß ein Zweites dazu dichten.« – Das leuchtet ein. – Aber wieviel mögen es sein, die das verstehen? – Er [Hsüä-dou] merkt es selbst, daß, was er sagt, nur halb genügt. – Ein Glück, daß noch ein Schlußvers folgt!

»Hat sie Herr Lu, sind sie ihm doch kein Unterpfand noch Hort.« – Nach jemand, der so etwas sagen kann, magst du auf der weiten Erde lange suchen. – Wen meint er denn überzeugen zu können?

»Mit Sitzen, Stützen erbt man nicht der Väter Leuchte fort.« – Der Kerl hat sich ins Gras gesetzt! [Er sorgt sich ohne Not um andere Meister.] – Er ist in die Schwarzen Berge geraten und sitzt darin fest! [Alles einfach verwerfen und wegwerfen, führt zu geistigem Tod, in den Kreis der Schwarzen Berge zwischen den beiden eisernen Kreisgebirgen, welche den äußersten Saum des Weltenbergs Sumeru umschließen.] – Er ist in die Höhle der hungrigen Totengeister gefallen! [Natürlich wollen diese Bemerkungen nur zum Nachdenken darüber anregen, ob sie nun ernst zu nehmen sind oder nicht, auf welcher Seite die tödliche Gefahr lauert, auf der des Festhaltens oder des Loslassens, oder auf beiden?]

»Abends, eh' Gewölk sich wieder nächtlich schließt, gib acht:« – Wer wird wohl achtgeben? Einer vielleicht, oder ein Halber. – Auf Derartiges hinzuweisen ist bereits verfehlt. [Es handelt sich um etwas, was man nur in sich selbst erleben, was man keinem andern zeigen kann.] – Ich sage es ja! Er bringt es nicht heraus.

»Ferne Berge ohne Ende, eine Welt Smaragd!« – Schließ' die Augen zu! Verstopfe dir die Ohren! [Man kann auch übersetzen: Er verschließt dir (mit seinem unangebrachten Gerede nur) die Augen und Ohren (macht dich gerade durch seine Worte taub und blind). Sieh lieber gar nicht hin! Sonst:] – Sonst ertrinkst du noch in einem tiefen Graben. – Hierüber gehe nur noch weiter mit dir und dem Meister zu Rat, dreißig Jahre lang!

Erläuterung des zweiten Gesangs

»Hat sie Herr Lu, sind sie ihm doch kein Unterpfand noch Hort.« Was soll hier Unterpfand und Hort? Auf diese Vorgänge [zwischen Lung-ya und den beiden Meistern] müßt ihr richtig hinsehen, als wäret ihr selbst mit dabei, um das zu verstehen [daß nämlich hier für den Gedanken, diese Gebrauchsstücke hätten irgendeine symbolische Bedeutung für die Weitergabe des Geistes oder gar für die Würde und Autorität des Meisters, auch nicht die Spur eines Anhaltspunktes ist]. Man darf daraus nicht wieder einen Baumstumpf machen, an dem der Bauer auf den Hasen lauert.

Wenn man vor seinem eigenen Totenschädel alles zusammen auf einen Sitz zerschlagen hat und in der Brust auch nicht ein Tüpfelchen von einem Ding zurückbleibt, wenn man losgelassen hat und alles zwanglos frei und unbeschwert geschehen läßt, was hätte man da noch etwa Unterpfänder nötig, sei es nun Polster oder Stützbrett? An solche Dinge verschwende man nicht gar noch die Kunst, Grundsätze des Buddhismus auszuhecken! Das ist gemeint, wenn Hsüä-dou sagt: »Mit Sitzen, Stützen erbt man nicht der Väter Leuchte fort«; und damit hat er den Gegenstand des öffentlichen Aushangs zunächst einmal fertig behandelt.

Aber Hsüä-dou hat es in sich, eine Wendung um die andere zu vollziehen. [Erst läßt er sich von Lung-ya Stützbrett und Sitzpolster der alten Meister geben; dann spricht er diesen Gegenständen alle höhere Bedeutung ab; und nun geht er abermals zu etwas gänzlich anderem über.] So gibt er zum Beschluß aus freien Stücken noch etwas Neues unsern Blicken preis; das ist nicht übel: »Abends, eh' Gewölk sich wieder nächtlich schließt, gib acht!« Saget mir einmal: Worauf will Hsüädou denn hinaus? Wenn abends die Wolken wiederkehren, um sich zur dichten Decke zusammenzuschließen, aber noch nicht zusammengeschlossen sind: Saget mir einmal, wie ist denn das?

»Ferne Berge ohne Ende, eine Welt Smaragd!« Nun saget mir: Ist das die Welt des Bodhisattva Manjushrî? Oder die des Samantabhadra? Oder die des Avalokiteshvara? Hier müßt ihr mir einmal sagen: Was sind denn das für Menschen, denen so etwas begegnet?

Erklärungen zum Text

Yüan-wu's Hinweis

Wer das verborgene Gesetz der Wahrheit einmal bemerkt hat, begegnet ihm auf Schritt und Tritt, und immer wieder überrascht ihn seine ungeheure Größe. Es macht vor nichts, was er erleben oder denken könnte, halt. Es zerschlägt ihm alles, was er halten möchte; es stellt ihn ins Leere und gibt ihn eben damit an sich selber zurück.

Man kann aber auf diesem Wege der Befreiung auch auf tote Punkte kommen. Im Beispiel ist von einem Mann die Rede, der über die Verhaftung an die Dinge längst hinaus ist und seinen Blick entschieden auf die letzte Wahrheit gerichtet hält. Aber er übernimmt sich dabei, vergafft sich, wenn der Ausdruck erlaubt ist, in dem Unaussprechlichen, und verliert den Blick dafür, daß ja dieses Höchste immer nur im alltäglichen Erleben und Tun zu greifen ist. Sein ›inneres Getriebe bleibt stehen‹, es kommt zu einer geistigen Erkrankung, ja Vergiftung, die tödlich enden kann.

Die Wahrheit aber macht frei, und das bedeutet Freiheit zum Kampf mit den Gewalten, die sich gleich hohen Bergen uns von Tag zu Tag entgegenstellen. Der Mönch des Beispiels, welcher sich im Drang nach oben festgefahren hat, sieht sich zwei Meistern gegenüber, welche die gewonnene Freiheit zu gebrauchen wissen. Ihnen ist die ganze Erde samt dem Weltmeer nichts; sie lösen alles auf ins Eine, Leere, und machen gleich darauf aus diesem Einen, Leeren wieder eine bunte Welt der Vielheit. So stehen sie auch als Zen-Meister mit beiden Füßen in der harten Praxis, halten strenge Zucht in ihrem Wirkungskreis und üben sich und ihre Schüler unablässig. Das ist für sie der praktische Sinn der Sendung Bodhidharmas, die doch nichts anderes will als jene offene Weite, in der nach Bodhidharma und nach Zen nicht mehr gefragt wird.

Die redenden Personen:

Lung-ya, Tsui-we und Lin-dji

Während in den meisten Beispielen die Figur des Meisters deutlich überwiegt, tritt hier der Mönch, der seine Frage vorbringt, stärker in den Vordergrund, weil er vor beiden Meistern, die er aufsucht, das letzte Wort behält. Die Szene erinnert damit an das vierte Beispiel, wo der Meister We-schan wohl der Überlegene bleibt, aber zusehen muß, wie der junge Dö-schan, ohne ihn auch nur zu fragen, mit einem mächtigen Ho'! sich abkehrt und davongeht.

Der Mönch, von dem die Rede ist, heißt nach der Stätte seiner späteren Wirksamkeit als angesehener Meister Lung-ya[1], d. h. Drachenzahn.

[1] Lung-ya Djü-dun, 835–923; japanisch Ryû-ge Ko-ton. Traditionstafel III A, 12.

Schon als Knabe in einem Kloster seiner Heimat Kiangsi aufgewachsen, hatte er später in Nordchina auf dem hohen Sung-schan, dem einstigen Aufenthalt des Patriarchen Bodhidharma unweit der Residenzstadt Loyang, das Gelübde eines Bodhisattva abgelegt und dabei den für seine Geistesrichtung bezeichnenden Namen Djü-dun, d. h. der Abgeschiedene, angenommen. Dann war er auf Fahrt gegangen, um die berühmten Meister seiner Zeit zu besuchen. Sein Weg führte ihn zunächst durch das nördliche China, so daß er schon damals landaufwärts in der Reichshauptstadt Tschang-an, landabwärts in Hope an der Straße, die nach dem heutigen Peking führt, den beiden Meistern, von welchen unser Beispiel handelt, begegnet ist, ohne sich doch von ihnen angesprochen zu fühlen. Zu Tsui-we in Tschang-an sagte er beim Abschied: Nun bin ich über einen Monat lang hier gewesen und habe noch nicht die geringste Belehrung erhalten. Tsui-we fragte: Was hast du gegen mich? Darauf hatte Djü-dun, ›der Abgeschiedene‹, keine Antwort. Er ging unbefriedigt weiter. Später wandte er sich wieder südwärts, kam nach Hunan zu dem strengen Dö-schan und erklärte auch diesem nach kurzer Zeit enttäuscht, er sei zu dem berühmten Meister ganz umsonst gekommen. Die Szene, die er sich zum Abschied dort noch leistete, finden wir in Yüan-wu's Erläuterung beschrieben, ebenso seine erste Begegnung mit Dung-schan, durch welche ihm über die Hemmungen in der eigenen Brust zum erstenmal ein Licht aufging. Dung-schan Liang-djiä[1] war auf jeden Fall der erste, bei dem es dem späteren Lung-ya gelang, sich aufzuschließen. So blieb er länger dort, und schon in dieser Zeit begann das Suchen nach dem letzten Sinn des Zen, ihn zu beschäftigen. Eines Tages stellte er dem Meister die bekannte Frage: Was ist der Sinn des Kommens unseres Patriarchen aus dem Westen? Das werde ich dir sagen, erwiderte der Meister, sobald der Dung-schan-Bach bergaufwärts fließt. Diese Antwort fand bei dem späteren Lung-ya stärksten Widerhall. Die letzte Wirklichkeit, vor welcher alles Fragen nur verstummen kann, ging ihm in ihrer unfaßbaren Größe auf, und zwischen ihm und Dung-schan knüpfte sich das feste Band der Überlieferung von Geist zu Geist. Wie Dung-schan, so gehört darum auch Lung-ya zu den großen Meistern der Tsau-dung- oder Sôtô-Schule. Im Vollgefühl des neu gewonnenen Lichtes aber mußte nun dem ›Abgeschiedenen‹ das, was man in den Klöstern hin und her betrieb, erst recht fragwürdig erscheinen, kaum viel besser als das Getriebe der gemeinen Welt. Er mußte sich damit nun auseinandersetzen, mußte die andern Meister auf die Probe stellen, ob sie auf die Frage nach dem Sinn des Zen dieselbe tiefe Antwort haben wie sein Meister Dung-schan, oder ob sie diesen letzten Sinn, der gar kein Sinn mehr ist, verleugneten. So ging er abermals auf Wanderschaft, und kam noch einmal nach Norden, landaufwärts nach Tschang-an, landabwärts nach Hope in Richtung auf das heutige Peking. Von den beiden Meistern, die er dort besuchte, handelt unser Beispiel.

Acht Jahre wanderte Djü-dun, der Abgeschiedene, noch so umher, bis

er sich in der Provinz Hunan im Süden des großen Dung-ting-Sees, als Meister niederließ. Sein tiefer Ernst gewann ihm die Verehrung vieler, auch die des Machthabers in Hunan, des Militärgouverneurs und nachmaligen Territorialfürsten Ma Yin (852–930). Von ihm erhielt er die Berufung auf den Lung-ya-schan, den Drachenzahnberg im Südwesten des großen Sees, um das Kloster dort zu leiten. Bald strömten ihm die Schüler zu, man zählte deren durchschnittlich fünfhundert. Auch unter ihnen ging, wie wir noch sehen werden, die Rede von der Auseinandersetzung ihres Meisters mit den beiden Alten, die das Beispiel vorführt.
Der ersterwähnte dieser beiden leitete ein Kloster am Rand der Berge, die von Süden her die alte Reichshauptstadt Tschang-an berühren, und heißt nach diesem seinem Sitz Tsui-we[2]. Von ihm sind uns nur einige wenige Anekdoten überliefert, die ihn als Sonderling mit manchmal drolligen Einfällen schildern, dem alle Theorie zuwider war, wie er sich denn als Mönch Wu-hsiau oder Wu-hsüä (japanisch Mu-gaku), d. h. der Ungebildete, nannte. Er gehört der älteren, von Tjing-yüan oder Grünheide ausgehenden Linie von Nachfolgern des Sechsten Patriarchen an und hat in dem berühmten Meister Tou-dsï vom Tou-dsï- oder Würfelberg einen auch in unserer Sammlung wiederholt angeführten Schüler hinterlassen (vgl. die Beispiele 41, 79, 80 und 91).
Weit bekannter als Tsui-we ist Lin-dji[3], mit dem Mönchsnamen I-hsüan, der Gründer der bedeutenden Lindji- oder Rinzai-Schule, welche heute noch in Japan lebendig ist und in deren Übungen unsere Sammlung Bi-yän-lu eine besonders wichtige Rolle spielt. In der Erläuterung zum 11. Beispiel haben wir bereits gehört, auf welche Weise der Mönch I-hsüan (d. h. Sinnes Tiefe) zum Schüler des gestrengen Huang-bo geworden ist, und mehrfach lernten wir ihn als den Meister kennen, der neben dem Stock von dem aufrüttelnden Scheltruf Ho'! besonders reichlichen Gebrauch machte, so daß er seine Schüler vor mißbräuchlicher Nachahmung desselben warnen mußte (vgl. S. 214). Er stammte aus dem Regierungsbezirk Tsau-dschou im äußersten Südwesten der Schantung-Provinz, war also Nordchinese und ein jüngerer Landsmann des Meisters Dschau-dschou (vgl. das 2. und 9. Beispiel), ist aber früher als dieser öffentlich aufgetreten, da Dschau-dschou erst mit 80 Jahren, ungefähr 857, zu lehren angefangen, den jüngeren Lin-dji aber dann noch um etwa 30 Jahre überlebt hat. Dieser ist nach seinem Aufenthalt in Kiangsi bei Huang-bo wieder in den Norden zurückgekehrt und hat sich nur 50 km nördlich von Dschau-dschou in der Stadt Tschëng-ting (an der Bahnlinie von Peking nach Wu-han) niedergelassen, wo er seinem Kloster den Namen Lin-dji, ›An der Furt‹, beilegte, der dann ihm selbst ge-

[1] Dung-schan Liang-djiä, 807–869; japanisch Tô-zan Ryô-kai; Vater der Tsau-dung- (japanisch Sô-tô-) Schule. Traditionstafel III A, 11.

[2] Tsui-we Wu-hsüä; japanisch Sui-bi Mu-gaku. Traditionstafel III A, 10.

[3] Lin-dji I-hsüan, bis 867; japanisch Rin-zai Gi-gen. Traditionstafel III B, 11.

blieben ist. Eine hohe, Strenge mit Anmut verbindende achteckige Steinpagode mit neun Dachkränzen übereinander ehrt in Tschĕng-ting noch heute das Gedächtnis des geistes- und willensstarken Meisters, der vor allem durch seine erzieherische Kraft hervorragt.

Zum Verständnis des Beispiels

›Stützbrett‹ oder ›Zenbrett‹ heißt ein nur 6 cm breites, 52 bis 54 cm langes Brett aus hartem Holz mit einem kleinen runden Loch am oberen Ende, durch welches eine Schnur zum Festhalten gezogen ist. Es dient beim Hocken in Versenkung für Fälle der Ermüdung bald zum Halt für den Rücken, bald zum Aufstützen des Kinns oder auch als feste Unterlage für die zusammengelegten Hände.

Auf dem ›Sitzpolster‹ hockt der Übende in der vorgeschriebenen Haltung. Es ist kreisrund, mißt im Durchmesser etwa 36 cm und ist mit getrockneten Schilfähren prall gefüllt.

Stützbrett und Polster dienen also hier den Meistern als Antwort auf die Frage nach dem Sinn des Kommens des Patriarchen Bodhidharma aus dem Westen, der selbst mit seinem Sitzen in Versenkung, mit Polster und mit Stützbrett seinen Nachfolgern das Vorbild gegeben hat. Die Antwort mit Stützbrett und Polster ist darnach noch viel deutlicher als Worte. An ihnen soll der Frager den Sinn des ›Kommens aus dem Westen‹, den Sinn des Zen nicht nur hören, sondern fühlen.

Aber Lung-ya hat sich im Verfolg der Worte seines Meisters Dung-schan (»den Sinn will ich dir sagen, wenn der Dung-schan-bach bergaufwärts fließt«) in das unbegreiflich Hohe, Weite, Feine, Zarte dieses Sinnes so vertieft, daß ihm die derbe Drastik dieser beiden Meister keinen Eindruck macht. Das alles kennt er ja schon längst. Ihn beschäftigt jetzt die Frage, was bei alledem herauskommt. In dieser Hinsicht aber hat er seine eigenen Erfahrungen gemacht; die übersteigen alles, was sich je mit Worten sagen läßt. Ein Meister, der den Sinn des Zen im Sitzen sieht und in nichts Höherem, der hat in seinen Augen keine Ahnung. Dem kann man nur entgegenhalten: einen Sinn der Sendung Bodhidharmas gibt es nicht. Das ist freilich keine logisch flache Feststellung. Damit sagt er nicht, daß das Zen keinen Sinn habe; im Gegenteil, es hat den allerhöchsten Sinn; aber für menschliches Denken, menschliches Reden ist dieser nicht erreichbar; für unsere Begriffe ist er kein Sinn mehr. Diese Art der Negation, die im Gegenteil allerhöchste Bejahung bedeutet, ist nicht nur dem Zen eigen; sie gehört schon zu dem Stil der Sutren von der Vollkommenheit der Erkenntnis, Prajnâ-pâramitâ, besonders auch zu dem des ›diamantdurchschneidenden‹ Sutras, Vajracchedikâ.

Das Problem, um das es in dem Beispiel geht, ist also nicht etwa nur der Sinn der Sendung Bodhidharmas und der Sinn des Zen, sondern ist die Spannung zwischen überwärts gerichtetem und niederwärts gerichtetem Verhalten, wie sie in dem Gegensatz des ›Abgeschiedenen‹, des

Mönches Djü-dun, zu den beiden Meistern an den Tag tritt. Es ist die Spannung zwischen dem ›Getriebe erster Ordnung‹, dem Festhalten der einen höchsten Wahrheit einerseits und dem ›Getriebe zweiter Ordnung‹, das diese Wahrheit eine Weile losläßt und sich in der Niederung, der Alltagswelt bewegt. Es ist, um diese Schwierigkeit zu potenzieren, obendrein die Spannung zwischen dem unversöhnlichen Gegensatz dieser beiden Ordnungen und ihrer innigen Verflechtung, ihrer Einheit und Identität. Die Lösung aber dieser Schwierigkeit wird nicht in irgendeiner Theorie gesucht; sie kann nur jeder selbst in sich verwirklichen, sofern er wachsam und lebendig bleibt. Das ist der Sinn des sogenannten ›Zen-Getriebes‹ (Tschan-dji, japanisch Zen-ki), das einem Weberschiffchen gleich beständig zwischen beiden Polen hin und her geht. Der Fehler Lung-ya's, d. h. des Mönches Djü-dun, ist nach Hsüä-dou und nach Yüan-wu nicht, daß er mit seiner Antwort unrecht hätte, sondern nur, daß er auf seiner überwärtigen Erkenntnis selbstgefällig sitzenbleibt, und das in einem Augenblick, der eine andere Erwiderung gefordert hätte.

Als Meister Lung-ya, ›Drachenzahn‹, hat er, wie Yüan-wu auch berichtet, in späteren Jahren seinen Schülern die hier geschilderten Begegnungen wortgetreu erzählt, hat den Meistern, die ihn schlugen, recht gegeben und dabei doch seinen eigenen Ausspruch (»einen Sinn der Sendung Bodhidharmas gibt es nicht«) bestätigend wiederholt. Und die Sammlung Tsung-yung-lu (japanisch Shô-yô-roku), die im Schoß der Tsau-dung- (japanisch Sô-tô-) Schule einige Jahrzehnte nach unserem Bi-yän-lu begonnen und ein Jahrhundert später vollendet worden ist, schließt in ihrem achtzigsten Beispiel diese rückblickende Äußerung des Meisters Lung-ya an den Bericht über seine Begegnungen mit Tsui-we und Lin-dji unmittelbar an. Das heißt: die Tsau-dung-Schule stellt Lung-ya als reifen, vorbildlichen Meister vor, während im Bi-yän-lu nicht nur auf den Mönch Djü-dun ein gewisser Tadel fällt, sondern, wenigstens in Yüan-wu's Erläuterung, auch auf den späteren Meister Drachenzahn. Ein Widerspruch, ein Gegensatz, gewachsen auf dem gemeinsamen Boden des Zen des Sechsten Patriarchen wird hier deutlich. Es hat deshalb auch in der Auseinandersetzung zwischen der Lin-dji- oder Rinzai- und der Tsau-dung- oder Sôtô-Schule an Diskussionen über Lung-ya und seine Behandlung durch Hsüä-dou und Yüan-wu nicht gefehlt. Und wenn der Text der Erläuterung Yüan-wu's gar manche Anzeichen von Unordnung aufweist, so könnte daran auch der Umstand schuld sein, daß es sich in diesem Beispiel um einen Gegenstand des Streites zwischen den zwei bedeutendsten Schulen von Zen-Meistern handelt.

Der schon erwähnte Erklärer Katô Totsudô sagt dazu folgendes: An dieser Stelle tritt der Punkt zutage, in dem sich heute noch die beiden Richtungen des Zen in Japan, die Rinzai- und die Sôtô-Schule, unterscheiden. Wo die Einsicht vorherrscht, daß dieser Unterschied zutiefst

in der Spannung zwischen ewiger und zeitlicher Wahrheit begründet ist, die sich bei uns Menschen je nach Temperament und Lebensführung in unterschiedlicher Verteilung der Gewichte äußert, da ist es beiden Seiten möglich, sich offen und zugleich doch friedlich auseinanderzusetzen. Daß es bei kleineren Geistern aber auch zu Streit und Zank kommt, ist nicht zu vermeiden und wird von allen Einsichtigen bedauert.
Uns braucht dies übrigens nicht viel zu stören. Der Gegensatz der beiden Schulen ist aus der Verschiedenheit menschlicher Temperamente einfach zu erklären. Im idealen Fall halten sich bei einem, der die Zen-Erkenntnis hat, die Richtungen überwärts und niederwärts die Waage. In der Praxis menschlichen Lebens aber ist es unvermeidlich, daß die einen mehr Gewicht auf diese oder jene Seite legen. Die stillen, eher weiblichen Naturen sind stark im Festhalten der einen ewigen Wahrheit und stehen der Welt und ihren Gegensätzen gleichgültiger gegenüber; sie trifft man heute in der Sôtô-Sekte häufiger als in der Rinzai-Schule. Die andern treibt es mehr zur Tat, sie treten aus der reinen, stillen Schau kecker heraus, lassen eine Weile los, um kräftig männlich in der Welt zu wirken. Das ist die Art der Rinzai-Meister. Es haben beide ihre Vorzüge, und beide ihre Mängel, ihre ›Krankheit‹, wie es die Aktivisten und die Quietisten allerorts beweisen[1]. Der Meister, der sich selber überwunden hat, der sieht auch, daß sich beide Richtungen ergänzen; sie stammen aus derselben Wurzel und können einander zu gegenseitiger Korrektur und Befruchtung dienen. Das haben die Höherstehenden auf beiden Seiten denn auch immer wieder eingesehen; darum ist es trotz manchen Streites doch nie zu dauernden Zerwürfnissen gekommen. Das Beispiel für solch übergreifendes Verstehen aber bietet zu allererst Hsüä-dou selbst, indem er es bei seinem ersten, gütig scheltenden Gesange nicht bewenden läßt, sondern noch ›ein Zweites dazu dichtet‹, um aus dem Aktivismus des mit Stützbrett und Polster bewaffneten Meisters wieder herauszutreten in eine Schau, schwach angedeutet durch das Gleichnis einer selten schönen Abendstimmung, eine Schau, die alles einschließt, was die großen Bodhisattvas der berühmten Sutren an Wundern je gesehen haben, und die auch Lung-ya's Schau gewesen ist.

[1] Vgl. die Ausführungen von Heinrich Dumoulin in »Zen, Geschichte und Gestalt«, S. 137–140: Die zwei Hauptströme des Zen.

Dschï-mëns Lotosblüte und Lotosblätter

Hinweis

Das Banner des Gesetzes aufgepflanzt, den Sinn unseres Glaubens kundgemacht: so streut man Blumen auf brokatenen Grund.

Den Maulkorb losgebunden, die Traglast abgehoben: so ist große Friedenszeit.

Vielleicht, daß einer fähig ist, ein Wort, das sich in keine Regel fügt, in seiner Besonderheit zu erkennen. Dann mag er sich an einer Ecke sogleich die drei andern deutlich machen. Vielleicht, daß einer es dahin noch nicht gebracht hat. Dann halte er es wie bisher und höre vorgebeugt die Lösung.

Das Beispiel

Wir legen vor:

Ein Mönch fragte Dschï-mën: Was ist die Lotosblüte, solange sie noch nicht aus dem Wasser herausgewachsen ist?

Dschï-mën sagte: Lotosblüte.

Der Mönch fragte: Was aber nachher, wenn sie aus dem Wasser heraus ist?

Dschï-mën sagte: Lotosblätter.

Zwischenbemerkungen zum Beispiel

»Ein Mönch fragte Dschï-mën[1]: Was ist die Lotosblüte, solange sie noch nicht aus dem Wasser herausgewachsen ist?« – Er angelt auf einem Grund, wo nichts zu mutmaßen ist [d. h. er fragt, wo nichts zu fragen ist]. – Er wäscht einen Erdklumpen im Schmutzwasser [so wird der Klumpen nur noch schmutziger; durch Fragen wird das Unfaßbare nur noch schwerer anzufassen]. – Wie kommt er denn auf dieses Frage- und Antwortspiel?

»Dschï-mën sagte: Lotosblüte.« – Eins, zwei, drei, vier, fünf, sechs, sieben (so glatt und selbstverständlich kommt diese Antwort heraus). – Er stößt alle Welt in tödliche Zweifel.

[1] Dschï-mën Guang-dsu; japanisch Chi-mon Kô-so; der Lehrer Hsüä-dou's. Traditionstafel III A, 15.

»Der Mönch fragte: Was aber nachher, wenn sie aus dem Wasser heraus ist?« – Lasse er es doch, sich auf ein Dasein in der Totenhöhle der hungrigen Geister einzurichten. [Wenn der Mönch so weiter fragt, geht er geistig zugrunde.] – Er macht es wieder so! [Erst beschäftigt ihn der Zustand der Lotosblüte unter dem Wasser. Anstatt über die Antwort des Meisters zur Besinnung zu kommen, irrt er noch immer zwischen diesen beiden Polen hin und her.]
»Dschï-mën sagte: Lotosblätter.« – Mit Yu-dschou ging es zur Not noch an; das Bitterste ist das Südreich. [Will sagen: die erste Antwort Dschï-mën's läßt sich noch hören, die zweite ist unerträglich[1].] – Zwei Köpfe mit drei Gesichtern [Dschï-mën's Worte führen zu unvollziehbaren Vorstellungen.] – Er lacht alle Welt aus.

Erläuterung des Beispiels

Sofern sich Dschï-mën auf die Fassungskraft des Fragers einläßt und sich mit der ihm vorgelegten Materie befaßt, geht es mit der Verständlichkeit seiner Antwort noch einigermaßen an. Mit der Art aber, wie er die Ströme gewöhnlichen Denkens abschneidet, geht er über alles Verstehen meilenweit hinaus.
Sagt mir einmal: diese Lotosblüte, wenn sie über das Wasser herausgewachsen ist, und solange sie noch nicht herausgewachsen ist – ist die ein und dasselbe Ding oder zweierlei? Wenn du dies so, wie es tatsächlich ist, richtig zu sehen vermagst, gestehe ich dir zu, daß du Eintritt in diese Dinge hast.
Aber auch so bleibt die Sache schwierig genug. Denn wenn du sagst: es ist ein und dasselbe, so machst du aus der *Buddhaschaft* eine wacklige Sache und vergröberst den *wahren Sachverhalt*. Sagst du aber: es ist zweierlei, so bist du noch im Gegensatz von Innerem und Äußerem befangen. Fällst du aber auf die Bahn zergliedernder Erklärung herunter und fährst auf dieser fort, so wirst du nie zu einem Ruhepunkt und Ende kommen.
Sagt mir einmal: worauf will denn der alte Meister hinaus? Es geht ihm letztlich nicht um soundsoviel Fragen. Darum sagt Tou-dsï[2]: »Bleibt uns ja nicht an den Namen, Worten, Zahlen, Sprüchen hängen! Bist du einmal mit allem zusammen fertig, wirst du ganz von selbst nicht mehr an Einzelheiten hängen. Dann hast du nicht mehr mit soundsoviel Rangstufen und Ungleichheiten zu tun. Dann bist du es, der die Dinge alle zusammen in sich aufnimmt, und die Dinge alle zusammen können dich nicht mehr in sich aufnehmen. Im eigentlichen Grund kann man nichts gewinnen, nichts verlieren; da gibt es keinen Traum, kein Wahnbild, nicht soundsoviel Namen und Rubriken. Für dieses Eigentliche soll man nicht um jeden Preis Namen und Schriftzeichen bestimmen wollen. Ihr werdet euch doch nicht mit leeren Phrasen einschüchtern lassen! Weil ihr fragt, nur deshalb haben wir Worte. Wenn du mich nicht fragst, was

soll dann ich zu dir Brauchbares sagen können? Die ganze Diskussion, das alles bringst doch nur du selbst daher; mit dir hat das gar nichts zu tun.«

Einer der Alten[3] sagt: »Wo es sich darum handelt, daß jemanden nach der Erkenntnis der Buddhanatur verlangt, da ist es nötig, auf Zeit und Stunde, Ursache und Anlaß achtzugeben.«

Seht, was Yün-mën hierzu vorzulegen hat! Ein Mönch fragte den Meister Ling-yün[4]: Was war der Buddha, bevor er in der Welt aufgetreten ist? Ling-yün hob seinen Jakschweif in die Höhe. Der Mönch fragte weiter: Was war er nach seinem Auftreten? Wieder hob Ling-yün den Jakschweif in die Höhe. Zu diesem Verhalten des Meisters Ling-yün bemerkt Yün-mën: »Beim erstenmal hat Ling-yün das Richtige getroffen; beim zweitenmal traf er es nicht.« Weiter sagt Yün-mën: »Wenn Ling-yün auf den Unterschied im Zustand des Buddha nach und vor seinem Erscheinen überhaupt nicht eingeht, wo bleibt da die Zeit und Stunde, die der Mönch mit seiner Frage sucht?«

Die Alten hielten es nach der Regel: eine Frage, eine Antwort. Ohne viel Umstände entsprachen sie der Zeit und Stunde. Wenn du nach Worten fragst, nach Sprüchen jagst, so kommt es am Ende zu keiner Verständigung. Erst wenn du dahin kommst, zu dem im Wort enthaltenen Wort, zu dem im Sinn enthaltenen Sinn, zu dem im Anlaß enthaltenen Anlaß vorzudringen und loszulassen, bis du ledig und gelassen bist, erst dann siehst du den Ort, auf welchen Dschï-mën's Antwort hinweist.

Yün-mën sagt: »Von alters her bis heute handelt es sich immer nur um einen einzigen kleinen Ruck. Es geht nicht um Ja und Nein, nicht um Gewinn oder Verlust, nicht darum, etwas hervorzubringen oder nicht hervorzubringen.«

Die Alten haben uns an diesem Punkt einen gangbaren Weg, der aus- und einführt, hinterlassen. [Nämlich den Umgang mit dem Meister in Frage und Antwort. Denn der Unerfahrene bedarf der leitenden Hand nicht nur, solange er im Wahn des Seins und Habens befangen ist, sondern auch, wenn er anfängt, sich davon zu lösen und sich dabei im

[1] Seit dem Jahr 1004 mußte das Sung-Reich dem mongolischen Nomadenstaat Khitan (später Liang) für den Verbleib in den nordöstlichen Gebieten (mit uraltem Namen Yu-dschou genannt) Tribut zahlen. Das war schon schlimm genug. Aber noch viel schlimmer war der Zusammenbruch der Dynastie 1126, die sich seitdem nur durch Beschränkung auf das China südlich des Yangtsekiang noch weiter halten konnte.

[2] Tou-dsï Da-tung, 819–908; japanisch Tô-shi Dai-dô; Schüler des Meisters Tsui-we vom vorigen Beispiel; wirkte auf dem Würfel- oder Tou-dsï-Berg in der Provinz Anhui. Traditionstafel III A, 11.

[3] Nämlich Bai-dschang; vgl. Kapitel 26.

[4] Ling-yün Dschï-tjing; japanisch Rei-un Shi-gon; Schüler von We-schan Ling-yu. Traditionstafel III B, 11.

leeren Nichts verliert. Aber selbst wenn er über die ersten Kinderkrankheiten hinaus ist, hat er noch immer einen weiten Weg vor sich.] Ist einer noch nicht mit sich fertig, so hält er sich am Bambuszaun und tastet an der Wand, greift nach Gräsern, tappt nach Bäumen. Weist man ihn dann an, das alles loszulassen, so stolpert er ins Dickicht, in die leere Weite, in lauter Stellen, wo es öde ist. Hat einer es gewonnen, so wird er sich »zu keiner der zwölf Stunden eines Tages an irgendeinem Ding festhalten oder sich darauf stützen«[1]. Aber auch, wenn er sich an nichts hält und auf nichts verläßt, so ist es noch immer eine Frage, wie er sich verhalten wird, wenn man eine innere Regung oder einen äußeren Umstand [wie im Falle dieses Beispiels] vor ihm bloßlegt, und wie er es dann anfaßt und erforscht.

Dieser Mönch fragt: Was ist denn die Lotosblüte, solange sie noch nicht aus dem Wasser herausgewachsen ist? Dschï-mën gibt zur Antwort: Lotosblüte. Also eine Antwort, welche die Frage einfach glatt abschneidet. Das ist höchst merkwürdig. Die Leute im allgemeinen nennen das eine Paradoxie, einen Ausspruch, der die Dinge auf den Kopf stelle. Wo wäre hier etwas auf den Kopf gestellt? Seht doch einmal her, was Yän-tou[2] sagt! »Ihr müßt, wann immer ihr einen Meister reden hört, ehrfürchtig auf das achten, was er schon vorher in sich hat, bevor er noch den Mund auftut. Dann mag es mit dem Verstehen einigermaßen angehen.« Wenn die Alten ihr inneres Triebwerk einmal bloßlegen, sind sie bereits leck und locker [d. h.: sie lassen sich bereits von der höchsten Stufe auf die zweite herabfallen, befassen sich mit Worten, mit einzelnen Gegenständen und Fragen, treten also aus der Versunkenheit im Leeren, das alles in sich schließt, heraus in die Welt der Einzeldinge und ihrer Gegensätze[3].]

Aber die heutigen Gelehrten nehmen auf Sinn und Meinung der Alten keine Rücksicht. Sie gehen nur einfach hin und führen über das Verhältnis zwischen ›aus dem Wasser heraus‹ und ›noch nicht heraus‹ ihre theoretischen Diskussionen. Was hätte das mit der Sache selbst zu tun?

Da, seht einmal[4]: Ein Mönch fragte Dschï-mën: Worin besteht das Wesen der *Weisheit?* Mën erwiderte: Die Venusmuschel trägt den leuchtenden Mond in sich. Der Mönch fragte weiter: Und worin besteht das Wirken der *Weisheit?* Dschï-mën sagte: Darin, daß die Häsin vom Mondschein trächtig ist. Seht seine Art, auf Fragen zu antworten! Aber in der weiten Welt bekommen die Leute den Pulsschlag seiner Worte nun einmal nicht in den Griff. [Nach der volkstümlichen Auffassung im damaligen China entstehen die Perlen im Fleisch der Venusmuschel infolge von Befruchtung durch den Mond in der Vollmondnacht des achten Monats. In derselben Nacht werden auch die Häsinnen vom Mondschein trächtig. Beides sind Gleichnisse für die ewige Weisheit, die alles erfüllt. Der Mönch fragte in den alten Kategorien chinesischen Denkens erst nach dem Wesen, dann nach dem Wirken der Weisheit. Dschï-mëns Antworten gehen über diese Unterscheidung einfach weg; sie hindern nur den Geist, der Weisheit sich zu öffnen.]

Angenommen, mich den Djia-schan[5] würde jemand fragen: Was ist die Lotosblüte, solange sie noch nicht über das Wasser hinausgewachsen ist? Ich gäbe ihm einfach zur Antwort: Dieser Pfeiler hier, dort die Laterne. Sagt einmal: Wäre das nun wohl dasselbe wie die Lotosblüte oder etwas anderes? [Pfeiler und Laterne in Yüan-wu's Umgebung sind Bestandteile der Klosterhalle und vielleicht des Gartens, Gegenstände und Symbole des Bezirks, in welchem Menschen, sich und diese Welt verleugnend, nach der höchsten, letzten Wahrheit streben.]

Und was, wenn der Lotos über das Wasser herausgewachsen ist? Darauf würde ich antworten: An den Enden meines Wanderstabes auf dem Nacken trage ich die Sonne und den Mond, unten meine Füße waten tief im ärgsten Schlamm. [Im Gegensatz zur Richtung überwärts, wie sie das Bild von Pfeiler und Laterne darstellt, ist dies die Richtung niederwärts, die sich mit aller Schlechtigkeit und aller Not der Welt befaßt.] Sagt einmal: Ist das nun richtig oder nicht? Aber hütet euch, daß ihr nicht anstatt des Gewichtssteins aus Versehen auf das Sternchen am Waagbalken achtet! Hsüä-dou in seiner grenzenlosen Güte und Barmherzigkeit schlägt den Leuten mit seinem Gesang all ihre gefühlsbestimmten Deutungen in Stücke.

Gesang

LOTOSBLÜTE, Lotosblätter – deuten es dir an.
Überm Wasser so wie drunter – wie das stimmen kann?
Geh vom Strom nach Süd und Norden, frag' den alten Wang!
Hat ein Fuchs genug gezweifelt, kommt der nächste dran.

[1] Ein Ausspruch von Huang-bo, vgl. 11. Beispiel.

[2] Yän-tou Tjüan-huo, 828–887; japanisch Gan-tou Zen-kwatsu; Schüler von Dö-schan. Traditionstafel III A, 12.

[3] Als Gegenstück dazu erwähnt Katô Totsudô eine Strophe des größten Dichters der Sung-Zeit, Su Schï, bekannt unter dem Namen Su Dung-po (1036–1101), auch als Maler und Meister der Pinselschrift berühmt. Die Strophe zeigt, wie tief er vom Geist des Zen durchdrungen war:

Seidenweiß bemal' ich nicht – deutet Höchstes an.
Rot und Grün darauf gesetzt, fällt auf zweiten Plan.
Aus dem Nichts, dem Leeren, quillt Fülle, nie erschöpft.
Da sind Blumen, da der Mond, da dein Turmaltan.

[4] Das folgende Gespräch bildet den Gegenstand des 90. Beispiels.

[5] Yüan-wu spricht als Meister auf dem Djia-schan oder Klammberg.

Zwischenbemerkungen zum Gesang

»Lotosblüte, Lotosblätter – deuten es dir an.« – Er [Hsüä-dou] meint es gut und fürsorglich, wie eine alte Großmutter. – Ein öffentlicher Aushang, fertig sichtbar vor aller Augen! – Die Art, wie er das sagt, ist aber bereits zu fein und elegant!
»Überm Wasser so wie drunter – wie das stimmen kann?« – Er wäscht einen Erdklumpen in Schmutzwasser. – Er dürfte die beiden Zustände [über dem Wasser und unter dem Wasser] füglich auch gesondert für sich behandeln! – Es geht doch nicht an, diese Sache so nachlässig zu vergröbern und dann so zu tun, als wäre sie abgetan.
»Geh vom Strom nach Süd und Norden, frag' den alten Wang!« – Aber wo ist denn der Held des Romans? [Es handelt sich doch nicht um einen beliebigen Herrn Wang oder Dschang; es geht, wie immer, nur um dich selbst.] – Was soll denn dabei herauskommen, daß du dich an diesen alten Wang wendest? – Du trittst dir nur die Sandalen ab.
»Hat ein Fuchs genug gezweifelt, kommt der nächste dran.« – Vergraben wir sie alle in derselben Grube! – Aus dir selbst sind deine Zweifel! – Sie wollen sich um keinen Preis beruhigen. – Jetzt ein Schlag mit dem Stock! Begreifst du?

Erläuterung des Gesangs

Dschï-mën war ursprünglich in Tschekiang zu Hause. Er wußte, was er wollte, machte sich nach dem fernen Sï-tschuan auf und begab sich unter Hsiang-lins Leitung. Nachdem er bereits durchgedrungen war, kehrte er wieder um und ließ sich im Kloster ›Tor des Wissens‹, Dschï-mën, in der Kreisstadt Sui-dschou nieder. Hsüä-dou ist [im Bild gesprochen] sein erstgeborener Sohn. Er hat ihn gesehen, erlebt und ist in das Geheimnis seiner Tiefen gründlich eingeweiht. Aus dieser persönlichen Erfahrung heraus beginnt er seinen Gesang frischweg mit den Worten: »Lotosblüte, Lotosblätter – deuten es dir an.«
»Überm Wasser so, wie drunter – wie das stimmen kann?« Ein Wort wie dieses kann man nur auf der Stelle, so wie es gesagt ist, auffassen und verstehen. Der Mönch vom Berge [ich, Yüan-wu] hat bereits gesagt: »Was ist die Lotosblüte, solange sie noch unter Wasser ist? Der Pfeiler hier, dort die Laterne. Und was, nachdem sie über das Wasser herausgewachsen ist? An den Enden meines Wanderstabes auf dem Nacken trage ich die Sonne und den Mond; unten meine Füße waten tief im ärgsten Schlamm. Aber hütet euch, daß ihr nicht anstatt des Gewichtssteins aus Versehen auf das Sternchen am Waagbalken achtet!« Heutzutage können die Menschen an den Worten solcher Meister nur immer herumkauen und kommen dabei nie zu einem Ende. Sagt mir doch einmal: Welches ist denn die Zeit, zu der die Lotosblüte aus dem Wasser heraus ist? Und welches die, zu der sie noch nicht heraus ist? Wenn du

für diese beiden Fragen den richtigen Blick gewonnen hast, dann erlauben wir dir gerne eine ganz persönliche Begegnung mit dem Meister Dschï-mën.

Weiter sagt Hsüä-dou: Wenn du es durchaus nicht einsehen kannst, so »geh vom Strom nach Süd und Norden, frag den alten Wang!« Er will sagen: Geh nur los, besuche alle anerkannten Meister südlich des Yangtsekiang und nördlich, frage sie nach ›überm Wasser‹ und nach ›unterm Wasser‹, stelle dann südlich des Stromes ihre beiderlei Antworten zu beiden Fragen säuberlich aneinander, lege dann den einen Haufen Sprüche auf den anderen und lasse nun das Ganze sich im Kreis drehen, um Zweifel zu gebären! Nur sage mir einmal: Wann wirst du dahin kommen, keine Zweifel mehr zu haben? Ihr macht es wie der Feldfuchs, wenn er auf dem Eis geht. Voll von Zweifeln und Bedenken bleibt er nach jedem Schrittchen stehen und horcht, ob er kein Wasser hört, und erst wenn kein Geräusch zu hören ist, wagt er es, den Fluß zu überqueren. Und: »Hat ein Fuchs genug gezweifelt, kommt der nächste dran.« Wenn ihr, die ihr euch der Führung eines Meisters anvertraut habt, es so haltet wie der Fuchs mit seinen Zweifeln und Bedenken, wann werdet ihr wohl eure Ruhe, euren Frieden finden?

Erklärungen zum Text

Yüan-wu's Hinweis

Yüan-wu ist sich bewußt, daß das Beispiel, auf das er mit den obigen Sätzen hinweist, in besonderem Maß die Eigenschaften trägt, durch welche sich die Lehrweise der Zen-Meister von der sonst üblichen Verkündigung der Wahrheit abhebt. Die Regel ist, daß Prediger des »Gesetzes« die Lehren Buddhas, des Stifters, von Hauptstück zu Hauptstück, von Artikel zu Artikel, in wohlgesetzter Rede auslegen, erörtern und begründen, damit alle über den Sinn seiner ›Stiftung‹, seiner Religion Bescheid wissen. Das ist gewiß ein löbliches und schönes Unterfangen, so schön, wie wenn man Blumen auf die Erde streut. Wie aber, wenn die Erde selbst wie ein Brokatgewebe, ein Gottesgarten ist, auf dem all diese Blumen ganz von selbst in bunter Fülle frisch lebendig wachsen? Was soll dann eigentlich noch dieses Blumenstreuen?

Dieser Blütengrund von brokatener Pracht ist in der Tat vorhanden und jeder trägt ihn in sich selbst, nur daß er darauf mit verbundenen Augen im Kreis herumläuft, daß er dem Lastpferd gleicht, dem man verwehrt, am Wegrand seinen Hunger zu stillen. Und darum sehen die Zen-Meister ihre Aufgabe nicht im Blumenstreuen, in der wohlgesetzten Rede, sondern gehen nur auf dieses Eine aus, den Menschen, wo es möglich ist, die Binde von den Augen zu nehmen, daß sie endlich sehen, wie es um sie steht und wo sie hingehören, ihnen den Maulkorb loszubinden, daß sie die Speise finden, die satt macht, und wahre Freiheit gewinnen. Nur so, nicht durch die schönsten Reden, kommt die »große Friedenszeit«.

Das Eine, Große aber, um das es hierbei geht, ist mit Worten nur von ferne anzudeuten. Je vernünftiger, gesetzter diese sind, um so leichter können sie die Sache selbst verstellen. In ihrem Abscheu vor dem Mißbrauch, der mit schönen Reden Tag für Tag getrieben wird, verfallen die Zen-Meister im gegebenen Augenblick auf Worte eigener Art, die sich ›in keine allgemein gültige Regel fügen‹, Worte, die für andere Menschen vernunftwidrig und sinnlos klingen. Beim Volk in China und in Japan hat sich denn auch die Meinung durchgesetzt, die Kunst eines Zen-Meisters bestehe vor allem darin, mehr oder weniger geistreichen Unsinn zu behaupten, faule Witze zu machen und absonderliche Kapriolen zu schlagen, und es sind mit der Zeit in der Tat auch solche Leute aufgetreten, die aus der Paradoxie im Reden wie im Handeln eine Art Lebensstil entwickelten und damit der Verkennung des eigentlichen Anliegens der Zen-Meister Vorschub leisteten. Bei oberflächlicher Betrachtung könnten auch die Antworten, die in der folgenden Zwiesprache der Meister Dschï-mën gibt, in diesem Sinne mißverstanden werden. Eben deshalb warnt Yüan-wu davor und weist im voraus darauf hin, daß solche Meisterworte ›außerhalb der Regel‹ stehen und deshalb auch nicht mit dem Maßstab des gewöhnlichen Verstandes gemessen werden dürfen. Denn dem, der sie spricht, kommt eben auf sie, die Worte, gar nichts an, sondern auf ganz etwas anderes.

Dschï-mën, der Lehrer Hsüä-dou's

Der Meister Dschï-mën hat für die Leser unserer Beispiele schon deshalb Interesse, weil deren Sammler und dichtender Verherrlicher Hsüä-dou sein Schüler war und von ihm das ›Siegel des Geistes‹ überkommen hat. Er ist also der jüngste der im Bi-yän-lu vertretenen Meister. Er stammte aus der Provinz Tschekiang, führte den Mönchsnamen Guang-dsu, d. h. Lichtsegen, japanisch Kô-so, und war als fahrender Scholare nach dem fernen Schu, dem heutigen Sï-tschuan gewandert, um dort von Hsiang-lin, dem uns vom 17. Beispiel her bekannten Schüler des berühmten Yün-mën in die verborgene Welt des Geistes eingeführt zu werden. Dann kam er nach Hupe und übernahm dort in der Stadt Sui-dschou (nordwestlich von Hankou) die Leitung des Zen-Heims zum ›Tor des Wissens‹, Dschï-mën (japanisch Chimon). Es sind von ihm zwar keine sicheren Lebensdaten überliefert, aber wenn wir ihn in die Traditionskette einreihen, welche Hsüä-dou mit den älteren Meistern verbindet (Dö-schan 788–865, Hsüä-fëng 822–908, Yün-mën –949, Hsiang-lin, Dschï-mën, Hsüä-dou 980–1042), so darf man annehmen, daß er zumindest noch das Jahr 1000, wenn nicht 1010, erlebt hat. Dschï-mën ist, soweit wir wissen, der erste, der denkwürdige Aussprüche alter Meister gelegentlich dichterisch verherrlicht hat. Hsüä-dou mit seinen Gesängen ist also nur Vollender dessen, was sein Meister schon begonnen hatte. Sonst sind von Dschï-mën nur vereinzelte Gespräche überliefert, in seine Beispielsammlung hat Hsüä-dou nur noch eines, nämlich Nr. 90, aufgenommen.
Etwas mehr von ihm weiß Yüan-wu zu berichten, doch erweisen alle seine Worte ihn als echten Enkelschüler Yün-mën's, indem sie dessen dreifache Forderung erfüllen: Sie gehen jeweils genau auf die gestellte Frage ein, sie schneiden gleichwohl jedem Frager die ›Ströme seines Denkens‹ reinlich ab, und sie umfassen dabei irgendwie die ganze Welt, bergen in sich das unaussprechliche Geheimnis (S. 272, 309).

Die Lotosblüte

Gegenstand der Frage, die Dschï-mën in diesem Beispiel beantwortet, ist das zentrale Symbol buddhistischer Weltanschauung, die Lotosblüte (indisch padma, chinesisch liän-hua, japanisch renge; vgl. auch Dietrich Seckel, ›Buddhistische Kunst Ostasiens‹, S. 42f. usw.). Sie war als Blume der Götter in Indien schon seit ältester Zeit bewundert und geliebt. Sie galt als die Weltachse, auf welcher Brahma geboren ist. Der Buddha selbst verwendet sie in seinen Gleichnisreden. Vom Schlamm des Teiches genährt, wächst der Lotos über den Wasserspiegel empor und erblüht hier in fleckenloser Reinheit. So geht der Buddha aus der Welt der Vergänglichkeit hervor und überragt sie, unberührt von ihrem Schmutz. In den Sutren des ›Großen Fahrzeugs‹ ist die Lotosblüte geradezu Symbol der erlösenden Wahrheit, des Weltgesetzes, in der bildlichen Darstellung erscheinen der Buddha und die Erlösten auf Lotosblüten sitzend. In Malerei und Plastik des Buddhismus begegnen wir auf Schritt und Tritt der Lotosblüte, bald riesenhaft monumental, bald von zartester Feinheit. Darum gehört zu einer buddhistischen Klosteranlage womöglich auch ein Lotosteich. In China und Japan treiben die großen Wurzelstämme, die den Teichschlamm waagrecht durchziehen, im Frühjahr erst nur kleine Blättchen, dann größere, welche die Oberfläche des Wassers erreichen und flach darauf schwimmen, endlich an den Wurzelknoten je zwei gegenständige starke Stengel, die über den Wasserspiegel hinauswachsen. Während der eine an der Spitze ein schirmartig schwebendes Blatt in Form einer mächtigen kreisrunden Scheibe trägt, endet der andere Stengel, ebenfalls ohne sich zu verzweigen, in einer einzigen großen Knospe, die sich in der heißen Sommersonne zur weißen oder rosafarbenen Blüte von wachsartiger Reinheit und edlem Duft entfaltet. Man könnte sich vorstellen, daß der Meister Dschï-mën an solch einem Lotosteiche stand, als der Mönch an ihn seine Frage richtete. Daß es ihm dabei nicht um Botanik ging, läßt sich erwarten. Die Lösung freilich, die ihm Dschï-mën gab, umfaßt wohl letztlich auch das Reich organischen Lebens. Nur in etwas anderem Sinn, als die Naturwissenschaft es tut.

Zum Verständnis des Beispiels

Die erste Frage des Lesers wird sein: was ist mit der Lotosblüte und Lotosblättern gemeint? Man wird gut tun, die Antwort nicht von vornherein in etwas Speziellem, Abgrenzbarem zu finden, sondern den Sinn des Bildes so weit zu fassen, wie nur irgend möglich. Je allgemeiner man ihn faßt, um so mannigfaltiger läßt er sich aufs Besondere anwenden. Das Blattwerk unter dem Wasser, die Blüte über dem Wasser – sie stehen zunächst einfach für das alle Zeit erfüllende Walten von Ursache und Wirkung. Die kosmischen Probleme der Kausalität und Zeit beschäftigen das philosophische Denken seit Jahrtausenden. Sie stehen auch im Hintergrunde dieser Unterredung. Nur hat die Frage dieses Mönches an den Meister ihre besondere Note. Den Zen-Leuten ist es nun einmal eigen, daß sie das Kosmische und Allerfernste nur um des Allernächsten, um ihrer selbst willen so brennend interessiert. Sie haben von Buddha gelernt, sich selbst als eine winzige und rasch sich wieder lösende Ballung kosmischer Kräfte zu begreifen, haben aber gerade in diesem Begreifen eine Erhebung über eben diesen Kosmos hinaus erfahren. Sie haben einen Ruhepunkt im Geist gewonnen oder wenigstens erschaut, an dem das Kreisen der kosmischen Kräfte, des Samsâra, stille steht, einen Ort des Erlöschens und der Stille, Nirvâna.

Auf diesem Wege ist der Königssohn aus dem Stamme der Shâkyas, ein Mensch wie jeder andere, zum Buddha geworden, auf diesem Wege hoffen auch sie, Menschen wie jeder andere, die Buddhaschaft zu gewinnen.

Dieses Höchste, was es für Menschen gibt, ist der Mönch gewohnt, mit der Lotosblüte zu vergleichen. Sie ist ihm Bild der Buddhaschaft, des Nirvâna, der ewige Geist in absoluter Reinheit, unbefleckt und unverworren mit dem dunklen Spiel kosmischer Kräfte.

Und doch war auch der Buddha ein Mensch wie alle andern. Doch ist auch sein Auftreten in Indien, seine Lehre, seine Gemeinde eine zeitliche Erscheinung. Doch wächst auch die Lotospflanze mit ihren Blättern aus dem Schlamm des Teiches hervor und braucht geraume Zeit, bis ihre Blüte aufgeht. Im Wasser unten ist nur Grün zu sehen, im Bodenschlamm gar sind nur dicke, braune Wurzeln. Dem Mönche graust wohl, wenn er da hinunterblickt. Er denkt an sich und seine Herkunft, denkt an sein Dorf und das Treiben der Menschen. Was ist das nur für ein Jammer! Was ist es mit dem grünen Gewächs da unten im Schlamm?

Eigentlich gesehen, legt der Mönch mit seiner Frage dem Meister die Antwort schon in den Mund. Es gibt keine andere. Wirkung ist immer nur Entfaltung der Ursache; nur die Zeit zieht Ursache und Wirkung auseinander. Überzeitlich gesehen sind beide ein und dasselbe. Darum eben ist die Zeit das große Leiden. In dem Kriegsroman des japanischen Mittelalters, der von dem Übermut und Untergang des Hauses Taira handelt (Heike Monogatari), gibt eine von ihrem Gebieter verstoßene Tänzerin diesem Schmerz Ausdruck mit den Versen:

Auch der Buddha war vordem ein gemeiner Mensch.
Wir auch werden noch einmal Buddha sein zuletzt.
Wo denn beiden Buddhaschaft gleich zu eigen ist,
Tut die Kluft nur, die uns trennt, meiner Seele weh.

Das ist aus der Not der Zeitlichkeit heraus gesprochen. Zen aber wäre nicht, was es ist, wenn es nicht gerade über die Zeitlichkeit sieghaft hinwegginge. Von den Dingen lassen, die Ströme des Innenlebens abschneiden, innerlich los und leer werden – dieser ganze Radikalismus hat keinen andern Sinn, als eben den, die Zeit zu überwinden und den Standort der Ewigkeit zu gewinnen, von welchem aus gesehen jede Menschenseele, jedes Lebewesen, ja die ganze Schöpfung bereits im Lichte der Vollendung leuchtet. Manche Sutren entwerfen von dieser Buddhawelt Bilder voll überirdischen Glanzes. Dem Zen-Meister genügt das eine Wort Lotosblüte. Aber es liegt darin dieselbe eschatologische Schau, mitten in die Gegenwart hereingestellt. Es ist, wenn man so will, die Schwärmerei des Zen.

Darum sagt Yüan-wu's Zwischenbemerkung mit Recht: Er stößt alle Menschen in tödliche Zweifel. Man sehe sich doch nur die Welt an, wie sie ist! Bin ich selbst ein Buddha? Ist mein Nachbar einer? Die Menschen in der Straßenbahn und die, von denen ich in der Zeitung lese? Wer es nicht irgendwie in sich selbst erlebt hat, der kann nicht anders als an dem Worte Dschï-mën's Anstoß nehmen.

Auch der Mönch nimmt Anstoß, aber allerdings nur schwach. Denn als Gedanke war ihm das, was Dschï-mën hier im Bild der Lotosblüte ausspricht, ohne Frage längst vertraut. Sonst wäre er darüber nicht so leicht hinweggegangen. Er hat gewiß über die Lehre von der jedem Menschen eingeborenen Buddhanatur viel nachgedacht und versteht es, mit der Logik umzugehen. Die Gleichung Blätter = Blüte, denkt er wohl, ließe sich zur Not noch hören; aber wie, wenn man sie umdreht? Dann wäre also die Blüte nicht besser als das gemeine Blatt, dann wäre die überirdische Weisheit des Buddha nichts Höheres als menschliche Verblendung, die Stille des Nirvâna nichts anderes als der schmerzensreiche Kreislauf des Samsâra. Hebt damit der Buddhismus nicht sich selber auf? Dies ist für ihn, den Mönch, das große Ärgernis, hier liegt die Quelle seiner schwersten Zweifel. Das trieb ihn, dürfen wir vermuten, zu seinen wohlbedachten Fragen, und gewiß erhofft er vom Meister eine Antwort, die ihm irgendwie den Stein des Anstoßes auf die Seite schieben würde. Dschï-mën hat ihm den Gefallen nicht getan. Hart und unerbittlich dreht er seine Gleichung um. Was ist die Lotosblüte? Auch der Buddha ist ein gemeiner Mensch wie jeder andere. Auch wenn du die Erleuchtung hast, bist du doch immer noch der gleiche wie vorher. Auch das Nirvâna hast du nirgends sonst als im Lärm und in der Last des Alltags. Verrät das Zen in der ersten Antwort des Meisters seine verhohlene Schwärmerei, so zeigt es in der zweiten seine trockene Nüchternheit. Die beiden widersprechen sich nicht, sondern gehören zusammen. Sie stammen aus derselben Grundhaltung: an keinem Dinge haften, los von allem sein. Das muß immer nach zwei Seiten hin exerziert werden: erst nach der weltlichen Seite, wo man an Gütern und an Menschen hängt, um ihretwillen sich ereifert und verblendet, dann aber auch nach der geistlichen Seite. Denn sobald in einem Menschen ein geistliches Leben erwacht, geht er darauf aus, sich aus den Worten und Lehren, die ihn überzeugt haben, ein Gebäude zurechtzuzimmern, in dem er sich wohl und geborgen fühlen möchte. Und eben mit diesem natürlichen Verlangen trägt er in seine Religion bereits den Keim schleichender Verseuchung und macht das, was ihm zur Freiheit helfen sollte, sich selbst und andern zur knechtenden Fessel. Darum werden die Zen-Meister nicht müde, ihren Schülern zu sagen: Bilde dir auf das Licht, das dir etwa aufgegangen ist, nichts ein; mache dir daraus kein Ruhepolster. Wir sind alle ganz gewöhnliche Menschen, wir wachen bei Tage und schlafen bei Nacht, wir nehmen Nahrung zu uns und scheiden ihre Reste aus, einmal sind wir gesund und einmal krank und gehen alt oder jung denselben Weg des Fleisches bis zum Ende.

»Mit Yu-dschou ging es noch an; das Bitterste ist das Südreich«, bemerkt Yüan-wu zu Dschï-mën's zweiter Antwort. Daß in jedem Menschen heimlich ein Buddha stecken soll, ist, wenn auch schwer zu fassen, zum mindesten ein schöner Gedanke. Daß aber auch ein Buddha nichts anderes sein soll, als ein gemeiner Mensch, das ist unerträglich. Ich soll nach dem Höchsten trachten und soll doch, kaum daß ich es fasse, loslassen und sagen: es ist nichts daran. Ich soll gleichzeitig in zwei Richtungen gehen, die diametral, also in einem Winkel von 180 Grad, auseinanderlaufen. Das ist in der Tat die Meinung. Und die Stelle, auf welche dieses ganze Beispiel hinweist, ist nichts anderes als der Ort, in welchem diese beiden Richtungen sich treffen und ineinander verschlingen. Es ist der Ort, wo Dschï-mën steht und ›alle auslacht‹ (vgl. Yüan-wu's letzte Zwischenbemerkung), die Weltleute von vornherein, aber ebenso auch die Frommen. Auf diesen Ort, der sich seiner ganzen Natur nach weder bezeichnen noch beschreiben läßt, kommt alles an. Darum verwendet Yüan-wu in der Erläuterung des Beispiels soviel Sorgfalt darauf, seinen Hörern das Diskutieren des Undiskutierbaren auszureden und sie auf die Wirklichkeit hinzuweisen, aus der heraus der Meister redet und in der er lebt, noch ehe er den Mund auftut.

Zum Gesang

Der Gesang, begleitet von Yüan-wu's Zwischenbemerkungen und Erläuterung, bedarf kaum noch weiterer Erklärungen. Beachtenswert ist immerhin, daß, wie der zweite Vers beweist, Hsüä-dou in der zweiten Antwort Dschï-mën's den größeren Anstoß erblickt. ›Überm Wasser so wie drunter‹ geht auf die Frage des Mönchs: Was ist die Lotosblüte dann nachher, wenn sie über das Wasser herausgewachsen ist?, worauf Dschï-mën erwidert: Lotosblätter. Ebenso bemerkenswert ist, daß schon Hsüä-dou, wie nach ihm Yüan-wu, nicht den geringsten Versuch unternimmt, die Widersprüche in den beiden Antworten des Meisters Dschï-mën wegzudeuten, sondern im Gegenteil den Anstoß, den logisches Denken daran unaufhörlich nehmen muß, geflissentlich hervorhebt.

Hsüä-fëng's Schildkrötennasenschlange

Hinweis

Für das Große Geviert gibt es kein Außen. Seine Feinheit ist wie die des kleinsten Teilchens, das dem völlig Leeren nahe steht. Das einzufangen oder loszulassen ist nie des andern Sache; das eigene Selbst nur wickelt es zusammen oder rollt es auseinander.
Wer unbedingt vom Leim gelöst, von Fesseln frei sein will, der muß frischweg die Spur verwischen, die Stimme verschlucken. Solche werden Mann für Mann die Fähre für die Überfahrt in Ruhe von sich weisen und einer wie der andere aufrecht stehen wie eine Wand von tausend Klaftern.
Sagt mir einmal: Von was für Menschen ist denn dies die Welt, in der sie leben? Legen wir ein Beispiel vor! Seht her!

Das Beispiel

Wir legen vor:

Hsüä-feng unterwies seine Hörer und sagte: Am Südhang unseres Berges haust eine Schildkrötennasenschlange. Die müßt ihr euch unbedingt alle genau ansehen.
Tschang-tjing bemerkte: Dann wird es heute in der Halle reichlich Leute geben, die Leib und Leben dabei verlieren.
Ein Mönch berichtete dies dem Hsüan-scha.
Hsüan-scha versetzte: Um so etwas sagen zu können, muß man schon der Bruder Lëng sein. Aber wenn er auch rechthaben mag, so hätte doch ich nicht so gesagt.
Der Mönch erwiderte: Wie denkt dann Ihr, Ehrwürdiger?
Hsüan-scha sagte: Wozu muß das gerade am Südhang dieses Berges sein?
Yün-mën schleuderte seinen Wanderstab vor Hsüä-fëng hin und machte eine schreckhafte Gebärde.

Zwischenbemerkungen zum Beispiel

»Hsüä-fëng unterwies seine Hörer und sagte: Am Südhang unseres Berges haust eine Schildkrötennasenschlange.« – Betrachte einen Spuk als

keinen Spuk, so bricht der Spuk von selbst zusammen. – Ein ganz gehöriger Spuk! – Das muß die Leute allerdings argwöhnisch machen.
»Die müßt ihr euch unbedingt alle genau ansehen.« – Ahoi! – Allgemeine Verlegenheit!
»Tschang-tjing bemerkte: Dann wird es heute in der Halle reichlich Leute geben, die Leib und Leben dabei verlieren.« – Aus Pu [dem Mittelpunkt rebellischer Banditen] haben sie ihm [dem Meister Hsüä-fëng] einen Banditen zu Hilfe geschickt. – Er beurteilt die andern nach sich selbst.
»Ein Mönch berichtete dies dem Hsüan-scha.« – Es gibt nicht zweierlei Erde in einem und demselben Erdloch. – Knechte und Mägde haben keine Geheimnisse vor einander. – Die an der gleichen Krankheit leiden, haben gleiches Mitleid.
»Hsüan-scha versetzte: Um so etwas sagen zu können, muß man schon der Bruder Lëng[1] sein. Aber wenn er auch rechthaben mag, so hätte doch ich nicht so gesagt.« – Sicher bringt er eine feldfuchsmäßige Erklärung daher. – Was wird er wohl zu sagen haben? – Der Schlangengifthauch richtet unter Menschen Schaden an.
»Der Mönch erwiderte: Wie denkt dann Ihr, Ehrwürdiger?« – Auch gut, wie er diesem Chinesen auf den Busch klopft.
»Hsüan-scha sagte: Wozu muß das gerade am Südhang dieses Berges sein?« – »Aufrecht auf dem Fischerkahn steht der junge Hsiä[2].« – Nur daß dieser Feldfuchsgeist es eben doch ein klein wenig trifft. – Er ist sich dessen nicht einmal bewußt, daß er selbst [eben hier bei Hsüä-fëng] Leib und Leben verloren hat.
»Yün-mën schleuderte seinen Wanderstab vor Hsüä-fëng hin und machte eine schreckhafte Gebärde.« – Warum hat er Angst davor? – Unter Söhnen steht einer dem Vater am nächsten. – Aber alle miteinander übernehmen sich mit allzuviel Verstand und Kunst. – Ihr da, versucht es einmal und zeigt, worin die drei sich unterscheiden.

Erläuterung des Beispiels

Willst du es flach entfalten, so magst du's flach entfalten; willst du's zerhauen, so magst du es zerhauen; das überlasse ich euch.
Hsüä-fëng war mit Yän-tou[3] und Tjin-schan[4] zusammen gewandert. Dreimal war er bei Tou-dsï[5] gewesen, neunmal hatte er Dung-schan[6] aufgesucht. Später kam er zu Dö-schan[7]; bei dem zerschlug er seinen Lackkübel in Stücke.
Eines Tages nahm er Yän-tou mit sich, um Tjin-schan aufzusuchen. Als sie zum Au-schan [bei Li-dschou in Hunan] kamen, wurden sie von einem Schneewetter aufgehalten. Yän-tou vertrieb sich die Tage einfach damit, daß er schlief. Hsüä-fëng saß die ganze Zeit in der Versenkung. Yän-tou schalt ihn: Nimm deine Portion Schlaf zu dir! Tag für Tag hockst du auf deinem Lager wie auf einem Erdgötteraltar aus Erde von

sieben Dorfschaften! Eines Tages wirst du noch die Männlein und Weiblein in den Bauernhäusern verhexen! Da deutete Hsüä-fëng mit dem Finger auf seine Brust und sagte: Ich habe hier drinnen noch keine Ruhe; ich treibe gewiß keinen Betrug mit mir selbst. Yän-tou erwiderte: Ich dächte, du seiest einer von denen, die sich einmal auf einsamer Bergeshöhe ihre Strohhütte flechten und von da aus weithin die Große Lehre ausbreiten; und dabei erzählst du immer noch solche Geschichten! Hsüäfëng sagte: Es ist nun aber einmal so, daß ich noch keine Ruhe gefunden habe. Yän-tou erwiderte: Wenn es wirklich so mit dir steht, so halte dich einmal an die Einsichten, die du bisher gewonnen hast, und teile mir eine um die andere mit! Dann will ich dir das Richtige daran bestätigen und das Unrichtige abhobeln. So sprach sich denn Hsüä-fëng vor dem Freunde aus: Als ich seinerzeit in der Lehrhalle von Yän-guan den Meister Tji-an[8] sah, wie er den Satz von der Leerheit der Gestalten erläuterte, ist diese Wahrheit mir aufgegangen. Yän-tou sagte: Das ist nun schon dreißig Jahre her, verschone mich doch mit solch alten Geschichten! Hsüä-fëng fuhr fort: Als ich Dung-schan's Gedicht von seinem Spiegelbild im Wasser[9] sah, ist auch das mir aufgegangen. Yän-tou sagte: Damit

[1] Bruder Lëng: Tschang-tjing Hui-lëng.

[2] Der junge Hsiä: Hsüan-scha Schï-be, Sohn einer Fischerfamilie namens Hsiä.

[3] Yän-tou, 828–887; wie Hsüä-fëng ein Schüler Dö-schan's. Traditionstafel III A, 12.

[4] Tjin-schan Wën-sui; japanisch Kin-zan Bun-sui; Schüler des Dung-schan Liang-djiä, kraftvoller Meister der Tsau-dung-Schule. Traditionstafel III A, 12.

[5] Tou-dsï, 819–941. Traditionstafel III A, 11.

[6] Dung-schan Liang-djiä, 807–869. Traditionstafel III A, 11.

[7] Dö-schan, 782–865. Traditionstafel III A, 11.

[8] Yän-guan Tji-an, 8.–9. Jahrhundert; Schüler Ma's; muß sehr alt geworden sein. Traditionstafel III B, 9.

[9] Der schon mehrfach erwähnte Dung-schan Liang-djiä kam als fahrender Schüler, von vielen Zweifeln bewegt, eines Tages an ein spiegelklares Wasser, aus welchem ihm sein eigenes Bild entgegenblickte. Im selben Augenblick erwachte er zu seinem eigentlichen wahren Selbst. Was er dabei erlebte, drückte er in folgenden zwei Strophen aus:

Nur kein Suchen hinter andern her!
Weit, o weit entfremdet's dich dir selbst.
Jetzt, wo ich allein und selber geh,
Überall begegne ich dem Wicht.
Jetzt ist er kein anderer als ich.
Jetzt bin ich ein anderer als er.
So, genau so muß man es verstehn.
So erst stimmt es mit dem Wie der Welt.

(Das ›Wie der Welt‹ ist nur ein anderer Ausdruck für das, was die buddhistische Scholastik das So oder die Soheit, bhûta-tathatâ, oder die wahre Gestalt des Seins zu nennen pflegt.)

hast du dein eigenes Heil aber noch nicht gewonnen! Hsüä-fëng erzählte weiter: Später kam ich zu Dö-schan und stellte ihm die Frage, ob wohl auch ich an der eigentlichen Sache, die in dem uns überlieferten Fahrzeug der Lehre enthalten ist, einen Anteil habe. Dö-schan versetzte mir einen Schlag mit dem Stock und schalt: Was redest du da? Damals war es mir, als sei dem Faß der Boden ausgeschlagen. Da schalt ihn Yän-tou und sagte: Hast du noch nie das Wort gehört: »Was zum Tor hereinkommt, ist des Hauses Kleinod nicht?« Hsüä-fëng seufzte: Wie soll es nach alledem nun weitergehen? Da sagte Yän-tou: Wenn du einmal die Große Lehre ausbreiten und verkünden willst, so laß es einfach Wort für Wort aus deiner Brust herausströmen, daß es den Himmel überschattet und die Erde einhüllt! Bei diesen Worten ging Hsüä-fëng das große Licht auf. Er kniete nieder und betete an, erhob sich und rief immer wieder: Heute endlich, die Erleuchtung auf dem Au-schan! Endlich heute, die Erleuchtung auf dem Au-schan!
Später kehrte er nach Min [der Provinz Fukien] zurück und ließ sich auf dem Elefantenknochenberg nieder. Darüber hat er folgenden Gesang hinterlassen:

Menschenleben, schnell dahin, einer Stunde Tand!
Flüchtige Welt, wo böte sie bleibenden Aufenthalt?
Dreiundzwanzig Jahre alt, fort zu Meistern hin.
Heute, über vierzig schon, wieder hier in Min!
Unnot, fremder Missetat ständige Erwähnung!
Eigne Fehle fege du wie die Windsbraut aus!
Melde euch, ihr Herrn bei Hof in der Purpurpracht:
König Yama fürchtet nicht euren Goldfischprunk.

Zur Unterweisung seiner Hörer im Lehrsaal sagte er gewöhnlich nur: Seht zu, daß ihr mit jedem Wort den Himmel überschattet und die Erde einhüllt! Sonst redete er nicht weiter über das Verborgene und Wunderbare, verbreitete sich auch nicht über den Geist und seine wahre Natur. Plötzlich und mit Urgewalt brach es aus ihm hervor wie eine feurige Lohe, in deren Nähe jeder sich die Stirn verbrennt, wie ein Hieb mit dem Schwert Tai-o: wer da noch überlegt, verliert Leib und Leben; wartet man hier noch auf einen Gedanken und bleibt vor der nächsten Wende stehen, so verpaßt man den Anschluß.
Es ist einfach wie bei Bai-dschang[1]. Der fragte Huang-bo[1], welcher ihn während seiner Wanderjahre aufsuchte: Wo kommst du her? Huang-bo erwiderte: Vom Pilzesammeln unten am Reckenberg (Da-hsiung-schan). Bai-dschang sagte: Hast du auch das große Kriechtier [den Tiger] gesehen? Da erhob Huang-bo ein Tigergebrüll. Bai-dschang griff nach einem Beil und tat, als wolle er ihn erschlagen. Schließlich gab ihm Huang-bo einen Rippenstoß. Bai-dschang stöhnte auf und lachte dazu. Dann ging er zum Zimmer hinaus, bestieg seinen Lehrstuhl und sagte zu den Versammelten: Am Reckenberg haust das große Kriechtier. Das

müßt ihr euch unbedingt alle genau ansehen. Mich alten Mönch hat es heute leibhaftig im Rachen gehabt.

Oder wie bei Dschau-dschou. Dieser pflegte jeden Mönch, den er empfing, zu fragen: Bist du schon früher hier gewesen? Gleichviel nun, ob der Mönch die Frage bejahte oder verneinte, sagte Dschau-dschou jedesmal: Trinke erst einmal ein Täßchen Tee! Der Heimvorsteher fragte ihn einmal darum: Was meint ihr damit, wenn Ihr jeden Mönch fragt, ob er schon einmal hier war oder nicht, und dann doch jeden ohne Unterschied zu einer Tasse Tee einladet? Dschau-dschou sagte: Heimvorsteher! Der Heimvorsteher nickte: Ja! Dschau-dschou fuhr fort: Trinke erst einmal ein Täßchen Tee!

Oder wie bei Dsï-hu[2]. Der hatte in seinem Eingangstor eine Tafel mit der Aufschrift: »Dsï-hu hat einen kleinen Hund. Der nimmt den Menschen oben den Kopf, in der Mitte das Gesäß, unten die Füße. Wer lange überlegt, verliert Leib und Leben.« Kam etwa ein neuer Besucher, so rief ihm Dsï-hu, kaum daß er ihn erblickte, zu: Sieh dir den Hund an! Kaum daß dann der Mönch den Kopf herdrehte, ging Dsï-hu weg in seine Zelle und war verschwunden.

Diese Beispiele besagen genau dasselbe, wie wenn Hsüä-fëng mahnte: Am Südhang haust eine Schildkrötennasenschlange; die müßt ihr euch unbedingt alle genau ansehen! Wenn nun ihr gerade in diesem Augenblick dabei gewesen wäret, was hättet ihr darauf geantwortet? Und zwar, ohne der Spur von andern, die schon geantwortet haben, zu folgen! Bitte, versucht es einmal und redet! Hier tut es vor allem not, zu erkennen, daß ihr es nicht mit einer alltäglichen Mitteilung zu tun habt, sondern mit einem Ausspruch außerhalb jeder Regel. So erst werdet ihr zu einem Verständnis gelangen. Und dann werdet ihr auch den Punkt erkennen, auf den überhaupt alle unsere ›öffentlichen Aushänge‹, alle Beispiele und Worte der Meister hinauslaufen.

Seht nur her, wie er seine Hörer unterweist! Er redet mit euch nicht von euren Übungen, er sagt auch nichts zur Deutung seiner Worte. Meint ihr, da lasse sich der Sinn trotzdem auf dem Weg gewohnten Denkens ermessen und erschließen? Seine eigenen Kinder aber und die Kindeskinder, die haben wie von selbst das rechte Wort zur Hand.

Darum sagt einer der Alten[3]: »Wo immer du ein Wort vernimmst, da mußt du den Glaubensgeist verstehen, aus dem heraus es geredet ist, und darfst es nicht an deinem eigenen Winkel- oder Kreismaß messen.« Ein Meisterwort muß außerhalb aller Regeln stehen; ein Meisterspruch muß durch die Sperre brechen. Aber auch dann, wenn dir solch ein Wort

[1] Bai-dschang auf dem Reckenberg: vgl. Kapitel 26; Huang-bo: vgl. Kapitel 10.

[2] Dsï-hu: vgl. XVII, S. 310f., 317.

[3] Schï-tou: vgl. XX, S. 355.

aus seinem Nestloch nicht herauskommt, bist du in ein Meer von Gift gefallen. [Das heißt, wenn du es hegst und pflegst, wie ein unflügges Vögelchen. Man kann auch das gewonnene Licht umklammern; dann macht es, anstatt frei hinauszuleuchten, den Menschen krank und wird für ihn zum Gift.] Das also ist die Art, wie Hsüä-fëng seine Hörer unterweist. Man kann nur sagen: Diese Rede gibt keinen Geschmack. Sie verschlägt den Menschen die Sprache.

Tschang-tjing und Hsüan-scha sind beide Hsüä-fëng's Hausgenossen. Darum verstehen sie seine Art zu reden ... Hört einmal die Verse, mit denen Dschën-djing[1] [das Konzert] beschreibt [das die drei Jünger Yün-mën Wolkentor, Tschang-tjing Langefroh und Hsüan-scha Tiefensand ihrem Meister auf seinen Ausspruch hin geben]!

Trommeltöne! Lautenspiel fällt ein.
Sie verstehn sich, stimmen überein.
Wolkentor verknüpft's in Harmonie.
Langefroh läßt auf den Schalk sich ein.

Alte Weise ohne Ton und Reim:
»Südhang, Schlange mit Schildkrötenstirn.«
Wer errät es? Davon ist der Sinn
Letzten Ends bei Tiefensand daheim.

Sagt mir einmal: Was meint nur Tschang-tjing mit seiner Antwort: »Dann wird es heute in der Halle reichlich Leute geben, die Leib und Leben dabei verlieren.« Da geht es zu, wie wenn man aus einem Stein Funken schlägt, das ist wie Blitzezucken. So, nicht anders kann dir das Verständnis aufgehen. Schiebt sich auch nur ein Härchen Überlegung ein, so wirst du nicht dahinter kommen. Schade, daß die meisten Tschang-tjing's Worte nach ihrer vorgefaßten Einstellung erklären wollen und sagen: Kaum daß die Hörer etwas von einer Schlange vernehmen, horchen sie gespannt auf: das heiße Leib und Leben verlieren! ... Mit dieser Art von Verständnis verbaut man sich auch jeden Zugang zu der Sache. Das spekuliert alles nur vom Wortlaut aus. Ist aber Hsüä-fëng's Ausspruch auf diesem Weg nicht zu verstehen, auf welchem Wege dann? Nun geschah es nachher, daß ein Mönch dies dem Hsüan-scha berichtete. Und dieser sagte darauf: Um so etwas sagen zu können, muß man schon der Bruder Lëng sein. Aber wenn er auch recht haben mag, so hätte doch ich nicht so gesagt. Der Mönch erwiderte: Wie denkt dann Ihr, Ehrwürdiger? Und Hsüan-scha sagte: Wozu muß das gerade am Südhang dieses Berges sein? An diesem [von Selbständigkeit zeugenden] Urteil

[1] Dschën-djing (d. h. Wahrhaft Rein): Ehrenname des Meisters Bau-fëng Ko-wën, gest. 1102; japanisch Hô-hô Koku-mon; Schüler des Vaters der Schule vom Gelben Drachen, Huang-lung Hui-nan; zu seinen Verehrern gehörten der Sozialreformer Wang An-schï und sein Nachfolger Dschang Schang-ying (vgl. Vorbericht S. 18). Traditionstafel III B, 19.

könnt ihr sehen, wie Hsüan-scha es bereits zu etwas gebracht hat. Ein anderer wäre nicht so leicht auf solch eine Antwort gekommen. Aber sagt mir einmal: Wenn Hsüä-fëng hier vom Südhang des Berges spricht, wo ist dann eigentlich die Schildkrötennasenschlange? Richtig versteht das freilich nur, wer es ganz von oben her betrachtet. Einer der Alten sagt [und zwar Hsüä-dou selbst, der in einem Gedicht Hsüan-scha, den Fischersohn Hsiä, dafür lobt, daß er sich im Höchsten an keinen Ort, und sei es der Berg Hsüä-fëng's, binden lassen will]:

> Aufrecht auf dem Fischerkahn steht der junge Hsiä,
> Hat nichts übrig für die Schlange, die am Südhang haust.

Nun aber zu Yün-mën! Dieser also schleudert seinen Wanderstab vor Hsüä-fëng hin und macht eine schreckhafte Gebärde. Er hat die Hände und die Füße eines Schlangenbändigers; er läßt sich selbst kein Härchen krümmen und trifft genau aufs helle wie aufs dunkle Ende. Anderen zum Besten führt er das Schwert des Geistes wie der alte Fechter mit dem Schwerte Tai-o. Dem einen läßt er es vor den Brauen und den Augen schwirren, dem andern haut er aus dreitausend Meilen Entfernung den Kopf ab.

Aber halt! Wenn er seinen Wanderstab vor Hsüä-fëng hinschleudert und dazu eine schreckhafte Gebärde macht, strapaziert da nicht auch er seine Verstandeskräfte und verliert darüber Leib und Leben? Doch bedenkt! Ein so durch und durch gereifter Meister unserer Schule! Der wird seinen Haushaltsplan nicht noch zu guter Letzt auf Worte oder Sätzchen gründen!

Hsüä-dou hat seine Freude daran, wie Yün-mën mit Hsüä-fëng's Sinn und Willen haarscharf übereinstimmt und ihn so bestätigt. Darum sein Gesang.

Gesang

ELFENKNOCHENWAND – ist hoch,
reichst nicht bis hinauf!
Bis hinauf gelangen nur
Schlangenbändiger.
Meister Lëng und Meister Be
kommen nicht darauf.
Sind's der Totgebißnen mehr
oder weniger?
Wolkentor weiß Rat,
wühlt und wühlt im Gras;
Nicht im Süd und Norden ist sie,
nicht in Ost und West.

Plötzlich zückt er, und heraus
fährt des Stockes Knauf,
Schießt auf Hsüä-fëng los und sperrt
groß den Rachen auf.
Groß den Rachen auf, o Schreck!
Wie der zuckende Blitz!
Doch gespannten Blickes siehst
du gerade nichts.
Heute dient ihr zum Versteck
unser Bergessitz.
Ihr hier oben, Schritt für Schritt
übet euren Witz!

Zuletzt erhob der Meister seine Stimme und rief: Seht zu, wo ihr hintretet!

Zwischenbemerkungen zum Gesang

»Elfenknochenwand – ist hoch, reichst nicht bis hinauf.« – Seit ältesten Zeiten tasten sie daran herum und kommen zu nichts. – Sie ist auch für Herrn Lu [den Dichter, Hsüä-dou] nicht das richtige Versuchsfeld.
»Bis hinauf gelangen nur Schlangenbändiger.« – Gespenster kennen einander. – Wozu denn sich zur Herde sammeln? Wozu eine Mannschaft bilden? – Aber man muß auch mit andern Reis vom selben Feuer gegessen haben; dann erst erlangt man es richtig.
»Meister Lëng und Meister Be kommen nicht darauf.« – Ihr Urteilsspruch geht ihnen auf einem und demselben Blatte zu. – Verzichten wir auf den nächsten Zug im Spiel. [Lassen wir dahingestellt, wie Hsüä-dou es meint.]
»Sind's der Totgebissenen mehr oder weniger?« – Einen Fehltritt bestraft man doch nicht zweimal! – Er wirft einen Verdacht auf ganz gewöhnliche Leute!
»Wolkentor[1] weiß Rat.« – Damit trifft er einigermaßen das Richtige. – Dieser alte Chinese hat nur ein einziges Auge. – Er kann nicht umhin, es mit Künsteleien zu versuchen.
»Wühlt und wühlt im Gras.« – Er ist ins Gras gefallen! – Was soll das nützen? – Ich dachte mir's doch! – Wo steckt sie denn aber? [Diese Art Schlange muß man überhaupt ganz woanders suchen.] – Hauen wir ihn dafür!
»Nicht im Süd und Norden ist sie, nicht in Ost und West.« – Ist sie hier? Ist sie da? – Der Herr Âcârya ist wohl blind?
»Plötzlich zückt er, und heraus fährt des Stockes Knauf.« – Da seht her! – Aber richtet den Blick höher hinauf! – Hier wird gehauen.

»Schießt auf Hsüä-fëng los und sperrt groß den Rachen auf.« – Geschieht ihm gerade recht; ist selber schuld daran. – Aber sei es, daß sie Tausende, Zehntausende verschluckt, was macht es denn im Endergebnis aus? – Und dabei tasten alle Menschen in der Welt nach ihr umher und bekommen sie nicht zu fassen.
»Groß den Rachen auf, o Schreck! Wie der zuckende Blitz!« – Nun hängt er das [den Schrecken dieses geöffneten Rachens] ein zweites Mal öffentlich aus! – Da habt ihr's! – Gut, daß noch ein Schlußsatz nachfolgt!
»Doch gespannten Blickes siehst du gerade nichts.« – Die Augenbrauen hochreißen, ist schon verkehrt. – Solche Menschen [die wie Yün-mën für diese Schlange den richtigen Blick haben] kannst du an allen fünf Seen und vier Meeren suchen und wirst nur schwer einen finden. – Wo ist sie denn jetzt?
»Heute dient ihr zum Versteck unser Bergessitz«[2]. – Wo soll sie hingegangen sein? – Nun macht auch der gute Hsüä-dou dieselben Geschichten [wie sein Meister Hsüä-fëng]. – Aber auch nach dem Mönch vom Berge hier hat sie heute geschnappt.
»Ihr hier oben, Schritt für Schritt übet euren Witz!« – Wenn ich aber blind bin? – Ihr dürft nicht nur dorthin sehen, wo Hsüä-dou steht. – Sehe jeder auf den Boden da, wo er selber geht und steht. – Er hat mit seinem Bogen ins Schwarze getroffen.
»Zuletzt erhob der Meister seine Stimme und rief: Seht zu, wo ihr hintretet!« – Er spannt den Bogen, wo der Räuber längst davon ist. [Das hätte er schon am Anfang sagen können.] – Er steigt auf die zweite, dritte Stufe herunter. – Dasselbe zweimal sagen, gibt schlechten Geschmack.

Erläuterung des Gesangs

»Elfenknochenwand – ist hoch, reichst nicht bis hinauf. Bis hinauf gelangen nur Schlangenbändiger.« Unterhalb des Schneekuppenberges oder Hsüä-fëng-schan befindet sich die Elefantenknochenwand. Hoch und steil ist die Lanzenspitze von Hsüä-fëng's Zen-Organ. Daß ein Mensch es soweit bringt, ist selten.
Hsüä-dou nun ist einer von den Angehörigen des Hauses Hsüä-fëng. Er trägt dasselbe Gefieder; seine Stimme klingt mit der Hsüä-fëng's gut zusammen; vom Grund gleicher Gemütsart her streben sie beide einander

[1] Wolkentor: Dafür steht im Chinesischen hier ein anderer Beiname Yün-mën's, nämlich Schau-yang; so hieß der Bezirk, zu welchem der Wolkentorberg oder Yün-mën-schan gehörte.

[2] ›Unser Bergessitz‹: im chinesischen Text heißt es wörtlich: Heute hält sie sich vorne am Milchhorn versteckt. Milchhorn, Ju-fëng, ist der alte Name des Berges, dem Hsüä-dou den Namen Schneeloch oder Schneemulde, Hsüädou, gegeben hat, wonach er seitdem selbst genannt wird.

zu. Und weil Hsüä-dou in seinem Handwerk Meister und in allen Dingen durch ist, kann es nicht anders sein, als daß die beiden sich in ihrer Erkenntnis und Erfahrung gegenseitig bestätigen.

Nur diese Schildkrötennasenschlange, die allerdings ist schwer zu meistern. Auf die muß man sich ganz genau verstehen; dann erst kann es mit ihr gelingen. Versteht man's nicht, gibt es Verwundungen durch Schlangenbiß.

Mein einstiger Lehrer vom Berg des Fünften Patriarchen pflegte zu sagen: Diese Schildkrötennasenschlange müßt ihr mit Geschick behandeln, damit sie euch nicht Hand und Fuß verletzt. Die muß man sieben Zoll hinter dem Kopf mit festem Griff fassen und tüchtig kneten; dann könnt ihr mit mir altem Mönch Hand in Hand gehen.

Diesen Griff beherrschen auch Tschang-tjing und Hsüan-scha. Da nun Hsüä-dou hier sagt: »Meister Lëng und Meister Be kommen nicht darauf«, so behaupten viele Leute, er lobe in diesem Gesang nur Yün-mën. Da haben wir's einmal wieder. Hat mit Hsüä-dou's wahrer Meinung nichts zu tun! Solche Leute merken durchaus nicht, daß zwischen diesen dreien hinsichtlich ihres inneren Getriebes [ihres Zen-Geistes] kein Unterschied von mehr oder weniger besteht. Der Unterschied betrifft hier nur die größere oder geringere Vertrautheit [mit der besonderen Denk- und Handlungsweise ihres Meisters Hsüä-fëng]. Laßt mich euch einmal fragen: Worauf geht es denn, wenn Hsüä-dou sagt: Meister Lëng und Meister Be kommen nicht darauf?

»Sind's der Totgebissenen mehr oder weniger?« Dieser Vers geht auf Tschang-tjing's Ausspruch: Heute wird es in der Halle reichlich Leute geben, die Leib und Leben dabei verlieren. Aber hier kommt es vor allem darauf an, daß einer die Handgriffe beherrscht, mit der Schlange umzugehen; dann erst gewinnt er es.

Und nun schiebt Hsüä-dou, der ja selbst von Yün-mën herkommt, auf einmal die beiden andern beiseite, nimmt ganz allein nur Yün-mën in Beschlag und sagt: »Schau-yang, der weiß Rat, wühlt und wühlt im Gras.« Das hängt damit zusammen, daß Yün-mën genau Bescheid darüber weiß, was Hsüä-fëng im Sinne hatte, wenn er sagte: Am Südhang unseres Berges haust eine Schildkrötennasenschlange. Das ist der Grund, weshalb er im Grase wühlt und wühlt. Und an dieser Stelle seines Gesangs bringt Hsüä-dou noch etwas Wunderbares, indem er sagt: »Nicht im Süd und Norden ist sie, nicht in Ost und West.« Sagt mir einmal, wo denn ist sie?

»Plötzlich zückt er, und heraus fährt des Stabes Knauf.« – Sie [die Schildkrötennasenschlange] ist von jeher nirgends sonst als eben hier [im Wanderstab des Buddhamönchs und ganz besonders in seinem Knauf]. – Ihr dürft deshalb aber nicht etwa eure Rechnung auf den Aufsatz eures Wanderstabes setzen[1].

Yün-mën schleudert den Wanderstab vor Hsüä-fëng hin und macht eine schreckhafte Gebärde. Das heißt also: er macht aus dem Wanderstab die

Schildkrötennasenschlange. Ein andermal hat er aber auch gesagt: Aus diesem Stab ist ein Drache geworden; der hat Himmel und Erde verschluckt. Berge, Flüsse, die ganze Erde, wo kommen sie denn her? Einfach dieses Stück Holz, dieser Pilgerstab! Einmal wird eine Schlange daraus, ein andermal ein Drache. Wieso denn das? Gerade an diesem Punkt erfährt man es, was einer der Alten[2] gesagt hat:

Des Geistes Wendung folgt dem Wandel alles Objektiven.
Doch faßt die Tatsache der Wendung in sich viele Tiefen.

Weiter heißt es im Gesang: »Schießt auf Hsüä-fëng los und sperrt groß den Rachen auf; groß den Rachen auf, o Schreck! wie der zuckende Blitz.« Hsüä-dou hat also noch den guten Gedanken übrig, uns hiermit Yün-mën's Giftschlange vorzustellen, indem er sagt, dieser Schrecken des aufgesperrten Schlangenrachens sei wie ein zuckender Blitz. Wer hier lange überlegt, verliert Leib und Leben.
»Doch gespannten Blickes siehst du gerade nichts.« Wo ist sie hin? Zum Beschluß seines Gesanges muß Hsüä-dou nun noch ins Leben hineingreifen, um den Menschen etwas für sie selbst mitzugeben. Er nimmt Hsüä-fëng's Schlange zwischen die eigenen Finger und treibt mit ihr sein eigenes Spiel. Man muß es ihm schon lassen: er versteht sich auf die Regel: töten und lebendig machen, je nach Zeit und Stunde.
Möchtet ihr sie etwa sehen? Nun, er sagt: »Heute hält sie sich vorn am Milchhorn versteckt.« Milchhorn ist der Name des Schneemuldenberges oder Hsüä-dou-schan. Es gibt einen Gesang von Hsüä-dou [in welchem er beschreibt, wie es auf dem Gipfel dieses Berges aussieht], darin heißt es:

Durch Felsenfenster auf die Weite rings nur schmale Blicke.
Das stille Leere duldet keiner weißen Wolke Weiß.

Tschang-tjing, Hsüan-scha und Yün-mën, alle haben es fertig gebracht, mit der Schlange umzugehen. Aber gesehen hat sie keiner von ihnen. Hsüä-dou dagegen sagt: »Heute hält sie sich vorn am Milchhorn versteckt. Ihr hier oben, Schritt für Schritt, übet euren Witz!«
Und dann geht er in seiner reinlichen Genauigkeit noch weiter und sagt nicht etwa nur: Nun wendet das in der Praxis an! Vielmehr erhebt er seine Stimme und ruft: Seht zu, wo ihr hintretet!
Seitdem haben nicht wenige diese Schlange zwischen die Finger genommen und sind damit umgegangen. Sagt mir einmal: Hat sie nun doch schon Menschen verwundet? Oder hat sie noch niemanden gebissen? – Darauf tat der Meister [Yüan-wu] einen Lufthieb.

[1] Es handelt sich hier überhaupt nicht um den Wanderstab oder gar um die sinnige Symbolik seines kunstvoll gefertigten Aufsatzes, sondern lediglich um das Ungeheure, das mit der Schlange gemeint ist.

[2] Der indische Meister Manorhita, Schüler des großen Mahâyânalehrers Vasubandhu (bei den Japanern Manura genannt). Traditionstafel I, 22.

Erklärungen zum Text

Yüan-wu's Hinweis

Schon die ersten Worte zeigen, daß es sich um Großes, um das Größte handelt. Lau-dsï, der alte Weise Chinas, führt im 41. Kapitel seines Buchs Dau-dö-djing (Tao-te-king) (nach der Übertragung Richard Wilhelms) den Ausspruch an: »Das Große Geviert [das All] hat keine Ecken« und deutet damit auf den Weisen höchster Art, der diesen Sinn des Alls in sich verkörpert. Yüan-wu wandelt den Spruch in seinem Sinne ab und sagt: »Das Große Geviert hat kein Außen!« Das heißt: Es ist von außen nicht zu fassen. Nichts ist, was nicht von ihm umschlossen wäre, wir selbst mit eingeschlossen. Zu fassen ist es auch von innen nicht; zerfällt es doch dem rechnenden Verstand in immer kleinere und kleinste Teile, bis er ins Leere, Unfaßbare greift.

Unentrinnbar sind wir selbst in dieses ›Große Geviert‹ eingeschlossen. Unentrinnbar unterstehen auch wir dem unerbittlichen Gesetze des Zerfalls. Nur daß wir als Menschen in eben dieser Einsicht fähig sind, uns diesem ewigen Gesetz mit Wissen und mit Willen anzugleichen, mit ihm eins zu werden und so eine Würde zu gewinnen, die ihren Glanz von eben diesem Höchsten nimmt. Dazu bedarf es freilich eines Schrittes, der, äußerlich vielleicht unmerkbar, doch stets die große Wende eines Menschenlebens darstellt. Diesen Schritt aber kann jeder nur allein und für sich selber tun, kein anderer an seiner Stelle.

Mit diesem Schritt beginnt der Höhenweg der Freiheit. Nun kann ich dieses große Eine wie mit einem Atemzug einfangen und zusammenwickeln, so daß die ganze Mannigfaltigkeit der Einzeldinge mit ihrer Freude, ihrem Leid verschwindet. Und ebenso kann ich die eingesogene Luft wieder ausatmen und entlassen, kann die große Rolle wieder entfalten und mich jedem einzelnen und jedem kleinen Ding verstehend zuwenden, um ihm, was ihm gebührt, zu geben.

Nur das Fremde, das uns anklebt und mit Ketten bindet, hindert uns am Schritt in diese große Freiheit. Wir halten uns zu lange an den Spuren anderer auf, die uns vorausgegangen sind. Wir ahmen fremde Stimmen nach, die von Dingen sprechen, welche wir selbst nicht kennen. Die Freiheit kommt nur aus dem mutigen Entschluß, die Spuren anderer zu verwischen und auf eigene Gefahr voranzuschreiten, aufs Wiederholen alter Sprüche einmal zu verzichten und dem Gesetz in uns selbst das Wort zu geben für die Wahrheit, die es uns persönlich mitzuteilen hat.

Damit fällt auch die Bindung an die überkommene Religion. Die Buddhalehre weist den Menschen an, aus dieser Welt des nichtigen Scheins zu fliehen und in langer, strenger Übung auf dem ›Fahrzeug‹ des Heils die ›Überfahrt‹ zu wagen nach dem ›andern Ufer‹, wo die ewige Ruhe winkt. Buddhismus ist nichts anderes als diese Überfahrt, so wie das Wandern auf dem schmalen Weg zum Leben Christentum bedeutet. Man kann es aber auch anders ansehen, kann mit kühnerem Griff das

Heil erfassen, und eben hier liegt der Punkt, an dem das Zen von andern Richtungen des Buddhismus abweicht. Die ewige Wahrheit liegt nicht nur in ferner Zukunft; sie ist da und jeden Augenblick ergreifbar. Was im Licht der Zeitlichkeit gesehen, am Ende einer unermeßlich langen Strecke liegt, das ist von Ewigkeit her Gegenwart. Wer in dieser Gegenwart lebt, der steht über der Religion, von der er herkommt. Er kann auf das Fahrzeug für die lange Fahrt verzichten; er ist bereits hinüber. Das ist seine Freiheit, ist aber ebenso auch seine Einsamkeit und ständige Gefahr.
Von solcher Art sind die Männer, die in diesem Beispiel auftreten. Es sind diesmal deren vier, ein Meister und drei seiner Jünger. Zum besseren Verständnis der Erzählung ist es ratsam, daß wir uns diese vier zunächst noch näher ansehen.

Hsüä-fëng und seine Schüler

Den Meister Hsüä-fëng I-tsun (japanisch Seppô Gison, 822–908) auf dem Elefantenknochenberg, dem er dann selbst den Namen Hsüä-fëng, d. h. Schneekuppe, gegeben hat, kennen wir bereits vom 5. Beispiel her als einen Mann von verhaltener Geisteskraft, dem es stets nur um das Eine, Höchste geht, und der je und je in momentanem Ausbruch seine Schüler vor dieses Eine, Höchste stellt.
Einiges über seine Entwicklung und Lehrweise wurde schon dort erzählt und den Bericht über sein entscheidendes Erlebnis wiederholt Yüan-wu mit Bedacht auch in der Erläuterung zu unserem Beispiel. Denn in diesem Erlebnis liegt der Schlüssel zur Lehrweise dieses Meisters, welcher lieber schwieg, als daß er Worte machte, die nicht spontan aus der Vergegenwärtigung des Höchsten hervorbrachen. Auf dem Wege über Hsüä-fëng vor allen andern ist der Geist des hochgemuten, fast unerträglich schroffen Dö-schan und seiner Stockhiebe (vgl. das 4. Beispiel!) in gemilderter Form auf die folgenden Generationen übergegangen. Fünfen seiner besten Schüler sind wir bereits in den vorhergehenden Kapiteln begegnet. Im 16. Beispiel war es der Meister Djing-tjing, der als gute Henne einem feilenden Küchlein die Eischale aufpickt. Im achten waren es gleich deren vier auf einmal: der redselige Tsui-yän, welcher um seine Augenbrauen fürchtet, mit den drei Genossen Bau-fu, Tschang-tjing und Yün-mën. Dieser Letztgenannte gar hat sich schon bisher durch die Kraft und Tiefe seiner knappgefaßten Worte als die markanteste Persönlichkeit unter den im Bi-yän-lu vertretenen Meistern eingeprägt. Von Yün-mën handelten außer dem 8. bereits die Beispiele 6, 14 und 15; ihn hebt Hsüä-dou's Gesang auch diesmal als den bedeutendsten hervor, und noch in dreizehn weiteren Beispielen unserer Sammlung wird er die entscheidende Rolle spielen. Sein so häufiges Auftreten im Bi-yän-lu hat seinen Grund wohl darin, daß Hsüä-dou selbst, der Sammler dieser hundert Beispiele, ein Kind von Yün-mën's Geiste ist. Er hängt mit die-

sem über nur zwei Glieder der Generationenkette zusammen, und auch diese kennen wir bereits: vom 17. Beispiel her: den Schüler Yün-mën's, Hsiang-lin, der dem Frager nach dem Sinn der Sendung Bodhidharmas zur Antwort gibt: »Vom langen Sitzen müde«, und vom 21. Beispiel her Hsiang-lin's Schüler Dschï-mën, Hsüä-dou's eigenen Lehrer, der an das Geheimnis von der Lotosblüte rührt.

Hsüan-scha oder Tiefensand

Hier nun kommt zu den genannten fünf Hsüä-fëng-Schülern noch ein sechster: der nachmalige Meister auf dem ›Tiefensandberg‹, Hsüän-scha[1], mit dem Mönchsnamen Schï-be oder einfach Be. Er ist von den drei Jüngern hier der älteste, nur dreizehn Jahre jünger als der Meister selbst, darum auch dessen Helfer und gelegentlich Vertreter in der Betreuung der großen Klostergemeinde. Er stammt aus einer Familie namens Hsiä aus der Gegend von Fu-dschou und war ein leidenschaftlicher Angler, bis er mit 25 (nach anderer Angabe 29) Jahren plötzlich sein Fischerboot verließ und nach dem Lotosberg (Fu-jung-schan) am östlichen Ufer des Poyang-Sees wanderte, um sich dort bei einem Meister der mönchischen Zucht in die Lehre zu begeben. Bei diesem legte er das Mönchsgelübde ab und erhielt dabei den Namen Schï-be, d. h. Meister-Ausrüstung (weshalb ihn Hsüä-dou nachher im Gesang Meister Be nennt). In Höhlen und auf Gipfeln der dortigen Berge übte er sich bei Sturm und Frost in strenger Kasteiung. Eines Tages zu seinem Meister zurückgekehrt, traf er 866 zum erstenmal mit I-tsun, dem nachmaligen Hsüä-fëng, zusammen, der an dem Ernst und Eifer des dreizehn Jahre Jüngeren seine Freude hatte und ihn nach indischer Art Schï-be-dhûta, d. h. den ›Abschüttler Schï-be‹ nannte – Dhûta bedeutet das Abschütteln von Unreinheit und Sünde durch strenge Kasteiung. Zunächst blieb er zwar noch weiter auf dem Lotosberg und gab sich in einer Höhle dem Studium der Lehrschriften des ›Großen Fahrzeugs‹ hin. Nachdem sich aber I-tsun 870 auf dem Elefantenknochenberg niedergelassen hatte, der dann den Namen Hsüä-fëng oder Schneekuppe erhielt, verließ 872 auch Schï-be den Lotosberg am Poyang-See, um zu Hsüä-fëng zu stoßen und diesem beim Aufbau seines Klosters zu helfen. Gleichwohl trieb ihn noch immer eine Unruhe um, und so machte er sich abermals auf die Wanderschaft zu andern Meistern jenseits der Berge, welche seine Provinz Fukien vom chinesischen Inland trennen. Auf der Bergeshöhe aber verletzte er sich unversehens an einer Zehe so stark, daß er vor Schmerzen nicht mehr weiter konnte. Im selben Augenblick kam über ihn das große Erwachen, das ihm gefehlt hatte, und mit einem Male war er auch von der Unruhe, die ihn zu so schweren Kasteiungen und auf Wanderschaft getrieben hatte, geheilt. Davon wird im 78. Kapitel noch die Rede sein. Zu Hsüäfëng zurückgekehrt, erzählte er diesem sein Erlebnis, erhielt das Siegel der Bestätigung und diente ihm noch lange als Gehilfe bei der Arbeit an den Hörern. Das Verhältnis zwischen beiden wurde mit der Zeit so innig, daß sie sich wortlos über alles verständigten. Später trat Schï-be selbständig als Meister in seiner Heimat auf und leitete die längste Zeit das Kloster auf dem Tiefensandberg, Hsüan-scha-schan, nach welchem er seitdem genannt wird. Er wirkte dort ganz im Geiste Hsüä-fëng's, ja er soll dessen Sinn beinahe noch echter, schlichter und knapper zum Ausdruck gebracht haben als der Meister selbst. Die letzten zehn Jahre seines Lebens leitete Hsüan-scha auf Einladung des Statthalters von Fukien ein Kloster in der Hauptstadt Fu-dschou selbst und starb dort, 63 Jahre alt, im selben Jahr wie Hsüä-fëng. Einer seiner Enkelschüler ist jener Fa-yän, der dem Frager im 7. Beispiel auf die Frage nach dem Buddha die Antwort gab: Du bist Hui-tschau.

Tschang-tjing oder Langefroh

Der jüngste der im Beispiel genannten Hsüä-fëng-Schüler, aber der erste, welcher hier das Wort ergreift, ist der nachmalige Meister Tschang-tjing[2], welcher in unserer Sammlung mit nicht weniger als acht Beispielen vertreten ist und damit hinter Yün-mën (mit 18) und Dschau-dschou (mit 12 Beispielen) die dritte Stelle einnimmt (vgl. Kap. 8, 22, 23, 48, 74, 76, 93, 95). Er stammte aus der heute Hainang genannten Stadt an der Hangdschou-Bucht in der Provinz Tschekiang, war schon zwölfjährig in ein Kloster in Sudschou eingetreten und hatte den Mönchsnamen Hui-lëng, d. h. Weisheitsmajestät, angenommen, weshalb ihn Hsüä-dou im Gesang Meister Lëng nennt. Von Zweifeln gequält, ging er 878 auf die Wanderschaft, um Zen-Meister aufzusuchen, kam in Fukien schließlich auf die Schneekuppe und blieb dort beinahe zwölf Jahre lang unter Hsüä-fëng's Leitung und eng an dessen Stellvertreter Schï-be, den nachmaligen Hsüan-scha, angeschlossen. Sieben Sitzpolster soll er in dieser Zeit der Übung durchgesessen haben. Als er eines Tages den Binsenvorhang vor seinem Fenster aufrollte, ging ihm plötzlich das große Licht auf, und er dichtete:

> Oh, wie war ich blind! Bis zu dieser Stund!
> Da roll ich den Vorhang auf, seh ein Weltenrund!
> Jetzt, wenn einer kommt und fragt, was mein Glaube sei,
> Reck ich nur den Jakschweif aus, fahr ihm über'n Mund.

Diese Verse legte er Hsüä-fëng zur Prüfung vor. Der sagte weder ja noch nein dazu, sondern zeigte sie seinem Stellvertreter Schï-be (dem

[1] Hsüan-scha Schï-be, 835–908; japanisch Gen-sha Shi-bi; Familienname Hsiä. Traditionstafel III A, 13.

[2] Tschang-tjing Hui-lëng, 854–932; japanisch Chô-kei E-ryô. Traditionstafel III A, 13.

späteren Hsüan-scha), um dessen Meinung zu hören. Dieser war mit Hui-lëng's Gedicht nicht recht einverstanden. Er fand darin noch zu viel bewußte Absicht und meinte, die Echtheit von Hui-lëng's neuer Einsicht bedürfe noch weiterer Prüfung. An demselben Abend erklärte Hsüä-fëng dem Hui-lëng vor der versammelten Hörerschaft: Schï-be behauptet, man könne deine neue Erkenntnis noch nicht gelten lassen. Wenn du dir wirklich zutraust, das Verständnis gewonnen zu haben, so sprich es hier vor der Versammlung offen aus. Daraufhin verfaßte Hui-lëng einen Gesang und trug ihn vor, wie folgt:

> Wesen in der Bilder Hülle, einzig offenbar,
> Mir nur spät, erst auf mein Jawort, innig nah und wahr!
> Jahrlang säumte ich am Wege, suchte fremdes Gut.
> Sehe jetzt: ich war ein Brocken Eis in Feuerglut.

Hsüä-fëng lächelte zufrieden und fragte Schï-be: Wie meinst du, kommt auch das aus bewußter Absicht? Schï-be fand nichts mehr auszusetzen, und Hui-lëng gewann für sein Verständnis Hsüä-fëng's öffentliche Bestätigung. Er blieb noch 16 Jahre länger bei dem Meister und verkehrte zuletzt mit ihm auf gleich intime Art wie Hsüan-scha Schï-be. Erst im Jahre des Zusammenbruchs der Tang-Dynastie, 906, also im Alter von 52 Jahren, trat er selbständig als Meister auf. Einige Jahre später übertrug ihm der zum tributären König aufgestiegene Machthaber der Provinz außerdem ein Kloster in seiner Hauptstadt Fudschou, welchem er selbst den Titel ›Langefroh‹, Tschang-tjing, verliehen hatte. Dort wirkte Hui-lëng als Meister Tschang-tjing noch viele Jahre bis zu seinem Ende, hatte beständigen Zulauf von durchschnittlich 1500 Schülern und übte in Fu-kien und bis nach Tschekiang hinein bedeutenden Einfluß aus.

Yün-mën oder Wolkentor

Über den späteren Meister auf dem Wolkentorberg, Yün-mën-schan, also über Yün-mën (japanisch Ummon, gest. 949), ist hier nicht mehr viel zu bemerken. Er tritt in unserem Beispiel nach dem jüngeren Tschang-tjing und dem weit älteren Hsüan-scha an dritter Stelle auf. Sein Geburtsdatum ist nicht überliefert, doch haben neuere Forschungen ergeben, daß er ungefähr um 852 geboren sein muß. Er wäre also nur wenig älter als Tschang-tjing. Hsüä-dou in seinem Gesang nennt ihn nach der Stadt Schau-yang in der Kantonprovinz, zu welcher die Stätte seines Wirkens auf dem Wolkentorberg gehörte. Wir ziehen statt dessen den Namen ›Wolkentor‹ vor. Zur Zeit des hier erzählten Gespräches ging Yün-mën noch unter seinem Mönchsnamen Wën-yän, welcher sich am einfachsten mit dem Wörtchen ›Unverblümt‹ wiedergeben läßt; denn er bedeutet ›Verzicht auf feinen Stil und Schmuck der Rede‹. Das Beispiel zeigt uns den Mönch Unverblümt, wie er gerade diesem seinem Namen Ehre macht.

Daß es sich hier um keine ortspolizeiliche Warnung handelt, merken die Hörer schon am Ton der Stimme, die hier spricht. Und der aufmerksame Leser wird auch längst begriffen haben, daß es ein Abweg wäre, nach der Schlangenart, die Hsüä-fëng nennt, zu fragen. Wichtig ist an dieser nur, daß die Nase, d. h. der Kopf des Tiers, dem einer Schildkröte ähnlich ist. Denn dies weist auf ein kräftiges Gebiß, auf Raum genug für starke Giftzähne, welche das Reptil unheimlich und seinen Biß für jeden tödlich machen. Weiter aber aus dem Bild der Schlange Folgerungen ziehen wollen, führt nur von der Sache ab und endet obendrein in Widersprüchen.

Der Schlüssel zum Verständnis also liegt nicht in irgendeinem Gleichnis, das es auszudeuten gälte. Er liegt vielmehr bei Hsüä-fëng selbst, wie ihn Yüan-wu deutet, wenn er in der Erläuterung von ihm berichtet: Zur Unterweisung seiner Hörer sagte er gewöhnlich nur: Seht zu, daß ihr mit jedem Wort den Himmel überschattet und die Erde einhüllt. Das bedeutet: Ihm ist an keiner Einzelheit, auch nicht an einer noch so großen Summe von Einzelheiten irgendwie gelegen, sondern nur an dem, was über jede Einzelheit hinausgeht. Was soll einem solchen Geist wohl eine Schlange!

Yüan-wu fährt fort: Sonst redete er nicht weiter über das Verborgene und Wunderbare, verbreitete sich auch nicht etwa über den Geist und seine eigentliche Natur. Das heißt: Hsüä-fëng vermied es, über das Höchste, das Eine, was nottut, lehrhafte Ausführungen zu machen. Ja, nicht einmal den eigentlichen Kern des Zen-Glaubens, die Lehre vom Herzen, vom Geist und seiner Buddhanatur, trug er den Seinen in verständiger Rede vor.

Aber nun sagt Yüan-wu weiter: Plötzlich und mit Urgewalt brach es aus ihm hervor wie eine feurige Lohe, in deren Nähe jeder sich die Stirn verbrennt, wie ein Hieb mit dem Schwert Tai-o. Statt also auf dem Wege des Verstandes den Inhalt seines Glaubens logisch geordnet darzulegen, hielt Hsüä-fëng sich nur in der Stille offen, bis es aus ihm hervorbrach. Und dies geschah dann auch auf völlig eigene Art, indem es nämlich sich verleiblichte. So zeigt ihn schon das fünfte Beispiel, wie er die ganze Welt in einem Reisährchen zusammenfaßt und in die Leere, die sie ist, hineinwirft. Und ebenso hält er den Seinen hier nicht lange Reden von der Furchtbarkeit, der Tödlichkeit der Wahrheit, ergeht sich nicht in den gequälten Tönen des Bußpredigers, sondern wartet, bis auch dieses tödlich Furchtbare sich ihm zu der Schildkrötennasenschlange am Südhang seines Bergs verleiblicht, so daß sein mächtiger Bekehrungsdrang sich in dem kurzen Wink entladen kann: Die müßt ihr euch unbedingt alle genau ansehen! Es ist ein Bild wie das des brennenden Busches, den Moses in der Wüste sah; oder wie die Erscheinung jenes Mannes, der mit Jakob rang. Es ist darum kein Gegenstand für reflektierende

Vergleiche, sondern wirklich nur ein Bild des Schreckens; darnach allerdings auch Nötigung zum Ringkampf mit eben diesem Schrecklichen, um vor und mit ihm zu bestehen.

Der ›öffentliche Aushang‹ Hsüä-dou's führt nun noch drei Schüler Hsüä-fëng's vor und wirft damit die Frage auf, welcher von den dreien wohl das, was der Meister meinte, am tiefsten verstanden habe. Auch hier wieder handelt es sich nicht etwa um die Ausdeutung des mit der Schildkrötennasenschlange gegebenen Gleichnisses. Denn über dieses ist unter Schülern Hsüä-fëng's kein Wort zu verlieren. Was die Schlange ist, was sie bedeutet, steht jedem dieser Männer klar vor Augen. Die Unterschiede des Verstehens und Begreifens sind in einer tieferen Schicht zu suchen.

Das erste Echo aus dem Hörerkreis kommt von ›Bruder Lëng‹, dem späteren Meister Tschang-tjing oder Langefroh. Dann wird es heute in der Halle, sagt er, reichlich Leute geben, die Leib und Leben dabei verlieren. Er versteht, wie Hsüä-fëng es gemeint hat. Er ist der Schlange selber schon begegnet, hat ihres Bisses Tödlichkeit am eigenen Leib erfahren und damit auch ein neues Leben jenseits dieser Welt gewonnen Er schließt von sich aus weiter auf die andern, wie Yüan-wu sagt. Er sieht voraus, daß viele sich bekehren werden, und freut sich als Gefolgsmann seines Meisters auf die Siege, die der Sache winken, der er sich verschrieben hat. Ironisch bemerkt Yüan-wu, dieser Tschang-tjing sei wohl ein Bandit, den die Aufrührer von Pu dem Hsüä-fëng zu Hilfe geschickt hätten. Er wisse, soll das heißen, auch nichts Besseres, als mit dem Unruhstifter Hsüä-fëng ins selbe Horn zu stoßen.

Jedenfalls hat Tschang-tjing's Antwort den Eindruck jener Worte Hsüä-fëng's auf die Hörer noch verstärkt. Auch sie geht in der Bruderschaft von Mund zu Mund. Und so gelangt sie auch zum Vorsitzer Schï-be, dem späteren Meister Hsüan-scha oder Tiefensand, den wohl sein Dienst verhindert hatte, an der Versammlung teilzunehmen.

Hsüan-scha ist für Tschang-tjing zunächst des Lobes voll und zeigt damit, daß er genau versteht, was alles in der Schildkrötennasenschlange Hsüä-fëng's liegt. Dennoch hat er etwas einzuwenden. Wieso soll diese Schlange nur am Südhang dieses Bergs zu treffen sein, also im Wirkungskreis des Meisters Hsüä-fëng? Er wittert ganz von ferne den Geruch des Schul- und Sektengeistes, der stets die Neigung hat, das Große, Ungeheure, welches sich auf keinen Ort festlegen läßt, zum Monopol zu machen. Er ist um einen Grad selbständiger und darum kritischer als Tschang-tjing. Hsüä-dou, als Dichter, hat das seinerzeit in einem Vers gerühmt, in dem er Hsüan-scha als den freien Sohn des Meeres schildert, dem schon auf der Fischerdschunke seiner Sippe Hsiä das Gefühl für die Allgegenwart des Schrecklichen vertraut war. Und der Meister Dschëndjing, dessen Verse Yüan-wu in der Erläuterung erwähnt, ist sogar der Meinung, eben hierin sei der Sinn enthalten, auf den das ganze Beispiel ziele: niemand möge sich dabei beruhigen, daß die Schlange auf dem

Berge Hsüä-fëng's hause; es kann und muß ihr jeder irgendwann und irgendwo einmal begegnen.
Gewiß ist dies ein wichtiger Gedanke; er kehrt ja auch in jedem Beispiel immer wieder. Aber schon die Ordnung, in welcher Hsüä-dou die drei Schüler Hsüä-fëng's vorführt, läßt erkennen, daß er noch anderes im Sinn hat. Nachdem zuerst Tschang-tjing und Hsüan-scha sich geäußert haben, tritt ohne jeglichen Zusammenhang mit diesen beiden abrupt und zeitlos plötzlich Yün-mën auf mit einer Szene, die alles, was zuvor geschehen war, in Schatten stellt. Es ist für jeden unbefangenen Leser deutlich, daß mindestens für Hsüä-dou, den Verfasser selbst, der Schluß den Höhepunkt des Beispiels bildet.
Dieser Yün-mën redet überhaupt nicht. Im Gesang beschreibt ihn Hsüädou, wie er in des Meisters Gegenwart mit seinem Wanderstab im Grase nach der Schlange wühlt und dann auf einmal statt der Schlange eben diesen Stab auf Hsüä-fëng schleudert und dazu den Schrecken, den die Schlange einjagt, auf den eigenen Mienen zeigt.
Yüan-wu weist vorsorglich darauf hin, daß ein Unbeteiligter in diesem Treiben ein Theaterstück vermuten könnte, einen geistreichen Trick, letztlich also eine Hanswurstiade auf den Meister und sein Schlangentier. Doch bedenket, wirft er ein: ein so durch und durch gereifter Meister unserer Schule! Wer diesem Scherze solcher Art zutraute, der würde damit nur beweisen, daß er von Zen und von den Fäden, die diese Männer innerlich verbinden, keine Ahnung hat.
Was ist nun das Besondere an Yün-mën, im Unterschied von den zwei andern? Yüan-wu verwahrt sich ausdrücklich für Tschang-tjing und Hsüan-scha, daß sie in der Erkenntnis Yün-mën ebenbürtig sind und mit der Schlange, von welcher Hsüä-fëng redet, genauso umzugehen wissen wie dieser letztere. Es ist nur ein feiner Unterschied, und doch liegt er vor Augen.
Die beiden andern redeten. Yün-mën redet nicht ein Wort. Die beiden andern machten sich zu Hsüä-fëng's Ausspruch je ihre Gedanken. Yünmën allein tut mehr: er geht in jenes Bild der Schlange, das Hsüä-fëng's Wort beschworen hat, persönlich ein, setzt die Verleiblichung des Ungeheuren genau im Sinn des Meisters weiter fort. Denn er enthüllt es als den Wanderstab, der für den Zen-Mönch Sinnbild seiner Weltentsagung ist und für den Meister obendrein noch seinen Auftrag, seinen Dienst an dieser Welt, die ganze Last seiner Verantwortung in sich befaßt. Die Begegnung mit der Schlange endet also ganz konkret in dem, was die umstehenden Männer selber sind und treiben. Und wiederum ist diese ihre Existenz mit dem ihr aufgetragenen Dienste selbst nichts anderes als die Schlange in verwandelter Gestalt, immer schrecklich, immer gefährlich. Darauf läßt sich nichts mehr sagen; es redet keiner mehr ein Wort. Auch nicht der Meister Hsüä-fëng. Denn auf ihn selbst ist ja die Schlange losgeschossen.
Diese Chinesen haben ein erstaunliches Geschick etwas zu sagen, was sie

gar nicht sagen. Es heißt ja nur: Yün-mën schleuderte seinen Wanderstab vor Hsüä-fëng hin und machte eine schreckhafte Gebärde. Damit ist es aus. Aber man versenke sich darein, man höre ihn! Dann wird man finden, daß es noch lange nicht aus ist.

Dreiundzwanzigstes Beispiel

Bau-fu und der Berg Wunderbar

Hinweis

Den Edelstein prüft man im Feuer. Gold prüft man am Stein. Das Schwert prüft man an einem Haar. Gewässer prüft man mit der Stange. Unter denen, die bei Kuttenmönchen aus- und eingehen, ist es ein Wort, ein Sätzchen, ein Zuck, ein Ruck, ein Heraus, ein Hinein, ein Stoß oder ein Druck, was ihnen hilft, zu sehen, ob einer tief ist oder seicht, ob er zugewandt ist oder abgekehrt. Sagt mir einmal: Womit prüft ihr? Laßt mich eins vorlegen! Seht her!

Das Beispiel

Wir legen vor:

Bau-fu und Tschang-tjing ergingen sich im Gebirge. Unterwegs deutete Bau-fu mit der Hand und sagte: Also, das ist einfach der Gipfel des Berges Wunderbar.
Tschang-tjing erwiderte: Richtig ist richtig. Tut mir leid.
(Hsüä-dou hat hier zu bemerken: Gesetzt den Fall, daß heute wir mit diesen Chinesen im Gebirge spazieren gingen: Was würden sie da wohl für ein Stück aushecken? – Wiederum hat er zu bemerken: Ich will nicht behaupten, daß nach hundert oder tausend Jahren keiner mehr etwas Ähnliches sagen wird. Aber sicher werden es nur wenige sein.)
Später erzählten sie es Djing-tjing.
Djing-tjing sagte: Wäre Freund Sun nicht gewesen, man sähe Totenschädel auf weiter Heide.

Zwischenbemerkungen

»Bau-fu und Tschang-tjing ergingen sich im Gebirge.« – Diese Chinesen haben sich alle beide ins Gras fallen lassen!
»Unterwegs deutete Bau-fu mit der Hand und sagte: Also, das ist einfach der Gipfel des Berges Wunderbar.« – Er stampft aus ebenem Weg Blöcke und Klötze heraus! – Davon zu reden, ist verboten! – Werft Erde auf, vergrabt es in der Tiefe!

»Tschang-tjing erwiderte: Richtig ist richtig; tut mir leid.« – Wäre es nicht um diesen eisern durchdringenden Blick, wir hätten uns beinahe verführen lassen. – Die an der gleichen Krankheit leiden, haben Mitleid miteinander. – Begraben wir sie beide in derselben Grube!
»(Hsüä-dou hat hier zu bemerken: Gesetzt den Fall, daß heute wir mit diesen Chinesen im Gebirge spazieren gingen: Was würden sie da wohl für ein Stück aushecken?)« – Damit setzt er allerdings Gewicht und Wert der Leute bedeutend herab. – Immerhin trifft er es einigermaßen. – Einer, der dabeisteht, legt die Hand an den Schwertgriff! [Will heißen: Bau-fu und Tschang-tjing sind zwei Fechter: sie denken nicht daran, daß über hundert Jahre später Hsüä-dou ihrem Zweikampf zusieht und Miene macht, selbst dreinzuhauen.]
»(Wieder hat er zu bemerken: Ich will nicht behaupten, daß nach hundert oder tausend Jahren keiner mehr etwas Ähnliches sagen wird. Aber sicher werden es nur wenige sein.)« – Er spielt sich ein wenig auf. – Auch so einer von den [hochmütigen] Asketen am Wolkenheimberge!
»Später erzählten sie es Djing-tjing.« Es hat sein Gutes und hat sein Schlechtes.
»Djing-tjing sagte: Wäre Freund Sun nicht gewesen, man sähe Totenschädel auf weiter Heide.« – Nur Weggenossen kennen einander wirklich. – »Öd und leer das weite Land, Schwermut drückt dich nieder.« – Knecht und Mägde können's miteinander. – Selbst ein Lin-dji oder Dö-schan, wenn er daherkäme, würde bestimmt auch Djing-tjing's Stock zu spüren bekommen.

Erläuterung des Beispiels

Bau-fu, Tschang-tjing, Djing-tjing, alle zusammen kommen aus der Schule Hsüä-fêng's. Alle drei haben dasselbe erlangt, dasselbe bewährt, dasselbe gesehen, dasselbe gehört, dasselbe aufgegriffen, dasselbe angewandt. Ob sie ausholen oder einziehen, ob sie sich stoßen oder drücken, immer sind sie Leute eines Stamms und merken auf der Stelle, was der andere meint. Und innerhalb der Schulgemeinde Hsüä-fêng's sind es gerade diese drei, die beständig Frage und Antwort miteinander tauschen. Für diese Alten ist im Gehen und im Stehen, im Sitzen und im Liegen der Weg des Buddha das, was sie beschäftigt. Darum braucht nur einer etwas vorzubringen, so wissen sie auch schon den Punkt, auf den er hinaus will.
»Eines Tages, als Bau-fu und Tschang-tjing sich im Gebirge ergingen, deutete Bau-fu mit der Hand und sagte: Also das ist einfach der Gipfel des Berges Wunderbar.« Würde man den heutigen Zen-Freunden eine solche Frage vorlegen, so würden ihnen einfach die Mundwinkel auf beiden Seiten herunterhängen. Zum Glück hat Bau-fu für seine Frage Tschang-tjing als Partner. Saget mir: Was hatte Bau-fu mit diesen Worten denn im Sinn? Das ist die Art, wie bei den Alten einer prüfen will,

ob der andere Augen hat oder nicht. Und weil der andere ein Hausgenosse von ihm ist, so weiß er auch wie von selbst, was jener meint, und sagt zur Antwort: »Richtig ist richtig; tut mir leid!« Nun saget mir einmal: Was ist bei diesen Worten Tschang-tjing's Sinn und Wille? Ihr dürft das nicht einfach so, wie Tschang-tjing, mit ein paar Worten erledigen. Das wäre, auf den Schein der Ähnlichkeit hin angesehen, vielleicht ähnlich. Aber daß in Antworten dieser Art auch nicht ein falsches Fleckchen bliebe, kommt bei gewöhnlichen Fällen selten vor. Gut, daß Tschang-tjing es ist, der seinen Freund kennt und durchschaut.

Hsüä-dou bemerkt: »Wenn wir heute mit diesen Chinesen im Gebirge spazierengingen, was würden sie da für ein Stück aushecken?« Sagt mir einmal: Was meint er damit? Und wiederum sagt er: »Ich will nicht behaupten, daß nach hundert oder tausend Jahren keiner mehr etwas Ähnliches sagen wird; aber sicher werden es nur wenige sein.« Hsüä-dou versteht den Herzpunkt dieses Gesprächs. Er ist gerade wie Huang-bo, welcher sagte: »Ich behaupte nicht, es gebe kein Zen; nur, daß kein Meister da ist.«[1] Da kann man schon sagen: eine verwegen steile Art! Spräche Hsüä-dou nicht mit jenen dieselbe Sprache, wie wäre er fähig, solch einsamen, gefährlichen und ganz ungewöhnlichen Posten einzunehmen? Diese seine ›Zwischenbemerkungen‹, wie wir sie nennen, treffen immer nach beiden Seiten. Aber obwohl sie nach beiden Seiten treffen, so ist ihre Bleibe doch nicht auf beiden Seiten.

»Nachher erzählten sie es Djing-tjing. Dieser sagte: Wäre Freund Sun nicht gewesen, so sähe man Totenschädel auf weiter Heide.« Sun: das ist Tschang-tjing's Familienname.

Seht einmal her: Ein Mönch fragte Dschau-dschou: Was ist es um den Gipfel des Berges Wunderbar? Dschau-dschou erwiderte: Auf dieses Gerede antworte ich dir nicht. Der Mönch fragte: Weshalb antwortet ihr darauf nicht? Dschau-dschou versetzte: Wenn ich dir antworten wollte, müßte ich fürchten, daß du auf die ebene Erde herunterfällst.

In der ›Lehre‹ [d. h. im Sutra, aus dem die Dogmatiker für ihre Lehrtätigkeit schöpfen] heißt es: Der Mönch Meghashrî auf der einsamen Spitze des Gipfels Wunderbar stieg nie vom Berge herab. Sudhana ging, von ihm Belehrung zu erbitten, sieben Tage lang vergeblich, ohne ihn zu finden. Eines Tages aber begegnete er ihm im Gegenteil auf einem andern Gipfel, und nachdem er ihn nun endlich gefunden hatte, erklärte der Heilige dem Jüngling Sudhana dann doch das Enthaltensein aller drei Welten [der Vergangenheit, Gegenwart und Zukunft] in jedem einzelnen Gedanken, die sämtlichen in der Welt erschienenen Buddhas, die Lichteshelle der Erkenntnis und der Weisheit und das Lehrstück des Bodhisattva Allheil [Samantabhadra].

Wenn schon der Mönch Meghashrî vom Berge nie herabsteigt, wieso zeigt er sich dann doch an einem anderen Gipfel? Wo es doch in jenem

[1] Vgl. das XI. Beispiel.

Buch der Lehre heißt: Der Mönch Meghashrî ist bisher noch nie vom Berg herabgestiegen; er hält sich beständig auf der einsamen Spitze des Gipfels Wunderbar auf. Wo liegt nun also genau bestimmt der Ort, an dem sich Meghashrî und Sudhana befinden?

In späteren Zeiten hat der angesehene Li hierzu ein Rankengewinde geflochten [d. h. er hat zum Blumenschmuck-Sutra eine Erklärung verfaßt]. Es ist ihm gut gelungen. Dort sagt er: »Die einsame Spitze des Gipfels Wunderbar bedeutet das Lehrstück von der gleichgestaltigen Einheit. Alles und jedes ist wahr; alles und jedes ist vollkommen und liegt für sich allein bloß und offen, ohne Gewinn, ohne Verlust, ohne Vorzug, ohne Nachteil. – Darum kann Sudhana [an diesem Ort der gleichgestaltigen Grundform, wo nichts und niemand sich von anderem unterscheiden läßt] den Mönch Wolkenwonne oder Meghashrî nicht sehen. Was nun die [im Avatamsaka gelehrte] Übereinstimmung mit der Grundform oder ursprünglichen Natur[1] betrifft, so ist das, wie wenn das Auge nicht von selber sähe, das Ohr nicht von selber hörte, der Finger nicht von selber fühlte, das Schwert nicht von selber schnitte, das Feuer nicht von selber brennte, das Wasser nicht von selber wüsche.« [M. a. W.: Hier steht alles still; hier gibt es kein Subjekt und Objekt, kein Ich und Du, keine Bewegung, also auch keine Begegnung für Sudhana mit Meghashrî und keine Belehrung.] An diesem Punkt nun hat die Lehre eine reiche Auswahl an Maßnahmen großmütterlicher Güte und Sorgfalt zum Wohl der Menschen. Sie läßt davon ab, ihre gerade Linie weiterzuverfolgen und stellt in ihrem Lehrstück von der Wahrheit zweiten Rangs [der vorläufigen, behelfsmäßigen Wahrheit der Erscheinungswelt] die Unterschiede von Gast und Hauswirt [d. h. von Objekt und Subjekt, Du und Ich], von innerem Triebwerk und äußerer Umwelt auf. Darum heißt es [im Blumenschmuck-Sutra]: »Die Buddhas treten nicht in die Welt hinaus, und ein Nirvâna als vorhandene Sache gibt es nicht.« [Das heißt: Ein Buddha im strengen Sinn, also einer, der das Nirvâna erreicht hat, steht jenseits der Erscheinungswelt. Die starre Abwendung von der Welt ist genauso tödlich für den Geist wie die blinde Hingabe an sie.]

Sagt mir einmal: Wie wollt ihr nun eigentlich Djing-tjing und Hsüä-dou für ihre Bemerkung entschuldigen? [Denn, so ist wohl der Hintergedanke, es gibt ja unter den Buddhisten viele, die sich aus dem Nirvâna einen Eselspflock machen, darüber ihre Freiheit verlieren und an ihrem geistigen Leben Schaden nehmen.] Aber wäre es in jener Unterredung zwischen Bau-fu und Tschang-tjing nicht Schlag auf Schlag gegangen, so bestünde tatsächlich ein Anlaß dafür, daß in der weiten Welt Totenschädel die Heide bedeckten. Djing-tjing hat es auf seine Art bezeugt. Auch jene beiden, Bau-fu und Tschang-tjing, auf die ihre. Und nachträglich macht es Hsüä-dou in seinem Gesang geradezu leuchtend klar.

[1] Hsing, indisch prakriti.

[2] Sun: Familienname des Meisters Tschang-tjing Hui-lëng.

Gesang

WUNDERBERGES stille Spitze – dicht im Steppengras.
Was er sagen will, ist deutlich. Doch *wem* sagt man das?
Wär nicht Meister Sun gewesen, der ins Schwarze traf,
Totenschädel gäb's! Wieviele ahnen davon was?

Zwischenbemerkungen zum Gesang

»Wunderberges stille Spitze – dicht im Steppengras.« – Er [Hsüä-dou] sinkt selber mit darin unter! – Steckt mit den Füßen bereits mehrere Klafter tief drin!
»Was er sagen will, ist deutlich, doch wem sagt man das?« – Ich wüßte nichts damit anzufangen! – In der weiten Welt wüßte es niemand! [Weil mit dem Reden von der Sache die Sache selbst schon beschädigt ist.] – Ein Trockenmistkratzer!
»Wär nicht Meister Sun[2] gewesen, der ins Schwarze traf...« – Daneben hat er getroffen! [Weil man den Berg Wunderbar seinem Wesen nach überhaupt nicht treffen kann.] – Seht doch dem Pfeil nach! – Der [Tschang-tjing] weiß auch nicht, daß Diebe hinter ihm her sind [nämlich Djing-tjing und Hsüä-dou, die ihm die Worte vom Mund weg stehlen und damit hausieren gehen].
»Totenschädel gäb's. Wieviele ahnen davon was?« – Die stehen nicht wieder auf! – Eine Menge! Wie Hanf- und Hirsesamen! – Herr Meister, Ihr greift in die Nasenlöcher und verfehlt das Maul! [Wohl ein Bild aus dem Ringkampf. Was Hsüä-dou sagt, sei zur Hälfte richtig, zur Hälfte falsch. Denn er geht von der Wahrheit höchsten Ranges aus und kommt mit seinen Worten doch sofort auf die Wahrheit zweiter Stufe herunter. Natürlich ist Yüan-wu's Hintergedanke: so machen wir es alle; wir können gar nicht anders.]

Erläuterung des Gesangs

»Wunderberges stille Spitze – dicht im Steppengras!« – Rollt man ins Steppengras herunter, wann gibt es da ein Ende?
»Was er sagen will, ist deutlich. Doch wem sagt man das?« – Was ist denn das Deutliche daran? Das geht auf Bau-fu's Worte: Also das ist einfach der Gipfel des Berges Wunderbar.
»Wär' nicht Meister Sun gewesen, der in's Schwarze traf...« Welchen vernünftigen Sinn hat der Meister Sun denn gesehen? Er sagt: Richtig ist richtig; tut mir leid.
»Totenschädel gäb's! Wie viele ahnen davon was?« – Ahnt ihr am Ende doch etwas davon? Blind? – !

Yüan-wu's Hinweis

Yüan-wu's Hinweis mag in diesem Falle etwas unbefriedigend erscheinen, sofern er das eigentliche Problem, um das es sich im Beispiel handelt, gar nicht berührt. Aber dieser Mangel ist nur scheinbar. Denn das eigentliche Problem, um das es geht, ist stets dasselbe und ist im Kreis des Meisters immer gegenwärtig. Es ist die allumfassende Spannung zwischen Nirvâna und Samsâra, zwischen Buddhaschaft und der gemeinen Welt, die Spannung zwischen Gegensätzen, die sich nicht vertragen und sich doch vertragen müssen, eine Spannung also, welche in der Praxis eine fortwährende Unruhe, einen unaufhörlichen Pendelschlag erzeugt, der jedem Ja sofort wieder ein Nein, und jedem Nein ein Dennoch entgegensetzt. Hier bleibt dem Geist kein Ruheport, kein Bollwerk, hinter dem er sich verschanzen kann. Hier hilft nur: wach sein für die Forderung des Augenblicks.
Dies gilt denn auch vom Umgang mit den andern, und darin bildet sich das hochgespannte Feingefühl, von dem der Hinweis redet. Die ästhetische Bedeutung dieses Feingefühls hat man im Abendlande längst erkannt. Sein Zauber spricht, ätherisch und doch kraftgeladen, aus den Tuschgemälden Chinas, Koreas und Japans, aus der Gartenkunst, den Übungen des Teetrinkens, des Blumenstellens, ja noch aus dem japanischen Wohnbau. Es hat in Japan der Dichtungsform des Haiku oder Haikai ihre schönste Blüte gebracht; ja, es hat sogar das Schwertfechten und das Bogenschießen zu geistigen Übungen höchsten Grads erhoben. Daß aber alle diese Künste ihre Wurzel im innersten Herzen des Zen haben, in einem Herzen, das in jener Spannung zwischen flüchtiger Erscheinung und Nirvâna ständig lebt, und daß sie nur von hier aus dem Verständnis sich erschließen, darüber täuscht sich manch ein Betrachter allzu leicht hinweg. In unserer Sammlung ist von Künsten der genannten Art noch nicht die Rede; aber gerade hier sehen wir in die Brunnenstuben hinein, aus denen jene mannigfachen Ströme fließen. Und Yüan-wu's Hinweis zeigt zum mindesten, daß sich die alten Meister des in ihrem Kreis gepflegten hochempfindlichen Gefühles wohl bewußt gewesen sind.

Bau-fu, auch ein Schüler Hsüä-fêng's

Auch dieses Beispiel führt uns wieder in den Kreis der Jünger Hsüä-fêng's. Von Tschang-tjing Hui-lêng war im vorigen Kapitel ausführlich die Rede. Hier ist nur sein Familienname Sun noch nachzutragen, weil er nachher Freund Sun genannt wird. Djing-tjing, der als dritter auftritt, ist der Meister des 16. Beispiels, der seinem Schüler die Eischale aufpickt, ihn aber dann doch mit dem Scheltwort Grashocker entläßt. Näheres zu sagen ist nur noch über Bau-fu[1], also denjenigen, welcher hier zuerst das Wort ergreift. Er ist uns bisher nur im 8. Beispiel begegnet, wo er mit Tschang-tjing und Yün-mën zusammen an der sommerlichen Übungszeit ihres gemeinsamen Freundes Tsui-yän teilnimmt. Er stammte aus Fu-dschou, trat schon vierzehnjährig in Hsüä-fëng's Dienste, legte drei Jahre später in einem andern Kloster das Mönchsgelübde ab, wobei er den Namen Tsung-dschan (»Durch Entfaltung«, jap. Jûten) annahm, und kehrte darnach wieder zu Hsüä-fëng zurück, in dessen Schule er nun viele Jahre blieb und sich besonders eng an Tschang-tjing anschloß. Erst im Jahre 918, also ein Jahrzehnt nach Hsüä-fëng's Tod, übernahm er in der von Amoy landeinwärts gelegenen Stadt Dschang-dschou das Kloster Bau-fu (›Sicher Glück‹), hatte Zulauf von durchschnittlich 700 Schülern, starb aber schon zehn Jahre später, 928. Dies alles läßt vermuten, daß er einem der jüngsten Jahrgänge unter den Schülern Hsüä-fëng's angehört. In der Sammlung ›Zur smaragdenen Felswand‹ spielt er auch noch weiter eine Rolle (vgl. die Beispiele 76, 91 und 95), aber nie als Meister, der einen Schüler belehrte, sondern, wie auch hier wieder, in Verbindung mit andern Schulgenossen, vor allem mit Tschang-tjing, ein Beweis dafür, wie stark der innige Verkehr dieser Hsüä-fëng-Schüler untereinander die Zen-Kreise beschäftigt und als Vorbild gewirkt hat.

Zum Verständnis des Beispiels

Bau-fu und Tschang-tjing gehen im Gebirge und treffen nachher Djing-tjing. So wird man schließen dürfen, daß diese drei noch keinen eigenen Sitz als Meister haben, sondern sich als Schüler Hsüä-fëng's auf dessen ›Schneekuppe‹ aufhalten, also an demselben Ort, an welchem Hsüä-fëng seine Hörer einst auf die dort hausende Schildkrötennasenschlange aufmerksam gemacht hat. (Denn die inhaltlichen Anzeichen sprechen dafür, daß die im vorhergehenden Beispiel berichteten Ereignisse den im jetzigen Beispiel erwähnten auch zeitlich voraufgehen.) So war es wohl auch keine weite Wanderung, die Bau-fu und Tschang-tjing unternahmen, sondern eben ein Spaziergang. Und da sie in der Schule Hsüä-fëng's bei Tag und Nacht, beim Meditieren und Hantieren doch immer mit der Arbeit an sich selbst beschäftigt waren, so war solch ein Spaziergang gewiß die allerbeste Gelegenheit, um das, was das Gemüt erfüllte und bewegte, frei nach Bedürfnis ausschwingen zu lassen. Yüan-wu's ironische Bemerkung will natürlich gerade auf die Höhe weisen, in der sich ihre Gedanken bewegen, und welche Bau-fu mit seinem Wort vom Berge Wunderbar alsbald zu erkennen gibt. Um diesen Ausdruck zu verstehen, sind wir genötigt, etwas weiter auszuholen.

Bei aller Selbständigkeit, welche die Zen-Meister gegenüber den heiligen

[1] Bau-fu Tsung-dschan, bis 928; japanisch Ho-fuku Jû-ten. Traditionstafel III A, 13.

Schriften an den Tag legen, haben sie doch deren Studium keineswegs vernachlässigt und sich vor allem mit einer bestimmten Klasse von Sutren, denen sie sich innerlich verwandt fühlten, eingehend beschäftigt. Unter ihnen nehmen, wie wir schon gesehen haben, die Avatamsaka- oder Blumenschmuck-Sutren, und besonders ein Teil derselben, der den Namen Gandavyûha, d. h. Girlandenanordnung, führt, eine besonders wichtige Stelle ein. Bei allem Unterschied zwischen buddhistischer und christlicher Heilsauffassung, wie zwischen englischer Nüchternheit und indischer Farbenpracht, kann man dieses letztere Buch doch etwa mit Bunyans ›Pilgrim's Progress‹ vergleichen, insofern es wie dieses den Weg zum Heil im Bilde einer langen und szenenreichen Wanderschaft darstellt. Der fromme Jüngling Sudhana (d. h. Wohlbegabt) erhält von Manjushrî, dem weisesten der Bodhisattvas, die Anweisung zu einer Pilgerfahrt, welche ihn über dreiundfünfzig Stationen der Belehrung schließlich zum Ziel der Erkenntnis führen soll. Und zwar soll er gleich auf der ersten Station einen Begriff von der unermeßlichen Höhe dieses Ziels erhalten, indem er den in der Betrachtung des Nirvâna ganz versunkenen Mönch Meghashrî (Wolkenwonne) aufsucht, welcher sich den Gipfel des »Berges Wunderbar« zum bleibenden Aufenthalt erwählt hat. Dieser Berg Wunderbar ist also nichts anderes als ein Gleichnis für die letzte, höchste Wahrheit, die in allen Einzeldingen, auch in allen Einzelwesen stets die eine selbe ist, die Wahrheit, die der Buddha einst im Zustand der Erleuchtung geschaut und als die Grundform oder ursprüngliche Natur seines eigentlichen Wesens, wie dessen aller Menschen und aller Dinge erkannt hat, und vor welcher ihm alles Bedingte, Einzelne ins Leere, ins Nirvâna zerfloß. Für sich allein und abgelöst betrachtet, ist diese Grundform (prakriti, chinesisch hsing) zu allen Einzeldingen, zum ganzen Ablauf unseres irdischen Lebens der äußerste Gegenpol. In der Erläuterung des Beispiels führt Yüan-wu dies näher aus und zeigt, wie in dieser eingestaltigen und darum gestaltlosen Grundform nichts mehr wahrzunehmen ist, keine Einzelform, keine Bewegung, kein Zeitablauf, wie also hier auch von einem Übergang aus dem Irrtum in die Klarheit, von einer Erleuchtung und Bekehrung, keine Rede sein kann. Daraus erklärt es sich auch, daß Sudhana den Mönch Wolkenwonne oder Meghashrî am Gipfel des Berges Wunderbar sieben Tage lang vergeblich sucht. Hier ist er einfach nicht zu sehen. Nach sieben Tagen trifft Sudhana mit dem Mönch Meghashrî dann aber doch unversehens zusammen, wie dieser gerade einen anderen Berggipfel umwandert, und hier empfängt er nun von ihm die nötige Belehrung. Denn die höchste Wahrheit, die der Berg Wunderbar verbildlicht, ist wohl zur Vielheit der Erscheinungswelt mit ihrem Auf und Ab des irdischen Lebens der äußerste Gegenpol, ist aber eben deshalb von ihr doch in keiner Weise zu trennen, so wenig wie die chemische Qualität des Wassers von den verschiedenen Erscheinungen etwa einer Welle, einer Wolke oder einer Scholle Eis. Die Gegensätze, die sich unversöhnlich gegenüberstehen, sind, so unbegreiflich es sein mag, untrennbar ineinander verflochten. Und eben diese Verflechtung ist es, auf welche es das Gandavyûha mit der Pilgerfahrt des frommen Jünglings abgesehen hat und die es mit einer Beharrlichkeit, mit einer Glut der Innigkeit verfolgt, daß schließlich jedes Stäubchen im überirdischen Licht der ewigen Wahrheit leuchtet, als säße auf ihm der Buddha selbst in seinem Strahlenglanz.

Diese Bilder und Gedanken sind es, von denen offenbar in Hsüä-fëng's Kreise viel die Rede war; sie haben jene beiden Freunde auf ihrem Gang dort im Gebirge irgendwie bewegt. Bau-fu, den Jüngeren der beiden, ergreift das Gefühl der Gegenwärtigkeit des Höchsten so, daß es ihn drängt, zu wissen, ob Tschang-tjing, der Ältere, nicht ebenso empfindet. Gewiß schwingt dabei auch in ihm das hemmende Gefühl der Scheu und Keuschheit mit. Ja, wir dürfen sicher sein, daß ihm die Gefahren einer einseitigen Verhaftung an die Leerheit des Nirvâna wohl bewußt sind, schon deshalb, weil davon in Hsüä-fëng's Kreise viel die Rede war, wie es das Beispiel von der Schildkrötennasenschlange beweist. Aber um so stärker reizt es Bau-fu, nun zu sehen, wie der Freund, der doch gewiß so fühlt wie er, sich dazu äußert. Sein geübtes Feingefühl verbietet ihm, geradezu herauszuplatzen. Aber es findet in der Klemme zwischen Drang und Hemmung einen Ausweg. Mehr im Selbstgespräch als seinem Freunde zugewandt, deutet Bau-fu auf den Pfad, auf dem sie gehen, und bricht in die Worte aus: Also das ist einfach der Berg Wunderbar. Darin liegt für den Begleiter keine Nötigung, zu antworten; der könnte ebensogut schweigend neben ihm weitergehen.

Aber diese Freunde sind zu gut aufeinander eingespielt, um nicht auf die leiseste Berührung sofort zu reagieren. Tschang-tjing weiß im selben Augenblick, daß dieses Selbstgespräch Bau-fu's ihn selber anspricht: er soll mit einstimmen. Und ohne lang zu überlegen, stimmt er zu und – nimmt die Zustimmung im selben Atemzug zurück. Der Berg Wunderbar, der Ort der einzig ewigen Wahrheit, der gleichgestaltigen, leeren Grundform, der ist natürlich auch hier oben, wo die beiden gehen. Denn der ist überall; und in diesem Sinne hat Bau-fu schon recht: Richtig ist richtig. Aber das hat mit dem Spaziergang in der schönen Landschaft nichts zu tun. Das liegt auf einer Ebene, die sich ins Irdische und in menschliche Rede und Gegenrede überhaupt nicht herabziehen läßt. Redet man davon, so verfälscht man es im selben Augenblick. Von einem japanischen Dichter der Gegenwart gibt es ein Haiku, einen winzigen Dreizeiler, der lautet: Erster Schnee – Unbefugten ist – der Zutritt verboten. In die schneeweiße Reinheit des Höchsten ist Bau-fu – gerade, weil sie ihn begeisterte – hineingetreten. Tut mir leid, sagt Tschang-tjing, scharf und klar und doch voll Güte; es lohnt sich, die Zwischenbemerkungen Yüan-wu's zu dem Zwiegespräch der beiden aufmerksam zu studieren (S. 405 f.).

Für seine Antwort auf Hsüä-fëng's Warnung vor der Schildkrötennasenschlange hat Tschang-tjing bei Hsüä-dou, dem Verfasser, nur geringes

Lob geerntet. Diesmal ist er derjenige, der für das echte Zen die Lage rettet. Djing-tjing ist der erste, der das ausspricht, nachdem die beiden Freunde ihm, ein Zeichen ihrer Unschuld und des Ernstes ihrer innigen Gemeinschaft, in aller Offenheit mitgeteilt haben, was sie unterwegs geredet hatten. Und Hsüä-dou selbst, als Herausgeber der Sammlung, kann sich nicht enthalten, seinen Bericht über das Zwiegespräch mit eigenen Bemerkungen zu begleiten; so wichtig ist ihm dieser kurze Dialog. Am deutlichsten spricht er, worauf es ihm dabei ankommt, im Gesang aus, den Yüan-wu dann wieder mit der ganzen Ironie seiner Dialektik begleitet. Die höchste Wahrheit ist und bleibt ein Rührmichnichtan. In dem Augenblick, wo einer daran rührt, fällt er auch schon von ihrer einsamen Felsenhöhe herunter. Oder, wie Hsüä-dou sich ausdrückt: die Spitze des Berges Wunderbar versinkt in der Grassteppe. Bau-fu hat es gut gemeint mit seinem Versuch, sich auszusprechen; aber was er sagen will, kann man nur in der Stille erleben; es gibt auf der weiten Welt keinen Menschen, dem man es sagen könnte, ohne sich daran zu versündigen.

Ja, mehr noch: eben die Versenkung in die höchste Wahrheit kann verderblich werden, sobald sie zu einseitiger Verhaftung erstarrt. Den Zug nach unten muß allerdings der Zug nach oben überwinden, wenn der Geist zum Leben kommen soll. Aber auch der Zug nach oben kann zur Krankheit und zum Tode führen, wenn ihm der Gegenzug nach unten nicht die Waage hält, und die Geschichte des Buddhismus bietet dafür der Beispiele genug. Aus der Vielheit in die Einheit, aus der Einheit wieder in das bunte Treiben dieser flüchtigen Welt: das ist der Pulsschlag des Lebens. So meint es auch der Bodhisattva Manjushrî im Gandavyûha, wenn er dem Jüngling Sudhana nicht nur die Wege zeigt, auf denen er sein aufwärts gerichtetes Verlangen nach der höchsten Erleuchtung stillen kann, sondern ihn auch auf den Weg des Bodhisattva hinweist, der von oben wieder abwärts führt, auf den Weg des Erbarmens mit den irdischen Wesen und ihrer unermeßlichen Not. In dieser Gegensätzlichkeit der Ausrichtung nach oben und nach unten, dargestellt im Doppelbild der Felsenspitze und der Grassteppe, lebt dieselbe Spannung, wie zwischen Nirvâna und Samsâra. Und aus dieser ist auch das leicht verwirrende Spiel der Ironie zu verstehen, dem wir in den Zwischenbemerkungen Yüan-wu's, und diesmal auch Hsüä-dou's, immer wieder begegnen. Eben das zeigt die Lebendigkeit des Zen und läßt die Energie verstehen, mit der die Meister jeden, der nach oben wie nach unten hin verhaftet ist, für tot erklären und ihre ganze Kraft daran setzen, ihre Schüler aus jeder Art und jedem Ansatz tödlicher Erstarrung zu lösen.

Die Nonne Liu bei We-schan

Hinweis

Hoch, hoch steht er auf des Gipfels Spitze:
Teufel, Heiden sehen nicht den Ort.
Tief, tief steigt er in des Meeres Gründe:
Buddhaaugen suchen ihn vergebens dort.«

Wohl aber kann es einem, dessen Augen wie Sternschnuppen funkeln, dessen geistiges Getriebe Blitze schleudert, noch ergehen wie der Wunderschildkröte mit dem Schleppschwanz.
Was ist in solchem Fall zu tun? Versuchen wir's mit einem Beispiel! Sehet her!

Das Beispiel

Wir legen vor:

Liu, der Eiserne Mühlstein, kam auf dem We-schan an. We-schan begrüßte sie: So, *du* kommst, alte Kuh?
Die Mühle erwiderte: Demnächst ist auf dem Tai-schan ja das große Fest. Da geht der Ehrwürdige doch wohl hin?
We-schan lockerte die Glieder und legte sich nieder.
Da ging die Mühle wieder hinaus und weg.

Zwischenbemerkungen zum Beispiel

»Liu, der Eiserne Mühlstein, kam auf dem We-schan an.« – Die Schwierigkeit der Landung stört sie nicht. [Andere fühlen sich, wenn sie dem hochgeehrten Meister nahen, immerhin etwas beklemmt; sie kennt solche Hemmungen nicht.] – Diese Alte weiß noch nicht, was sich gehört.
»We-schan begrüßte sie: So, *du* kommst, alte Kuh?« – Ausrufezeichen! – Seine Suchrute täuscht einen Grashalm vor. [Sein Gruß gleicht einer ganz feinen, fast zärtlichen Berührung; in Wirklichkeit geht er sehr in die Tiefe.] – Worin seht ihr das Ungehörige des Ausdrucks?
»Die Mühle erwiderte: Demnächst ist auf dem Tai-schan ja das große Fest. Da geht der Ehrwürdige doch wohl hin?« – Ihr Pfeil ist nicht ins Leere abgeschossen. [Der Pfeil sitzt. We-schan versteht genau, was gemeint ist.] – Groß-Tang trommelt, Silla tanzt. [Silla, das damalige Korea,

tanzt als kleiner Nachbar nach der Trommel des großen China. So ist auch die Antwort der Nonne Liu nur das Echo jenes Meistergrußes.] – Ausgegeben ist gar schnell; eingenommen wird nur langsam. [Das Gespräch ist wohl flott angelaufen; aber wie wird es weitergehen, und was kommt wohl zuletzt dabei heraus? Niemand dächte, daß es schon zu Ende ist!]

»We-schan lockerte die Glieder und legte sich nieder.« – Getroffen! [Der Pfeil hat tatsächlich getroffen. We-schan's Sichniederlegen ist die genaue Reaktion auf die Stichelei der Nonne. Die Frage ist nur, was alles darin liegt, was es bedeutet. Der Erklärer Katô Totsudô fragt: Liegt nun hier ein Wasserbüffel oder ein Buddha? Und liegt er auf dem We-schan oder hat er sich inzwischen auf dem Tai-schan zum großen Fest niedergelassen?] – Wo siehst denn du diesen We-schan? [Hier gilt es, meint Yüanwu, im Sinn des Hinweises von den äußeren Umständen wegzublicken auf das Ungeheure, das in dieser Geste liegt.] – »Wer weiß, es birgt der fernen Wellen Dunst / noch eines anderen Gedankens Gunst[1].«

»Da ging die Mühle wieder hinaus und weg.« – Vorbei?! – Sie sieht, wie es steht, und handelt danach.

Erläuterung des Beispiels

Bei der Nonne Liu, dem Eisernen Mühlstein, erging es einem, wie wenn jemand Funken aus dem Feuerstein schlägt, wie beim Zucken eines Blitzes. Wer da lange überlegte, war verloren.

Kommt man auf dem Weg des Zen einmal an die Stelle, wo es ernst und dringlich wird, so steht da nicht mehr dies und das und allerlei in Frage. Wenn solche Kundigen sich begegnen, so wissen sie sofort Bescheid. Sehen sie hinter einer Hecke Hörner, so wissen sie: dort weidet Vieh; sehen sie hinter einem Berge Rauch, so wissen sie: dort brennt ein Feuer. Ein schwacher Schlag, schon sind sie in Bewegung; ein leichter Druck, schon drehen sie sich um.

We-schan pflegte zu sagen: »Ich alter Mönch werde nach hundert Jahren drunten am Fuß der Berge bei der mildtätigen Familie Yüä den Wasserbüffel machen. Links unter meinen Rippen wird man dann fünf Schriftzeichen lesen können: We-schan-dsëng mou-djia [We-schan-Mönch N. N.]. Wenn ihr mich dann zu dieser Zeit den Mönch vom We-schan nennt, so ist das richtig [denn das bin ich dann]. Und wenn ihr mich Wasserbüffel nennt, so stimmt es auch.« Stellt man nun aber die heutigen Menschen über so etwas zur Rede, so werden sie damit nicht fertig und sind außerstande, sich deutlich zu erklären.

Die Nonne Liu, der Eiserne Mühlstein, hatte lange Zeit unter We-schan's Anleitung und Rat geübt. Die Schärfe ihres geistigen Getriebes und die Schroffheit seines Ausschlags trugen ihr von den Leuten den Namen Tiämo, Eiserner Mühlstein, ein. Ihre Klause hatte sie sich zehn Li vom We-schan-Kloster entfernt gebaut.

Eines Tages ging sie, um We-schan zu besuchen. Als dieser sie kommen sah, sagte er: So, *du* kommst, alte Kuh? Die Mühle erwiderte: Demnächst ist auf dem Tai-schan ja das große Fest. Da geht der Ehrwürdige doch wohl hin? We-schan lockerte den Leib und legte sich nieder. Da ging die Mühle wieder hinaus und weg.
Nun seht her! Das klingt gerade wie ein ganz gewöhnliches Gespräch und ist zunächst kein Zen, noch ist es Dau [d. h. Weisheit des Lau-dsï oder Dschuang-dsï]. Wird man nun deshalb sagen können, es sei eine Begegnung ohne Gegenstand, ohne Belang?
Das We-Gebirge liegt vom Tai-schan manche tausend Li weit ab. Wie kam die Nonne Liu, der Eiserne Mühlstein, wohl auf den Gedanken, dem Meister We-schan eine Wanderung zu dem Fest dort zuzumuten? Sagt mir einmal: Was meint sie denn damit? Dieses alte Frauenzimmer hat We-schan's Anrede verstanden. Der Faden kommt, die Watte geht. Einmal lassen, einmal fassen. Stimme antwortet im Duett auf Stimme. Es ist, wie wenn zwei Spiegel sich bespiegeln: kein Gebilde ist darin zu sehen. So fügt sich hier Getriebe zu Getriebe, so paßt der eine Ausspruch mit dem anderen genau zusammen[2].
(Aber die Menschen von heute kann man dreimal anstoßen, und sie drehen den Kopf nicht herum. Diese Alte kann den Meister auch nicht eine Spur beirren. Das, was hier zur Sprache kommt, sind eben gerade keine gefühlsbestimmten Ansichten weltläufiger Betrachtung. Es ist, wie wenn ein klarer Spiegel auf dem Ständer steht, wie wenn man eine edle Perle in der Hand hält. Kommen Tataren daher, erscheinen Tataren, kommen Chinesen daher, erscheinen Chinesen.) Das kommt davon, daß sie beide wissen: es gibt etwas in überwärtiger Richtung. Darum verkehren sie auf diese Weise miteinander. Heutzutage aber macht man daraus einfach ein Treffen ohne Gegenstand.
Der ehrwürdige Fa-yän vom Berg des Fünften Patriarchen [Yüan-wu's einstiger Lehrer] pflegte zu sagen: »Man soll etwas, woran etwas ist, nicht zu etwas, woran nichts ist, machen. Es kommt gar oft etwas aus etwas, woran nichts ist.« Wenn du unter Leitung eines Meisters in der Übung durchgedrungen bist, so wirst du für diese ganze Art von Reden, die wie Gespräche ganz gewöhnlicher Menschen sind, den rechten Blick be-

[1] Die feinen Verse stammen aus dem Gedicht ›Blick aufs Wasser‹ von dem Dichtermönch der ausgehenden Tang-Zeit Dschai Dji, der selbst auf dem Großen We-schan das Mönchsgelübde abgelegt und dann alle Ämter und Ehren abgelehnt hat, um nur der Dichtung zu leben. Yüan-wu zitiert sie im Gedanken an die Nonne Liu, die beim Anblick des am Boden Liegenden von ihrer Zungenfertigkeit plötzlich verlassen ratlos dasteht. Jetzt muß ihr von ganz wo anders ein rettender Gedanke kommen. Und er kommt ihr in der Tat.

[2] Die folgenden Sätze scheinen von Abschreibern zusammengeflickt zu sein; wir setzen sie daher in Klammern.

kommen. Aber vielfach lassen sich die Leute durch Worte wie durch eine Scheidewand den Zugang zu dem wahren Sachverhalt versperren, und verstehen deshalb [auch die Worte] nicht. Man muß eben mit der Sache eng vertraut sein; dann, erst dann versteht man diese Dinge [wie einer, der am Klange einer Saite den, der sie spielt, erkennt].

Es ist einfach so, wie Tjiän-fëng[1] seine Schüler unterwiesen hat. Er sagte: Wenn man die eine Sache vorlegt, kann man nicht von zwei Sachen reden. Wenn man die eine Sache fallen läßt, so fällt man auf die zweite Ebene herunter [und verliert sich dann in nebensächliche Erwägungen]. Da trat aus der Hörerschaft Yün-mën heraus [d. h. der spätere Meister vom Wolkentorberg, damals unter dem Namen Wën-yän Küchenmeister in dem Kloster Tjiän-fëng's] und sagte: Gestern war hier ein Mönch, der kam vom Tiän-tai her und ging gleich wieder weiter, weil er aufs Südhorn wollte [auf dem Hëng-schan in Hunan; auch er, so will vermutlich Yün-mën sagen, ist nur auf sein Ziel ausgerichtet und hält sich unterwegs bei keiner andern Sache auf]. Tjiäng-fëng [erfreut, daß er verstanden wurde] sagte: Küchenmeister, heute hast du keinen Arbeitsdienst.

Seht euch diese beiden an [We-schan und die Nonne Liu]! Gilt es loszulassen, lassen beide los [das geht auf We-schan's Gruß und die Erwiderung der Nonne]; gilt es einzuziehen, ziehen beide ein [We-schan legt sich nieder und die Liu geht fort]. Das ist es, was man in der We-Yang-Schule djing-dschï[2] nennt, »es auf äußerlichem Weg erreichen«. Sie tasten dort selbst die Bewegungen des Windes und des Staubes und der Gräser auf ihre letzten Grenzen ab [d. h. auf die Linie, über die hinweg sie ins Gestaltlose, ins einzig Eine übergehen]. Sie sagen auch von Reden dieser Art, daß sie die Redenden leiblich voneinander trennen, äußerlich gesehen eine Scheidewand zwischen beiden aufrichten. Der Sinn, die innere Meinung strömt durch beide durch; mit Worten reden sie sich voneinander weg. Hier muß man lernen, linksum zu schwenken, wenn der andere rechtsum macht, und umgekehrt; dann erst wird man ein Meister in der Kunst.

Gesang

Ritt ein Reiter auf eisern gewappnetem Roß
in die mächtige Burg hinein.
Ihn erreicht vom Thron die Botschaft:
»Alle Lande rein!«
Noch den Skorpion im Faustgriff forscht
den Rückgekehrten er aus.
Tiefe Nacht. Auf Kaisers Straße
reitet ein Reiter allein.

»Ritt ein Reiter auf eisern gewappnetem Roß in die mächtige Burg hinein.« – Kampfgewohnte Meisterschaft! – Heerführer an der Grenze! [Ein solcher ist gewohnt, den Ansturm der mongolischen und türkischen Steppenvölker aufzuhalten, und das ist sein Verdienst. Aber in der Stadt des Friedens hat er nichts zu suchen. Mit anderen Worten: die Nonne Liu täte besser daran, den Meister We-schan in Ruhe zu lassen.] – Er kommt daher mit allen seinen sieben Sachen [mit Pfeil und Bogen, Säbel, Degen, Panzer, Helm und Speer. Der Eiserne Mühlstein ist gerüstet, es mit jedem Gegner aufzunehmen].

»Ihn erreicht vom Thron die Botschaft: Alle Lande rein!« – Der Hund mit dem Freibrief im Maul! [Im Hou-han-schu, dem Buch von der späteren Han-Dynastie, wird erzählt: Das Reich Da-djin (oder Groß-Kin) sandte einst als Tribut einen Hund von ungewöhnlicher Größe und Klugheit. Der Kaiser gab ihm einen Freibrief, in dem es streng verboten war, ihm ein Leides zu tun. Wenn der Hund mit diesem Freibrief im Maul umherlief, wichen ihm selbst die höchsten Fürsten aus. – So steht hinter We-schan's Gruß »So, *du* kommst, alte Kuh?« eine Hoheit, der gegenüber auch die streitbare Nonne machtlos ist.] – Drinnen im geheiligten Bezirk thront der Sohn des Himmels. [Hier hat der Heerführer von der Grenze nichts zu sagen.] – Was will er machen? Ist das Meer doch still, des Stromes Wasser klar.

»Noch den Skorpion im Faustgriff forscht den Rückgekehrten er aus.« – Was hat er denn noch zu vermelden? [Hinter dem Befremden kann sich bei Yüan-wu auch geheime Freude an der Nonne Liu verbergen, die sich nicht so ohne weiteres geschlagen gibt, sondern We-schan seine ›Kuh‹ mit einer Andeutung auf ›Wasserbüffel‹ heimgibt.] – Ein und derselbe Stab ist beider Stütze. [Auch in diesem Disput sind die beiden doch Kinder und Diener des Himmelssohns; der Eiserne Mühlstein und We-schan stehen beide im Dienst der ewigen Wahrheit; sie ist ihrer beider Stecken und Stab.] – Sie laden einander ein zu gemeinsamem Gehen, gemeinsamem Kommen. [Nicht nur We-schan versteht die Liu, auch die Liu versteht den Meister; nicht nur die Nonne geht auf We-schan ein, auch dieser läßt sich ihre Stichelei gefallen.]

»Tiefe Nacht. Auf Kaisers Straße reitet ein Reiter allein.« – »Du ziehst fort an den Hsiang und den Hsiau, mich führt der Weg nach Tjin.«[3] – Sagt mir einmal: Wozu reitet er denn fort?

[1] Tjiän-fëng, japanisch Kembô, ein Schüler des berühmten Dung-schan Liang-djiä, wirkte gegen Ende des 9. Jahrhunderts und wohl noch später in Schau-hsing, Provinz Tschekiang. Von ihm handelt das 48. Problem der Sammlung Wu-mën-guan, vgl. Dumoulin, a. a. O.

[2] Djing-dschï: außendinglich erreichen; japanisch Kyô-chi.

[3] Dies ist der Schlußvers eines Abschiedsliedes von Dschëng Gu, einem Dichter aus der Zeit des Zusammenbruchs der Tang-Dynastie. Es lautete:

Von diesem Gesang Hsüä-dou's sagt man allgemein, er sei der musterhafteste. Er ist unter all seinen hundert Gesängen derjenige, der den Fortschritt des Gedankens am deutlichsten erkennen läßt. Wunderbar im höchsten Grad ist aber vor allem die Genauigkeit und Klarheit, mit der er sich dem im Beispiel berichteten Vorgang anschließt und seinen Fortschritt im Gesang verfolgt.

»Ritt ein Reiter auf eisern gewappnetem Roß in die mächtige Burg hinein.« Damit besingt er genau die Art, wie Liu, der Eiserne Mühlstein, daherkommt.

»Ihn erreicht vom Thron die Botschaft: »Alle Lande rein!« Damit besingt er genau die Frage, die We-schan an die Besucherin richtet [»So, *du* kommst, alte Kuh«].

»Noch den Skorpion im Faustgriff forscht den Rückgekehrten er aus.« Damit besingt er die Worte der Nonne: Demnächst ist auf dem Tai-schan ja das große Fest; da geht der Ehrwürdige doch wohl hin?

»Tiefe Nacht. Auf Kaisers Straße reitet ein Reiter allein.« Damit besingt er, wie We-schan die Glieder löst und sich niederlegt, und wie die Mühle daraufhin hinaus- und fortgeht.

Von dieser Art ist Hsüä-dou's feines Takt- und Harmoniegefühl. Wo es drangvoll hergeht, dichtet er von stürmischem Drang. Wo Gemächlichkeit und Ruhe herrscht, bringt er im Gesang gemächliche und ruhige Szenen.

Auch Fêng-hsüä[1] hat einst dieses Beispiel aufgegriffen, und das in demselben Sinn, wie Hsüä-dou. Auch seine Verse werden allgemein gelobt:

> Hoch, hoch steht er auf des Gipfels Spitze:
> Teufel, Heiden sehen nicht den Ort.
> Tief, tief steigt er in des Meeres Gründe:
> Buddhaaugen suchen ihn vergebens dort.

Seht, wie hier der eine seine Glieder lockert und sich niederlegt, und wie die andere zum Tor hinaus und fortgeht. Wenn einer [der dies im Gesange rühmen will] noch allerlei Umschweife macht und auf die Suche

»Am Ufer des Yangtse im Frühlingsgrün die hängenden Weidenzweige, / die Weiden, die Blüten, sie machen den beiden am Fährboot so schwer den Sinn. / Von draußen kommen Flötentöne, wir sitzen beim Abschiedstrunk. / Du ziehst fort an den Hsiang und den Hsiau, mich führt der Weg nach Tjin.« Der Freund zieht südwärts nach der Provinz Hunan, wo in vielgerühmter schöner Landschaft das Flüßchen Hsiau in den zum Dung-ting-See strömenden Hsiang-Fluß mündet; der Dichter selbst muß nach Tjin, der heutigen Provinz Schen-si, wo ihn in der Hauptstadt Tschang-an wahrscheinlich Amtsgeschäfte erwarten. Aber gerade im Auseinandergehen sind die Freunde am engsten miteinander verbunden.

[1] Fêng-hsüä: vgl. XVI, S. 300.

geht, wird er den Weg, der ihn zum Ziel führt, nicht zu sehen bekommen. Die Art, wie Hsüä-dou im Gesang den Sinn dieser Begegnung ausdrückt, ist die allerbeste. Hätte er nicht dieselbe innere Erfahrung und hätte er diese nicht im Leben bewährt, wie wäre er einer solchen Deutung fähig? Sagt mir einmal, was ist es denn um diesen Sinn, wie Hsüä-dou ihn erfaßt hat? Nun seht her!
Ein Mönch fragte Fēng-hsüä: Was bedeutet es, daß We-schan sagt: So. *du* kommst, alte Kuh? Fēng-hsüä versetzte: Wo die weißen Wolken tief und dicht geballt sind, ergeht der goldene Sonnendrache sich im Tanz, Der Mönch fragte weiter: Aber was bedeutet es nur, daß die Liu, der Eiserne Mühlstein, sagt: Demnächst ist auf dem Tai-schan ja das große Fest; da geht der Ehrwürdige doch wohl hin? Fēng-hsüä erwiderte: Im Herzen der smaragdenen Wellen erfaßt den Edelsteinmondhasen Schrekken. Noch einmal fragte der Mönch: Welchen Sinn hat aber das Gebaren We-schan's, daraufhin sich niederzulegen? Fēng-hsüä gab zur Antwort: Ein alter, lebensmüder Greis an einem ungestört friedlichen Tag legt sich zu leichtem Schlummer auf die Höhe blauen Bergen gegenüber. – Das ist genau derselbe Sinn, wie ihn auch Hsüä-dou meint.

Erklärungen zum Text

Yüan-wu's Hinweis

Zum Eingang zitiert Yüan-wu eine Strophe des Meisters Fêng-hsüä, welchen Yüan-wu schon in der Erläuterung zum 16. Beispiel erwähnt hat (vgl. XVI, S. 300). Er deutet damit sofort auf die beherrschende Gestalt des Beispiels, auf den Meister Ling-yu[1], der, wie wir schon vom 4. Kapitel her wissen, ungefähr im Jahr 812 im Auftrag seines Meisters Bai-dschang in das unwirtliche We-Gebirge westlich von Tschang-scha in Hunan eingedrungen, sich dort eine Wirkungsstätte aufgebaut und viele Schüler um sich gesammelt hat. Im 9. Buch des »Berichts von der Weitergabe der Leuchte aus der Ära Djing-dö« findet sich eine Menge kleiner Szenen, welche den Meister im Umgang mit seinen Schülern zeigen und ein Bild von der stillen Güte, der wuchtigen Ruhe, der überlegenen Größe und schlichten Menschlichkeit dieses seltenen Mannes geben und etwas von den Höhen und Tiefen, die in den obigen Versen angedeutet sind, ahnen lassen. War es im 4. Beispiel der jugendliche Dö-schan, vor dessen zackiger Schärfe seine Ruhe sich bewährte, so ist es hier die Nonne Liu[2], der Eiserne Mühlstein.

Sie ist uns im Gesang zum 17. Beispiel bereits flüchtig begegnet als streitbarer Geist, der in jedem Redegefecht stets das letzte Wort behielt und jede andere Meinung unerbittlich zermalmte, weshalb der bissige Dsï-hu sich eines Tages aufmachte, um sie zu verprügeln. Das mag sich in früherer Zeit begeben haben. Hier, in diesem Beispiel, erscheint sie wesentlich gemildert, und daran hat gewiß die jahrelange Übung in der Schule We-schan's, von dessen Kloster ihre Hütte eine starke Stunde Wegs entfernt stand, den allergrößten Anteil. Auf sie gehen unverkennbar Yüan-wu's weitere Worte in dem Hinweis, wo er von Augen wie Sternschnuppen redet, von einem Geist, aus welchem Blitze zucken. Und das bedeutet hohe Anerkennung. Dennoch hat sie ihre Schranken. Auch bei solchen Menschen, die im geistigen Leben fortgeschritten und geübt sind, merkt der Meister auf den ersten Blick die Stelle, wo noch etwas fehlt. Vor ihm kann sich keiner fertiger zeigen, als er ist.

Von der Wunderschildkröte geht die Sage, daß wenn sie zum Eierlegen aus dem Meere auf den Sand herauskommt, sie zwar höchst behutsam vorgeht, damit kein Feind die Eier finden kann. Sie bedeckt nicht nur das Loch, in welches sie gelegt hat, gut mit Sand, sondern achtet auch darauf, beim Rückweg an das Meer die Spuren ihrer Füße mit dem Schleppschwanz zu verwischen. Nur denkt sie leider nicht daran, daß auch der Schwanz im Sande Spuren hinterläßt, die den Eierjäger zu dem Ort der Beute führen. Dieser Schleppschwanz bildet hier das Gleichnis für die unbewußte Blöße, die sich überall der Schüler gibt, wenn er im Eifer, es dem Meister gleich zu tun, in Worten oder im Verhalten etwas vorzeigt, was nicht ganz ursprünglich aus ihm selber kommt, sondern irgendwie noch angelerntes, fremdes Gut ist. Es ist die Absicht, das Bestreben, etwas

zu sein, was man nicht ist. Friede ist erst da, wo keine Absicht mehr die Ausstrahlung des Lebens stört.
Dies ist der Friede We-schan's; an ihm fällt auch die Kampfeslust der wackeren Nonne in ihr Nichts zusammen. Damit ist das Thema der nun folgenden Begegnung zwischen beiden bereits angedeutet, aber nur nach ihrem äußeren Anschein. Das, worauf die obigen Sätze Yüan-wu's die Aufmerksamkeit lenken, ist nicht irgendein beliebiger Friedensschluß, sondern etwas Tieferes: die innere Welt, in welcher dieser Meister lebt, die verborgenen Wurzeln seiner Kraft, das Geheimnis seines Wesens. Und was dies betrifft, so ist aus jenen Versen zu entnehmen, daß ihr Dichter selbst, der Meister Fëng-hsüä, und nach ihm auch Yüan-wu gar nicht daran denken, den Schleier, welcher darauf liegt, auch nur zu lüften. Sie geben nur die Richtung an, in welcher der Betrachter blicken muß, wenn es ihn lockt, etwas davon zu ahnen. Und zwar ist die Richtung in sich gegensätzlich, sie weist nach oben und nach unten, wie es dem alten Ideal des Bodhisattva entspricht – nur daß es keinem einfällt, diesen schon mit Heiligenschein und Wohlgerüchen beladenen Titel mit dem bodenständigen Gewächs des We-schan auch nur von ferne in Verbindung zu bringen. Aber auch dieser Chinese lebt in Buddhahöhen, die dem Blick verirrter Geister, der Dämonen und der Andersgläubigen, verschlossen sind. Ist schon dieses wunderbar genug, so ist es noch rätselhafter, daß derselbe Mann sich aus der Höhe, welche er erreicht hat, gar nichts macht, daß er im selben Augenblick herabsteigt in die tiefsten Gründe irdischen Schicksals, irdischer Not, so daß »kein Buddhaauge« dorthin dringt. Auch das hat in der älteren Zeit sein Vorbild. Die Jâtaka-Legenden reden von den zahllosen, häufig tierischen Existenzen, die der Buddha vor seiner letzten Geburt als Königssohn des Hauses Shâkya einst durchlaufen habe. In den Blumenschmucksutren lassen sich die Bodhisattvas auf jeden Schmerz und jede Wirrnis ein. Aber wiederum ist We-schan ganz ein Fall für sich, urwüchsig, unnachahmbar, darum auch für einen anderen kaum je ganz und gar durchsichtig.

Zum Verständnis des Beispiels

Dies wird in der Begegnung mit der Nonne Liu, so kurz sie ist, überzeugend klar. Auch Yüan-wu ist sich dessen wohl bewußt, daß seine Hörer Schwierigkeiten haben werden, das, was zwischen beiden vorgeht, in der Tiefe zu erfassen. Mit großer Sorgfalt bahnt er ihnen Wege, die wenigstens an den Rand eines Verständnisses führen können. Er macht sie darauf aufmerksam, daß Menschen, die im Höchsten einig und verbunden und davon erfüllt sind, gerade deshalb keine Worte machen. Er zeigt, wie We-schan und mit ihm sein bester Schüler Yang-schan mit be-

[1] We-schan Ling-yu, s. IV, S. 115-117.

[2] Liu Tjiä-mo, japanisch Ryû Tetsu-ma. Traditionstafel III B, II.

sonderer Empfindlichkeit das Wort vermieden, daß sie in ihrem Kreis, der We-Yang-Schule, daraus eine Übung, einen Hausbrauch machten, sich wortlos durch Handlungen verständigten, oder wenn sie redeten, irgendein alltägliches, profanes Thema wählten, das doch nur als Hülle für das Eine diente, welches ihnen wichtig war. Das ergibt für Fernerstehende, wie wir es sind, gehäufte Schwierigkeiten. Denn zum Alltäglichen gehört im Kreis des Zen auch die buddhistische Überlieferung indischen Ursprungs und die fromme Sitte, wie sie sich seit dem 5. und 6. Jahrhundert in China eingebürgert hat. Einiges hierüber ist zum besseren Verständnis des Meisters We-schan und der Nonne Liu vorauszuschicken.

Vor allem haben wir im Auge zu behalten, daß der Buddhismus, ausgehend vom Gesetz des Karma, d. h. des unzerreißbaren Kausalzusammenhanges zwischen Tat und Schicksal, den Menschen nicht als Sonderexistenz betrachtet, sondern ihn in die Gesamtheit aller Lebewesen als das Gattungswesen Mensch einreiht. Je nach seinen Neigungen und Taten kann ein Lebewesen nach dem Tode als Glied einer höheren oder niedrigeren Gattung wiedergeboren werden. Man unterscheidet deren sechs, drei bessere und drei schlechtere. Zu den besseren gehören Menschen und Götter, zu den schlechteren die Höllenwesen, die unbefriedeten Seelen der Verstorbenen und die Tierwelt, insbesondere die Haustiere. Nur der Weg des Buddha führt aus diesem ewigen Kreislauf möglicher Geburten heraus. Ein Bodhisattva aber kann es auf sich nehmen, zu geloben, daß er in einem künftigen Leben auch in einer niedrigeren Existenz zur Welt kommt, um das Leid der Wesen dieser Stufe mitzutragen und ihnen so zu helfen, einmal eine höhere Stufe zu erreichen. Man nennt dies ›Wandeln unter fremden Gattungen[1]‹. Damit wird uns das, was nachher von We-schan erzählt wird, erst einigermaßen verständlich werden.

Ferner haben sich schon vor der Tang-Zeit auch die mancherlei Fasten- und Opferfeste, welche die buddhistischen Mönche aus Indien mitbrachten, in China eingebürgert. Unter ihnen gab es solche, die dem Verlangen entsprangen, allen Lebewesen ohne Unterschied den Weg zu einer höheren Stufe und zuletzt zur Buddhaschaft zu eröffnen. Zu ihnen waren nicht nur Mönche und der Mönchsgemeinde Nahestehende geladen, sondern jedermann. Und das feierliche Rezitieren wichtiger Sutren nebst den Opfergaben an Weihrauch, Blumen, Kleidern, Speisen gelten ebenso nicht nur den Buddhas und den Bodhisattvas, sondern auch den Draußenstehenden, allen Wesen von Göttern bis herab zu unerlösten Toten und den dumpfen, stumpfen Tieren. Solche Feste hießen sperrefreie Versammlung.[2] Sie fanden mit dem Prunk, den die Priester dabei entfalteten, beim Volke ungeheuren Anklang, und trugen so auch dazu bei, daß die Mittelpunkte solcher Feiern zu wahren Tempelstädten anwuchsen. Das größte dieser »sperrefreien« Feste wurde alljährlich auf dem Fünfterrassenberg oder Wu-tai-schan, weit im Norden Chinas, in der Provinz Schensi unweit der Hauptstadt Tai-yüan-fu begangen. Dort suchten viele Ernstgesinnte die Schau des großen Bodhisattva Manjushrî zu erlangen, dort standen Hunderte von Klöstern und von heiligen Malen, die Besucher strömten aus ganz China, Tibet und der Mongolei zusammen, hier gingen selbst aus Japan und Korea, sogar aus Turkestan und Indien hohe geistliche Besucher aus und ein. Vom We-schan liegt der Wu-tai-schan, der kurz auch Tai-schan heißt, schon in der Luftlinie etwa 1200 km weit im Norden, schon nahe an der Großen Mauer. Wenn die als alte Kuh begrüßte Nonne Liu dem Meister We-schan nahelegt, das große Fest dort zu besuchen, dann meint sie das von vornherein nicht ernst. Dann liegt darin ein Stückchen Bosheit, so sehr im übrigen sie ihren Meister verehrt und versteht. Sie denkt daran, daß diese ungeheure Feier für keine Art von Lebenden gesperrt ist, sei es Mensch oder Tier. Und We-schan selbst versteht sofort, wie sie es meint, und, was das Wunderbare ist, nimmt es aus eigenstem Bewußtsein auf seine eigene Weise in sich auf. So geschieht es denn, daß bei dieser merkwürdigen Begegnung jeder Partner je nur einmal überhaupt zu Wort kommt. Dann ist alles schon vorbei.

Zum Gesang

Hintergrund des Bildes ist die mehrfach ummauerte kaiserliche Hauptstadt, der sichere Hort des Friedens. Ihr Name schon, Tschang-an, heißt Langer Friede. Draußen aber wechseln Krieg und Frieden miteinander ab. Der Reiteroberst in seinem Eifer möchte sich wohl einen Befehl zu neuem Feldzug holen. Er trifft einen vom Krieg längst in den Frieden zurückgekehrten, der ihm den neuesten kaiserlichen Erlaß mitteilt: alle sechs Lande – so sagte man seit der Zeit der kämpfenden Feudalstaaten im vierten Jahrhundert v. Chr. Geb. – sind rein, vom Feind gesäubert. Der Reiteroberst hat Mühe, seine Ungeduld zu überwinden. Noch hält er den Skorpion, die Stachelpeitsche, in der Hand. Aber der Friede, der die Residenz erfüllt, und den der Zurückgekehrte verkörpert, beruhigt ihn schnell. Schon ist es Nacht, und ohne Geleit reitet er auf der menschenleeren Kaiserstraße, die vom Palasttor durch die Stadt führt, seinem Quartier zu. – Die Anwendung des Bildes auf die Nonne Liu und auf den Friedensmeister We-schan ergibt sich von selbst und wird obendrein von Yüan-wu schön beleuchtet.

[1] I-le-dschung-hsing, japanisch I-rui-chû-gyô.

[2] Wu-dschö-hui, japanisch Musha-e.

Der Klausner vom Lotosblumenhorn und sein Eschenholz

Hinweis

Wenn der erwachende Geist von dem Standort, zu dem er sich aufgeschwungen hat, nicht wieder loskommt, fällt er in ein Meer von Gift.«

Wenn eine Rede den Haufen nicht verblüfft, sinkt sie ins Gewöhnliche herunter.

Nur wer im Augenblick, wo aus dem Feuerstein der Funke springt, sofort auch schwarz und weiß erkennt und im Zucken des Blitzes zwischen Töten und Lebendigmachen unterscheidet, kann frei nach jeder Richtung hin den Schwertstreich führen und steht steil wie eine Wand von tausend Klaftern.

Wißt ihr auch, daß so etwas seine ganz bestimmte Zeit und Stunde hat? Versuchen wir's mit einem Beispiel! Sehet her!

Das Beispiel

Wir legen vor:

Der Klausner am Lotosblumenhorn nahm seinen Stab in die Faust, wies ihn seinen Hörern vor und sagte: Bis dahin haben die Alten es gebracht. Warum waren sie nicht bereit, dabei stehen zu bleiben?

Keiner von den Hörern erwiderte ein Wort.

An ihrer Stelle antwortete er selbst: Weil sie für unterwegs keine Kraft davon bekamen.

Wiederum fragte er: Wie steht es nun also?

Und abermals gab er an Stelle der Hörer selbst die Antwort, indem er sagte: Sie legten sich ihr Eschenholz quer über den Nacken und gingen damit, ohne sich nach einem Menschen umzusehen, geradeswegs hinein in das Gebirge mit den tausend und zehntausend Gipfeln.

Zwischenbemerkungen zum Beispiel

»Der Klausner am Lotosblumenhorn nahm seinen Stab in die Faust und wies ihn den Leuten vor.« – Da seht! – Er hat noch ein drittes Auge,

oben auf dem Scheitel! – Aber für die Zeitgenossen ist auch dieser Stab eine Falle.
»Bis dahin haben es die Alten gebracht. Warum waren sie nicht bereit, dabei stehenzubleiben?« – Man soll in die hohle Leere keine Nägel und Pflöcke einschlagen wollen! – Und nicht als Rastort das Trugbild einer Burgstadt vor die Leute hinzaubern. –
»Keiner von den Hörern erwiderte ein Wort.« – So sind sie seit den ältesten Zeiten; wie Hanf- und Hirsekörner! – Aber sie haben [mit ihrem Schweigen] nicht einmal so ganz unrecht. – Ist aber doch schade um sie. – Ein ganzer Schlag voll edler Falken!
»An ihrer Stelle antwortete er selbst: Weil sie für unterwegs keine Kraft davon bekamen.« – Wenn du nun an diesem ›unterwegs‹ herumstudierst, hast du noch eine mühevolle Halbmonatsreise vor dir. – Selbst wenn sie Kraft für unterwegs bekämen, was vermöchten sie denn auszurichten? – Aber sollte wirklich keiner sein, der etwas vermöchte?
»Wiederum fragte er: Wie steht es nun also?« – Tausende, Zehntausende sitzen bloß auf dieser einen Frage einfach fest. – Aber unter Tausenden, Zehntausenden sind doch einer oder zwei, die es verstehen werden.
»Und abermals gab er an Stelle der Hörer selbst die Antwort, indem er sagte: Sie legten sich ihr Eschenholz quer über den Nacken und gingen damit, ohne sich nach einem Menschen umzusehen, geradeswegs hinein in das Gebirge mit den tausend und zehntausend Gipfeln.« – Solche Antwort verdient auch dreißig Stockschläge! [d. h. sie ist großartig!] – Die tragen einfach auch ein Brett auf der Schulter! [d. h. sie gehen mit Scheuklappen. Natürlich ist auch dies ironisch gemeint.] – Man kann von hinten des Mannes Kinnlade sehen! Hüte dich davor, mit ihm zu gehen! [Menschen mit hervorstehenden Backenknochen gelten für Unholde. So einer ist auch der Klausner. Er führt den, der mit ihm geht, gefährliche Wege.]

Erläuterung zum Beispiel

Ihr alle hier, habt ihr denn von dem Klausner am Lotosblumenhorn ein klares Bild? Könnt ihr ihn richtig beurteilen? Das ist auch einer von denen, die mit den Füßen die Erde kaum berühren!
Dieser Mann hatte sich zu Beginn unserer [der Sung-] Dynastie am Lotosblumenhorn eine Klause gebaut. Es war Sitte bei den Alten, daß wer einmal den Weg gefunden hatte, in einer Binsenhütte oder Felsenhöhle mit untergeschlagenen Beinen saß, in seiner Pfanne sich Gemüse oder Wurzeln kochte und bei solcher Kost seine Tage verbrachte. Unser Klausner suchte dabei keinen Ruhm und keinen Vorteil. Ledig-lässig ließ er sich jeweils vom Anlaß leiten. Führte dieser ihm Besucher zu, so ließ er ein Wort fallen, das jenen zur Wendung dienen konnte, und auch, um so den Buddhas und den Patriarchen ihre Güte zu vergelten und das

Siegel ihres Geistes weiterzugeben. Und sobald er einen Mönch sah, faßte er sofort seinen Stab in die Faust und sagte: »Bis dahin haben die Alten es gebracht, warum waren sie nicht bereit, dabei stehenzubleiben?« So trieb er es wohl über zwanzig Jahre lang, und am Ende hatte er auch nicht einen gefunden, der ihm hätte antworten können. Nur auch auf diese eine Frage!

Da steckt freilich vieles drin, vorläufige, behelfsmäßige Wahrheit [wie z. B. der Stab als Gleichnis, Scherzrede usw.] so gut wie echte, bleibende [»nicht stehen bleiben«], erhellende Belehrung so gut wie praktische Anwendung. Du mußt nur seine Gedankenwelt kennen, dann brauchst du es nicht lange zwischen den Fingern zu drehen.

Sagt mir einmal: Was ist der Grund dafür, daß er zwanzig Jahre lang nur immer diese Frage stellt? Wenn er schon als Lehrer auftritt, weshalb bewacht er dann nur immer diesen einen Pflock? [Man erinnere sich der alten Geschichte von dem Bauern, der es erlebte, daß ein Hase sich auf seinem Acker an einem Pflock den Schädel einschlug, und der nun, anstatt sich weiter zu plagen, nur immer bei dem Pflocke lauerte, bis wieder so ein Hase käme.] Wenn ihr das alles richtig sehet und verstehet, werdet ihr von selbst aufhören, den Klausner nach gemeinem Maßstab zu messen.

Im Lauf der zwanzig Jahre wird es wohl auch einige gegeben haben, die ihm in einfachen Worten sagten, wie und so gut sie es verstanden. Aber auch sie bekamen die Umrisse seiner geistigen Gestalt nicht deutlich in den Blick. Und zwar um so weniger, als diese innerste Gestalt mit Worten überhaupt nicht zu beschreiben ist, obwohl sie allerdings sich nur durch seine Worte deutlich zu erkennen gibt. Sehet, wie es heißt [in einem Kommentar zum Avatamsaka- oder Blumenschmuck-Sutra]: »Der höchste WEG ist an sich ohne Worte; aber durch Worte gibt der WEG sich kund.« Darum kommt es, wenn man einen Menschen prüfen will, darauf an, daß man auf seine Worte achtet: daran erkennt man ihn [ob er den WEG begriffen hat oder nicht].

Die Alten hatten, wenn sie ein Wort oder ein halbes Sätzchen fallen ließen, nichts anderes im Sinn, als einfach zu prüfen, ob du es hast [nämlich die Richtung nach oben] oder ob du es nicht hast. Der Klausner sah, daß die Leute ihn nicht verstanden, und so antwortete er an ihrer Stelle: »Weil sie für unterwegs keine Kraft davon bekamen.« Seht einmal, wie seine Worte ganz ungesucht mit der Vernunft zusammenstimmen und genau den Punkt, auf den es ankommt, treffen. Wer so spricht, der kann an dem echten Geist, wie wir ihn überkommen haben, nie vorbeireden.

Bei den Alten[1] heißt es: »Wo immer du ein Wort vernimmst, da mußt du den Schulgeist verstehen, aus dem heraus es geredet ist, und darfst es nicht an deinem eigenen Winkel- oder Kreismaß messen.« Aber heut-

[1] Bei Schï-tou; vgl. xx, S. 355.

zutage schießen die Leute einfach drauf los und fassen zu, dann haben sie es auch schon! Gewonnen ist gewonnen! Aber was hilft das bei Schlafhauben und Einfaltspinseln! Kommt so einer einem Meister vor die Augen, so merkt der bald, daß er jemand vor sich hat, welcher ein viereckiges Holzstück in ein rundes Loch einfügen will, also in seinem Innern keinen Ort besitzt, auf den sein Wort fallen könnte. Wohin soll sich da ein Meister wenden, der nach Menschen sucht, mit denen er das, was er hat und lebt, teilen kann? Findet er jemand, von dem er merkt, daß er es hat, dann wird er ihm sein Innerstes öffnen, sie werden einander verstehen, und nichts wird ihn hindern, das Siegel des Geistes an ihn weiterzugeben. Findet er dagegen niemand, dann wird er, was er zu sagen hätte, zusammengerollt im Busen verwahren.

Nun muß ich euch etwas fragen: Der Wanderstab ist doch bei uns Kuttenmönchen ein allgemein gebrauchter Bedarfsgegenstand. Wie kann da der Klausner von den Alten sagen, sie hätten davon unterwegs keine Kraft bekommen? Und [was meint er, wenn er sagt], nachdem die Alten es soweit gebracht hatten, seien sie nicht bereit gewesen, dabei stehenzubleiben? – Der wahre Sachverhalt ist eben der, daß Goldstaub allerdings etwas Kostbares ist, daß er aber den Menschen in die Augen geraten kann, und dann werden sie davon trübe.

Der würdige Schan-dau in der Felsenhöhle, der seinerzeit von der Ausmerzung betroffen worden war [d. h.: der in der Buddhistenverfolgung des Jahres 845 aus seinem Kloster vertrieben, sich in einer Höhle verborgen hielt], pflegte denen, die ihn besuchten, seinen Stab hinzuhalten mit den Worten: So haben es die Buddhas in vergangenen Zeiten gehalten; so werden es die Buddhas kommender Zeiten halten; so halten es auch die Buddhas der Gegenwart.

Hsüä-fëng nahm eines Tages vor der Mönchshalle seinen Stab in die Faust und wies ihn den Anwesenden vor, indem er sagte: Das hier ist nur für Naturen mittlerer und geringer Güte. Nun war da ein Mönch, der trat vor und fragte: Was aber, wenn unversehens ein Mensch allerhöchster Güte daherkäme? Da nahm Hsüä-fëng seinen Stab in die Faust und ging damit fort.

Yün-mën sagte: Was mich betrifft, so bin ich mit der konfusen Art, wie Hsüä-fëng dieses Gespräch abbricht, nicht einverstanden. Ein Mönch fragte ihn: Das ist mir nicht recht klar, Ehrwürdiger, wie ist das gemeint? Yün-mën versetzte ihm einen Schlag.

Es ist immer dasselbe: Wenn man einen Meister aufsucht und befragt, handelt es sich nie um weiß nicht wieviel Fragen und Probleme. Solche kommen dir nur daher in den Sinn, weil du siehst, wie da draußen Berge sind und Flüsse und die ganze große Erde, und weil du gewahr wirst, wie du in dir drinnen Gesicht, Gehör und andere Sinne hast und davon weißt. Nun siehst du aufwärtsblickend, wie es da ein Buddhawesen gibt, das man suchen sollte, und siehst, abwärtsblickend, wie es da Lebewesen gibt, die man [zur Buddhaschaft] hinüberführen sollte. Das alles muß du einfach auf der Stelle ausspeien und von dir geben; dann magst du für das nächste Dutzend Doppelstunden gehen oder stehen, sitzen oder liegen, du kannst es alles zu einem einzigen Blatt zusammenklappen. Dann mag der Raum, den du ausfüllst, so klein sein wie die Spitze eines Haares, so bist du doch im Weiten wie in ungezählten Welten, und säßest du im Höllenkessel drin, in kochendem Wasser oder im Kohlenfeuer des Höllenofens, so wirst du dich doch wie im Land des Friedens und der Freude fühlen. Und umgekehrt wirst du dir zwischen allen Kostbarkeiten und Schätzen dieser Erde nicht anders vorkommen als unter einem Klausendach aus Binsen oder Burzeldorn, Beifuß und andern Wermutstengeln.

In diesen Dingen ist es so, daß ein Erfahrener und Wohlgeübter, der genau denselben Standort wie die Alten erreicht hat, sich überhaupt nicht anzustrengen braucht. Der Klausner aber, welcher sah, daß niemand da war, der imstande war, seine Worte zu ergänzen, bemühte sich abermals um die Hörer, indem er fragte: Wie steht es nun also? Und da jene wieder nichts zu sagen wußten, so gab er selbst die Antwort: Sie legten sich ihr Eschenholz quer über den Nacken und gingen damit, ohne sich nach einem Menschen umzusehen, geradewegs hinein in das Gebirge mit den tausend und zehntausend Gipfeln.

Was meint er nun mit dieser Rede? Saget mir einmal: Wo wird dort [in den Bergen] ihr Bestimmungsort gewesen sein? Da kann man schon sagen: in diesem Ausspruch stecken Augen drin, ein Sinn, der außerhalb der Worte liegt. Der steht selber auf, fällt selber um, läßt selber los, hält selber fest.

Achten wir doch einmal auf den ehrwürdigen Yän-yang[1]! Der traf auf dem Wege einen Mönch, hob den Stab mit festem Griff und fragte jenen: Was ist das? Der Mönch erwiderte: Ich weiß es nicht. Yän-yang sagte: Ein Stab aus einer Stange Holz, das weißt du nicht einmal! Wiederum nahm Yän-yang seinen Stab, stieß ihn hinunter in die Erde und fragte: Aber was das ist, weißt du doch? Der Mönch erwiderte: Ich weiß es nicht. Yän-yang sagte: Auch von einem Bohrloch in der Erde weißt du also nichts. Wiederum nahm Yän-yang seinen Stab, legte ihn sich auf die Schultern und fragte: Verstehst du das? Der Mönch erwiderte: Ich verstehe es nicht. Da sagte Yän-yang: Mit meinem Eschenholz quer überm Nacken gehe ich, ohne mich nach einem Menschen umzusehen, geradewegs fort, hinein in das Gebirge mit den tausend und zehntausend Gipfeln.

»Warum waren die Alten, nachdem sie es soweit gebracht hatten, nicht

[1] Yän-yang, ein Schüler des berühmten Dschau-dschou, ist nie öffentlich als Meister aufgetreten, sondern lebte still zurückgezogen in der Provinz Kiangsi auf einem Berg mit wunderlichen Felsenformen und hatte in seiner Binsenhütte einen Tiger und eine Schlange, die beide er selbst gezähmt hatte, bei sich.

gewillt, dabei stehenzubleiben?« Hsüä-dou [mit dem Dichternamen Lu] hat dazu einen Gesang, der lautet:

Wer
geht mit der Wende,
wählt und greift nicht fehl?
Ja, wo den einer fände!
Er zerbröckelt die Schroffen und Spitzen,
schmelzt verborgene Tiefen zu Glut.
Doppelte Mauer barst vor ihm in die Breite.
Nicht ebendort trat, Meister, er wieder ins Weite.
Ein Hase im Mond, bald rund und voll, bald löscht er sein Licht.
Ein Sonnenvogel, als ob er flöge, und fliegt doch nicht.
Der alte Lu, er weiß es nicht, wohin der Mann entschwunden.
Die weiße Wolke, die Welle im Strom, sie sind aneinandergebunden.

Weshalb aber macht der Mönch vom Berge [d. h. ich, Yüan-wu] die Zwischenbemerkung: »Man sieht von hinten seine Kinnlade! Hüte dich, mit ihm zu gehen!?« Wenn du darüber auch nur ein wenig Überlegungen anstellst, so machst du damit bereits deinen Voranschlag für den Aufenthalt in der Gespensterhöhle des Schwarzen Berges [d. h. im Totenreich]. Durchschaust du es aber richtig und erreichst es im Glauben, dann mögen Tausende und Zehntausende dich in ihre Netze locken, du läßt dich nicht halten. Sie können gar nichts machen. Du rührst dich und du schlägst dich durch. Das, was tötet, wie das, was lebendig macht, das steht dir beides zu Gebot.
Hsüä-dou, der hat es begriffen, welcher Sinn und welche Art dahintersteht, wenn der Klausner sagt: »Sie gingen geradewegs hinein in das Gebirge mit den tausend und zehntausend Gipfeln«, und dann erst hat er das [oben angeführte] Gedicht gemacht. Wer wissen will, worauf es alles hinausläuft, der sehe sich seinen [nun folgenden] Gesang an!

Gesang

In den Augen Sand und Staub,
Erdekrumen im Ohr.
Tausende sind's der Gipfel. Er
steht nicht lange davor.
Fallende Blüten im eilenden Strom,
alles ist grenzenlos.
Schau nur, ob du siehst, wohin
sich sein Weg verlor!

»In den Augen Sand und Staub, Erdekrumen im Ohr.« – Dreihundert Traglasten Schwachsinn. – Wo soll das enden, wenn man so drauf los schießt, blindlings, wie ein Habicht! – Aber es gibt noch mehr Leute dieser Art [Anspielung auf Hsüä-dou, den Dichter].
»Tausende sind's der Gipfel. Er steht nicht lange davor.« – Du da, wohin willst du denn? – Sagt mir einmal: Was ist das eigentlich für eine Lebensweise?
»Fallende Blüten im eilenden Strom, alles ist grenzenlos.« – Eine schöne Lebensweise! – Aber das geht in blitzartigen Wenden; vergebliche Mühe, dazustehen und sich zu besinnen. – Blickst du nach links, versäumst du tausend Lebenszeiten, schielst du nach rechts, vergehen zehntausend Äonen.
»Schau nur, ob du siehst, wohin sich sein Weg verlor.« – Soll ich euch ein paar Augen unter die Füße geben? – Er ist von jeher immer nur hier an dieser Stelle. – Habt ihr es am Ende gar fertig gebracht, dem Klausner die Füße abzuhauen? – Dazu müßt ihr ihn freilich erst einmal auf seinem Boden eingeholt haben. – Und nun haue ich euch und sage: Wozu ist er denn immer nur hier an dieser Stelle?

Erläuterung zum Gesang

Hsüä-dou's Gesang ist in seiner Wendigkeit, die an keiner Ecke ängstlich stehenbleibt, ganz ausgezeichnet. So beginnt er denn:
»In den Augen Sand und Staub, Erdekrumen im Ohr.« Das gilt dem Klausner am Lotosblumenhorn. Wenn ein Kuttenmönch einmal soweit gekommen ist, wie dieser Klausner, dann hat er nach oben hin nicht mehr die Haltung sehnsüchtigen Sichanklammerns, hat nach unten hin sich selber aufgegeben und ist die ganze Zeit wie närrisch und verbohrt. Seht, darum sagt Nan-tjüan: »Auch solche, die im WEG sich üben, bringen es nur schwer soweit, daß sie wie närrische Idioten werden.« Tschan-yüä[1] bestätigt es, wenn er in seinem Gedicht sagt:

> »Ich denke immer, Nan-tjüan tut wohl dran, wenn er spricht:
> Die närrische Idiotenart, die gibt es so leicht nicht.«

Und Fa-dëng[2] bemerkt einmal: »Wer wird wohl verstehen, wie das gemeint ist. Mich erinnert es an Nan-tjüan.«

[1] Tschan-yüä Guan-hsiu, 833–912; japanisch Zen-getsu Kwan-kyû; lebte jahrzehntelang in seiner Heimat Lan-dji in Tschekiang; behielt, was er hörte, wörtlich im Gedächtnis, dichtete und malte; zog im Alter nach dem fernen Sï-tschuan und fand dort bei hoch und nieder höchste Verehrung. Seine Gedichte nehmen in Zen-Kreisen neben denen Han-schan's noch heute einen wichtigen Platz ein.

[2] Fa-dëng, japanisch Hô-tô, soll ein Schüler von Fa-yän Wën-i (Traditionstafel III A, 15) gewesen sein; sonst kaum erwähnt.

Wiederum sagt Nan-tjüan: »Die siebenhundert auserlesenen Mönche [Schüler des Fünften Patriarchen, Hung-jën] waren samt und sonders Leute, die in der Buddhalehre genau Bescheid wußten; allein der Pilger Lu war da, der verstand nichts von der Buddhalehre. Nur verstand er sich auf DAU [den WEG, den inneren Sinn, die innere Wahrheit und Ordnung der Dinge]. Darum war er es, der Gewand und Bettelschale des Fünften Patriarchen erhielt [und so zum Sechsten Patriarchen mit dem Namen Hui-nëng wurde].« Sagt mir einmal: Die Buddhalehre und der WEG, das DAU, wie weit denn liegen diese beiden auseinander[1]?
Hsüä-dou greift das eben angeführte Wort des Nan-tjüan auf und sagt dazu[2] [indem er dreierlei Arten von DAU-Erfüllten aufzählt]:
»Es gibt Menschen, die lassen sich kein Körnchen Sand in die Augen streuen, keinen Tropfen Wasser ins Ohr setzen. Wenn so einer da ist und den vollen Glauben hat und festhält, so wird er sich durch keinen Menschen irre machen lassen. Hört er ein Wort von einem Patriarchen oder das Gesetz des Buddha, so denkt er: Was ist das wohl für ein Kochtopf, der solch siedendes Geräusch verursacht? Ist dies dein Fall, dann, bitte, magst du deine Bettelschale mit der Reisetasche hoch an die Wand hängen, deinen Wanderstab in Stücke brechen und die Verantwortung für einen DAU-erfüllten Menschen, den nichts mehr umtreibt, übernehmen.«
Weiter sagt Hsüä-dou: »Dann wieder gibt es eine Art von Leuten, die haben in den Augen den Weltenberg Sumeru und das Weltmeer in den Ohren [d. h. sie wenden ihre Aufmerksamkeit der Mannigfaltigkeit der Phänomene zu]. Die lassen sich aufs Handeln mit den Menschen ein. Für solche sind die Worte eines Patriarchen und die Lehren Buddhas im Gegenteil ihr Element, wie Wasser für einen Drachen oder für den Tiger ein Berghang zum Rückhalt. Solch einer muß umgekehrt die Bettelschale und die Reisetasche an die Stabenden hängen und sich den Stab quer über den Nacken legen. Auch er ist ein DAU-erfüllter Mensch, der mit Weltgeschäften nichts zu tun hat.«
Endlich sagt Hsüä-dou: »Wenn nun einer es weder mit der erstgenannten Art noch mit der zweiten halten kann, so schlägt er sich auf keine dieser beiden Seiten. So gibt es denn drei Arten von DAU-erfüllten Menschen, die mit Weltgeschäften nichts zu tun haben. Und von einer dieser Arten mußt du dir deinen Meister wählen.«

[1] Katô Totsudô bemerkt hierzu erläuternd: »Wer nur den Buddha und seine Lehre, sein Gesetz versteht, wird zum Gefangenen des Buddha und der Buddhalehre. Die höchste, letzte Wahrheit erfüllte längst die Welt, bevor der Buddha kam und sein Gesetz verkündete. Das Gesetz des Buddha ist das Tor, durch welches man den höchsten WEG betreten kann. Geht man durch dieses Tor nur immer hin und her, so kommt man nicht dazu, das Heiligtum im Hintergrunde dieses Wegs der höchsten Wunder zu betreten.«

[2] In einer heute anscheinend nicht mehr erhaltenen Schrift.

Das ist dann so richtig einer, der aus rohem Eisen Münzen schlägt. Wieso? Weil er in jeder Lage, sei sie auch übel oder sonstwie außerordentlich, einfach vor sich hingeht und alles hinnimmt wie im Traum, als wüßte er nichts von seinen fünf Sinnen und nichts von Tag und Nacht. Aber freilich, auch wenn einer diesen Boden erreicht hat, muß er sich doch strengstens davor in acht nehmen, etwa in kalter Asche ein erstorbenes Feuer zu hüten, oder in einer Richtung vorzustoßen, wo weit und breit nur schwarzes Dunkel herrscht. Auch er darf immer nur auf Wegen gehen, auf denen eine Umkehr möglich ist.

Sehet einmal, was der Alten einer[1] sagt: »Vergaffe dich nicht in das Grün der seltenen Kräuter an den kalten Felsenhängen! Aber den weißen Wolken da oben den Rücken kehren, führt auch nicht in die Wunder unseres Glaubens.« Darum sagt der Klausner am Lotosblumenhorn [von den Alten]: »Weil sie für unterwegs keine Kraft davon bekamen.« Und alsbald müssen sie »hinein in das Gebirge mit den tausend und zehntausend Gipfeln«, und dann erst bekommen sie sie. Sagt mir doch einmal: Was meint er denn mit diesem »Gebirge der tausend und zehntausend Gipfel«?

An diesem letzten Wort des Klausners hat Hsüä-dou seine helle Freude. Darum bringt er es in seinem Gesang. Sagt mir einmal: Wohin gingen diese Alten nun eigentlich? Ist am Ende doch jemand hier, der den Ort, wohin sie gingen, kennt?

»Fallende Blüten im eilenden Strom, alles ist grenzenlos.« »Fallende Blüten« – ein wirres Gestöber; »eilender Strom« – endlose Weite! Das blitzt im Geist so hin und her. Was ist's, was wir vor Augen haben?

»Schau nur, ob du siehst, wohin sich sein Weg verlor!« – Warum sollte Hsüä-dou denn nicht auch den Ort wissen, wohin jene Alten gingen? Nun, das ist einfach, wie wenn ich, der Mönch vom Berge, so zufällig den Jakschweif hebe und nun frage: Wo ist der Klausner jetzt? Wenn einer von euch Leuten es sehen kann, dann hat er davon denselben Gewinn, wie der Klausner vom Lotosblumenhorn selbst. Vermag er es nicht, dann suche er in der Meditationshalle seinen Sitzplatz auf und gehe einmal gründlich mit sich selbst zu Rate.

[1] Tai-yang Djing-hsüan; japanisch Tai-yô-Kyô-gen; Meister der Tsau-dung-Schule; 16. Generation; also wohl ungefähr Zeitgenosse Hsüä-dou's.

Yüan-wu's Hinweis

Der erste Satz des Hinweises, ein Wort des Meisters Dung-schan (s. xv, S. 290), gibt sogleich den Hauptpunkt an, um den es sich im Beispiel handelt: nirgends stehenbleiben, auch nicht beim Höchsten. Es sich im Höchsten häuslich einrichten wollen, führt zur Vergiftung und Verpestung aller Religion. Dem Leser wird es leicht sein, diesen Grundgedanken durch das ganze Kapitel zu verfolgen.

Der zweite Satz hängt mit dem ersten eng zusammen. Denn nichts ist schwerer, als Menschen, die sich an bestimmte Glaubensüberzeugungen und Gebräuche schon gewöhnt haben, zur Erkenntnis ihrer tödlichen Bedeutung aufzurütteln. Hier ist die Aufgabe nicht, ihnen ihre Vorstellungen zu bestätigen, sondern diese im Gegenteil auf den Kopf zu stellen, damit sie sich entsetzen. Auch das läßt sich an der Lehrweise des merkwürdigen Klausners, von welchem nachher die Rede ist, gut beobachten.

Der dritte, in diesem Buch so häufig anklingende Satz weist auf die Art des inneren Getriebes, die allein zu einer derartigen Lehrweise befähigt. Es ist ein Getriebe, das in seinen Bewegungen mit dem unablässigen Wogen des Meeres der Erscheinungen genau übereinstimmt, das, wie Hsüä-dou es nachher im Gedicht ausdrückt, ›mit der Wende geht‹. Wo man sich nirgends zäh und klebrig aufhält, da merkt man erst, daß jeder Augenblick sein eigenes Gesicht hat. Wohl enthält er immer dasselbe unfaßliche Ganze. Aber innerhalb desselben wirbeln die Erscheinungen und die Motive bunt durcheinander und wechseln von Mal zu Mal die Farbe. Einmal ist dieses schwarz und jenes weiß, ein andermal das Schwarze weiß und das Weiße schwarz. Erste werden Letzte, Letzte werden Erste. Jeden Augenblick kann das Verhältnis umschlagen. Das, wozu ich gestern ja sagte, kann mir heute Gift sein. Was ich heute ertöte, muß ich morgen vielleicht zum Leben erwecken. Fähigkeit und Bereitschaft zu blitzartiger Wende, das, will Yüan-wu sagen, sei an dem Beispiel des Klausners zu lernen.

Zum Verständnis des Beispiels

Von dem Klausner am Lotosblumenhorn ist außer dem, was hier erzählt wird, so gut wie nichts überliefert. Man weiß nur daß er den Namen Hsiang, d. h. der Glückliche, führte, und ein Enkelschüler des großen Yün-mën war, also derjenigen Generation angehört, welche dem Verfasser des Beispiels und des Gesangs, Hsüä-dou, gerade vorausgeht.

Das Lotosblumenhorn, an dem er seine Klause hatte, ist den Berichten zufolge einer der zahlreichen Gipfel des berühmten Tiän-tai-Gebirgsstocks in der Provinz Tschekiang, in dessen hin und her verstreuten Klöstern während der vorausgegangenen Jahrhunderte ein gewichtiger

Teil der systematischen Arbeit des chinesischen Buddhismus geleistet worden war. Wenn er hier als Klausner bezeichnet wird, so können wir schließen, daß er nie den Ehrgeiz besaß, ein Kloster zu leiten und als Meister einer ständig sich erneuernden Zahl von Schülern zu wirken, sondern es vorzog, ganz in der Stille der Bergeinsamkeit zu leben. Gleichwohl dürfen wir annehmen, daß es ihm an Besuchern nicht gefehlt hat. Denn unter der Menge von Pilgern im Tiän-tai-schan dürften viele auch zu ihm den Weg gefunden haben; ja, es ist wohl möglich, daß er eine kleine Anzahl von Übenden für kürzere oder längere Zeit ständig um sich hatte.

Wie Yüan-wu in seiner Erläuterung berichtet, war die Unterweisung, die der Klausner mit seinem Pilgerstab ausführte, kein einmaliger Vorgang, sondern wiederholte sich von Gelegenheit zu Gelegenheit zwanzig Jahre lang. Dieser ›Glückliche‹ erinnert in seiner Einfalt an jenen Djüdschï des 19. Beispiels, welcher vor jedem, der ihn besuchte, nur den Finger aufhob. Aber offenbar erachten es die Verfasser unserer Schrift, Hsüä-dou und Yüan-wu, für der Mühe wert, das, was diese schlichten Klausner ohne viel Umstände in eins zusammenfalten, recht sorgfältig auseinanderzulegen. Nur sind sie der Meinung, daß dies jeder soweit wie möglich selbst versuchen soll, und geben ihm dazu höchstens andeutende Winke. Auch unsere Aufgabe kann es nicht sein, das eigene Eindringen dem Leser abzunehmen, selbst auf die Gefahr hin, daß ihm manches zunächst undeutlich bleibt. Lassen wir uns an einigen wenigen Winken genügen, die dem Verständnis dienlich sein können.

Wir werden voraussetzen dürfen, daß der Klausner seine Unterweisung mit dem Stab vor allem an Mönche zu richten pflegte, deren Stande ja die Besucher seines Gebirges zu allermeist angehörten. Denn was er zu sagen hat, geht nur Menschen an, die, wie er, der Welt den Abschied gegeben haben und ein geistliches Leben führen wollen; und das waren im China jener Zeit eben Mönche und Nonnen. Diese allein verstehen auch sofort, was er mit dem Stabe meint, den er ihnen hinhält. Sie selbst haben ihn einst nur deshalb zur Hand genommen, weil ein Ziel vor ihrer Seele stand, höher als menschliche Vernunft, jenseits von Welt und Zeit. Noch heute kann man in buddhistischen Ländern gelegentlich davon betroffen sein, wie in der Kraft, mit der ein solcher Pilger seinen Stab in die Erde stößt, die ganze Entschiedenheit seines Glaubens, die Hingabe seiner Person an jenes höchste Ziel, das hartnäckige Bekenntnis zu einer andern Heimat, als die Welt es ist, sich ausspricht. So ist der Stab auch hier für diesen Klausner nicht etwa nur ein Bild der Wanderschaft, sondern viel eher eine Darstellung des höchsten Gutes selbst. Und wir können uns vorstellen, wie auch er seinen Stab mit eben jenem Ausdruck unbedingter Abkehr von der Welt mit Nachdruck in den Boden stieß, um vor den Zuschauern das Bild der Väter, denen in der Schau der Eitelkeit von Ich und Welt ein neues Licht erschienen war, recht lebendig zu beschwören.

Wenn er nun in seiner Frage von der Behauptung ausgeht, die Väter seien bei dieser höchsten Schau und ihrer Seligkeit nicht stehengeblieben, so hätten das seine Hörer eigentlich verstehen sollen. Hatte doch schon der Buddha selbst, als er unter dem Baum der Erleuchtung die Seligkeit des Nirvâna geschmeckt hatte, den Gedanken, in diesem Zustand zu verharren und nicht mehr in die Welt zurückzukehren, als eine Lockung des Versuchers von sich gewiesen, hatte sich losgerissen und war wieder unter die Menschen gegangen, um auch ihnen das Heil, das er gefunden hatte, zu verkünden. Aber es wird schon seine Gründe gehabt haben, daß den Zuhörern des Klausners diese irdische Seite der Buddhas und der Patriarchen weniger deutlich bewußt war, weil jede Religion im Laufe der Entwicklung dazu neigt, ihre Vorbilder und Heiligen mehr und mehr zu verhimmeln, wodurch sie freilich in demselben Maße dem Schicksal der Erstarrung und der Unwahrhaftigkeit anheimfällt.
Auf jeden Fall waren die Zuhörer von der Frage des Klausners so betroffen, daß sie ihm für das scheinbar folgewidrige Verhalten der Väter, die bei dem hohen Gut, das sie mit diesem Stab gewonnen hatten, nicht stehenbleiben wollten, keinen Grund zu nennen wußten. Die richtige Antwort auf des Klausners Frage gibt nachträglich Yüan-wu gleich mit seinem ersten Satz im Hinweis: Stehen bleiben, sagt er, vergiftet. Und bleibt man bei dem Höchsten stehen, so ist es eben eine Vergiftung religiöser Art. In seiner Erläuterung nachher spricht derselbe Yüan-wu vom Goldpatt, das, so kostbar es immer sein mag, dem, der handwerklich damit umgeht, in die Augen geraten und sie trüben kann.
Der Klausner dagegen, der an Stelle der Zuschauer nun selbst antworten muß, gibt eine völlig andere Erklärung. Die Alten, meint er, konnten aus dem, was der Stab ihnen bedeutete, für unterwegs keine Kraft ziehen (?!). Das war nun in der Tat verblüffend; kein Wunder, wenn der Klausner vor sich nichts als lange Gesichter sah. Sind nicht die Alten gerade in der Kraft dessen, was sie in Stunden der Erhebung geschaut hatten, wieder in die Welt getreten, um in ihr zu wirken? Redet er überhaupt im Ernst, oder will er nur seine Hörer aufrütteln, indem er sie aufs Eis führt? Was er sagt, ist auf jeden Fall hintergründig genug. Natürlich scherzt er, wenn er, um beim Bilde zu bleiben, dem Stab auf einmal allen Wert abspricht. Aber er lügt auch nicht geradezu. Er verbirgt hinter der Lüge die Wahrheit, hinter dem Scherz den Ernst.
Und der Ernst kommt alsbald zutage, wie der Klausner nun die entscheidende Frage stellt, worauf denn dies alles hinauslaufe? Nachdem er dem erst so gewichtigen Stab alle Bedeutung genommen hat, müßte man eigentlich erwarten, daß die Alten ihre Reise nun eben ohne Stab fortgesetzt hätten. Das fällt ihnen aber gar nicht ein. Sie nehmen den Stab mit, nur daß sie nicht mit ihm stocken und gewichtig tun. Sie legen ihn sich quer über den Nacken und gehen beschwingten Schrittes weiter, ohne irgendwo sich lange aufzuhalten, nur immer mit dem Blick auf neue und aber neue Gipfel.

Die nachfolgenden Abschnitte zeigen, wie wenig den Verfassern, Yüan-wu sowohl wie Hsüä-dou, dem Dichter, an einer schulmäßigen Ausdeutung der Gleichnisse des Beispiels gelegen ist, wie sehr aber statt dessen daran, ein Bild von der Gesamtpersönlichkeit des Klausners zu geben, also zu zeigen, was aus einem Menschen wird, der in der beschriebenen Art weder oben stehen bleibt noch unten, der in der Welt lebt und doch von ihr rein nichts erwartet, und der deshalb den andern als ein Narr, ein Idiot erscheint. Solche Menschen, sagt Yüan-wu, gehen über die Erde, als ob sie den Boden nicht berührten, es sind Menschen ›ohne Fußspur‹. Dies spricht am deutlichsten das merkwürdige Gedicht des Hsüä-dou aus, welches Yüan-wu aus anderer Quelle in seine Erläuterung aufnimmt. Es ist schon äußerlich bemerkenswert genug, indem es die seltene Form der sogenannten ›Eins-bis-sieben-Strophe‹ aufweist, bei welcher die Zahl der chinesischen, stets einsilbigen Worte (für welche wir im Deutschen je einen Versfuß setzen) in den einzelnen Versen von eins bis sieben ständig zunimmt. In diesem Gedicht erscheint der Klausner als der seltene Mensch, der in genauer Übereinstimmung mit dem DAU (Tao), dem Weltgesetz, der Weltvernunft, stets ›mit der Wende geht‹, mit dem jeden Moment erfüllenden Hin und Her zwischen jenen beiden Polen, so wie das Weberschiffchen nach links nur ausschlägt, um nach rechts zurückzuschlagen und wieder umgekehrt. Auf diese höchste Lebendigkeit und Bereitschaft des Geistes zielt alles, was das Beispiel, der Gesang und die Erläuterungen Yüan-wu's sagen. In diesem Sinn wird dann am Ende der Schüler angewiesen, auch das Bild des Klausners wieder aus sich zu entlassen. Denn für ihn handelt es sich nie um diesen oder jenen, sondern stets nur um ihn selber.

Zur Erläuterung des Gesangs

Es ist bemerkenswert, wie stark Yüan-wu in seiner Erläuterung zu Hsäu-dou's Gesang das Seltsame, Absonderliche an der Gestalt des Klausners hervorhebt und sich dafür auf eine ganze Reihe älterer Zeugen beruft. (Von diesen sind übrigens zwei nur wenig bekannt, und woher die Zeugnisse Hsüä-dou's, welche Yüan-wu zitiert, stammen, weiß auch niemand zu sagen.) Aber es ist ihm wichtig, seinen Schülern diese Autoritäten zu nennen, weil er weiß, wie sehr Menschen mit einem gewissen Maß gelehrter Bildung geneigt sind, die reine unverbildete Natürlichkeit der heiligen Einfalt zu belächeln. Nur einfach schlichte, naturnahe Völker haben für Sonderlinge, ja sogar für Wahnsinnige ein spontanes Gefühl der Verehrung.

In diesem Gefühl wurzelt zu einem guten Teil auch das, was man den Dauismus (Taoismus) nennt, wie er in reinster Ausbildung bei den großen Sonderlingen Altchinas, bei Lau-dsï (Laotse), Dschuang-dsï und Liä-dsï zu finden ist. Diese Weisen sehen, anders als ihr Gegenspieler Kung Fu-dsï, im DAU, im höchsten WEG, etwas für menschliche Begriffe völlig Unfaßbares, was über allen Gegensätzen steht. Das gilt gewiß auch für das GESETZ des Buddha. Nur daß das Buddhatum, bis es nach China gelangte, längst mit einer dicken Kruste von Gelehrsamkeit belastet war, die abzuschütteln nicht so leicht gelingen mochte. Aber eben darauf richtet sich seit Hui-nëng, dem Sechsten Patriarchen, die eigentliche Absicht und die Kunst des Zen. Darin bestand, wie Nan-tjüan hervorhebt, Hui-nëng's, des Pilgers Lu, natürliche Stärke im Gegensatz zu den siebenhundert dogmatisch ausgebildeten Mönchen, die zu den Füßen des Fünften Patriarchen saßen.

Hier liegt denn auch der Ansatzpunkt für die vielfach geäußerte Ansicht, das Zen sei eine Mischung von Buddhismus und Dauismus. Doch ist dies nur insofern richtig, als jene chinesischen Menschen, welche sich in der Zen-Gemeinschaft zusammenfanden, es der vom Dauismus her ererbten Einfalt und Natürlichkeit verdankten, daß ihnen für den Kern des Buddhatums, für das Erlebnis der befreienden Erleuchtung, leichter der Sinn aufging als jenen, die in bestimmten Richtungen buddhistischer Scholastik bereits festgefahren waren.

Im übrigen enthalten einzelne Abschnitte der Erläuterung Yüan-wu's manches Rätselhafte, was verdiente, gründlicher erforscht zu werden. Doch müssen wir darauf für jetzt verzichten, zumal da auch bei den japanischen Erklärern in bezug auf diese Punkte nur sehr dürftige Hinweise zu finden sind.

Bai-dschang auf dem Reckenberg

Das Beispiel

Wir legen vor:

Ein Mönch fragte Bai-dschang: Was gibt es Außerordentliches? Bai-dschang versetzte: Hier auf dem Reckenberg allein zu sitzen.
Der Mönch verneigte sich verehrend.
Da schlug ihn Bai-dschang.

Zwischenbemerkungen zum Beispiel

»Ein Mönch fragte Bai-dschang: Was gibt es Außerordentliches?« – In den Worten ist ein Klang. – Er führt etwas im Schilde. – Er verblüfft einen geradezu. – Augen hat er und hat noch nichts gesehen.
»Bai-dschang versetzte: Hier auf dem Reckenberg allein zu sitzen.« – Ein Wort voll Hoheit, das die viermal hundert Lande im Reich erschauern macht. – Nun ist für den, der dasitzt, wie für den, der dasteht, die Schlacht verloren.
»Der Mönch verneigte sich verehrend.« – Ein Schlaukopf von Kuttenbruder! – Mit Gegnern dieser Art muß auch die Auseinandersetzung darnach sein.
»Da schlug ihn Bai-dschang.« – Der vollkommene Meister! – Warum ist er mit Worten nicht freigebiger? – Einen Strafbefehl vollzieht man nicht für nichts.

Erläuterung zum Beispiel

Im rechten Augenblick mit Augen ausgerüstet sein und auf Gefahr und drohendes Verderben keine Rücksicht nehmen! Darum heißt es: Wie will, wer nicht in Tigers Höhle dringt, das Tigerjunge fangen?
Bai-dschangs Gewohnheit war es, dazusitzen wie ein Tiger mit gespreizten Pranken. Auch der Mönch hier weicht nicht aus, wo es um Tod und Leben geht. Er ist keck genug, dem Tiger über den Bart zu streichen. So fragt er denn: »Was gibt es Außerordentliches?« Auch er war mit Augen ausgerüstet. So nahm denn Bai-dschang ihm die Traglast ab und auf die eigenen Schultern, indem er ihm zur Antwort gab: »Hier auf dem Reckenberg allein zu sitzen.« Darauf verneigte sich der Mönch verehrend. Zu einem Kuttenmönch und Meister gehört es, daß er, noch bevor ihn einer fragt, schon dessen Sinn und Meinung deutlich

unterscheidet; nur so wird er die einzig richtige Antwort finden. Daß der Mönch sich daraufhin verehrend verneigt, ist anders als wie man es gewöhnlich macht. Auch er muß Augen haben; dann erst macht er's richtig. Laßt euch nur eure gewöhnliche Seelenhaltung nicht in Richtung auf andere umbiegen! Einander kennen und verstehen, und doch wie Fremde zueinander bleiben!

Dieser Mönch fragte einfach: »Was gibt es Außerordentliches?« Bai-dschang erwidert: »Hier auf dem Reckenberg allein zu sitzen!« Der Mönch verneigt sich verehrend. Und Bai-dschang schlägt ihn. Seht, wie sie es machen! Geht es darum, dem andern freien Lauf zu lassen, tun sie es gegenseitig. Gilt es, Einhalt zu gebieten und ein Ende zu machen, so gehen sie sauber auseinander, ohne eine Spur zu hinterlassen. [Es ist, als ob trotz ihres Gegensatzes zwischen beiden ein geheimes Einverständnis bestünde.]

Sagt mir einmal: Was meint der Mönch, wenn er sich vor Bai-dschang verehrend verneigt? Sagst du, er habe wohl daran getan: weshalb und in welchem Sinn schlägt ihn dann Bai-dschang? Sagst du dagegen, das sei nicht das Richtige gewesen: was war in der verehrenden Verbeugung dann der Fehler? Um hier den Unterschied von Heil und Unheil, Schwarz und Weiß deutlich zu erkennen, muß man schon auf einer Höhe stehen, wo man sich tausend Gipfeln gegenüber sieht. Mit der verehrenden Verneigung vor Bai-dschang streicht der Mönch dem Tiger sozusagen über den Bart. Es geht ihm nur noch um die freie Wendung. Aber nicht umsonst hat Bai-dschang noch ein drittes Auge auf dem Scheitel und auf dem Arm über dem Handgelenk den Stempel eines Siegels. Sein Blick dringt durch vier Weltreiche hindurch, sieht tief hinein und unterscheidet scharf, woher die Winde wehen. Und darum gibt er jenem Mönch für die Verbeugung Schläge. Ein anderer wüßte sich in diesem Falle nicht so leicht zu helfen. Denn der Mönch erwidert Zug mit Zug, Einfall mit Einfall und bekämpft des Meisters Sinn mit seinem eigenen. Daher seine verehrende Verbeugung.

Es ist ein ähnlicher Vorgang wie bei Nan-tjüan. Dieser sagte eines Tages: »Gestern um die dritte Nachtwache sind mir die Bodhisattvas Manjushrî und Samantabhadra erschienen. Sie stellten über Buddhaschaft und Buddhagesetz Theorien auf. Ich habe jedem der beiden zwanzig Schläge mit dem Stock verabreicht und sie nach den Bergen der zwei Eisenringe [die den Weltenberg Sumeru umgeben, also ans äußerste Ende der Welt] verbannt.« Da trat aus der Reihe der Hörer der nachmalige Meister Dschau-dschou vor und sagte: »Ehrwürdiger, wem gebt Ihr mit dieser Anspielung Euren Stock zu fühlen?« Nan-tjüan erwiderte: »Was hat der alte Meister Wang [d. h. Nan-tjüan] nicht recht gemacht?« Dschau-dschou verneigte sich verehrend.

Wenn ein Lehrer unseres Glaubens in der Aufmerksamkeit nachläßt, so kann es sein, daß er nicht richtig sieht, wie der Frager seine Antwort aufnimmt. Sobald er dagegen den Sinn trifft, in dem jener seine Worte erfaßt und im Herzen bewegt, hat er auch schon mit ihm lebendige Fühlung und kann ihm wirksam weiterhelfen. Mein einstiger Lehrer vom Berg des Fünften Patriarchen pflegte zu sagen: »Die Aufgabe des Meisters, dem Schüler auf seine Fragen zu antworten, erfordert die gleiche Aufmerksamkeit und Vorsicht, wie wenn man mit einem Gegner vor den Hufen eines Pferdes ränge. Um diesen Bai-dschang [und seine Meisterschaft] richtig zu verstehen, mußt du dich von allen Eindrücken des Sehens und des Hörens, der Stimme und des Mienenspiels entschlossen stille sitzend lösen, mußt den Sinn der ihm gestellten Frage fest ergreifen und selbst Herr darüber werden; dann erst wird es dir gelingen.« Und nun sagt mir einmal: Wie wäre es, nach dem Ergreifen dann auch wieder loszulassen? Seht her, wie Hsüä-dou dieses Zwiegespräch in seinem Gesang herausstellt!

Gesang

Auf Väterauen tummelt sich
ein Fohlen vom Himmelsroß,
Bekehrer, der auf eigne Art
hier auftat, dort verschloß.
Und bleibt in Blitz und Funkensprühn
dem Geist die Gegenwart,
Wird's heiter: einer kam und strich
dem Tiger übern Bart.

Zwischenbemerkungen zum Gesang

»Auf Väterauen tummelt sich ein Fohlen vom Himmelsroß.« – So etwas kommt in fünfhundert Jahren höchstens einmal auf die Welt. – Unter tausend und zehntausend vielleicht einer oder ein halber. – Söhne treiben ihrer Väter Handwerk.

»Bekehrer, der auf eigne Art hier auftat, dort verschloß.« – Das bedarf längst keiner Worte mehr. – Das ist der Mann, der die Freiheit errungen hat. – Das ist für einen Fall wie diesen der rechte Mann und Meister.

»Und bleibt in Blitz und Funkensprühn dem Geist die Gegenwart . . .« – Das geht Schlag auf Schlag. – Linksum, rechtsum! – Seht ihr denn auch, wie Bai-dschang bei alledem jenem andern nur helfen will? Oder merkt ihr das nicht?

»Wird's heiter: einer kam und strich dem Tiger übern Bart.« – Dreißig Stockschläge gehören ihm [dem Mönch] dafür [als Ausdruck der Anerkennung]! – Aus strenger Zucht kommt Mannesmut. – Da heißt es unerbittlich, Leib und Leben hinzugeben. – Wir wollen ihm noch einen Zug im Spiel freigeben.

Hsüä-dou durchschaut den Zusammenhang; deshalb hebt er ihn mit seinem Gesang heraus. Die Fohlen der Himmelspferde liefen an einem Tag tausend Li weit kreuz und quer in rasendem Galopp, als ob sie flögen; daher nannte man sie auch so. Hsüä-dou preist in diesem Gesang den Meister Bai-dschang, wie er den Bereich der Patriarchen von Ost nach West und von West nach Ost durchmißt, einmal hin, einmal her, siebenmal geradeaus, achtmal in die Quere, völlig ungehindert, gerade wie solch ein Himmelsfohlen, das im rasenden Stafettenritt doch immer sieht, wo es freie Bahn hat. Das kommt einfach davon her, daß er [Bai-dschang] von seinem eigenen Meister, dem Patriarchen Ma, dessen große geistige Lebendigkeit und machtvolles Wirken überkommen hatte.
Hier ein Beispiel! Ein Mönch fragte den Patriarchen Ma: Was ist kurz gesagt der Sinn des Buddhagesetzes? Der Meister schlug ihn und versetzte: Wenn ich dich nicht schlüge, so würde ich es erleben, daß das ganze weite Reich mich auslacht.
Wieder einer fragte: Was ist der Sinn der Ankunft unseres Patriarchen Bodhidharma aus dem Westen? Der Meister erwiderte: Komm näher zu mir her, dann werde ich es dir sagen! Der Mönch trat näher. Da nahm ihn Ma am Ohr, gab ihm einen Schlag und sagte: Sechs Ohren hecken kein Komplott zusammen aus.
Seht, welch überlegener Freiheit dieser Meister mächtig ist! So geht es in der Schule zu, wo man die Menschen zur Verwandlung bringt. Da rollt man entweder zusammen und verschließt [was der andre doch nicht verstehen kann] oder man tut auf und breitet seine Rolle auseinander. Das eine Mal öffnet man sich ohne jeden Rückhalt. Das andere Mal rollt man zusammen, ohne den geringsten Einblick zu gewähren. Wieder ein anderes Mal tut man weder dieses noch jenes. Wie es denn heißt: Auf gleicher Fahrbahn sind die Wagenspuren doch verschieden.
Mit diesen beiden ersten Versen rühmt Hsüä-dou also die Meisterschaft des Bai-dschang. Wenn er nun weiter sagt: »Behält bei Blitz und Funkensprühn der Geist die Gegenwart . . .«, so gilt hier sein Lob dem Mönche, der in diesem blitzartigen Gefecht immerhin ein Stückchen Wendigkeit und Geistesgegenwart beweist.
Yän-tou sagte einmal: »Eine Sache abwehren, gilt für vornehm; einer Sache nachlaufen, für niedrig. Im Redegefecht steht jeder für sich auf seiner eigenen Drehscheibe.«
Und Hsüä-dou sagt [nämlich in seinem Gesang zum 65. Beispiel]:

> Das Rad des Geistes steht von Haus aus still.
> Dreht sich's, dann immer nur nach beiden Seiten.

Wenn sich das Rad nicht drehen könnte, was hätte es dann für praktischen Wert? Was ein tüchtiger Kerl sein will, der muß auch um dieses Stückchen Wendigkeit und Geistesgegenwart wissen; so erst wird es ihm gelingen.

Aber heutzutage versuchen die Leute immer nur, dem Meister entgegenzukommen, und müssen es sich dann gefallen lassen, daß dieser ihnen die Nasenwand durchbohrt [und sie ans Leitseil nimmt]. Wie wollen sie da jemals fertig werden? Dieser Mönch dagegen wahrt sich »in Blitz und Funkensprühen« immer noch die Wendigkeit des Geistes, und damit verneigt er sich verehrend vor dem Meister.
So, sagt Hsüä-dou zum Schluß, »wird's heiter: einer kam und strich dem Tiger übern Bart.« Bai-dschang hat mit solch großem Kriechtier allerdings eine gewisse Ähnlichkeit. Und es gibt etwas zu lachen, wenn dieser Mönch nun hingeht und jenem über die Schnurrhaare streicht.

Erklärungen zum Text

Bai-dschang, der Schüler Ma's

Mit Bai-dschang[1] kommen wir wieder in eine ältere Generation chinesischer Meister zurück, und zwar in diejenige Zeit, in welcher die geistige Bewegung des Zen nach langsamem Wachstum in stiller Verborgenheit allmählich erstarkte, sich ihrer Eigenart entschiedener bewußt wurde und schließlich eine mehr oder weniger feste Gestalt annahm, durch welche sie sich von den vorwiegend dogmatisch oder rituell gerichteten Schulen des chinesischen Buddhismus als eine religiöse Gemeinschaft ganz eigener Art klar und deutlich abhob. Diesen letzten Schritt getan und dem Zen eine Form gegeben zu haben, deren Grundzüge noch heute die geistige Existenz der Zen-Schulen in Japan kennzeichnen, ist Bai-dschang's Verdienst.

Auch in Hsüä-dou's nachfolgendem Gesang, welcher ja zunächst das vorliegende Beispiel zu beleuchten bestimmt ist, klingt darüber hinaus ein Ton des Rühmens an, der die Bedeutung dieses Meisters für die Geschichte des Zen überhaupt ins Bewußtsein ruft. Wenn es dort heißt:

»Auf Väterauen tummelt sich ein Fohlen vom Himmelsroß,«

so ist mit dem ›Himmelsroß‹ der Großmeister Ma gemeint, den wir schon im 3. Beispiel als Enkelschüler des Sechsten Patriarchen, Hui-nëng, kennen gelernt haben. Der Name Ma bedeutet ›Pferd‹, und mit dem Ausdruck Himmelsroß verbindet sich die Erinnerung an die Zeit des Kaisers Wu von der Han-Dynastie, der in den Jahren 104 bis 101 vor Christi Geburt aus dem Gebiet des heutigen Fergana (am Oberlauf des Syr-darja) sogenannte Blutschweißpferde einführte, die es ihm erleichtern sollten, die ungeheuren Weiten seines Reiches zu beherrschen. Es wird erzählt, daß auf den Bergen von Fergana eine Rasse wilder Pferde lebte, die so schnell waren, daß sie niemand einfangen konnte. So brachte man von China scheckige Stuten an den Fuß der dortigen Berge und wartete, bis diese sich mit jenen Blutschweißpferden gepaart und Junge geworfen hatten. Auf diese Weise erhielten die Chinesen Pferde von einer Schnelligkeit des Laufes, daß man meinen konnte, sie flögen am Himmel. Solch ein Himmelsroß, will Hsüä-dou sagen, war der Großmeister Ma; er trug den echten Geist des Sechsten Patriarchen.

Aber fast noch mehr Freude hat der Dichter am Fohlen dieses Himmelsrosses, an Ma's bestem Schüler Bai-dschang. Und wenn er diesen nun einen ›Bekehrer eigner Art‹ nennt, oder, wie es wörtlich heißt: einen, der »in seiner Bekehrungsweise, im Aufschließen und Verschließen, nicht gleiche Wege (wie die andern) ging«, so denkt er auch hier nicht bloß an den Anlaß, welchen das Beispiel selbst zu solchem Urteil gibt, sondern an Bai-dschangs geschichtliche Bedeutung überhaupt. Ein Blick auf dessen Leben und Wirken wird dies deutlich machen.

Wie in so vielen Fällen, enthält auch die Überlieferung über Bai-dschang mancherlei Unklarheiten und sogar Widersprüche. Den Zen-Leuten ging es so sehr um den inneren Zugang zu dem Geiste des Meisters, daß ihnen die äußeren Umstände, unter denen dieser Geist aufleuchtete, gleichgültig wurden. Am sichersten wird in den meisten Fällen das Todesjahr eines Meisters festgehalten. So steht für Bai-dschang fest, daß er im Jahre 814 auf dem Bai-dschang-schan gestorben ist. Aber schon über sein Lebensalter, nach dem sich dann sein Geburtsjahr errechnen ließe, bestehen zwei Überlieferungen, die um nicht weniger als dreißig Jahre auseinandergehen. Doch haben wir triftige Gründe, anzunehmen, daß er nicht, wie die eine will, 95, sondern nur 65 Jahre alt geworden ist, also im Jahre 749, unter der Regierung des erst so glücklichen und dann so unglücklichen Kaisers Hsüan-dsung, das Licht der Welt erblickt hat. Seine Familie, ungefähr 450 Jahre früher beim Zusammenbruch der westlichen Djin-Dynastie unter dem Druck der Hunnen aus der nördlichen Provinz Schansi nach Fukien ausgewandert, lebte dort in der Nähe der Hauptstadt Fu-dschou. Den Knaben zog es schon früh zu Lehre und Geist des Buddha. Noch ehe er das zwanzigste Jahr erreicht hatte, suchte er in der benachbarten Kuangtung-Provinz ein Kloster der Stadt Tschaudschou auf, wo er sich den Kopf scheren ließ und das schwarzgraue Büßergewand anlegte. Dann wanderte er weiter nach Hunan, um in einem Kloster des berühmten Berges Hëng-schan das Mönchsgelübde abzulegen, und führte von da ab den Namen Huai-hai, d. h. Busenmeer oder Meer der Innerlichkeit. Wahrscheinlich hatten seine Erfahrungen ihn schon damals zu einer dem Zen verwandten, ganz auf das Innere gerichteten Geisteshaltung geführt. Gleichwohl empfand er das Bedürfnis, sich auch theoretisch weiterzubilden. In einem Kloster der Provinz Anhui fand er eine Bibliothek, die es ihm erlaubte, sich nicht nur in die Sutren und Lehrschriften des Buddhismus zu vertiefen, sondern auch in die Vielfalt der Regeln, welche die Lehrer des Vinaya, der strengen mönchischen Zucht des indischen Buddhismus, im Lauf der Zeit aufgestellt hatten. Nicht viel später aber scheint er wieder über den Yangtsekiang zurückgewandert zu sein, um in der Provinz Kiangsi den Großmeister Ma, Patriarch in der 8. Generation, aufzusuchen, welcher ihn offenbar schon bald als Aufwärter in Dienst stellte, und bei diesem erlebte er denn auch auf ganz direkte und persönliche Weise die innere Befreiung.

Die Berichte hierüber lauten je nach der Quelle verschieden. In einer derselben heißt es: Eines Tages begleitete der Aufwärter Huai-hai den Patriarchen Ma auf einem Gang ins Freie, als sie plötzlich einen Schwarm von Wildenten mit lautem Flügelschlag vorüberschwirren sahen. Das gab dem Meister Anlaß zu einem Frag- und Antwortspiel. Er ließ eine Weile vergehen, dann sagte er: Was war das? Das waren Wildenten, antwortete der Mönch. Wohin sind sie? Huai-hai erwiderte: Sie sind davongeflogen.

[1] Bai-dschang Huai-hai, 749(?)–814; japanisch Hyaku-jô E-kai; Lehrer der Meister Huang-bo, We-schan und anderer. Traditionstafel III B, 9.

Da drehte sich der Meister rückwärts zu seinem Begleiter hin, faßte ihn an der Nase und drehte sie herum, so daß Huai-hai vor Schmerz laut aufschrie. Ohne sich darum zu kümmern, fuhr ihn der Meister an und schalt: Sage mir noch einmal: Sie sind davongeflogen! Bei dieser Schelte ging dem Mönch Huai-hai mit einem Mal ein neues Licht auf. In leicht veränderter Fassung bildet diese Geschichte den Inhalt des 53. Beispiels unserer Sammlung und wird dort ausführlicher zu behandeln sein.

Eine zweite entscheidende Aussprache zwischen Ma-dsu und dem nachmaligen Bai-dschang hat Yüan-wu bereits in der Erläuterung zum 11. Beispiel mitgeteilt: dort erzählt Bai-dschang seinem bedeutendsten Schüler Huang-bo, wie der Patriarch Ma ihn einst durch die Gesten, die er mit seinem Jakschweif ausführte, über die Art und Weise belehrte, in der ein richtiger Meister mit den ihm anbefohlenen Schülern zu verfahren habe. Auch dieser Bericht tritt in den verschiedenen Traditionslinien vielfach variiert auf, so daß es schwer hält, genau festzustellen, was sich nun wirklich begeben hat und wie alles ursprünglich gemeint war. Aber auf jeden Fall sind alle diese Berichte ein unmißverständlicher Ausdruck dafür, daß sich zwischen dem Großmeister Ma und Huai-hai ein sehr inniges Band geknüpft hat.

Dem entspricht es, daß der nachmalige Bai-dschang seinem Meister nicht nur bis zu dessen Ende nahe blieb, sondern auch später, nachdem dieser im Jahre 786 auf dem Krankenlager noch den Ausspruch »Buddha mit dem Sonnengesicht, Buddha mit dem Mondgesicht« getan und kurz darauf das Zeitliche gesegnet hatte. Denn nachdem die Asche des Meisters in einem Grabe beigesetzt und eine Pagode darüber errichtet worden war, zu welcher ein steinerner Torbau führte, hielt sich Huai-hai, während seine Schulgenossen längst in Amt und Würden standen, noch ungefähr zehn Jahre lang völlig zurückgezogen in diesem Torbau auf, nur damit beschäftigt, all das, was von des Großmeisters Geist auf ihn übergegangen war, in sich zu ordnen, zu festigen, zugleich aber auch mit den Forderungen, die ihm schon während seiner Sutra- und Vinaya-Studien aufgegangen waren, in Einklang zu bringen. Die Vermutung liegt nahe, daß er zwischen dem Geist der Patriarchen, zumal Hui-nĕng's, und den äußeren Umständen, unter denen sie wirkten, nämlich der ganzen Einrichtung und Ordnung der damaligen Klosteranlagen und ihres Kultbetriebes, einen Widerspruch empfand und sich aus diesem Grund zunächst nicht entschließen konnte, selbst die Leitung irgendeines Klosters zu übernehmen. Darum störte es ihn auch, als ihn mit der Zeit immer mehr Besucher in jenem Torbau bei Ma's Pagode aufsuchten, und so entschloß er sich, von dieser Stätte Abschied zu nehmen und sich in noch unzugänglichere Einsamkeit zurückzuziehen.

Diese fand er ein paar Tagereisen weiter im Norden seiner Provinz Kiangsi auf dem sogenannten Da-hsiung-schan oder Reckenberg (nordwestlich von Fĕng-hsin), einem menschenleeren Gebirgsstock mit steil aufragenden Felsen. Dank der Unterstützung durch einen wohlhabenden

Verehrer konnte sich Huai-hai dort eine Klause bauen. Nahe dabei war ein Sturzbach, der über eine Felswand ›hundert Klafter‹ (bai-dschang) in die Tiefe fiel. So gab er seinem Sitz den Namen Bai-dschang-schan, d. h. Hundertklafterberg, und der Name Bai-dschang ging von da an auf ihn selber über. Die Erwartung aber, daß er hier nun von Besuchern weniger gestört sein würde, erfüllte sich nicht. Im Gegenteil, sein Ruf verbreitete sich nur noch mehr und führte ihm nach wenigen Monaten soviel Besucher zu, daß sein Verehrer ihm die Mittel gab, hier in der wilden Bergeseinsamkeit ein richtiges Kloster aufzubauen.

Nun kam zum Tragen, was er in den langen Jahren bei dem Grabe seines Meisters Ma überlegt und durchgedacht hatte. Während die bisherigen Zen-Meister ihre Tätigkeit in Klöstern der hergebrachten Form ausübten, legte Huai-hai seine Wirkungsstätte zum erstenmal frei nach den Grundsätzen und Bedürfnissen der Zen-Schule an. Am deutlichsten trat dies darin zutage, daß er auf eine besondere Buddhahalle mit Kultbildern und Altären verzichtete und statt dessen die Dharma-Halle, die der Lehrtätigkeit des Meisters diente, in den Mittelpunkt stellte, an den sich die Mönchs- oder Meditationshalle als zweiter Hauptteil des Klosters anschloß. Ist sein Vorbild in der Folgezeit auch nicht gerade streng eingehalten worden, so hebt sich seitdem doch die Bauweise der Zen-Klöster durch ihre edle Schlichtheit von dem kultischen Prunk der ostasiatischen Buddhatempel älteren Stils augenfällig ab.

Damit aber nicht genug. Bai-dschang war es auch, der für dieses sein Kloster nun erstmals eine feste mönchische Ordnung aufstellte, sorgfältig ausgedachte strenge Regeln, teils nach dem Vorbild der schon von Shâkyamuni Buddha und seinen Nachfolgern im sogenannten Vinaya niedergelegten Satzungen, teils nach dem Vorbild des Vierten, Fünften und Sechsten Patriarchen, teils aber auch auf Grund eigener Erfahrungen. Noch heute ist die von ihm verfaßte ›Regel der Reinen‹ für Zen-Klöster erhalten, nur daß sich bei der Menge später eingeschobener Zusätze oder gar Änderungen nicht mehr sicher feststellen läßt, welche Vorschriften auf Bai-dschang selbst zurückgehen. Wie dem auch sei, so kommt dieser von Bai-dschang ausgearbeiteten Regel für Zen-Mönche das hohe Verdienst zu, im Unterschied von allen übrigen buddhistischen Richtungen Chinas nicht nur die negativen Verbote des älteren Buddhismus weitergegeben, sondern auch ins einzelne gehende positive Vorschriften für das Gemeinschaftsleben, das Verhalten zu den Oberen, die verschiedenen Ämter und Dienste, die täglichen Arbeiten in Haus und Feld, die Mahlzeiten, einschließlich Strafbestimmungen aufgestellt zu haben, und diese alle in einem Geist, der Freiheit und Zucht, Ehrfurcht und Würde in einer Weise verband, daß konfuzianische Beobachter seitdem staunend bekannten, in diesen Zen-Klöstern sei die edle Sitte des Altertums, das ihnen selbst als Goldenes Zeitalter vorschwebte, zu neuem Leben erwacht. Wie streng es Bai-dschang damit nahm, in der Einhaltung dieser Regeln mit gutem Beispiel voranzugehen, zeigt sein Verhalten beim täglichen

Arbeitsdienst. Den Schülern wurde es mit der Zeit peinlich, den alternden Meister im Feld und Gemüseland an ihrer Seite wie einen andern sich abmühen zu sehen. Sie baten ihn, sich doch zu schonen und diese Arbeit ihnen zu überlassen. Der Meister aber beharrte auf dem Grundsatz: ein Tag ohne Arbeit, ein Tag ohne Essen. Schließlich versteckten ihm die Schüler sein Gartengerät, so daß er eines Tages gezwungen war, auf die Arbeit zu verzichten. Aber der Meister erwiderte den Zwang mit der Weigerung, Nahrung zu sich zu nehmen, und am nächsten Tag mußten ihn die Schüler bei der Arbeit wieder neben sich dulden.

So ist es nicht von ungefähr, wenn aus Bai-dschang's Schule bedeutende Männer hervorgingen, die den Geist des Meisters an die nachfolgenden Generationen weitergaben. Die beiden wichtigsten unter ihnen haben wir bereits kennengelernt: im 4. und 24. Beispiel den gewichtigen We-schan, im 11. aber Huang-bo, welchem insofern für die weitere Entwicklung des Zen noch höhere Bedeutung zukommt, als sein großer Schüler Lin-dji, japanisch Rinzai, das erste Glied einer Traditionskette bildet, welcher zehn Generationen später der zweite Herausgeber unserer Sammlung, Yüan-wu, angehört, und die in Japan unter dem Namen Rinzai-shû noch heute in Blüte steht. Die Langlebigkeit dieser Linie ist es, die rückwirkend auch ihre Anfänger in besonderem Licht erscheinen läßt: den Großmeister Ma, seinen Schüler Bai-dschang auf dem Reckenberg, seinen Enkelschüler Huang-bo und seinen geistigen Urenkel Lin-dji, von dem schon im 20. Beispiel die Rede war und den wir im 32. noch näher kennenlernen werden.

Zum Verständnis des Beispiels

Wie Bai-dschang mit seinen Schülern umzugehen pflegte, haben wir bereits an zweien seiner Begegnungen mit Huang-bo im 11. Beispiel gesehen. Das hier ohne vorhergehenden »Hinweis« vorgelegte Exempel läßt in seiner gedrängten Kürze das Bild dieses nur auf den Kern der Sache gerichteten Geistes noch deutlicher hervortreten. Hier ziemt es sich, geschichtlicher Betrachtung den Abschied zu geben und in die Gegenwart des Geistes einzutreten.

Die japanischen Erklärer haben für dieses Beispiel besondere Wertschätzung. Es zeige, sagen sie, in seiner gedrängten Kürze und schlagartigen Dramatik den Geist des Zen auf seiner Höhe. Daß Yüan-wu darauf verzichte, es mit einem Hinweis einzuleiten, den Leser vielmehr unmittelbar vor die Szene selbst hinstelle, sei hier gerade das Richtige. Nachher allerdings gibt sich Yüan-wu alle Mühe, seinen Hörern für die einzelnen Wendungen, die der kurze Waffengang in den vier Sätzchen nimmt, den Sinn zu schärfen. So bleibt für uns nur weniges hinzuzufügen. Über die Gedanken, die den Mönch auf seine merkwürdige Fragestellung brachten, lassen sich nur noch Vermutungen anstellen. Festzuhalten ist natürlich, daß sich diese auf buddhistischem Geleise bewegen, und da hat das Wort ›außerordentlich‹ den numinosen Klang des Wunderbaren, sei es im Sinn volkstümlichen Wunderglaubens, sei es in dem des allerhöchsten Gutes. Und sicher denkt der Mönch an dieses letztere, an Buddha, Buddhaschaft, Nirvâna, oder an die letzten Geheimnisse des Buddhagesetzes, der Buddhawahrheit. Im Sinnen über diese höchsten Dinge ist er wohl an irgendeinem Stein des Anstoßes hängen geblieben, wie denn die dialektische Form buddhistischen Denkens zu abwegigen Folgerungen Anlaß genug bietet. Man kann auf diesem Wege leicht an eine Stelle gelangen, wo einem alles fraglich wird und sich in graues Einerlei auflöst, so daß selbst an der Buddhaschaft nichts Außerordentliches haften bleibt. Zumindest könnte man von derartigen Gedankengängen aus verstehen, wieso der Mönch auf seine sonderbare Frage kommt. Wahrscheinlich erwartet er im stillen, daß der Meister ihm gerade solch ein Wort wie Buddha, Buddhaschaft, oder wie das Zen, den Geist des Patriarchen und ähnliches entgegenhält, was für ihn selbst zu einem dogmatischen Gemeinplatz von zweifelhaftem Wert geworden ist. Dann wird er vom Leder ziehen und dem Meister seine schönen Worte erbarmungslos zerpflücken.

In Bai-dschang aber hat er sich verrechnet. Der ist kein Dogmatiker, der mit Begriffen operiert. An dem ist alles Leben, Gegenwart des Geistes. Er braucht nach Wundern nicht ins Weite auszugreifen. Er hat das Außerordentliche, Einzigartige, das höchste Wunder in der eigenen Existenz. Wo anders sollte es für einen Menschen überhaupt zu finden sein? Und so erfüllt ist dieser Mann von diesem Außerordentlichen, daß er es mit einer Offenheit sondergleichen in seiner ganzen Majestät und Größe vor dem Frager bloßstellt. Und nicht nur offenherzig ist es, wie er redet, sondern auch barmherzig. Denn auch der Mönch sitzt jetzt, wie er, hier oben auf dem Reckenberg; er sitzt, genau wie Bai-dschang, ganz für sich allein. Er hat es hier mit niemand als nur mit sich selbst zu tun, mit seiner anfanglosen Grundform, seiner ursprünglichen Natur, und nur in dieser Richtung kann auch er das wahrhaft Außerordentliche finden. In Bai-dschang's königlichen Worten ist der Klang der Einladung, es ihm in seinem Königtume gleichzutun, unmißverständlich zu vernehmen.

Doch darauf ist der Mönch nicht vorbereitet. Er spürt wohl bis ins Innerste die Hoheit dessen, der so reden kann. Und dieser Eindruck wird ihm auf die Dauer bleiben. Zunächst aber steht er vor der verwirrenden Tatsache, daß ihm der Meister das Konzept verdorben hat. Und er ist Manns genug, dies zuzugeben, ohne daß er doch schon wirklich überwunden wäre. Die stumm verehrende Verneigung kann den Meister nicht darüber täuschen, daß der Frager seine Zweifel keineswegs schon abgeschüttelt hat. Es ist jedoch bezeichnend für die freie und wahrhaftige Art des Zen, daß Hsüä-dou sowohl als auch Yüan-wu den Mönch mit Hochachtung behandeln, ja es ihm geradezu zur Ehre anrechnen, wenn er, anstatt zusammenzubrechen oder erzwungene Bekehrung zu heucheln, sich ritterlich in guter Form aus dem Gefechte zieht.

Auch Bai-dschang's Schläge haben einen Hieb von dieser Achtung in sich. Der Mönch ist es ihm wert, sich ernsthaft mit ihm zu befassen. Nur ist die Lage die, daß Reden nunmehr keinen Sinn hat. »Hier auf dem Reckenberg allein zu sitzen«, – das ist für dich das eigentliche Wunder, wie für mich – damit ist alles gesagt, was überhaupt zu sagen ist. Jedes Wort darüber hinaus würde nur abschwächen. Bekräftigen können es nur noch die stummen Schläge, die dem Mann mit seinen zweifelnden Gedanken durch Mark und Bein gehen mögen.

Yün-mën's goldener Wind

Hinweis

Wie ein Meister auf eine einzige Frage gleich deren zehn beantwortet und an *einer* Ecke auch die drei andern aufzeigt, wie er beim Anblick eines Hasen nur den Falken losläßt [nicht etwa den Hund, den er zum Jagen eines Hirsches braucht] und sich beim Feuermachen nach dem Winde richtet, wie er [in dem Bemühen um den Schüler alles hergibt und] sich nichts daraus macht, wenn ihm auch die Brauenhärchen ausfallen – von dem allem lasset uns für heute einmal absehen und nur das eine fragen: Wie aber, wenn die Lage einer solchen gleicht, die es erfordert, in das Versteck des Tigers einzudringen? Versuchen wir's mit einem Beispiel! Sehet her!

Das Beispiel

Wir legen vor:

Ein Mönch fragte Yün-mën: Was für eine Zeit ist das, wenn die Bäume sich verfärben und die Blätter fallen?
Yün-mën erwiderte: Dann legt der goldene Wind sein ganzes Wesen bloß.

Zwischenbemerkungen zum Beispiel

»Ein Mönch fragte Yün-mën: Was ist das für eine Zeit, wenn die Bäume sich verfärben und die Blätter fallen?« – Was ist das für eine Zeit? – Kommen die Familienglieder um, stirbt die Familie aus. Stirbt die Familie aus, so kommen ihre Glieder um.
»Yün-mën erwiderte: Dann legt der goldene Wind sein ganzes Wesen bloß.« – Das stemmt den Himmel hoch und stützt die Erde auf. – Er schneidet Nägel ab, sägt Eisenstangen durch. – In splitternackter Reinheit, in sprühender Blöße. – Er wandelt leicht und eben hin im Blau des Äthers.

Erläuterung des Beispiels

Wenn es dir gelingen sollte, dieses Gold von der Spielmatte aufzuheben und einzustreichen, dann erst wirst du sehen, was Yün-mën für ein Mann ist, und wie gut er es mit andern meint. Gelingt es dir noch nicht, so wirst du nach gewohnter Art den Hirsch da für ein Pferd erklären. Die Augen blind, die Ohren taub – wer wird in diese Region gelangen?

Sagt mir einmal: Gibt Yün-mën hier auf eine Frage eine Antwort? Oder respondiert er nur im Wechselgesang? Behauptest du, er beantworte jenem seine Frage, so siehst du [fälschlich] auf das Sternlein an der Aufhängung der Waage anstatt auf das Laufgewicht. Sagst du aber, er respondiere jenem im Wechselgesang, so verlierst du den Kontakt mit der Sache überhaupt. Wenn es also weder das eine noch das andere ist, was ist es dann? Gelingt es dir, hier durchzudringen, so braucht dem Zen-Mann niemand in die Nüstern zu kneifen. Wenn nicht, wirst du nach alter Gewohnheit wieder in die Grube fallen, wo die Totengeister wohnen.

Wer am Bau des von den Vätern her auf uns gekommenen Glaubens mitarbeiten will, der muß die ihm auferlegte Last mit seiner ganzen Person auf sich nehmen, muß sich den ihm Anbefohlenen rückhaltlos hergeben, gleichviel, ob ihm dabei die Augenbrauenhärchen ausfallen, muß sich dem Tiger breit vor den Rachen legen und sich kreuz und quer von ihm zerren lassen. Sonst kann er ihnen niemals etwas sein.

Der Fragepunkt, mit dem der Mönch vor Yün-mën trat, war, man muß schon sagen, gefährlich zugespitzt. Nimmt man die Frage im gewöhnlichen Wortsinn, so scheint es, als befasse sich der Mönch mit müßigem Getändel. Nimmt man ihn dagegen als das, was er ist, als Kuttenmönch und übenden Schüler, also jemand, dem es um den Puls des Lebens geht, dann steckt in seiner Frage schon etwas Wunderbares. Saget mir doch nur: Was für Menschen sind denn das, deren innerem Zustand eine Welt entspricht, in der »die Bäume sich verfärben und die Blätter fallen«? Yün-mën aber weicht [von dem Tenor dieser Frage] nicht um Haaresbreite ab. Er wendet sich dem Manne zu und sagt einfach: Dann legt der goldene Wind sein ganzes Wesen bloß. Seine Antwort enthält etwas im höchsten Grade Wunderbares und bleibt dabei doch für den Kernpunkt jener Frage nicht unempfindlich. Das ist nur möglich, weil schon aus der Frage helle Augen sprechen; darum trifft auch die Antwort ins Schwarze.

Einer von den Alten[1] sagt: »Wenn du willst, daß dein Meister sorgsam auf dich eingehen soll, dann komme ihm beim Fragen nicht mit Fragen daher! Wo man einander schon am Klang der Stimme erkennt, da braucht es nur ein Wort, und der andere weiß schon, was gemeint ist.«

Wenn du, um Yün-mën's Antwort zu verstehen, nur dem Wortlaut nachgehst, bist du bereits auf falschem Wege. Es ist bei Yün-mën's Aussprüchen nur eben dies, daß er die Leute oft und gerne in Versuchung führt, seine Worte gefühlsmäßig aufzufassen. Läßt sich der Frager dann verführen und macht sich nach seinem unerleuchteten Gefühl eine Deutung zurecht, dann ist er schon durchgefallen, und dem Meister geht ein Sohn mitsamt Enkeln verloren. Aber dies ist nun eben Yün-mën's Art: er hat die Liebhaberei, den Räuber auf des Räubers eigenem Pferd zu jagen. Sehet her! Ein Mönch fragte Yün-mën: Was ist »dort, wo man nicht

mehr denkt und fühlt«? Und Yün-mën erwiderte: Dort »sind schwer zu messen Sinne und Gefühl«. [Der Mönch zitiert eine Stelle aus dem berühmten Gesang des Dritten Patriarchen, »Stempel des Glaubensgeistes« oder Hsin-hsin-ming, und Yün-mën, anstatt irgendeine Antwort zu geben, erwidert die Frage einfach damit, daß er den Satz aus dem Hsin-hsin-ming weiter zitiert. Denn dort heißt es: »Dort, wo man nicht mehr denkt und wägt, sind schwer zu messen Sinne und Gefühl.«[2]]
Der Mönch hier fragt: »Was für eine Zeit ist das, wenn die Bäume sich verfärben und die Blätter fallen?« Und Yün-mën erwidert: »Dann legt der goldene Wind sein ganzes Wesen bloß.« Da kann man schon sagen: Diese Antwort schneidet zum sicheren Port jede Zufahrt ab. Sie steht über der hergebrachten Unterscheidung zwischen gemeiner Welt und Heiligkeit. Beim Suchen nach dem Sinn des Ausspruchs tust du gut daran, dich dessen zu erinnern, daß Yün-mën an die Antworten, die er gab, die Forderung stellte, daß sie in sich »dreierlei Sätze« enthalten [oder, wie man im Deutschen sagen würde, dreierlei bewirken und leisten] sollten. Der erste Satz sollte »Himmel und Erde zudecken« [d. h. über Himmel und Erde hinausgehen, also ewig gültige Wahrheit enthalten], der zweite »dem Wellengange folgen« [d. h. sich der Frage anpassen und auf den Frager eingehen], und der dritte »alle Ströme [der Gedanken und Gefühle] abschneiden« [d. h., die ganze Denkrichtung des Fragers aus den Angeln heben], und diese ›drei Sätze‹ sollten zusammen in einen einzigen verschlungen sein. Nun saget mir: Welcher von den dreien Sätzen dient dem Yün-mën hier dazu, den Mönch, der ihn befragte, anzuleiten? Versuchet einmal, es zu unterscheiden! Der Gesang lautet:

Gesang

Frage schon hat Vollgewicht.
Antwort bleibt dahinter nicht.
Müßt der Sätze drei drin finden!
Ein Pfeil weit im Raume fliegt.
Über dem großen Gefild
frostiger Stürme heulende Wut!
Weit am Himmel entlang
sprühender Güsse düstere Sicht!

[1] Ausspruch von Schou-schan Schëng-niän; vgl. S. 205, 2.
[2] Vgl. Zen, ›Der lebendige Buddhismus in Japan‹, von Sch. Ôhasama und August Faust, S. 69 unten. Die betreffende Stelle lautet in der dortigen Übersetzung: »Wo dieses Nichtdenken herrscht, sind unermeßlich die Sinne und das Gefühl.« Eine Deutung der Stelle gibt die Anmerkung 17 auf S. 133 desselben Buches.

Freund, siehst du nicht?
Im Schau-Wald der Fremdling, lange gesessen,
ist noch immer nicht fort.
Ein stiller Hain am Bärenohrberge
birgt ihn dunkel und dicht.

Zwischenbemerkungen zum Gesang

»Frage schon hat Vollgewicht.« – Tiefes Verständnis für den Wind, der hier weht! – Der Mönch hat seinen Pfeil nicht leichtfertig abgeschossen.
»Antwort bleibt dahinter nicht.« – Wie sollte sie auch? – Das ist so, wie die Glocke auf den Holzblock wartet [bis er ihr den Klang entlockt].
»Müßt der Sätze drei drin finden.« – Erster Satz, Mittelsatz, Schlußsatz! – Der wievielte ist es nun? – Das mußt du dir von wo anders her einstreichen, als aus einem der drei Sätze; dann erst hast du den Gewinn in der Tasche.
»*Ein* Pfeil weit im Raume fliegt.« – Gut getroffen! – Schon vorüber! – Klipp, klapp, fertig! – Der Pfeil fliegt über Silla hinaus!
»Über dem großen Gefild frostiger Stürme heulende Wut!« – Das zieht über den Himmel weg und geht rund um die Erde! – Merkst du auch, wie sich dir eine Gänsehaut zusammenzieht? – Er [der Dichter, Hsüä-dou] läßt seinem Geist die Zügel schießen.
»Weit am Himmel entlang sprühender Güsse düstere Sicht!« – Winde weltenweit! Wasser weit und breit! – Sintflut überm Haupt, Sintflut unter den Füßen!
»Im Schau-Wald der Fremdling, lange gesessen, ist noch immer nicht fort.« – Da haben wir wieder den alten Schnurrpfeifer! – Höchst unangenehme Belästigung! – Der Gelbe Strom führt schon vom Oberlauf her trübes Wasser und trägt es weiter bis ins Gelbe Meer. [Will heißen: Buddha bleibt nun einmal Buddha; Bodhidharma bleibt Bodhidharma; Zen bleibt Zen.]
»Ein stiller Hain am Bärenohrberge birgt ihn dunkel und dicht.« – Ob du nun die Augen aufmachst oder zu. – Da überschlägt er nun seinen Lebensunterhalt in der Totenhöhle. – Die Augen blind, die Ohren taub! – Wer bringt es wohl auch soweit? – Wenn je, wirst du dem nicht entgehen, daß sie dir die Vorderzähne ausschlagen [wie dem Bodhidharma seine Gegner taten].

Erläuterung des Gesangs

Einer der Alten[1] hat gesagt: Um Aussprüche der Meister richtig zu verstehen, muß man sie im Sinn der Schule deuten, der sie angehören, und darf sie nicht am eigenen Maßstab messen. Die Alten stellen ihre Worte nicht ins Leere.

Darum sagt einer[2]: Bei allen wichtigen Fragen, die einer [an einen Meister] stellt, muß man auch ein wenig über sein Verhältnis zu dem Meister wissen, ob es gut ist oder schlecht. Erkennt man nicht die feinen Unterschiede von edel und gewöhnlich, von lauter und trüb, von Zuneigung und Abneigung, so läßt man sich vom bloßen Wortlaut leiten und deutet wirr drauflos, und keinem Menschen ist damit geholfen. Bei einer offenherzigen Aussprache geht es genauso zu, wie beim Gebrauch von Zangen und Pinzetten, von Schlüssel und Schloß: da muß man ungebrochene Fühlung miteinander haben. So erst versteht man sich.

In der Frage dieses Mönches liegt bereits der Sinn und Geist der Schule. Dasselbe gilt von Yün-mën's Antwort. Er hatte die Gewohnheit, jede Frage mit ›drei Sätzen‹ zu beantworten. Es ist dies ein Grundsatz von der tiefsten Bedeutung. Die Art, wie Hsüä-dou diesen öffentlichen Aushang im Gesang behandelt, ist derjenigen in seinem Gesang zu dem öffentlichen Aushang über Da-lung [im 82. Beispiel] ähnlich. Die ›drei Sätze‹ müßt ihr richtig unterscheiden lernen. Es ist ein einziger Satz, der in sich dreierlei Aussagen enthält. Wenn ihr die unterscheiden könnt, werdet ihr durch alle drei hindurch ins Freie dringen[3].

»*Ein* Pfeil weit im Raume fliegt.« Dieser Schuß geht über alle Maßen weit. Du mußt ihn ganz flink ins Auge fassen, sonst entgeht er dir. Wenn es dir gelingt, ihn deutlich zu erkennen, erst dann werden sich dir mit Yün-mën's einem Satz so viel Welten erschließen, als Sand am Gangesufer liegt.

Mit diesen vier ersten Versen ist der Gesang eigentlich fertig; sie erschöpfen, was zu dem Zwiegespräch zwischen dem Mönch und Yün-mën zu sagen ist. Aber Hsüä-dou hat noch überschüssiges Talent. Darum entfaltet er den Gegenstand weiter und sagt:

»Über dem großen Gefild frostiger Stürme heulende Wut!
Weit am Himmel entlang sprühender Güsse düstere Sicht!«

Saget mir einmal: Ist das nun innerlich zu verstehen oder äußerlich? Liegt darin die dunkle Tiefe [etwa eines Lau-dsï]? Oder scheint die wunderbare Glorie [des Buddha] vielleicht daraus hervor?

Einer der Alten [wer, ist nicht berichtet] sagt:

Das Weltgesetz ist nicht geheim verborgen.
Es liegt wie einst, so heute offen bloß.

Jener [Mönch] fragt: Was für eine Zeit ist das, wenn die Bäume sich verfärben und die Blätter fallen? Und Yün-mën erwidert: Dann legt

[1] Schï-tou Hsi-tjiän, 700–790. Traditionstafel III A, 8. Generation.

[2] Yün-djü Dau-ying, bis 922; Traditionstafel III A, 12. Generation; Schüler des Vaters der Tsau-dung- oder Sôtô-Schule Dung-schan Liang-djiä.

[3] Vgl. die Erläuterung zum 14. Beispiel, S. 272.

der goldene Wind sein ganzes Wesen bloß. Hsüä-dou's Absicht mit den beiden Versen ist nichts anderes, als dieses Zwiegespräch zu einer Szene umzubilden und das Brausen des herbstlichen Sturmwinds anschaulich zu vergegenwärtigen. Ist es nicht der Südost, so ist es eben der Nordwest. Du mußt es einfach, wie es dasteht, nehmen; dann erst geht es dir richtig ein. Suchst du dahinter Zen und ähnliches, so hast du zu der Sache kein Verhältnis.

»Freund, siehst du nicht? Im Schau-Wald der Fremdling[1],
lange gesessen, ist noch immer nicht fort.«

Bodhidharma hat, bevor er nach den Himmelsstrichen des Westens zurückkehrte, neun Jahre lang still in sich versunken vor der Wand gesessen. Saget mir einmal: Bedeutete das nun, daß die Bäume sich verfärben und die Blätter fallen? Oder aber, legte hier der goldene Wind sein ganzes Wesen bloß? Wenn ihr an diesem Punkt darauf verzichtet, nach einst oder jetzt, nach weltlich oder heilig zu fragen, und statt dessen alles, was es geben mag im Himmel und auf Erden, zu *einem* Blatt zusammenklappt, dann, und nur dann, werdet ihr einen Blick dafür bekommen, wie peinlich genau es Yün-mën sowohl als auch der Dichter Hsüä-dou auf das Beste ihrer Mitmenschen abgesehen haben.
»Ein stiller Hain am Bärenohrberge birgt ihn dunkel und dicht.« Mit dem Hain am Bärenohrberg ist eben jener Schau-Wald im Sung-schan-Gebirge unweit unserer Residenzstadt Lo-yang gemeint. Dort ist die vordere wie die hintere Spitze ganz und gar von undurchdringlichem Dickicht überwachsen. Da werdet ihr von dem, was Hsüä-dou meint, schwerlich etwas sehen. Oder merkt ihr doch etwas davon, wie gut er es meint? Aber natürlich, die Schildkröte läßt auch hier wieder ihren Schwanz im Sande schleifen.

[1] Während Hsüä-dou sich in Yün-mën's tiefes Wort vom goldenen Wind versenkt, ersteht vor ihm wie von selbst auf einmal die Gestalt des Patriarchen Bodhidharma, des Fremdlings aus dem fernen Indien, von dem das 1. Beispiel unserer Sammlung handelt. Dieser selbst erscheint dem Dichter als lebendige Verkörperung eben dessen, was Yün-mën sagen will. Sein jahrelanges Sitzen im Schau-Wald am Berge mit den zwei Bärenohrenspitzen war nichts anderes, als daß er sich dem Winde preisgab, der allen Selbstbetrug ausfegt und alles, woran der Geist sich heften möchte, unbarmherzig wegreißt. In Yün-mën's Wort lebt Bodhidharmas Geist, es ist der Geist des Zen überhaupt.

Erklärungen zum Text

Yüan-wu's Hinweis

Mit seinem Hinweis hebt Yüan-wu die knappe Zwiesprache aus der Reihe der übrigen Beispiele als etwas ganz Besonderes unverkennbar heraus. Das Tigerjunge ist das kostbarste unter allen Tieren, die man lebendig fangen kann. Es ist aber auch keines so gefährlich zu erhaschen wie gerade das; es muß der Tigermutter abgelistet werden. Das Zusammentreffen dieser beiden Eigenschaften ist es, was den Fang des Tigerjungen zum Bild und Gleichnis für den Vorstoß zur eigentlichen Wahrheit passend macht. Die Wahrheit ist das Kostbarste, was ein Mensch gewinnen kann, gewinnen aber nur durch die Bereitschaft, alles aufzugeben, nur unter Einsatz des Lebens. Und das gilt hier nicht etwa bloß dem Schüler, der beim Meister Rat und Hilfe sucht. Der Zusammenhang des Ganzen zeigt es deutlich, daß Yüan-wu ebenso, ja fast noch mehr, auch an den Meister denkt, der, wenn es beim Schüler um das Letzte geht, mit Leib und Seele selbst dabei sein muß. Denn jenes Echte, das es zu ergreifen gilt, geht über Denken und Empfinden weit hinaus; es ist in seiner Wirklichkeit erschreckend und voll tödlicher Gefahr. Wie soll der Meister seinem Schüler das mitteilen können, wenn er nicht selbst im Anblick dieser Schrecken steht? Mit schönen Worten und mit nachgesprochenen Glaubenssätzen ist da nicht geholfen.

Das ungefähr ist die Einstellung, mit der uns Yüan-wu an das nun folgende Zwiegespräch heranführen will. Zugleich weckt er im Leser die Erwartung, einem Lehrer zu begegnen, dessen seelsorgerlicher Umgang von jener völligen Hingabe an die Sache wie an die Person des Suchenden in besonderem Maße getragen wird. Wir sind deshalb kaum überrascht, hier wieder einmal, wie schon öfters, dem Meister des von Sinn und Kraft erfüllten Wortes zu begegnen, Yün-mën-Wolkentor, von dem zuletzt im fünfzehnten Beispiel die Rede war.

Zum Verständnis des Beispiels

Das erste Hindernis für uns moderne Europäer, die Frage dieses Mönchs in ihrem vollen Ernst zu fassen, liegt schon in unserer Naturentfremdung. Wir haben uns mit allen Listen einer hochgezüchteten Technik gegen die Unbilden der Natur so zu sichern gelernt, daß uns das Gefühl für ihre Schrecken im gewöhnlichen Alltag geschwunden ist, um uns dann freilich da, wo unversehens unsere Kunst versagt, nur um so härter und betäubender zu überfallen. Wir müssen schon zu den Dichtern gehen, um noch nachzufühlen, was der Herbst für ein offenes und unverkümmertes Gemüt bedeutet. Oder aber zu Chinesen und Japanern, denen jede Jahreszeit ihre eigene Musik und Sprache hat, eine Sprache, die dem Volk Gemeingut ist und in bestimmten Redewendungen und Bildern die ganze Melodie der stets sich wandelnden Natur erklingen läßt.

Etwas von diesem Klange muß vernehmen, wer den Mönch, von dem das Beispiel handelt, auch nur von fern verstehen will. »Was für eine Zeit ist das, wenn die Bäume sich verfärben und die Blätter fallen?« Wem es bei dieser Frage nicht kalt über den Rücken läuft, dem hat das ganze Beispiel nichts zu sagen.

Aber mit der Schwermut des Herbstes allein ist der Sinn der Frage keineswegs erschöpft. Die Antwort, welche Yün-mën darauf gibt, zeigt auch, wie tief er diesen Mönch versteht, bis auf den Grund des Herzens, und wie rückhaltlos er selbst sich auf den Frager einläßt. Hsüä-dou, im Gesang, gibt Yün-mën darin recht, daß er den Mönch so ernst nimmt: »Frage schon hat Vollgewicht«, beginnt er, oder wie es wörtlich heißt: Schon in der Frage ist ›dsung‹ enthalten, unsere Religion, unser Glaube, der ganze Geist des Zen. Diese Frage kommt aus einer Tiefe und erwartet darum eine Antwort, die zumindest in derselben Tiefe wurzelt.

Offenbar befindet sich der Mönch im Zustand einer inneren Krisis, an einem Punkt, an dem ihm alles welk wird und zerblättert, und er sich mit seinem ganzen inneren Besitz ins leere Nichts zerfließen sieht. Aber schwerlich ist es jene erste Krisis, die den im Strom der Welt Mitschwimmenden befällt, wenn ihm der Blick für ihre Eitelkeit und Hohlheit einmal aufgeht. Über diesen Ausgangspunkt buddhistischer Erkenntnis ist der Mönch wohl lange schon hinaus. Die Mönchsgemeinde mit ihrem Glauben, ihrer strengen Übung ist gewiß seit Jahren seine geistige Heimat gewesen. Näher liegt deshalb wohl die Vermutung, daß dem Mönch inzwischen diese geistige Heimat selbst fragwürdig, nichtig, leer geworden ist. Und dies gerade durch den Eifer, mit dem er sich der Übung der Versenkung hingegeben hat. Zielt doch diese Übung eben darauf hin, den Geist von jeder Haftung, sei sie noch so fein, zu lösen. Eines Tages mochte ihm an vielem, was ihm bis dahin unantastbar heilig schien, der Zweifel aufgestiegen sein. War nicht auch Buddha nur ein Name? Nirvâna auch nur ein Begriff? Und war das ganze Treiben der buddhistischen Gemeinschaft, die sich mit ihren Klöstern, Tempeln, ihren Übungen und ihrem Kultus so ungeheuer wichtig nahm, nicht auch nur eine neue Auflage des Samsâra, der gemeinen Welt, mit allen ihren Leidenschaften, Eifersüchten, nur nicht so primitiv und offen, sondern heimlicher und feiner, also noch obendrein verlogene Heuchelei? Im Frühling seiner ersten Liebe hatte er das alles nicht gesehen, im Sommer der Erfüllung und des Reifens waren ihm die Augen langsam aufgegangen, und jetzt verfärbte sich das Laub der Bäume und die Blätter fielen. Wo ist nun der Buddha? Wo ist der sichere Halt im Leben und im Sterben? Wo soll man noch stehen, wenn auch die festen Felsen beben?

Eine ›Zeit‹ war über diesen Mönch gekommen, eine Krisis, in der ein anderer vielleicht zerbrochen wäre. Die Anerkennung, mit der Hsüä-dou im Gesang und ebenso auch Yüan-wu von ihm sprechen, läßt jedoch vermuten, daß er den Ruf auch dieser schwersten Stunde schon begriffen hat, daß er gefaßt war, dem Zusammenbruch auch dessen, was ihm bisher festgestanden hatte, zu begegnen. Sonst würde er auch vor den Meister wohl mit einer schärfer formulierten Frage hingetreten sein und sich mit dessen Antwort nicht so leicht zufriedengegeben haben. Wenn er imstande ist, das, was er auf dem Herzen trägt, in das Bild der Herbstlandschaft zu kleiden, so zeigt dies an, daß er zur eigenen inneren Not bereits Distanz gewonnen hat und vor dem Meister nicht ganz hilflos dasteht, sondern von ihm mehr nur die Bestätigung für das erwartet, was in ihm selbst schon aufgebrochen ist.

Yün-mën enttäuscht den Frager nicht. Er zeigt auch hier sich wiederum der Lage ganz gewachsen. Er kennt genau den Ort, an dem der Mönch in seinem Innern steht. Wie Yüan-wu es im Hinweis sagt, sieht er sofort, daß hier kein Hirsch zu schießen ist, sondern nur ein Hase, den man mit dem Falken jagen kann. Er spürt genau, woher der Wind hier weht, und zündet da sein Feuer an. So fertigt er den Mann nicht wortkarg ab, wie er es sonst mit andern häufig hält. Er belehrt ihn nicht schulmeisterhaft. Er nimmt vielmehr das Lied vom Herbst, das jener angestimmt hat, selber auf und singt es nur auf seine Art zu Ende. Wer wüßte das an Takt zu überbieten?

Wie führt er nun das Lied vom Herbst weiter? Der Mönch hatte mit dem Bild vom Blätterfall die ganze Trostlosigkeit dieser Zeit sterbenden Lebens beschworen. Das ist, sagt Yün-mën nun, nichts anderes als der goldene Wind, von dem die Dichter singen, der Wind, mit dessen Wehen sich ein goldener Schein auf Wald und Heide legt, der Wind also, welcher den Menschen, und besonders denen in Ostasien, die schönsten Wochen ihres Jahres bringt. Von Li Mi, einem Dichter des dritten Jahrhunderts, ist der Vers bekannt:

Der goldene Wind streut weithin Wonnezeit.

Und eben dieser goldene Wind, will Yün-mën sagen, legt ein paar Wochen später seine schöne Maske ab und zeigt sich nackt und bloß in seiner ungeheuren Rücksichtslosigkeit. Alles muß sterben, alles verderben: das ist des Windes wahres Wesen. Das lag schon in dem goldenen Schein, den er vor kurzem in die Welt ausstrahlte. Jetzt, da er unbarmherzig alles wegfegt, legt er es nur offen an den Tag. Doch darum ist er immer noch der goldene Wind; er bleibt so schön wie schrecklich. Mehr als dies hat Yün-mën nicht zu sagen, und auch der Mönch stellt keine Frage weiter. Wie Yün-mën ihn verstanden hatte, so versteht nun er den Meister und bleibt stille. Und diese Stille ist der eigentliche Text des ganzen Beispiels.

Auch die Bemerkungen und Erläuterungen, welche Yüan-wu anzufügen hat, wollen nichts anderes, als in diese Stille hineinführen und wiederum aus ihr heraus verstanden werden. Ohne diese Vorbedingung bleiben sie mehr oder weniger schwer genießbar. Gilt dies im Grund von jedem der hundert Beispiele, so hier noch besonders deshalb, weil der Text der Erläuterungen an mehreren Stellen in Unordnung geraten zu sein scheint.

Eine ganz wörtliche Übertragung würde nicht immer einen klaren Sinn ergeben haben. Es mußte deshalb manches umschrieben, gekürzt oder ergänzt werden, um das Ganze leserlich zu machen. Dafür ist dann der Gesang des Hsüä-dou, wie immer, voll treffender Klarheit, und Yüanwu's Erläuterung dazu dürfte zur Deutung mindestens hinreichen.

Nan-tjüan's unverkündigte Wahrheit

Das Beispiel

Nan-tjüan kam zu dem ehrwürdigen Niä-pan [vielmehr: We-dschëng] auf dem Bai-dschang-Berge. Niä-pan [We-dschëng] stellte ihm die Frage: Hatten die Heiligen, die uns vorangegangen sind, noch irgendeine Wahrheit, welche sie den Menschen nicht gesagt hätten?
Nan-tjüan erwiderte: Die hatten sie allerdings.
Der Bai-dschang-Meister fragte weiter: Und welches ist denn diese Wahrheit, welche sie den Menschen nicht gesagt hätten?
Nan-tjüan gab zur Antwort: Es ist nicht Geist; es ist nicht Buddha; es ist gar nichts.
Da sagte der Bai-dschang-Meister: Du hast es gesagt!
Nan-tjüan versetzte: Ich meine nur eben so. Wie denkt Ihr, Ehrwürdiger?
Der Bai-dschang-Meister erwiderte: Ich bin auch keiner von den großen Schriftgelehrten. Wie soll ich darüber Bescheid wissen, was die Alten gesagt haben und was nicht?
Nan-tjüan sagte: Ich verstehe nicht.
Da sagte der Bai-dschang-Meister: Ich habe es dir doch ganz gehörig gesagt!

Zwischenbemerkungen zum Beispiel

»Nan-tjüan kam zu dem ehrwürdigen Niä-pan [vielmehr: We-dschëng] auf dem Bai-dschang-Berge. Niä-pan [We-dschëng] stellte ihm die Frage: Hatten die Heiligen, die uns vorangegangen sind, noch irgendeine Wahrheit, die sie den Menschen nicht gesagt hätten?« – Der ehrwürdige Herr dürfte das wohl selber wissen! – Senkrechte Wand, zehntausend Klafter! – Merkst du auch, wie dir die Zähne ausfallen?
»Nan-tjüan erwiderte: Die hatten sie allerdings.« – Nun hat er sich aber ins Gras fallen lassen! – Was soll man nur mit solchem Mëngbalang [Tolpatsch] anfangen? – Was will er denn mit solch vorlautem Gerede? – Es gibt also doch so etwas?
»Der Bai-dschang-Meister fragte weiter: Und welches ist denn diese Wahrheit, welche sie den Menschen nicht gesagt hätten?« – Seht nur, wie er's macht! – Seht, wie er mit den Händen fuchtelt und mit den

Füßen strampelt! – Von dem einen Fehler fällt man in den andern. – Immerhin, mag er ihn zur Probe einmal fragen.
»Nan-tjüan gab zur Antwort: Es ist nicht Geist; es ist nicht Buddha; es ist gar nichts.« – Richtig, nun hat er seine Niederlage! – Richtig, nun ist er nicht schlecht leck und locker geworden.
»Da sagte der Bai-dschang-Meister: Du hast es gesagt!« – Nun zerrede es nicht mit ihm! – Laß ihn in Ruhe! Mag er allein sein Leben verfehlen! – Du solltest so nicht mit ihm reden!
»Nan-tjüan versetzte: Ich meine nur eben so. Wie denkt Ihr, Ehrwürdiger?« – So ist's recht! Jetzt nimmt es eine neue Wendung. – Lang auf lang; kurz auf kurz. – Wir werden es mit dem halten, der die besseren Gründe vorbringt.
»Der Bai-dschang-Meister erwiderte: Ich bin auch keiner von den großen Schriftgelehrten. Wie soll ich darüber Bescheid wissen, was die Alten gesagt haben, und was nicht?« – Sieh, wie er mit den Händen fuchtelt und mit den Füßen strampelt! – Sich selbst hält er verborgen und merkt nicht, daß man seinen Schatten sehen kann. – Er drückt sich knapp am Tod vorbei. – Es stecken Dornen in dem weichen Schlamm. – Was fällt ihm ein, uns derart an der Nase herumzuführen?
»Nan-tjüan sagte: Ich verstehe nicht.« – So muß er schon sagen. – Ein Glück, daß er ihn nicht versteht! – Verstünde er's, zerspränge ihm der Kopf in Stücke. – Ein Glück, daß diesem Chinesen nichts anderes einfällt, als eben dies.
»Da sagte der Bai-dschang-Meister: Ich habe es dir doch ganz gehörig gesagt!« – Reif auf Schnee! – Vorne ein Drachenkopf und hinten ein Schlangenschwänzchen: was soll mir das helfen!

Erläuterung zum Beispiel

An diesem Punkt [wo von der unausgesprochenen Wahrheit die Rede ist] kannst du dir die Redensarten auch ersparen, wie etwa, daß man sagt: es ist Geist, oder: es ist nicht Geist, kannst es dir ersparen, zu sagen: es ist etwas anderes als Geist, oder: es ist doch nichts anderes als Geist. Wenn dir gerade herunter vom Scheitel bis zur Sohle auch nicht das kleinste Brauenhärchen mehr am Leibe hängen bleibt, dann reicht es gerade noch ein klein wenig[1].
[Es folgt ein Abschnitt über den vermeintlichen Partner Nan-tjüans, den Zen-Meister Niä-pan auf dem Bai-dschang-Berg, der hier entbehrlich ist.]
Die Frage, die der Abt vom Bai-dschang-Berge vorlegt, ist in der Tat sehr schwierig. »Hatten die Heiligen, die uns vorangegangen sind, noch irgendeine Wahrheit, welche sie den Menschen nicht gesagt hätten?« Wäre der Mönch vom Berge [d. h. ich, Yüan-wu] dabei gewesen, er hätte sich die Ohren zugestopft, wäre hinausgegangen und hätte sich von dort die Szene angesehen, wie der alte Mann in seiner Dummheit

dastand. Wäre ein wirklicher Könner dabeigewesen, so hätte er den andern mit seinem besseren Wissen aufs Haupt geschlagen. Aber Nan-tjüan übernimmt einfach die Betrachtungsweise des Fragers und antwortet diesem mit Ja. Das ist auch so ein Mëngbalang! [Diesen Ausdruck konnte Yüan-wu wohl in der Zwischenbemerkung gebrauchen, um seine Schüler probeweise aufs Eis zu führen. Aber hier ist er ebenso unangebracht wie die vorausgegangenen Sätze.]

Der Abt vom Bai-dschang fällt von seinem ersten Fehler in den zweiten, indem er nunmehr hinter Nan-tjüan her die Frage stellt: »Und welches ist denn diese Wahrheit, welche die Alten den Menschen nicht gesagt hätten?« Und Nan-tjüan erwidert: »Es ist nicht Geist, es ist nicht Buddha, es ist gar nichts.« Dieser Chinese blickt so begehrlich zum Mond am Himmel hinauf, daß er den Edelstein, den er in der eigenen Hand hat, zu Boden fallen läßt. [? !]

Der Abt vom Bai-dschang stellt fest: »Du hast es gesagt!« Schade! Er pumpt ihn [mit seinem schmeichelhaften Lobe] bis zum Platzen auf. Hätte er doch einfach den Stock genommen und ihm den Rücken bearbeitet, daß er gemerkt hätte, wie das tut! [Auch hier scheinen Brocken aus Yüan-wu's üblicher Redeweise am falschen Ort angebracht zu sein.]

Trotz alledem, saget mir einmal: Was ist es nun, was Nan-tjüan gesagt hat? Halten wir uns an seine Auffassung, so ist es »nicht Geist, nicht Buddha, gar nichts«. Er hat also mit seinen Worten tatsächlich nichts gesagt. Ich muß euch alle einmal fragen: Weshalb sagt dann der Abt vom Bai-dschang-Berge doch: »Du hast es gesagt?« Auch hinter seinen Worten bleibt keine Spur zu sehen. Sie könnten geradeso gut lauten: Du hast nichts gesagt. Warum sagt der Abt vom Bai-dschang-Berg dann doch: Du hast es gesagt?

Nan-tjüan ist ein Mann von großer Kunst der Wendung. So redet er denn hinter jenem her und versetzt ihm dabei einen Hieb, indem er sagt: »Ich meine nur eben so. Wie aber denket Ihr, Ehrwürdiger?« Ein anderer nun hätte sich wohl nicht so leicht herausgeredet. Aber der Abt vom Bai-dschang ist nun einmal ein gewiegter Meister. Seine Antwort ist, man muß schon sagen, außerordentlich. Also, er sagt: »Ich bin auch keiner von den großen Schriftgelehrten. Wie soll ich darüber Bescheid wissen, was die Alten gesagt haben und was nicht?« Darauf sagt Nan-tjüan sein »Ich verstehe nicht«. Sagt er das nun, obwohl er es in Wirklichkeit verstanden hat? Oder ist es nicht doch ein wahrhaftiges Nichtverstehen?

Der Abt vom Bai-dschang-Berg erwidert ihm: »Ich habe es dir doch

[1] Viele Erklärer halten den Text hier für verderbt. Ein japanischer Meister des 18. Jahrhunderts, Daichi, erklärt jedoch einleuchtend: Du mußt dich vom kleinsten Härchen vernünftelnden Deutelns ganz und gar entblößen; dann erst kommst du dem Kern dieses ›öffentlichen Aushangs‹ einigermaßen nahe.

ganz gehörig gesagt!« Saget mir einmal: Wo steckt nun das, was er gesagt haben will? Handelte es sich um Burschen, die sich eine Schlammballenschlacht liefern, so könnten wir die beiden ruhig einander über und über besudeln lassen. Handelt es sich aber um ein Paar gewiegter Könner, dann sind sie wie zwei klare Spiegel auf dem Ständer. Nur liegt die Sache so, daß sie im ersten Abschnitt ihrer Unterredung einander beide als ernste Meister streng gegenüberstehen, während sie nachher sich beide frei dem andern gegenüber gehen lassen. Bist du ein rechter Kerl, der Augen hat, so wirst du bei genauer Prüfung alles klar und deutlich sehen und erfassen.
Saget mir einmal: Wie prüfet ihr die beiden? Seht zu, was Hsüä-dou im Gesang von ihnen sagt!

Gesang

Den Vätern, dem Buddha ging es von je
nicht um die anderen Leute.
Das Kuttenvolk reckt die Hälse und läuft
um die Wette, wie einst, so heute.
Im Spiegel, dem stillen, dem klaren ziehn
der Bilder wechselnde Scharen.
Doch beide, wiewohl nach Süden gewandt,
sehn nördlich den Stern, den polaren.
Dort hängt die Deichsel herab –
kein Ort, den man sucht, wo er sei.
Greifst du fest in die Nüstern hinein,
fährst du am Munde vorbei.

Zwischenbemerkungen zum Gesang

»Den Vätern, dem Buddha ging es von je nicht um die anderen Leute.« – Jeder hütet seine eigene Grenze. – Hat man seinen Paragraphen, so hält man sich auch daran. – Wer Schriftworte mit Häkchen anmerkt, um sie im Herzen aufzubewahren, fährt pfeilschnell zur Hölle.
»Das Kuttenvolk reckt die Hälse und läuft um die Wette, wie einst, so heute.« – Lauft euch die Strohsandalen ab! Zerstoßet euren Wanderstab! Hängt den Beutel mit dem Reisnapf höher! [Das kann ernst und ironisch zugleich gemeint sein.]
»Im Spiegel, dem stillen, dem klaren ziehn der Bilder wechselnde Scharen.« – Wirf ihn zu Boden, daß er zerbricht! – Hast du ihn zerbrochen, so wollen wir uns wieder sprechen. [Yüan-wu erinnert an ein Gespräch, das ein Schüler des berühmten We-schan, der Meister Ling-yün, führte.

Diesen fragte ein Mönch: Wie steht es, wenn alles bis aufs kleinste Fleckchen rein weggewischt ist? Ling-yün erwiderte: Dann strömt immer noch der Irrtum ein, der sich an die Wahrheit als an etwas Dauerhaftes und Feststehendes halten möchte. Darauf der Mönch: Gibt es denn noch etwas Höheres? Ja, erwiderte Ling-yün. Und als der Mönch nun fragte, was das sei, sagte er zu ihm: Geh und brich den klaren Spiegel in Stücke! Dann komm, und wir wollen uns wieder sprechen.]
»Doch beide, wiewohl nach Süden gewandt, sehn nördlich den Stern, den polaren.« – Seht ihr mich alten Mönch etwa oben auf dem Dach des Buddhatempels durch das Klostertor reiten? – Oder wird in Silla [Korea] einer den Tempel betreten, um in China die Trommel zu schlagen? –
»Dort hängt die Deichsel herab – kein Ort, den man sucht, wo er sei.« – Wo trifft sie denn auf? – Wo ist sie überhaupt? – Seid ihr blind?! – Schade! – Läßt man die Tasse fallen, geht aber auch die Unterredung in Stücke. [Auch ein ungezielter Wurf kann treffen. Auch was nicht für andere bestimmt ist, kommt doch den andern zugute.]
»Greifst du fest in die Nüstern hinein, fährst du am Munde vorbei.« – Woher hast du dann diese Weisheit? – Aber so ist es richtig! – Und der Meister [Yüan-wu] führte einen Schlag in die Luft.

Erläuterung zum Gesang

Shâkyamuni, der Alte, hat, nachdem er unter den Menschen aufgetreten war, neunundvierzig Jahre lang »kein einziges Wort gesagt«. Von jenem Anfang an, da er die Welt im Lichtglanz schaute, bis zu seinem Ende am Ufer des Flusses Hiranyavatî hat er in der ganzen Zwischenzeit »nicht ein einziges Wort gesprochen«. So steht es geschrieben. Saget mir einmal: Bedeutet das nun ›gesagt‹, oder bedeutet es ›nicht gesagt‹? All die Worte und Reden des Buddha, die noch heute im Meerpalast des Drachenkönigs das Schatzhaus der heiligen Schriften füllen, wieso wären die etwa ›nicht gesagt‹?
Nun aber seht euch einmal die Worte des Meisters Schau-hsiu an:

Es ist nie ein Buddha aufgetreten,
Und er lehrte neunundvierzig Jahr'.
Auch kein Bodhidharma kam aus Westen,
Und im Schau-Wald geistert's wunderbar.

Ein anderer sagt: »Die sämtlichen Buddhas sind nie öffentlich aufgetreten. Es gibt auch keine einzige Lehre, die sie dem Menschen mitgeteilt hätten. Nur hatten sie die Fähigkeit, das menschliche Herz ganz zu durchschauen. Und indem sie je nach dem Zustand des inneren Organismus und der Art seiner Krankheit jeweils Rezepte verschrieben und Arzneien gaben, entstand mit der Zeit das ganze große Lehrsystem der drei Fahrzeuge und ihrer zwölf Abteilungen.«

Der wahre Sachverhalt [der diesen scheinbar widersprechenden Tatbeständen zugrunde liegt] ist der, daß die Väter und der Buddha von alter Zeit her bis zum heutigen Tag niemals um der Menschen [›der andern Leute‹] willen gelehrt und geredet haben. Nur ist dieses »nicht um der Menschen willen« gerade der rechte Gegenstand, um darüber mit sich selbst genau zu Rate zu gehen.

[Zu dieser Stelle sagt der japanische Meister Hakuin: »Bodhidharma hat, obwohl er eine Fahrt von vielen tausend Li auf den Wogen des Meeres überstehen mußte, Hui-ko, dem Zweiten Patriarchen (japanisch Eka), nicht eine einzige Lehre überliefert. Und das einfach deshalb, weil dieser selbst mit der ganzen Wahrheit genauso vollständig ausgestattet war wie Bodhidharma, und kein Quentchen weniger. Auch Buddha hat, wie wunderbar, das Wort gesprochen, daß alle Lebenden mit Buddhawissen und mit Buddhakräften vollkommen ausgestattet sind. Hinz und Kunz und alle haben hell das Licht der Wahrheit in sich strahlen. Nur fällt es ihnen schwer, aus ihrem Traume zu erwachen. Nur muß man sie aus ihrem Traum aufwecken.«]

Der Mönch vom Berge [d. h. ich, Yüan-wu] sagt es euch ja immer: Wenn du einen Spruch neben dich legst, der dir honigsüß eingeht, so daß du ihn voller Entzücken immer wieder betrachtest, dann wird gerade dieser dir zum Gift. Wenn dann wir in solchen Fällen euch den Rücken mit dem Stock bearbeiten und euch mit Scheltworten traktieren, um dieses Gift auszutreiben, so meinen wir es gerade damit gut und sorgen uns um das Wohl von euch andern.

»Das Kuttenvolk reckt die Hälse und läuft um die Wette, wie einst, so heute.« – Wohin sie immer kommen, stellen sie Fragen, ob es so ist oder nicht so, fragen nach Buddha und den Vätern, fragen nach dem Wege aufwärts, fragen nach dem Wege abwärts, und so treiben sie es immerzu. Aber freilich, bevor sie den Grund und Boden gefunden haben, können sie auch gar nicht anders.

»Im Spiegel, dem stillen, dem klaren ziehn der Bilder wechselnde Scharen.« Es bedarf nur dieses einen Verses, um den Sachverhalt klarzustellen. Bei den Alten heißt es: »Der dicht gewebten Erscheinungen Menge ist des Einen Dharma Abdruck.« Und wiederum heißt es: Das dichte Gewebe oder die ungezählte Menge der Gestalten ist samt und sonders in diesem Spiegel drin zum Kreis gerundet. Von dem großen Meister Schën-hsiu [dem begabtesten Schüler des Fünften Patriarchen] stammt der Vers [welchem Hui-nëng, der nachmalige Sechste Patriarch, in einem zweiten Vers seine bessere Erkenntnis entgegensetzte, vgl. v, S. 143 f.]:

> Gleicht der Leib dem Baume der Erleuchtung,
> So der Geist dem klaren Spiegelständer.
> Wisch ihn fleißig immer wieder rein!
> Laß kein Stäubchen Unrat darauf sein!

Dazu bemerkte der Fünfte Patriarch (Da-man Hung-jën): »Der sieht es nur von außen her.« Sagt mir einmal: Wo steht dann Hsüä-dou mit diesem seinem Vers? Befindet *er* sich innerhalb des Tores oder draußen? [Hier erinnert der moderne Erklärer Katô Totsudô an eine Bemerkung des Kommentars Shudenshô: »Dieser Spiegel steht heute wie in alter Zeit leuchtend da in ewiger Klarheit, was gäbe es hier noch über innen und außen hin und her zu reden?« Aber, fährt Katô fort, wo ist nun eigentlich dieser Spiegel? Und wer ist sein Besitzer? Darauf antwortet nun Yüan-wu:]

Ihr alle hier, ein jeder von euch, seid im Besitze dieses ganzen alten Spiegels. In ihm erscheinen euch die dicht gewebten und vieltausendfachen Bilder der Erscheinungswelt, die langen und die kurzen, die eckigen und runden, und jedes einzelne ist klar umrissen und erkennbar. [Da ist nicht mehr die Frage, sagt der Erklärer Katô Totsudô, wo dieser Spiegel sei und wer ihn wohl besitze. Wir alle haben ihn gemeinsam miteinander fix und fertig. Es ist der klare Spiegel unseres Wesensgrundes, der Spiegel der Buddhanatur. Der ist ohne Ich, ohne Eigenheit. Wohl spiegelt er bald Blumen, bald Vögel, bald Berge, bald Flüsse, wie es eben kommt, lang oder kurz, rund oder eckig. Siehst du aber von diesen Unterscheidungen ab und begreifst ihr eigentliches Wesen, so ist da weder lang noch kurz, weder rund noch eckig, nicht Süden und nicht Norden. Darum sagt Yüan-wu weiter:] Wenn du aber, um das alles zu verstehen, von solchen Unterscheidungen ausgehst, wie kurz und lang und ähnlichem, dann wirst du am Ende umsonst geforscht haben. Darum sagt Hsüä-dou zwar zuerst: »Im Spiegel, dem stillen, dem klaren ziehn der Bilder wechselnde Scharen.« Aber dann fährt er im Gegenteil fort: »Doch beide, wiewohl nach Süden gewandt, sehn nördlich den Stern, den polaren.« Wenn man den Blick nach Süden gerichtet hält, wie soll man da wohl im Norden den Polarstern sehen? [Hierzu sagt der schon zitierte Kommentar Shudenshô: »All die zahllosen dichtgewebten Erscheinungen, die langen und die kurzen, die eckigen und runden, mitsamt den tausend Erinnerungen und zehntausend Gedanken, die du in diesem Augenblick hast, sind nichts anderes als Bilder im Spiegel des Geistes drin. Nun mußt du lernen, auf den Grund und Boden alles dessen, was im Spiegel ist, zu blicken, und nicht mehr auf die Bilder, die darin erscheinen.«] Wenn ihr es in diesem Sinne auffaßt, dann, erst dann werdet ihr einen Blick dafür bekommen, wie die beiden, Nan-tjüan und der Abt vom Bai-dschang, zueinander stehen und was sie gegenseitig voneinander halten.

Mit diesen beiden Versen [nämlich dem dritten und vierten] behandelt Hsüä-dou also den Gegenschlag, den der Bai-dschang-Meister gegen Nan-tjüan führt, indem er sagt: »Ich bin auch keiner von den großen Schriftgelehrten. Wie soll ich darüber Bescheid wissen, was die Alten gesagt haben und was nicht?« Aber damit [indem er das Problem nämlich nur von der Seite des Absoluten, Übergegensätzlichen her behandelt] gerät Hsüä-dou bei seinem Gesang in totes Wasser und muß befürchten,

daß man ihn mißverstehen könnte. So schlägt er nun wieder die umgekehrte Richtung ein und stellt uns aus freien Stücken ein neues Bild vor die Augen, indem er sagt:
»Dort hängt die Deichsel herab – kein Ort, den man sucht, wo er sei.« Eben jetzt läßt der Große Wagen seine Deichsel herunterhängen! Wohin willst du eigentlich noch fortlaufen, um sie lange zu suchen? Und kaum »greifst du fest in die Nüstern hinein, fährst du am Munde vorbei!« Greifst du aber nach dem Mund [und nimmst ihn bei den Worten, die er redet], so bist du an den Nüstern bereits vorbeigefahren.

Erklärungen zum Text

Die Personen des Gesprächs

Der Weg zur Betrachtung dieses Beispiels führt zunächst über einige Hindernisse, die zeigen, wie unsicher und schwankend bei aller Festigkeit im Geist die geschichtliche Überlieferung der Zen-Schulen in Bezug auf Einzeldaten allmählich geworden ist. Dasselbe Gespräch, welches hier erzählt wird, findet sich auch in dem »Bericht von der Weitergabe der Leuchte aus der Ära Djing-dö« (1004), aber so, daß im zweiten Teil die Reden vertauscht sind (was in unserer Fassung der eine sagt, sagt hier der andere). Doch braucht uns dies kaum zu beirren; die innere Logik des Hergangs spricht deutlich für diejenige Fassung, die Hsüä-dou ihr gegeben hat, während in jenem ›Bericht von der Weitergabe der Leuchte‹ die Unachtsamkeit eines Abschreibers im Spiel gewesen sein dürfte.

Störender ist eine andere Unstimmigkeit, daß nämlich die beiden Männer, die Hsüä-dou als Gesprächspartner auftreten läßt, allzu verschiedenen Alters sind, als daß man glauben könnte, sie hätten diese Unterredung miteinander führen können. Zwar über die Person des Erstgenannten der beiden, den nachmaligen Meister Nan-tjüan oder Südquell, der hier auf dem Hundertklafter- oder Bai-dschang-Berg einen Besuch macht, besteht kein Zweifel. Wohl aber über den Abt, welchen er dort besucht. Dieser heißt in unserem Beispiel Nirvâna, chinesisch Niä-pan. Nun weiß man zwar von einem Meister dieses Namens; aber der gehört in die nächstjüngere Generation und konnte nicht schon um die Zeit, als Nan-tjüan noch im Wandern begriffen war, auf dem Bai-dschang-schan gewesen sein. Er war ein wenig beachteter Schüler des großen Bai-dschang-Meisters Huai-hai, den wir vom 26. Beispiel her kennen, während Nan-tjüan mit diesem letzteren zeitlich und schulmäßig auf derselben Linie steht, sofern sie beide zu den bedeutendsten Schülern des Großmeisters Ma, des Patriarchen in der achten Generation von Bodhidharma an, gehörten.

Hier kommt uns nun der ›Bericht von der Weitergabe der Leuchte‹ zu Hilfe. Auch er nennt (im VI. Buch, fol. 10) als Gesprächspartner des Nan-tjüan einen Abt auf dem Bai-dschang-schan, aber weder den berühmten Huai-hai, noch jenen Niä-pan aus der nächstfolgenden Generation, sondern vielmehr einen gewissen We-dschëng[1], welcher ebenfalls aus der Schule des Großmeisters Ma hervorgegangen ist, aber offenbar einem älteren Jahrgang angehört als Nan-tjüan, und wohl auch als der bekannte Bai-dschang Huai-hai. Wenn dieser letztere sein den besonderen Bedürfnissen der Zen-Übung angepaßtes Kloster erst ungefähr zehn Jahre nach Ma's Tod gegründet hat, so dürfen wir annehmen, daß der hier genannte We-dschëng schon weit früher aus dem Kreis des Patriar-

[1] Bai-dschang We-dschëng, japanisch Hyaku-jô I-shô. Traditionstafel III B, 9.

chen Ma ausgetreten und Abt eines bereits auf dem Bai-dschang-schan befindlichen älteren Klosters geworden ist. Wir lesen deshalb im Text des Beispiels statt Niä-pan jedesmal den Namen We-dschëng. Der Unterscheidung der drei Meister auf dem Bai-dschang-Berg mag diese Übersicht hier dienen:

	Ma-dsu Dau-i der Patriarch Ma 709–788 |	
We-dschëng auf dem Bai-dschang-schan	— Bai-dschang Huai-hai — (der bekannte Bai-dschang) 720-814 |	Nan-tjüan Pu-yüan 748–834
	Niä-pan (Nirvâna) auf dem Bai-dschang-schan	

Nan-tjüan, der Schüler Ma's

Mit Nan-tjüan Pu-yüan[1] werden wir in den weiteren Beispielen noch mehrfach in Berührung kommen (vgl. Kap. 30, 31, 40, 63, 64, 69). Auch in der etwas später entstandenen Beispielsammlung Wu-mën-guan (›Die Grenzsperre ohne Tor‹) handeln nicht weniger als vier Abschnitte von ihm. Aus der Provinz Honan gebürtig, war er schon als Knabe in ein Kloster seiner Heimat, und mit dreißig Jahren auf dem durch Bodhidharma berühmten Sung-schan in den Mönchsstand eingetreten und hatte sich jahrelang in das Studium der Lehrschriften des Mahâyâna vertieft, um sich dann in der Provinz Kiangsi dem Großmeister Ma anzuschließen, welcher ihn bald in seinen engsten Schülerkreis, zu dem auch Bai-dschang Huai-hai gehörte, aufnahm. Ma hatte damals eine Hörerschaft von etwa achthundert Mönchen um sich, und es soll bei den Diskussionen in diesem großen und geistig bewegten Kreis sehr lebhaft zugegangen sein. Nur Nan-tjüan, heißt es, habe in all dem Lärm fast stets ein nachdenklich ernstes Schweigen bewahrt, bis er mit einem Male zu einer ganz kurzen Bemerkung die Stimme erhoben habe, auf welche hin plötzlich aller Lärm verstummt sei. Nach seinem Abschied von Ma soll er sich jahrelang in völliger Stille verborgen gehalten haben, bis er sich endlich im Jahr 795 in der Gegend von Tschï-dschou am Yangtsekiang (Provinz Anhui) den noch unerschlossenen Südquell-Berg oder Nan-tjüan-schan zum Wohnsitz ausersah. Hier baute er sich in einem stillen Waldtal eine Klause, machte selbst den Boden urbar, verkehrte mit Hirten, Holzhauern, Bauern, und machte auf die Besucher, die sich allmählich bei ihm einstellten, weniger durch das, was er sagte, als durch sein tiefes Schweigen Eindruck. Im Alter von 78 Jahren ließ er sich endlich von einem hochgestellten Verehrer bereden, weiter unten am Berg ein Zen-Kloster zu bauen, um Schüler in größerer Anzahl aufzunehmen, und hatte von da an für den Rest seines Lebens bedeutenden Zulauf.

Die Begegnung mit dem Meister We-dschĕng auf dem Bai-dschang-Berg, welche im Beispiel von ihm berichtet wird, fällt offenbar in eine viel frühere Zeit, wahrscheinlich in die Wanderjahre nach dem Abschied von seinem Meister Ma. Das Gespräch selbst zeigt, wie stark ihn das, was er bei diesem letzteren gehört hatte, beschäftigte. Es wird darum dem Verständnis des folgenden Beispiels dienen, wenn wir uns zunächst die Lehrweise des Patriarchen Ma in einem ihrer Hauptpunkte vergegenwärtigen. Der Bericht von der Weitergabe der Leuchte aus der Ära Djing-dö erzählt darüber folgendes:

»Eines Tages redete Ma zu seinen Hörern und sprach: Ihr alle hier, glaubet einfach jeder einzelne: mein eigener Geist [das chinesische Wort dafür kann auch heißen: mein eigenes Herz], das ist Buddha. Dieser Geist, eben der *ist* Buddhageist. Der große Meister Bodhidharma ist vom Süden seiner indischen Heimat persönlich in dieses unser Reich der Mittleren Blüte hergekommen, um uns dieses Wahrheitsgesetz der höchsten Heilsbotschaft von dem *einen* Geist zu übermitteln und es dadurch möglich zu machen, daß ihr die Augen öffnen und Erleuchtung finden könnt. Dabei berief sich Bodhidharma auf Worte des Lankâvatâra-Sûtra und drückte damit auf den Geistesgrund der ungezählten Lebenden das Siegel der Bestätigung. Ich fürchte allerdings, ihr werdet es im umgekehrten Sinn verstehen und darum es nicht glauben. Aber dieses Wahrheitsgesetz des Geistes, das trägt jeder einzelne in sich. Darum heißt es im Lankâvatâra-Sûtra: ›Buddhaworte haben ihren inneren Sinn im Geist; ihr Lehrsatz vom Gesetz der Wahrheit besagt, daß es einen solchen Lehrsatz nicht gibt‹ [man könnte die chinesische Fassung auch so übersetzen: Ihr Wahrheitstor, das sie erschließen, hat kein Tor]. Wiederum heißt es dort: ›Denn wer nach dem Gesetz der Wahrheit sucht, für solchen gibt es nichts zu suchen‹. Es gibt außerhalb des Geistes nicht noch sonstwo einen Buddha, und außerhalb des Buddha nicht noch sonstwo einen Geist.«

Ein Beispiel dafür, wie Ma-dsu im Einzelfalle denen, die ihn aufsuchten, begegnete, gibt folgender Bericht: »Einem Mönch, der eines Tages zu ihm kam, sah Ma-dsu auf den ersten Blick den tiefen Ernst seines Strebens an. Gewohnheitsmäßig fragte er: Wo kommst du her? Was suchst du hier? Der Mönch antwortete: Ich komme von Yüä [der Küstenprovinz] her und suche das Gesetz des Buddha. Ma versetzte: Du läßt also den Schatz, den du im eigenen Hause aufgespeichert hast, gleichgültig liegen, gehst fort und läufst nun in der Welt nach anderem herum. Was willst du denn damit? Hier bei mir ist nichts zu holen. Was brauchst

[1] Nan-tjüan Pu-yüan, 749–835; japanisch Nan-sen Fu-gwan. Traditionstafel III B, 9.

du nach dem Buddhagesetz zu suchen? Der Mönch fragte: Was ist denn das für eine Schatzkammer, die ich im eigenen Haus haben soll? Ma erwiderte: Eben das, was jetzt hier an mich diese Frage stellt, das ist deine Schatzkammer. Die ist mit allem Nötigen vollständig ausgerüstet; es fehlt ihr nichts; und du kannst über sie ganz frei verfügen. Was brauchst du dich noch draußen umzusehen? Dem Mönche ging bei diesen Worten mit einemmal ein Licht auf.«

Aber nicht jeden, der ihn aufsuchte, behandelte Ma ebenso wie diesen Mönch. »Einmal kam ein anderer zu ihm und fragte: Weshalb, Ehrwürdiger, lehrt Ihr, der Geist, nichts anderes, sei Buddha? Ihm erwiderte der Patriarch: Damit die kleinen Kinder aufhören zu schreien. Der Mönch fragte weiter: Wie dann, wenn sie aufgehört haben zu schreien? Der Meister sagte: Dann ist es etwas anderes als Geist und etwas anderes als Buddha. Darauf der Mönch: Was aber ist Eure Unterweisung, wenn einer kommt, auf den weder Eure erste noch die zweite Antwort paßt? Der Meister antwortete: Dem werde ich sagen: Es ist gar nichts. Zuletzt fragte der Mönch: Wie aber, wenn Euch plötzlich irgend so ein gewöhnlicher Mensch daherkommt? Der Meister erwiderte: Dem werde ich zunächst einen Begriff vom Wesen des Großen Weges (Da-Dau) beibringen.«

Diese Beispiele sind für Wesen und Haltung des Zen von bezeichnender Bedeutung. Sie zeigen zweierlei. Erstens, daß auch das Zen fest auf dem Boden der buddhistischen Lehrüberlieferung steht, wie sie sich in Indien immer feiner und subtiler ausgebildet hat und von chinesischen Dogmatikern nach den Gesetzen ihrer eigenen Sprache und Schreibgewohnheit in knappe, einprägsame Formeln umgegossen worden ist. Zweitens aber ersieht man aus der Art, wie der Patriarch mit diesen Formeln umgeht, daß ihm alles darauf ankam, sie eben gerade nicht als objektiv fixierte Formeln und starre Dogmen zu gebrauchen, zu denen er die Menschen zu bekehren hätte, sondern umgekehrt vom lebendigen Menschen auszugehen und ihm nach dem vielberufenen Rezept buddhistischer Verkündigung jeweils diejenige Arznei zu reichen, die für seine Krankheit gut wäre, und das in einer Dosis, die der Betreffende nach seinem augenblicklichen Seelenzustand ohne Schaden ertragen dürfte. Und dies aus dem einfachen Grund, weil es sich hier darum handelt, den Menschen von allem Begrenzten und Abgrenzbaren zu lösen, ihn über alle Unterschiede hinaufzuheben in die allumfassende Einheit des Geistes, und weil dazu jede der gebrauchten Formeln je nach dem besonderen Fall entweder eine Hilfe sein kann, oder aber auch das Gegenteil, eine hemmende Fessel, eine Hand, die dem Blick gerade das verdeckt, was sie zeigen will. Dies ist der Grund, weshalb der Großmeister Ma den, der ihm reif und offen dafür erschien, in aller Einfalt und Deutlichkeit auf den Geistesgrund im eigenen Herzen hinwies, während er andere, die aus eben dieser Lehre sich ein Dogma machten, darüber theoretisch reflektierten oder sich mit ihrer Erkenntnis brüsteten, von der entgegen-

gesetzten Seite her anstieß und ihnen ihre Theorien oder ihren eingebildeten Glauben an Geist und Buddha umwarf.
Es ging also im Schülerkreis des Patriarchen Ma ganz einfach um die Frage: Wer bin ich in Wirklichkeit? Es ging hier um das Eigentliche, Echte. Darüber schärfte sich der Blick für die Gefahren, die vom Wort her drohen, welches, wenngleich vom Echten ausgegangen, sich jederzeit auch von ihm lösen kann. Und insofern die Überlieferung an Worten, an geprägten Sätzen tiefster Weisheit eine wahre Fülle bot, so wurde es in diesem Kreis zu einer Übung von besonderer Wichtigkeit, sich mit dem delikaten Verhältnis der Spannung zwischen geistiger Wirklichkeit und gesprochenem Wort eindringlich zu beschäftigen. In welches Labyrinth verschlungener Wege diese Auseinandersetzung führt, und wie sich dieses Labyrinth doch immer in dem großen Einen auflöst, mag durch das Beispiel deutlich werden.
Ein Hinweis von Yüan-wu geht ihm nicht voraus. Wahrscheinlich ist er verlorengegangen. Und die Erläuterung zum Beispiel ist an manchen Stellen so unbefriedigend, daß die meisten Erklärer annehmen, sie stamme nicht von Yüan-wu, sondern sei ein späteres Erzeugnis. Um so echter ist dafür der bilderreiche Gesang des Hsüä-dou, und auch, was Yüan-wu dazu erläuternd sagt, leistet zum Verständnis gute Dienste.

Zum Verständnis des Beispiels

Die japanischen Erklärer heben einmütig hervor, daß ihnen diese Zwiesprache zwischen Nan-tjüan und dem Bai-dschang-Meister We-dschëng ganz besonders wichtig, aber ebenso auch schwierig zu verstehen und zu erklären sei. Bekennen dies schon die erfahrenen Meister, was wollen dann wir? Wenn wir nun doch auch an diesen ›öffentlichen Aushang‹ herangehen, so müssen wir zum mindesten auf alle Einbildung verzichten, als könne uns Witz und Verstand hier weiterhelfen, müssen vielmehr versuchen, uns an den Stellen weiterzutasten, auf welche bei offenem Hinhören etwas Tieferes in uns anspricht.
Eine solche Stelle ist Yüan-wu's Bemerkung zum Anfang des Gespräches: »Senkrechte Wand, zehntausend Klafter!« Oberflächlich gesehen, und damit meinen wir in diesem Fall: rein verstandesmäßig gesehen, handelt es sich um einen dialektischen Disput von allerdings äußerster Feinheit, der aber schließlich in nichts besserem endet, als in eitler Wortspielerei, in dem Witz, daß man mit Sagen eine Sache gerade auch nicht sagen und mit Nichtsagen eine Sache im Gegenteil am allerbesten sagen kann. Und wenn man dieses Rädchen nun weiter dreht, und der eine sagt, was das Nichtsagen besagen will, und der andere ebendasselbe nicht sagen will, um es so erst recht zu sagen, dann weiß schließlich keiner mehr, wo ihm der Kopf steht. Die Gefahr, in diesem Rankengewirr hängen zu bleiben, ist wahrlich nicht gering, und wie immer haben es auch die Erklärer gar nicht eilig damit, dem Schüler herauszuhelfen. Sie geben nur Andeu-

tungen; ob und wie er sich diese zunutze macht, bleibt ihm überlassen. Heraus aber hilft ihm gar nichts, als die Sache selbst. Und auf diese weist Yüan-wu mit der genannten Bemerkung. Wenn hier der Meister We-dschëng auf dem Bai-dschang-Berg seinen jüngeren Besucher ausforscht mit der verfänglichen Frage nach einer bisher nicht ausgesprochenen, also verschwiegenen, geheimen Wahrheit innerhalb der buddhistischen Erkenntnis, so rührt er damit an eine Wirklichkeit hoch über allem menschlichen Verstehen, für unser Denken, das von unterscheidenden Begriffen ausgeht, völlig unerreichbar. »Merkst du auch, wie dir die Zähne ausfallen?« sagt Yüan-wu weiter, selbst ergriffen und erzitternd vor dem Ungeheuren, das der Fragende beschwört. Mögen wir über viele anderen Bemerkungen weglesen: über diese beiden dürfen wir es nicht; in ihnen steckt ein Schlüssel.

Es wird nun auch von vornherein schon deutlich sein, daß das Gespräch von Anfang an nicht um ›gesagt‹ und ›nicht gesagt‹ sich dreht, daß dies nur Wellen an der Oberfläche sind. Es ist reizvoll und lehrreich, dieses Wellenspiel zu verfolgen, zumal an Hand der Bemerkungen, mit welchen Yüan-wu es dramatisiert. Aber seinen Sinn erhält es immer nur von dem Andern, Ungeheuren her. Und wenn nun Nan-tjüan die Frage We-dschëng's nach jener verhüllten letzten Wahrheit ohne Umschweife bejaht, so ist damit bereits auch klar, daß sich hier keine Gegner gegenüberstehen, sondern zwei im tiefsten Einverstandene, für die nun allerdings die weitere Auseinandersetzung nichts ist als ein Scherz, dies aber in dem höheren Sinn, daß von dem Höchsten her, das keine Gegensätze kennt, die Welt, in der die Gegensätze mit so bitterem Ernst und so verbissen aufeinanderprallen, tatsächlich eines komischen Aspektes nicht ermangelt. Vollends klar wird die Einmütigkeit der beiden, wie nun Nan-tjüan die ungesagte Wahrheit, nach welcher We-dschëng ihn gefragt hat, formuliert. Natürlich hat er sich damit hoffnungslos kompromittiert. We-dschëng quittiert ihm dies denn auch sofort, und Yüan-wu fährt dazu sein stärkstes Geschütz auf. Aber was ist der Inhalt der »dogmatischen Formel«, die sich Nan-tjüan leistet? »Es ist nicht Geist; es ist nicht Buddha; es ist gar nichts« – was soll man da noch sagen? Hat er mit dieser Aussage denn nun etwas gesagt? Bleibt er damit nicht genau in derselben Höhe, in welcher We-dschëngs Frage sich bewegt?

Das Gefecht nimmt nun eine neue Wendung. Nan-tjüan, der Gefragte, geht selbst zum Angriff über. Wenn der Ältere behauptet, Nan-tjüan habe mit seinen Worten etwas gesagt, was nie gesagt werden durfte, so möchte nun auch dieser gerne wissen, wie jener über diesen für beide gleich zentralen Punkt denkt. Er hat das Recht dazu, so gut wie jener, der ihn mit der ersten Frage überfallen hat. Im Grunde freilich ist nichts mehr zu sagen; und beide verstehen einander ganz genau. Darum drückt sich auch We-dschëng mit einer Ausrede. Und die versteht auch Nan-tjüan recht wohl. Aber wenn We-dschëng vorher ihn festgenagelt hat, so muß er anstandshalber nun auch diesen festnageln. Er will nicht recht verstanden haben; der Bai-dschang-Meister soll sich deutlicher erklären. Aber dieser tut ihm seinen Willen nicht. Was willst du? Was verstehst du nicht? Habe ich dir nicht schon alles in die Ohren geschrien? Man kann es sich kaum anders vorstellen, als daß sich die beiden am Ende des Gefechtes hell ins Gesicht lachten. Ob er nun sagen wollte: Ich habe dir ja schon vorhin quittiert, daß du das ausgesprochen hast, wonach ich fragte, oder ob er meint: meine ganze Haltung könnte dir doch zeigen, daß ich meinerseits mich hüte, eine Formel, wie du sie gebrauchst, auch nur in den Mund zu nehmen – mit andern Worten: ob wir seine letzte Erwiderung als Zustimmung oder als Verweis an Nan-tjüan deuten sollen, das mag jeder für sich entscheiden. Denn im Grunde ist es belanglos, weil beides auf dieselbe Paradoxie hinausläuft: Das Sagen auf Nichtsagen, und das Nichtsagen aufs Sagen, damit aber auf die beiden gemeinsame Sphäre, für welche Hsüä-dou in seinem Gesang das wunderschöne Bild vom Sternenhimmel hat.

Wir haben, trotz ihrer anerkannten Mängel, Yüan-wu's Erläuterung zum Beispiel wenigstens insoweit übersetzt, als ihre Sätze einen erkennbaren Sinn geben, damit der Leser imstande ist, sich selbst daraus, was ihm von Wert sein kann, zu holen, und das Unverdauliche zu überspringen.

Zum Verständnis des Gesangs

Versuchen wir, in einfacher Prosa wiederzugeben, was Hsüä-dou, der Dichter, sagen will! Es gibt von Haus aus überhaupt nichts zu verkündigen und zu sagen. Der Buddha und die Patriarchen hatten es ganz und gar mit sich selbst zu tun (nicht natürlich im subjektiven Sinn, sondern mit dem objektiven Urgrund ihres Wesens, der über alles Individuelle unendlich übergreift). Das nahm ihre ganze Kraft, ihre ganze Liebe in Anspruch. Da gab es nichts zu reden, da galt es nur, sich still und eingekehrt zu halten.

Nun aber begab es sich, daß diese Abgeschiedenen auch auf andere Menschen eine unwiderstehliche Anziehungskraft ausübten. Eine Bewegung entstand, ein Suchen, ein Fragen, ein Verlangen nach Führung, Weisung und Deutung. Und auch diese Verlangenden trugen ein Menschenantlitz, waren berufen zu demselben Höchsten, was jene Stillen erfüllte; es ging nicht an, sich ihnen zu entziehen. Es galt nun, aus der Höhe wieder in die Niederung hilfsbereit herabzusteigen, zu lehren, zu raten, zu ordnen. Und so entstand jenes zwielichtige Zwischengebilde, genannt Religion, das die unfaßbare Wahrheit faßbar machen will durch Worte und Institutionen und damit ebenso imstande ist, zu ihr emporzuführen, wie sie zu verfälschen. Dort die Vollendeten, die Väter, der Buddha, hier das Kuttenvolk, die Menge der Religiösen; dort die Stille ewiger Einheit, hier der Streit um Formen und Worte – hart stellen die beiden ersten Verse den Zwiespalt heraus, der alle Religion auf Erden zur Tragödie macht.

Und doch ist alles in bester Ordnung, sobald man es nur richtig ansieht. Wir sind dem Wirbel der Vielheit nicht hoffnungslos ausgeliefert. Wir tragen auf dem Grunde unseres Wesens den klaren, untrüglichen Spiegel der Wahrheit, nicht der eingebildeten, nicht der eingeredeten, sondern der reinen, ewigen Wahrheit. Der ganze Wirbel unterschiedlicher, gegensätzlicher, vielfach streitender Bilder, der geht über diesen Spiegel weg, wie ein Film über die Leinwand. Aber der Spiegel selbst bleibt davon unberührt, es bleibt kein Bild auf ihm zurück.

Was dieser dritte Vers den Spiegel nennt, dem entspricht im vierten der Polarstern. Was dort die Vielheit der Bilder ist, das bedeutet hier die Aussicht nach Süden. Die beiden, die im Beispiel miteinander reden, sehen zwar nach Süden, auf eine irdische Szene voller Widersprüche und Gegensätze. Hier kann man darüber streiten, was der Buddha gelehrt hat und was nicht, ob er überhaupt etwas gelehrt hat oder gar nichts, ob sein Geheimnis sich aussprechen läßt oder ewig verborgen bleibt. Und darum kann hier der eine diesen Standpunkt vertreten, der andere jenen. Aber während sie, nach Süden gewandt, bald den einen Punkt betrachten, bald den andern, geht ihr Geistesblick unverwandt rückwärts in die Höhe, wo im Norden der große und der kleine Wagen am Firmament stehen und im Mittelpunkt der Himmelshemisphäre der Polarstern leuchtet, von allem ringsum unbewegt.

Und doch besteht zwischen dieser unerreichbaren, allem Wechsel entzogenen Höhe und der irdischen Welt eine geheime Verbindung. Dafür zum Zeichen hängen vom arktischen Großen Wagen die drei Deichselsterne herab. Im Text heißen sie ›der Stiel‹, und zwar des viereckigen Scheffels, wie die Chinesen den Wagen nennen. Das sieht oft geradeso aus, als könnte man daran das ganze Sterngebilde bis zum Polarstern fassen. Und das ist immer am Himmel zu sehen, immer dem Blick erreichbar, nicht wie irdische Orte, zu denen man sich kreuz und quer durchfragen muß.

Aber in Wirklichkeit handelt es sich ja nicht um den Himmel. Es handelt sich für mich und dich nur um das eigene, allereigenste Wesen, wie es sich bildhaft im Gesicht ausdrückt, und im Gesichte wiederum an dem Ort, durch den der Lebensatem ein und ausgeht. In die Nüstern greifen heißt nichts anderes, als nach dem Polarstern greifen, nach dem Eigentlichen, Echten. Wer darnach greift, der »fährt am Munde vorbei«. Der fragt nicht mehr nach Worten, und kämen sie aus dem Munde des Buddha oder der Väter. Der Meister vom Bai-dschang-Berge und Nantjüan führen zwar ein kleines Streitgespräch. Aber das ist nur Spiegelfechterei, die ihnen dazu dient, sich ihrer Übereinstimmung in dem, was über allen Worten liegt, um so gewisser zu werden. Was Hsüä-dou in den sechs kurzen Versen mit ihren so verschiedenartigen Bildern zu sagen weiß, ist in der Tat nicht wenig und fließt doch alles in ein Einziges zusammen.

Neunundzwanzigstes Beispiel

Tai-sui's feurige Lohe

Hinweis

SCHWIMMT der Fisch, so trübt sich das Wasser. Fliegt der Vogel, so fallen die Federn. Wir unterscheiden klar, ob einer in der Sache zu Hause ist oder nur ein Gast; wir sehen genau, was weiß ist und was schwarz. Das ist gerade wie im klaren Spiegel auf dem Ständer, wie im hellen Edelstein auf der flachen Hand. Es erscheinen Chinesen, es kommen Tataren: die Stimme verrät sie, die Miene offenbart's.
Sagt einmal: Wie ist das möglich? Seht euch dieses Beispiel an!

Das Beispiel

Wir legen vor:

EIN Mönch fragte Tai-sui: »Wenn das Äonenfeuer loht, gehn alle tausend Welten unter.« Nun möchte ich nur wissen: geht dann das da unter oder nicht?
Tai-sui sagte: Es geht unter.
Der Mönch fragte weiter: Dann folgt es also mit?
Und Tai-sui sagte: Es folgt mit.

Zwischenbemerkungen zum Beispiel

»Ein Mönch fragte Tai-sui: Wenn das Äonenfeuer loht, gehn alle tausend Welten unter. Nun möchte ich nur wissen: geht dann das da unter oder nicht?« - Was ist denn ›das da‹ für ein Ding? - Nach diesem einen Wörtchen tasten die bedeutendsten Kuttenmönche der Welt und bekommen es nicht zu fassen. - Er kratzt sich im voraus und wartet, bis es juckt.
»Tai-sui sagte: Es geht unter.« - Einen Hammerkopf ohne Öhr schleudert er vor ihn hin. - Da versinken einem die Nüstern! - Aber wir haben ihn durchschaut, noch ehe er den Mund aufgetan hatte.
»Der Mönch fragte weiter: Dann folgt es also mit?« - Auch die gescheitesten Leute lassen sich durch den bloßen Wortlaut eines Diktums total umdrehen. - Nun hat er es richtig mißverstanden!
»Und Tai-sui sagte: Es folgt mit.« - Wog sein erster Pfeil noch leicht, so trifft der zweite tief. - Aber das ist eben für nicht wenige ein unlösbares Rätsel. - Je höher das Wasser, um so höher das Flußboot. Je tiefer der

Lehmschlamm, um so größer der Buddha [das Buddhabild, das man daraus formen kann]. - [Anmerkung des Schreibers:] Und Yüan-wu führte einen Schlag in die Luft.

Erläuterung zum Beispiel

Der Ehrwürdige Tai-sui Fa-dschën war ein Schüler des Zen-Meisters Da-an vom Tschang-tjing-Kloster in Fu-dschou. Seine Heimat war Yänting im östlichen Sï-tschuan. Er hatte über sechzig Meister besucht. Einst hielt er sich im Kreise We-schan's auf und besorgte hier das tägliche Feuermachen. Eines Tages fragte ihn We-schan: Nun bist du schon mehrere Jahre hier; wie kommt es, daß du es noch immer nicht verstehst, herzukommen und einmal eine Frage zu stellen? Tai-sui sagte: Was muß ich denn fragen, um es zu erlangen? We-schan erwiderte: Nun, wenn du darauf nicht selber kommst, so frage doch einmal: Was ist es mit Buddha? Da hielt Tai-sui dem We-schan mit der Hand den Mund zu. Darauf sagte We-schan: Wenn du später einmal den Stubenreiniger da suchst, wirst du ihn kaum mehr finden.
Später kehrte Tai-sui nach Sï-tschuan zurück und betrieb zunächst drei Jahre lang ein Teehaus zur Bewirtung der Vorbeiwandernden. Erst später trat er als Meister auf, indem er sich auf dem Tai-sui-Berg niederließ und ein Kloster eröffnete.
Einmal also fragte ihn ein Mönch: Wenn das Äonenfeuer loht, gehn alle tausend Welten unter. Nun möchte ich nur wissen: geht dann das da unter oder nicht? Dieser Mönch geht bei seiner Frage einfach vom Wortlaut der Lehrschriften aus. Dort ist die Rede von den vier Kalpas der Entstehung, des Bestandes, des Unterganges und der leeren Öde. Und wenn der Äon der drei Katastrophen aufsteigt, heißt es da, so reicht der Untergang hinauf bis in drei Himmel der Versenkung[1]. Diesem Mönche fehlt von vornherein der Sinn für die Gegend, in welcher ein Gespräch seinen Ruhepunkt findet. ›Das da‹ – was ist denn das? Dafür machen viele sich eine Erklärung zurecht, die im Verstandesdenken befangen bleibt, indem sie sagen: Das da, das sei die allen lebenden Wesen eingeborene ursprüngliche Natur. Von dieser sage Tai-sui, sie gehe zugrunde, und auf die Frage des Mönchs, ob sie dann also mitfolge, bestätige er eben, sie folge mit. Gerade für dies haben die meisten Menschen im Unterscheiden befangene Erklärungen bereit, und deshalb tasten sie auch vergeblich darnach herum. Sagt man, es folge mit, wo ist es dann? Sagt man, es folge nicht mit, wie ist das dann zu verstehen? Beachtet doch, was einer gesagt hat: Wenn du erwartest, eingehend und gründlich behandelt zu werden, so komme beim Fragen nicht mit Fragen daher!

[1] Gemeint sind die drei ersten Stufen der Versenkung (Dhyâna, Tschan, Zen). Sie aber sind nur Vorstufen zur vierten, höchsten Stufe. Von diesem vierten Himmel schweigt die Weissagung. Ihn aber meint Yüan-wu mit der ›Gegend, in welcher jedes Gespräch seinen Ruhepunkt findet‹.

Später einmal stellte ein anderer Mönch dem Ehrwürdigen Schau-hsiu[1] vom Drachenfurtkloster dieselbe Frage: »Wenn das Äonenfeuer loht, gehn alle tausend Welten unter. Nun möchte ich nur wissen: Geht dann das da unter oder nicht?« Der Ehrwürdige erwiderte: Es geht nicht unter. Der Mönch fragte weiter: Warum geht es nicht unter? Schau-hsiu antwortete: Weil es dasselbe ist, wie die tausend Welten. – Beide Antworten, sowohl die: es geht unter, als auch die andere: es geht nicht unter, haben ein und dieselbe Wirkung: sie versperren den Leuten hoffnungslos alle Wege [verstandesmäßigen Denkens].
Obwohl nun jener Mönch die Worte Tai-sui's freilich nicht verstanden hatte, so hat er sich doch immerhin die Sache zu Herzen genommen und ist mit seiner Frage schnurstracks nach dem Bezirk Schu-dschou in der Provinz Anhui gewandert, um auf dem Würfelberg den Meister Tou-dsï[2] aufzusuchen. Dieser fragte ihn: Wo bist du neuerdings gewesen? Der Mönch antwortete: In West-Schu bei dem Meister Tai-sui. Was für einen Ausspruch hat er für dich gehabt, forschte Tou-dsï weiter. So erzählte ihm der Mönch das zuvor berichtete Gespräch. Da zündete Tou-dsï Weihrauch an, verneigte sich anbetend und sagte: In West-Schu ist der alte Buddha aufgetreten. Kehre nur schnell um und geh zu ihm zurück! So kehrte der Mönch wieder um und kam zum Da-sui-Kloster. Der Meister Tai-sui aber war inzwischen bereits in die Verwandlung eingegangen, und der Mönch bot einen beschämenden Anblick ratloser Verwirrung.
Nachher unter der sogenannten ›späteren Tang-Dynastie‹ [einem kurzlebigen Teilstaat von 923–936] hat der Dichtermönch Djing-hsün vor der Pagode über den Gebeinen Tai-sui's eine Nacht verweilt und auf ihn folgendes Gedicht verfaßt:

Er macht' es klar: Nichts ist, was sich vom Ganzen sondert.
Wer sagt, das Siegel sei bei Hui-nëng fern im Süd?
Ein einzig Sätzchen sprach er: es folgt mit, und siehe,
An tausend Bergen lief ein Kuttenmönch sich müd.

Ein Heimchen, frierend, zirpt im Laub am Grund der Staffel.
Dem Licht im Schrein entbiet ich mitternächtigen Gruß.
Nun schweigt mein Sang. Und draußen vor dem öden Fenster
Hat mich Bedauern übermannt: es säumt mein Fuß.

Auf diese beiden Strophen spielt Hsüä-dou in seinem Gesange an. Jetzt dürft ihr weder verstehen, was es heißt: »es geht zugrund«, noch dürft ihr verstehen, was es heißt: »es geht nicht zugrund«. Wie wollt ihr es also zu guter Letzt verstehen? Schnell blickt her und sehet!

[1] Schau-hsiu, Schüler des Fa-yän Wën-i, vgl. 7. Beispiel.

[2] Tou-dsï Da-tung, 819–914; japanisch Tô-shi Dai-dô. Traditionstafel III A, 11.

Gesang

In Äonenfeuers Lohe – eine Lehrsatzfrage!
Mönchlein zwischen Doppelsperre meistert nicht die Lage.
Ist auch zum Erbarmen, dieses Urteil: Es folgt mit!
Einsam zieht er fort, kehrt wieder: tausend Meilen Plage.

Zwischenbemerkungen zum Gesang

»In Äonenfeuers Lohe – eine Lehrsatzfrage!« – Was sagt er [Hsüä-dou] da? – Das ist schon verkehrt! – Auf solche Diskussionen lassen sich doch die berühmtesten Kuttenmönche der Welt ein!
»Mönchlein zwischen Doppelsperre meistert nicht die Lage.« – Aber solche Leute aus ihren Verhaftungen heraushauen zu wollen, hilft ja doch nichts. – Die sind tausendfach rundum gewickelt, vom Kopf bis um die Füße.
»Ist auch zum Erbarmen, dieses Urteil: Es folgt mit!« – Dafür erspart es aber tausend und zehntausend Worte [es ist das lösende Wort; der Mönch ist gar nicht zu bedauern!]. – Wie sollte es schwer sein, dem die Füße abzuhausen [ihm den flachen Boden, auf dem er zu stehen vermeint, unter den Füßen wegzuziehen]?
»Einsam zieht er fort, kehrt wieder: tausend Meilen Plage.« – In die Wirrnis seines Karma hoffnungslos verstrickt! – Merkt nicht einmal, daß er fehlgeht! – Da kommt natürlich nichts weiter heraus, als daß er sich die Sandalen abläuft.

Erläuterung zum Gesang

Hsüä-dou stimmt seinen Gesang genau auf die geistige Bewegung, die zwischen den beiden Beteiligten vorgeht, ab und behandelt sie dann ganz frei nach seiner Art.
Während der Mönch selbst mitten in der Lohe des Äonenfeuers brennt, wirft er noch eine Frage auf, die entweder mit Ja oder mit Nein beantwortet werden soll! Er ist von vornherein besessen von dem Gegensatz der Thesen ›es geht zugrunde‹ und ›es geht nicht zugrund‹. Das sind die beiden Schranken, die Doppelsperre, die ihm nach beiden Richtungen den Weg verlegt, daß er nicht weiter kann. Wäre er einer, der es erlangt hat, würde er dieser Lage ganz gut Herr, ob er [der Meister] ihm nun antwortete: es geht zugrunde, oder: es geht nicht zugrund.
Der letzte Vers spielt darauf an, daß der Mönch mit seiner Frage zu Tou-dsï auf den Würfelberg ging und von da wieder zurück zu Tai-sui. Da kann man allerdings sagen: »Tausend Meilen Plage.«

Erklärungen zum Text

Yüan-wu's Hinweis

Yüan-wu will auf einen Meister vorbereiten, der im Innersten so fest gegründet ist, daß er das, was einem, der ihn aufsucht, mangelt, auf den ersten Blick genau erkennt. Vor seinem spiegelklaren Auge läßt sich nichts verbergen. Auch wenn der Frager tut, als sei er in der Sache schon zu Hause, so bleibt doch ein Schatten, der dem Meister nicht entgeht. Das gibt diesem die erstaunliche Sicherheit, den andern haarscharf an dem Punkt zu treffen, wo es bei ihm fehlt, mit einem kurzen Wort sein ganzes Denken aus den Angeln zu heben und ihm so die Tür aufzuschließen, durch die etwas bis dahin Ungeahntes Eingang finden kann.

Der Meister Tai-sui

Als ein Beispiel dafür tritt nunmehr der Meister Tai-sui[1] auf, der von den großen Mittelpunkten geistigen Lebens weit entfernt im bergumschlossenen Lande Schu, das heute Sï-tschuan heißt, sein Kloster hat. Dort war er in der ersten Hälfte des 9. Jahrhunderts nordöstlich von der Hauptstadt Tschëngtu in dem Städtchen Yän-ting als Sohn vornehmer Eltern aufgewachsen, war, dem Gemeinen schon als Knabe abgewandt, bald in ein Kloster eingetreten und hatte dann als junger Mönch sich auf die weite Pilgerfahrt ins große Reich gemacht, um möglichst alle Lehrer von Ruf und Bedeutung kennenzulernen. »Auf dieser ganzen langen Fahrt von einem Sitz des Zen zum anderen hatte ich nur den einen Wunsch, jedem Meister einmal in die Augen zu sehen. Wenn ich dann darin etwas erblickte, was so aussah, als habe er ein bißchen etwas in sich, so bat ich, einen Sommer oder Winter über bleiben zu dürfen. Fand ich dagegen darin etwas von niedriger Gemütsart, so blieb ich nur zwei Tage lang. Zähle ich's zusammen, so sind es über sechzig große Lehrer des Gesetzes, zu deren Füßen ich gesessen habe. Das große Auge habe ich bei einem oder zweien gefunden. Wie sollte bei den andern echte, wirkliche Erkenntnis sein?«

Den Meister, welcher ihm zur vollen Klarheit half, fand Tai-sui auf dem We-schan in der Provinz Hunan, und zwar in Da-an, dem zweiten Abt des dortigen Klosters, das der uns längst bekannte We-schan Ling-yu einst gegründet hatte. Wie dieser, kam auch er aus der Schule des berühmten Meisters Bai-dschang Huai-hai, nur daß er einem jüngeren Jahrgang angehörte, hatte schon bei der Erschließung des We-schan-Gebirges und beim Aufbau des Klosters mitgeholfen und mit dem älteren We-schan in wohl zwanzigjähriger Gemeinschaft gelebt, bis dieser starb und ihm die Leitung überließ. (Dies mochte ungefähr ums Jahr 853 gewesen

[1] Tai-sui Fa-dschën; jap. Tai-zui Hô-shin. Trt. III B, II. (in früheren Ausgaben: Da-sui. Der Lesung Da ist jedoch Tai vorzuziehen).

sein.) Beiden Männern ist die große Ruhe eigen, die wir vom älteren We-schan her schon kennen, die völlig anspruchslose nüchterne Natürlichkeit, die, anstatt das Geistige hervorzukehren, es lieber unter derber Einfachheit verdeckt. So hat der Name dieses zweiten We-schan-Abtes Da-an[1], d. h. Große Ruhe, seinen guten Sinn. Und wenn sein Vorgänger sich selbst für einen Wasserbüffel ausgab und die Anspielung der Nonne Liu damit beantwortete, daß er sich auf den Boden sinken ließ, so zeigen Worte, die von Da-an überliefert sind, daß er wohl aus demselben Holz geschnitzt war. Nachdem er den We-schan verlassen hatte, um für die letzten zwei Jahrzehnte seines Lebens das Tschang-tjing-Kloster in Fudschou, der Hauptstadt Fukiens, zu leiten, konnte er seinen Schülern das vorwitzige Wichtigtun mit Zen und Ähnlichem etwa durch Worte wie die folgenden austreiben: »Ich war dreißig Jahre auf dem We-schan, habe We-schan-Reis gegessen und We-schan-Mist gemacht, kein We-schan-Zen studiert und nur gelernt, wie man mit einem Wasserbüffel fertig wird . . .« So sprach er aber bloß, um dann den Hörern nur um so schlichter und eindringlicher ins Herz zu reden von dem Unbegreiflichen, das jeder, ohne es zu ahnen, in sich trägt. Nach seinem letzten Wirkungskreis heißt er in der Tradition Tschang-tjing.

Bei diesem Da-an also fand Tai-sui den Schlüssel, der ihm das eigene Innerste erschloß. Dann setzte er die lange Wanderung fort, bis er zurück in seine heimatlichen Berge kam. Ein Kloster in dem Städtchen Pëng, nördlich der Hauptstadt Tschëngtu, diente ihm drei Jahre lang zum Rückhalt, um einen Teeausschank für die Besucher zu betreiben. Von dort aus fand er etwas höher im Gebirge, wo sich die Gipfel übereinander türmen, eine alte Klause, um die ein klarer Bergbach rauschte, und gleich dabei einen alten Baumriesen, dessen Stamm sich unten zu einer geräumigen Höhle öffnete. Sie wählte er sich zum Aufenthalt, gab ihm den Namen Tai-sui-schan, und bald sprach man im Land umher vom ›Klausner im Baum‹, die Besucher mehrten sich, und schließlich hatte er eine ständige Hörerschaft von rund dreihundert Schülern. Es war die Zeit, in der das Tang-Reich seiner Auflösung entgegentrieb, bis es im Jahr 906 in anfangs elf Teilstaaten zerfiel und auch der bisherige Gouverneur von Sï-tschuan sich selbständig machte. Dieser bemühte sich sehr darum, den allgemein verehrten Meister aus den Bergen in die Nähe seiner Hofhaltung herunterzubewegen. Doch wich der allen Einladungen mit dem Hinweis auf sein Alter aus und zog es vor, auf dem Tai-sui-schan zu sterben. Wann dies geschah, ist uns nicht überliefert. Doch gibt dafür das Ende der Geschichte einen gewissen Anhaltspunkt. Wenn Yüan-wu in seiner Erläuterung erzählt, daß der Mönch, von dem das Beispiel handelt, nach dem Gespräch mit Tai-sui fortgegangen sei nach Anhui, um dort den Meister Tou-dsï aufzusuchen, daß dieser ihn sofort wieder zu Tai-sui zurückgeschickt habe, daß Tai-sui aber bei der Rückkehr des Mönches schon nicht mehr am Leben gewesen sei, und wenn andererseits Tou-dsï selber, wie man weiß, im Jahr 914 gestorben ist, so ist Tai-sui jedenfalls nicht später als 914 gestorben. Aus Yüan-wu's Erläuterung ist auch zu entnehmen, daß später über den Gebeinen Tai-sui's eine Pagode stand, in deren Andachtsraum ein Licht brannte, vor dem noch lange Zeit die Pilger des im Beispiel berichteten Gesprächs gedachten.

Zum Verständnis des Beispiels

Zum Verständnis dieses kurzen Dialoges ist eigentlich, zumal nach den erstaunlich hellen Lichtern, die Yüan-wu darauf wirft, kaum noch etwas zu sagen. Nur weil wir mit Theorie belastet sind und Dinge wissen wollen, die zur Sache gar nicht notwendig gehören, sei noch einiges bemerkt!

Der Mönch, der hier vor Tai-sui tritt, leitet seine Frage damit ein, daß er einen Vers aus einem Sutra zitiert, in welchem von dem Untergang der Welt die Rede ist. Die Vergänglichkeit aller Dinge war schon für den Buddha der erste starke Eindruck, der ihn erschüttert hat. Das trieb ihn in die Besinnung über das menschliche Wesen, über seine innersten Triebkräfte, und führte ihn zu der Erkenntnis, welcher er einmal mit den Worten Ausdruck gab: »Alles, ihr Jünger, steht in Flammen, entzündet durch das Feuer der Begier, durch das Feuer des Hasses, durch das Feuer der Verblendung. Es brennt durch Geburt, Alter und Tod, durch Kummer, Jammer und Schmerz, durch Gram und Verzweiflung.« Seinen entscheidenden Schritt aus der Häuslichkeit in die Heimatlosigkeit verglich er mit der Flucht aus einem brennenden Hause. Auf diesem Wege kam er schließlich zu dem allgemeinen Satz, der das Wesen dieser Welt im ganzen kennzeichnet: »Alles, was geworden ist, vergeht.«

Es ist daher nur natürlich, wenn sich das buddhistische Denken, Sinnieren und Phantasieren mit diesem Werden und Vergehen all die Jahrhunderte hindurch beschäftigt hat. Und bei der starken Neigung indischen Denkens, im Großen wie im Kleinen teils schweifend und teils tüftelnd ins Alleräußerste und Letzte vorzustoßen, konnte es nicht ausbleiben, daß die mythisch-apokalyptischen Vorstellungen vom Schicksal dieser Welt sich im Lauf der Zeit in immer größeren und bunter ausgemalten Bildern niederschlugen.

Das Wort, auf welches sich der Mönch beruft, stammt aus dem chinesischen ›Sutra der vollkommenen Erkenntnis zum Schutz des Landes unter einem gütigen König‹. Es braucht uns in diesem Zusammenhang nicht zu stören, ist aber doch erwähnenswert, daß diese Schrift, obwohl sie sich als Übersetzung eines indischen Originalwerks ausgibt, schon im 6. Jahrhundert angezweifelt wurde, nachdem chinesische Pilger sich in den buddhistischen Klöstern Indiens vergeblich nach einem entsprechenden Original umgefragt hatten. Wahrscheinlich ist sie in der Zeit der großen Sutrenübersetzungen, also im 4. oder 5. Jahrhundert, von chine-

[1] Tschang-tjing Da-an; japanisch Chô-kei Dai-an. Traditionstafel III B, 10.

sischen Priestern aus anderen Sutren zusammengetragen worden in der Absicht, den Kaiser und seine Regierung für die Buddhalehre zu gewinnen. Daß sie trotz jener Zweifel gleichwohl auch später in Umlauf war und gelesen wurde, beweist das Beispiel dieses Mönchs. Und was die Stelle betrifft, auf welche dieser sich beruft, so wiederholt sie nur die Lehre von dem ewigen Kreislauf, wie sie auch in anderen Lehrschriften vorgetragen wird.

In diesem ungeheuren Kreislauf lösen sich vier Kalpas, d. h. Weltzeiten oder Äonen von ungeheuer langer Dauer in unaufhaltsamem Wechsel ab. Auf einen Kalpa völliger Leere folgt zunächst der Äon der Entstehung, in welchem sich die Welt in ungeheurer Mannigfaltigkeit entfaltet, so daß man bald von zehn, bald von tausend und dreitausend Welten spricht. In ihrer Mitte steht der Weltenberg Sumeru, um den das Weltenmeer sich legt, darüber türmen sich die Himmel mit den Göttern. Nachdem das alles sich gebildet hat, beginnt der Kalpa dauernden Bestandes. Ihm folgt als dritte Weltzeit die des Untergangs, und deutlich legt auf sie der Mythus besonderen Nachdruck; sie ist es ja, in der wir alle uns befinden. In ihr kommt es zu drei gewaltigen Katastrophen: erst entbrennt das allverzehrende Äonenfeuer, dann schwemmt die Sintflut das Verbrannte fort, und schließlich hebt das Wehen des Äonenwindes an, um auch die letzten Reste wegzufegen. Es beginnt der vierte Äon, der der leeren Öde, aus welcher einmal wieder eine neue Welt hervorgeht.

Für die Dauer eines solchen Kalpa hat man Zahlen, die nur zu berechnen gewöhnlichen Menschen die Zeit fehlt. Hat man sie aber, so hat man mit ihr auch den Exponenten, mit dem sie auf der Stelle zu potenzieren ist: x^x. Anschaulich stellt man sie auch durch Gleichnisse dar, wie etwa folgendes: Aus dem Weltmeer ragt ein würfelförmiger Felsblock, der mißt je vier Meilen in die Länge, Breite und Höhe. Alle hundert Jahre kommt ein Engelwesen geflogen und streift den Block mit seinem Flügel. Wenn er den Block völlig abgestreift hat, so daß nichts mehr von ihm zu sehen ist, dann ist vielleicht ein Kalpa abgelaufen.

Im fünften Kapitel des genannten Sutra heißt es nun:

> Wenn das Äonenfeuer loht, gehn alle tausend Welten unter.
> Zermahlen wird der Berg Sumeru, zunicht der große Ozean.
> Brahma, Shakra, Meeresdrachen, alle Wesen mit Gefühl,
> Alles endet in Vernichtung: wieviel mehr erst dieser Leib!

Diese apokalyptische Vision ist ganz dazu angetan, Eindruck auf den Mönch zu machen. Sie entwirft das erschütternde Erlebnis der Nichtigkeit, wie es den Buddha einst von innen her erfüllte, sozusagen auf die Leinwand, daß es jeder sehen kann. Aber gerade damit fördert und verstärkt sie auch den Selbstbetrug, in dem der Mönch genau wie alle anderen befangen ist, die Täuschung, als handle es sich bei dem Äonenfeuer um irgend etwas außer uns, und gar in ferner Zukunft, als stünden wir nicht selbst im Brande mitten drin. In diesem Selbstbetrug befangen, sieht dieser Mönch auch ›das da‹, wie er es in Nachahmung des Sprachgebrauchs der Zen-Leute halb gläubig nennt, doch immer noch als etwas Gegenständliches an, etwas, was sich von andern Dingen, darum auch vom eigenen Leib und Leben unterscheiden ließe. Hier sitzt der Fehler seiner ganzen Fragestellung, und darauf zielt auch Yüan-wu gleich mit seinem ersten Einwurf hin: »Was ist denn ›das da‹ für ein Ding?« Der Meister Tai-sui aber weiß, was er tut, wenn er aus lauter Mitleid und Erbarmen dem Mönch die trügerische Habschaft, um die ihm bange ist, mit der harten Antwort ›es geht unter‹ aus der Hand schlägt. Ihn kümmert nicht der Mythus vom Äonenfeuer; ihm geht es nur darum, den Mönch aus der Befangenheit zu lösen, die ihn in dem Dilemma festhält: geht es unter oder nicht?

In der Erläuterung erzählt Yüan-wu einen anderen Fall, in dem ein späterer Meister auf dieselbe Frage genau das Gegenteil antwortete: Es geht nicht unter; und zwar, wie er dann zur Begründung sagte: weil es dasselbe ist, wie die zehntausend Welten. Und diese sollen doch gerade untergehen! Da steht jedem der Verstand still.

Aber eben dieses ist die Absicht. Es gilt auch hier, hinter die Gegensätze zu sehen, zurückzugehen auf den Grund, auf dem Samsâra und Nirvâna Eines sind. Ist doch das Äonenfeuer selbst nichts anderes als eben die Realisierung dieser Einheit. Denn in ihm erlischt der ganze ungeheure Spuk, und nicht nur der der Sinnenwelt, sondern ebenso die seelische Funktion des Unterscheidens. Jeder noch so hauchfeine Begriff eines irgendwie vom Ganzen abgesonderten Geistigen wird von diesem Feuer erfaßt, also bestimmt auch jenes ›das da‹, wie es der Mönch sich vorstellt. Den Glauben seiner Zeit an eine vom Schicksal des Leibes unberührte unsterbliche Seele hat schon der Buddha mit aller Deutlichkeit bekämpft (genauso, wie nach der anderen Seite hin den Nihilismus, der dem Tun des Menschen jeden Sinn und sittliche Bedeutung absprach). Jedoch war diese herbe Nüchternheit im Lauf der Zeit auch innerhalb des Buddhismus weithin der Gewohnheit gewichen, dem Volk mit der Unsterblichkeit der Seele einen Trost zu bieten. Als deshalb der Meister Tou-dsï in der Provinz Anhui, zu dem der Mönch nach dem Gespräch mit Tai-sui weitergewandert war (eine Strecke von 1200 Kilometern allein in der Luftlinie!), von dessen hartem Ausspruch hörte, erkannte er sofort die ungewöhnliche Bedeutung dieses Meisters, bestätigte dem Mönche nicht nur dessen Antwort, sondern bezeigte Tai-sui als wiedererstandenem alten Buddha seine Verehrung und schickte den Mönch zu ihm zurück.

Der Sinn von alledem liegt also wiederum in einem Jenseits aller Fragen, die von Gegensätzen ausgehen. Fixierung auf ein Dogma wird verweigert, sei es ein Ja oder ein Nein. Alles ist auf ständige Bewegung abgesehen: eins soll das andere immer weiter in die Höhe steigern. Je mehr das Wasser steigt, um so höher schwimmt das Boot; je mächtiger die Lehmmasse, um so größeren Buddha kann man daraus formen.

Dreißigstes Beispiel

Dschau-dschou's große Rettichköpfe

Das Beispiel

Wir legen vor:

Ein Mönch fragte Dschau-dschou: Mir ist gesagt worden, der Ehrwürdige habe den Meister Nan-tjüan noch persönlich gesehen. Ist das wirklich wahr?
Dschau-dschou erwiderte: Im Kreis Dschën gedeihen die großen Rettichköpfe.

Zwischenbemerkungen zum Beispiel

»Ein Mönch fragte Dschau-dschou: Mir ist gesagt worden, der Ehrwürdige habe den Meister Nan-tjüan noch persönlich gesehen. Ist das wirklich wahr?« – Tausendmal davon gehört ist nichts gegen einmal gesehen! – Recht so, darauf kommt es an. – Er zieht die Brauen hoch, so daß sie wie ein [chinesischer] Achter schräg abwärts auseinanderlaufen.
»Dschau-dschou erwiderte: Im Kreis Dschën gedeihen die großen Rettichköpfe.« – Er stemmt den Himmel in die Höhe und stützt die Erde auf! – Er schlägt Nägel in Stücke und zersägt Eisen. – Sein Pfeil fliegt über Silla hinaus. – Mit einem Kerl, dessen Kinnlade man von hinten sehen kann, soll man nicht verkehren.

Erläuterung des Beispiels

Dieser Mönch gehört auch zu denen, welche es im Stellen von Fragen durch lange Übung weit gebracht haben. In seiner Frage sind schon richtig Augen drin. Aber was hilft es ihm angesichts der Meisterschaft eines Dschau-dschou! Der antwortet ihm einfach: Im Kreis Dschën gedeihen die großen Rettichköpfe. Da kann man nur sagen: Eine Rede ohne jeden Geschmack; ein Wort, das den Menschen den Mund verschließt. Dieser alte Chinese erinnert stark an einen Taschenspieler, der am hellen Tag den Leuten unbemerkt in den Busen greift. Er braucht nur den Mund aufzutun, und schon hat er dir die Augäpfel ausgewechselt. Wäre nun einer ein Kerl von besonderen Kräften des Geistes, so würde er auf der Stelle, noch mitten im Sprühen der Funken, im Zucken des Blitzes, kaum daß er die Erwiderung vernimmt, sie schon auch von sich abschütteln und zum Gegenschlag ausholen. Wartet er aber erst einmal, bis ihm ein Gedanke kommt, und stellt er kurz sein Triebwerk ab, so hat er Leib und Leben unfehlbar verloren.

Der Einsiedler Tschëng[1], der ohne Anschluß an ein Kloster in der Provinz Kiangsi lebte, sagt zur Beurteilung dieses Gespräches, das heiße westlich gefragt und östlich geantwortet, will sagen, Dschau-dschou gebe überhaupt keine Antwort, er vermeide es einfach, dem Frager in die Schlinge zu gehen. Wie sollte es bei solcher Auffassung möglich sein, zu einem Verständnis des Gespräches zu gelangen?

Eine ähnliche Meinung äußert auch Fa-yüan, den man den »Rechtsgelehrten« nannte[2]. In seinem großen Sammelwerk von den ›Neun Zonen der buddhistischen Zen-Lehre‹ sagt er nämlich, die Antwort Dschau-dschou's sei nur mit einem flüchtigen Seitenblick auf jenen Mönch gesprochen. Bei solcher Auffassung jedoch wird man den Dschau-dschou, wie er wirklich war, auch nicht im Traume zu Gesicht bekommen. Ja, es fällt dabei auf diesen geradezu ein schlechtes Licht.

Weiter sagen manche Leute, daß der Bezirk Dschën seit jeher Rettiche von besonderer Größe hervorbringt, das wisse jedermann in China; ebenso sei allgemein bekannt, daß Dschau-dschou einst bei Nan-tjüan in die Schule gegangen sei. Wenn trotzdem der Mönch den Meister frage, ob das wirklich wahr sei, so antworte ihm Dschau-dschou eben auch mit einer allgemein bekannten Tatsache: »Im Kreise Dschën gedeihen die großen Rettiche.« Wahrlich, eine treffliche Erklärung! Hat mit der Sache nichts zu tun.

Wenn keine dieser Erklärungen zum Verständnis führt, wie wollen wir es schließlich doch verstehen? Dieser Meister hat nun eben seinen eigenen Weg, die unteren Himmelsräume zu durchstechen.

Seht einmal her! Ein Mönch fragte den Meister von den ›neun Gipfeln‹[3]: Mir ist gesagt worden, der Ehrwürdige habe den Meister Yän-schou[4] persönlich gesehen; ist das wirklich wahr? Djiu-fëng erwiderte: Ist der Weizen vorn am Berg schon reif zur Ernte oder nicht? Das ist ein gutes Gegenstück zu Dschau-dschou's Antwort an den Mönch in unserem Beispiel. Beide Antworten sind Hammerköpfe ohne Öhr. [Katô Totsudô bemerkt zu diesem Zwiegespräch, man könne zunächst sowohl aus der Frage des Mönchs wie aus der Antwort Djiu-fëng's eine Anzüglichkeit heraushören, so als habe der Mönch gewisse Zweifel, ob Djiu-fëng seinem Meister Yän-schou in der Erkenntnis wirklich ebenbürtig sei, und so als wolle Djiu-fëng umgekehrt den Frager zurechtweisen, er möge sich, anstatt um anderer Leute innere Erkenntnis, zunächst um seine eigene kümmern. Mit solcher Deutung aber werde man dem wahren Sinn der Worte Djiu-fëng's nie gerecht. Dies meint auch Yüan-wu mit dem Ausdruck ›Hammerköpfe ohne Öhr‹.]

Der alte Chinese von Dschau-dschou, das ist einer von den Abgeschiedenen, die sich aus gar nichts etwas machen. Bist du leichtsinnig genug, ihm eine Frage vorzulegen, so hat er dir im nächsten Augenblick die Augen ausgewechselt. Kennt einer das, was dieser Mann im Innern in sich hat, dann wird er dessen Worte erst einmal ganz fein zerkauen, bevor er sie hinunterschluckt. Kennt er, was jener in sich hat, dagegen nicht, so wird es ihm ergehen wie dem Unvorsichtigen, der eine Jujube blindlings verschlingt. [Die in Südasien heimische Jujube ist die Steinfrucht eines Kreuzdornstrauches, die im Munde zunächst gar keinen, bei längerem Kauen aber einen sehr feinen Geschmack gibt.]

Gesang

Im Kreis Dschen gedeihn die großen Rettichköpfe. –
Darnach richtet euch, ihr Mönche dieser Zeit!
Ihr wißt ja nur von alter Norm für unser Heute,
Blind für der Schneegans Weiß, des Raben schwarzes Kleid.
Gib acht, ein Dieb, ein Dieb!
Nahm Kuttenbrüder an den Nüstern ins Geleit.

Zwischenbemerkungen zum Gesang

»Im Kreis Dschën gedeihn die großen Rettichköpfe.« – Das weiß man doch schon längst in aller Welt! – Nur davon keine Worte machen! – Aber wenn Hsüä-dou sie ein zweites Mal vorlegt, sind sie ein zweites Mal neu.

»Darnach richtet euch, ihr Mönche dieser Zeit!« – Wenn sie es nun aber doch nicht täten? [Dann tun sie gerade recht daran. Denn sich nach Dschau-dschou's Ausspruch von den Rettichköpfen im Kreis Dschën zu richten, ist ja nur dadurch möglich, daß man nach keinem Vorbild eines andern fragt, sei er ein Nan-tjüan oder Dschau-dschou selber, sondern daß Rettich eben Rettich ist und Rübe Rübe, daß die Schneegans weiß bleibt und der Rabe schwarz.] – Wer wird auch mit solch müßigem Gerede etwas anzufangen wissen!

»Ihr wißt ja nur von alter Norm für unser Heute,« – Halb offen, halb verschlossen. – Menschen dieser Art gibt es wie Hanf- und Hirsekörner.

[1] Tschëng San-schëng (d. h. alleinstehender Heiliger); japanisch Chô Sanshô; Schüler des Ba-ling Hau-djiän (s. 13. Kapitel). Traditionstafel III A, 15.

[2] Fa-yüan, japanisch Hô-on; ein Enkelschüler des Schou-schan Schëng-niän (Traditionstafel III B, 15), also der 17. Generation angehörig, ungefährer Zeitgenosse Hsüä-dou's. Er hieß der ›Rechtsgelehrte‹, weil er, wegen falscher Anschuldigungen vor Gericht gezogen, sich und die Mitangeklagten dank seiner vorzüglichen Kenntnis der Gesetze und gerichtlichen Entscheidungen mit Erfolg verteidigt hatte.

[3] Djiu-fëng (Neun-Gipfel), japanisch Kyû-hô; Beiname des Meisters Guedsung Dau-tjüan, japanisch Ki-su (Ki-shû) Dô-sen; Schüler des nachgenannten Yän-schou. Traditionstafel III A, 15.

[4] Yän-schou Hui-lun, japanisch En-ju E-rin; Schüler des im 8. und 23. Beispiel angeführten Meisters Bau-fu. Traditionstafel III A, 14.

– Die haben es schon früher nicht verstanden und verstehen es auch heute nicht.

»Blind für der Schneegans Weiß, des Raben schwarzes Kleid.« – Das ganze innere Getriebe dieser Welt verrät sich hier. – Langes ist nun einmal lang, Kurzes ist nun einmal kurz. – Hochgeschätzt und teuer sei uns, wer's begriffen hat! – Aber so scharf unterscheiden ist doch gar nicht nötig!

»Gib acht, ein Dieb, ein Dieb!« – Oho! – Du [Hsüä-dou] bist doch selbst nichts anderes! – Trägst ja selbst den hölzernen Kragen mit dem Urteilsspruch des Richters am Hals mit dir herum.

»Nahm Kuttenbrüder an den Nüstern ins Geleit.« – Er durchbohrt dir die Nasenwand [wie einem Stier und zieht den Strick hindurch, daß du jedem kleinsten Ruck nachgeben mußt]! – Er reißt dich rundherum!

Erläuterung zum Gesang

»Im Kreis Dschën gedeihn die großen Rettichköpfe.« Nimmst du das nun her und nimmst es dir zur letzten höchsten Richtschnur, so bist du schon auf falschem Weg. Allerdings können die Alten, wenn sie einen an der Hand nehmen, um ihm auf die Höhe des Berges hinaufzuhelfen, Szenen, über welche die Zuschauer lachen, nicht vermeiden. Gerade das allgemeine Wissen davon, daß diese Worte eine letzte, höchste Richtschnur bezeichnen, kann sie daran hindern, den Punkt zu bemerken, in welchem diese letzte, höchste Richtschnur besteht.

Darum sagt Hsüä-dou: »Darnach richtet euch, ihr Mönche dieser Zeit! Ihr wißt ja nur von alter Norm für unser Heute, blind für der Schneegans Weiß, des Raben schwarzes Kleid.« Obwohl sie wissen, daß nicht nur die Alten, sondern ebenso auch Menschen von heute Antworten dieser Art geben, haben sie doch den Unterschied von Schwarz und Weiß noch nie richtig bemerkt. Darum will Hsüä-dou hier sagen: Ihr müßtet eben gleich im Augenblick, in welchem Dschau-dschou's Funken sprühen und seine Blitze zucken, zwischen Schneeganswei und Rabenschwarz den Unterschied bemerken. So erst würdet ihr verstehen, wie es gemeint ist. – Mit diesen Versen endet der Gesang auf den öffentlichen Aushang.

Aber Hsüä-dou läßt seinen Gedanken noch weiter den Lauf und wendet sich dem frischbewegten Leben zu. Er wendet sich nunmehr an dich und ruft: »Gib acht, ein Dieb, ein Dieb! Nahm Kuttenbrüder an den Nüstern ins Geleit.« – Diebe – das sind ebenso die Buddhas der drei Welten alle. Diebe – das sind auch die Patriarchen und die Meister von Geschlechte zu Geschlecht. Gar wohl verstehen sie sich auf die Diebeskunst, anderen im Handumdrehen die Augen auszuwechseln, ohne ihnen doch ein Haar zu krümmen. Nur einen Dschau-dschou lassen sie in Ruhe.

Sagt mir einmal: Woran liegt es denn, daß Dschau-dschou sich so gut auf dieses Diebshandwerk versteht? »Im Kreis Dschën gedeihn die großen Rettichköpfe.«

Erklärungen zum Text

Dschau-dschou's Begegnung mit Nan-tjüan

Zum drittenmal in unserer Sammlung tritt hier der greise Meister Dschau-dschou auf (vgl. die Kapitel 2 und 9). Ein Mönch kommt her und fragt ihn, ob es wahr sei, daß er den längst verstorbenen großen Meister Nan-tjüan noch persönlich gekannt habe. Um zu verstehen, was in dieser Frage alles liegt, müssen wir uns zunächst einmal die Zeitabstände vergegenwärtigen, welche dem Mönch dabei vorschweben.

Die große Zeit des chinesischen Zen war zwar schon durch den Sechsten Patriarchen, Hui-nëng, vorbereitet worden. Kraftvoll eingeleitet aber hat sie erst der Großmeister Ma durch die stattliche Anzahl bedeutender Männer, die aus seiner Schule hervorgegangen sind. Auch in der Sammlung Bi-yän-lu sind es nicht weniger als elf, die in den Beispielen auftreten, die größte Zahl von Schülern eines einzigen Meisters, die in unserem Buche vorkommt. Unter diesen ragen wiederum zwei besonders hervor: Bai-dschang, der Meister auf dem Reckenberg (vgl. Kap. 26) und, fünfundzwanzig Jahre jünger, der resolute Nan-tjüan oder Südquell, dem wir im nächsten Stück begegnen werden. Bei diesem ist der spätere Meister Dschau-dschou allerdings in die Schule gegangen, und zwar schon mit 18 Jahren um 795, und ist volle 40 Jahre lang bei ihm geblieben, bis 834 Nan-tjüan starb. Aber noch vergingen 23 Jahre, bis der treue Schüler endlich sich 857 in der Landstadt Dschau-dschou achtzigjährig niederließ. Längst war inzwischen eine neue Generation von Meistern herangewachsen. Unter Bai-dschang's Schülern hatten Huang-bo und We-schan nach bedeutender Wirksamkeit bereits das Zeitliche gesegnet, schon war 854 Huang-bo's großer Schüler Lin-dji in der Kreisstadt Dschën-dschou (heute Dschëng-ding) aufgetreten. War dieser für die junge Generation ein Vater, so mußte Nan-tjüan schon zu den Urgroßvätern zählen. Doch ist nicht einmal überliefert, zu welcher Zeit der junge Mönch bei Dschau-dschou eintrat. Dieser aber lehrte nach 858 noch beinahe vierzig Jahre, bis er 896 119jährig starb. So kann man sich wohl denken, daß der Greis für das heranwachsende Geschlecht mehr und mehr zur mythischen Figur geworden ist und daß man ihm mit der Erwartung nahte, in ihm der ersten großen Zeit der Zen-Bewegung gewissermaßen leiblich zu begegnen.

In der Tat hat Dschau-dschou während seiner Jugend bei Ma's Schüler Nan-tjüan Entscheidendes erlebt (vgl. auch Kap. 2). Früh verwaist, hat er mit achtzehn Jahren seine heimatliche Provinz Schantung verlassen und ist südwärts nach Anhui gewandert, wo er in Tschï-dschou am Yangtsekiang mit jenem dreißig Jahre älteren Mönch zusammentraf, der eben im Begriff war, sich am Südquell- oder Nan-tjüan-schan eine Klause zu erbauen und eine Bruderschaft um sich zu sammeln. Dieser Nan-tjüan, so wird überliefert, fragte ihn, woher er komme. »Vom Kloster mit dem Glückverheißenden Bildnis«, erwiderte der Jüngling. Ei, fragte Nan-tjüan weiter, was ist das für ein glückverheißendes Bildnis, das du dort gesehen hast? »Nichts besonders Glückverheißendes; nur ein liegender Tathâgata« (ein Bild vom Eingehen des Buddha Shâkyamuni aus dem irdischen Leben ins Nirvâna). Nan-tjüan hatte Freude an der frank und freien Art, wie dieser Jüngling redete und fragte weiter: Hast du denn irgendeinen Hausherrn, dem du zugehörst, oder wanderst du nur so von Ort zu Ort? »Ich bin ein junger Mönch, noch in der Probezeit, und habe einen Hausherrn, dem ich zugehöre.« Auf Nan-tjüan's Frage aber, wer denn dieser Hausherr sei, verneigte der Novize sich bedeutungsvoll, sprach dem Meister seine guten Wünsche aus und huldigte so diesem als dem Hausherrn, dessen Führung er sich künftig überlassen möchte. Nan-tjüan erkannte, wie es heißt, in ihm ›ein Werkzeug‹, nahm ihn in seine besondere Obhut und ließ ihn von da an regelmäßig zu sich ins Zimmer kommen.

Eines Tages stellte der Novize die für ihn entscheidende Frage: Was ist es um den WEG? Nan-tjüan sagte: Dein alltägliches Gemüt, das *ist* der WEG. Der Schüler forschte weiter: Kann man nach so etwas denn streben? Oder soll man das gar nicht? Nan-tjüan versetzte: Wenn du vorsätzlich danach strebst, so widerstrebst du ihm. Der Novize fragte: Wie kann ich aber ohne vorsätzliche Überlegung wissen, ob dieses oder jenes WEG ist oder nicht? Da sagte Nan-tjüan: Der WEG, der ist von Wissen und Nichtwissen unabhängig. Wissen ist nur Selbsttäuschung, Nichtwissen ist nur Mangel an Kenntnisnahme. Wo man den WEG, an dem nichts zu bezweifeln ist, wirklich erreicht hat, da ist man leer und ledig, wie in der offenen Weite des ungeheuren leeren Raums, und fragt nicht mehr nach Ja und Nein. Diese Worte schlugen bei dem Schüler ein; ihr Sinn war ihm mit einem Male klar, und er ging fort, um auf dem Sung-schan, dem einstigen Aufenthalt des Patriarchen Bodhidharma, sein Mönchsgelübde abzulegen. Dann kehrte er zu Nan-tjüan zurück und lebte nun erst recht mit ihm jahrzehntelang in inniger Gemeinschaft.

Wieviel darüber Jahre hingegangen sind, bis der Mönch im Beispiel den alten Meister in Dschau-dschou besuchte, wird uns nicht gesagt, aber mindestens sind es dreiundzwanzig; es können aber ebenso auch dreiundvierzig oder dreiundfünfzig sein. Auf jeden Fall ist für den jungen Gast der greise Dschau-dschou der einzige lebende Zeuge einer längst vergangenen Zeit. Und diese Zeit sieht er in einen Glorienschein gehüllt, die Glorie jener großen Meister aus der Schule Ma's. Auf sie geht sein Verlangen, seine Sehnsucht; mit ihr verglichen, dünkt die Gegenwart ihm leer und schal. Nun hat er das unwahrscheinliche Glück, noch einem Meister zu begegnen, der diese Zeit der ersten großen Geistesfülle selbst erlebt hat. Man stelle sich die Spannung vor, in der er vor ihn tritt. Er wagt es gar nicht, so direkt zu fragen. Er tut, als wolle er nur wissen, ob es wahr sei, daß Dschau-dschou noch den großen Nan-tjüan gekannt habe und verrät gerade damit seine stille Schwärmerei.

Den alten Dschau-dschou aber kennen wir bereits in seiner nüchternen, hausbackenen Ruhe, einer Ruhe freilich, die aus letzter Tiefe kommt. Kaum auf einen Meister paßt so, wie auf ihn, das oft berufene Bild des klaren Spiegels auf dem Ständer, der in sich selber leer und ohne Bilder, doch alle Bilder klar in Farbe und Konturen aufnimmt. *Er* könnte allerdings dem sehnsüchtigen Bewunderer der alten Zeit gar viel erzählen, und das gerade von dem großen Nan-tjüan. Ist er doch selbst des Nan-tjüan Sohn im Geiste, selbst ein zweiter Nan-tjüan, nur in verwandelter Gestalt. Bedenkt man es recht, so rührt die Frage jenes jungen Mannes an dieses alten Meisters eigenes Innerstes. Sie reicht, genau besehen, auch über das Persönliche, Individuelle weit hinaus. »Sind nun die Elemente nicht aus dem Komplex zu trennen, was ist dann an dem ganzen Wicht original zu nennen?« Oder, auf das Zen übertragen: Wie reimt sich die so unbedingt behauptete Selbständigkeit und Ursprünglichkeit des angeborenen Wesens mit der ebenso unbedingt geforderten geistigen Gemeinschaft, mit der Übermittlung von Geist zu Geist? Es war, wenn man es überlegt, auch für den Meister keine leichte Frage; sie war voller Dornen und bedurfte großer Vorsicht, wenigstens bei Menschen unserer Art, die immer noch in Überlegungen befangen sind. Der alte Dschau-dschou aber hatte diese Künste längst schon hinter sich gelassen. Ihm war von vornherein das Ganze völlig klar, da brauchte es im einzelnen kein langes Suchen, ob der Weg nach links wohl besser sei als der nach rechts. Er hatte seine Antwort für den jungen Mann sofort bereit. Und sie war so, daß dieser sich daran halten konnte.

Die Rettiche von Dschau-dschou

Die Landschaft Dschau-dschou, unter deren Namen der greise Meister berühmt geworden ist, gehörte in der Tang-Zeit zu Dschën-dschou, d. h. zu dem Verwaltungskreise Dschën, dessen gleichnamige Kreisstadt heute Dschëng-ding (in manchen Atlanten Chëng-ting-fu) heißt, etwa 250 km südwestlich von Peking gelegen ist und heute eine nicht unbedeutende Station an der großen Bahnlinie von Peking nach Wu-Han (Hankou) und Kanton bildet. In diesem Dschën-dschou hatte sich 854 der um eine Generation jüngere große Meister Lin-dji niedergelassen, vier Jahre, bevor Dschau-dschou in der gleichnamigen Landstadt auftrat, ist aber schon 867 gestorben, während Dschau-dschou dann noch dreißig Jahre weiterlebte. Dieser Kreis bildet also einen Teil der großen nordchinesischen Tiefebene am Rand des westlichen Gebirgswalls, der die Provinz Hope von Schansi trennt, und wurde noch bis zum Jahr 1194 von dem mächtigen und für das Umland gefährlichen Stromlauf des Huangho berührt, so daß der ganze Ackerboden aus fruchtbarstem Schwemmland bestand. Die mächtigen Rettichköpfe, die er noch heute hervorbringt, waren schon damals als Spezialprodukt des Kreises Dschën-dschou allgemein gerühmt.

Es zeigt den alten Chinesen Dschau-dschou, wie er leibt und lebt, daß er, um diesen Mönch aus seiner hochgespannten Wißbegier zu lösen, nicht weiter und nicht höher greift als zu den riesigen Rettichköpfen, die jetzt vielleicht gerade aus dem Ackerland gezogen, im Bach gewaschen und zu Markt getragen werden. Was alles aber darin liegt, das hat gewiß niemand so rasch und gut verstanden wie eben dieser Mönch. Es ausdeuten zu wollen, wäre ungeschickt, denn es ist unerschöpflich. Auch Yüan-wu hütet sich davor. Deutlich ist nur seine Warnung, in der Erklärung nicht zu nieder und zu nah zu greifen, und zwar einfach deshalb, weil es Dschau-dschou ist, der hier auf Rettiche hinweist. Am nächsten kommt dem Geist des Alten wie gewöhnlich Hsüä-dou mit seinen Versen. Er hebt den Punkt heraus, den Dschau-dschou an dem Frager treffen wollte, die Befangenheit in der Bewunderung der Alten, weil sie den Suchenden von seinem Eigensten nur ablenkt.

Ma-yü umkreist den Zen-Sitz mit dem Klingstab

Hinweis

Setzt man das Bewußtsein in Bewegung, so erscheinen Formen. Nimmt man sie wahr, so bildet sich Eis. Hütet man sich aber etwa vor Bewegung und vor Wahrnehmung, entgeht man doch nicht der Gefahr, ins Fuchsloch zu geraten.

Ist der Blick jedoch einmal ganz durchgedrungen, hat der Glaube seinen Gegenstand erreicht, so daß auch nicht ein Fädchen mehr das Auge hindert, dann geht es einem wie dem Drachen, der sein Element im Wasser findet, wie dem Tiger, wenn er seinen Hang erklettert. Läßt du los, so strahlt dir schon ein Ziegelscherben Licht aus; hältst du fest, siehst du selbst lauteres Gold verblassen.

Die öffentlichen Aushänge der Alten sind von Umschweifen noch nicht frei. Saget mir einmal: In welcher Richtung liegt denn das, wovon sie handeln? Versuchen wir's mit einem Beispiel! Sehet her!

Das Beispiel

Wir legen vor:

Ma-yü, den Klingstab in der Hand, kam zu Dschang-djing. Er umkreiste dessen Zen-Sitz in drei Gängen, schüttelte den Klingstab, daß die Ringe klirrten, stieß ihn auf den Boden, reckte sich in seiner ganzen Länge und stand vor ihm da.

Dschang-djing sagte: Ja, ja, so ist's recht.

(Hsüä-dou hat hier zu bemerken: Falsch!)

Ma-yü kam dann auch zu Nan-tjüan. Er umkreiste dessen Zen-Sitz in drei Gängen, schüttelte den Klingstab, daß die Ringe klirrten, stieß ihn auf den Boden, reckte sich in seiner ganzen Länge und stand vor ihm da.

Nan-tjüan sagte: Nein, so ist es nichts.

(Hsüä-dou hat hier zu bemerken: Falsch!)

Ma-yü sagte daraufhin: Dschang-djing hat zu mir gesagt, so sei es recht. Warum sagt der Ehrwürdige nein dazu? Nan-tjüan erwiderte: Dschang-djing, der hat recht; nur du hast unrecht. Das sind Drehungen der Windeskräfte, die zuletzt in nichts vergehen.

»Ma-yü, den Klingstab in der Hand, kam zu Dschang-djing. Er umkreiste dessen Zen-Sitz in drei Gängen, schüttelte den Klingstab, daß die Ringe klirrten, stieß ihn auf den Boden, reckte sich in seiner ganzen Länge und stand vor ihm da.« – Ganz im Stil der Tsau-Schlucht, wie aus der Gußform herausgesprungen. [In der Tsau-Schlucht, Tsau-tji, war der Sitz des Sechsten Patriarchen Hui-nëng. Dort hat sich drei Generationen früher, wie Yüan-wu in der Erläuterung berichtet, schon ganz Ähnliches begeben.] – Das jagt geradezu dem Himmel Schrecken ein und bringt die Erde zum Erbeben.

»Dschang-djing sagte: Ja, ja, so ist's recht.« – Er wäscht einen Erdklumpen im Schmutzwasser. – Er lügt uns andern allen etwas vor. – Was meint er denn mit seiner Antwort? – Ein Eselspflock!

»Hsüä-dou hat hier zu bemerken: Falsch.« – Solch ein Urteil [wie Dschang-djing's Ja] darf man nicht durchlassen. – Es fehlt aber noch etwas.

»Ma-yü kam dann auch zu Nan-tjüan. Er umkreiste dessen Zen-Sitz in drei Gängen, schüttelte den Klingstab, daß die Ringe klirrten, stieß ihn auf den Boden, reckte sich in seiner ganzen Länge und stand vor ihm da.« – Er wäscht noch immer seinen Erdklumpen in Schmutzwasser. – Er spielt dasselbe Spiel ein zweites Mal! [D. h. besinnt euch, ob es genau dasselbe ist, wie beim erstenmal!] – Die Krabbe kommt, soviel sie Sprünge macht, aus ihrem Scheffel nicht heraus.

»Nan-tjüan sagte: Nein, so ist es nichts.« – Warum läßt er [Ma-yü] das sich nicht gesagt sein? – Er [Nan-tjüan] schlägt ihn tot und zuckt nicht mit der Wimper. – Was meint er denn mit seiner Antwort?

»Hsüä-dou hat hier zu bemerken: Falsch!« – Solch ein Urteil [wie Nan-tjüan's Nein] darf man nicht durchlassen. –

»Ma-yü sagte daraufhin: Dschang-djing hat zu mir gesagt, so sei es recht. Warum sagt der Ehrwürdige nein dazu?« – Wo ist denn da der Hausherr? – Dieser Chinese nimmt die Leute von jeher bei der Zunge. – Es ist bei ihm alles leck und locker geworden.

»Nan-tjüan erwiderte: Dschang-djing, der hat recht; nur du hast unrecht.« – Ausgezeichnet! Wer einen andern totschlägt, muß auch Blut sehen. Wer einem andern helfen will, der muß auch durchgreifen. – Er verleitet aber doch viele zu Mißverständnissen.

»Das sind Drehungen der Windeskräfte[1], die zuletzt in nichts vergehen.« – Wie nicht anders zu erwarten, ist er ihm ins Netz gegangen. – Aber [wenn der Leib sich auflöst] was wird dann aus ihm selbst? [Rückerinnerung an Tai-sui's feurige Lohe, Kap. 29!]

Erläuterung des Beispiels

Wenn die Alten auf der Wanderschaft von einer Klosterwaldung zu der andern zogen, so war ihr Sinn schnurstracks auf dies und auf nichts anderes gerichtet. Sie wollten nur, wohin sie kamen, sich den würdigen Meister auf dem Sessel mit der krummen Lehne oder auf dem Lehrstuhl scharf ansehen, ob er Augen habe oder keine. Stimmten sie beim ersten Wort mit ihm zusammen, blieben sie. Wenn es beim ersten Wort nicht stimmte, gingen sie ihres Wegs.

Seht her, wie dieser Ma-yü hier zu Dschang-djing kommt! Er macht um dessen Sitz dreimal die Runde, schüttelt seinen Klingstab, stößt ihn auf den Boden, reckt sich in seiner ganzen Länge und steht vor ihm da. Dschang-djing sagt: Ja, ja, so ist es recht! Ein Säbel, um zu töten, ein Degen zum Lebendigmachen, das muß der Meister, der in dem, was eines Mannes Eigentliches ist, Bescheid weiß, sein. Hsüä-dou aber sagt nun dazu: Falsch! Das läuft [logisch betrachtet] auf ein zweiseitiges Verhältnis [auf die Alternative richtig oder falsch] hinaus. Wenn du es aber in diesem Sinne eines zweiseitigen Verhältnisses verstehst, dann bist du nicht imstande, das, was Hsüä-dou meint, zu sehen. Ma-yü, heißt es, »reckte sich in seiner ganzen Länge und stand vor Dschang-djing da.« Sagt mir doch einmal: Was hatte er dabei im Sinn? Und was hat Hsüä-dou im Sinn, wenn er im Gegensatz [zu Dschang-djing] sagt: Falsch? Wo steckt denn da der Fehler? Und wenn Dschang-djing ja sagt, was ist daran richtig? [Ein anderer Text hat umgekehrt den Wortlaut: Was ist daran falsch? Wir möchten, wie auch andere Erklärer, diesem letzteren Text den Vorzug geben.] Hsüä-dou gleicht hier einem Mann, der [weder Ankläger noch Richter] einfach dasitzt und den ganzen Urteilsspruch abliest [wozu er seine eigenen Glossen macht. Mit andern Worten: Hsüä-dou ist bei den Begegnungen Ma-yü's nicht selbst beteiligt; er betrachtet sie von einem höheren Standort].

Mit dem Sprüchlein: »Ja, ja, so ist's recht« in seiner Tasche geht Ma-yü nun weiter, um sich Nan-tjüan vorzustellen. Und abermals umkreist er dreimal dessen Sitz, schüttelt seinen Klingstab, stößt ihn auf den Boden, reckt sich in die Höhe und steht vor ihm da. Nan-tjüan sagt ihm: Nein, so ist es nichts. Ein Säbel, um zu töten, ein Degen zum Lebendigmachen, das muß der Meister, der in dem, was eines Menschen Eigentliches ist, Bescheid weiß, sein.

Hsüä-dou aber sagt nun dazu: Falsch! Dschang-djing hatte gesagt: Ja, ja, so ist es recht. Nan-tjüan sagte: Nein, so ist es nichts. Ist nun dieses Urteil Hsüä-dou's hier dasselbe wie zuvor, oder etwas anderes? Beim vorigen Mal lautete der Bescheid: Ja, ja, recht so! Wieso war das falsch? Diesmal lautet der Bescheid: Nein, so ist es nichts! Wieso ist nun das auch wieder falsch? Streicht er [Ma-yü] sich den Gewinn aus Dschang-djing's Sprüchlein ein [d. h. nimmt er das einfach für bare Münze], so wird er nicht damit fertig, sein Heil zu schaffen. Streicht er sich aber

[1] Nach alter indischer Lehre besteht der Leib aus den vier Elementen Erde, Wasser, Feuer, Wind. Die Bewegungen des Körpers sind Wirkungen des Windeselements. Bei der Auflösung des Leibes bleibt davon nichts übrig.

den Gewinn aus Nan-tjüan's Sprüchlein ein, so kann er für die Patriarchen und die Buddhas Meister werden. Aber so wahr das auch ist, so muß doch auf jeden Fall ein Kuttenbruder ganz von sich aus es bejahen können, dann erst wird es ihm zuteil. Kehre dich grundsätzlich davon ab, Reden aus dem Munde anderer Leute anzunehmen.

Wenn schon die Frage [die Ma-yü mit seinem bedeutungsvollen Auftreten stellt] in beiden Fällen von derselben Art ist, warum antwortet ihm dann doch der eine mit Ja, der andere mit Nein? Ein erfahrener, geübter Zen-Mann, der zur großen Freiheit durchgedrungen ist, der muß freilich auch sein eigenes Leben ganz für sich besonders haben [er bleibt von dem Widerstreit, in den Ma-yü geraten ist, unberührt]. Wenn sich einer dagegen die inneren und äußeren Umstände dieser beiden Begegnungen nicht aus dem Sinn schlagen kann, so wird er unvermeidlich im Gegensatz jener zwei Behauptungen festsitzen.

Wer die Meister alter und neuer Zeit mit hellem Blick beurteilen will, so daß er damit jedermann im Reich zum Schweigen bringen kann, der muß die beiden ›Falsch!‹ von Hsüä-dou recht verstehen lernen, dann erst wird er es erreichen. Auch nachher, wenn wir zu dem Gesang des Hsüä-dou kommen, wird sich zeigen, daß er wiederum nur diese beiden ›Falsch!‹ behandelt. Denn ihm ist nur darum zu tun, den lebendig springenden Punkt in der Geschichte aufzuweisen. Was ein Kerl mit Blut unter der Haut ist, der wird schon von selbst nicht in den Fehler fallen, die Erklärung dieser Vorgänge im Wortlaut der geführten Reden zu suchen und sich über Eselspflöcke seine Theorien zu machen.

Es gibt Leute, welche sagen, Hsüä-dou spreche seine beiden Urteile ›falsch!‹ in Vertretung [bzw. zur Verteidigung] Ma-yü's. Was hätte das mit der Sache zu tun! Sie merken durchaus nicht, daß diese Alten mit ihren Zwischenbemerkungen gerade den Zweck verfolgen, [derartigen Erklärungen] den nötigen Sperrbalken vorzuschieben und [verstandesmäßigen Überlegungen dieser Art] den Zugang abzuschneiden. Wie der eine [mit der Antwort ›ja, ja, recht so‹] recht hat, so hat auch der andere recht [mit seinem: ›nein, so ist es nichts‹]. Letzten Endes handelt es sich überhaupt nicht um diese beiden Urteile. [Dschang-djing, will Yüan-wu sagen, ist stark im ›Loslassen‹, im Freigeben, und tut recht daran. Nan-tjüan umgekehrt ›hält fest‹ und bindet, und tut auch daran recht. Falsch wird beider Urteil nur für den, der, wie Ma-yü, erst am einen, dann am andern Urteil hängen bleibt, sich aus beiden ›Eselspflöcke‹ macht. In den Worten solcher Meister enthält jedes Ja zugleich sein Nein, jedes Nein zugleich sein Ja. Sie führen das Schwert, das tötet und lebendig macht.]

Dsï-tjing, der Sutrenbibliothekar [ein älterer Freund Yüan-wu's] sagt: Daß der eine Ma-yü's Rundgang um den Zen-Sitz gutheißt und der andere nicht, ist beides falsch. [Keines der beiden Urteile spricht die ganze Wahrheit aus; Hsüä-dou hat also recht mit seinen beiden ›falsch!‹.] Aber der Kernpunkt [den Hsüä-dou eigentlich im Auge hat] liegt auch darin nicht.

Seht einmal her! Yung-djia kam nach der Tsau-Schlucht, um den Sechsten Patriarchen zu besuchen. Er umkreiste dessen Zen-Sitz in drei Gängen, schüttelte den Klingstab, daß die Ringe klirrten, stieß ihn auf den Boden, reckte sich in seiner ganzen Länge und stand vor ihm da. Der Patriarch redete ihn an: Da, ein Shramana mit den dreitausend Zeichen strenger Würde, mit den achtzigtausend peinlich feinen Regeln! Großer Tugendheld! Woher kommt Ihr denn, daß Ihr solch mächtige Selbstherrlichkeit entwickelt? – Weshalb sagt denn der Sechste Patriarch, Yung-djia entwickle eine mächtige Selbstherrlichkeit? Warum sagt er weder ja, so sei es recht, noch auch nein, so sei es nichts? Ja und nein, richtig und verkehrt sind eben alles Eselspflöcke. Nur Hsüä-dou bringt es fertig, zweimal ›falsch‹ zu sagen; und damit ist er immerhin [dem Wahren] ein klein wenig gerecht geworden.
Nun wirft Ma-yü ein: Dschang-djing hat zu mir gesagt, so sei es recht. Warum sagt der Ehrwürdige nein dazu? Dieser alte Chinese schont nicht, wie er sollte, seine Augenbrauen [die, nach der vom achten Beispiel her bekannten Redensart, von unnötigem Gerede ausfallen.] Er ist nicht wenig leck und locker.
Nan-tjüan erwidert ihm: Dschang-djing hat recht; nur du hast unrecht. Von diesem Nan-tjüan kann man sagen: Hasen erschaut, Falken los! Dsï-tjing, der Sutrenbibliothekar, bemerkt dazu: Nan-tjüan läßt es gänzlich an Zurückhaltung fehlen. Anstatt sich mit seinem Urteil ›nein, so ist es nichts‹ zufriedenzugeben, holt er ihm seinen Fehler noch hervor und sagt: Das sind Drehungen der Windeskräfte, die zuletzt in nichts vergehen.
Im Pratyekabuddha-Sûtra [welches übrigens schon kurz nach Yüan-wu's Zeit als eine chinesische Fälschung, welcher kein indisches Original zugrunde liegt, erkannt worden ist] heißt es: »Dieser unser Leib setzt sich aus den ›Vier Großen‹ [den vier Elementen] zusammen. Was wir Haare, Nägel, Zähne, Haut, Fleisch, Knochen, Hirn, Mark und Schmutzfarbenes nennen, ist letzten Endes alles Erde. Speichel, Tränen, Eiter, Blut ist alles auf Wasser, Wärme auf Feuer, Bewegung und Drehung aber auf Wind zurückzuführen. Trennen sich die Vier Großen voneinander, wo ist dann dieser fälschlich vorgetäuschte Leib?« Wenn also dieser Ma-yü mit dem Klingstab um den Zen-Sitz herumgeht, so sind das eben Drehungen der Windeskräfte, die zuletzt in nichts vergehen.
Sagt mir einmal: Wo ist da letzten Endes noch so etwas wie Erschließung des auf uns gekommenen Erbgutes von Herz und Geist? [Entzieht nicht Nan-tjüan mit solch materialistischer Behauptung der Weitergabe des Zen von Geist zu Geist den Boden?] An dieser Stelle muß einer schon ein Kerl sein, der Eisenerz zu schmelzen fähig ist; dann erst wird er es begreifen. [Wahrscheinlich denkt Yüan-wu dabei an den Inhalt des 29. Beispiels, das von Da-sui's feuriger Lohe handelt.]
Seht euch einmal den hochgelehrten Dschang Dscho an, wie er zu Hsi-tang kam, ihn zu befragen!

Dschang Dscho fragte Hsi-tang: Was ist es um die große Erde mit Bergen und Gewässern? Ist sie oder ist sie nicht? Und alle Buddhas der drei Welten, sind sie oder sind sie nicht? Hsi-tang erwiderte: Sie sind. Dschang Dscho, der Hochgelehrte, sagte: Falsch! Hsi-tang fragte zurück: Welchen Meister hat mein Senior denn bisher aufgesucht? Dschang Dscho berichtete: Ich war bei dem ehrwürdigen Djing-schan. Der hatte auf alle Fragen, welche ich ihm stellen mochte, stets die eine Antwort: Gibt es nicht. Hsi-tang fragte weiter: Wieviel Angehörige hat denn der Herr Senior? Dschang Dscho erwiderte: Eine schlichte Frau [wörtlich: eine Frau vom Hinterwalde] und zwei einfältige Dickköpfe. Hsi-tang fragte weiter: Und wieviel Angehörige hat Djing-schan? Dschang Dscho versetzte: Djing-schan ist ein Buddha nach der Art der Alten; Ehrwürdiger, es wäre doch wohl besser, ihn nicht zu beschimpfen. Da sagte Hsi-tang: Wartet doch, mein Senior, erst die Zeit ab, bis Ihr Djing-schan ähnlich seid; und dann sagt ruhig in allen Fällen: Gibt es nicht. Dschang Dscho neigte nur sein Haupt und damit war die Unterredung aus. So ist jeder tüchtige Lehrer unseres Glaubens von dem Drang beseelt, den Menschen ihren Leim zu lösen, ihre Fesseln abzunehmen, Nägel auszuziehen, Pflöcke auszureißen. Sie können nicht nur auf der einen Seite Wache stehen; sie schwenken um nach links und drehen sich nach rechts, sie schwenken um nach rechts und drehen sich nach links.

Seht doch einfach einmal an, wie Yang-schan einst zu Dschung-i kam, um ihm für die Abnahme seines Bhikshu-Gelübdes und die Aufnahme in den Mönchsstand zu danken!

Dschung-i, auf dem Zen-Stuhl sitzend, sah Yang-schan kommen, klatschte in die Hände und rief: Eia, eia! Alsbald trat Yang-schan auf Dschung-i's linke, dann auf seine rechte Seite, dann auch in die Mitte. Nun erst sprach er die Dankesformel, erfüllte das vorgeschriebene Zeremoniell, trat zurück und blieb im Hintergrund stehen. Dschung-i fragte ihn: Woher hast du diesen Samâdhi [diese in der Versenkung erworbene Geste]? Yang-schan erwiderte: Das habe ich mir vom Siegelabdruck in der Tsau-Schlucht abgezogen und mitgenommen. Dschung-i fragte weiter: Und wer ist dann derjenige, dem der Meister in der Tsau-Schlucht [Hui-nëng, der Sechste Patriarch] mit eben diesem besonderen Samâdhi einst die helfende Hand geboten hat? Yang-schan erwiderte: Damit bot er die Hand jenem ›Erwachten einer Übernachtung‹ [nämlich Yung-djia]. Dann richtete umgekehrt Yang-schan an Dschung-i die Frage: Und woher habt Ihr, Ehrwürdiger, diesen Samâdhi? Ich, erwiderte Dschung-i [ganz bescheiden] habe ihn von meinem Meister, dem Patriarchen Ma. – Wie sollte einer, der so redet [wie der junge Yang-schan], nicht ein Kerl sein, der, wenn er eine Ecke des Vierecks gesehen hat, nicht auch die drei andern sich klar gemacht haben will und, wenn er die Hauptsache begriffen hat, nicht auch noch den Nebensachen nachläuft?

Lung-ya sagte bei der Unterweisung seiner Hörer: Merkt euch folgendes! Wer den Meister aufsucht, um bei ihm zu lernen, der muß dahin kommen, daß er durch die Patriarchen und den Buddha durch ist; dann erst wird er es erlangen. Der Ehrwürdige Liang-djiä vom Grottenberg [Dung-schan] hat gesagt: »Erst derjenige, der Wort und Lehre der Patriarchen und des Buddha mit den Augen eines geschworenen Feindes ansieht, hat die richtige Art, zu lernen und zu üben [d. h. es darf ihm keine Ruhe lassen, bis er diese Männer überwunden und ihnen ihren ganzen reichen Besitz entrissen hat]. Wer es nicht dahin bringt, durch sie hindurchzudringen, der wird von ihnen irregeführt.« Nun war da ein Mönch, der fragte: Sollten denn die Patriarchen und der Buddha wirklich andere Menschen irreführen wollen? Lung-ya erwiderte: Sage du mir, ob wohl Strom und See [der gewaltige Yangtse-Strom und der Dung-ting-See, dessen Becken jeden Sommer vom Hochwasser der Ströme in zehnfacher Ausdehnung des Bodensees überflutet ist] den Willen haben, Wanderern den Weg zu sperren! Dann fuhr er fort: Strom und See haben freilich nicht die Absicht, den Menschen Hindernisse in den Weg zu legen. Aber da die Zeitgenossen über sie nun einmal nicht wegkönnen, so betrachten sie Strom und See eben als Hindernisse. Man kann also nicht sagen, Strom und See hinderten die Menschen nicht. Auch die Patriarchen und der Buddha haben natürlich nicht den Willen, Menschen irrezuführen. Aber da die Zeitgenossen nun einmal nicht imstande sind, durch sie hindurchzudringen, so betrachten sie dieselben eben doch als Irreführer oder Betrüger. Man kann also auch nicht sagen, die Patriarchen und der Buddha führen die Menschen nicht irre. Wenn es dagegen einem gelingt, durch die Patriarchen und den Buddha durchzudringen, dann ist dieser Mensch damit über die Patriarchen und den Buddha hinausgelangt. Dazu muß er aber auch den Sinn und Willen der Patriarchen und des Buddha in sich selbst verkörpert haben. Dann erst wird er jenen auf das, was droben ist, gerichteten Alten gleich sein. Wem es nicht gelingt, hindurchzudringen, dem wird bei aller Beschäftigung mit Buddha, bei allem Lernen von den Patriarchen bis in Ewigkeit nicht die Stunde des Erreichens schlagen. Der Mönch aber fragte wieder: Wie kann man es vermeiden, von Buddha und den Patriarchen irregeführt zu werden? Lung-ya erwiderte: Das mußt du hier auf dieser Stelle selbst begreifen. An diesem Punkt hilft dir nichts anderes als das. Nur so kannst du es erlangen.

Warum dies alles? Weil, wer andern helfen will, sie dazu bringen muß, hindurchzudringen. Weil, wer einen Menschen töten will, imstande sein muß, Blut zu sehen. Von diesem Schlag sind Nan-tjüan und Hsüä-dou. Darum nimmt denn auch der letztere den Faden auf und spinnt ihn im Gesange aus.

Gesang

DIESES ist falsch, und falsch ist auch das.
Davon laß mir die Hände, laß!
Bis des Meeres Schwall sich legt,
Bis der Ströme Flut verebbt.
Altes Werkstück, hoch von Sinn,
Ringe: Tore zwölf,
Tore hin, wo alles leer,
wüste, still und stumm.
Keine Wüstenei!
Ärzte, tut euch nach Arznei
für Gesundheit um!

Zwischenbemerkungen zum Gesang

»Dieses ist falsch, und falsch ist auch das.« – Schone er seine Augenbrauen! [Überflüssiges Gerede, die schon im Beispiel eingefügten Bemerkungen hier zu wiederholen!] – Er handelt auf höheren Befehl. – »Über dem Himmel und unter dem Himmel ich allein erhaben.«

»Davon laß mir die Hände, laß!« – Zwei Hammerköpfe ohne Öhr! – Sie hebt auch der Bodhisattva des Erbarmens[1] mit all seinen tausend Händen nicht auf. – Falls du, Herr Meister, etwa nach den Hammerköpfen greifen solltest, gebe ich dir dreißig Hiebe zu kosten.

»Bis des Meeres Schwall sich legt,« – Dann wagt kein Meer mehr, sich zu rühren. – Dann weht von Haus zu Haus in Ost und West, in Süd und Nord der eine gleiche Hauch der Stille. – Aber neuerdings regnet es wieder viel und die Gewässer schwellen an. [Die alteingesessenen Gefühlsansichten werden wieder laut. Man muß beständig auf der Hut sein.]

»Bis der Ströme Flut verebbt.« – Die reine splitternackte Blöße, rötlich und frisch besprengt! – Dann hast du mit einem Mal im Hause Ruh und Frieden. – Dann ist das Gelbe Meer geläutert, des Gelben Stromes Wasser klar.

»Altes Werkstück, hoch von Sinn, Ringe: Tore zwölf.« – Was ist denn das? [Überraschende Wendung! Aber im Grunde redet der Dichter nur weiter von der Stille des Nirvâna.] – Der Stock da hat doch keine Augen! [Was soll da ›hoch von Sinn‹?] – Daß mir nur keiner seinen Haushaltsplan auf diesen Stock setzt!

»Tore hin, wo alles leer, wüste, still und stumm.« – Da gibt es nicht ein einziges Ding mehr! – Da bist du um dein ganzes Alltagsleben betrogen. – Spähst du hindurch, so wirst du blind.

»Keine Wüstenei!« – Hab mir's doch gedacht! – Gut, daß er noch den

Rang zur Wendung findet. – Aber ihr seid inzwischen wohl schon blind geworden? – Dann setzt es aber Hiebe!
»Ärzte, tut euch nach Arznei für Gesundheit um!« – Aber wer einmal gestorben ist, kommt doch nicht wieder zum Leben! – Was hat es denn für einen Zweck, zwölf Stunden lang verschlafen hin zu dösen? [Gestalten, welche dieser Schilderung entsprechen, kann man in buddhistischen Ländern allerdings gelegentlich begegnen.] – Was fischt ihr da am Himmel hin und her und sucht die Erde ab? [Ein Bild der Verstiegenheit im Leeren.]

Erläuterung des Gesangs

Dieser Gesang hier erinnert an den öffentlichen Aushang von der Begegnung Dö-schan's mit We-schan [im 4. Beispiel]; dem ist er ähnlich. Erst versieht Hsüä-dou das Beispiel selbst mit zwei entscheidenden Bemerkungen, und nachher reiht er dieselben im Gesang an einem Strange auf.
»Dieses ist falsch, und falsch ist auch das. Davon laß mir die Hände, laß!« Er will sagen: Wenn ich dieses [nämlich die Antwort Dschang-djing's, mit der er Ma-yü lobte] als falsch beurteile und dann jenes [nämlich Nantjüan's Antwort, mit der er Ma-yü tadelte] ebenfalls falsch nenne, so verwahre ich mich streng dagegen, daß mir einer diese beiden Urteile antastet. Wer sie antastet, handelt mir zuwider. Diese beiden Urteile müssen unter allen Umständen stehen bleiben, wie sie sind.
Dann geschieht es auf der Stelle, daß »des Meeres Schwall sich legt und der Ströme Flut verebbt«. Unheimlich, dieser reine Wind, diese Mondeshelle! Wenn du dich unter diese beiden Urteile ›falsch‹ ehrlich stellst und sie verstehen lernst, gibt es für dich auch nicht die kleinste Sache mehr. Dann sind die Berge eben Berge, dann ist Wasser Wasser; dann ist lang von selber lang und kurz von selber kurz [und darin liegt nach chinesischem Sprachgebrauche auch, daß ein Vorzug Vorzug ist und Nachteil Nachteil]. Dann gibt es in fünf Tagen einmal Wind und in zehn Tagen einmal Regen. Das meint Hsüä-dou mit den Worten: »Bis des Meeres Schwall sich legt, bis der Ströme Flut verebbt.«
In der zweiten Strophe des Gesangs kommt er darauf, wie Ma-yü seinen Klingstab in der Hand hält, und sagt: »Altes Werkstück, hoch von Sinn, Ringe: Tore zwölf,« ... Wenn einer jene beiden Urteile ›falsch!‹ richtig begriffen hat, dann wird er über diesem Wanderstab ein Licht leuchten sehen. Das ›alte Werkstück‹ als solches hat er dann nicht weiter nötig. Einer der Alten [nämlich Fĕn-yang Schan-dschau, japanisch Funyô Zenshô, drei Generationen nach Lin-dji und fünf vor Yüan-wu, vgl. S. 14f.] hat gesagt: Wer den Sinn des Wanderstabs erfaßt hat, der hat das

[1] Avalokiteshvara (chinesisch Guan-yin, japanisch Kwannon) wird als Nothelfer bildlich manchmal ›tausendhändig‹ dargestellt.

Studium und die Übung seines Lebens absolviert. Und ein anderer [nämlich Yung-djia, japanisch Yôka, in seinem ›Gesang vom Erleben der Wahrheit‹, S. 39, 200] sagt:

Die Almosenschale, die Drachen gebannt,
der Stab, der Tiger versöhnt,
Der beiden Bügel metallene Ringe
mit hellem, kräftigem Klang:
»Sie sind nicht Zeichen und Schaustück nur,
nicht sinnlos, ohne Gestalt:
Von des Tathâgata eigenem Stab,
dem edlen, rühren sie her.«

Das also ist die Gattung, zu der diese Sachen gehören. Wenn einer bis dahin gelangt ist, dann mag er alle Dinge siebenmal umstoßen und achtmal auf den Kopf stellen, er ist zu jeder Zeit sein eigener Herr. Ihn führen alle »Tore hin, wo alles leer, wüste, still und stumm«. So viele es auch der Tore und der Wege sind, sie führen alle in das Leere, wo alles wüste ist und still und stumm.
Doch an dieser Stelle besinnt sich Hsüä-dou plötzlich darauf, daß er leck und locker geworden ist [daß er sich über die verborgene Richtung überwärts etwas zu freigebig ausgelassen hat und die Hörer Gefahr laufen, dort in der Höhe hängen zu bleiben] und tut dir den Gefallen, das wieder zu zerschlagen. So sehr er auch mit seinen Worten recht gehabt hat, so liegt darin doch auch wieder, daß dieses Leere, Wüste ›keine Wüstenei‹ ist. Auch ein Meister, auch ein Seelenarzt, der sich auf seine Kunst versteht, muß doch selbst dann, wenn er sich frei von Krankheit weiß, erst einmal nach einer [für ihn passenden] Arznei suchen und ein wenig davon einnehmen. Dann erst wird er es erlangen.

Yüan-wu's Hinweis

»Setzt man das Bewußtsein in Bewegung, so erscheinen Formen. Nimmt man sie wahr, so bildet sich Eis.« – Dies ist ein Satz aus einer kleinen Sammlung hinterlassener Schriften des frühreifen Mönches Dschau (384 bis 414), der zuerst von Lau-dsï und Dschuang-dsï begeistert, schon mit sechzehn Jahren durch das Studium des Vimalakîrti-sûtra zum Buddhismus kam, sich 401 an den indischen Gelehrten und großen Sutrenübersetzer Kumârajîva aus Kutscha anschloß, um unter seiner Leitung Sutren zu studieren und ihren Gedankengehalt in eigenen Abhandlungen zu verarbeiten. In späteren Jahrhunderten wurden seine Schriften unter dem Titel Dschau-lun besonders von den Zen-Meistern geschätzt und viel zitiert. Die angeführten Worte zielen auf den Ruhepunkt, welcher vor aller Bewegung des Geistes liegt, den Punkt, an dem noch keine Unterscheidung, kein Ja und Nein aufgetreten ist. Bei der ersten Bewegung aber ist bereits der ganze Streit der Gegensätze da. Es bilden sich Begriffe und verfestigen sich, wie wenn Wasser zu Eis gefriert. Es entsteht die Vorstellung von unverrückbaren Grenzen, und der umfassende Blick auf die Größe und Fülle der Wahrheit geht darüber verloren. Erstes Ziel der Befreiung muß es sein, jenen Ruhepunkt wieder zu gewinnen, jenen Urgrund des Geistes, der eigenen inneren Natur, welchen die Zen-Meister von der Tradition her die Buddhanatur, in ihrer besonderen Sprache das »eigentliche Teil« des Menschen nennen. Alle Übung, alle Meditation, alles Streben des Zen ist darauf gerichtet, die Ströme der Gedanken und Gefühle schon am Ursprung, am Punkt der ersten Bewegung, anzuhalten und so die Schau der Wahrheit zu gewinnen, die jenseits aller Gegensätze liegt.

Aber auf dem Weg zu diesem Ziel droht wieder eine andere Gefahr, und das vorzüglich solchen, die sich bereits am Ziele angekommen glauben, es aber noch nicht sind. Dafür folgt nun ein Beispiel, und es zeigt sich dabei, wie verschlungen und verwirrend gerade dort die Wege sind, wo einer meinen könnte, den andern weit voraus zu sein, und doch nicht völlig durchgedrungen ist. Darum legt schon der Hinweis solchen Nachdruck auf das Durchgedrungensein, und dieses wiederholt sich in Yüan-wu's Erläuterung.

Zum Verständnis des Beispiels

Den Hergang, der berichtet wird, hat Yüan-wu schon in der Erläuterung zum 20. Beispiel erzählt: Ma-yü[1] tritt, vom Gefühl der Buddhamajestät gehoben, in feierlichster Haltung erst vor Dschang-djing, dann vor Nan-tjüan, wird von dem ersteren gelobt, vom letzteren zurechtgewiesen und

[1] Ma-yü Bau-tschö, japanisch Ma-yoku Hô-tetsu. Traditionstafel III B, 9.

ist nun durch den Widerspruch der beiden Urteile verwirrt. Alle drei sind Schüler eines und desselben Meisters, des Patriarchen Ma, und da Ma-yü bei den zwei andern Anerkennung für die Echtheit seiner Haltung sucht, so sagen die Erklärer allgemein, er gehöre einem späteren Jahrgang an, jene beiden seien seine Vorgänger und Älteren. Das ist jedoch nur in dem Sinn zu verstehen, daß Ma-yü später als jene zur vollen inneren Reife gelangt ist. Was sein Alter betrifft, so steht er sehr wahrscheinlich zwischen beiden.

Genaueres über seine Herkunft und sein Alter ist nicht überliefert. Doch wird im 69. Beispiel unserer Sammlung berichtet, wie Ma-yü mit Nan-tjüan und einem Dritten auf der Wanderung ist, um in Nan-yang den alten Landesmeister Dschung aufzusuchen, denselben, der im 18. Beispiel den Kaiser um eine ›nahtlose Pagode‹ bittet. Wenn dieser Bericht tatsächlich stimmt, dann muß diese Reise schon vor oder gerade noch in dem Jahr 775 stattgefunden haben, in dem der Landesmeister Dschung gestorben ist. Nan-tjüan, 749 geboren, war damals höchstens sechsundzwanzig Jahre alt. Dschang-djing dagegen kam erst 785, also zehn Jahre später, zu dem Patriarchen Ma. Dann erst dürfte sich auch Ma-yü's Verhältnis zu diesem angesponnen haben. Der Besuch aber, den Ma-yü nach dem Bericht des Beispiels bei Dschang-djing machte, setzt voraus, daß Dschang-djing schon nicht mehr bei Ma in Nan-tschang war, sondern sich allein an anderem Ort befand. Und ebenso muß Nan-tjüan auch allein für sich gewesen sein.

Von Nan-tjüan, dessen Lebensweg uns vom 28. Beispiel her zum Teil bekannt ist, wissen wir bereits, daß er sich nach dem Tod des Patriarchen Ma im Jahr 788 auf lange Jahre in die Einsamkeit zurückgezogen hat. Genau dasselbe aber tat auch Dschang-djing[1]. Dieser war 756 unweit der Hafenstadt Tjüan-dschou in der Provinz Fukien geboren, führte als Mönch den Namen Huai-hui, d. h. ›im Busen leuchtend‹, hatte 785 bei dem Großmeister Ma in kurzer Frist den entscheidenden Anstoß für sein weiteres Leben erhalten und sich dann, dem öffentlichen Wirken abgeneigt, in einer abgelegenen Gegend stiller Übung und Betrachtung hingegeben. Dort also dürfte Ma-yü bei ihm gewesen sein. Sein Aufenthalt war in den Zen-Gemeinden immerhin bekannt, und die vielen Besuche, welche er erhielt, trieben ihn nach einigen Jahren in eine noch weiter abgelegene Berg- und Waldlandschaft. Bald aber fanden viele auch dorthin den Weg, sein Ruf als Heiliger und Weiser drang zuletzt sogar bis an den Hof, und im Jahr 808 berief ihn Kaiser Hsiän-dsung nach der Hauptstadt Tschang-an (dem heutigen Si-an-fu) und wies ihm hier ein zwar bescheidenes Kloster namens Dschang-djing als Wirkungsstätte an. Doch hatte er von da an bis zu seinem Tode sieben Jahre lang von höchsten Würdenträgern, von gelehrten und berühmten Männern solchen Zulauf, daß er in hohem Ansehen stand. Noch in späteren Jahrhunderten zeugte davon die Pagode, die ihm der Kaiser eine Stunde weit im Osten der Residenzstadt am Ufer des Ba (eines Nebenflusses des We)

errichten ließ. (Dschang-djing ist nicht mit dem schon oft genannten Tschang-tjing zu verwechseln, der als Schüler Hsüä-fëng's vier Generationen jünger ist.)
Ma-yü trug als Mönch den Namen Bau-tschö, wörtlich: ›Kleinodien durchdringen‹. Wie man das nun deuten mag, so zeigt es die Entschlossenheit, sich von den ›drei Kleinodien‹ des Buddhatums, dem Buddha, seinem Gesetz und seiner Mönchgemeinschaft, durchdringen zu lassen und selbst durch ihren Sinn hindurchzudringen. In späteren Jahren, wann, ist unbekannt, fand sich eine Wirksamkeit für ihn als Meister in dem sog. Hanftal- oder Ma-yü-Kloster der Stadt Pu-dschou, welche, zur Provinz Schansi gehörig, innerhalb der großen Biegung des Huangho-Laufs von südlicher in östliche Richtung gelegen ist. Seitdem also führt er in der Tradition des Zen den Namen Ma-yü. (Normalerweise müßte man dafür Ma-gu sagen, und dem entspräche im Japanischen die Form Ma-koku. Statt dessen nennen aber die Japaner, die seit dem 12. Jahrhundert bei den Chinesen in die Schule gingen, diesen Meister stets Ma-yoku. Dem entspricht in der heutigen Lautgestalt des Chinesischen die Form Ma-yü. Da die Genauigkeit, mit welcher die Japaner die ihrem Sprachgehör bemerkbaren und ihrer Sprechgewohnheit angemessenen Unterschiede festzuhalten pflegen, gut belegt und unbestreitbar ist, so werden wir mit der Entscheidung für die Form Ma-yü kaum fehlgehen.)
Auch von der Meistertätigkeit Ma-yü's ist nicht gerade viel auf uns gekommen. Die wenigen Anekdoten, welche überliefert sind, beweisen immerhin, daß er, wie auch andere Schüler des Patriarchen Ma, das Reden möglichst mied und statt dessen gerne zu sinnfälligen Gesten seine Zuflucht nahm, die an Drastik nichts zu wünschen übrigließen. Als einst ein Mönch mit Fragen nach dem Sinn des ›Kommens Bodhidharmas aus dem Westen‹ und seine Stellung zu den Sutrenschriften in ihn drang, da sei er einfach aufgestanden, habe den Stab auf den Boden gestoßen, das eine Knie hochgezogen und auf der Ferse eine schwungvolle Wendung um sich selbst gemacht. Das paßt zu den zwei Szenen, in welchen er sich hier im Beispiel präsentiert, nicht übel.
Da in diesem Beispiel auch der Klingstab eine Rolle spielt und im Gesang des Hsüä-dou ausdrücklich besungen wird, so sei hierüber noch ein Wort gesagt. Der Stab des Bettelmönchs hat im Buddhismus seit den frühesten Zeiten seine ganz besondere Würde. Die Sutren berichten, daß der Buddha seinen Mönchen anbefahl, auf ihren Gängen einen Stab zu tragen, an dessen metallenem Aufsatz große Ringe hingen, die beim Schütteln einen hellen, kräftigen Klang gaben. Sie sollten vor dem Wandernden Gewürm und giftige Schlangen aus dem Weg treiben, Rinder und Hunde in gemessener Entfernung halten, den Müden und Gebrechlichen zur Stütze dienen, vor allem aber jedem Hausbewohner durch dreimali-

[1] Dschang-djing Huai-hui, 756 (759?)–815 (818?); japanisch Shô-kyô E-ki. Traditionstafel III B, 9.

ges Schütteln schon von ferne das Nahen eines Mönches melden. Dann konnte, wer sich innerlich getrieben fühlte, etwas Reis für die Bettelschale des Mönchs bereit halten, und dieser war des unwürdigen Klopfens an der Tür enthoben. Klingstab und Mönch gehören also unzertrennlich zusammen, und so ist es nur natürlich, daß sich um diesen ständigen Begleiter mit der Zeit ein ganzer Mythus wob. Auf der japanischen Insel Shikoku gibt es eine durch alten Brauch festgelegte große Wallfahrt zu achtundachtzig Tempeln, die mindestens einmal im Leben zu begehen Tausenden von frommen Buddhisten ein Herzensanliegen ist. Sie führt den bezeichnenden Namen ›Wallfahrt zu zweien‹, denn der Pilger wandert mit seinem Klingstab, und mit diesem begleitet ihn der Buddha selbst. Darum schützt ihn der Mönch sorgfältig vor jedem Mißbrauch, er hütet sich, damit zu deuten oder in den Sand zu schreiben, nimmt vor allem den metallenen Aufsatz an der Spitze nach der Rückkehr ab und verwahrt ihn in besonderer Hülle. Auch die Ringe, die zunächst zum Klingen da sind, haben ihre eigene Symbolik, wie das von der Kreisfigur im allgemeinen gilt. Der Blick durch solchen Ring erweckt die Vorstellung des absoluten Leeren, das alle Vielheit der Erscheinungen umschließt. Darum vergleicht man diese Ringe auch mit Toren, durch die der Weg ins Leere führt, und deutet diese Tore auf die sechs verschiedenen Arten oder Inhalte der heilsamen Erkenntnis. In älterer Zeit hatte der Klingstab sechs Ringe, je drei an den zwei Armen oder Bügeln, die von zwei Seiten des metallenen Aufsatzes leierförmig aufwärts strebten. Die Tang-Zeit brachte die Verfeinerung, daß man nun auch Stabaufsätze mit vier Armen machte und daran ein ganzes Dutzend Ringe aufhing. Es gab nun zwölf verschiedene Tore oder Übungen, die alle doch nur immer in das eine Leere führten. Darauf nimmt Hsüä-dou im Gesang Bezug. Als echtem Zen-Meister sind ihm die Einzelheiten dieser Bilder nicht besonders wichtig; als Dichter nimmt er sich die Freiheit, auf sie anzuspielen.

Überhaupt wird der Lesende bemerkt haben, daß in diesem Beispiel das entscheidende Wort nicht von den Teilnehmern an den Gesprächen kommt, weder von Dschang-djing, noch von Nan-tjüan, sondern von Hsüä-dou, dem Herausgeber der Sammlung selbst. Wie schon im 1., dann im 4. Beispiel begleitet er das Wort der ›Alten‹ mit seinen eigenen Bemerkungen. Und im Gesang kann er nicht stark genug betonen, wie wichtig ihm dies ist. Ihm liegt die Sorge auf der Seele nicht nur für die Kranken, die, ans Sein und Haben angekettet, erst einmal durch eines der zwölf Tore treten müssen, um gesund zu werden, sondern ebenso für die Gesunden, die die Loslösung gefunden haben, nun aber sich aus dieser, aus der Leerheit, abermals ein Ruhepolster machen und darin erstarren. Dies zu verdeutlichen, führt Yüan-wu in seiner Erläuterung des Beispiels eine Reihe weiterer Meister vor, über die noch einiges zu sagen ist.

Dsï-tjing, der Sutrenbibliothekar

Diesen seinen älteren Freund und Landsmann aus Schu ruft Yüan-wu hier als Zeugen für Hsüä-dou auf, welcher sowohl Dschang-djing's Ja als auch das Nein Nan-tjüan's zu Ma-yü's Auftritt ablehnt. Dabei weist Dsï-tjing jedoch noch weiter in die Tiefe oder, wenn man so will, in die Höhe, nämlich dorthin, wo der Gegensatz von Ja und Nein verstummt. Für diesen eigentlichen Kern- und Wendepunkt gibt Yüan-wu nun das klassische Beispiel mit der Szene, auf welche er schon mit der Zwischenbemerkung »ganz im Stil der Tsau-Schlucht« angespielt hat.

Yung-djia vor dem Sechsten Patriarchen

Dieser Yung-djia[1] heißt nach seiner Heimat gleichen Namens, einer Hafenstadt im südlichen Tschekiang, heute Wěn-dschou genannt. Als Mönch mit Namen Hsüan-djiau, d. h. Zutiefst Erwacht, war er schon in jungen Jahren durch das Studium des Nirvâna- und des Vimalakîrti-Sûtra zur befreienden Erkenntnis gelangt und hatte sich dann strenger Übung im Anhalten rationaler Denkprozesse hingegeben, wie sie die Tiän-tai-Schule vorschreibt, um seine Wahrheitsschau zu festigen. Maßgebend dafür war für ihn die wichtige Schrift des großen Tiän-tai-Meisters Dschï-i vom ›Anhalten und Schauen‹, Dschï-guan (1951 in französischer Übersetzung durch den Mönch Yüan Dso und G. Constant Lounsbery unter dem Titel ›Dhyâna pour les débutants‹ erschienen). In dem Bedürfnis aber, die Echtheit seiner Erfahrung von einem anerkannten Zen-Meister bestätigt zu sehen, wanderte Yung-djia schließlich bis nach Kwangtung, um in Tsau-tji, der Schlucht des Tsau-Bachs, den Sechsten Patriarchen Hui-nëng aufzusuchen. Sein Auftreten vor diesem läßt auf den ersten Blick erkennen, daß es dem etwa achtzig Jahre jüngeren Ma-yü bei seiner Vorstellung vor Dschang-djing und vor Nan-tjüan als Muster vorgeschwebt hat. Der Unterschied der Szenen liegt nur darin, daß Hui-nëng weder ja noch nein sagt, weder lobt noch tadelt. Er stellt nur fest, was da für einer vor ihn hintritt. Dann, so ging es weiter, prüfte er den jungen Feuergeist durch Fragen. Das Ergebnis war, daß er über die Antworten des ›Zutiefst Erwachten‹ in steigende Verwunderung geriet und ihn zuletzt der innigsten Übereinstimmung versicherte. In grenzenlosem Glück hat Yung-djia dann jenen Triumphgesang vom WEG-Erlebnis oder vom Erlebnisbeweis der Wahrheit gedichtet, der noch heute viel gelesen wird. In Tsau-tji aber hielt es ihn nicht länger. Schon am nächsten Morgen machte er sich vollen Herzens wieder auf den Heimweg. In Hui-nëng's Bruderschaft hieß er seitdem ›der Erwachte

[1] Yung-djia Hsüan-djiau, 665–713; japanisch Yô-ka Gen-gaku; Dichter des Liedes vom WEG-Erlebnis (oder: Vom Erleben der Wahrheit), Dschëndau-go, japanisch Shô-dô-ka (vgl. Ohasama-Faust, ›Zen – Der lebendige Buddhismus in Japan‹, S. 71–91). Traditionstafel II, 7.

einer Übernachtung‹, und dieser Beiname ist ihm, wie sich bei der Begegnung des jungen Yang-schan mit dem alten Dschung-i nachher zeigt, seitdem geblieben.

Nan-tjüan's ›Drehungen der Windeskräfte‹

Nan-tjüan entläßt Ma-yü mit der ernüchternden Bemerkung: Das sind Drehungen der Windeskräfte, die zuletzt in nichts vergehen. Zum Verständnis dieses Ausdrucks führt Yüan-wu eine Stelle aus dem sogenannten Pratyekabuddha-Sûtra an, einer zwar sehr späten, erst in China zusammengestellten Lehrschrift, welche aber nur die uralte Lehre von den ›Vier Großen‹ (Catvâri Mahâ-bhûtâni) darlegt, d. h. von den vier Grundelementen, aus denen sich der Menschenleib zusammensetzt. Sie werden schon im Majjhima-Nikâya des buddhistischen Pâli-Kanons ausführlich behandelt (vgl. dort das 28. Kapitel: Gleichnis von der Elefantenfußspur, 2. Teil). Und sei es nun das Element der Erde, des Wassers, des Feuers oder der Luft, stets endet die Betrachtung dieser Bestandteile der eigenen Person in der Erkenntnis: Das gehört nicht mir; das bin ich nicht; da ist nichts, was ich mein Ich nennen könnte. Eines Tages wird sich dieses alles in nichts auflösen. Was bleibt dann noch, wovon man sagen könnte: Ich, oder: Mein, oder: bin? Nein, wahrlich nichts, rein nichts.
Nan-tjüan rührt mit diesem Hinweis an den Kern- und eigentlichen Wendepunkt, ohne den es keine wirkliche Befreiung gibt, an dem man aber auch gar leicht zu Schaden kommt, von welchem man daher am besten schweigt: das Nichts, die absolute Leerheit. Er läßt es gänzlich an Zurückhaltung fehlen, bemerkt deshalb Yüan-wu's älterer Freund und Landsmann Dsï-tjing. Und Yüan-wu selbst fragt ohne Scheu: Wenn Ma-yü's Überzeugtheit nichts als Wind ist, gibt es dann für unser Zen noch einen festen Boden, hat dann unser ganzes Tun und Treiben überhaupt noch Sinn? Es ist dieselbe Zweifelsfrage, die den Mönch des 22. Beispiels im Hinblick auf das ›Äonenfeuer‹ quälte und zu Da-sui trieb. Aber so wenig wie Da-sui läßt sich Yüan-wu hier auf den Versuch ein, den schweren Anstoß etwa durch die Kunst logischer Dialektik zu beseitigen. Statt dessen läßt er uns mitanhören, wie der Meister Hsi-tang den Gelehrten Dschang Dscho von seinen Theorien heilte.

Hsi-tang und Dschang Dscho

Auch Hsi-tang[1] ist, wie Dschang-djing, Nan-tjüan und Ma-yü ein Schüler des Patriarchen Ma, und zwar neben Bai-dschang und Nan-tjüan einer der bedeutendsten, obwohl er in den Beispielen unserer Sammlung nur einmal vorkommt, nämlich im 73. Kapitel. Im Jahr 735 im Süden der Provinz Kiangsi geboren und schon früh der Buddhalehre zugewandt, hatte er nach langem Studium allem Dogmatismus abgesagt und dann bei dem Großmeister Ma das plötzliche Erwachen zum Licht der Wahrheit erlebt. Ma entsandte ihn einmal nach der Reichshauptstadt Tschang-an, damit er dort den uns vom 18. Beispiel her wohlbekannten Landesmeister Hui-dschung oder Dschung, einen direkten Schüler des Sechsten Patriarchen, aufsuche. Dieser fragte ihn: Was lehrt denn Ma? Statt einer Antwort tat Hsi-tang ein paar Schritte erst nach Osten, dann nach Westen, blieb hierauf vor Hui-dschung stehen und durchbohrte ihn mit seinem Blick. Hui-dschung fragte: Ist das alles? Hsi-tang tat nur wieder ein paar Schritte, diesmal erst nach Westen, dann nach Osten. Gut, sagte Hui-dschung, das ist also Ma's Buddhagesetz. Was aber ist das deine? Hsi-tang erwiderte nur: Das habe ich bereits gezeigt. Im Jahre 780 wurde er selbst als Meister und Abt des Hua-yän-, d. h. Avatamsaka-Klosters nach Tschang-an berufen. Später wirkte er wieder in seiner Heimat Kiangsi, wo er im Jahr 814 starb. Als Mönch führte er den Namen Dschï-tsang, d. h. der Sutrenkenner.

Über den ›hochgelehrten‹ Dschang Dscho ist aus der Mitteilung nur zu entnehmen, daß er auf Grund seiner Leistungen im Großen Staatsexamen einst in die erste Klasse, die der sogenannten blühenden Talente, eingereiht worden war und dann wahrscheinlich auf der üblichen Laufbahn für hohe Beamte teils bei der Zentralregierung, teils in Ämtern der Provinzen tätig war, zugleich sich aber sehr eifrig mit dem Studium des Buddhismus befaßt hat, zu welchem Zweck er sich unter die Leitung eines Meisters namens Djing-schan Dau-tjin (japanisch Keizan Dôken, gest. 792) begab. Dieser gehörte einer Zen-Linie an, welche nicht über Hui-nëng, den Sechsten Patriarchen, läuft, sondern von dieser Hauptlinie schon vorher abgezweigt ist, nämlich über Fa-yung, den Meister vom Niu-tou- oder Ochsenkopfberg, weshalb diese Linie als Ochsenkopf-Schule bezeichnet wird. Sie gilt bei den Nachfolgern des Sechsten Patriarchen nicht als voll und ist nach acht Generationen ausgestorben. Der Meister Djing-schan stammte aus der Gegend von Su-dschou in Kiangsu, wirkte lange im Djing-schan-Kloster bei Hang-dschou, wurde aber 768 von dem Kaiser Dai-dsung nach seiner Hauptstadt Tschang-an berufen und genoß dessen Verehrung. Wahrscheinlich hat auch der ›hochgelehrte‹ Dschang Dscho den Unterricht des Meisters Djing-schan ebendort, in Tschang-an genossen und kam zu Hsi-tang zu der Zeit, als auch dieser Abt des Avatamsaka-Klosters in Tschang-an war.

Als der Ältere fühlt der gelehrte Dschang sich Hsi-tang von vornherein überlegen. Und als geübter Dialektiker hat er auch sofort den Hebel zur Hand, mit dessen Hilfe man den Buddhismus auf Grund seiner eigenen Thesen aus den Angeln heben kann, nämlich den Satz von der Leerheit, vom Nichtsein aller Dharmas oder Seinselemente. Wenn die Welt der Dinge nichtig ist, fällt damit auch die Wirklichkeit des Buddha selbst und seiner Lehre. Auf der Ebene des Gegensatzes zwischen Ja und Nein ist

[1] Hsi-tang Dschï-tsang, 735–814; japanisch Sei-dô Chi-zô. Traditionstafel III B, 9.

gegen diese Folgerung nichts einzuwenden. Und auf ihr bewegt sich Dschang Dscho im Bewußtsein denkerischer Überlegenheit.
Zu Hsi-tang's köstlicher Erwiderung ist sprachlich zu bemerken, daß sie im Chinesischen noch straffer klingt, als es im Deutschen möglich ist. Denn auch wo es um die Frage haben oder nicht haben geht, heißt es chinesisch: sein oder nicht sein. Man denke sich's lateinisch: Mundus est aut non est; Buddha est aut non est; (magistro) uxor est aut non est; liberi sunt aut non sunt. Das Gespräch kann zeigen, wie fern dem Zen die reine Theorie auf ontologischem Gebiete liegt, wie für diese Meister alles aus dem praktischen Verhalten sich ergibt. Natürlich ist auch Djing-schan's ›gibt es nicht‹ für Hsi-tang nur des Wissens erste Stufe; aber auch sie darf keine Theorie, sondern muß erlebt sein. Dann ist man frei von Ja und Nein, hat je nach Zeit und Stunde, je nach dem Stand des Partners beide zur Verfügung. Hat man die Mitte fest und sicher, kann man nach rechts und links beliebig schreiten; nur werden sich die beiden Richtungen stets die Waage halten. Dafür gibt Yüan-wu nun ein weiteres Beispiel.

Yang-schan bei Dschung-i

Der spätere Meister Yang-schan[1] ist in der Zen-Geschichte bekannt als der bedeutendste Schüler des uns längst vertrauten Meisters Ling-yu vom We-schan in Hunan und hat in späteren Jahren, nachdem er sich bereits fünfundsiebzigjährig auf dem Yang-schan bei Yüan-dschou im Westen der Provinz Kiangsi niedergelassen hatte, noch etwa zehn Jahre lang eine bedeutende Wirksamkeit ausgeübt, so daß er in der Folgezeit mit We-schan zusammen als Haupt einer besonderen Schule, der We-Yang-Schule, genannt wurde. Davon wird beim 33. Beispiel noch die Rede sein. Er stammte aus der großen Hafenstadt des Südens, Kanton, trat schon sechzehnjährig in ein Kloster als Novize ein, lebte später etwa fünfzehn Jahre lang mit Ling-yu auf dem We-schan zusammen, hatte aber auch Beziehungen zu Dan-yüan, dem Schüler Hui-dschungs (S. 319), von welchem er die Gewohnheit übernahm, für die symbolische Darstellung der höchsten Wahrheit eine Kreisfigur zu zeichnen oder mit der Hand in der Luft zu beschreiben. Seine Lebenswege im einzelnen sind nicht deutlich überliefert.
Hier nun lernen wir ihn als noch unfertigen Novizen kennen. Nur hat er sich in die vorhin beschriebene Haltung Hui-nĕng's in der Tsau-Schlucht, wie er den geistbewegten Yung-djia, den ›Erwachten einer Übernachtung‹, wortlos ohne Lob und Tadel aufnahm, in beharrlicher Versenkung, im Samâdhi, so vertieft, daß ihm daraus als Frucht die Eingebung von einem tieferen Gewißheitsgrunde, als die Gegensätze Ja und Nein ihn bieten können, wurde.
Im Vollbewußtsein dieser neu gewonnenen Erkenntnis tritt er vor den alten Meister Dschung-i (auch einen Schüler des Großmeisters Ma, wie es Ma-yü gewesen ist) und zeigt ihm wortlos durch die Schritte erst nach

links und rechts, dann in die Mitte, welch besonderen Samâdhi's er sich rühmen darf. In feiner Weise, ohne den geringsten Vorwurf, entlockt ihm Dschung-i das Bekenntnis, mit dem er seinen Stolz verrät: sein besonderer Samâdhi nämlich kam ihm nicht von einem Meister dieser heutigen Generation von Spätgeborenen; er stammt vom Sechsten Patriarchen selbst! Damit kann der alte Dschung-i freilich sich nicht messen. Er hat alle seine Weisheit nur von einem Enkelschüler dieses Patriarchen, von dem Meister Ma. Ohne daß es eines weiteren Worts bedürfte, steht vor ihm entlarvt, wie Yüan-wu sagt, ein junger »Kerl, der wenn er die Hauptsache begriffen hat, gleich auch Nebensachen nachläuft«.

Worin liegt der Fehler bei dem jungen Yang-schan? Einfach darin, daß ihm der Sechste Patriarch eine Größe ist, an der er selbst sich hochrankt und sich damit als etwas Besonderes dünkt. Darum schließt Yüan-wu seine Erläuterung zu den zwei Auftritten Ma-yü's vor Dschang-djing und vor Nan-tjüan mit der Mahnung, ›durchzudringen‹, nämlich zu der Sache selbst, zum Eigentlichen, Einzigen. Das muß durch alle Namen durch, durch alle Größen und Autoritäten, bis auch sie vor diesem Einen, Großen nichts mehr gelten.

In diesem Sinn führt Yüan-wu nun zum Schlusse Lung-ya an, denselben, den das 20. Beispiel als etwas verbohrten jungen Mönch geschildert hat. Hier redet er als reifer Meister. Damals schon war er vom Eigentlichen, von der Sache selbst, so stark erfüllt, daß er für Fragen aus der Zeit, für das geschichtliche Geschehen nichts mehr übrig hatte. Diese Grundhaltung ist ihm geblieben; nur ist jetzt auch für die Zeit und die Personen der Geschichte sein Blick offener geworden. Er weiß jetzt um den Sinn, den sie haben: sie sind dazu da, um durch sie durchzudringen. So hat sein eigener Meister Dung-schan es gelehrt, und das mit Worten, die erschreckend klingen, aber nur, weil hinter ihnen das Erschrecken vor der Sache selbst, dem Höchsten, steht. Und nur um dieses geht es. In diesem letzten Abschnitt der Erläuterung Yüan-wu's kommt das echte Zen mit einer Klarheit und Entschiedenheit zu Wort, daß dazu weiter nichts zu sagen ist.

[1] Yang-schan Hui-dji, 807–883; japanisch Kyô-zan E-jaku; nächst seinem Meister We-schan Ling-yu Vater der We-Yang-Schule. Traditionstafel III B, 11.

Zweiunddreißigstes Beispiel

Lin-dji und der Sinn des Buddhagesetzes

Hinweis

NACH jeder Richtung hin haut er, in der Versenkung sitzend, ab, und plötzlich gehen ihm tausendfach die Augen auf. Mit einem Wort sperrt er die Ströme der Gedanken; zehntausendfache Regung schlummert ein, ist abgetan.
Sind denn aber auch noch welche da, bereit, mit ihm zu sterben und mit ihm zu leben? Die große Wahrheit hängt vor aller Augen offen aus. Nur faltet man den Aushang nicht so leicht zusammen. Dafür versucht es mit den Kletterranken eines Alten! Sehet her!

Das Beispiel

Wir legen vor:

DER Vorsitzer Ding fragte Lin-dji: Was ist letzten Endes der ganze Sinn des Buddhagesetzes?
Lin-dji trat von seinem Zen-Sitz herunter, packte ihn am Kragen, versetzte ihm eins mit der Handfläche und stieß ihn von sich.
Ding stand da, als warte er auf etwas.
Der Mönch, der neben ihm saß, sagte: Vorsitzer Ding, warum macht Ihr nicht Eure Verbeugung und dankt?
Ding verbeugte sich und dankte.
Und nun, mit einem Mal, begriff er alles.

Zwischenbemerkungen zum Beispiel

»Der Vorsitzer Ding fragte Lin-dji: Was ist letzten Endes der ganze Sinn des Buddhagesetzes?« – Ziemlich viele stehen vor dieser Frage ratlos. – Ach, wie unentschlossen! Was macht er denn? – Es gibt aber noch etwas, worauf es ankommt!
»Lin-dji trat von seinem Zen-Sitz herunter, packte ihn am Kragen, versetzte ihm eins mit der Handfläche und stieß ihn von sich.« – Hab' ich dich heute einmal erwischt! – Er meint es gut mit ihm wie eine Großmutter. – Aus seinem Netz springt keiner mehr heraus, und sei er der berühmteste Mönch im Lande.

»Ding stand da, als warte er auf etwas.« – Er ist schon in die Teufelsgrube hineingefallen. – Er hat sein Ziel verfehlt. – Er ist der Gefahr noch nicht entgangen, seine Nasenlöcher [sein Gesicht, seine Persönlichkeit, seine Würde] zu verlieren.
»Der Mönch, der neben ihm saß, sagte: Vorsitzer Ding, warum macht Ihr nicht Eure Verbeugung und dankt?« – Nebenan sitzt ein anderer im Kühlen und durchschaut die Lage. – Die Hilfe kommt von anderswo und nicht aus eigener Kraft. – Wenn im Nachbarhaus nach Osten jemand stirbt, so helfen die vom Haus im Westen bei der Trauer mit.
»Ding verbeugte sich und dankte.« – Er erfüllt die Anstandspflicht und macht so sein Versäumnis wieder gut.
»Und nun, mit einem Mal, begriff er alles.« – Wie man im Dunkel auf ein Licht stößt, wie ein Armer einen Schatz entdeckt. – Er fällt aus einem Fehler in den andern. – Sagt mir einmal: Was hat der Vorsitzer Ding denn gesehen, daß er sich so verbeugte? [Eine absichtlich verwirrende Frage.]

Erläuterung des Beispiels

Seht hier seine Art! Schnurstracks greift er aus, schnurstracks zieht er ein; schnurstracks geht er los, schnurstracks kommt er wieder. Das ist in Lin-dji's richtiger Schule Brauch und Übung. Wer davon einmal ganz durchdrungen ist, der kann den Himmel umdrehen und zur Erde machen, dem steht alles wie von selbst zu Gebot.
Ein Kerl von dieser Art ist der Vorsitzer Ding. Auf Lin-dji's Backenstreich verbeugt er sich zum Dank, richtet sich wieder auf und erkennt, worauf es ankommt.
Er ist ein Nordchinese, äußerst einfach und geradezu. Nun, da er es erreicht hat, fällt es ihm nachher nicht ein, öffentlich als Meister aufzutreten. Aber die Entschiedenheit, mit der er seitdem Lin-dji's Zen-Geist voll und ganz betätigte, mußte immerhin zum Vorschein kommen. [Der chinesische Ausdruck spielt hier auf das Sprichwort an: Ein Pfriemen in der Reisetasche bleibt nicht unbemerkt.]
Eines Tages unterwegs begegnete er den drei [nachmaligen Meistern] Yän-tou, Hsüä-fëng und Tjin-schan. Yän-tou fragte ihn: Wo kommt Ihr her? Ding erwiderte: Vom Lin-dji-Kloster. Yän-tou fragte weiter: Geht es dem Ehrwürdigen dort gut? Ding erwiderte: Er hat bereits dem Wechsel der Generation stattgegeben. Yän-tou sagte: Und wir drei haben uns gerade auf den Weg gemacht, ihm unsere Verehrung darzubringen! Wir haben schlechte Vorbedingungen zum Glück mit auf die Welt gebracht; nun widerfährt es uns auch noch, daß er schon in die Stille eingegangen ist. Nun möchten wir nur wissen, was der Ehrwürdige, als er noch lebte, für Aussprüche getan hat. Seid doch so gut, Herr Vorsitzer, uns ein Beispiel oder zwei derselben vorzulegen!
So legte Ding denn ihnen vor: Eines Tages sagte Lin-dji bei der Unterweisung seiner Bruderschaft: Ihr habt auf eurem roten Klumpen Fleisch

da innen [auf dem Herzen] einen echten Menschen ohne Rang und Stellung; der geht beständig bei euch allen durch das Tor des Angesichtes aus und ein. Solltest du ihn etwa bei dir selbst noch nicht festgestellt haben, sieh ihn dir an, sieh ihn dir an! Nun war da ein Mönch, der trat vor und fragte: Was bedeutet das, ein echter Mensch ohne Rang und Stellung? Darauf packte Lin-dji ihn am Kragen fest und sagte: Sage du es, rede! Der Mönch zerbrach sich den Kopf. Da stieß ihn Lin-dji weg und sagte: Ein echter Mensch ohne Rang und Stellung, und welch ein Mistkratzer! Damit zog er sich in sein Zimmer zurück.
Yän-tou ließ, ohne es zu merken, die Zunge zum Mund heraushängen. Tjin-schan bemerkte: Warum hat er nicht zu ihm gesagt: Du bist aber kein echter Mensch ohne Rang und Stellung! Alsbald sah er sich von Ding angepackt, der ihn anrief: Ein echter Mensch ohne Rang und Stellung und kein echter Mensch ohne Rang und Stellung – wie weit sind die voneinander? Schnell sag's! Schnell sag's! Tjin-schan brachte kein Wort heraus und wurde alsbald gelb und grün im Gesicht. Yän-tou und Hsüä-fëng traten herzu, verneigten sich ehrerbietig und sagten: Dieser Novize weiß noch nicht, was recht ist und was unrecht, sonst hätte er sich dem Herrn Vorsitzer nicht widersetzt. Habt Erbarmen mit ihm und gebt ihn für diesmal frei. Ding erwiderte: Wäre es nicht wegen dieser zwei betagten Chinesen, ich hätte den Bettnässer da noch erwürgt.
Ein andermal war Ding auf dem Rückweg von einer Totenfeier in Dschëng-ding und ruhte sich auf einer Brücke über dem Fluß ein wenig aus, als ihm drei Magister begegneten [gelehrte Mönche, scholastischer Richtung, wahrscheinlich von der Tiän-tai-Schule, die das Zen des Sechsten Patriarchen als unwissenschaftlich verachteten]. Einer von den dreien sprach ihn an und fragte: Wie tief sind eigentlich die Tiefen im Tschanfluß? Man müßte sie einmal loten. [Tschan ist die chinesische Aussprache für Zen.] Ding packte ihn und machte Miene, ihn von der Brücke in den Fluß zu werfen. Da kamen ihm die beiden andern Magister zu Hilfe und riefen: Laßt ihn, laßt ihn! Wir bedauern, daß er Euch herausgefordert hat, Herr Vorsitzer. Habt mit ihm für diesmal noch Erbarmen! Ding sagte: Wäre es nicht euch zwei Magistern zu Gefallen, ich hätte es ihm überlassen, den Tiefen auf den Grund zu gehen. – Seht es euch an, wie er die Dinge anfaßt. Das ist auf und nieder die Verfahrensweise Lin-dji's. Und nun seht euch noch an, was Hsüä-dou im Gesang dazu zu sagen hat!

Gesang

GRENZDURCHBRECHERS Vollmacht ging völlig in ihn ein.
Könnte so er immer nur sanft und milde sein?
Hebt der Riesengeist die Hand, schafft er's mühelos.
Und durchbrochen ist des Bergs tiefes Schichtgestein.

Zwischenbemerkungen zum Gesang

»Grenzdurchbrechers Vollmacht ging völlig in ihn ein.« [»Grenzdurchbrecher« ist der Ehrentitel, welchen der Kaiser Hsüan-dsung auf Antrag seines Kanzlers Pe Hsiu dem 850 verstorbenen Meister Huang-bo posthum verliehen hat, vgl. das 11. Beispiel, S. 232. Der Vers besagt, daß auf Lin-dji der Geist und die Lebendigkeit seines Meisters Huang-bo vollständig übergegangen waren.] – Der Gelbe Strom führt schon von seinem Ursprung her getrübtes Wasser. – Der Sohn führt das Gewerbe seines Vaters fort.

»Könnte so er immer nur sanft und milde sein?« – Wie ist er denn sonst? – Es gibt nun einmal auch diese Art Menschen. – Wird einer, der nicht Hand und Fuß hat, auch dessen [solcher Vollmacht] fähig sein? Oder etwa nicht?

»Hebt der Riesengeist die Hand, schafft er's mühelos.« [Gemeint ist der Flußgott des Huang-ho an dem berühmten Drachentor, wo der Strom kurz, ehe er, von Norden kommend, nach Osten umbiegt, einen Gebirgswall durchbricht und dabei dessen Gesteinsschichten eindrucksvoll bloßlegt. Hier sei nach der Sage einst ein großer See gewesen, den der Berg eindämmte, bis diesen ein riesenhafter Geist entzweibrach und damit dem Wasser einen Weg zum fernen Meer freigab.] – Da erschrickt man ja zu Tode! – Er bietet billige Ware! – Die schlagen wir mit einer Handbewegung aus. – Da braucht man nicht noch nach dem Preis zu fragen. [Yüan-wu tut so, als sei ihm der Vergleich, den Hsüä-dou anstellt, allzu großsprecherisch; natürlich nur, um die Zustimmung dazu noch zu verstärken: mit nichts lasse sich Lin-dji's Verfahren gegenüber dem Vorsitzer Ding besser vergleichen, als mit dem mächtigen Ruck, durch den der Flußgott dem gestauten Wasser einen Weg bahnte.]

»Und durchbrochen ist des Bergs tiefes Schichtgestein.« – Die ganze Welt, der Himmel und die große Erde, alles liegt mit einem Schlag zutage. [Der Stromgott hat die Welt gewissermaßen aufgebrochen. So sieht nun der Vorsitzer Ding, durch Lin-dji aufgebrochen, erstmals die Welt in neuem Licht; sie strahlt in jedem Einzelding dieselbe große Wahrheit aus. Doch wer sich daran nun berauschen wollte, der muß sofort das Gegenteil vernehmen. Denn in demselben Augenblick, in dem die ganze Welt im Buddhalicht erstrahlt, ist sie auch ihrer trügerischen Wesenhaftigkeit entkleidet. »Alles liegt offen zutage«, hat Yüan-wu soeben gesagt, und schließt daran sofort sein letztes Wort:] – Und stürzt hinunter in den Abgrund der Vernichtung.

Erläuterung des Gesangs

Hsüä-dou dichtet: »Grenzdurchbrechers Vollmacht ging völlig in ihn ein. Könnte so er immer nur sanft und milde sein?« Huang-bo's großen Geist und großes Wirken hat einzig und allein nur Lin-dji geerbt und

die Spur seines Weges weitergeführt. Nachdem er dieses Vermächtnis einmal übernommen hatte, gab es für ihn kein langes Überlegen mehr. Wer zagt und zögert, fällt in die Elemente des Schattendunkels.
Im Shûrangama-sûtra sagt der Buddha: »Ich brauche nur die Finger aufeinanderzulegen, so erstrahlt das Licht des Meereszeichens. Wenn du dagegen auch nur einen Augenblick im Herzen die Gedanken aufrührst, so steigt zuvorderst gleich der Unrat [dinglicher Vorstellungen] mit seiner ganzen Mühsal auf.«
»Hebt der Riesengeist die Hand, schafft er's mühelos; und durchbrochen ist des Bergs tiefes Schichtgestein.« Der riesenhafte göttliche Geist [des Gelben Stroms] hat ungeheure Gotteskräfte. Er reißt den Berg Tai-hua [der einst das ›Drachentor‹ verschlossen hielt] auseinander und läßt das Wasser durch die Öffnung in den Huang-ho strömen. So hatten sich in dem Vorsitzer Ding die zweifelnden Gedanken und Gefühle zu Bergen gehäuft, zu Gipfeln getürmt. Unter Lin-dji's Zugriff brachen sie auf einmal auseinander und lösten sich, wie Eis zerschmilzt.

Erklärungen zum Text

Yüan-wu's Hinweis

Man spürt es diesen knappen Worten an, daß sie auf einen ganz besonderen Meister vorbereiten wollen, einen Großen, welcher das Geheimnis tief erfaßt hat und mit Macht betätigt, durch den Tod der eigenen Gedanken und Gefühle in das Leben einer andern, höheren Erkenntnis durchzudringen. So heißt es von dem Bodhisattva Avalokiteshvara, daß er mit der Einsicht in die Leerheit und Bedingtheit der fünf Gruppen von Elementen, aus denen sich unser erfahrungsmäßiges Dasein zusammensetzt (der Buddha nennt sie die fünf Skandhas), alsbald auch schon mit tausend Augen ausgestattet war, um diese ganze bunte Welt in ihrem wahren Wesen zu erschauen.

Lin-dji, Huang-bo's großer Schüler

Der Meister, auf den diese Worte zielen, ist kein anderer als der Stifter jener Schule, zu welcher Yüan-wu selbst gehört, der große Lehrer, in dessen Fußstapfen der Verfasser dieses Hinweises zehn Generationen später getreten ist: Lin-dji, japanisch Rin-zai, von welchem sich die heute noch in Japan bestehende Rinzai-Sekte herleitet. Wir sind ihm bereits zweimal begegnet. Die Erläuterung zum elften Beispiel, welches sich mit Huang-bo's Geist und Wirkungsart befaßt, schildert diesen Meister, wie er mit dem jungen Lin-dji umsprang, um ihm die Augen für das, was ihm nottat, aufzuschließen. Hier werden wir im Blick auf Lin-dji diesen Bericht teils wiederholen, teils ergänzen müssen. Und im zwanzigsten Beispiel ist Lin-dji der eine jener beiden Meister, vor welchen der noch junge Lung-ya steif und fest darauf beharrt, daß von einem Sinn des ›Kommens Bodhidharmas aus dem Westen‹ keine Rede sein könne, obwohl oder vielleicht gerade weil Lin-dji ihm diesen Sinn mit seinem Sitzpolster zu fühlen gibt. Aber nur in dem vorliegenden Beispiel bildet Lin-dji allein den Mittelpunkt, hier nun allerdings in seiner ganzen Größe und Gewalt. Und dieses eine ist zugleich das letzte Mal in unserer Sammlung. Das fällt auf, wenn man bedenkt, in welch hohem Ansehen gerade dieser Meister steht, nicht allein bei Yüan-wu, sondern, wie der Gesang erkennen läßt, auch beim Urheber unserer Beispielsammlung, Hsüä-dou. Vielleicht darf man annehmen, daß zu den Zeiten dieser Meister die Aufzeichnungen der Schüler über Lin-dji's Leben und Lehre bereits im Umlauf waren und in der Unterweisung der Bruderschaften ohnedies fleißig behandelt wurden, so daß sich Hsüä-dou in seiner Beispielsammlung mit diesen wenigen Hinweisen auf den großen Meister begnügen konnte.

Lin-dji ist wie Dschau-dschou echter Nordchinese. Seine Heimat Dungming im Bezirk von Da-ming-fu liegt im südlichsten Zipfel der Provinz Hope, zu der Peking gehört, unweit des Gelben Stromes, der allerdings im 9. Jahrhundert sein Bett gut 50 km weiter nördlich hatte. Schon als Knabe hochbegabt, als Jüngling nach den Idealen des Konfuzius ein vorbildlich guter Sohn, wandte er sich früh der Lehre Buddhas zu, nahm als Mönch den Namen I-hsüan (Sinnes Tiefe, japanisch Gigen) an, studierte unter vielen Lehrern Sutren, Lehrtraktate und, mit besonderem Fleiß, die strenge Regel. Plötzlich merkte er, daß ihm dies alles nicht genüge, daß er lebendiger Berührung mit dem Geist, aus dem dies alles abgeleitet war, bedürfe, hörte von dem großen Meister Huang-bo, der abseits aller formulierten Lehre das Siegel des Geistes weitergebe, suchte ihn in Kiangsi auf, zog durch seinen Ernst und durch die Klarheit seines Strebens die Augen des Vorsitzers, des späteren Meisters Mu-dschou, auf sich, kämpfte lange schwer mit sich, bis er im dritten Jahre seines Aufenthalts auf Mu-dschou's Rat dem Meister in der Hoffnung, damit den entscheidenden Wendepunkt zu finden, die Frage nach dem letzten Sinn des Buddhagesetzes vorlegte, nur um auf der Stelle mit Schlägen fortgeschickt zu werden. Dem Vorsitzer gestand er offen, er verstehe einfach nicht, was Huang-bo damit meine. Mu-dschou tröstete, das sei nicht so schwer zu nehmen; versuche er es nur ein zweites Mal! Aber wieder wurde er geschlagen. Nun ging es ums Letzte, und er wagte noch ein drittes Mal die Frage. Eine Redensart im Zen besagt: Wer ›mit erhitztem Dolch‹ zum Meister kommt, bleibt für den Geist verschlossen. Und als auch jetzt Huang-bo nur Schläge für ihn hatte, da regte sich in ihm zwar wohl ein neuer Wille zu sich selbst, doch war er durch Gefühle der Enttäuschung und verletzten Stolzes getrübt. Er gab diesen Meister auf, und nur Mu-dschou's Rat war es zu danken, daß er nicht ohne Abschied fortlief. Inzwischen hatte Mu-dschou Huang-bo verständigt, und dieser nahm dem Scheidenden das Versprechen ab, auf jeden Fall zunächst einmal die nahe Sandbank Gau-an aufzusuchen, wo auch ein Enkelschüler Ma's, der Huang-bo's Art verstehen konnte, saß.

Er nannte sich Da-yü, den Großen Einfaltspinsel, und gab schon damit zu verstehen, daß er mit dem Verstand, der alles auf dem Weg der Logik zu ergründen vorgibt, auf gespanntem Fuße lebte. Ihm klagte der Enttäuschte seinen Kummer und fragte etwas schmollend, wo denn eigentlich bei ihm der Fehler liege. »Merkst du nicht, wie gut es Huang-bo mit dir meint?« Er will ja, soll das heißen, gar nichts anderes als dich, dein wahres Selbst, das du mit deiner Frage nach dem Wesen des Buddhismus nur verdeckst und mit Schmollen nur noch mehr verschüttest. Doch dies in Worten auszudrücken, war für I-hsüan (Lin-dji) nicht mehr nötig. Ihm brach das lang verhaltene eigentliche Wesen ganz von selbst mit Übermacht hervor, und er begriff, daß Huang-bo's Schläge nichts bedeuteten, keinen Vorwurf, keine Strafe, keine Lehre, keinen irgendwie in Worte einfangbaren Sinn, sondern nur zu nehmen waren, wie sie auf den Rippen brannten. So genommen war dann freilich, wie er selbst zu Da-yü sagte, an Huang-bo's Buddhalehre nicht viel dran. Es waren eben Schläge, Rippenstöße. Die aber hatten's in sich; die weckten ihn zu neuem Leben auf. I-hsüan konnte nicht mehr an sich halten. Erst gab er Huang-bo's Schläge mit einem Puff an Da-yü weiter, der ihn in heller Freude einen Bettnässer schalt und von sich weg zurückverwies an Huang-bo.

So stellte er sich nochmals seinem eigentlichen Meister. Der sah sicher auf den ersten Blick, was in dem Schüler seitdem vorgegangen war. Vor ihm stand nicht der gequälte Frager wie zuvor, nicht der mißmutige Enttäuschte; vor ihm stand ein neuer Mensch, aufrecht, frei, im Blicke Löwenmut. Huang-bo hatte Mühe, seine eigenen Gefühle zu verbergen; denn es war auch für ihn selbst ein großer Augenblick. Was, schon wieder hier? herrschte er ihn an. I-hsüan verneigte sich und sagte: Nur, weil Ihr es mit mir so von Herzen gut meint! Wieso das, fragte Huang-bo scharf und ließ sich nun von I-hsüan's Begegnung mit Da-yü und dessen Rat erzählen. Ein schöner Schwätzer, dieser Einfaltspinsel, schalt er dann, den werde ich vertrommeln, wenn er nächstens kommt. I-hsüan wußte sich nicht länger mehr zu halten. Wozu bis dahin warten, warf er ein, warum nicht besser gleich getrommelt? Und damit stand er auch schon hinter Huang-bo und gab ihm auf den Rücken einen Schlag. Huang-bo, hell auflachend, rief: Du bist wohl verrückt! Bist du etwa gekommen, um dem Tiger über die Schnurrhaare zu streichen? (So etwas steht ja nur dem echten Tigerjungen zu.) I-hsüan's Triumphgefühl erreichte seinen Gipfel, ein gewaltiges Ho'! ergoß sich über Huang-bo, so daß der nun schleunigst dem Aufwärter rief: Da, führe den verrückten Bonzen auf der Stelle nach der Übungshalle ab! – Noch heute geht in der japanischen Rinzai-Schule die Redensart um, daß wer den Geist des Meisters wirklich erfassen wolle, soweit kommen müsse, daß er wie Lin-dji eine Faust besitzt, die guten Muts dem Alten eins versetzen kann, daß er ein Kerl sein müsse, der auf gleiche Art den Tiger keck beim Kopf nimmt.

Lindji blieb noch lange Zeit bei Huang-bo. Da er an Lauterkeit des Wandels die Mitmönche bei weitem übertraf und sich in der Erkenntnis gelegentlich sogar dem Meister überlegen zeigte, überließ ihm dieser kurz vor seinem Ende im Jahr 850 das Stützbrett und ein kleines Tischchen, welche er vor Jahren von seinem eigenen Meister Bai-dschang als Unterpfand für das ›Siegel des Geistes‹ empfangen hatte. Wie stark und echt die innere Verwandtschaft zwischen ihm und seinem Meister war und sich in seinem ganzen Wirken zeigte, das will gerade dieses zweiunddreißigste Beispiel zeigen, und Hsüä-dou hebt dies im Gesang noch nachdrücklich hervor.

Zugleich hat Lin-dji aber nie versäumt, sich auch mit andern Meistern seiner Zeit und ihrer Lehrweise vertraut zu machen. Es war die Zeit, in welcher mehr als je starke Geister von entscheidendem Gewicht in größerer Anzahl aufgetreten sind. Lin-dji nahm von allen Anregungen auf und verarbeitete sie selbständig und mit klarem Geist. So war er nach Huang-bo's Tod im chinesischen Zen der führende Meister.

Im Jahre 854 übernahm er in seiner Heimatprovinz Hope die Leitung eines kleinen Klosters bei der Stadt Dschëng-ding (Chëng-ting), 250 km südwestlich von dem heutigen Peking, wo jetzt die große Bahnlinie nach Hankou vorbeiführt. Das Kloster lag am Ufer des Flusses Pu-to, der sich bei Tientsin mit dem Pe-ho vereinigt, um ins Gelbe Meer zu münden. So gab ihm der neue Abt den Namen Lin-dji, d. h. nahe zu der Furt, wie denn das Bild der Überfahrt zum andern Ufer auf rettendem Fahrzeug für das Wirken des Buddha und der Bodhisattvas von jeher beliebt war. Der japanische Forscher Tokiwa Daijô fand noch im Jahre 1920 an derselben Stelle ein kleines, ganz bescheidenes Kloster mit dem Namen Lin-dji und nahe dabei die über den Gebeinen des großen Mannes errichtete hohe achteckige Pagode aus weißem Werkstein, fein skulpiert, mit neun ganz sparsam auskragenden Gesimsen dicht übereinander, die dem Turm den Charakter strenger, keuscher Hoheit geben. Seine Ähnlichkeit mit der nur 50 km südlich davon stehenden Pagode Dschau-dschou's haben wir bereits erwähnt (Kap. IX, S. 208).

Hier also begann nun Lin-dji seine Tätigkeit als öffentlicher Meister. Und so klein sein Kloster war, so bedeutend war die Wirkung, welche von ihm ausging. Im Kreis des sogenannten südlichen, d. h. vom Sechsten Patriarchen Hui-nëng in der Tsau-Schlucht der Kwangtung-Provinz ausgehenden Zen war er der erste Meister von Bedeutung, der so weit im Norden Chinas auftrat. Sein Landsmann Dschau-dschou war zwar einige Jahrzehnte älter, befand sich aber damals immer noch auf Wanderung, wobei er auch Lin-dji besucht hat, und ließ sich erst drei Jahre später in der Kreisstadt nieder, deren Namen er jetzt trägt.

Nur dreizehn Jahre Tätigkeit waren Lin-dji noch beschieden, und sie müssen recht bewegt gewesen sein. Wohl weil sein Kloster für die große Schülerzahl zu klein war, bot ihm der Kommandant von Dschëng-ding seinen eigenen Herrensitz zur Wirkungsstätte an, und der Name Lin-dji ging so auch auf diesen über. Dort strömten nun von nah und fern die Zen-Beflissenen zusammen, und eine große Zahl bedeutender Meister zog von da ins Land hinaus. Schließlich wurde Lin-dji nach der Hauptstadt der Provinz Honan, nach Honan-fu, berufen. Doch dauerte sein Aufenthalt daselbst nicht lange. Wahrscheinlich war er leidend; denn bald begab er sich nach dem Bezirk Da-ming, seiner Heimat, wo er im vierten Monat des Jahres 867 starb. Jene dreizehn Jahre aber hatten ihm genügt, der Lin-dji-Schule ihr Gepräge und Gesetz zu geben, das bis zum heutigen Tag noch wirksam ist. In unserer Sammlung sind von Meistern, die ihr angehören, fünf vertreten, und zwar in den sechs Beispielen 38, 49, 61, 68, 85, 98. Vor allem aber ist es Yüan-wu selbst, der Meister in dem Zimmer mit dem Blick auf die smaragdene Felswand, der uns in jedem seiner Sätze, sei es nun im Hinweis, in der Erläuterung oder gar in seinen bissigen Glossen etwas vom Geiste Lin-dji's spüren läßt. Gewiß ist Hsüä-dou der genialere der beiden Deuter; seine Gesänge sind wie musikalische Figuren zu den knappen Worten oder Sätzchen seines geistigen Vorfahren Yün-mën. Die Energie dagegen, mit der Yüan-wu den Gehalt der Beispiele seinen Hörern einhämmert, kommt von seinem Schulhaupt, dem Meister ›nahe zu der Furt‹.

Lin-dji hatte ein besonderes Lehrtalent. Er bemühte sich, Erfahrungen, die er im Umgang als Erzieher mit den Menschen machte, begrifflich zu fixieren und zu ordnen, so daß er sie den Schülern in einprägsamer Form darbieten konnte. Schon mehrmals sind wir seinem Ausspruch über die vier Arten des Weckrufs Ho'! begegnet. So lehrte er auch vier Möglichkeiten der Erweckung, begründet in vier Arten des Verhaltens zu der höchsten Wahrheit: man könne, um einen andern zur Erleuchtung zu führen, ihm je nachdem erstens »den Menschen wegschnappen, ohne ihm die Umstände zu entreißen«, zweitens »die Umstände entreißen, ohne den Menschen wegzuschnappen«, drittens »beides wegnehmen, den Menschen und die Umstände«, viertens »beides unangetastet lassen, Menschen und Umstände«. In gleicher Absicht unterschied er viererlei Verhältnisse zwischen ›Hausherrn und Gast‹, d. h. zwischen Befragtem und Fragendem; dann vier mögliche Verhältnisse zwischen Schau und Tat: die Schau kann der Tat unmittelbar vorausgehen, sie kann ihr auch unmittelbar folgen, sie kann mit der Tat völlig gleichzeitig sein, und ebenso von ihr zeitlich getrennt. Aufzählformeln dieser Art verraten Lin-dji's Verwandtschaft mit der allgemeinen Tendenz scholastischen Denkens.

Aber nicht in diesen mehr schulmeisterlichen Eigenschaften liegt die Bedeutung Lin-dji's. Was ihm als Erzieher so gewaltige Wirkung gab, das war die Energie, mit welcher er für die Erweckung der ihm Anbefohlenen zu ihrem eigensten verborgenen Selbst, für den Zusammenklang der Geister im tiefsten, von keinem Wort erreichten Grund seine und des Schülers ganze Persönlichkeit schonungslos einsetzte. Mit dem Blick des Adlers erschaute er den für einen Schüler entscheidenden Moment, mit dem Mut des Löwen fiel er ihn an. Hier war der Stock beinahe eine Zärtlichkeit, hier drang das Ho'! zutiefst ins Herz und weckte Leben. Dazu gehörte selbstverständlich von des Schülers Seite derselbe Löwenmut, dieselbe Härte. Er sollte mit des Meisters Schwert das seine ehrlich kreuzen und nicht ruhen, bis er diesen selbst in sich überwunden, ja auch den Buddha und die Patriarchen ›getötet‹ hatte. Das gibt den Lin-dji-Leuten etwas Herbes, Unnahbares. Sie haben heimlich ihre Freude daran, wenn man sie bissig und bösartig nennt. Die Lin-dji- oder Rinzai-Schule liegt nicht jedem Temperament. Wenn sich von den vier andern Schulen, die in der Tang- und Sung-Zeit neben ihr das Zen vertraten, nur die gegensätzlichste, die stille und sanftmütige Tsau-dung- oder Sôtô-Schule bis zur Gegenwart gehalten hat, so ist dies sicher in den Widersprüchen menschlicher Natur begründet und hat somit seinen guten Sinn. So faßt es wohl auch Hsüä-dou auf, wenn er Meister ganz verschiedener Natur für seine hundert Beispiele verwendet und jedem seine Ehre gibt. In den vier Versen, die er anfügt, steckt der ganze Lin-dji. Von dem Vorsitzer Ding ist darin überhaupt nicht mehr die Rede. Er dient ihm nur als Spiegel, um den Meister selbst in seiner Größe bildhaft darzustellen.

Zum Verständnis des Beispiels

Für den schwerblütigen Vorsitzer Ding entlud sich in der Frage nach dem Sinn des Buddhagesetzes der Druck wohl jahrelangen Brütens. Daß dann der Meister Lin-dji ohne Worte ihn am Kragen packte, schlug und von sich stieß, das war nicht etwa Züchtigung für eine irgendwie vermessene Frage; das war im Gegenteil die einzig mögliche und einzig richtige Antwort eben auf die Frage selbst. Nur dauerte es eine Weile, bis der verblüffte Ding das merkte. Sein Nebensitzer, der verschont blieb und nur zusah, begriff es etwas rascher, und so konnte er dem Nachbarn auf die Fährte helfen.

Der Sinn des Buddhagesetzes also ist nicht irgendeine Theorie, so sehr doch schon die Reden Buddhas mit ihrem stark lehrhaften Ton diesen Anschein erwecken können. Er ist ein Kraftausbruch aus unterster Tiefe, der das Menschenwesen an der Wurzel angreift und es in seinen Grundfesten erschüttert. Auch der Gesang des Hsüä-dou und die Erläuterungen Yüan-wu's verfolgen nur den Zweck, den Meister Lin-dji als besonderes Werkzeug dieser eruptiven Urkraft darzustellen.

Zur ›Erläuterung des Beispiels‹: Die drei Besucher aus dem Süden

Yüan-wu berichtet von zwei Wandergruppen, denen der Vorsitzer Ding begegnet. Von diesen interessiert uns die zuerst erwähnte, weil sie aus späteren Zen-Meistern besteht. Unter ihnen kennen wir am besten Hsüä-fēng, die Hauptperson des 5. und 22. Beispiels. Wie schon einmal erwähnt, war es die Verfolgung des buddhistischen Mönchtums unter Kaiser Wu-dsung im Jahr 845, welche den damals 23jährigen Novizen aus seinem Klosteraufenthalt unweit des Poyang-Sees aufstörte, so daß er weit nach Norden in die Gegend des heutigen Peking auswich, um dort bei einem Meister der mönchischen Disziplin sein Hauptgelübde abzulegen und dabei den Namen I-tsun, ›Rechtschaffenheit besteht‹, anzunehmen. Daß er auf dieser Fahrt auch den berühmten Lin-dji sehen wollte, lag nahe, denn an Dschēng-ding führte sowieso sein Weg vorbei.

Auch den späteren Meister Yän-tou haben wir als jüngeren Freund und trefflichen Berater Hsüä-fēng's bereits kennengelernt. Er hatte sich vor Antritt dieser Wanderung in einem Kloster der Residenzstadt Tschang-an aufgehalten, und Lin-dji war der erste Meister, den aufzusuchen er sich vorgenommen hatte. Da Yüan-wu ihn an erster Stelle nennt, darf man vermuten, daß er die kleine Wandergruppe führte. Der Schule Lin-dji's hat weder er noch Hsüä-fēng sich angeschlossen; der Meister, der für beider Lebensweg entscheidend wurde, war vielmehr der gestrenge Dö-schan.

Der Dritte und wohl auch der Jüngste unter ihnen fand bald darauf in dem berühmten Dung-schan Liang-djiä seinen Meister und trat dann

schon mit 26 Jahren auf dem Tjin-schan in Hunan ein Lehramt an. Von diesem Tjin-schan handelt das 56. Beispiel des Bi-yän-lu. (Alle drei finden sich in der 12. Generation der Traditionstafel III A.)
Wenn Yüan-wu den Vorsitzer Ding ausdrücklich als Nordchinesen bezeichnet, so tut er das gewiß im Blick auf diese drei Besucher aus dem Süden. Die stammen alle aus Fukien, Hsüä-fëng aus der Hauptstadt Fu-dschou selbst, Yän-tou und Tjin-schan aus Tjüan-dschou und Umgebung, was noch 100 km weiter südlich liegt. Zwischen diesem Ort und Dschëng-ding liegen über sechzehn Breitengrade. Die starken Unterschiede zwischen Nord- und Südchinesen sind bekannt. Yüan-wu und seine Hörer mochten sich dabei noch manches denken, wovon wir nicht wissen.

Zur ›Erläuterung des Gesangs‹

Wie der Gesang des Hsüä-dou selbst, so ist auch die Erläuterung Yüan-wu's ganz beherrscht von dem Eindruck der Tiefe und Kraft des Durchbruchs, die in Lin-dji's Ansturm auf seinen Vorsitzer zum Austrag kommen. Und weil es hier tatsächlich um ›den ganzen Sinn des Buddhagesetzes‹ geht, so greift Yüan-wu gleich mit sicherer Hand die Kernpunkte heraus, um die es sich bei diesem Vorgang handelt.
Da tritt zuerst das hemmende Objekt in den Gesichtskreis, das dem Strom den Lauf zum großen Meer verwehrt, der vielfältig geschichtete Gebirgswall. Er ist ein Bild der menschlichen Natur und ihrer Schichtungen, an die der Buddha seine Sonde ansetzt. Yüan-wu sagt dafür: das Element des Schattendunkels. Das ist nichts anderes als eine ungeschickte Übersetzung der »fünf Gruppen« (skandha), die schon in des Buddha ältester Lehre den Aufbau der menschlichen Natur darstellen, ohne deren Überwindung es kein Glück und keine Freiheit gibt. Es sind die fünf Gruppen oder Komplexe von elementaren Gegebenheiten, aus deren zeitweiliger Verflechtung ein menschliches Leben entsteht und nun der Täuschung Vorschub leistet, als sei damit ein Ich, eine Persönlichkeit von ewiger Dauer in die Welt getreten. In jeder Darstellung buddhistischer Lehre sind sie aufgezählt, nämlich 1. die Gruppe körperlicher Erscheinungen, zusammengesetzt aus den früher schon erwähnten ›Vier Großen‹, den Elementen Erde, Wasser, Feuer, Wind, 2. die Gruppe der Empfindungen von Lust und Schmerz, Schmerz- und Lustlosigkeit, 3. das Unterscheidungsvermögen, auf dem die ganze Tätigkeit des Verstandes beruht, 4. die Gruppe der Triebkräfte, welche die mannigfachen Lebensvorgänge, namentlich auch die des geistigen Lebens, bewirken, und 5. das alle Erscheinungen empfangend aufnehmende Bewußtsein. Genau wie über die ›Vier Großen‹, hat der Buddha seine Hörer auch über die ›fünf Gruppen‹ überhaupt eindringlich ernst belehrt. So heißt es beispielsweise von der zweiten Gruppe: Was meint ihr, Mönche, sind Empfindungen beständig oder unbeständig? Sie sind unbeständig, Herr! Was aber unbeständig ist, kann man davon sagen: Das gehört mir, das

bin ich, das ist mein eigenes Selbst? Nein, gewiß nicht, Herr! (Majjhima Nikâya, xxii, Gleichnis von der Schlange)
Die Chinesen hatten anfangs Mühe, die subtilen indischen Ausdrücke deutlich zu verstehen und dafür das passende Wort zu finden. Manche Mißverständnisse haben sich im ostasiatischen Buddhismus bis heute erhalten. Schattendunkel ist für die ›fünf Gruppen‹ gewiß keine genaue Übersetzung. Aber praktisch sagt sie gerade das, worauf es ankommt: daß wir Menschen unser Ich und unser Eigentum in lauter Dingen sehen, die wir gar nicht sind und die uns nicht gehören, und daß darüber uns der Sinn für unser wahres, eigentliches Selbst verschlossen bleibt.
Nach der Belehrung über die ›fünf Gruppen‹ fährt der Buddha fort: Wer dieses alles richtig eingesehen hat, der wird des Körperlichen überdrüssig, wird der Empfindung überdrüssig, wird des Unterscheidungsvermögens überdrüssig, wird der Triebkräfte überdrüssig, wird des Bewußtseins überdrüssig, und in diesem Überdrusse wendet er sich von ihnen ab. Indem er sich von ihnen abwendet, wird er davon befreit. Und dann wird ihm die Erkenntnis: Im Befreitsein liegt die Freiheit (Majjhima Nikâya, ebenda). Damit beschreibt der Buddha, was er selbst erlebt hat. Mit der Einsicht in die Nichtigkeit menschlichen Wesens war auch schon der Bann des Wahns gebrochen, der aus diesem Nichtigen sich etwas aufbaut, woran er sich klammert, wovon er nicht lassen kann, und woraus doch aller Jammer, alles Leid und aller Streit erwächst. In dem Augenblick, in dem das hemmende Objekt beseitigt ist, tritt auch bereits das völlig Neue ein, das sich mit Worten nicht beschreiben läßt und welches zu beschreiben doch sich seitdem viele Hunderte mit Worten und mit Gleichnissen bemühten.
Eines dieser Gleichnisse, und zwar eines von umfassender Bedeutung, führt Yüan-wu an, indem er auf das ›Licht des Meereszeichens‹ hinweist. Auf die Einsicht in die Nichtigkeit menschlichen Wesens, auf die Auflösung des vielverschlungenen Irrwahns folgte für den so Erleuchteten ein langer Zustand völliger Beruhigung aus dem tiefsten Grund des Innern, ein Samâdhi also, der der Stille des von keinem Wind bewegten Meeresspiegels glich. Wie der Ozean im Zustand der Windstille in sich das ganze Weltall spiegelt, das Größte wie das Kleinste, so spiegelt der beruhigte Geist des Buddha in einer ungeheuren Schau die ganze Welt der Gegenwart, Vergangenheit und Zukunft mit allem, was darin lebt, in ihrem wahren Zustand wieder, das gesamte Menschenwesen mit dem Unheil, worin es verstrickt ist, mit dem Heil, das ihm nun offensteht. Von diesem Samâdhi der Meeresstille ist in den späteren Sutren oft die Rede. Yüan-wu hat davon, wie es scheint, in einem der beiden Sutren mit dem Namen Shûrangama (Siegesheldentum) gelesen; auch im Blumenschmuck- oder Avatamsaka-Sûtra ist davon die Rede. In diesem Samâdhi hat der Buddha, wie die Sutren sagen, die Finger zu einer bestimmten Zeichen- oder Siegelform, mudrâ genannt, zusammengelegt, und immer, wenn er späterhin diesen Meer-Samâdhi übte, tat er es mit

dem Meeresfingerzeichen. Das konnte jeden Augenblick geschehen, und damit war sofort auch alles weg, was aus dem Element des Schattendunkels, der ›fünf Gruppen‹, an trübenden Gedanken und Gefühlen aufsteigen mochte.

Das war auch der Samâdhi Lin-dji's, ist die Meinung. Aus dieser ungeheuren Schau kam ihm der sichere Blick für das, was jedem fehlte, den er vor sich hatte, und kam ihm die Riesenkraft, die Dämme zu zerreißen, die den Strom des Lebens hinderten.

Staatssekretär Tschën bei Dsï-fu

Hinweis

Zwischen Ost und Westen macht er keinen Unterschied. Süd und Nord hält er nicht auseinander. Ihm geht es aus dem Morgen in den Abend, und vom Abend kommt er wieder in den Morgen. Sagst du da denn doch: Der Mann ist schläfrig?
Manchmal hat er Augen wie Sternschnuppen. Sagst du dann doch wieder: Der ist hell?
Manchmal nennt er Süden Norden. Sage mir einmal: Tut er das mit Absicht oder ist es unbewußt? Ist er ein Mann des Wegs, des Höchsten, oder nur ein Mensch wie alle andern auch?
Wenn es dir gelingt, in das, was hinter solchem äußeren Anschein liegt, hinein zu blicken, und du dann den Sinn von alledem begreifst, dann erst wirst du auch verstehen, warum die Alten einmal so verfahren und ein andermal nicht so.
Nun saget mir: Zu welcher Zeit und Stunde kann das wohl gelingen? Versuchen wir's mit einem Beispiel! Seht her!

Das Beispiel

Wir legen vor:

Der Staatssekretär Tschën Tsau besuchte Dsï-fu. Als Dsï-fu ihn kommen sah, zeichnete er eine Kreisfigur in die Luft.
Tschën Tsau sagte: Euer Jünger kommt so, wie Ihr seht, daher, und wir haben uns noch nicht einmal, wie es der Brauch verlangt, begrüßt. Warum seid Ihr so rasch und zeichnet gar noch einen Kreis in die Luft?
Daraufhin verschloß Dsï-fu die Tür zu seinem Zimmer.
Hsüä-dou bemerkt hierzu: Tschën Tsau ist eben nur mit einem einzigen Auge ausgestattet.

Zwischenbemerkungen zum Beispiel

»Der Staatssekretär Tschën Tsau besuchte Dsï-fu. Als Dsï-fu ihn kommen sah, zeichnete er eine Kreisfigur in die Luft.« – Heißt es doch: Geister,

die umgehen, kennen einander; Gauner auf Schleichwegen verstehen einander. – Wäre er [Dsï-fu] nicht großzügig aufgeschlossen, wie könnte er mit diesem Chinesen bekannt sein? – Aber seht ihr auch den diamantenen Reifen? [Dieser Reifen zeigt die höchste, alle Welt umspannende Wahrheit an, die, je feiner, ungreifbarer, um so unangreifbarer und zwingender ist.]
»Tschën Tsau sagte: Euer Jünger kommt so, wie Ihr seht, daher, und wir haben uns noch nicht einmal, wie es der Brauch verlangt, begrüßt. Warum seid Ihr so rasch und zeichnet gar noch einen Kreis in die Luft?« – Heute ist ihm einmal so ein schläfriger Chinese in den Weg gekommen. – So ein alter Gauner!
»Daraufhin verschloß Dsï-fu die Tür zu seinem Zimmer.« – Aber Diebe machen sich doch nicht in armer Leute Haus zu schaffen! – Aber der steckt schon in Dsï-fu's Kreisbild drin.
»Hsüä-dou bemerkt hierzu: Tschën Tsau ist eben nur mit einem einzigen Auge ausgestattet.« – Und Hsüä-dou selbst hat oben auf dem Scheitel noch ein Auge. – Sagt mir einmal: Wie meint er es nun eigentlich? [Hsüä-dou meint das ›eine Auge‹ hier natürlich in gewöhnlichem Sinn: Tschën Tsau ist einäugig, er sieht nur eine Seite.] – Auch er [Hsüä-dou] macht es gut: er gibt ihm [ebenso wie Dsï-fu] eine Kreisfigur. – Ganz deutlich sieht man hinter seinem [Tschën Tsau's] Drachenkopf ein Schlangenschwänzchen. [Dsï-fu hat ihn, der so gewichtig aufgetreten ist, entlarvt.] – Er [Tschën Tsau] hätte jenem einen Hieb versetzen sollen, daß er nicht mehr vor- noch rückwärts konnte! – Saget mir einmal: Worin bestände denn der Hieb, den er jenem hätte versetzen sollen?

Erläuterung des Beispiels

Der Staatssekretär Tschën Tsau gehört derselben Zeit an wie Pe Hsiu und Li Au.
So oft er [Tschën Tsau] einen Mönch daherkommen sah, lud er ihn zur Fastenmahlzeit ein, spendete ihm dreihundert Kupfermünzen und verschaffte sich auf diese Weise die Gelegenheit, jeden auf Herz und Nieren zu prüfen.
Eines Tages bekam Tschën-Tsau Besuch von Yün-mën. Nach der Begrüßung stellte er ihm eine Frage mit den Worten: Aus den klassischen Schriften [konfuzianischer Richtung] habe ich nichts zu fragen. Und über die buddhistischen Sekten, welche sich auf die ›drei Fahrzeuge‹ und die ›zwölferlei Lehrtypen‹ stützen, kann ich mir bei den Magistern Auskunft holen. Was aber ist es um die Sache, um deretwillen Ihr Kuttenmönche [in eurer rauhen Tracht] von Ort zu Ort zieht? Yün-mën fragte zurück: Wievielen anderen hat der Herr Staatssekretär schon diese Frage vorgelegt: Tschën Tsau [gebieterisch] versetzte: Ich frage jetzt hier den Herrn Vorsitzer. Yün-mën erwiderte: Lassen wir den hier vorderhand einmal beiseite! Aber was ist denn der Sinn von alledem, was die Magister

lehren? Tschën Tsau sagte: Das steht auf den gelben Papierrollen mit der roten Walze [so nannte man die Sammlung der kanonischen Sutren nach ihrem damaligen Aussehen]. Yün-mën versetzte: Das sind Schriftzeichen und Worte; was aber ist der Sinn der Lehre, welche sie enthalten? Tschën Tsau antwortete: Der Mund möchte es sagen, aber die Worte ersterben; der Geist sucht den Zusammenhang, aber die Gedanken gehen ihm aus. Yün-mën erwiderte: Daß dem Mund bei dem Versuch, es auszusprechen, die Worte ersterben, hat seinen Grund darin, daß der Mund es mit Worten zu tun hat. Daß dem Geist bei dem Bemühen, den Zusammenhang zu finden, die Gedanken ausgehen, hat seinen Grund darin, daß er es mit wirren Vorstellungen zu tun hat. Was aber ist der Sinn der Lehre? Tschën Tsau hatte keine Antwort. Da sagte Yün-mën: Mir ist zu Ohren gekommen, daß der Herr Staatssekretär das Sutra von der Lotosblüte des GESETZES [Saddharma-pundarîka-sûtra] lese. Stimmt das oder stimmt es nicht? Tschën Tsau bejahte. Da fuhr Yün-mën fort: In diesem Sutra wird gesagt, daß alles Tun und Treiben zur Fristung unseres Lebens der wirklichen Gestalt der Dinge [nämlich ihrer Gestaltlosigkeit] in keiner Weise zuwiderlaufe. [Dies steht so klar ausgesprochen allerdings nicht im Lotossutra; es ist die bemerkenswerte Folgerung, welche Yün-mën selbst vornehmlich aus den zwei Kapiteln, die von den Segenskräften der aus dem Buddhaglauben fließenden Freude und der Bezeugung dieses Glaubens handeln (nach vorherrschender Zählung die Kapitel 18 und 19), gezogen hat.] Der höchste Himmel, der höchste Zustand seliger Versenkung, wo man keine Vorstellung mehr hat und doch auch wieder nicht behaupten kann, keine Vorstellung zu haben [er heißt im Sutra Naiva-samjnâna-asamjnâna-âyatana und ist das letzte Ziel aller derer, die die Richtung überwärts verfolgen; und das muß er auch sein, will Yün-mën sagen; aber, meint er, wenn man jenes Sutra recht versteht, wie es die Seligkeiten des Himmels auch dem geringsten und einfältigsten der Menschen zuspricht, so kann man darin nicht starrsinnig sitzen bleiben, sondern muß aus der Richtung überwärts auch wieder den Weg herunter finden; darum fährt er fort:] – wie viele sind es heutzutage, die daraus wieder zurücktreten? Wieder hatte Tschën Tsau keine Antwort. Da fuhr Yün-mën fort: Staatssekretär, erlaubt mir eine Bitte: seid nicht vorschnell! Wir Kuttenbrüder [Meister und Wandermönche, nach deren Sache Ihr mich fragt] haben die drei Sammlungen von Sutren samt den fünf Sammlungen von Lehrtraktaten hinter uns geworfen, leben zehn und zwanzig Jahre lang im Dickicht unserer Klosterwäldchen und wissen [in bezug auf diese Sache] selbst noch immer keinen Rat. Wie sollte der Herr Staatssekretär so schnell verstehen können, worum es hier geht? Da verbeugte sich Tschën Tsau und sagte: Ich habe gefehlt.

Wieder eines Tages, als Tschën Tsau mit einem Gefolge von Beamten auf den Turm [den Wachtturm über dem Durchgang durch die Stadtmauer?] gestiegen war, betrachteten sie von oben eine Schar Mönche,

die gerade daherkam. Einer der Beamten bemerkte: Das sind alles zusammen Tschan-Mönche. Tschën Tsau entgegnete: Das sind nicht alles Tschan-Mönche. Der Beamte fragte: Woher wißt Ihr das? Tschën Tsau erwiderte: Warte, bis sie in die Nähe kommen! Dann wollen wir ein Examen mit ihnen anstellen. Als nun die Mönche an den Wachtturm herangekommen waren, rief Tschën Tsau plötzlich hinunter: Vorsitzer! Da hoben alle Mönche die Köpfe auf. Der Staatssekretär wandte sich an seine Beamten und sagte: Glaubt Ihr jetzt nicht, was ich gesagt habe? [Ein richtiger Zen-Mönch dreht auf einen Anruf dieser Art den Kopf nicht um. Tschën Tsau hatte schon einen Begriff davon, was ein richtiger Zen-Mönch ist.] Nur bei dem einen Yün-mën also kam er mit seinem Examen nicht zustreich.
Dieser Tschën Tsau war bei Mu-dschou in die Schule gegangen, hatte bei ihm geübt und seine persönliche Belehrung erhalten [so daß er zu einem gewissen Verständnis kam und seither als Laienanhänger aus der Schule Mu-dschou's der Zen-Gemeinschaft angehörte]. Eines Tages ging er dann und suchte Dsï-fu auf. Und dieser, als er den Besucher kommen sah, zeichnete einen Kreis in die Luft. Dsï-fu nämlich ist ein Meister aus der Schule, die von We-schan und von dessen Schüler Yang-schan ausgegangen ist [und daher We-Yang-Schule heißt]. In dieser liebt man es, sich im erzieherischen Umgang mit den Menschen dinglicher Andeutungen zu bedienen. So zeichnete denn Dsï-fu, als er den Staatssekretär Tschën Tsau kommen sah, eine Kreisfigur in die Luft. Aber leider hatte er es in diesem Fall mit einem Sachkundigen zu tun, der sich von niemand etwas vormachen läßt, sondern sich darauf versteht, mit anderen sein eigenes Examen anzustellen. So sagt er denn: Euer Jünger kommt so, wie Ihr seht, daher, und wir haben uns noch nicht einmal, wie es der Brauch verlangt, begrüßt. Warum seid Ihr so rasch und zeichnet gar noch einen Kreis? Und daraufhin verschließt Dsï-fu die Tür zu seinem Zimmer. Von einem ›öffentlichen Aushang‹ dieser Art pflegt man zu sagen, daß er in seinen Worten den Kernpunkt, den es auszumachen gilt, verschlossen halte, daß sich in seinen Sätzen das innere Getriebe der Redenden verberge.
Hsüä-dou bemerkt hierzu: Tschën Tsau ist eben nur mit einem einzigen Auge ausgestattet. Umgekehrt muß man von Hsüä-dou sagen: Er trägt ein Auge oben auf dem Scheitel. Saget mir einmal: Was meint er denn? Auch einen Kreis verabreichen ist nicht übel. Wenn alle von dieser Art wären [wie Dsï-fu und die We-Yang-Schule], wie müßten dann die Kuttenmönche wohl verfahren, um anderen zu helfen? Laßt mich euch einmal fragen: Angenommen, ihr wäret damals an Tschën Tsau's Stelle gewesen, welches Wort hättet ihr da finden müssen, um dessen würdig zu sein, daß Hsüä-dou euch mit seinem Urteil »eben nur mit einem einzigen Auge ausgestattet« verschonte? Darum tritt nun Hsüä-dou auf das Brett, daß es sich überschlägt, und macht aus dem Begebnis nach eigener freier Art seinen Gesang.

Gesang

VOLLRUND kreist ein Perlenball,
tönend glockenrein,
Fracht auf Esel, Pferd, Kamel,
Eisenkahn zu sein
Für den Meer- und Bergesgast,
aller Dinge bar –
Weltschildkröte, aufgefischt,
wickelt der nur ein.

(Wiederum bemerkt Hsüä-dou hierzu: Darüber springt im ganzen Reich kein Kuttenmönch hinaus.)

Zwischenbemerkungen zum Gesang

»Vollrund kreist ein Perlenball, tönend glockenrein« – Er [Hsüä-dou] rührt den Gelben Strom mit einem Maßstab um!! – Er tut so, als lasse sich rohes Erz in eine Gußform gießen! – Um das zu können, muß man schon so ein fremder Mönch aus dem Westen mit den blauen Augen sein [ein Bodhidharma], dann erst wird es gelingen.

»Fracht auf Esel, Pferd, Kamel, Eisenkahn zu sein« – Was will er denn mit dieser Menge von Frachtladungen? [Ist es mit Dsï-fu's einer Kreisfigur nicht schon genug? Aber das ist es ja eben, daß sich dieses Eine, Ganze jeweils in ungezählten Einzeldingen selber ausgibt, daß aus dem einen Perlenball Millionen von Perlen werden, die zu verfrachten aller Frachtraum des Landes nicht ausreicht.] – Wie soll das je ein Ende nehmen? – Sollen wir [den Überfluß] vielleicht an die Âcâryas hier [die anwesenden Hörer] austeilen? [Wobei nur die Frage wäre, ob sie in sich selbst das Zeug haben, diesen Reichtum zu empfangen. Denn der ist seinem Wesen nach nur für eine ganz bestimmte Gattung von Empfängern bestimmt, nämlich:]

»Für den Meer- und Bergesgast, aller Dinge bar« – Diejenigen, die es mit den Dingen haben, die wollen ja gar nichts davon. – Aber auch der aller Dinge bare Gast hat von ihrem Verbrauch keinen Gewinn. – Erst wenn er sich nichts daraus macht, hat er etwas davon.

»Weltschildkröte, aufgefischt, wickelt der nur ein.« – So hat der es schon bisher getrieben, so treibt er es auch jetzt. – Da [aus dem Kreis Dsï-fu's] kommt sie so schnell nicht wieder heraus. – Aber wie, wenn es nun eine Kröte gewesen wäre? [Auf das Bild Tschën Tsau's fällt ein Zwielicht.] – Was soll er auch mit Müschelchen, Garnelen, Schnecken machen? – Es muß schon eine Weltschildkröte sein; dann lohnt es sich doch wenigstens [mit jener Kreisfigur die große Schlinge auszuwerfen].

»(Wiederum bemerkt Hsüä-dou hierzu: Darüber springt im ganzen

Reich kein Kuttenmönch hinaus.)« – Er steckt selbst mit darin. – Vergraben wir sie alle in derselben Grube! – Und ihr Herrn Âcâryas, wird wohl euch der Sprung darüber weg gelingen?

Erläuterung des Gesangs

»Vollrund kreist ein Perlenball, tönend glockenrein, Fracht auf Esel, Pferd, Kamel, Eisenkahn zu sein –« Von Beginn seines Gesanges an handelt Hsüä-dou von nichts anderem als von jener Kreisfigur Dsï-fu's. Hat einer das richtig in sich aufgenommen, so geht es ihm wie einem Tiger, dem [zu Zahn und Kralle obendrein noch] Hörner wachsen [es kann ihm nichts mehr widerstehen]! Diese winzige Kleinigkeit erzwingt es, daß dem Faß der Boden ausbricht, das bewegende Organ des inneren Getriebes sich erschöpft [will sagen, daß die Kraft der Konsequenz, die, in Gedanken und in Worten liegend, zu Schlüssen und zu Widersprüchen treibt und in Ratlosigkeit ausmündet, zum Stillstand kommt], daß alle Rücksicht auf Vorteil und Nachteil, auf richtig oder falsch dahinfällt, daß man weder darnach trachtet, alles nach Gesetzen der Vernunft verstehen zu wollen, noch die Tiefen des Geheimnisses ergründen kann. [Es ist der Zustand, wie Yüan-wu ihn schon im Hinweis beschrieben hat.]

Wie ist das nun letzten Endes zu verstehen? Nicht anders, als daß es sich hier um eine »Fracht« handelt, die [auf allen erdenklichen Beförderungsmitteln] ›auf Esel, Pferd, Kamel, [ja sogar, weil für gewöhnliche Schiffe zu schwer] auf Eisenkähnen‹ daher kommt – [es ist die Fülle des ganzen täglichen Erlebens in Freud und Leid, Not und Befreiung]. Nur wer es [jenes Eine, das Dsï-fu mit seinem Kreise angedeutet hat, jenen Perlenball, von welchem Hsüä-dou dichtet] hier [in der bunten Vielheit des Samsâra] erblickt, der erst wird es gewinnen. Denn auf einem andern Weg als diesem kann es sich in keiner Weise mitteilen.

[Wem aber teilt es sich mit?] Es hat keine andere Wahl, als diese Fracht daherzubringen und auszuteilen an ›den Meer- und Bergesgast, der aller Dinge bar‹ und leer geworden ist. Hast du hinter deinem Nabel auch nur ein winziges Knötchen sitzen, so bist du nicht imstand, es verantwortlich zu empfangen. Hier braucht es einen Menschen, für den die Dinge und die Sachen zugleich sind und nicht sind, der sie hat und doch nicht hat, der in widerwärtiger und wunschgemäßer Lage alles nimmt so wie es kommt, und, wenn er gleich ein Buddha wäre oder Patriarch, sich nicht erlaubt, etwas zu machen. Nur ein solcher wird es recht empfangen können. Und wenn einer mit Zen-Fragen zum Meister kommt und bleibt dabei in dem gefühlsbestimmten Abwägen zwischen heilig und gemein befangen, so wird ihm das, was hier gemeint ist, sicher nicht zuteil.

Und wenn er es nun wirklich empfangen hat, so ist noch die Frage, wie er verstehen wird, was Hsüä-dou weiter sagt, nämlich: »Weltschildkröte,

aufgefischt, wickelt der nur ein.« Wer solche Weltschildkröte angelt, der muß sie auch einwickeln können, dann erst hat er sie. [Er darf sich auch durch diesen seltenen Fischfang nicht beirren lassen, sonst verliert er die Einfalt. Er muß auch dies für nichts achten und bei dem leeren Kreise bleiben, wie Dsï-fu ihn gezeichnet hat und mit dem er sich begnügte. Gerade damit, im Verzicht auf jedes besondere Mittel, blieb er im Besitz des Kreises, jener Perlenkugel, aus der auch ein Ungeheuer, wie die Weltschildkröte, nicht heraus kann; das war das unsichtbare Netz, in welches er seinen Fang für immer einwickeln konnte.]
Darum sagt Fëng-hsüä:

> Ich bin gewöhnt, durch Walfischfang des Meeres Flut zu klären.
> Doch einem Frosch im Schlamm nachwaten, preßt mir Seufzer aus.

Wiederum heißt es:

> Weltschildkröte, trag mir nur nicht die drei Berge fort!
> Steht mein Sinn doch auf der seligen Geister höchsten Ort.

Zuletzt noch die Bemerkung Hsüä-dou's: »Darüber springt im ganzen Reich kein Kuttenmönch hinaus.« Eine Riesenmeerschildkröte hat nun einmal nicht die Anschauungen und Deutungen eines Kuttenmönchs. So sind die Anschauungen und Deutungen eines Kuttenmönchs von denen einer Riesenmeerschildkröte verschieden.

Yüan-wu's Hinweis

Schon mehrmals war davon die Rede, daß der wahrhaft Freie ›aller Dinge ledig‹ ist. Das Chinesische sagt dafür *wu-schï* (japanisch *buji*), d. h. ohne Sache, und ein Mensch, der dieses Ledigsein von Dingen und von Sachen in seinem Leben darstellt, heißt deshalb *Wu-schï-jën* (japanisch *Buji no Hito*). Was Yüan-wu in diesem Hinweis schildert, ist nichts anderes als das Bild des *Wu-schï-jën*, *Buji no Hito*, das bis zu diesem Tag eine zwar stille, aber darum nicht weniger wirksame Macht in Ostasien ausübt. Es ist noch nicht lange her, daß in Japan unter dem Titel ›Buji no Hito‹ ein vielgelesener Roman erschien. Natürlich wird der Ausdruck *wu-schï* oder *buji* auch in harmlos oberflächlichem Sinn gefaßt: es ist nichts los, es ist alles in Ordnung, die Tage streichen leicht und angenehm dahin. Welche Tiefen aber dieses Leitbild birgt, wenn es in seinem vollen Sinn genommen wird, das ist wohl nirgends deutlicher und richtiger beschrieben worden als in Yüan-wu's Sätzen, in dem Beispiel, welches sie einleiten, und in Hsüä-dou's Gesang von dem Gast und Wanderer zwischen Meer und Bergen, der ›aller Dinge bar‹ und eben dadurch reif geworden ist, in allen Dingen stets nur eines zu empfangen, die ewige Wahrheit und die ewige Zier.

Dsï-fu, Meister aus der We-Yang-Schule

Der Meister Dsï-fu[1], von dem die Geschichte handelt, kommt sonst in unserer Sammlung nur noch einmal vor, im 91. Kapitel. Auch über sein Leben ist nur überliefert, daß er aus Ki-an-fu im Herzen der Provinz Kiangsi stammte, von einem Schüler des im 31. Kapitel erwähnten Meisters Yang-schan die Bestätigung erhalten hatte und dann in dem Dsï-fu-Kloster seiner Heimatstadt Ki-an-fu gewirkt hat. Er ist also ein Urenkelschüler des uns wohlbekannten We-schan und ist in der von diesem und seinem Schüler Yang-schan begründeten Tradition der (nach diesen beiden benannten) We-Yang-Schule gebildet worden, zu deren ›Hausbrauch‹ es gehörte, das Wesentliche möglichst ohne Worte auszudrücken, lieber es den Augen vorzuzeigen, als zum Ohr zu sprechen. Damit hängt denn auch der Brauch zusammen, sich zur Andeutung des Höchsten, der das All durchleuchtenden einen Wahrheit und einzigen Wirklichkeit, der Kreisfigur zu bedienen, als des Bildes der vollkommensten Form, die der Menschengeist ersinnen kann, der Kugelform. Es ist leicht einzusehen, daß aus dieser Sitte mit der Zeit auch eine Spielerei werden konnte, wofür es denn an Beispielen nicht fehlt. Daß den älteren Meistern, wenn sie einen Kreis beschrieben, der Kreis als solcher gar nichts galt und die ewige Wahrheit alles, dafür ist gerade Dsï-fu's Beispiel ein eindrücklicher Beweis. Er wird noch dadurch unterstützt, daß auch Hsüä-dou, der von Yün-mën herkommt, für Dsï-fu nur Worte der Bewunderung hat. Yüan-wu, ein geistiger Erbe Lin-dji's, steht dem We-Yang-Hausbrauch womöglich noch ferner, und wenigstens aus einer seiner Bemerkungen könnte man das vielleicht auch heraushören, wenn er nämlich gegen den Schluß seiner Erläuterung des Beispiels die Frage aufwirft: Wenn alle von dieser Art wären, wie müßten dann die Kuttenmönche wohl verfahren, um andern zu helfen? Aber wahrscheinlicher ist, daß er an diese äußeren Unterschiede des Schulhausbrauchs gar nicht denkt, sondern an des Meisters Dsï-fu unberührte Herzenseinfalt, und daß er diese der zu seiner Zeit längst eingerissenen Neigung zur Routine als Spiegel vorhält. Die angeführte Stelle mag nebenbei zeigen, wie schwer es ist, die gerade in dem vorliegenden Text oft nur flüchtig hingeworfenen Sätze zu deuten. Sich auf Diskussion darüber einzulassen führt ins Uferlose. Es muß dem Leser überlassen bleiben, sich zurechtzufinden, und er wird es um so besser können, je mehr er den Blick auf die Hauptsache gerichtet hält, um die allein es sich in diesem wie in allen Beispielen handelt.

Tschën Tsau, für den Buddhismus interessierter Staatsbeamter

Von Tschën Tsau, dem Gegenspieler Dsï-fu's, ist in der Erläuterung ausführlich die Rede. Er trägt hier durchweg den Titel Staatssekretär, nicht weil er dieses hohe Amt schon zur Zeit seiner Begegnung mit Dsï-fu bekleidet hätte, sondern weil die Nachwelt ihn ebenso wie jeden Meister mit dem Namen nennt, unter dem er später berühmt geworden ist. Er war, wie andere Beamte des höheren Dienstes, wohl die meisten Jahre seines Lebens in leitenden Stellungen der Provinzialverwaltung beschäftigt und ist erst am Ende seiner Laufbahn in die Leitung eines der sechs Departements, welche wiederum einer der drei obersten, unter dem Reichskanzler zusammengefaßten Staatsbehörden unterstanden, berufen worden. Sein starkes Interesse für Buddhismus wird aus dem Berichteten genügend deutlich. Da er als Laienschüler Mu-dschou's in der Tradition bekannt ist, muß er schon in jungen Jahren in der Kreisstadt dieses Meisters ein Amt bekleidet haben, während Mu-dschou selbst damals wahrscheinlich schon sehr alt war, denn Dsï-fu steht in der Geschlechterfolge schon zwei Stufen unter diesem und gehört bereits der Endzeit des Tang-Reichs an. Vielleicht ist der hier genannte Mu-dschou überhaupt ein anderer als der uns bekannte Meister, etwa ein Nachfolger an demselben Ort. Die Zeitangaben sind zu spärlich, um ein klares Bild zu geben.

Anmerkungen zu Yüan-wu's Erläuterung des Beispiels

»Tschën Tsau gehört derselben Zeit an wie Pe Hsiu und Li Au.« – Das ist im weiteren Sinn zu verstehen. Alle drei genannten Männer waren Beamte der Tang-Dynastie, aber zu verschiedenen Zeiten. Tschën Tsau

[1] Dsï-fu Ju-bau, japanisch Shi-fuku Nyo-hô. Traditionstafel III B, 13.

gehört wie Dsï-fu der Endperiode an; Pe Hsiu, der Gönner und Verehrer Huang-bo's (vgl. Kap. 11), lebte bis 860. Noch einige Jahrzehnte älter ist Li Au, der schon 798 sein Staatsexamen bestanden und damit den Literatentitel erhalten hat. Obwohl von ihm in unserer Sammlung kaum die Rede ist, hat er für Yüan-wu offenbar Bedeutung, und wahrscheinlich nicht nur deshalb, weil er mit dem in den Beispielen 42 und 81 auftretenden Meister Yau-schan bemerkenswerte Gespräche geführt hat, sondern wohl auch wegen seiner Bedeutung als philosophischer Schriftsteller. Denn Li Au scheint der erste gewesen zu sein, welcher, und dies unter Yau-schan's Einfluß, den buddhistischen Kerngedanken von der Buddhanatur des Menschen mit der konfuzianischen Lehre von der ursprünglich guten menschlichen Natur in Einklang zu bringen versucht hat und damit Vorläufer des in der Sung-Zeit zur Herrschaft gelangten Neu-Konfuzianismus geworden ist.

»Sooft Tsau einen Mönch daherkommen sah, lud er ihn . . . ein.« – Der japanische Erklärer Katô Totsudô gibt an dieser Stelle einige von Yüan-wu nicht erwähnte Beispiele, welche zeigen, daß Tschën Tsau als Kreismandarin sich darin gefiel, Mönchen durch sein Wissen um buddhistische Dinge zu imponieren. Eines Tages habe er einem vorüberwandernden Zen-Pilger als Gabe einen Reiskloß hingehalten, und als dieser nun die Hand danach ausstreckte, ihn plötzlich zurückgezogen. Als der Mönch, unfähig, sich so rasch aus dem Gefühl des Habens in das Nichts zurückzuversetzen, ihn entgeistert anstarrte, habe der hohe Beamte nur in die Hände geklatscht und gerufen: Habe ich mir's doch gedacht! Nur bei Meistern wie Dsï-fu und Yün-mën blieb ihm der Triumph versagt. Darum erzählt Yüan-wu nun des letzteren Begegnung mit dem wißbegierigen Herrn.

Zum Gesang und der nachfolgenden Erläuterung

Beim ersten Lesen sind die Bilder, welche Hsüä-dou im Gesange aneinanderreiht, in der Vorstellung schwer zu vereinigen. Das weiß er selbst gewiß am allerbesten. Denn was er schaut, das fügt sich in der Tat zu keinem für die Sinne faßbaren Bild zusammen. Am nächsten kommt seiner inneren Schau doch immer noch das Bild des Perlenballs. Denn so erscheint dem innerlich Gestillten das ungeheure Ganze mit allem, was darin ist, auch mit allem Leid und aller Lust irdischen Lebens. So erscheint es hier Dsï-fu, dem stillen Klausner; nichts anderes will er mit dem Kreis andeuten, den er vor dem eingetretenen Besucher in die Luft zeichnet.

Aber wirklich ist der ungeheure Perlenball doch nur, wo ein Menschenherz ihn in sich aufgenommen hat. Das kann bei jedermann einmal geschehen. So werden aus dem einen Perlenball, wenn er in Menschenherzen kommt, auf einmal Millionen Bälle. Das ist die ungeheure Fracht, die für alle Menschen zu verladen und einem jeden anzubieten, der

Buddhas und der Meister Amt ist. Dennoch nimmt sie ihnen nur ganz selten einer ab. Die allermeisten sind nur darauf aus, sich mit Einzeldingen möglichst reichlich zu versehen. Darum haben sie für dieses Ungeheure bei sich keinen Raum verfügbar. Nur die Leeren, welche nichts ihr eigen nennen, welche keine Stätte festen Bleibens haben, nur bei Bergen und am Meer zu Gaste sind, nur die haben für das Eine Große, für den Perlenball im Herzen Raum.

Das gibt ihnen allerdings nun eine Größe, neben welcher jede andere Größe ärmlich ist; vorausgesetzt, daß die wahre Größe in nichts anderem besteht als eben in der Leerheit und Ichlosigkeit, wie sie am eindrücklichsten (will Yüan-wu sagen) der ›Fremdling mit den blauen Augen‹, Bodhidharma, seinen Nachfolgern vorgelebt hat. Jene andern Größen gründen ja im Ich, wie es sich durch Verflechtung der ›fünf Gruppen‹, jenes ›Schattendunkels‹, unter zeitlichen Bedingungen gebildet hat und wieder auflöst. Unter ihnen gibt es Unterschiede zwischen klein und groß; doch sind sie alle abmeßbar und relativ. Eine solche relative Größe fördert eher die Verblendung, als daß sie den Blick auf das unendlich Höhere lenkte.

Darum weiß der hohe Herr sich auf die Kreisfigur, die ihm Dsï-fu zum Gruße zeichnet, keinen Vers zu machen. Dann ist ihm aber auch mit Worten weiter nicht zu helfen. Ohne sich nur zu besinnen, steht Dsï-fu vom Sitz auf und verschließt die Tür zu seinem Zimmer. Die Sache ist für ihn wie für den hohen Gast schon abgetan. Denn mit diesem Kreise, oder mit dem Perlenballe, den der Kreis bezeichnet, ist ja nicht zu spaßen. Wer von sich selbst und seiner eigenen Größe so erfüllt ist, daß er für diesen keinen Raum hat, für den wird er zum Netz, in dem er früher oder später sich verfängt. Der Mandarin ist sicherlich ein hoher Herr, ein ›großes Tier‹. Aber aus dem Kreis, den ihm Dsï-fu gezeichnet hat, kommt er nie heraus. Dsï-fu kann deshalb auf jede weitere Bemühung um den Mandarin verzichten. Ein Disput mit diesem Herrn hat keinen Sinn; das würde von der eigentlichen Sache nur abführen.

Um Dsï-fu's kurz angebundenes Verfahren zu rechtfertigen, führt Yüanwu gegen das Ende seiner Erläuterung einen Vers von Fëng-hsüä an, einem Urenkelschüler Lin-dji's (vgl. XVI, S. 300 und XXIV, S. 420 und 422). Der Vers ist dem 38. Beispiel unserer Sammlung entnommen, wo Fënghsüä einen Eingebildeten abfertigt, der sich für etwas ganz Besonderes und Großes hielt. Ich, sagt Fëng-hsüä von sich selbst, bin gewohnt, durch Walfischfang des Meeres Flut zu klären. Der Eingebildete, der vor ihm steht, gilt ihm für nicht größer als ein Frosch.

Ist hier vom Wal die Rede, nach unseren Begriffen von dem größten Tier der Schöpfung, so weiß in China doch die Phantasie von einem noch viel größeren zu erzählen, nämlich von der Weltschildkröte Au. Sie trägt auf ihrem ungeheuren Rücken bald das ganze Festland, bald auch jene zauberhafte Inselgruppe fern im Stillen Ozean, dem Meer des Ostens, bestehend aus drei unbeschreiblich schönen Bergen, deren höchster, Pëng-lai-schan genannt, den seligen Geistern nach dem Tod zum paradiesischen Wohnsitz dient. Auf diesen Pëng-lai-schan spielt in einem seiner späteren Gedichte der größte Dichter der mittleren Tangzeit an, der vielgelesene und vielgeliebte Bo Djü-i, auch Be Lo-tiän genannt, ein Zeitgenosse der Meister Huang-bo und We-schan. Im Kampf gegen Mißwirtschaft und Korruption, gegen Krieg und Unterdrückung von den Mächtigen verworfen, war er, nicht zuletzt im Umgang mit buddhistischen Freunden, einer höheren Wirklichkeit gewiß geworden. Unter dem Titel ›Sehnsucht nach den Seligen Geistern‹ spricht er seine Sorge aus, das Ziel nicht zu verfehlen, wenn er sagt:

Weltschildkröte, trag mir nur nicht die drei Berge fort!
Steht mein Sinn doch auf der Seligen Geister höchsten Ort.

Also ist es, will Yüan-wu sagen, auch für Hsüä-dou kein unangemessener Vergleich, wenn er in Dsï-fu den Fischer sieht, der die Weltschildkröte Au, in diesem Fall den herrischen Tschën Tsau, mit seinem Kreis umwickelt, daß er unrettbar darin gefangen bleibt.

Zen-Worte
aus dem
Bi-yän-lu
in
chinesischer
Schrift

Die auf den folgenden Seiten stehenden Meisterworte in chinesischer Schrift aus dem Bi-yän-lu verdanken wir der Hand des Zen-Meisters Asahina Sôgen, Erzabtes in dem Kloster Engaku-ji zu Kamakura, welches der Machthaber Hôjô Tokimune 1281, im Jahr des zweiten mißglückten Angriffs der Mongolen auf das Inselreich, für die Rinzai-Schule gestiftet und dem vor den Mongolen geflüchteten chinesischen Meister Dsu-yüan, bei den Japanern Bukkô Zenji genannt, zur Leitung übergeben hat.

Auf diesen Blättern steht, senkrecht mit Tusche geschrieben, in der Mitte jeweils das Meisterwort aus dem Bi-yän-lu, links davon die vier Zeichen *En-gaku Betsu-bô*, die den Wohnsitz des Engaku-Abtes und damit ihn selbst bezeichnen. Außerdem trägt jedes Blatt drei zinnoberrote Stempel in eigenartig stilisierter Siegelschrift.
Rechts oben steht senkrecht, japanisch gelesen: *Ju-boku san*, eine Anspielung auf die ebenso saftigen wie sicheren Pinzelzüge des großen Schriftmeisters Wang Hsi-dschï (307–365), daher seit alter Zeit von Meistern der Zeichenschrift als Wahlspruch verwendet.
Links unten stehen im oberen Stempel waagrecht von rechts nach links nochmals die beiden Zeichen Betsu-bô, nur anders stilisiert in Siegelschrift, im unteren Stempel in gleicher Ordnung der Mönchsname des Erzabtes Asahina, nämlich Sô-gen (siehe oben).

Das Titelschriftbild BI-YÄN-LU, japanisch gelesen HEKI-GAN-ROKU, gegenüber der Titelseite unseres Buches, verdanken wir der Hand des Zen-Meisters Shibayama Zenkei, Erzabtes in dem Kloster Nanzen-ji zu Kyôto, dem einstigen Ruhesitz des Kaisers Kameyama Tennô, welchen dieser im Jahr 1291 dem aus China zurückgekehrten Zen-Mönch und Meister Fumon als Kloster der Rinzai-Schule überlassen hat.

Jï-miän Fo, yüä-miän Fo (japanisch Nichi-men Butsu, Gwachi-men Butsu)

›Buddha mit dem Sonnengesicht, Buddha mit dem Mondgesicht.‹

Ausspruch des Patriarchen Ma im 3. Beispiel (S. 81)

日面佛月面佛

圓寛別峰

Jï-jï schï hau-jï (japanisch Nichi-nichi kore kô-nichi)

›Tag um Tag ist guter Tag‹

Ausspruch Yün-mën's im 6. Beispiel (S. 147)

日々是好日

Dui-i-schuo (japanisch Tai-is-setsu)

›Ein einziger Zuspruch ‹

Ausspruch Yün-mën's im 14. Beispiel (S. 271)

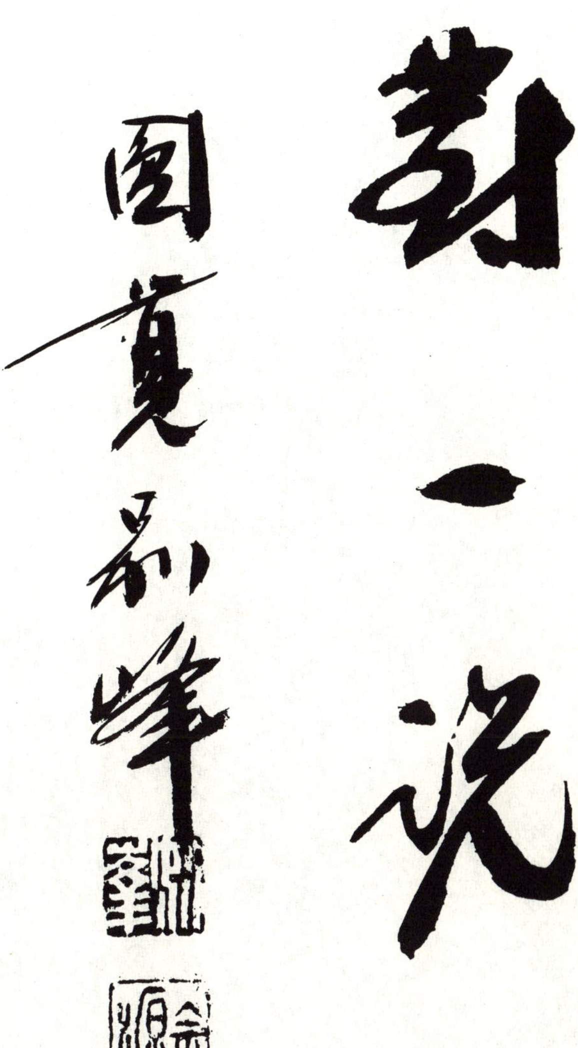

Yä schën, schui gung yü-djiä hsing? (japanisch Yoru fukashi, tare to tomo ni ka gyo-gai ni yukan?)

›Die Nacht ist tief; mit wem wird er auf Kaisers Straße gehen?‹

Schlußvers Hsüä-dou's im Gesang zum 24. Beispiel (S. 418)

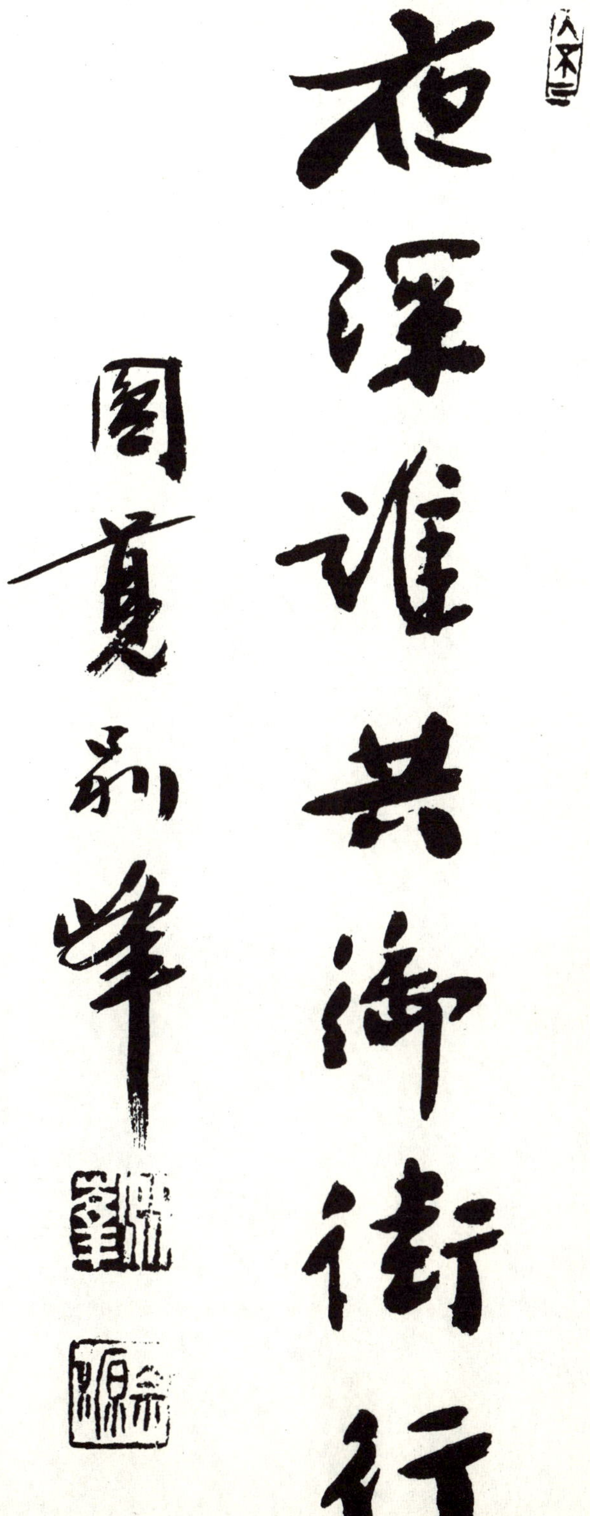
夜深誰共御街行

Am Ende dieses ersten Drittels einer Arbeit, deren Abschluß noch im Ungewissen schwebt, beruhigt mich doch der Gedanke, daß die Hauptsache, die der chinesischen Meister Sinn und Meinung war, schon aus den übersetzten Beispielen für den, der lesen kann, deutlich genug hervorgeht. ›Lesen‹ freilich in des Wortes eigentlichem Sinn genommen, wie Linsen lesen, Beeren lesen. In einzelnen Kapiteln ist das Dorngestrüpp erschreckend dicht, in andern ist es lichter. Der Leser, der im rechten Sinn zu lesen wußte, hat immerhin ein gut Stück Arbeit hinter sich. Er wird sich dafür aber auch entschädigt finden.

Für den Wißbegierigen bleibt allerdings noch vieles ungelöst. Nicht einmal die Frage, wie man praktisch Zen betreibt, findet im Bi-yän-lu eine Antwort. Die Übung stillen Sitzens in Versenkung ist den Meistern, die hier reden, ihr »täglicher Tee und Reis«. Aber wie man übt, das steht in andern Büchern. Und wer es lernen will, der tut am besten daran, ein Zen-Kloster aufzusuchen. Hier dagegen ist nur immer von dem Geist die Rede, aus dem heraus die Übung kommt und in welchen sie hineinführt. Und dem aufmerksamen Leser wird es nicht entgangen sein, wie geringschätzig ein Meister selbst von dieser in irgendeiner Form unentbehrlichen Übung reden kann, sobald sie nicht im rechten Sinn und Geist betrieben wird, sondern sich als Selbstzweck vordrängt.

Aber auch die vielen großen Fragen, die aus der Berührung eben mit dem Sinn und Geist des Buches sich erheben, durften hier nicht ausführlich erörtert werden. Dem Theologen namentlich und dem, der über sich und seine Anschauungen nachdenkt, muß beim Lesen des Bi-yän-lu von Kapitel zu Kapitel ein Problem ums andere aufsteigen, von der Gottesfrage bis zum Wesen menschlicher Natur, von dem Wunder der Erlösung bis zur Eschatologie. Und die Fragen drängen weiter, über die bequem gezogenen Grenzen weg, auf Sein und Nichtsein, Schein und Wesen, Zeit und Ewigkeit, Offenbarung und Verblendung, und zuletzt, weil alles hier stets aktuell ad hominem gemeint ist, auf das so sehr vernachlässigte Geheimnis Ich und Du, Du und Ich. Ein grenzenloses Feld der Diskussion eröffnet sich. Es zu betreten aber ist dem Übersetzer nicht gestattet. Ihm liegt ausschließlich ob, den Text reden zu lassen und ihn, soweit er fremdartig und dunkel erscheint, nach bestem Wissen und Verstehen zu erläutern. Die ehrliche Bemühung um das richtige Verständnis wird auch weiterhin vor aller Diskussion das Erste bleiben müssen. Denn es handelt sich hier immer um ein Ganzes, nie um Einzelteile. Es ist keine Kunst, aus dem Leben und den Reden der Zen-Meister einzelnes herauszugreifen und zu bemängeln. Aber das berührt sie nicht; es wird dem, was sie sind und haben, nicht gerecht. Fruchtbar wird die Diskussion erst da, wo jene ›alten Chinesen‹ vom Ganzen her begriffen sind. Und wenn es einmal so weit ist, kann es geschehen, daß jeder mit sich selbst genug zu tun hat und die Lust am Redestreit verliert.

Ob nun der Übersetzer selbst den Gegenstand richtig begriffen und gedeutet hat, darüber weist ihn keines Zen-Meisters bestätigendes Zeugnis aus. Er hat sich darum nicht bemüht. Ihn hat das überschwänglich reiche Erbe, das mit der Bibel und den alten Griechen, mit den Mystikern und pietistischen Vätern, mit den Dichtern und den Denkern jüngerer Zeit auf ihn gekommen ist, auf seinen Wegen nach und in Ostasien begleitet, hat seinen anfangs engen, abendländisch eingenommenen Blick geweitet und ihn für eine geistige Welt geöffnet, welcher wir durchaus nicht nur als Gebende begegnen können, die im Gegenteil auch uns, zumal in einer Zeit geistiger Wirrnis, Werte höchsten Rangs zu geben hat. Nur daß solche Werte in Ostasien, so wenig wie im Abendlande, offen auf der Straße liegen. Es erfordert Jahre und Jahrzehnte, sie zu finden, zu erkennen, zu durchforschen.

Dafür hatte ich das Glück, während eines dreißigjährigen Aufenthalts in Japan und seitdem bis heute von sehr vielen Seiten Rat und Hilfe zu empfangen, wofür Dank zu sagen mir Bedürfnis ist. Um nur einige Namen zu nennen, so waren es in früheren Zeiten die Meister Oka von dem Kloster Daijiji bei Kumamoto und Ôhasama in Tokio, in neueren und neuesten die Professoren Suzuki Daisetsu in Kamakura und New York und Hisamatsu Shin'ichi in Kyôto, sowie die Erzäbte Asahina Sôgen vom Engakuji in Kamakura und Shibayama Zenkei vom Nanzenji in Kyôto, von denen ich teils mündlich, teils durch übersandte Schriften unschätzbare Anregung erhielt. Der Doppelband ›Heki-gan-shû‹ aus dem Jahr 1859, in welchem Professor Suzuki auf einer Reise durch Europa in den fünfziger Jahren las und den er mir dann kurz entschlossen mit eigenhändiger Widmung hinterließ, ist mir seitdem bei der Arbeit ein verpflichtendes Vermächtnis. Professor Tsujimura Kôichi aus Kyôto hat mir während seines Studienaufenthalts in Freiburg wertvollste Hilfsarbeit geleistet, von Tübingen aus schon vorher auch Professor Kakihara Tokuya aus Tôkyô. In sinologischen Einzelfragen kamen mir mein in die Ewigkeit vorausgegangener Freund Professor Fritz Jäger, Hamburg, der

Lektor Dr. Liu Mau-tsai in Göttingen und Dr. Ulrich Unger, Freiburg, mit gutem Rat zu Hilfe, in solchen der Ornithologie und der Botanik der Biologe Professor Ôshima Hiroshi in Ômi-Hachiman, der Marburger Sino- und Ornithologe Professor Alfred Hoffmann und Frau Dr. Wang in München. Meine älteste Enkelin hat mir ein umfangreiches Wortregister angelegt, aus welchem das gedruckte einen Auszug darstellt. Und ohne meiner Frau beständigen Beistand im kleinen wie im großen wäre ich wahrscheinlich an der Arbeit längst erlegen. Der Rechtsordnung der Freien und Hansestadt Hamburg aber muß ich es danken, daß mir nach der Entbindung von der öffentlichen Lehrpflicht noch die Möglichkeit gegeben war, ohne wirtschaftliche Sorgen ganz der Forschung und dem freien Dienst am Geist zu leben.

Endlich hat des abzurundenden und dann des abgeschlossenen Manuskripts sich der Carl Hanser Verlag mit einer Sorgfalt, Treue und handwerklichen Vollendung angenommen, für welche dem Verleger selbst und seinem Lektor Dr. Herbert G. Göpfert samt allen ihren Mitarbeitern mein höchster Dank gebührt.

Wilhelm Gundert

ZEITTAFEL

Zur Andeutung des geschichtlichen Hintergrundes der Zen-Bewegung

Nach Christi Geburt	
25–220	*Spätere Han-Dynastie* allmähliches Einsickern buddhistischer Übung
147–189	Kaiser Huan-di
um 150	erste Übertragung buddhistischer Schriften ins Chinesische
221–263 221–264 221–280	Zeit der *Drei Reiche* Han, We und Wu weitere Sutrenübertragungen, erstmals auch des Prajnâpâramitâ-sûtra
265–419	*Djin-Dynastie*
317–419	Gebiet der Djin-Dynastie auf Südchina beschränkt Beginn gedanklicher Auseinandersetzung mit den Lehren der Sutren. Übende und Studierende in Bergeseinsamkeit
401–414	Kumârajîva, gelehrter indischer Mönch, aus Kutscha kommend, leitet großzügiges Übersetzungswerk mit Einschluß der Traktate von Nâgârjuna und Âryadeva
bis 414	der Mönch Dschau, Verfasser des Dschau-lun, Traktate zum Verständnis des Begriffs der Leerheit
Folgezeit	verbesserte Übertragungen des Saddharmapundarîka- und anderer Sutren; Aufschwung dogmatischer Studien, Ausbau der Mönchsregeln, Übung im Dhyâna (Zen)

420–589	Spaltung Chinas in ein nördliches und ein südliches Reich		
420–478	Südreich *Sung*	420–557	Nordreich *We*
bis 429	Buddhabhadra, Übersetzer des Avatamsaka-sûtra	444–446	Verbot, dann blutige Verfolgung buddhistischen Mönchtums
bis 433	Dharmaraksha, Übersetzer des Großen Nirvâna-sûtra	452–465	Kaiser Wën-tschëng läßt Mönchtum wieder aufleben; große Höhlentempel in Schansi
um 470	Bodhidharma aus Südindien landet hochbetagt in Kanton	bis 532	Bodhidharma auf dem Sung-schan, Erster Patriarch der Zen-Schulen
479–502	Südreich *Tji*		
502–556	Südreich *Liang*		
502–549	Kaiser Wu-di, eifriger Förderer des Buddhismus	bis 542	Tan-luan, Begründer der Schule des ›Reinen Landes‹ (Anrufung des Buddha Amitâbha)

557–589	Südreich *Tschën*		
bis 569	Paramârtha, alias Dschën-di, übersetzt Traktate des Asanga	bis 593	Hui-ko, Zweiter Zen-Patriarch
bis 597	Dschï-i, Großmeister auf dem Tiän-tai-schan		

589–618 *Sui-Dynastie*
Höhepunkt der Tiän-tai-Scholastik

bis 606 Sëng-tsan, Dritter Zen-Patriarch

618–906 *Tang-Dynastie*

bis 844 Zeit der stärksten Entfaltung des Buddhismus; Verzweigung in selbständige Schulen oder Sekten; starke Zunahme der Klöster und ihres Grundbesitzes

627–649 Kaiser Tai-dsung; Höhepunkt der Tang-Macht

629–645 Hsüan-dsang's große Studienfahrt nach den Stätten des Buddhismus in Indien, Rückkehr mit Karawanenlast von Sutren; begründet die Schule Fa-hsiang (Vijnapti-mâtratâ)

bis 651 Dau-hsin, Vierter Zen-Patriarch

bis 675 Hung-jën, Fünfter Zen-Patriarch

bis 698 drei Generationen bedeutender Meister der Mönchsregel (Vinaya, chinesisch Lü)

684–705 Kaiserin Wu; politischer Niedergang; große Schenkungen an buddhistische Klöster

bis 712 Fa-tsang, Begründer der Avatamsaka- oder Hua-yän-Schule

bis 713 Hui-nëng, der Sechste Patriarch der Zen-Schulen

713–756 Kaiser Hsüan-dsung (japanisch Gensô); zweiter Höhepunkt der Tang-Macht; höchste Blüte der Dichtkunst

bis 740 Tjing-yüan (Grünheide) (7. Zen-Generation, ältere Linie)

754–757 verheerender Aufstand des Militärgouverneurs An Lu-schan; Beginn des Niedergangs der Tang-Macht

bis 759 der Dichter Wang-we, Künder buddhistischen Weltgefühls

756–762 Kaiser Su-dsung

763–779 Kaiser Dai-dsung

bis 774 drei Generationen von Begründern der Dschën-yän- oder Mantra-Schule (Vajrayâna)

bis 774 Nan-yüä (Südhorn) (7. Zen-Generation, jüngere Linie)

bis 775 Landesmeister Dschung in Nan-yang (7. Zen-Generation)

bis 788 Ma-dsu, der Patriarch oder Großmeister Ma (8. Zen-Generation)

seit 800 konfuzianische Reaktion gegen den Buddhismus, besonders gegen Überhandnehmen der weltlichen Macht der Klöster

806–820	Kaiser Hsiän-dsung
bis 814	Bai-dschang (9. Zen-Generation); verbindet Mönchtum mit harter Arbeit
819	Han-yü, Staatsmann und Stilist, protestiert öffentlich gegen buddhistische Mißbräuche
820–824	Kaiser Mu-dsung, Sohn Hsiän-dsung's
824–826	Kaiser Djing-dsung, Sohn Mu-dsung's
826–840	Kaiser Wën-dsung, Sohn Mu-dsung's
840–846	Kaiser Wu-dsung, Sohn Mu-dsung's
844	radikales Edikt zur Einziehung des buddhistischen Klosterbesitzes; Verbot des Mönchtums; Rückführung von 260000 Mönchen ins bürgerliche Leben, Zerstörung von 4000 Klöstern; Zusammenbruch oder dauernde Schwächung der meisten buddhistischen Sekten; fast nur die Zen-Schulen überleben die Katastrophe
bis 846	Bo Djü-i, genannt Lo-tiän, dem Zen zugeneigter großer Dichter
847–859	Kaiser Hsüan-dsung (japanisch Sensô), jüngerer Bruder Mu-dsung's; hebt Wu-dsung's Verbot des Mönchtums wieder auf, stellt Klöster in beschränktem Umfang wiederher
bis 850	Huang-bo (10. Zen-Generation)
bis 853	We-schan (10. Zen-Generation)
bis 865	Dö-schan (11. Zen-Generation)
bis 867	Lin-dji (11. Zen-Generation)
bis 869	Dung-schan Liang-djiä (11. Zen-Generation)
874	großer Bauernaufstand infolge wirtschaftlicher Zerrüttung; ihm folgen weitere Erhebungen. Endgültiger Niedergang
bis 897	Dschau-dschou (10. Zen-Generation)
905–906	der Bauernführer Dschu beseitigt kaiserlichen Hof, begründet eigene Dynastie mit Namen Liang. Untergang des Tang-Reichs
907–960	in Nordchina, als »Nachfolgestaaten von Tang« einander ablösend, fünf von Generälen aufgerichtete ›Dynastien‹ mit den angemaßten Namen *Liang, Tang, Djin, Han, Dschou,* stets von Norden her bedroht durch das tungusische Kitan-Reich, das bereits Hope in Besitz hat in Südchina anfangs zehn, nach und nach von Nachbarn annektierte Landesteile unter selbständig gewordenen Militärgouverneuren, die sich König oder Kaiser nennen und zum Teil gut regieren. Zu erwähnen: *Schu* (Sï-tschuan), *Tschu* (Hunan), *Wu* (am unteren Yangtse), *Wu-yüä* (Tschekiang), *Min* (Fukien) und *Ling-nan* (Kwangtung). In den südlichen Staaten reges kulturelles Leben, gefördert durch rasche Verbreitung des Buchdrucks (mit Holzplatten)
bis 908	Hsüä-fëng (12. Zen-Generation)
bis 908	Hsüan-scha (13. Zen-Generation)
bis 932	Tschang-tjing Hui-lëng (13. Zen-Generation)

bis 949 Yün-mën (13. Zen-Generation)

bis 958 Fa-yän Wën-i (15. Zen-Generation) (alle fünf genannten Meister in den Südstaaten)

959–960 im Nordreich Dschou wird der General Dschau Militärgouverneur, setzt den Kaiser ab und errichtet eigene Dynastie unter dem Namen *Sung*

960–1127 *Nördliche Sung-Dynastie*

960–976 Kaiser Tai-dsu (bisher General Dschau); unterwirft sich der Reihe nach die Südstaaten. Der wirtschaftliche, politische und kulturelle Schwerpunkt Chinas verlagert sich nach Süden. Der Norden unter dauernder Bedrohung durch das tungusische Kitan-Reich (die ›Tataren‹ des Bi-yän-lu). Aufblühen des Großhandels. Tai-dsu fördert neben dem Konfuzianismus auch den Buddhismus. Beide Weltanschauungen kommen sich geistig näher. Neue Klostergründungen; Revision der Sutrenübersetzungen

971–983 großzügiger Tafeldruck des gesamten Sutrenkanons auf kaiserlichen Befehl; über 130000 Holztafeln in 5048 dünnen Bänden

976–997 Kaiser Tai-dsung setzt die Politik seines älteren Bruders erfolgreich fort. Innerhalb des Buddhismus haben die Zen-Klöster jetzt die Führung. Sonst zeigt nur die Tiän-tai-Schule noch eine Zeitlang kräftiges Eigenleben. Die Anrufung des Buddha Amitâbha dringt aus der Schule des ›Reinen Landes‹ allmählich auch in die andern Sekten und schließlich sogar in die Zen-Klöster ein

seit 1000 wachsende Bedrohung des Sung-Reichs von Norden und Nordwesten; statt militärischer Erstarkung Tribute an Kitan; Inflation zugunsten des Großhandels gegenüber Kleinhandel und Bauern

bis 1052 Hsüä-dou Dschung-hsiän, Dichter der Gesänge im Bi-yän-lu

1068–1085 Kaiser Schën-dsung

1068–1076 wiederholte Versuche des Kanzlers Wang An-schï, eine Sozialreform zum Schutz des Kleinhandels und der Bauern durchzuführen; heftiger Kampf der Parteien bis zum Sieg der Konservativen

bis 1101 Su-Schï, genannt Su Dung-po, dem Zen zugetaner Dichter

1100–1125 Kaiser Hui-dsung, hochgebildet, Maler und Dichter; höchste kulturelle Blüte des Sung-Reichs bei moralischer und politischer Schwäche

1102 Reformpartei im Sinn Wang An-schï's kommt noch einmal ans Ruder; erneute Parteikämpfe

1110-1111 Wang Schang-ying, letzter Kanzler der Reformpartei, bald gescheitert

1111 ff. Yüan-wu Ko-tjin auf dem Djia-schan bei Li (21. Zen-Generation), verfaßt die Niederschrift von der Smaragdenen Felswand, Bi-yän-lu. Kitan-Reich von Norden her durch die Dschurdschen-Dynastie Kin, die ›Goldene‹, bedroht. Sung-Reich erhofft von ihnen Hilfe

1125 Kin zerschlägt das Kitan-Reich, fällt alsbald auch im Sung-Reich ein; Hui-dsung dankt ab

1126 Fall der Hauptstadt Kai-fēng; Hui-dsung und Söhne mit dem ganzen Hof gefangen abgeführt

1127–1279 *Südliche Sung-Dynastie*

1127–1162 Kaiser Gau-dsung, neunter Sohn Hui-dsung's, nach Süden entkommen, setzt die Dynastie im Süden des Yangtsekiang fort. Der Schwerpunkt des Sung-Reichs bleibt also erhalten, die Politik verfolgt den bisherigen weichen Kurs weiter; Verzicht auf starke Militärmacht, dafür Kompromisse und Tribute an Kin

bis 1135 Yüan-wu Ko-tjin, Verfasser des Bi-yän-lu, angesehenster Zen-Meister des Sung-Reichs

bis 1163 Da-hui (22. Zen-Generation), Yüan-wu's Schüler; übergibt alle erreichbaren Exemplare des Bi-yän-lu dem Feuer

1187–1191 Eisai aus Japan erhält im Südlichen Sung-Reich Einführung in die Tradition Lin-dji's; wird nach seiner Rückkehr Vater der Rin-zai-Schule

1210 Dschingis-Chan beginnt den Angriff auf das Kin-Reich;
Sung erhofft von ihm Hilfe

1215 Dschingis-Chan erobert Peking

1223–1227 Dôgen aus Japan erhält im Südlichen Sung-Reich Einführung in die Tradition Dung-schan's; wird nach seiner Rückkehr Vater der Sô-tô-Schule

1234 Mongolen vernichten das Kin-Reich und beherrschen nun Nordchina

seit 1250 infolge Mongolengefahr Abwanderung mancher Zen-Meister nach Japan, besonders stark 1276–1280

1260–1293 Hubilai (Kublai-Chan),
Begründer der chinesischen Mongolen-Dynastie
bald erbitterte, bald schwache Gegenwehr des Sung-Reichs

1276 Hang-dschou, Hauptstadt von Süd-Sung, erobert

1279 Untergang der Südlichen Sung-Dynastie

1280–1368 *Mongolische Yüan-Dynastie*

Hauptstadt Peking; Prunk nach außen, Verarmung des Volks

um 1300 Dschang Ming-yüan sammelt alte Exemplare des Bi-yän-lu und gibt die Schrift in restauriertem Text heraus

seit etwa 1330 dürften japanische Zen-Pilger die Niederschrift zur Smaragdenen Felswand von China nach Japan mitgebracht haben

Zum Verständnis der Traditionstafel

Die Traditionstafel dient dazu, die in den Beispielen und Erläuterungen des Bi-yän-lu erwähnten Meister je in ihre Traditionslinie einzuordnen. Denn jeder ist Schüler eines bestimmten Meisters und hat wiederum seine von ihm als solche designierten Schüler. Wo dieser fortlaufende Zusammenhang es verlangt, müssen deshalb in einzelnen Fällen auch im Bi-yän-lu nicht erwähnte Meister als verbindende Glieder aufgeführt werden.

Wo in einer Generation nur ein einziger Name genannt ist, bezeichnet er den Meister sämtlicher in der nächstfolgenden Generation Aufgeführten. Wo in einer Generation mehrere Namen auftreten, werden sie durch die Buchstaben a, b, c usw. gekennzeichnet. Zu diesen Buchstaben tritt in der nachfolgenden Generation eingeklammert der Hinweis auf die Herkunft jedes Genannten von seinem Meister. Zum Beispiel Linie III B, 10. Generation, b, We-schan stammt ›von 9a‹, nämlich von Bai-dschang, dieser wiederum von Ma-dsu in der 8. Generation.

Zu Teil I, Indische Linie: Die hier aufgeführte Väterreihe kann keine historische Zuverlässigkeit beanspruchen; sie entspricht lediglich der in den Zen-Schulen geltenden Überlieferung. Soweit sich aus der chinesischen Umschrift der indische Name erkennen oder doch vermuten läßt, erscheint er hier in Sanskrit, wo nicht, in seiner japanischen Lautform, weil diese der indischen immerhin näher steht, als die moderne chinesische Aussprache.

Zu den Teilen II, III A und III B: Von der 5. Generation ab steht unter jedem chinesischen Namen auch seine japanische Lautform; z. B. 5. Generation, a: unter chinesisch Wu-dsu Hung-jën der japanische Name Go-so Kô-nin.

Unter den Namen stehen, soweit überliefert, die Lebensdaten der Meister. Für die Richtigkeit der Zahlen kann freilich nicht immer eine sichere Gewähr geleistet werden. Teils ist die Überlieferung selbst oft schwankend, teils decken sich die Jahresanfänge des chinesischen Kalenders nicht mit denen des gregorianischen.

Wo keine Zahlen gegeben werden konnten, ist doch durch Vergleich mit den danebenstehenden Zeitgenossen die ungefähre Lebenszeit nicht schwer zu ermitteln.

TRADITIONSTAFEL

I
Indische Linie

Shâkyamuni Buddha Bodhi

1 Mahâ Kâshyapa
2 Ânanda
3 Shânavâsin
4 Upagupta
5 Dhîtika
6 (Mishaka)
7 Vasumitra
8 Buddhanandi
9 Buddhamitra
10 Pârshva
11 Punyayasha
12 Ânabodhi = Ashvaghoscha ?
13 Kapimala
14 Nâgârjuna
15 Kânadeva = Âryadeva
16 Râhulabhadra
17 Samghanandi
18 Samghayathata
19 Kumâralâta
20 (Shayata)
21 Vasubandhu
22 Manorhita
23 Haklenayasha
24 (Shishibodai) = Simhabodhi
25 (Bashashita)
26 Punyamitra
27 Prajnâdhâra
28 Bodhidharma,
erster Patriarch der chinesischen Tradition

II
Von Bodhidharma bis zum Sechsten Patriarchen und seinen Schülern

1. Generation Bodhidharma, chinesisch Pu-ti-Da-mo
japanisch Bodai Daruma, 5.–6. Jahrhundert

2. Generation Hui-ko, japanisch E-ka, 487–593

3. Generation Sëng-tsan, japanisch Sô-san, gest. 606
Dichter des Gesangs Hsin-hsin-ming, japanisch Shin-jin-mei
(Stempel des gläubigen Herzens)

4. Generation Dau-hsin, japanisch Dô-shin, 580–651

5. Generation

a Der Fünfte Patriarch
Wu-dsu Hung-jën
Go-so Kô-nin
602–675

b Niu-tou (Ochsenkopf) Fa-yung,
Vater des Niu-tou-(Ochsenkopf-)Zen
Go-zu Hô-yû
594–657

6. Generation

a (von 5a)
Der Sechste Patriarch
Lu-dsu Hui-nëng
Roku-so E-nô
Vater des ›Südlichen Zen‹
638–713

b (von 5a)
Der Vorsitzer beim Fünften Patriarchen
Schën-hsiu Schang-dso
Shin-shû Jô-za
Vater des ›Nördlichen Zen‹
gest. 710

Südliches Zen

7. Generation

a (von 6a) Haupt der Linie III A
Tjing-yüan Hsing-sï
Sei-gen Gyô-shi
660–740

b (von 6a) Haupt der Linie III B
Nan-yüä Huai-jang
Nan-gaku E-jô
677–774

c (von 6a)
Yung-djia Hsüan-djiau
Yô-ka Gen-gaku
Dichter des Lieds
vom WEG-Erlebnis,
Dschëng-Dau-go,
japanisch Shô-dô-ka
665–713

d (von 6a)
Nan-yang Hui-dschung
Nan-yô E-chû
(Landesmeister Dschung)
675–775

Hui-dschung's Schüler:
8. Generation

Dan-yüan Schën-ying
Dan-gen Shin-nô
8.–9. Jahrhundert

III

Die zwei Hauptlinien von der 7. Generation bis auf Hsüä-dou und Yüan-wu

Linie III A

7. Generation

Tjing-yüan Hsing-sï
Sei-gen Gyô-shi
660–740

8. Generation

Schï-tou Hsi-tjiän
Seki-tô Kisen
700–790

9. Generation

a
Tiän-huang Dau-wu
Ten-nô Dô-go
738–807

b
Da-diän Bau-tung
Dai-ten Hô-tsû
gest. 819

c
Dan-hsia Tiän-jan
Tan-ka Ten-nen
739–824

d
Yau-schan We-yän
Yaku-san I-gen
750–834

10. Generation

a (von 9a)
Lung-tan Tschung-hsin
Ryû-tan Sô-shin

b (von 9b)
San-ping I-dschung
Sam-pei Gi-chû

c (von 9c)
Tsui-we Wu-hsüä
Sui-bi Mu-gaku

d (von 9d)
Dau-wu Yüan-dschï
Dô-go En-chi
769–835

e (von 9d)
Tschuan-dsï Dö-tschëng
Sen-su Toku-jô

f (von 9d)
Yün-yän Tan-schëng
Un-gan Don-jô
780–841

11. Generation

a (von 10a)
Dö-schan Hsüan-djiän
Toku-san Sen-kan
782–865

b (von 10c)
Tou-dsï Da-tung
Tô-shi Dai-dô
819–914

c (von 10d)
Djiän-yüan Dschung-hsing
Zen-gen Chû-kô

d (von 10d)
Schï-schuang Tjing-dschu
Seki-sô Kei-sho
gest. 888

e (von 10e)
Djia-schan Schan-hui
Kas-san Zen-e
805–881

f (von 10f)
Dung-schan Liang-djiä
Tô-zan Ryô-kai
807–869

12. Generation

a (von 11a) Yän-tou Tjüan-huo Gan-tô Zen-kwatsu 828–887	*b (von 11a)* Gan-tan Dsï-guo Kan-tan Shi-koku	*c (von 11a)* Hsüä-fëng I-tsun Sep-pô Gi-son 822–908	
d (von 11d) Da-guang Djü-hui Dai-kô Ko-ke	*e (von 11d)* Djiu-fëng Dau-tjiän Kyû-hô Dô-ken	*f (von 11e)* Lo-pu Yüan-an Raku-ho Gen-an 834–898	
g (von 11f) Lung-ya Djü-dun Ryû-ge Ko-ton 835–923	*h (von 11f)* Tjin-schan Wën-sui Kin-zan Bun-sui	*i (von 11f)* Tsau-schan Bën-dji Sô-zan Hon-jaku 839–901	*k (von 11f)* Yün-djü Dau-ying Un-go Dô-yô gest. 901

13. Generation

a (von 12c) Hsüan-scha Schï-be Gen-sha Shi-bi 835–908	*b (von 12c)* Djing-tjing Dau-fu Kyô-sei Dô-fu	*c (von 12c)* Tschang-tjing Hui-lëng Chô-kei E-ryô 854–932
d (von 12c) Bau-fu Tsung-dschan Ho-fuku Jû-ten gest. 928	*e (von 12c)* Tsui-yän Ling-tsan Sui-gan Ryô-san	*f (von 12c)* Yün-mën Wën-yän Um-mon Bun-en 864–949

14. Generation

a (von 13a) Lo-han Gue-tschën Ra-kan Kei-chin 869–928	*b (von 13c)* Wang Yän-lin Ô Em-bin	*c (von 13c)* Bau-tsï Hui-lang Hô-ji E-rô
d (von 13d) Yän-schou Hui-lun En-ju E-rin	*e (von 13f)* Fëng-hsiän Schën Hô-sen Shin	*f (von 13f)* Hsiang-lin Tschëng-yüan Kyô-rin Chô-on
g (von 13f) Ba-ling Hau-djiän Ha-ryô Kô-kan 10. Jahrhundert	*h (von 13f)* Dung-schan Schou-tschu Tô-zan Shu-sho 10. Jahrhundert	*i (von 12e)* Ming-dschau Dö-tjiän Mei-shô Tok-ken »der einäugige Drache«

15. Generation

a (von 14a) Fa-yän Wën-i Hô-gen Bun-eki 885–958	*b (von 14a)* Tjing-tji Hung-djin Sei-kei Kô-shin	*c (von 14d)* Gue-dsung Dau-tjüan Ki-su (Ki-shû) Dô-sen gest. 985
d (von 14e) Hsiang, vom Lotosblumenhorn Ren-ge-bô Shô	*e (von 14f)* Dschï-mën Guang-dsu Chi-mon Kô-so 10.-11. Jahrhundert	*f (von 14g)* Tschëng San-schëng Chô San-shô

16. Generation

a (von 15e)
Hsüä-dou Dschung-hsiän
(der Dichter der Gesänge)
Set-chô Jû-ken
980–1052

Linie III B

7. Generation
Nan-yüä Huai-jang
Nan-gaku E-jô
677–774

8. Generation
Ma-dsu Dau-i
Ba-so Dô-itsu
709–788

9. Generation

a
Bai-dschang Huai-hai
Hyaku-jô E-kai
720–814

b
Nan-tjüan Pu-yüan
Nan-sen Fu-gwan
748–834

c
Da-hai Fa-tschang
Dai-kai Hô-jô

d
Yän-guan Tji-an
En-kwan Sai-an

e
Gue-dsung Dschï-tschang
Ki-su Chi-jô

f
Hsi-tang Dschï-tsang
Sei-dô Chi-zô
735–814

g
Dschang-djing Huai-hui
Shô-kyô E-ki
756/59–815/18

h
Ma-yü Bau-tschö
Ma-yoku Hô-tetsu

i
Pan-schan Bau-dji
Ban-zanHô-shaku

k
Schï-gung Hui-tsang
Shak-kyô E-zô

l
Djin-niu
Kin-gyû

m
Bai-dschang We-dschëng
Hyaku-jô I-shô

n
Dschung-i Hung-ën
Chû-yû Kô-on

o
Pang-yün Djü-schï
Hô-en Ko-ji

p
Wu-djiu
U-kyû

10. Generation

a (von 9a)
Huang-bo Hsi-yün
Ô-baku Ki-un
gest. 850

b (von 9a)
We-schan Ling-yu
I-san Rei-yû
771–853

c (von 9a)
Tschang-tjing Da-an
Chô-kei Dai-an

d (von 9a)
Bai-dschang Niä-pan
Hyaku-jô Nehan

e (von 9a)
Wu-fëng Tschang-guan
Go-hô Jô-kwan

f (von 9a)
Schï-schuang Hsing-kung
Seki-sô Shô-kû

g (von 9b)
Tschang-scha Djing-tsën
Chô-ja Kei-shin

h (von 9b)
Dsï-hu Li-dsung
Shi-ko Ri-shô
gest. 880

i (von 9b)
Dschau-dschou Tsung-schën
Jô-shû Jû-shin
777–896

k (von 9b)
Lu Gëng Dai-fu
Riku-Kô Tai-fu

l (von 9c)
Tiän-lung
Ten-ryû

m (von 9d)
Guan-nan-Dau-tschang
Kwan-nan Dô-jô

n (von 9e)
Gau-an Da-yü
Kô-an Tai-gu

11. Generation

a (von 10a)
Lin-dji I-hsüan
Rin-zai Gi-gen
gest. 867

b (von 10a)
Mu-dschou Dau-ming
Boku-shû Dô-mei

c (von 10b)
Yang-schan Hui-dji
Kyô-zan E-jaku
807–883

d (von 10b)
Liu Tiä-mo
Ryû Tetsu-ma

e (von 10b)
Ling-yün Dschï-tjin
Rei-un Shi-gon

f (von 10b)
Hsiang-yän Dschï-hsiän
Kyô-gen Chi-kan

g (von 10c)
Tai-sui Fa-dschën
Tai-zui Hô-shin
9. Jahrhundert

h (von 10c)
Ling-schu Ju-ming
Rei-ju Nyo-bin

i (von 10l)
Djü-dschï
Gu-tei Chi-kan

k (von 10m)
Guan-nan Dau-wu
Kwan-nan Dô-go

12. Generation

a (von 11a)
Hsing-hua Tsun-djiang
Kôke Son-shô
gest. *920*

b (von 11a)
Bau-schou Yän-dschau
Hô-ju En-shô

c (von 11a)
San-schëng Hui-jan
San-shô E-nen

d (von 11a)
Tung-fëng An-dschu
Tô-hô An-shu

e (von 11a)
Ding Schang-dso
Jô Jô-za

f (von 11b)
Tschën Tsau
Chin Sô

g (von 11c)
Hsi-da Guang-mu
Sei-tô Kô-boku

13. Generation

a (von 12a)
Bau-ying (Nan-yüan) Hui-yung
Hô-ô (Nan-in) E-gû
9.–10. Jahrhundert

b (von 12b)
Hsi-yüan Sï-ming
Sai-in Shi-mei

14. Generation

(von 13a)
Fëng-hsüä Yän-dschau
Fu-ketsu En-shô
10. Jahrhundert

15. Generation

Schou-schan Schëng-niän
Shu-zan Shô-nen
926–993

16. Generation

Fën-yang Schan-dschau
Fun-yô Zen-shô
10.–11. Jahrhundert

17. Generation

a
Schï-schuang Tschu-yüan
Seki-sô So-en
986–1038/39

b
Da-yü (Tsui-yän) Schou-dschï
Tai-gu (Sui-gan) Shu-shi

18. Generation

a (von 17a)
Yang-tji Fang-hui
Yô-gi Hô-e
gest. 1049

b (von 17a)
Huang-lung Hui-nan
Ô-ryû E-nan
1002–1069

c (von 17b)
Yün-fëng Wën-yüä
Um-pô Bun-etsu

19. Generation

a *(von 18a)*	b *(von 18b)*	c *(von 18b)*
Bai-yün Schou-duan	Hui-tang Dsu-hsin	Bau-fëng Ko-wën (Dschëng-djing)
Haku-un Shu-tan	Mai-dô So-shin	Hô-hô Koku-bun (Shin-jô)
1025–1072	1025–1100	gest. 1102

20. Generation	21. Generation
(von 19a)	
Wu-dsu Fa-yän	Yüan-wu Ko-tjin
Go-so Hô-en	En-go Koku-gon
1024–1104	1063–1135
(vom Berg des	Verfasser des
5. Patriarchen)	Bi-yän-lu

An Texten des Bi-yän-lu lagen vor:

Eine 1859 in Kyôto gedruckte chinesische Ausgabe (Bi-yän-dji, japanisch Heki-gan-shû),

die chinesische und japanische Ausgabe in Kokuyaku Zengaku Taisei, Band I und II; Tôkyô 1929,

japanische Ausgabe in Kokuyaku Issaikyô, bearbeitet von Asahina Sôgen,

chinesische und japanische Ausgabe, Bändchen 1538–1542 der Iwanami-Bibliothek; Tôkyô 1955.

Kommentare:

Mit vollständigem chinesischem und japanischem Text: Katô Totsudô: Hekiganroku Daikôza, 12 Bände. Tôkyô 1939–1940.

Mit unvollständigem chinesischem und japanischem Text: Takazu Hakuju: Hekiganroku Kôwa, 2 Bände. Tôkyô 1919.

Nakajima Kumakichi: Hekiganroku. Tôkyô 1953.

Mit unvollständigem japanischem Text: Tatsuta Eizan: Shimpen Hekiganshû Kôwa. Ichikawa 1953.

23 ausgewählte Kapitel mit unvollständigem japanischem Text: Asahina Sôgen: Hekiganroku Kôwa. Tôkyô 1956.

Direkte Hilfsmittel:

Zen-Wörterbücher:

Jimbo Nyoten & Andô Fumihide: Zengaku Jiten. Tôkyô 1915.

Yamada Kôdô: Zenshû Jiten. Tôkyô 1915.

Nakagawa Morisuke: Zengo Ji-i. Tôkyô 1956.

Enzyklopädie des Buddhismus:

Mochizuki Shinkyô: Bukkyô Daijiten, 8 Bände. Tôkyô 1931–1958.

Chinesische Wörterbücher von Giles, Mathews, Rüdenberg, Ueda Mannen, Tschen I und Dschang Hsiang.

Böthlingk und Roth: Sanskritwörterbuch. St. Petersburg 1855–1875.

Geschichte und Geographie:

Djing-dö Tschuan-dëng-lu (Bericht von der Weitergabe der Leuchte aus der Ära Djing-dö; japanisch Keitoku Dentô-roku) 30 Bände; Kyôto.

Ui Hakuju: Zenshû-shi Kenkyû, 3 Bände. Tôkyô 1939–1943.

Tôyô Rekishi Daijiten (Enzyklopädie der chinesischen Geschichte) 9 Bände. Tôkyô 1937–1939.

Nakamura Kyûshirô und Yamane Takuzô: Shina Rekidai Nempyô (1072 S.). Tôkyô 1934.

Wolfram Eberhard: Chinas Geschichte. Bern 1948.

Hans O. H. Stange: Geschichte Chinas (in ›Geschichte Asiens‹, Verlag F. Bruckmann). München 1950.

Tokiwa Daijô: Shina Bukkyô Shiseki Tôsa-ki. Tôkyô 1938.

Ooshio Dokuzan: Shina Bukkyô-shi Chizu. Tôkyô 1939.

Edward Stanford: Atlas of the Chinese Empire. London 1908.

Weitere Zen-Literatur:

Kokuyaku Zengaku Taisei, 25 Bände. Tôkyô 1929.

Lu-dsu Fa-bau Tan-djing (japanisch Roku-so Hôbô Dankyô). Kyôto.

D. T. Suzuki: The Zen doctrine of No-Mind. London 1958.

D. T. Suzuki: Essays in Zen Buddhism, 3 Series. London 1927, 1950, 1953.

D. T. Suzuki: Mysticism – Christian and Buddhist. London 1957.

Jacques Gernet: Entretien du maître de Dhyâna Chen-Houei du Ho-Tsö (japanisch Ka-taku Shin-e). Hanoi 1949.

G. Constant Lounsbery: Dhyâna pour les débutants (japanisch Maka Shikwan). Paris 1951.

Shibayama Zenkei: Kunchû Mumonkwan (Wu-men-guan), chinesisch und japanisch mit Erklärungen. Kyôto 1954.

Heinrich Dumoulin, S. J.: Wu-menkuan, Der Paß ohne Tor. Tôkyô 1958.

Heinrich Dumoulin, S. J. and Ruth Fuller Sasaki: The development of Chinese Zen after the sixth Patriarch in the light of Mumonkan. New York 1953.

Heinrich Dumoulin: Zen – Geschichte und Gestalt. Bern 1959.

Schûej Ôhasama und August Faust: Zen – der lebendige Buddhismus in Japan. Gotha/Stuttgart 1925.

Eugen Herrigel: Zen in der Kunst des Bogenschießens. Berlin 1936.

Eugen Herrigel: Der Zen-Weg. Aufzeichnungen aus dem Nachlaß. München-Planegg 1958.

Akaji Sôtei und Hermann Bohner: Zen-Worte im Tee-Raume. Tôkyô 1943.

Verwandte Gebiete:

P. L. Vaidya: Etudes sur Âryadeva et son Catuhsataka. Paris 1923.

D. T. Suzuki: The Lankâvatâra Sûtra, translated from Sanskrit. London 1956.

D. T. Suzuki: Studies in the Lankâvatâra Sûtra. London 1930.

Max Walleser: Die mittlere Lehre des Nâgârjuna. Heidelberg 1912.

Max Walleser: Prajñâ Pâramitâ. Göttingen 1914.

Sakaino Kôyô: Yuima-kyô Kôgi (Kommentar zum Vimalakîrti-Sûtra). Tôkyô 1935.

Jakob Fischer und Yokota Takezô: Sutra Vimalakirti (deutsch). Tôkyô 1944.

The Gandavyûha Sûtra, critically edited by D. T. Suzuki and Kokei Idzumi. Kyôto 1949.

T. Doi: Das Kegon-Sutra, eine Einführung. Tôkyô 1957.

Sakaino Kôyô: Hokkekyô Kôgi (Kommentar zum Saddharma-pundarîkasûtra). Tôkyô 1934.

Suzuki Daisetsu: Jôdo-kei Shisô-ron. Tôkyô 1942.

Hermann Oldenberg: Buddha, sein Leben, seine Lehre, seine Gemeinde. Berlin 1881.

Helmuth von Glasenapp: Der Buddhismus in Indien und im Fernen Osten. Berlin-Zürich 1936.

Dietrich Seckel: Buddhistische Kunst Ostasiens. Stuttgart 1957.

K. Nishida: Intelligibility and the Philosophy of Nothingness. Translated and introduced by Robert Schinzinger. Tôkyô 1958.

Karlfried Graf von Dürckheim-Montmartin: Japan und die Kultur der Stille. München-Planegg 1950.

Karl Ludwig Reichelt: Der chinesische Buddhismus. Aus dem Norwegischen übersetzt von Wilhelm Oehler. Basel-Stuttgart 1926.

(Trt III B 9 = Traditionstafel III B, 9. Generation)

INHALT